粒计算研究丛书

三支决策与粒计算

刘 盾 李天瑞 苗夺谦
王国胤 梁吉业 著

科学出版社
北京

内 容 简 介

三支决策是一种基于人类认知过程的决策方法。本书以决策粗糙集为研究背景，利用粗糙集理论中的正域、边界域和负域，提出了一种三支决策理论：从正域里获取的正规则用来接受某事物，从负域里获取的负规则用来拒绝某事物，落在边界域上的规则表示延迟决策。这种将论域分为三部分的决策方式，很好地描述了人类在解决实际决策问题时的思维模式，为粗糙集方法应用于数据驱动的决策分类问题提供了可靠的理论依据。粒计算是近年来新兴的一个研究领域，是信息处理的一种新的概念和计算范式，主要用于描述和处理不确定的、模糊的、不完整的和海量的信息，以及提供一种基于粒和粒间关系的问题求解方法。本书主要介绍三支决策与粒计算的理论、模型和方法，以及其在工程、管理等领域中的应用成果，并力图展现国内外三支决策与粒计算的最新研究成果。

本书可供计算机、自动化等相关专业的研究人员、教师、研究生、高年级本科生和工程技术人员参考。

图书在版编目(CIP)数据

三支决策与粒计算/刘盾等著. —北京：科学出版社，2013

(粒计算研究丛书)

ISBN 978-7-03-038193-4

Ⅰ.①三… Ⅱ.①刘… Ⅲ.①决策支持系统-研究 Ⅳ.①TP399

中国版本图书馆 CIP 数据核字(2013)第 168977 号

责任编辑：王 哲 王迎春/责任校对：桂伟利

责任印制：张 倩/封面设计：华路天然

科学出版社 出版

北京东黄城根北街 16 号

邮政编码：100717

http://www.sciencep.com

北京凌奇印刷有限责任公司 印刷

科学出版社发行 各地新华书店经销

*

2013 年 7 月第 一 版 开本：B5(720×1000)

2013 年 7 月第一次印刷 印张：21 3/4 插页：1

字数：433 000

POD定价： 136.00元

(如有印装质量问题，我社负责调换)

“粒计算研究丛书”编委会

丛 书 序

粒计算是一个新兴的、多学科交叉的研究领域。它既融入了经典的智慧，也包括了信息时代的创新。通过十多年的研究，粒计算逐渐形成了自己的哲学、理论、方法和工具，并产生了粒思维、粒逻辑、粒推理、粒分析、粒处理、粒问题求解等诸多研究课题。值得骄傲的是，中国科学工作者为粒计算研究发挥了奠基性的作用，并引导了粒计算研究的发展趋势。

在过去几年里，科学出版社出版了一系列具有广泛影响的粒计算著作，包括《粒计算：过去、现在与展望》、《商空间与粒计算——结构化问题求解理论与方法》、《不确定性与粒计算》等。为了更系统、全面地介绍粒计算的最新研究成果，推动粒计算研究的发展，科学出版社推出了“粒计算研究丛书”。本丛书的基本编辑方式为：以粒计算为中心，每年选择该领域的一个突出热点为主题，邀请国内外粒计算和该主题方面的知名专家、学者就此主题撰文，来介绍近期相关研究成果及对未来的展望。此外，其他相关研究者对该主题撰写的稿件，经丛书编委会评审通过后，也可以列入该系列丛书。本丛书与每年的粒计算研讨会建立长期合作关系，丛书的作者将捐献稿费购书，赠给研讨会的参会者。

中国有句老话，“星星之火，可以燎原”，还有句谚语，“众人拾柴火焰高”。“粒计算研究丛书”就是基于这样的理念和信念出版发行的。粒计算还处于婴儿时期，是星星之火，在我们每个人的爱心呵护下，一定能够燃烧成燎原大火。粒计算的成长，要靠大家不断地提供营养，靠大家的集体智慧，靠每一个人的独特贡献。这套丛书为大家提供了一个平台，让我们可以相互探讨和交流，共同创新和建树，推广粒计算的研究与发展。本丛书受益于粒计算研究每一位同仁的热心参与，也必将服务于从事粒计算研究的每一位科学工作者、老师和同学。

“粒计算研究丛书”的出版得到了众多学者的支持和鼓励，同时也得到了科学出版社的大力帮助。没有这些支持，也就没有本丛书。我们衷心地感谢所有给予我们支持和帮助的朋友们！

“粒计算研究丛书”编委会

2012 年 7 月

序

决策是指在多种选项中选择一种最优的过程，其往往会由于选项过多或其后果的不确定性而变得十分困难。二支决策只考虑了接受和拒绝两种选择，因而可以把它理解为一种简化的决策方法。在应用二支决策解决问题时，人们在信息不完备的情况下也要作出决定，这可能会导致不可弥补的后果。三支决策作为传统二支决策理论的推广，增加了接受和拒绝之外的第三种选择，即延迟决策。当信息不足以决定接受或拒绝时，采取延迟决策的方式更符合人们处理实际问题的认知模式，从而在现实生活中得到了广泛应用。

加拿大里贾纳大学的姚一豫教授通过扩展决策粗糙集和整合多个学科的相关结论，于 2010 年创立了三支决策理论，极大地丰富了粒计算的理论和方法。虽然人们在不同的领域中早已用到了三支决策思想，但将它系统化、模型化和理论化是非常具有开创性的。近几年来，有众多的华人学者参与这一新学术领域的研究。2012 年，在由贾修一等撰写的《三支决策理论与应用》一书中，十几位学者对三支决策给予了不同的解释和拓展。2013 年，刘盾等组织编写了本书，参与的十几位学者给出了各自对于三支决策理论的想法和应用。

任何一个理论的发展都离不开一批志同道合、勇于创新的学者群体。三支决策理论的创建和发展，再一次见证了这点。本书围绕三支决策与粒计算，汇集了相关国内外学者的最新研究成果，反映了当前三支决策研究的最新进展。我坚信，本书的出版将会促进三支决策与粒计算研究的进一步发展。同时，我也希望更多的学者能够参与三支决策与粒计算的研究。

姚静涛

2013 年 7 月于里贾纳大学

前　言

三支决策(three-way decisions)是一种基于人类认知的决策模式,它认为:人们在实际决策过程中,对于具有充分把握接受或拒绝的事物能够立即做出判断;对于不能立即做出决策的事物,人们往往会推迟对事件的判断,即延迟决策。造成延迟决策的原因很多,例如,所掌握的信息不够充分、对风险的评估不够全面、对事件的认知不够彻底等。当人们对信息、风险、认知的掌握程度达到一定的水平时,会做出接受或拒绝的最终判断。从这个角度看,三支决策是最终实现二支决策的一个中间步骤。此外,三支决策有着十分广泛的应用背景。例如,在论文的审稿过程中,对于一篇稿件,如果十分优秀则直接接收,如果质量太差则直接拒稿。但是在大多情况下,稿件可能具有一定的创新性,但技术、语言等方面则需要进一步提高,主编往往选择修改和重审。在医学治疗中,讲究望闻问切,对于一些小病,医生能够快速准确地做出有病或无病的诊断;而对于一些疑难杂症,则需要通过一些检查才能进一步确诊。三支决策的思想已在医学、工程、管理、信息领域得到了成功的应用。

粗糙集理论(rough sets theory)是一种近 20 年来新兴的处理不确定问题的数学理论。由于其利用上下近似集这一崭新角度来描述系统的不确定性,所以在一定程度上解决了实际决策问题中的不确定性、不一致性和不完备性等问题。其一提出便得到了美国著名控制学家、模糊集之父 Zadeh 的密切重视和高度评价,并将其列入他新提倡的软计算的基础理论。此外,粒计算(granular computing)也将粗糙集理论作为主要研究工具之一。粗糙集理论利用两个精确集(下近似集和上近似集)去逼近一个粗糙集,而上下近似集又将论域分为正域、边界域和负域三个部分。从正域里获取的正规则用来接受某事物;从负域里获取的负规则用来表示拒绝某事物;落在边界域上的规则表示需要进一步观察,即延迟决策。粗糙集理论赋予了三支决策一种数学结构表示,三支决策也赋予了粗糙集和粒计算理论一种应用语义背景。值得一提的是,加拿大里贾纳大学(University of Regina)的姚一豫教授提出的决策粗糙集模型,从贝叶斯理论出发,利用损失函数来描述决策风险,在贝叶斯风险最小的语义条件下,讨论了概率粗糙集两个阈值的自动获取过程,这极大地丰富了粗糙集和粒计算理论的实际应用背景。

近几年来,三支决策和粒计算的研究引起了国内外学者的广泛关注,在2009～2012 年连续四届国际粗糙集与知识技术学术会议(Rough Set and Knowledge Technology,RSKT)以及 2011、2012 年连续两届中国粗糙集与软计算学术会议

(China Conference on Rough Sets and Soft Computing,CRSSC)上都举办了三支决策与粒计算的研讨会。李华雄等编著的《决策粗糙集理论及其研究进展》以及贾修一等编著的《三支决策理论与应用》推动了三支决策与粒计算的发展。国际著名SCI期刊 *International Journal of Approximate Reasoning* 和 *Fundamenta Informaticae* 等也先后出版专刊推动该主题的发展。

继2010年以“商空间与粒计算”为主题的学术研讨会在安徽大学成功举办,2011年以“不确定性与粒计算”为主题的学术研讨会在同济大学成功举办和2012年以“云模型与粒计算”为主题的学术研讨会在北京邮电大学成功举办之后,经中国人工智能学会粗糙集与软计算专业委员会和国际粒计算系列研讨班指导委员会的批准,2013年第四届粒计算学术研讨会在西南交通大学举行,“三支决策与粒计算”将作为大会的研讨主题之一。因此,本书也是继《商空间与粒计算:结构化问题求解理论与方法》、《不确定性与粒计算》、《云模型与粒计算》三本专著后,第四本介绍粒计算的系列专著。

本书是由国内外三支决策与粒计算研究领域的近30位华人专家和学者合作撰写的。书中汇集了当前三支决策与粒计算研究团队的最新成果,其写作目的是让更多的学者了解三支决策与粒计算的理论和方法,共同促进该领域的发展,并希望能为三支决策和粒计算的研究发展做出贡献。本书可以作为2013年暑期粒计算讨论会的教材,也可以为人工智能领域从事相关研究的专家或研究人员提供参考。

全书共15章,分为两部分。第一部分包括10章,内容涉及三支决策与粒计算的理论和方法,第二部分包括5章,内容涉及三支决策与粒计算的应用。全书组织结构如下:第1章为三支决策研究的若干问题,由姚一豫撰写;第2章为不确定性三支决策理论,由刘盾、李天瑞、梁德翠撰写;第3章为代价敏感序贯三支决策,由李华雄、周献中、黄兵撰写;第4章为代价敏感学习的粗糙决策方法,由闵帆、祝峰撰写;第5章为多粒度决策粗糙集,由钱宇华、梁吉业、林国平撰写;第6章为知识粒化中的三支区域变迁不确定性,由苗夺谦、张贤勇撰写;第7章为商空间粒化模型的三支决策方法,由何富贵、赵姝、张燕平撰写;第8章为基于区间集的三支决策粗糙集,由胡宝清撰写;第9章为基于三支决策的模糊集近似,由邓晓飞撰写;第10章为不完备粗糙粒计算方法,由杨习贝撰写;第11章为基于三支决策的重叠聚类方法,由于洪、王滢、王国胤撰写;第12章为基于主题模型和三支决策的视频异常行为检测,由谢骋、商琳、贾修一撰写;第13章为属性评价的三支决策方法,由王洪凯撰写;第14章为基于logistic回归的多分类三支决策方法,由梁德翠、刘盾撰写;第15章为区间集的粒结构表示,由黄佳进撰写。各章内容相对独立,有基础理论,也有具体模型和实际应用。

本书的出版得到了国家自然科学基金项目(70121033,61175047,71090402)、教育部人文社会科学研究青年基金项目(11YJC630127)、高等学校博士学科点专项科研基金项目(20120184120028)、中国博士后科学基金项目(2012M520310, 2013T60132)和中央高校基本科研科技创新项目(SWJTU12CX117)的资助。在这里,感谢国家自然科学基金委员会、教育部科技发展中心和社会科学司、中国博士后科学基金会,感谢每一位为本书编写和出版做出努力的人,正是由于你们的辛勤劳动和大力支持,本书才得以顺利出版。同时也要感谢胡清华、张清华、王宝丽等专家和部分本书作者为书稿审稿所付出的辛勤劳动。

由于作者的水平有限,加之时间仓促,书中难免有不妥之处,恳请读者批评指正。

作　者

2013 年 6 月

目　　录

第1章　三支决策研究的若干问题

姚一豫

里贾纳大学计算机科学系

基于一个阈值，经典的二支决策将一个集合划分为两个不相交的区域。通过引入一对阈值，三支决策将一个集合划分为三个两两互不相交的区域。任何一个二支决策的问题都可以拓广为三支决策的问题。三支决策方案实用、有效，既可以避免二支决策引起的不必要代价，又具有可解释性。本章讨论了三支决策研究中的十个基本问题，并指出了可能的研究方向。

1.1　引　　言

在许多决策问题中，考虑到接受和拒绝的代价都很大，我们往往既不接受也不拒绝，而选择不承诺，这便有了第三个决策选项。三支决策通过对不同学科的各种决策问题的抽象，引入了第三个选项，即不承诺或延迟决策，从而避免了直接接受或拒绝带来的风险。三支决策可视为序列决策步骤中一个重要的中间环节，对其中不承诺选项可再进行研究，通过进一步搜集数据、分析数据而最终获得二支决策。三支决策理论的引入将众多学科中的决策方法统一起来，提供了一个一般性框架，并提出了新的研究课题。

关于三支决策理论，2012年在成都召开的国际粗糙集联合会议(Joint Rough Set Symposium，JRS)的特邀报告中，姚一豫给出了一个框架性的描述[1]，并指出这个理论非常有用，值得研究，但是关于该理论的具体细节还不是非常清楚。通过查阅和分析文献，可以发现三支决策的思想和方法简单有效，在很多领域已有广泛的应用，但尚未形成一个独立、完善的理论体系。因此，本章的出发点是抛砖引玉，提出一些还不成熟的观点，希望引起大家的重视。2012年，在由贾修一等编写的《三支决策理论与应用》[2]一书中，对三支决策给予了不同的解释和拓展；在本书中，又给出了一些新的想法和应用。希望在大家的共同努力下，构建一个完善的三支决策理论。

本章的主要目的是探讨三支决策研究的若干问题。有些想法并不完全成熟，从某种意义上讲，只是提出了一些问题，并没有给出答案，希望这种方式更有利于互相交流、共同探讨。本章由若干相对独立的小节组成，每节讨论一个具体问题。

1.2 三支决策研究现状与前景

三支决策的研究刚刚开始，由贾修一等编写的《三支决策理论与应用》[2]收录了三支决策研究的新近成果，为三支决策理论的研究提供了一个良好的开端。在此书中，众多学者从不同角度讨论了三支决策的理论与应用。苗夺谦等[3]给出了一个基于三支决策理论的半监督学习方法，该方法由半监督属性约简、三支决策和协同训练三个部分组成。基于三支决策思想，将无标记数据划分为正域、负域和无标记样本，通过对正域样本的协同训练逐渐标识所有无标记数据。李华雄等[4]提出了基于三支决策粗糙集的代价敏感分类方法，有效地将属性约简与代价分类方法结合，文中讨论的代价敏感学习可能成为三支决策理论的重要应用之一。刘盾等[5]将决策粗糙集应用于政策决策，给出了一个三支政策决策方案，通过实例说明了该方案的优越性。贾修一等[6]提出了基于三支决策的垃圾邮件过滤算法，它是三支决策在代价敏感学习中的另一个应用。相关实验表明，该算法非常有效。赵姝等[7]用三支决策解释构造性算法，将三支决策与神经网络有效地结合起来，为三支决策理论提出了一个新的研究方向。姚静涛等[8]将三支决策与博弈粗糙集结合起来，给出了一个新的解释，并通过博弈论获得三支决策所需要的阈值。邓晓飞等[9]通过三支决策构造自适应粗糙集近似。同经典近似相比，自适应近似进一步给出了上下近似中的粒结构。该书的附录列出了 70 多篇与三支决策相关的文献，如基于三支决策粗糙集的属性约简、三支决策中的阈值计算、决策风险最小化约简、三支决策粗糙集等。

本书对三支决策的理论与应用提出了一些新的认识和见解。但同时，我们应看到三支决策的现有研究工作仍主要集中在决策粗糙集的框架上。在很大程度上，三支决策理论的优势并没有完全显现出来。三支决策进一步研究的重点应放在哪里？应该是跳出粗糙集的圈子，同其他学科更紧密地联系起来，走出自己独特的路子。也就是说，三支决策理论是基于粗糙集的研究，但又不应完全局限于粗糙集。新的研究应“青出于蓝而胜于蓝”，以构建一个更普适且更具有应用价值的理论为目的。

虽然三支决策理论尚不成熟，但它的重要性已得到大家的认可。也许有些具体细节需要修正或改进，但在研究的大方向上并无异议。三支决策研讨会为大家相互交流提供了一个平台，使共同探讨并发展一个新的理论成为可能，这种同研共创的环境和氛围也许比它的一些具体结果更重要。从对一个现有理论的小修补到一个新理论的提出和发展，这是在研究理念上的一次飞跃。虽然这种尝试有一定的风险，但其过程是值得回味的。三支决策的进一步研究应强调多样性和创新性，大家可以不受限制地讨论新颖的、也许尚不成熟的想法。我们共同的努力将可能建立起一个完善的三支决策理论。

1.3　三支决策的基本思想

在传统的二支决策中，往往只有接受或拒绝、是或非两种选项，但在解决很多实际问题时，强制做出接受或拒绝的决策，会付出不必要的代价或后果。例如，当信息或证据不足时，无论是接受还是拒绝都显得不太合适，也就是说，无论接受或拒绝都比不做决策代价要大。因此，三支决策引入了不承诺的决策选项，从而规避了错误拒绝或错误接受造成的损失。下面通过医疗诊断和决策中的一个常见的例子说明三支决策的优势。

在医疗诊断和决策过程中，医生通常根据患者的症状以及相关的检查结果来进行诊断。患者的实际状态有患病与健康两种情况。在普通的二支决策中，医生的诊断结果有治疗（判断患者为患病状态）与不治疗（判断患者为健康状态）两种情况。治疗是第一种选择，这种选择的风险是，如果患者本身是健康的，那么选择治疗必然会浪费人力、物力、财力，甚至会对患者的健康造成损害。不治疗是第二种选择，这种选择的风险是，如果患者确实是患病的，那么这种选择明显会耽误患者的康复。表 1.1 给出了不同决策的代价。

表 1.1　二支决策的代价矩阵

决策动作	患者状态	
	患病	健康
治疗	治疗代价	治疗代价、可能损害患者的健康
不治疗	无治疗代价、耽误疾病治愈	无治疗代价

从已有的检查结果来看，如果患病的可能性比较大（如概率大于等于 α），那么选择治疗是一个比较好的决策；如果患病的可能性比较小（如概率小于等于 β），那么选择不治疗是一个比较好的决策；如果患病的可能性既不小也不大（如概率大于 β 且小于 α），那么选择治疗或不治疗都显得不理想。也就是说，如果强制做出二支决策，则每种选择都不理想。在这种情况下，考虑到所掌握的信息不完全或不准确，可以通过引入不承诺或延迟决策的第三种选择。三支决策方法可以给出更好的方案，它的代价仅是患者再做一些检查。表 1.2 给出了不同决策的代价。

表 1.2　三支决策的代价矩阵

决策动作	患者状态	
	患病	健康
治疗	治疗代价	治疗代价、可能损害患者的健康
不治疗	无治疗代价、耽误疾病治愈	无治疗代价
进一步诊断	延迟治疗、可能加重病情和更多检查代价	更多检查代价

基于上例的分析,我们给出三支决策的一个简单描述:

设 U 是有限、非空实体集,C 是有限条件集。三支决策是基于条件集 C,将实体集 U 划分为三个两两互不相交的区域(即正域、负域和边界域)的过程。

为了实现三支决策,首先,需要引入实体的评价函数,也称为决策函数,它的值称为决策状态值,其大小反映实体的好坏程度。其次,需要引入阈值,这样基于阈值和决策状态值就可将所有实体划分到三个域中,即正域、负域和边界域。基于这三个区域,可以构造相应的三支决策规则。对于落在正域、负域和边界域的实体,分别使用接受、拒绝和不承诺规则。

1.4　三支决策的两种模式

在对某一实体 $x\in U$ 进行三支分类时,通过评价函数对实体 x 进行评估,评价函数的值称为实体 x 的决策状态值。在这里,仅考虑基于全序集的评价函数。设 $(L,\preccurlyeq)$是一个全序集,其中 L 表示所有可能的决策状态值,$\preccurlyeq$表示 L 上的一个全序关系,即$\preccurlyeq$满足以下条件:

(1) 自反性:$\forall a\in L, a\preccurlyeq a$;

(2) 反对称性:$\forall a,b\in L\ (a\preccurlyeq b\wedge b\preccurlyeq a)\Rightarrow a=b$;

(3) 传递性:$\forall a,b,c\in L\ (a\preccurlyeq b\wedge b\preccurlyeq c)\Rightarrow a\preccurlyeq c$;

(4) 可比性:$\forall a,b\in L, a\preccurlyeq b$ 或者 $b\preccurlyeq a$ 成立。

一个全序集的例子是$([0,1],\leqslant)$,其中 L 是单位区间$[0,1]$,$\preccurlyeq$是小于等于关系$\leqslant$。实体的评价函数可以看成从实体集合 U 到全序集 L 的映射,即 $v:U\rightarrow L$。

根据所用的评价函数的个数,三支决策具有两种模式,即双评价函数三支决策和单评价函数三支决策[1]。第一种模式用双评价函数v_a和v_r,其中v_a用于接受,v_r用于拒绝。在接受和拒绝函数上各引入一个γ_a和γ_r,称为接受阈值和拒绝阈值。

当接受状态值$\geqslant\gamma_a$且拒绝状态值$<\gamma_r$时，采用接受；当拒绝状态值$\geqslant\gamma_r$且接受状态值$<\gamma_a$时，采用拒绝；否则，采用不承诺。更准确地说，三支决策的三个域由以下规则给出：

正域：$\mathrm{POS}_{(\gamma_a,\gamma_r)}(v_a,v_r)=\{x\in U \mid v_a(x)\geqslant\gamma_a \wedge v_r(x)<\gamma_r\}$；

负域：$\mathrm{NEG}_{(\gamma_a,\gamma_r)}(v_a,v_r)=\{x\in U \mid v_a(x)<\gamma_a \wedge v_r(x)\geqslant\gamma_r\}$；

边界域：$\mathrm{BND}_{(\gamma_a,\gamma_r)}(v_a,v_r)=(\mathrm{POS}_{(\gamma_a,\gamma_r)}(v_a,v_r)\cup\mathrm{NEG}_{(\gamma_a,\gamma_r)}(v_a,v_r))^{C}$。

其中，$(\cdot)^{C}$表示一个集合的补集。这三个域两两交集为空，三者并为全集U。通过三个域可以构造三支决策规则：正域对应接受，负域对应拒绝，边界域对应不承诺。图 1.1 所示为第一种模式的三支决策。

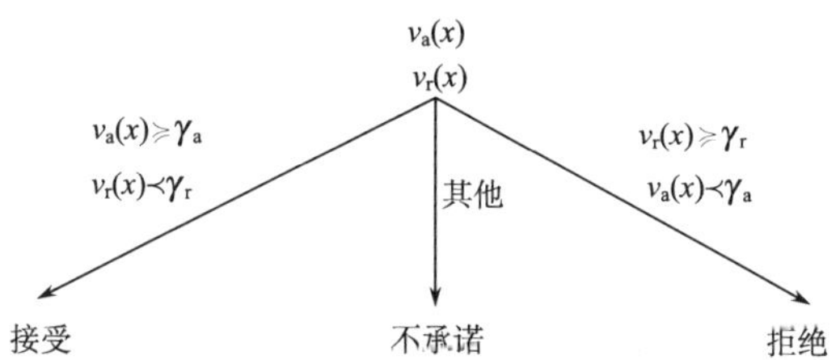

图 1.1　基于双评价函数的三支决策

第二种模式采用单评价函数，通过引入一对阈值(α,β)，将实体集合U分为如下三部分：

正域：$\mathrm{POS}_{(\alpha,\beta)}(v)=\{x\in U \mid v(x)\geqslant\alpha\}$；

负域：$\mathrm{NEG}_{(\alpha,\beta)}(v)=\{x\in U \mid v(x)\leqslant\beta\}$；

边界域：$\mathrm{BND}_{(\alpha,\beta)}(v)=\{x\in U \mid \beta<v(x)<\alpha\}$。

图 1.2 所示为第二种模式的三支决策。

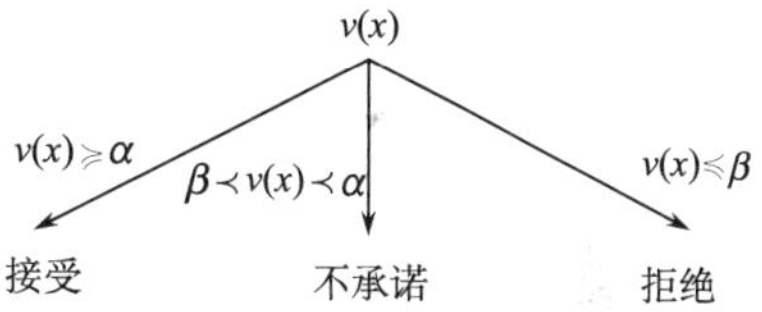

$v(x)$

$v(x)\geqslant\alpha$　　$\beta<v(x)<\alpha$　　$v(x)\leqslant\beta$

接受　　不承诺　　拒绝

图 1.2　基于单评价函数的三支决策

1.5　三支决策研究的主要问题

在三支决策理论的研究中，至少需要考虑以下几个问题。

首先，需要考虑评价函数值域的构造和解释。在三支决策理论中，通过实体评价函数对实体的状态进行估计和比较。实体评价函数的取值代表了实体满足条件集C的程度，并且其取值应该是具有可比性的。通常情况下，可以在实体评价函数的值域上建立某种序关系。例如，评价函数的值域可以是全序集（如整数、实数集合和有限个等级等），也可以是偏序集和格。

其次，需要考虑评价函数的构造和解释。实体评价函数的构造根据具体应用而有所不同，如代价、风险、错误、利润、效益、用户满意度和投票等。此外，评价函数的构造也应考虑条件集合 C。对于两种决策动作，即接受和拒绝，可以采用相同的评价函数，也可以采用两个互相独立的评价函数。

在基于单评价函数的三支决策中，通过引入一对阈值(α,β)，将决策状态值分为三个区，即指定接受值区(designated values of acceptance)、指定拒绝值区(designated values of rejection)和不承诺值区(values of noncommitment)。这里需要考虑指定接受值区和指定拒绝值区的构造和解释，或者阐明阈值对(α,β)的构造和解释。不承诺值区为指定接受值区和指定拒绝值区的补集，因此只需要构造接受值区和拒绝值区。接受值区和拒绝值区的构造必须反映人类对接受和拒绝的直观理解。例如，对于任一实体 x，不能同时做出接受和拒绝两种决策，这就要求接受值区和拒绝值区不能相交。由于决策状态值反映了实体满足条件集 C 的程度，因此，接受值区和拒绝值区的构造应使决策具有单调性，即当实体 x 的决策状态值$v(x)$落在接受值区时，决策状态值大于或等于 $v(x)$的实体也应落在接受值区；当实体 x 的决策状态值 $v(x)$落在拒绝值区时，决策状态值小于或等于 $v(x)$的实体也应落在拒绝值区。

1.6 三支决策的两个例子

1956 年，Miller 给出了人类信息处理的一个重要结果[10]。由于短期记忆的限制，我们通常只能处理七个单元左右的信息。近期的研究表明[11]，我们处理信息的限制比七个单元要小，是四个单元左右。当所处理的信息量太大时，我们通常采用信息分块(chunking)的方式，将大量信息分为可以操作的几个单元。三支决策理论的思想和这个结果是一致的，通过将一个集合划分为三个区域，就可以达到认知上的简化。事实上，这种三支决策在人类认知和信息处理过程中经常被用到。

人类感知中的视觉系统就是三支决策应用的一个最好例证。人的视觉将整个空间分为三个区域：中心视域、周边视域和不可视域。这为视觉信息处理提供了一个切实有效的方法。中心视域可以提供清楚的视觉影像与色彩信息，周边视域(常说的余光区域)仅给出了结构性信息，不可视域则观察不到。从三支决策的观点看，中心视域可以看成正域，它提供准确和清晰的信息；余光区可以看成边界域，它提供不确定和不准确的信息；不可视域可以看成负域，它表示没有信息。对于三个视域，人们可以采用不同的处理方式：将主要精力放到中心视域，并对余光区的信息进行关注。虽然边界域无法提供准确的信息，但它的作用也是不可忽视的，其提供的信息可以使人们及时应对各种紧急事件的发生。例如，在司机驾驶过程中，视域中的正域部分提供了大部分的有效信息，前方的路况往往是需要司机集中大部分注意力的区域；视域中的边界域部分(余光区域)提供了不精确的信息，它只占用了司机小部分的注意力；但当左右两侧发生紧急事件时，边界域的信息可以帮助司机迅速有效地做出反应。

人类视觉的另一个特点是可以随时转换三个区域。当眼睛或头转动时，我们可以从一个三支划分转换到另一个三支划分。例如，边界域可以转换为中心视域，使我们能够重新聚焦并重新处理。这种转换思想应该体现到三支决策理论里，也就是说，三支决策理论应该考虑观察角度的动态变化和三个区域的转换。

自然语言学习和处理则体现了三支决策在人类认知领域的应用。基于词出现的频率，可以将词汇分为常用词、偏僻词和一般用词。常用词出现频率大，一般词出现频率居中，对交流非常有用，而偏僻词出现频率小，几乎不影响交流。在学习过程中，必须首先掌握常用词，学习一般用词，而延迟学习偏僻词。这同三支决策的思想是完全一致的，即集中精力解决主要问题，关注次要问题，忽略不相关问题。

从这两个例子可以看出，三支决策是人类信息处理的一个有效模式。将一个大区域分为三个小区域，可以合理地分配精力，从而达到事半功倍的处理效果。因此，三支决策理论可以看成对人类已有的信息处理模式的一个显式建模，希望能得到更广泛的应用。

1.7　决策问题分类

三支决策可以看成一种特殊的决策策略。根据实体的状态(对条件的满足性)和决策方案，表 1.3 给出了决策问题的分类。从实体状态的角度看，不同决策方案的解释是不同的。对于两状态问题，评价函数的值并不一定是二值的，评价函数的值可以理解为对某一个状态可能性的估计。因此，根据状态的可能性可以做出二支、三支或 M 支的决策。当实体的状态是多个时，评价函数可以看成对状态值的估计，决策方案可以看成对状态值的一个近似。

表 1.3　决策问题分类

实体的状态	决策方案		
	二支决策	三支决策	M 支决策
两状态	I 类	II 类	III 类
多状态	IV 类	V 类	VI 类

通常，二支决策需要单评价函数 $v:U\to L$ 和一个阈值 γ。当一个实体的决策状态值大于等于该阈值时，选择接受决策，反之选择拒绝决策。图 1.3 给出了二支决策的一个描述。基于单评价函数的三支决策需要引入一对阈值，当决策状态值大于等于接受阈值时，选择接受；当决策状态值小于等于拒绝阈值时，选择拒绝；当决策状态

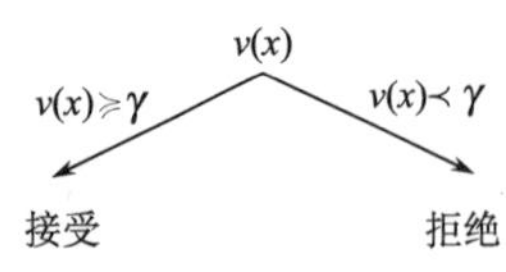

图 1.3 二支决策

值在两个阈值之间时,选择不承诺。M 支决策可以用单评价函数及 $M-1$ 个阈值,根据决策状态值所落的区间选择 M 个决策中的一个决策。

很多机器学习和分类方法[12]给出了Ⅰ类决策问题的例子。它们用二支决策的正域去逼近其中一个状态,而用负域去逼近另一个状态。

决策粗糙集理论[13-15]是Ⅱ类决策问题的一个例子。其中,每一个元素有两个状态,即属于集合 X 或不属于 X,评价函数为条件概率 $P_r(X|[x])$,表示在 $[x]$ 中的实体属于 X 的概率,基于阈值对 (α,β) 可以获得概率正域、负域和边界域。

决策阴影集理论[16]是Ⅴ类决策问题的一个例子。其中,模糊隶属函数是实体状态的评价函数,其值表示一个实体的状态,基于一对阈值可以将一个模糊集用一个三值的阴影集近似。具体地说,当一个实体的模糊隶属度非常接近 1 时,可以认为和 1 等同;当它非常接近 0 时,可以认为和 0 等同;否则,就用第三个值表示。这样的三值近似具有可直观解释的优点。

1.8 二支决策和三支决策的关系

三支决策可以通过两次二支决策解释。三支决策的边界域可以有两种解释:一种解释为弱接受,另一种解释为弱拒绝。对于第一种解释,三支决策的正域和边界域的并可以看成二支决策的正域,这样可以先通过二支决策获得正域和负域,然后将二支决策的正域进一步分为三支决策的正域和边界域。图 1.4(a)给出了这种二支决策与三支决策的关系。类似地,也可以给出第二种解释,如图 1.4(b)所示。

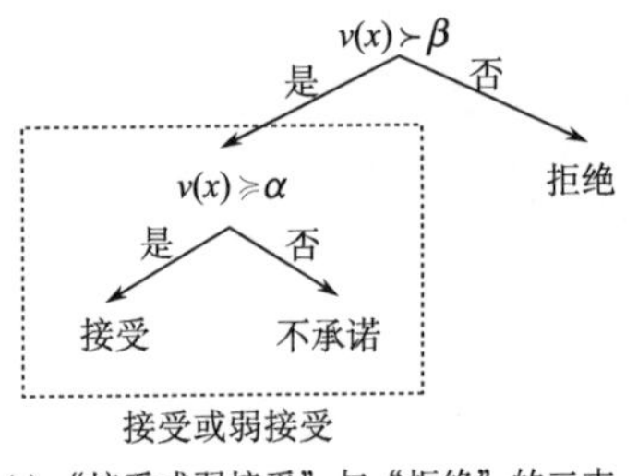

(a) "接受或弱接受"与"拒绝"的二支决策+"接受"与"不承诺"的二支决策

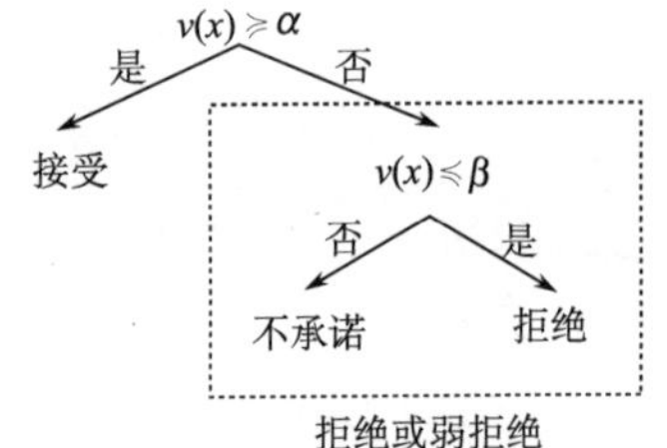

(b) "接受"与"拒绝或弱拒绝"的二支决策+"不承诺"与"拒绝"的二支决策

图 1.4 二支决策和三支决策的关系

用同样的方法,M 支决策可以通过$M-1$次二支决策获得。虽然 M 支决策可能有更准确的优势,但其可解释性较三支决策差,且不如三支决策简单。在实际应用中,三支决策也许已足够有效。此外,三支决策还可根据需要进一步细化,以获得更多支决策。

1.9　两状态三支决策问题

对于两状态的 II 类决策问题，实体有两种状态，即满足或不满足给定条件。当所掌握信息不确定或不完整时，则无法准确地判断实体是否满足给定条件，只能通过实体评价函数进行估计。基于决策粗糙集，我们仅针对 II 类决策问题进行代价风险分析并给出求解最优(α,β)值的方法。对于任一实体 $x\in U$，其在客观上存在两种状态，即满足与不满足给定条件，据此可以将实体集 U 划分为两部分，即满足给定条件的实体子集与不满足给定条件的实体子集，分别表示为 X 和X^{C}，由此可以得到 $U=X\cup X^{C}$。当所掌握的信息不确定或不完整时，可能获得一个实体的描述。在决策粗糙集中，用一个等价关系的等价类$[x]$来表达。由于我们无法确切地给出实体 x 的状态，所以需要通过实体评价函数对实体状态进行估计。在这种情况下，评价函数可以定义为实体 x 满足或不满足条件 C 的概率。

表 1.4　两状态决策问题代价矩阵

决策动作	实体的客观状态	
	满足条件：p	不满足条件：n
接受实体：a	λ_{ap}	λ_{an}
拒绝实体：r	λ_{rp}	λ_{rn}
不承诺或延迟决策：n	λ_{np}	λ_{nn}

对应于三支决策，我们用 a、r 和 n 分别表示接受、拒绝和不承诺。假设评价函数定义为实体满足条件 C 的概率，记为 $P_r(X|[x])$，基于表 1.4 给出的代价矩阵，两状态三支决策的代价或风险可分析如下。设风险函数为 $R(\Delta|x)$，其中 Δ 表示对 x 的决策动作。风险函数 $R(\Delta|x)$ 可以定义为决策动作 Δ 的风险的数学期望。对表 1.4 中的三种决策，可以得到如下相应的风险估计：

接受的风险：$R(a|x)=\lambda_{ap}\cdot P_r(X|[x])+\lambda_{an}\cdot(1-P_r(X|[x]))$；

拒绝的风险：$R(r|x)=\lambda_{rp}\cdot P_r(X|[x])+\lambda_{rn}\cdot(1-P_r(X|[x]))$；

不承诺或延迟的风险：$R(n|x)=\lambda_{np}\cdot P_r(X|[x])+\lambda_{nn}\cdot(1-P_r(X|[x]))$。

在决策问题中，总希望做出风险最小的决策。因此，基于风险函数，选择其中风险最小的决策动作：

当满足条件 $R(a|x)\leqslant R(r|x)\wedge R(a|x)\leqslant R(n|x)$时，选择接受；

当满足条件 $R(r|x)\leqslant R(a|x)\wedge R(r|x)\leqslant R(n|x)$时，选择拒绝；

当满足条件 $R(n|x)\leqslant R(a|x)\wedge R(n|x)\leqslant R(r|x)$时，选择不承诺。

假设风险函数满足下面条件：

$$\lambda_{ap} \leqslant \lambda_{np} < \lambda_{rp}, \quad \lambda_{rn} \leqslant \lambda_{nn} < \lambda_{an}$$

$$\frac{\lambda_{rp} - \lambda_{np}}{\lambda_{nn} - \lambda_{rn}} > \frac{\lambda_{np} - \lambda_{ap}}{\lambda_{an} - \lambda_{nn}}$$

将 $R(a|x)$、$R(r|x)$、$R(n|x)$代入上面的三个不等式，可以得到以下结果：

如果 $P_r(X|[x]) \geqslant \alpha$，选择接受；

如果 $P_r(X|[x]) \leqslant \beta$，选择拒绝；

如果 $\beta < P_r(X|[x]) < \alpha$，选择不承诺或延迟决策。

其中，最优(α,β)值为

$$\alpha = \frac{\lambda_{an} - \lambda_{nn}}{(\lambda_{an} - \lambda_{nn}) + (\lambda_{np} - \lambda_{ap})}$$

$$\beta = \frac{\lambda_{nn} - \lambda_{rn}}{(\lambda_{nn} - \lambda_{rn}) + (\lambda_{rp} - \lambda_{np})}$$

这表示决策粗糙集所需要的阈值由不同决策的风险决定。

1.10 多状态三支决策

设 S 是所有实体的可能状态的集合，且元素个数大于 3。状态集合 S 可以有很多形式，下面仅考虑由一个有界全序集定义的状态集，即 S 满足下面两个条件：

(1) S 是基于某一全序关系的全序集合$(S,\leqslant)$；

(2) S 是一个有界集合，即 S 中存在一个最大元 $1\in S$ 和一个最小元 $0\in S$。

对任一实体 $x\in U$，状态函数值 $s(x)$表示实体 x 的状态。状态函数 $s:U\to S$ 可以解释为评价函数。这样，三支决策可作为对一个多值状态函数的三值近似。

在三支决策中，a、r 和 n 分别表示接受、拒绝和不承诺。为了准确地表示三支决策给出的三值近似，引入一个代价函数 $C:S\times\{a,r,n\}\to\mathbb{R}$，其中$\mathbb{R}$为实数集。显然，代价函数应满足

$$C(1,a)=0$$

$$C(0,r)=0$$

$$C(1,n)=C(0,n)$$

$$s_1 \leqslant s_2 \Rightarrow C(s_1,a) \geqslant C(s_2,a) \wedge C(s_1,r) \leqslant C(s_2,r)$$

表 1.5 给出了多状态决策问题的代价矩阵。对于一个实体，可以选择代价最小的决策，其规则如下：

如果 $C(s(x),a)\leqslant C(s(x),r)$ 且 $C(s(x),a)\leqslant C(s(x),n)$，选择接受；

如果 $C(s(x),r)\leqslant C(s(x),a)$ 且 $C(s(x),r)\leqslant C(s(x),n)$，选择拒绝；

如果 $C(s(x),n)\leqslant C(s(x),a)$ 且 $C(s(x),n)\leqslant C(s(x),r)$，选择不承诺。

给定一个实体的代价函数，可以确定所需的一对阈值。关于多状态三支决策的例子，可参见决策阴影集[16]。

表 1.5　多状态决策问题代价矩阵

决策动作	实体状态 $s(x)$
接受：a	$C(s(x),a)$
拒绝：r	$C(s(x),r)$
不承诺：n	$C(s(x),n)$

1.11　三支决策的几何描述

三支决策的主要结果是将一个实体的论域 U 划分为三个两两互不相交的集合，即 POS、BND 和 NEG，并对应三个集合得到不同的规则。由于有些域可能是空集，所以从严格意义上讲，{POS，BND，NEG}不一定是 U 的一个划分。为了讨论方便，在不引起歧义的前提下，我们仍称{POS，BND，NEG}为 U 的一个划分。对应于这三个区域，它们的补集可构造如下：

$$\mathrm{POS}^{\mathrm{C}}=\mathrm{BND}\cup\mathrm{NEG}$$

$$\mathrm{NEG}^{\mathrm{C}}=\mathrm{POS}\cup\mathrm{BND}$$

$$\mathrm{BND}^{\mathrm{C}}=\mathrm{POS}\cup\mathrm{NEG}$$

这六个集合之间的关系可以用一个六边形表示，如图 1.5 所示。

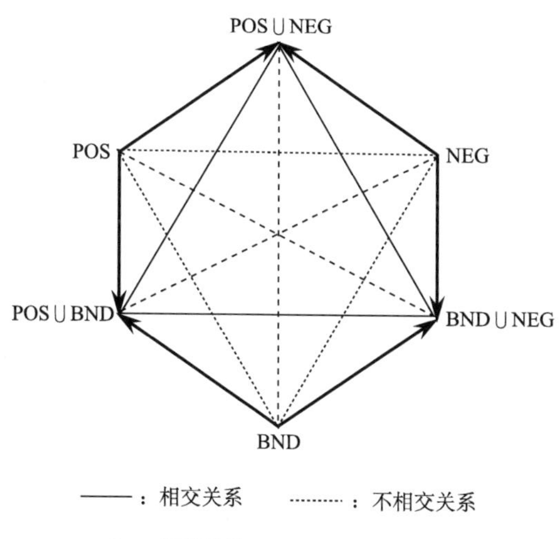

图 1.5　三支决策中六个集合之间的关系

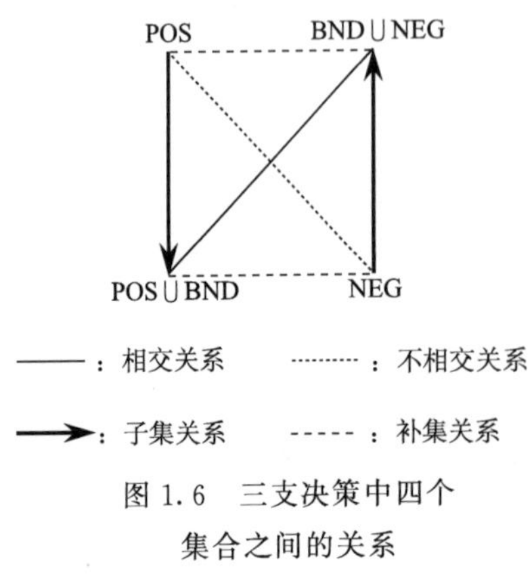

图 1.6 三支决策中四个集合之间的关系

根据二支决策和三支决策的关系，可知正域和负域在三支决策中占有比较重要的地位，因此，可以考虑由正域和负域引出的四个集合POS、NEG、POS∪BND和BND∪NEG。它们之间的关系可用一个正方形表示，如图1.6所示。该正方形可以看成图1.5中六边形的一个子图。

正方形和六边形给出了三支决策中不同区域之间的紧密关系，这种几何表示将三支决策同经典的亚里士多德对立正方形(square of opposition)和 Blanché 的概念六边形组织(hexagonal organization of concepts)联系到一起[17-20]，为三支决策研究提供了逻辑基础和研究方法。

1.12 本章小结

三支决策的研究是一种新的尝试，欲将众多领域中用到的决策方法和思想同人类直观的信息处理模式联系在一起，以期提供一个普适的理论。三支决策的研究虽然刚刚开始，却已取得了很多令人鼓舞的成果。许多学者的关注和欣然加入，更为该理论的发展注入了新鲜血液并打下了坚实基础。本章通过对三支决策研究中十个相关问题的简单讨论，为进一步研究指出了可能的方向。对于这些还不完全成熟的想法，真诚地欢迎大家提出建议和意见。

参考文献

[1] Yao Y Y. An outline of a theory of three-way decisions. Proceedings of the RSCTC 2012,LNCS(LNAI) 7413,2012:1-17.

[2] 贾修一，商琳，周献中，等. 三支决策理论与应用. 南京:南京大学出版社，2012.

[3] 苗夺谦，高灿，张楠. 基于三支决策理论的半监督学习//贾修一，商琳，周献中，等. 三支决策理论与应用. 南京:南京大学出版社，2012:17-33 .

[4] 李华雄，周献中，赵佳宝，等. 基于三支决策粗糙集的代价敏感分类方法//贾修一，商琳，周献中，等. 三支决策理论与应用. 南京:南京大学出版社，2012:34-48.

[5] 刘盾，李天瑞，梁德翠. 基于决策粗糙集的三支政策决策分析//贾修一，商琳，周献中，等. 三支决策理论与应用. 南京:南京大学出版社，2012:49-60.

[6] 贾修一，商琳. 基于三支决策的垃圾邮件过滤//贾修一，商琳，周献中，等. 三支决策理论与应用. 南京:南京大学出版社，2012:61-79.

[7] 赵姝，张燕平. 构造性覆盖算法的三支决策//贾修一，商琳，周献中，等. 三支决策理论与应用. 南京:南京大学出版社，2012:80-102.

[8] 姚静涛，张燕. 基于博弈粗糙集的三支决策//贾修一，商琳，周献中，等. 三支决策理论与应用. 南京:南京

大学出版社，2012：103-117.

[9] 邓晓飞，王洪凯，姚一豫. 基于三支决策的自适应粗糙集近似//贾修一，商琳，周献中，等. 三支决策理论与应用. 南京：南京大学出版社，2012：118-130.

[10] Miller G A. The magical number seven, plus or minus two: Some limits on our capacity for processing information. Psychological Review, 1956, 101: 343-352.

[11] Cowan N. The magical number 4 in short-term memory: A reconsideration of mental storage capacity. Behavioral and Brain Sciences, 2001, 24: 87-114.

[12] Mitchell T M. Machine Learning. New York: McGraw Hill, 1997.

[13] Yao Y Y. Three-way decisions with probabilistic rough sets. Information Sciences, 2010, 180: 341-353.

[14] Yao Y Y. The superiority of three-way decisions in probabilistic rough set models. Information Sciences, 2011, 181: 1080-1096.

[15] Yao Y Y. Two semantic issues in a probabilistic rough set model. Fundamenta Informaticae, 2011, 108: 249-265.

[16] Deng X F, Yao Y Y. Decision-Theoretic Shadowed Sets. Manuscript, 2013.

[17] Dubois D, Prade H. From Blanché's hexagonal organization of concepts to formal concept analysis and possibility theory. Logica Universalis, 2012, 6: 149-169.

[18] Schang F. Oppositions and opposites//Béziau J Y, Jacquette D. Around and Beyond the Square of Opposition. Heidelberg: Springer, 2012: 147-173.

[19] Ciucci D, Dubois D, Prade H. Oppositions in rough set theory. Proceedings of RSKT 2012, LNCS (LNAI) 7414, 2012: 504-513.

[20] Béziau J Y. The new rising of the square of opposition //Béziau J Y, Jacquette D. Around and Beyond the Square of Opposition. Heidelberg: Springer, 2012: 3-19.

第 2 章　不确定性三支决策理论

刘　盾[1,2]　李天瑞[3]　梁德翠[1]

1. 西南交通大学经济管理学院

2. 清华大学经济管理学院

3. 西南交通大学信息科学与技术学院

考虑到实际决策环境中的不确定特征，本章将随机、区间和模糊三种不确定性因素引入三支决策理论中，并在决策粗糙集框架下分别讨论损失函数为随机数、区间数和模糊数时，三种扩展决策粗糙集模型。首先，讨论在贝叶斯期望风险最小决策的语义下，三种决策粗糙集理论基本模型的构建过程。其次，分析三种决策粗糙集理论的相关数学性质和准则。最后，分别通过 PPP 项目投资、石油投资和企业信用评估三个实际例子，说明三种决策粗糙集模型的应用过程。

2.1　引　　言

近年来，作为粗糙集和粒计算理论的一个重要应用方向，三支决策理论与方法已受到粗糙集研究及粒计算等领域学者的广泛关注。在粗糙集理论中，一对确定的集合即上近似集和下近似集，被用于描述一个概念集合。这两个近似集把论域分成三个互不相交的区域：正域、边界域和负域。基于以上三个区域，加拿大里贾纳大学的姚一豫教授将贝叶斯风险决策引入粗糙集中，提出了决策粗糙集理论[1-2]，并进而提出了三支决策的概念[3-7]。它赋予了粗糙集一个新的语义：从正域里获取的正规则用来表示接受(acceptance)某事物；从负域里获取的负规则用来表示拒绝(rejection)某事物；落在边界域上的规则表示需要进一步观察，即延迟(deferment)决策。这种将论域分为三部分的决策方式，很好地描述了人类在解决实际决策问题时的思维模式，使粗糙集方法在应用于数据驱动的决策分类问题时具有可靠的理论依据，正成为国内外粗糙集和粒计算研究领域的一个新热点。

考虑下面两个例子。一是在论文的审稿过程中，对于一篇稿件，如果审稿人觉得稿件十分优秀则直接接收，如果觉得稿件质量太差则直接拒稿。但是在大多情况下，稿件可能具有一定的创新性，但技术、语言等方面都需要进一步提高，审稿人往往建议修改和重审[6-7]。二是在医学治疗中，中医讲究望闻问切，对于一些小病，医生能够快速准确地做出有病或无病的诊断；而对于一些疑难杂症，需要通过进行一些检查才能进一步确诊。从上述例子可以看出，三支决策思想符合人类认知的能力和决策模式。此外，各国学者也将三支决策思想应用到信息、管理、医学等领域，其应用价值受到越来越多的关注[6-9]。李华雄等提出了基于三支决策的风险偏好决策模型[10]。于洪等研究了三支决策在自动聚类问题中的应用[11]，贾修一等提出了基于三支决策的文本分类方法[12]。Yao 和 Herbert 研究了三支决策在属性选择问题中的应用，给出了决策粗糙集在医疗网络支持系统的应用方法[13]。赵文清等研究了三支决策在信息过滤中的应用[14]。Ayad 等研究了贝叶斯决策粗糙集在 E-learning 系统中的应用[15]。刘盾等也讨论了决策粗糙集在石油开采和政策风险问题中的应用[16-17]。

在本章中，我们将主要讨论在随机、区间和模糊三种不确定条件下，三支决策的相关理论和方法。

2.2　三支决策的基本概念

为了更好地讨论三支决策相关理论，下面先介绍三支决策相关的基本概念、记法和结论[3-7,18-21]。

设 U 表示论域，为一有限非空集合，$R\subseteq U\times U$ 为论域 U 上的等价关系。$\mathrm{apr}=(U,R)$ 也称为近似空间，而等价关系 R 可形成对论域 U 上的一个划分，记为 U/R。设 X 为论域 U 的子集，即 $X\subseteq U$，则 X 的下近似集 $\underline{\mathrm{apr}}(X)$ 与上近似集 $\overline{\mathrm{apr}}(X)$ 可以定义为

$$\begin{aligned}\underline{\mathrm{apr}}(X)&=\{x\in U\mid [x]_R\subseteq X\}\\ \overline{\mathrm{apr}}(X)&=\{x\in U\mid [x]_R\cap X\subseteq\varnothing\}\end{aligned}\tag{2.1}$$

式中，$[x]_R$ 表示对象 x 在等价关系 R 下的等价类。为简便起见，$[x]_R$ 直接由 $[x]$ 代替表示。根据子集 $X\subseteq U$ 的上下近似集定义，可把整个论域 U 划分为互不相交的三个区域：正域 $\mathrm{POS}(X)$、边界域 $\mathrm{BND}(X)$ 和负域 $\mathrm{NEG}(X)$，分别定义为

$$\begin{aligned}&\mathrm{POS}(X)=\underline{\mathrm{apr}}(X)=\{x\in U\mid [x]\subseteq X\}\\ &\mathrm{BND}(X)=\overline{\mathrm{apr}}(X)-\underline{\mathrm{apr}}(X)=\{x\in U\mid [x]\cap X\neq\varnothing\wedge [x]\not\subset X\}\\ &\mathrm{NEG}(X)=U-\overline{\mathrm{apr}}(X)=\{x\in U\mid [x]\cap X=\varnothing\}\end{aligned}\tag{2.2}$$

由正域 $\mathrm{POS}(X)$ 生成的一个正规则对应做出接受决策，由负域 $\mathrm{NEG}(X)$ 生成的负规则对应做出拒绝决策，而由边界域 $\mathrm{BND}(X)$ 生成的边界规则做出延迟决策。这就是我们所说的三支决策方法。

Pawlak 和 Skowron 建议采用粗糙隶属度函数来重新定义上下近似集，粗糙集隶属度 μ_A 可以定义为

$$\mu_A(x)=P(X\mid[x])=\frac{|X\cap[x]|}{|[x]|} \tag{2.3}$$

式中，$|\cdot|$表示一个集合的基数，$P(X|[x])$表示分类的条件概率。对应粗糙隶属函数，式(2.2)中的 Pawlak 三个成对分离的区域定义可等价为

$$\begin{aligned}\mathrm{POS}(X)&=\{x\in U\mid P(X\mid[x])=1\}\\ \mathrm{BND}(X)&=\{x\in U\mid 0<P(X\mid[x])<1\}\\ \mathrm{NEG}(X)&=\{x\in U\mid P(X\mid[x])=0\}\end{aligned} \tag{2.4}$$

从式(2.4)可得，在论域U中那些非 0 和非 1 隶属函数值的对象将被分到边界区域。但是在实际中，一个更加松散的分类可能会更加有意义。如果一个对象的条件概率足够大，那么它将被分到正域中。同理，如果一个对象的条件概率足够小，那么它将被分到负域中。由此，决策粗糙集通过引入一对阈值α和β来代替式(2.4)中的 0 和 1，其中$0\leqslant\beta<\alpha\leqslant1$。这个$(\alpha,\beta)$-概率正域、边界域和负域可以被$(\alpha,\beta)$-概率上下近似集定义为

$$\begin{aligned}\mathrm{POS}_{(\alpha,\beta)}(X)&=\{x\in U\mid P(X\mid[x])\geqslant\alpha\}\\ \mathrm{BND}_{(\alpha,\beta)}(X)&=\{x\in U\mid \alpha<P(X\mid[x])<\beta\}\\ \mathrm{NEG}_{(\alpha,\beta)}(X)&=\{x\in U\mid P(X\mid[x])\leqslant\beta\}\end{aligned} \tag{2.5}$$

在式(2.5)中，当$\alpha=1,\beta=0$时，该式转化为 Pawlak 粗糙集模型；当$\alpha=\beta=0.5$时，该式转化为 0.5-概率粗糙集模型；当$\beta=1-\alpha$时，该式转化为对称变精度粗糙集模型；当$\beta\neq1-\alpha$时，该式转化为非对称变精度粗糙集模型。然而，对于式(2.5)中的α和β取值，大多概率粗糙集模型并未给出其语义解释，α和β的语义问题需要进一步深入讨论。

在实际应用中，阈值α和β代表了决策过程中的风险测度。风险厌恶者为了减少犯错误的概率，可能会选择高的α值和低的β值；相反，风险爱好者为了追求高风险和高收益可能会选择低的α值和高的β值。因此，估计出α和β的合理值在实际决策过程中变得非常重要。但是，在大多数的概率粗糙集中，阈值α和β一般都是通过专家的直觉或者经验给定，但是这种模型缺乏对所需参数的语义解释。为了克服上述不足，Yao 等通过把贝叶斯决策过程引入概率粗糙集中，提出了决策粗糙集[1-2]。其基本思路简要概括如下。

设$\Omega=\{\omega_1,\omega_2,\cdots,\omega_m\}$表示有限$m$个状态的集合，$A=\{a_1,a_2,\cdots,a_n\}$表示有限$n$个可能的决策行动。$P(\omega_i|x)$表示对象$x$在状态$\omega_i$的条件概率，这里直接用$x$描述对象。$\lambda(a_j|\omega_i)$表示在状态$\omega_i$的情况下采取$a_j$行动的损失或者成本。对于对象$x$，假设采取行动$a_j$。如果$P(\omega_i|x)$表示给定的对象$x$在真实状态$\omega_i$下的概率，那么采取行动$a_j$的期望成本为

$$R(a_j \mid x)=\sum_{i=1}^{m}\lambda(a_j \mid \omega_i)P(\omega_i \mid x) \tag{2.6}$$

通常，一个决策规则 $\tau(x)$ 可以看成对象 x 所采取的行动，因此，决策规则的总体风险为

$$R=\sum_{x\in U}R(\tau(x) \mid x)P(x) \tag{2.7}$$

式(2.7)中给出了各对象的所有可能描述情况。对于每一个对象 x，可以根据式(2.7)计算条件风险 $R(a_j|x)$，从中选出条件风险最小的行动。

决策粗糙集模型是基于贝叶斯决策过程的。基于三支决策的思想，决策粗糙集模型利用两个状态集和三个行动集描述决策过程。状态集 $\Omega=\{X,\neg X\}$ 分别表示某事件属于 X 和不属于 X，行动集 $A=\{a_P,a_B,a_N\}$ 分别表示接受某事件、延迟决策和拒绝某事件三种行动。考虑到采取不同行动会产生不同的损失，用 λ_{PP}、λ_{BP}、λ_{NP} 分别表示当 x 属于 X 时，采取行动 a_P、a_B、a_N 下的损失；用 λ_{PN}、λ_{BN}、λ_{NN} 分别表示当 x 不属于 X 时，采取行动 a_P、a_B、a_N 下的损失。因此，根据式(2.7)，采取 a_P、a_B、a_N 三种行动下的期望损失可分别表示为

$$\begin{aligned}
R(a_P \mid [x])&=\lambda_{PP}P(X \mid [x])+\lambda_{PN}P(\neg X \mid [x])\\
R(a_B \mid [x])&=\lambda_{BP}P(X \mid [x])+\lambda_{BN}P(\neg X \mid [x])\\
R(a_N \mid [x])&=\lambda_{NP}P(X \mid [x])+\lambda_{NN}P(\neg X \mid [x])
\end{aligned} \tag{2.8}$$

根据贝叶斯决策准则，需要选择期望损失最小的行动集作为最佳行动方案，于是可得到如下三条决策规则。

(P)：若 $R(a_P|[x])\leqslant R(a_B|[x])$ 和 $R(a_P|[x])\leqslant R(a_N|[x])$ 同时成立，那么 $x\in \mathrm{POS}(X)$。

(B)：若 $R(a_B|[x])\leqslant R(a_P|[x])$ 和 $R(a_B|[x])\leqslant R(a_N|[x])$ 同时成立，那么 $x\in \mathrm{BND}(X)$。

(N)：若 $R(a_N|[x])\leqslant R(a_P|[x])$ 和 $R(a_N|[x])\leqslant R(a_B|[x])$ 同时成立，那么 $x\in \mathrm{NEG}(X)$。

由于 $P(X|[x])+P(\neg X|[x])=1$，所以上述规则只与概率 $P(X|[x])$ 和相关的损失函数 λ 有关。此外，考虑到接受正确事物的损失不大于延迟接受正确事物的损失，且这两者都小于拒绝正确事物的损失；拒绝错误事物的损失不大于延迟拒绝错误事物的损失，且这两者都小于接受错误事物的损失。因此，一个合理的假设为 $0\leqslant\lambda_{PP}\leqslant\lambda_{BP}<\lambda_{NP}$，$0\leqslant\lambda_{NN}\leqslant\lambda_{BN}<\lambda_{PN}$。据此，可计算三条决策规则(P)、(B)、(N)的条件如下。

对于规则(P)：

$$R(a_P \mid [x])\leqslant R(a_B \mid [x])$$

$$\Leftrightarrow P(X \mid [x]) \geqslant \frac{\lambda_{PN}-\lambda_{BN}}{(\lambda_{PN}-\lambda_{BN})+(\lambda_{BP}-\lambda_{PP})}$$

$$R(a_P \mid [x]) \leqslant R(a_N \mid [x])$$

$$\Leftrightarrow P(X \mid [x]) \geqslant \frac{\lambda_{PN}-\lambda_{NN}}{(\lambda_{PN}-\lambda_{NN})+(\lambda_{NP}-\lambda_{PP})}$$

对于规则(B)：

$$R(a_B \mid [x]) \leqslant R(a_P \mid [x])$$

$$\Leftrightarrow P(X \mid [x]) \leqslant \frac{\lambda_{PN}-\lambda_{BN}}{(\lambda_{PN}-\lambda_{BN})+(\lambda_{BP}-\lambda_{PP})}$$

$$R(a_B \mid [x]) \leqslant R(a_N \mid [x])$$

$$\Leftrightarrow P(X \mid [x]) \geqslant \frac{\lambda_{BN}-\lambda_{NN}}{(\lambda_{BN}-\lambda_{NN})+(\lambda_{NP}-\lambda_{BP})}$$

对于规则(N)：

$$R(a_N \mid [x]) \leqslant R(a_P \mid [x])$$

$$\Leftrightarrow P(X \mid [x]) \leqslant \frac{\lambda_{PN}-\lambda_{NN}}{(\lambda_{PN}-\lambda_{NN})+(\lambda_{NP}-\lambda_{PP})}$$

$$R(a_N \mid [x]) \leqslant R(a_B \mid [x])$$

$$\Leftrightarrow P(X \mid [x]) \leqslant \frac{\lambda_{BN}-\lambda_{NN}}{(\lambda_{BN}-\lambda_{NN})+(\lambda_{NP}-\lambda_{BP})}$$

令

$$\alpha=\frac{\lambda_{PN}-\lambda_{BN}}{(\lambda_{PN}-\lambda_{BN})+(\lambda_{BP}-\lambda_{PP})}$$

$$\beta=\frac{\lambda_{BN}-\lambda_{NN}}{(\lambda_{BN}-\lambda_{NN})+(\lambda_{NP}-\lambda_{BP})} \tag{2.9}$$

$$\gamma=\frac{\lambda_{PN}-\lambda_{NN}}{(\lambda_{PN}-\lambda_{NN})+(\lambda_{NP}-\lambda_{PP})}$$

由规则(B)可知，$\alpha>\beta$，则$\frac{\lambda_{BP}-\lambda_{PP}}{\lambda_{PN}-\lambda_{BN}}<\frac{\lambda_{NP}-\lambda_{BP}}{\lambda_{BN}-\lambda_{NN}}$。此外，由不等式$\frac{b}{a}>\frac{d}{c}\Rightarrow\frac{b}{a}>\frac{b+d}{a+c}>\frac{d}{c}(a,b,c,d>0)$，则有$\frac{\lambda_{BP}-\lambda_{PP}}{\lambda_{PN}-\lambda_{BN}}<\frac{\lambda_{NP}-\lambda_{PP}}{\lambda_{PN}-\lambda_{NN}}<\frac{\lambda_{NP}-\lambda_{BP}}{\lambda_{BN}-\lambda_{NN}}$。因而，有$0\leqslant\beta<\gamma<\alpha\leqslant 1$。这样，规则(P)、(B)、(N)可重写为

(P1)：若 $P(X|[x])\geqslant\alpha$，则 $x\in \mathrm{POS}(X)$；

(B1)：若 $\beta<P(X|[x])<\alpha$，则 $x\in \mathrm{BND}(X)$；

(N1)：若 $P(X|[x])\leqslant\beta$，则 $x\in \mathrm{NEG}(X)$。

规则(P1)表示：若在$[x]$的描述下，X 发生的概率大于阈值α，则可将$[x]$划分到 X 的正域中，同时做出立即执行的正域决策。

规则(B1)表示：若在$[x]$的描述下，X 发生的概率小于阈值β，则可将$[x]$划分到 X 的负域中，同时做出不执行的负域决策。

规则(N1)表示：若在$[x]$的描述下，X 发生的概率介于阈值α 和β 之间，则将$[x]$划分到 X 的边界域中，此时决策依据不足，需要收集更多信息以便做出正确决策。

规则(P1)、(B1)、(N1)描述了基于决策粗糙集的三支决策语义，给予了一种基于贝叶斯最小风险下的三支决策语义解释。相对于其他概率决策粗糙集，两个参数α 和β 可以直接计算得出。由于决策粗糙集模型给予了概率粗糙集模型一种三支决策的语义解释，它更能代表概率粗糙集的思想。在实际应用中，人们可以简单地使用决策粗糙集的结果，而不去考虑所依赖的损失函数，但应该认识到两个阈值与决策的风险密切相关[4]。

此外，Yao 还提出利用相对损失函数描述代替决策粗糙集三支决策中的绝对阈值函数[4]，即令

$$\begin{aligned}
\lambda_{(P-B)N} &= \lambda_{PN} - \lambda_{BN} \\
\lambda_{(B-N)N} &= \lambda_{BN} - \lambda_{NN} \\
\lambda_{(N-B)P} &= \lambda_{NP} - \lambda_{BP} \\
\lambda_{(B-P)P} &= \lambda_{BP} - \lambda_{PP}
\end{aligned} \tag{2.10}$$

则式(2.9)可改写为

$$\begin{aligned}
\alpha &= \frac{\lambda_{PN} - \lambda_{BN}}{(\lambda_{PN} - \lambda_{BN}) + (\lambda_{BP} - \lambda_{PP})} = \left(1 + \frac{\lambda_{BP} - \lambda_{PP}}{\lambda_{PN} - \lambda_{BN}}\right)^{-1} \\
\beta &= \frac{\lambda_{BN} - \lambda_{NN}}{(\lambda_{BN} - \lambda_{NN}) + (\lambda_{NP} - \lambda_{BP})} = \left(1 + \frac{\lambda_{NP} - \lambda_{BP}}{\lambda_{BN} - \lambda_{NN}}\right)^{-1} \\
\gamma &= \frac{\lambda_{PN} - \lambda_{NN}}{(\lambda_{PN} - \lambda_{NN}) + (\lambda_{NP} - \lambda_{PP})} = \left(1 + \frac{\lambda_{NP} - \lambda_{PP}}{\lambda_{PN} - \lambda_{NN}}\right)^{-1}
\end{aligned} \tag{2.11}$$

式(2.11)说明，所有六个损失函数λ_{PP}、λ_{BP}、λ_{NP}、λ_{PN}、λ_{BN}、λ_{NN}都可以由四种相对损失函数$\lambda_{(P-B)N}$、$\lambda_{(B-N)N}$、$\lambda_{(N-B)P}$和$\lambda_{(B-P)P}$来刻画，而后者在实际决策问题中更加容易获取。式(2.11)揭示了三支决策的另一层含义：如果相对损失函数间的比值相同，则得到的阈值参数相同。

然而，三支决策理论需要考虑的一个关键问题是如何给定模型中损失函数的取值。在 Yao 提出的决策粗糙集基本模型中，损失函数的取值是一个实数(单值)，这在特殊的决策环境下，人们可以简单利用金钱、时间、能源等显性指标对损失函数进行刻画和描述[22]。然而，在更多的实际决策过程中，存在决策环境的复杂性、信息获取的不完备性、群决策中各专家意见的不一致性、决策者所具备知识的有限性和思维模糊性等不确定性情况，决策者在多数情况下很难

确切地给出损失函数的具体取值[23-25]。因此,在某种程度上,损失函数应具有一定的不确定性。

“不确定性”一词最早出现于 1836 年詹姆斯·穆勒的《政治经济学是否有用》一书中。在经济学中,它是指经济行为者在事先不能准确地知道某种决策的结果,即经济主体对于未来的经济状况(尤其是收益和损失)的分布范围和状态不能确知。诺贝尔经济学奖和图灵奖获得者赫尔曼·西蒙从认知和行为的角度出发,也认为“不可避免的是,如果经济学家要与不确定性打交道,就必须理解人类行为面临的不确定性”。一般来说,不确定的含义很广泛,主要包括随机性、模糊性、不完全性、不稳定性和不一致性等方面。考虑到随机性和模糊性是不确定性的重要的表征形式,下面主要分别讨论损失函数为随机、区间和模糊情况下的三支决策理论与方法。

2.3 基于统计分布的三支决策模型

在本节中,主要讨论损失函数满足随机性这一不确定性条件下,基于统计分布的三支决策模型[26]。

随机性也称偶然性,它是指具有某一概率的事件集合中的各个事件所表现出来的不确定性。其数学机理在于:事件发生的条件不充分,使条件与结果之间没有决定性的因果关系。一般说来,随机性满足以下几个条件:①事件可以在基本相同的条件下重复进行;②在基本相同条件下,某事件可能以多种方式表现出来,事先不能确定它以何种特定方式发生;③事先可以预见该事件以各种方式出现的所有可能性,预见其以某种特定方式出现的概率,即在重复过程中出现的频率。例如,在掷色子游戏中,首先,事件可以重复进行;其次,可以掷出 1～6 点的点数;再者,掷出每一种点色的概率是相同的。随机性是由于条件不充分而导致的结果的不确定性,它反映了因果律的破缺。

对随机的数学刻画是用“概率”表示的,借助随机变量的分布函数,人们可以研究随机现象的全部统计特征。事件的概率表示该事件发生某一结果可能性的大小。若要全面了解事件,则必须知道事件发生的全部结果及各种结果可能发生的概率,即必须知道事件的随机概率分布。下面,主要讨论损失函数服从两个典型的连续型概率分布(均匀分布和正态分布)的情形。

首先,考虑均匀分布的情形。

定义 2.1 若连续型随机变量 Z 具有如下的概率密度函数,则称 Z 服从区间 $[a,b]$ 上的均匀分布(uniform distribution),记为 $Z\sim U(a,b)$。

$$f(x)=\begin{cases}\dfrac{1}{b-a}, & a\leqslant x\leqslant b\\ 0, & \text{其他}\end{cases} \tag{2.12}$$

式中，a 为区间的下界，b 为区间的上界。式(2.12)表明，Z 落在$[a,b]$的子区间内的概率只与子区间长度有关，而与子区间位置无关。因此，Z 落在$[a,b]$的长度相等的子区间内的可能性是相等的。此时，随机变量 Z 的期望和方差可表示为 $E(Z)=\frac{a+b}{2}, V(Z)=\frac{(b-a)^2}{12}$。

假设决策粗糙集模型中的六个损失函数都服从均匀分布，即 $\lambda_{PP}\sim U(a_{PP}, b_{PP})$，$\lambda_{BP}\sim U(a_{BP}, b_{BP})$，$\lambda_{NP}\sim U(a_{NP}, b_{NP})$，$\lambda_{NN}\sim U(a_{NN}, b_{NN})$，$\lambda_{BN}\sim U(a_{BN}, b_{BN})$，$\lambda_{PN}\sim U(a_{PN}, b_{PN})$。其中，$0\leqslant a_{PP}\leqslant a_{BP}<a_{NP}$，$0\leqslant a_{NN}\leqslant a_{BN}<a_{PN}$；$0\leqslant b_{PP}\leqslant b_{BP}<b_{NP}$，$0\leqslant b_{NN}\leqslant b_{BN}<b_{PN}$。为简便起见，这里利用各损失函数的期望 $E(\lambda)$ 替代 λ 的取值。由于 $\frac{a_{PP}+b_{PP}}{2}\leqslant\frac{a_{BP}+b_{BP}}{2}<\frac{a_{NP}+b_{NP}}{2}$，$\frac{a_{NN}+b_{NN}}{2}\leqslant\frac{a_{BN}+b_{BN}}{2}<\frac{a_{PN}+b_{PN}}{2}$，用 $E(\lambda)$ 替代 λ，利用式(2.9)，可得到 $\bar{\alpha}, \bar{\beta}, \bar{\gamma}$ 的取值为

$$\begin{aligned}
\bar{\alpha} &= \frac{E(\lambda_{PN})-E(\lambda_{BN})}{[E(\lambda_{PN})-E(\lambda_{BN})]+[E(\lambda_{BP})-E(\lambda_{PP})]} \\
&= \frac{(a_{PN}+b_{PN})-(a_{BN}+b_{BN})}{[(a_{PN}+b_{PN})-(a_{BN}+b_{BN})]+[(a_{BP}+b_{BP})-(a_{PP}+b_{PP})]} \\
\bar{\beta} &= \frac{E(\lambda_{BN})-E(\lambda_{NN})}{[E(\lambda_{BN})-E(\lambda_{NN})]+[E(\lambda_{NP})-E(\lambda_{BP})]} \\
&= \frac{(a_{BN}+b_{BN})-(a_{NN}+b_{NN})}{[(a_{BN}+b_{BN})-(a_{NN}+b_{NN})]+[(a_{NP}+b_{NP})-(a_{BP}+b_{BP})]} \\
\bar{\gamma} &= \frac{E(\lambda_{PN})-E(\lambda_{NN})}{[E(\lambda_{PN})-E(\lambda_{NN})]+[E(\lambda_{NP})-E(\lambda_{PP})]} \\
&= \frac{(a_{PN}+b_{PN})-(a_{NN}+b_{NN})}{[(a_{PN}+b_{PN})-(a_{NN}+b_{NN})]+[(a_{NP}+b_{NP})-(a_{PP}+b_{PP})]}
\end{aligned} \tag{2.13}$$

其次，考虑正态分布的情形。

定义 2.2　若连续型随机变量 Z 具有如下的概率密度函数，则称 Z 服从一个均值为 μ，方差为 σ^2 的正态分布(normal distribution)，记为 $Z\sim N(\mu,\sigma^2)$。

$$f(x;\mu,\sigma^2)=\frac{1}{\sigma\sqrt{2\pi}}\mathrm{e}^{-\frac{(x-\mu)2}{2\sigma2}} \tag{2.14}$$

式中，当 $\mu=0, \sigma^2=1$ 时，称为标准正态分布。均数 μ 决定正态曲线的中心位置，标准差 σ 决定正态曲线的陡峭或扁平程度。σ 越小，曲线越陡峭；σ 越大，曲线越扁平。

假设决策粗糙集模型中的六个损失函数都服从正态分布，即 $\lambda_{PP}\sim N(\mu_{PP}, \sigma_{PP}^2)$，$\lambda_{BP}\sim N(\mu_{BP}, \sigma_{BP}^2)$，$\lambda_{NP}\sim N(\mu_{NP}, \sigma_{NP}^2)$，$\lambda_{NN}\sim N(\mu_{NN}, \sigma_{NN}^2)$，$\lambda_{BN}\sim N(\mu_{BN}, \sigma_{BN}^2)$，$\lambda_{PN}\sim N(\mu_{PN}, \sigma_{PN}^2)$。根据统计学的“68-95.5-99.7”规则(68%的观察资料落

在 μ 的 1σ 范围内，95.5%的观察资料落在 μ 的 2σ 范围内，99.7%的观察资料落在 μ 的 3σ 范围内)，可以构造在三个不同置信度条件下 λ 的置信区间：$P(\mu-\sigma\leqslant\lambda\leqslant\mu+\sigma)\approx0.6827$，$P(\mu-2\sigma\leqslant\lambda\leqslant\mu+2\sigma)\approx0.9545$，$P(\mu-3\sigma\leqslant\lambda\leqslant\mu+3\sigma)\approx0.9973$。

因此，根据“68-95.5-99.7”规则，可以用三个置信区间$[\mu-n\sigma,\mu+n\sigma](n=1,2,3)$替代 λ。此外，决策粗糙集模型要求 $\lambda_{\cdot\cdot}\geqslant0$，即 $\mu_{\cdot\cdot}-n\sigma_{\cdot\cdot}\geqslant0$。在上述条件下，很容易得到 α、β 和 γ 的三组最小值和最大值，即

$$
\begin{aligned}
\alpha^{\min}&=\frac{(\mu_{PN}-n\sigma_{PN})-(\mu_{BN}+n\sigma_{BN})}{[(\mu_{PN}+n\sigma_{PN})-(\mu_{BN}-n\sigma_{BN})]+[(\mu_{BP}+n\sigma_{BP})-(\mu_{PP}-n\sigma_{PP})]}\\
\alpha^{\max}&=\frac{(\mu_{PN}+n\sigma_{PN})-(\mu_{BN}-n\sigma_{BN})}{[(\mu_{PN}-n\sigma_{PN})-(\mu_{BN}+n\sigma_{BN})]+[(\mu_{BP}-n\sigma_{BP})-(\mu_{PP}+n\sigma_{PP})]}\\
\beta^{\min}&=\frac{(\mu_{BN}-n\sigma_{BN})-(\mu_{NN}+n\sigma_{NN})}{[(\mu_{BN}+n\sigma_{BN})-(\mu_{NN}-n\sigma_{NN})]+[(\mu_{NP}+n\sigma_{NP})-(\mu_{BP}-n\sigma_{BP})]}\\
\beta^{\max}&=\frac{(\mu_{BN}+n\sigma_{BN})-(\mu_{NN}-n\sigma_{NN})}{[(\mu_{BN}-n\sigma_{BN})-(\mu_{NN}+n\sigma_{NN})]+[(\mu_{NP}-n\sigma_{NP})-(\mu_{BP}+n\sigma_{BP})]}\\
\gamma^{\min}&=\frac{(\mu_{PN}-n\sigma_{PN})-(\mu_{NN}+n\sigma_{NN})}{[(\mu_{PN}+n\sigma_{PN})-(\mu_{NN}-n\sigma_{NN})]+[(\mu_{NP}+n\sigma_{NP})-(\mu_{PP}-n\sigma_{PP})]}\\
\gamma^{\max}&=\frac{(\mu_{PN}+n\sigma_{PN})-(\mu_{NN}-n\sigma_{NN})}{[(\mu_{PN}-n\sigma_{PN})-(\mu_{NN}+n\sigma_{NN})]+[(\mu_{NP}-n\sigma_{NP})-(\mu_{PP}+n\sigma_{PP})]}
\end{aligned}
\tag{2.15}
$$

值得注意的是，在实际应用中，应尽量保证式(2.15)中分子和分母的每一个子项都为非负的。换句话说，可以根据这一要求去寻找 n 的最大取值。n 的大小决定了置信区间所对应的置信度的大小，因而可以找到使所有条件成立时，取 α、β 和 γ 值所对应的最大置信度。进而考虑到所有 α、β 和 γ 都需要满足取值落在区间[0,1]，则有

$$
\begin{aligned}
\alpha&\in[\alpha^{Low},\alpha^{Upp}]=[\max\{\alpha^{\min},0\},\min\{\alpha^{\max},1\}]\\
\beta&\in[\beta^{Low},\beta^{Upp}]=[\max\{\beta^{\min},0\},\min\{\beta^{\max},1\}]\\
\gamma&\in[\gamma^{Low},\gamma^{Upp}]=[\max\{\gamma^{\min},0\},\min\{\gamma^{\max},1\}]
\end{aligned}
\tag{2.16}
$$

考虑两个特例：$\lambda^1_{\cdot\cdot}=\mu_{\cdot\cdot}-n\sigma_{\cdot\cdot}$；$\lambda^2_{\cdot\cdot}=\mu_{\cdot\cdot}+n\sigma_{\cdot\cdot}$。可以计算在这两种情况下，分别对应的阈值 α^1、β^1、α^2、β^2 为

$$
\alpha^1=\frac{(\mu_{PN}-n\sigma_{PN})-(\mu_{BN}-n\sigma_{BN})}{[(\mu_{PN}-n\sigma_{PN})-(\mu_{BN}-n\sigma_{BN})]+[(\mu_{BP}-n\sigma_{BP})-(\mu_{PP}-n\sigma_{PP})]}
$$

$$
\beta^1=\frac{(\mu_{BN}-n\sigma_{BN})-(\mu_{NN}-n\sigma_{NN})}{[(\mu_{BN}-n\sigma_{BN})-(\mu_{NN}-n\sigma_{NN})]+[(\mu_{NP}-n\sigma_{NP})-(\mu_{BP}-n\sigma_{BP})]}
$$

$$\alpha^2=\frac{(\mu_{PN}+n\sigma_{PN})-(\mu_{BN}+n\sigma_{BN})}{[(\mu_{PN}+n\sigma_{PN})-(\mu_{BN}+n\sigma_{BN})]+[(\mu_{BP}+n\sigma_{BP})-(\mu_{PP}+n\sigma_{PP})]}$$
$$\beta^2=\frac{(\mu_{BN}+n\sigma_{BN})-(\mu_{NN}+n\sigma_{NN})}{[(\mu_{BN}+n\sigma_{BN})-(\mu_{NN}+n\sigma_{NN})]+[(\mu_{NP}+n\sigma_{NP})-(\mu_{BP}+n\sigma_{BP})]} \tag{2.17}$$

明显地，α^1、$\alpha^2\in[\alpha^{\text{Low}},\alpha^{\text{Upp}}]$，$\beta^1$、$\beta^2\in[\beta^{\text{Low}},\beta^{\text{Upp}}]$。

下面利用一个公私合伙制(Public Private Partnership，PPP)项目投资的例子阐明基于均匀分布和正态分布的三支决策模型应用过程。

PPP 项目是公共部门通过与私人部门建立伙伴关系提供公共产品或服务的一种项目。政府通过与私营商签订长期协议，授权私营商代替政府建设、运营或管理公共基础设施并向公众提供公共服务。PPP 项目包含 BOT(build operate transfer)、TOT(transfer operate transfer)等多种模式，但又不同于后者，PPP 项目更加强调合作过程中的风险分担机制和项目的货币价值(value for money)原则。PPP 模式是公共基础设施建设中发展起来的一种优化的项目融资与实施模式，是一种以各参与方的“双赢”或“多赢”为合作理念的现代融资模式。其典型的结构为：特许经营类项目需要私人参与部分或全部投资，并通过一定的合作机制与公共部门分担项目风险、共享项目收益。总而言之，PPP 项目在进行过程中，存在一定的风险和不确定性因素。

在 PPP 项目的风险投资评估过程中，假设存在两个状态集和三个行动集。状态集 $\Omega=\{X,\neg X\}$分别表示好项目和坏项目。行动集 $A=\{a_P,a_B,a_N\}$分别表示投资、延迟决策和不投资三种行动。在这个投资模型中存在六个参数，λ_{PP}、λ_{BP}、λ_{NP}分别表示当 PPP 项目是好项目时进行投资、延迟投资和不投资的损失；λ_{PN}、λ_{BN}、λ_{NN}分别表示当 PPP 项目是坏项目时进行投资、延迟投资和不投资的损失。这里考虑两种情况：损失函数 $\lambda_{..}$ 服从均匀分布，损失函数 $\lambda_{..}$ 服从正态分布。表 2.1 给出了六个 PPP 项目，当 $\lambda_{..}$ 分别服从两种分布时，专家给出的各参数取值情况。

表 2.1　六个 PPP 项目的各参数的取值表

项目 U	$\lambda_{..}\sim U(a,b)$											
	a_{PP}	b_{PP}	a_{BP}	b_{BP}	a_{NP}	b_{NP}	a_{PN}	b_{PN}	a_{BN}	b_{BN}	a_{NN}	b_{NN}
x_1	0.5	1.5	1	3	2	6	2.5	7.5	1.5	4.5	1	3
x_2	2	4	4	6	7	9	3	5	0.25	0.75	0	0
x_3	0.5	1.5	1	2	2	4	4	6	0.5	1.5	0	0
x_4	3	5	6	8	10	12	5	9	3	6	1	3
x_5	1	3	2	4	3	5	2	4	0.5	1.5	0	1
x_6	0	2	1	3	3	4	4	6	2	4	1	3

续表

项目	$\lambda_{..}\sim N(\mu,\sigma^2)$											
U	μ_{PP}	σ_{PP}	μ_{BP}	σ_{BP}	μ_{NP}	σ_{NP}	μ_{PN}	σ_{PN}	μ_{BN}	σ_{BN}	μ_{NN}	σ_{NN}
x_1	1	0. 1	2	0. 2	4	0. 25	5	0. 3	3	0. 15	2	0. 05
x_2	3	0. 2	5	0. 4	8	0. 6	4	0. 3	0. 5	0. 05	0	0
x_3	1	0. 05	1. 5	0. 1	3	0. 2	5	0. 5	1	0. 05	0	0
x_4	4	0. 2	7	0. 3	11	0. 5	7	0. 3	4. 5	0. 2	2	0. 1
x_5	2	0. 1	3	0. 1	4	0. 1	3	0. 2	1	0. 1	0. 5	0
x_6	1	0. 05	2	0. 1	3. 5	0. 15	5	0. 2	3	0. 1	2	0. 05

根据表 2. 1,式(2. 13)、式(2. 15)和式(2. 17),可以计算六个 PPP 项目的损失函数分别服从均匀分布($\lambda_{..}\sim U(a,b)$)和正态分布($\lambda_{..}\sim N(\mu,\sigma^2)$($n=1,2,3$))时,$\alpha$、$\beta$ 和 γ 的计算结果,如表 2. 2 所示。

表 2. 2　六个 PPP 项目的阈值的计算结果表

项目	均匀分布			正态分布($n=1$)					
U	$\bar{\alpha}$	$\bar{\beta}$	$\bar{\gamma}$	α^{Low}	α^{Upp}	β^{Low}	β^{Upp}	γ^{Low}	γ^{Upp}
x_1	0. 6667	0. 3333	0. 5000	0. 4133	1. 0000	0. 2051	0. 5106	0. 3955	0. 6321
x_2	0. 6364	0. 1429	0. 4444	0. 4884	0. 8462	0. 0874	0. 2245	0. 3663	0. 5443
x_3	0. 8889	0. 4000	0. 7143	0. 6635	1. 0000	0. 3115	0. 4884	0. 5806	0. 8800
x_4	0. 4545	0. 3846	0. 4167	0. 3077	0. 6667	0. 2716	0. 5185	0. 3511	0. 4954
x_5	0. 6667	0. 3333	0. 5556	0. 4857	0. 9200	0. 2105	0. 5000	0. 4694	0. 6585
x_6	0. 6667	0. 4000	0. 5455	0. 4928	0. 9020	0. 2787	0. 5476	0. 4622	0. 6436

项目	正态分布($n=2$)						正态分布($n=3$)					
U	α^{Low}	α^{Upp}	β^{Low}	β^{Upp}	γ^{Low}	γ^{Upp}	α^{Low}	α^{Upp}	β^{Low}	β^{Upp}	γ^{Low}	γ^{Upp}
x_1	0. 2444	1. 0000	0. 1395	0. 8235	0. 3108	0. 8043	0. 1238	1. 0000	0. 0808	1. 0000	0. 2407	1. 0000
x_2	0. 3784	1. 0000	0. 0714	0. 4286	0. 3036	0. 6765	0. 2934	1. 0000	0. 0526	1. 0000	0. 252	0. 8596
x_3	0. 4915	1. 0000	0. 2813	0. 6111	0. 4706	1. 0000	0. 3561	1. 0000	0. 2394	0. 7931	0. 3784	1. 0000
x_4	0. 2000	1. 0000	0. 2184	0. 7209	0. 2958	0. 5918	0. 1176	1. 0000	0. 1633	1. 0000	0. 2484	0. 7126
x_5	0. 3500	1. 0000	0. 1429	0. 7778	0. 3962	0. 7838	0. 2444	1. 0000	0. 0833	1. 0000	0. 3333	0. 9394
x_6	0. 359	1. 0000	0. 2121	0. 7647	0. 3906	0. 7609	0. 2529	1. 0000	0. 1486	1. 0000	0. 3285	0. 9036

项目	正态分布($n=1$)			正态分布($n=1$)		
U	α^1	β^1	γ^1	α^2	β^2	γ^2
x_1	0. 6727	0. 3158	0. 4911	0. 6615	0. 3492	0. 5078
x_2	0. 6436	0. 1385	0. 4458	0. 6303	0. 1467	0. 4433
x_3	0. 8875	0. 4043	0. 7087	0. 8900	0. 3962	0. 7190
x_4	0. 4528	0. 3871	0. 4174	0. 4561	0. 3824	0. 4160
x_5	0. 6552	0. 2857	0. 5349	0. 6774	0. 3750	0. 5745
x_6	0. 6667	0. 3958	0. 5429	0. 6667	0. 4038	0. 5478

续表

项目 U	正态分布(n=2)			正态分布(n=2)		
	α^1	β^1	γ^1	α^2	β^2	γ^2
x_1	0.6800	0.2963	0.4808	0.6571	0.3636	0.5147
x_2	0.6522	0.1333	0.4474	0.625	0.1500	0.4423
x_3	0.8857	0.4091	0.7018	0.8909	0.3929	0.7229
x_4	0.4510	0.3898	0.4182	0.4576	0.3803	0.4154
x_5	0.6429	0.2308	0.5122	0.6875	0.4118	0.5918
x_6	0.6667	0.3913	0.5400	0.6667	0.4074	0.5500
项目 U	正态分布(n=3)			正态分布(n=3)		
	α^1	β^1	γ^1	α^2	β^2	γ^2
x_1	0.6889	0.2745	0.4688	0.6533	0.3768	0.5208
x_2	0.6627	0.1273	0.4493	0.6204	0.1529	0.4414
x_3	0.8833	0.4146	0.6931	0.8917	0.3898	0.7263
x_4	0.4490	0.3929	0.419	0.4590	0.3784	0.4148
x_5	0.6296	0.1667	0.4872	0.6970	0.4444	0.6078
x_6	0.6667	0.3864	0.5368	0.6667	0.4107	0.5520

表 2.2 给出了考虑不同分布和情形下，各 PPP 项目阈值的计算结果。可以发现：对于每个项目 $x_i \in X(i=1,2,\cdots,6)$，有 α^1、$\alpha^2 \in [\alpha^{\text{Low}}, \alpha^{\text{Upp}}]$，$\beta^1$、$\beta^2 \in [\beta^{\text{Low}}, \beta^{\text{Upp}}]$。为了简便起见，假设对所有的六个项目，给定 $P(X|x_i)=0.67$，根据规则(P1)、(B1)、(N1)，分布比较 $P(X|x_i)$和表 2.2 中 α、β 和 γ 的大小关系，可以得到对于不同项目的最优决策结果，如表 2.3 所示。

表 2.3　六个 PPP 项目的决策结果表

(α,β)	POS(X)	BND(X)	NEG(X)
$(\bar{\alpha},\bar{\beta})$	$\{x_1,x_2,x_4,x_5,x_6\}$	$\{x_3\}$	$\varnothing$
$(\alpha^1,\beta^1)(n=1)$	$\{x_2,x_4,x_5,x_6\}$	$\{x_1,x_3\}$	$\varnothing$
$(\alpha^2,\beta^2)(n=1)$	$\{x_1,x_2,x_4,x_6\}$	$\{x_3,x_5\}$	$\varnothing$
$(\alpha^1,\beta^1)(n=2)$	$\{x_2,x_4,x_5,x_6\}$	$\{x_1,x_3\}$	$\varnothing$
$(\alpha^2,\beta^2)(n=2)$	$\{x_1,x_2,x_4,x_6\}$	$\{x_3,x_5\}$	$\varnothing$
$(\alpha^1,\beta^1)(n=3)$	$\{x_2,x_4,x_5,x_6\}$	$\{x_1,x_3\}$	$\varnothing$
$(\alpha^2,\beta^2)(n=3)$	$\{x_1,x_2,x_4,x_6\}$	$\{x_3,x_5\}$	$\varnothing$

可以看到，在三支决策过程中，三个决策区域的确立取决于条件概率和阈值的大小关系，一旦 $P(X|x_i)$的值确定了，相应的决策区域也随之确定。此外，本节只

讨论了损失函数满足均匀分布和正态分布两种情形下三支决策模型的建立和应用。其他统计分布下的三支决策模型和方法，留给读者自行推导和思考。

2.4　基于区间集的三支决策模型

在 2.3 节中，讨论了三支决策模型的损失函数具有随机性时的情形，本节主要讨论损失函数具有区间不确定性时的情形[23]。

区间不确定性是继随机性和模糊性之后被人们研究的又一种不确定性。区间不确定性一般可由区间变量或凸集合模型描述。作为单值的一种扩展形式，区间数(也称为区间值)利用一个区间来对不确定性进行度量，它符合实际决策中人的思维模糊性、知识有限性和信息不充分等特点，在实际决策过程中也更加容易获取。例如，在矿山开采的问题中，专家评估将贫矿判为富矿，开采后带来的损失很难用一个具体值(如 150 万元)来刻画。相对地，利用一个区间值(如 140 万～160 万元)来刻画更符合实际。

在初等代数，传统上区间指一个集合，包含在某两个特定实数之间的所有实数(开区间)，亦可能同时包含该两个实数(闭区间)。区间表示法是表示一个变量在某个区间内的方式。对区间数的研究可追溯到 Young 在 1931 年的工作，之后 Moore 出版相关区间分析专著，推动了区间数研究的发展。Moore 在区间数基础上建立了区间运算，这为用区间值来决策分析中的应用奠定了理论基础。下面，简单介绍区间数的四则运算法则。

对于实数上的子集$[a,b]$、$[c,d]$，有

(1) 加法：$[a,b]+[c,d]=[a+c,b+d]$；

(2) 减法：$[a,b]-[c,d]=[a-c,b-d]$；

(3) 乘法：$[a,b]\times[c,d]=[\min(ac,ad,bc,bd),\max(ac,ad,bc,bd)]$；

(4) 除法：$[a,b]/[c,d]=\left[\min\left(\frac{a}{c},\frac{a}{d},\frac{b}{c},\frac{b}{d}\right),\max\left(\frac{a}{c},\frac{a}{d},\frac{b}{c},\frac{b}{d}\right)\right]$。

其中，加法和乘法符合交换律、结合律和子分配律。值得注意的是，被一个包含零的区间除，在基础区间算术上无定义。

下面，给出区间集信息系统的相关概念，并建立基于区间集的三支决策模型。

定义 2.3　区间值信息系统为一个四元组 $I=\{U,A,V,f\}$，其中 $U=\{u_1,u_2,\cdots,u_n\}$是非空有限论域集；$A=\{a_1,a_2,\cdots,a_m\}$是非空有限属性集；$V=\bigcup_{a_k\in A}V_{a_k}$表示属性 $a_k\in A$ 的值域；$f:U\times A\rightarrow V$ 是一个映射函数，它赋予论域中 U 的每一个对象 u_i 在属性 a_k 上的区间属性值，对于 $\forall u_i\in U$，$\forall a_k\in A$，有 $f(u_i,a_k)=[v_{ik}^{\mathrm{L}},v_{ik}^{\mathrm{U}}]$。其中，$v_{ik}^{\mathrm{L}}$表示值域的下界，$v_{ik}^{\mathrm{U}}$表示值域的上界。

根据第 2.2 节定义的基本模型，考虑到损失函数具有一定的波动性，引入区间值损失函数代替单值损失函数，令 $\lambda_{PP}=[\lambda_{PP}^{L},\lambda_{PP}^{U}]$，$\lambda_{BP}=[\lambda_{BP}^{L},\lambda_{BP}^{U}]$，$\lambda_{NP}=[\lambda_{NP}^{L},\lambda_{NP}^{U}]$，$\lambda_{PN}=[\lambda_{PN}^{L},\lambda_{PN}^{U}]$，$\lambda_{BN}=[\lambda_{BN}^{L},\lambda_{BN}^{U}]$，$\lambda_{NP}=[\lambda_{NN}^{L},\lambda_{NN}^{U}]$。其中，$\lambda_{\cdot\cdot}^{L}$ 代表各损失函数的下界，它表示乐观主义者对风险的衡量，因为乐观主义者追求一种高风险高收益的决策模式，他们往往对损失给予较小的数值；$\lambda_{\cdot\cdot}^{U}$ 代表各损失函数的上界，它可以表示悲观主义者对风险的衡量，因为悲观主义者趋于保守，害怕犯错，他们往往对损失给予较大的数值。基于上述分析，根据式(2.6)，乐观主义决策准则和悲观主义决策准则采取 a_P、a_B 和 a_N 三种行动下的期望损失可分别由式(2.18)和式(2.19)给出。

$$
\begin{aligned}
R^{opt}(a_P \mid [x]) &= \lambda_{PP}^{L}P(X \mid [x]) + \lambda_{PN}^{L}P(\neg X \mid [x]) \\
R^{opt}(a_B \mid [x]) &= \lambda_{BP}^{L}P(X \mid [x]) + \lambda_{PN}^{L}P(\neg X \mid [x]) \\
R^{opt}(a_N \mid [x]) &= \lambda_{BP}^{U}P(X \mid [x]) + \lambda_{NN}^{L}P(\neg X \mid [x])
\end{aligned}
\tag{2.18}
$$

$$
\begin{aligned}
R^{pes}(a_P \mid [x]) &= \lambda_{PP}^{U}P(X \mid [x]) + \lambda_{PN}^{U}P(\neg X \mid [x]) \\
R^{pes}(a_B \mid [x]) &= \lambda_{BP}^{U}P(X \mid [x]) + \lambda_{BN}^{U}P(\neg X \mid [x]) \\
R^{pes}(a_N \mid [x]) &= \lambda_{NP}^{U}P(X \mid [x]) + \lambda_{NN}^{U}P(\neg X \mid [x])
\end{aligned}
\tag{2.19}
$$

根据贝叶斯决策准则，需要选择期望损失最小的行动集作为最佳行动方案，于是可得到如下三条决策规则。

(P′)：若 $R^{\cdot}(a_P|[x])\leqslant R^{\cdot}(a_B|[x])$ 和 $R^{\cdot}(a_P|[x])\leqslant R^{\cdot}(a_N|[x])$ 同时成立，则 $x\in \mathrm{POS}(X)$。

(B′)：若 $R^{\cdot}(a_B|[x])\leqslant R^{\cdot}(a_P|[x])$ 和 $R^{\cdot}(a_B|[x])\leqslant R^{\cdot}(a_N|[x])$ 同时成立，则 $x\in \mathrm{BND}(X)$。

(N′)：若 $R^{\cdot}(a_N|[x])\leqslant R^{\cdot}(a_P|[x])$ 和 $R^{\cdot}(a_N|[x])\leqslant R^{\cdot}(a_B|[x])$ 同时成立，则 $x\in \mathrm{NEG}(X)$。

由于 $P(X|[x])+P(\neg X|[x])=1$，上述规则只与概率 $P(X|[x])$ 和相关的损失函数 λ 有关。此外，考虑到接受正确事物的损失不大于延迟接受正确事物的损失，且这两者都小于拒绝正确事物的损失；拒绝错误事物的损失不大于延迟拒绝错误事物的损失，且这两者都小于接受错误事物的损失，即 $0\leqslant\lambda_{PP}\leqslant\lambda_{BP}<\lambda_{NP}$，$0\leqslant\lambda_{NN}\leqslant\lambda_{BN}<\lambda_{PN}$。对于乐观主义者，一个合理的假设为 $0\leqslant\lambda_{PP}^{L}\leqslant\lambda_{BP}^{L}<\lambda_{BP}^{U}$，$0\leqslant\lambda_{NN}^{L}\leqslant\lambda_{PN}^{L}<\lambda_{PN}^{L}$；对于悲观主义者，一个合理的假设为 $0\leqslant\lambda_{PP}^{U}\leqslant\lambda_{BP}^{U}<\lambda_{NP}^{U}$，$0\leqslant\lambda_{NN}^{U}\leqslant\lambda_{BN}^{U}<\lambda_{PN}^{U}$。据此，可分别计算乐观主义者和悲观主义者三个阈值参数的值，如表 2.4 所示。

表 2.4 乐观主义者和悲观主义者三个阈值参数取值表

参数	乐观主义者	悲观主义者
α	$\alpha_1=\dfrac{\lambda_{PN}^{L}-\lambda_{BN}^{L}}{(\lambda_{PN}^{L}-\lambda_{BN}^{L})+(\lambda_{BP}^{L}-\lambda_{PP}^{L})}$	$\alpha_2=\dfrac{\lambda_{PN}^{U}-\lambda_{BN}^{U}}{(\lambda_{PN}^{U}-\lambda_{BN}^{U})+(\lambda_{BP}^{U}-\lambda_{PP}^{U})}$
β	$\beta_1=\dfrac{\lambda_{BN}^{L}-\lambda_{NN}^{L}}{(\lambda_{BN}^{L}-\lambda_{NN}^{L})+(\lambda_{NP}^{L}-\lambda_{BP}^{L})}$	$\beta_2=\dfrac{\lambda_{BN}^{U}-\lambda_{NN}^{U}}{(\lambda_{BN}^{U}-\lambda_{NN}^{U})+(\lambda_{NP}^{U}-\lambda_{BP}^{U})}$
γ	$\gamma_1=\dfrac{\lambda_{PN}^{L}-\lambda_{NN}^{L}}{(\lambda_{PN}^{L}-\lambda_{NN}^{L})+(\lambda_{NP}^{L}-\lambda_{PP}^{L})}$	$\gamma_2=\dfrac{\lambda_{PN}^{U}-\lambda_{NN}^{U}}{(\lambda_{PN}^{U}-\lambda_{NN}^{U})+(\lambda_{NP}^{U}-\lambda_{PP}^{U})}$

由规则(B′)可知，$\alpha_1>\beta_1$ 和 $\alpha_2>\beta_2$，则 $\dfrac{\lambda_{BP}^{L}-\lambda_{PP}^{L}}{\lambda_{PN}^{L}-\lambda_{BN}^{L}}<\dfrac{\lambda_{NP}^{L}-\lambda_{BP}^{L}}{\lambda_{BN}^{L}-\lambda_{NN}^{L}}$，$\dfrac{\lambda_{BP}^{U}-\lambda_{PP}^{U}}{\lambda_{PN}^{U}-\lambda_{BN}^{U}}<\dfrac{\lambda_{NP}^{U}-\lambda_{BP}^{U}}{\lambda_{BN}^{U}-\lambda_{NN}^{U}}$。此外，由不等式 $\dfrac{b}{a}>\dfrac{d}{c}\Rightarrow\dfrac{b}{a}>\dfrac{b+d}{a+c}>\dfrac{d}{c}(a、b、c、d>0)$，有 $\dfrac{\lambda_{BP}^{L}-\lambda_{PP}^{L}}{\lambda_{PN}^{L}-\lambda_{BN}^{L}}<\dfrac{\lambda_{NP}^{L}-\lambda_{PP}^{L}}{\lambda_{PN}^{L}-\lambda_{NN}^{L}}<\dfrac{\lambda_{NP}^{L}-\lambda_{BP}^{L}}{\lambda_{BN}^{L}-\lambda_{NN}^{L}}$，$\dfrac{\lambda_{BP}^{U}-\lambda_{PP}^{U}}{\lambda_{PN}^{U}-\lambda_{BN}^{U}}<\dfrac{\lambda_{NP}^{U}-\lambda_{PP}^{U}}{\lambda_{PN}^{U}-\lambda_{NN}^{U}}<\dfrac{\lambda_{NP}^{U}-\lambda_{BP}^{U}}{\lambda_{BN}^{U}-\lambda_{NN}^{U}}$。因而，$0\leqslant\beta_1<\gamma_1<\alpha_1\leqslant 1$，$0\leqslant\beta_2<\gamma_2<\alpha_2\leqslant 1$。这样，决策规则(P′)、(B′)、(N′)可重写为

对于乐观主义者：

(P′1)：如果 $P(X|[x])\geqslant\alpha_1$，则 $x\in \mathrm{POS}(X)$；

(B′1)：如果 $\beta_1<P(X|[x])<\alpha_1$，则 $x\in \mathrm{BND}(X)$；

(N′1)：如果 $P(X|[x])\leqslant\beta_1$，则 $x\in \mathrm{NEG}(X)$。

对于悲观主义者：

(P′2)：如果 $P(X|[x])\geqslant\alpha_2$，则 $x\in \mathrm{POS}(X)$；

(B′2)：如果 $\beta_2<P(X|[x])<\alpha_2$，则 $x\in \mathrm{BND}(X)$；

(N′2)：如果 $P(X|[x])\leqslant\beta_2$，则 $x\in \mathrm{NEG}(X)$。

当 $\lambda_{PP}^{L}=\lambda_{PP}^{U}$，$\lambda_{BP}^{L}=\lambda_{BP}^{U}$，$\lambda_{NP}^{U}=\lambda_{NP}^{U}$，$\lambda_{PN}^{L}=\lambda_{PN}^{U}$，$\lambda_{BN}^{L}=\lambda_{BN}^{U}$，$\lambda_{NN}^{L}=\lambda_{NN}^{U}$ 时，决策规则(P′1)、(B′1)、(N′1)与(P′2)、(B′2)、(N′2)等价，区间值三支决策模型退化为 Yao 提出的决策粗糙集。

在实际决策问题中，人们往往采用群决策的方式进行问题求解。由于不同专家有不同的偏好，最终决策结果往往是集结各个专家的意见。在区间值决策粗糙集模型中，必须考虑方案集结带来的影响，这在阈值函数 α 和 β 的设置上表现为 α 和 β 也应为区间值。另外，考虑到模型的实际语义性，需要满足

$$\begin{aligned}&0\leqslant\lambda_{PP}^{L}\leqslant\lambda_{PP}^{U}<\lambda_{BP}^{L}\leqslant\lambda_{BP}^{U}<\lambda_{NP}^{U}\leqslant\lambda_{NP}^{U}\\&0\leqslant\lambda_{NN}^{L}\leqslant\lambda_{NN}^{U}<\lambda_{BN}^{L}\leqslant\lambda_{BN}^{U}<\lambda_{PN}^{L}\leqslant\lambda_{PN}^{U}\end{aligned}\tag{2.20}$$

式(2.20)表示接受正确事物的最大损失小于延迟接受正确事物的最小损失，延迟接受正确事物的最大损失小于接受错误事物的最小损失；拒绝错误事物的最大损失小于延迟拒绝错误事物的最小损失，延迟拒绝错误事物的最大损失小于接受错误事物的最小损失。

下面，给出两个定理来确定 α 和 β 的区间上下确界。

定理 2.1　在满足式(2.20)条件下，$\alpha \in \left[\dfrac{\lambda_{PN}^{L}-\lambda_{BN}^{U}}{(\lambda_{PN}^{U}-\lambda_{BN}^{L})+(\lambda_{BP}^{U}-\lambda_{PP}^{L})}, \min\left(\dfrac{\lambda_{PN}^{U}-\lambda_{BN}^{L}}{(\lambda_{PN}^{L}-\lambda_{BN}^{U})+(\lambda_{BP}^{L}-\lambda_{PP}^{U})},1\right)\right]$。

证明：由于 $\lambda_{PN}-\lambda_{BN}\geqslant 0,\lambda_{BP}-\lambda_{PP}\geqslant 0,\alpha=\dfrac{\lambda_{PN}-\lambda_{BN}}{(\lambda_{PN}-\lambda_{BN})+(\lambda_{BP}-\lambda_{PP})}$。由于 $\lambda_{PN}^{L}-\lambda_{PN}^{U}\leqslant\lambda_{PN}-\lambda_{BN}\leqslant\lambda_{PN}^{U}-\lambda_{PN}^{L},\lambda_{BP}^{L}-\lambda_{PP}^{U}\leqslant\lambda_{BP}-\lambda_{PP}\leqslant\lambda_{BP}^{U}-\lambda_{PP}^{L}$，则 $(\lambda_{PN}^{L}-\lambda_{BN}^{U})+(\lambda_{BP}^{L}-\lambda_{PP}^{U})\leqslant(\lambda_{PN}-\lambda_{BN})+(\lambda_{BP}-\lambda_{PP})\leqslant(\lambda_{PN}^{U}-\lambda_{BN}^{L})+(\lambda_{BP}^{U}-\lambda_{PP}^{L})$，因此，

$$\frac{\lambda_{PN}^{L}-\lambda_{BN}^{U}}{(\lambda_{PN}^{U}-\lambda_{BN}^{L})+(\lambda_{BP}^{U}-\lambda_{PP}^{L})}\leqslant\frac{\lambda_{PN}-\lambda_{BN}}{(\lambda_{PN}-\lambda_{BN})+(\lambda_{BP}-\lambda_{PP})}\leqslant\frac{\lambda_{PN}^{U}-\lambda_{BN}^{L}}{(\lambda_{PN}^{L}-\lambda_{BN}^{U})+(\lambda_{BP}^{L}-\lambda_{PP}^{U})}。$$

此外，由 $\alpha\in[0,1]$，$\dfrac{\lambda_{PN}^{L}-\lambda_{BN}^{U}}{(\lambda_{PN}^{U}-\lambda_{BN}^{L})+(\lambda_{BP}^{U}-\lambda_{PP}^{L})}$、$\dfrac{\lambda_{PN}^{U}-\lambda_{BN}^{L}}{(\lambda_{PN}^{L}-\lambda_{BN}^{U})+(\lambda_{BP}^{U}-\lambda_{PP}^{L})}\in[0,1]$，即

$$\alpha\in\left[\frac{\lambda_{PN}^{L}-\lambda_{BN}^{U}}{(\lambda_{PN}^{U}-\lambda_{BN}^{L})+(\lambda_{BP}^{U}-\lambda_{PP}^{L})},\min\left(\frac{\lambda_{PN}^{U}-\lambda_{BN}^{L}}{(\lambda_{PN}^{L}-\lambda_{BN}^{U})+(\lambda_{BP}^{L}-\lambda_{PP}^{U})},1\right)\right]。$$

定理 2.2　在满足式(2.20)条件下，$\beta \in \left[\dfrac{(\lambda_{BN}^{L}-\lambda_{NN}^{U})}{(\lambda_{BN}^{U}-\lambda_{NN}^{L})+(\lambda_{NP}^{U}-\lambda_{BP}^{L})}, \min\left(\dfrac{\lambda_{BN}^{U}-\lambda_{NN}^{L}}{(\lambda_{BN}^{L}-\lambda_{NN}^{U})+(\lambda_{NP}^{L}-\lambda_{BP}^{U})},1\right)\right]$。

证明：由于 $\lambda_{NP}-\lambda_{BP}\geqslant 0,\lambda_{BN}-\lambda_{NN}\geqslant 0,\beta=\dfrac{\lambda_{BN}-\lambda_{NN}}{(\lambda_{BN}-\lambda_{NN})+(\lambda_{NP}-\lambda_{BP})}$。由于 $\lambda_{NP}^{L}-\lambda_{BP}^{U}\leqslant\lambda_{NP}-\lambda_{BP}\leqslant\lambda_{NP}^{U}-\lambda_{BP}^{L},\lambda_{BN}^{L}-\lambda_{NN}^{U}\leqslant\lambda_{BN}-\lambda_{NN}\leqslant\lambda_{BN}^{U}-\lambda_{NN}^{L}$，则 $(\lambda_{NP}^{L}-\lambda_{BP}^{U})+(\lambda_{BN}^{L}-\lambda_{NN}^{U})\leqslant(\lambda_{NP}-\lambda_{BP})+(\lambda_{BN}-\lambda_{NN})\leqslant(\lambda_{NP}^{U}-\lambda_{BP}^{L})+(\lambda_{BN}^{U}-\lambda_{NN}^{L})$，因此，

$$\frac{\lambda_{BN}^{L}-\lambda_{NN}^{U}}{(\lambda_{BN}^{U}-\lambda_{NN}^{L})+(\lambda_{NP}^{U}-\lambda_{BP}^{L})}\leqslant\frac{\lambda_{BN}-\lambda_{NN}}{(\lambda_{BN}-\lambda_{NN})+(\lambda_{NP}-\lambda_{BP})}\leqslant\frac{\lambda_{BN}^{U}-\lambda_{NN}^{L}}{(\lambda_{BN}^{L}-\lambda_{NN}^{U})+(\lambda_{NP}^{L}-\lambda_{BP}^{U})}。$$

此外，由 $\beta\in[0,1]$，$\dfrac{\lambda_{BN}^{L}-\lambda_{NN}^{U}}{(\lambda_{BN}^{U}-\lambda_{NN}^{L})+(\lambda_{NP}^{U}-\lambda_{BP}^{L})}$，$\dfrac{\lambda_{BN}^{U}-\lambda_{NN}^{L}}{(\lambda_{BN}^{L}-\lambda_{NN}^{U})+(\lambda_{NP}^{L}-\lambda_{BP}^{U})}\in[0,1]$，

即 $\beta\in\left[\dfrac{\lambda_{BN}^{L}-\lambda_{NN}^{U}}{(\lambda_{BN}^{U}-\lambda_{NN}^{L})+(\lambda_{NP}^{U}-\lambda_{BP}^{L})},\min\left(\dfrac{\lambda_{BN}^{U}-\lambda_{NN}^{L}}{(\lambda_{BN}^{L}-\lambda_{NN}^{U})+(\lambda_{NP}^{L}-\lambda_{BP}^{U})},1\right)\right]$。

明显地，有

$$\alpha_1、\alpha_2 \in [\alpha_L, \alpha_U] = \left[\frac{\lambda_{PN}^{L} - \lambda_{BN}^{U}}{(\lambda_{PN}^{U} - \lambda_{BN}^{L}) + (\lambda_{BP}^{U} - \lambda_{PP}^{L})}, \min\left(\frac{\lambda_{PN}^{U} - \lambda_{BN}^{L}}{(\lambda_{PN}^{L} - \lambda_{BN}^{U}) + (\lambda_{BP}^{L} - \lambda_{PP}^{U})}, 1 \right) \right]$$

$$\beta_1、\beta_2 \in [\beta_L, \beta_U] = \left[\frac{\lambda_{BN}^{L} - \lambda_{NN}^{U}}{(\lambda_{BN}^{U} - \lambda_{NN}^{L}) + (\lambda_{NP}^{U} - \lambda_{BP}^{L})}, \min\left(\frac{\lambda_{BN}^{U} - \lambda_{NN}^{L}}{(\lambda_{BN}^{L} - \lambda_{NN}^{U}) + (\lambda_{NP}^{L} - \lambda_{BP}^{U})}, 1 \right) \right] \tag{2.21}$$

式(2.21)说明,单纯的乐观主义决策准则或单纯的悲观主义决策准则只是区间值三支决策模型的一个特例。

为了说明模型的有效性,下面利用一个石油投资的例子说明区间值三支模型的应用过程。

考虑一个实际的投资问题时,是否执行一个项目主要看它的期望开采结果。一个待开发油田的结果可能有两种情况:发现石油和未发现石油。对于一块油田,决策粗糙集里的损失函数主要来源于其开采风险。Xie 等把石油开采过程中的风险总结为五大类:开采能力风险、地质和技术风险、财政风险、环境风险和政策风险[27]。Yusgiantoro 和 Hsiao 指出反映石油储量多少最重要的指标之一为矿床碳氢化合物的品质和含量,而所有的油田可以分为三个类型:具有高含量且较少被开采的矿床需要被开采,具有中等含量且具有少量油储存的矿床需要谨慎开采,具有贫乏的碳氢化合物储藏矿床不值得开采[28]。Macmillan 在其博士论文中也认为石油的投资决策可分为三个部分:钻井、不钻井和延迟决策[29]。

根据决策粗糙集理论的思想,石油投资问题可用两个状态集和三个行动集描述决策过程。对于某块油田 x_i,状态集 $\Omega=\{X, \neg X\}$ 分别表示某油田有油和无油两种状态,行动集 $A=\{a_P, a_B, a_N\}$ 分别表示投资、延迟决策和不投资三种行动。各个专家通过对油田五类风险的仔细评估,可以分别给出油田的损失函数。不同专家有不同的偏好,对五类风险的权重偏好也不尽相同,因此,最终各损失函数是由区间值构成的。$[\lambda_{PP}^{L}, \lambda_{PP}^{U}]$、$[\lambda_{BP}^{L}, \lambda_{BP}^{U}]$、$[\lambda_{NP}^{L}, \lambda_{NP}^{U}]$ 分别表示当油田有油时,采取行动 a_P、a_B 和 a_N 下的损失区间;$[\lambda_{PN}^{L}, \lambda_{PN}^{U}]$、$[\lambda_{BN}^{L}, \lambda_{BN}^{U}]$、$[\lambda_{NN}^{L}, \lambda_{NN}^{U}]$ 分别表示当油田无油时,采取行动 a_P、a_B 和 a_N 下的损失区间。表 2.5 列出了六块油田的损失情况,其数值是综合相关专家意见得到的。通过表 2.5 和式(2.21)计算可得六块油田相应的 α 和 β 值,计算结果如表 2.6 所示。

表 2.5　六块油田的综合评估损失情况(u 为单位损失)

油田 U	λ_{PP}^{L}	λ_{PP}^{U}	λ_{BP}^{L}	λ_{BP}^{U}	λ_{NP}^{L}	λ_{NP}^{U}	λ_{NN}^{L}	λ_{NN}^{U}	λ_{BN}^{L}	λ_{BN}^{U}	λ_{PN}^{L}	λ_{PN}^{U}
x_1	$1u$	$1.5u$	$2u$	$2.5u$	$3.5u$	$6.5u$	$1u$	$1.5u$	$1.95u$	$2u$	$5u$	$5.25u$
x_2	$1u$	$2u$	$3u$	$4u$	$5u$	$6u$	$0.5u$	$1u$	$1.8u$	$2u$	$3.5u$	$4u$
x_3	$2u$	$4u$	$5u$	$7u$	$8u$	$9u$	0	$0.5u$	$1u$	$1.2u$	$3u$	$3.5u$
x_4	$3u$	$4u$	$5u$	$6.5u$	$8u$	$10u$	$1u$	$1.5u$	$2.5u$	$3u$	$4u$	$4.2u$
x_5	0.5	$1u$	$1.5u$	$2u$	$3u$	$6u$	$1u$	$1u$	$3.5u$	$4u$	$5.5u$	$6u$
x_6	$4u$	$5u$	$6u$	$6.5u$	$8u$	$9u$	$2u$	$3u$	$4.5u$	$6u$	$9u$	$10u$

表 2.6　六块油田的相关阈值计算结果

油田 U	乐观主义决策准则			悲观主义决策准则			阈值下界		阈值上界	
	α_1	β_1	γ_1	α_2	β_2	γ_2	α_L	β_L	α_U	β_U
x_1	0.7531	0.3878	0.6154	0.7647	0.1111	0.4286	0.6250	0.0818	0.9429	0.6897
x_2	0.4595	0.3939	0.4286	0.5000	0.3333	0.4286	0.2885	0.1778	0.8800	0.8333
x_3	0.4000	0.2500	0.3333	0.4340	0.2593	0.3750	0.2400	0.0962	0.8929	0.8000
x_4	0.4286	0.3333	0.3750	0.3243	0.3000	0.3103	0.1923	0.1429	0.8500	0.8000
x_5	0.6667	0.6250	0.6429	0.6667	0.4286	0.5000	0.3750	0.3333	1.0000	0.8571
x_6	0.6923	0.5556	0.6364	0.7273	0.5455	0.6364	0.3750	0.2143	1.0000	1.0000

表 2.6 清晰地给出了在乐观主义决策准则和悲观主义决策准则下,α、β 和 γ 的取值情况,并给出了 α 和 β 的阈值下界和阈值上界,可以看到,α_1、$\alpha_2 \in [\alpha_L, \alpha_U]$,$\beta_1$、$\beta_2 \in [\beta_L, \beta_U]$。比较本案例的六块油田可发现,$\alpha_2$ 较 α_1 的取值普遍要大,β_2 较 β_1 的取值普遍要小,且区间长度$[\beta_2, \alpha_2]$要普遍大于$[\beta_1, \alpha_1]$。这说明悲观主义者厌恶风险,它通过较大的 α 值和较小的 β 值避免犯错的概率;而乐观主义者偏好风险,它通过较小的 α 值和较大的 β 值博取更高的收益,但这样会增大犯错的概率。在实际问题中,需要比较条件概率 $P(X|[x])$与 α 和 β 值的大小来做出最终决策(为了一般性,这里用 $P(X|[x])$代替 $P(X|x_i)$)。$P(X|[x])$的计算需要先验信息,一种方法可以通过贝叶斯理论,由先验概率 $P(X)$和相似比$\dfrac{P([x]|X)}{P([x])}$计算得到,其简要推导过程如下。

由于 $P(X|[x]) = P(X) \cdot \dfrac{P([x]|X)}{P([x])}$,其中,$P([x])$又可从全概率公式中计算得到,$P([x]) = P(X) \cdot P([x]|X) + P(\neg X) \cdot P([x]|\neg X)$,则

$$
\begin{aligned}
P(X \mid [x]) &= \frac{P(X) \cdot P([x] \mid X)}{P([x])} \\
&= \frac{P(X) \cdot P([x] \mid X)}{P(X) \cdot P([x] \mid X) + P(\neg X) \cdot P([x] \mid \neg X)}
\end{aligned} \tag{2.22}
$$

基于信息系统的角度,式(2.22)中的 $P(X)$ 即基于决策属性划分下,状态集 X 的概率,$P([x])$ 即基于条件属性划分下,等价类 $[x]$ 的概率。由于等价类 $[x]$ 可表示成具有相同属性值的元素的集合,为简便起见,记为 $P([x])=P(v_1,v_2,\cdots,v_m)$,其中,$m$ 为条件属性的个数,v_i 为 $[x]$ 在第 i 个条件属性下的取值。同理,$P([x]|X)=P(v_1,v_2,\cdots,v_m|X)$。

考虑到 $P([x])$ 和 $P([x]|X)$ 的展开式,假设信息系统中的属性之间相互独立,则

$$P([x])=P(v_1,v_2,\cdots,v_m)=P(v_1)\cdot P(v_2)\cdots P(v_m)=\prod_{i=1}^{m}P(v_i) \tag{2.23}$$

$$\begin{aligned}P([x]\mid X)&=P(v_1,v_2,\cdots,v_m\mid X)=P(v_1\mid X)\cdots P(v_m\mid X)\\&=\prod_{i=1}^{m}P(v_i\mid X)\end{aligned} \tag{2.24}$$

可以看到,计算条件概率 $P([x]|X)$ 的相关参数 $P(X)$、$P(v_i)$、$P(v_i|X)$ 都能够从信息系统中直接得出。值得注意的是,为了计算方便,可对式(2.23)和式(2.24)进行 logistic 变换,将“相乘计算”转化为“相加计算”,这将大大提高运算的效率[30]。在这里,为了方便,表 2.7 给出了条件概率 $P(X|x_i)$ 从 0 到 1,步长为 0.1 时,分别考虑 (α_1,β_1)、(α_2,β_2)、(α_L,β_L)、(α_U,β_U) 四种情况下,根据决策准则 (P′)、(B′)、(N′),值得投资油田(进入决策正域)的情况。

表 2.7 条件概率变化下各油田是否值得投资的情况

$P(X\|x_i)$	(α_1,β_1)	(α_2,β_2)	(α_L,β_L)	(α_U,β_U)
0.1	$\varnothing$	$\varnothing$	$\varnothing$	$\varnothing$
0.2	$\varnothing$	$\varnothing$	$\{x_4\}$	$\varnothing$
0.3	$\varnothing$	$\varnothing$	$\{x_2,x_3,x_4\}$	$\varnothing$
0.4	$\{x_3\}$	$\{x_4\}$	$\{x_2,x_3,x_4,x_5,x_6\}$	$\varnothing$
0.5	$\{x_2,x_3,x_4\}$	$\{x_2,x_3,x_4\}$	$\{x_2,x_3,x_4,x_5,x_6\}$	$\varnothing$
0.6	$\{x_2,x_3,x_4\}$	$\{x_2,x_3,x_4\}$	$\{x_2,x_3,x_4,x_5,x_6\}$	$\varnothing$
0.7	$\{x_2,x_3,x_4,x_5,x_6\}$	$\{x_2,x_3,x_4,x_5\}$	$\{x_1,x_2,x_3,x_4,x_5,x_6\}$	$\varnothing$
0.8	$\{x_1,x_2,x_3,x_4,x_5,x_6\}$	$\{x_1,x_2,x_3,x_4,x_5,x_6\}$	$\{x_1,x_2,x_3,x_4,x_5,x_6\}$	$\varnothing$
0.9	$\{x_1,x_2,x_3,x_4,x_5,x_6\}$	$\{x_1,x_2,x_3,x_4,x_5,x_6\}$	$\{x_1,x_2,x_3,x_4,x_5,x_6\}$	$\{x_2,x_3,x_4\}$
1.0	$\{x_1,x_2,x_3,x_4,x_5,x_6\}$	$\{x_1,x_2,x_3,x_4,x_5,x_6\}$	$\{x_1,x_2,x_3,x_4,x_5,x_6\}$	$\{x_1,x_2,x_3,x_4,x_5,x_6\}$

从表 2.7 中可以得到在四种特殊情况下,油田是否值得投资在不同条件概率情况下的变动情况。在实际应用中,相关阈值参数的取值应综合各专家的意见得出。一旦相关损失函数确定,则可视其为区间值决策粗糙集模型的一个特殊情形,

而相应的决策区域也随之确定。此外，对于不同风险偏好者对阈值参数影响的仿真实验可参见文献[10]，这能够帮助决策者对实际问题进行灵敏度、鲁棒性等技术分析。综上所述，本节提出方法能在实际决策中快速、直观地帮助决策者做出合理的选择，具有一定的应用价值。

2.5　基于模糊集的三支决策模型

在前两节中，讨论了三支决策模型的损失函数是随机数和区间数时的情形，本节主要讨论损失函数是模糊数时的情形[24-25]。

模糊性是指由于事物类属划分不分明而引起的判断上的不确定性。例如，健康人与不健康的人之间没有明确的划分，当判断某人是否属于“健康人”时，便可能没有确定的答案，这就是模糊性的一种表现。当一个概念不能用一个分明的集合来表达其外延时，便有某些对象在概念的正反两面之间处于亦此亦彼的形态，它们的类属划分便不分明了，呈现出模糊性，所以模糊性也就是概念外延的不分明性，事物对概念归属的亦此亦彼性。模糊性反映的是排中律的破缺。

对事物模糊性的刻画是用隶属函数表示的。对于论域 U 上的一个模糊子集 A，不能简单地指明哪些元素属于它，哪些元素不属于它，而只能对 U 中每一元素 x 指明以多大的程度隶属于它。以 $\mu_A(x)$ 表示 x 对 A 的隶属度，μ_A 称为 A 的隶属函数。隶属度是模糊数学所要量化处理的对象。Zadeh 提出用“隶属度”的概念表示处于中介过渡的事物对于差异一方所具有的倾向性程度，从亦此亦彼的现象中提取了非此即彼的信息。下面，简要介绍模糊数学的基础知识。

定义 2.4　论域 U 到[0,1]闭区间上的任意映射

$$\begin{aligned}\mu_{\tilde{A}}:U &\to [0,1]\\ x &\to \mu_{\tilde{A}}\end{aligned} \tag{2.25}$$

确定 U 上的一个模糊数 $\tilde{A}$，$\mu_{\tilde{A}}$ 称为 $\tilde{A}$ 的隶属函数，$\mu_{\tilde{A}}(x)$ 称为 x 对 $\tilde{A}$ 的隶属度，记为

$$\tilde{A}=\{(x,\mu_{\tilde{A}}(x))\mid x\in U\} \tag{2.26}$$

定义 2.5　设 $\tilde{A}\in F(X)$，$\forall\,\eta\in[0,1]$，称

$$A_\eta=\{x\mid x\in U,\mu_{\tilde{A}}(x)\geqslant\eta\} \tag{2.27}$$

为 A 的 η-截集。特别地，称 $A_\eta=\{x\mid x\in U,\mu_{\tilde{A}}(x)>\eta\}$ 为 A 的强-截集。

假设 $\tilde{M}$ 和 $\tilde{N}$ 为两个模糊数，$\mu_{\tilde{M}}(m_\eta^{\mathrm{L}})$、$\mu_{\tilde{M}}(m_\eta^{\mathrm{U}})$、$\mu_{\tilde{N}}(m_\eta^{\mathrm{L}})$、$\mu_{\tilde{N}}(m_\eta^{\mathrm{U}})$分别表示模糊数 $\tilde{M}$、$\tilde{N}$ 的 η-截集的左端点和右端点，$\mu_{\tilde{M}}(m_\eta^{\mathrm{L}})=\mu_{\tilde{M}}(m_\eta^{\mathrm{U}})$，$\mu_{\tilde{N}}(m_\eta^{\mathrm{L}})=\mu_{\tilde{N}}(m_\eta^{\mathrm{U}})$，

则模糊数四则运算的具体表达式如下。

(1) 模糊加法：$\widetilde{M}^{\eta}(+)\widetilde{N}^{\eta}=[\mu_{\widetilde{M}}(m_{\eta}^{L})+\mu_{\widetilde{N}}(m_{\eta}^{L}),\mu_{\widetilde{M}}(m_{\eta}^{U})+\mu_{\widetilde{N}}(m_{\eta}^{U})]$。

(2) 模糊减法：$\widetilde{M}^{\eta}(-)\widetilde{N}^{\eta}=[\mu_{\widetilde{M}}(m_{\eta}^{L})-\mu_{\widetilde{N}}(m_{\eta}^{U}),\mu_{\widetilde{M}}(m_{\eta}^{U})-\mu_{\widetilde{N}}(m_{\eta}^{L})]$。

(3) 模糊乘法：$\widetilde{M}^{\eta}(\times)\widetilde{N}^{\eta}=[\mu_{\widetilde{M}}(m_{\eta}^{L})\times\mu_{\widetilde{N}}(m_{\eta}^{L}),\mu_{\widetilde{M}}(m_{\eta}^{U})\times\mu_{\widetilde{N}}(m_{\eta}^{U})]$。

(4) 模糊除法：$\widetilde{M}^{\eta}(\div)\widetilde{N}^{\eta}=[\mu_{\widetilde{M}}(m_{\eta}^{L})\div\mu_{\widetilde{N}}(m_{\eta}^{U}),\mu_{\widetilde{M}}(m_{\eta}^{U})\div\mu_{\widetilde{N}}(m_{\eta}^{L})]$且$\mu_{\widetilde{M}}(m_{\eta}^{L})$、$\mu_{\widetilde{N}}(m_{\eta}^{L})>0$。

在已有对三支决策模型的研究中，大多都是假定损失函数为精确值的。在实际决策过程中，风险应具有一定的不确定性。心理学家 Mishra 等在他们的研究中指出：与一个刚性的、精确的目标相比，人们往往更容易对头脑中勾勒的一个模糊的愿景保持积极性，并最终达成目标[31]。此外，利用模糊数代替精确值，在实际中也往往更容易获取，基于此，本节拟将模糊数损失函数引入决策粗糙集，提出一种模糊数决策粗糙集模型，主要讨论模糊数三支决策基本模型的构建过程，并介绍其相关语义和性质。最后，通过一个企业信用评估问题来给出一个模型的具体应用。

模糊数三支决策模型由两个状态集和三个行动集描述决策过程。状态集$\Omega=\{X,\neg X\}$分别表示某事件属于 X 和不属于 X，行动集 $A=\{a_{P},a_{B},a_{N}\}$分别表示接受某事件、延迟决策和拒绝某事件三种行动。考虑到损失函数具有一定的模糊性，给定一个隶属度 $\eta,\eta\in[0,1]$，$\widetilde{\lambda}_{PP}^{\eta}$、$\widetilde{\lambda}_{BP}^{\eta}$、$\widetilde{\lambda}_{NP}^{\eta}$分别表示当 x 属于 X 时，采取行动 a_{P}、a_{B}、a_{N} 下的损失；$\widetilde{\lambda}_{PN}^{\eta}$、$\widetilde{\lambda}_{BN}^{\eta}$、$\widetilde{\lambda}_{NN}^{\eta}$分别表示当 x 不属于 X 时，采取行动 a_{P}、a_{B}、a_{N} 下的损失。此外，$\bullet\bullet_{\eta}^{L}$ 和 $\bullet\bullet_{\eta}^{U}$ 分别表示模糊损失函数 $\widetilde{\lambda}_{\bullet\bullet}^{\eta}$ 在 η-截集下的左右端点。不同状态下对应的不同行动的损失函数如表 2.8 所示。

表 2.8 不同状态对应不同行动的损失函数

	$X(P)$	$\neg X(N)$
a_{P}	$\widetilde{\lambda}_{PP}^{\eta}=[PP_{\eta}^{L},PP_{\eta}^{U}]$	$\widetilde{\lambda}_{PN}^{\eta}=[PN_{\eta}^{L},PN_{\eta}^{U}]$
a_{B}	$\widetilde{\lambda}_{BP}^{\eta}=[BP_{\eta}^{L},BP_{\eta}^{U}]$	$\widetilde{\lambda}_{BN}^{\eta}=[BN_{\eta}^{L},BN_{\eta}^{U}]$
a_{N}	$\widetilde{\lambda}_{NP}^{\eta}=[NP_{\eta}^{L},NP_{\eta}^{U}]$	$\widetilde{\lambda}_{NN}^{\eta}=[NN_{\eta}^{L},NN_{\eta}^{U}]$

类似 2.4 节对区间三支决策模型对风险的两类分析，这里，$\bullet\bullet_{\eta}^{L}$ 代表各损失函数的下界，表示风险偏好者对风险的衡量，这类人对风险采取乐观态度，他们往往低估损失函数值；$\bullet\bullet_{\eta}^{U}$ 代表各损失函数的上界，可以表示风险厌恶者对风险的衡量，这类人对风险采取悲观态度，他们往往高估损失函数值。

基于上述分析，由式(2.6)，对 $\forall x \in U$，风险偏好者和风险厌恶者采取 a_P、a_B、a_N 三种行动下的期望损失可表示为式(2.28)和式(2.29)。

风险偏好者采取不同行动的期望损失为

$$
\begin{aligned}
R^{opt}(a_P \mid [x]) &= PP_\eta^L P(X \mid [x]) + PN_\eta^L P(\neg X \mid [x]) \\
R^{opt}(a_B \mid [x]) &= BP_\eta^L P(X \mid [x]) + BN_\eta^L P(\neg X \mid [x]) \\
R^{opt}(a_N \mid [x]) &= NP_\eta^L P(X \mid [x]) + NN_\eta^L P(\neg X \mid [x])
\end{aligned} \tag{2.28}
$$

风险厌恶者采取不同行动的期望损失为

$$
\begin{aligned}
R^{pes}(a_P \mid [x]) &= PP_\eta^U P(X \mid [x]) + PN_\eta^U P(\neg X \mid [x]) \\
R^{pes}(a_B \mid [x]) &= BP_\eta^U P(X \mid [x]) + BN_\eta^U P(\neg X \mid [x]) \\
R^{pes}(a_N \mid [x]) &= NP_\eta^U P(X \mid [x]) + NN_\eta^U P(\neg X \mid [x])
\end{aligned} \tag{2.29}
$$

根据贝叶斯决策准则，需要选择期望损失最小的行动集作为最佳行动方案，于是可得到如下三条决策规则。

(P″)：若 $R^{\cdot}(a_P|[x]) \leqslant R^{\cdot}(a_B|[x])$ 和 $R^{\cdot}(a_P|[x]) \leqslant R^{\cdot}(a_N|[x])$ 同时成立，则 $x \in POS(X)$。

(B″)：若 $R^{\cdot}(a_B|[x]) \leqslant R^{\cdot}(a_P|[x])$ 和 $R^{\cdot}(a_B|[x]) \leqslant R^{\cdot}(a_N|[x])$ 同时成立，则 $x \in BND(X)$。

(N″)：若 $R^{\cdot}(a_N|[x]) \leqslant R^{\cdot}(a_P|[x])$ 和 $R^{\cdot}(a_N|[x]) \leqslant R^{\cdot}(a_B|[x])$ 同时成立，则 $x \in NEG(X)$。

对于风险偏好者，合理的假设为 $0 \leqslant PP_\eta^L < BP_\eta^L < NP_\eta^L$，$0 \leqslant NN_\eta^L < BN_\eta^L < PN_\eta^L$；对于风险厌恶者，合理的假设为 $0 \leqslant PP_\eta^U < BP_\eta^U < NP_\eta^U$，$0 \leqslant NN_\eta^U < BN_\eta^U < PN_\eta^U$。上述两个假设表示接受正确事物的损失不大于延迟接受正确事物的损失，且这两者都小于拒绝正确事物的损失；拒绝错误事物的损失不大于延迟拒绝错误事物的损失，且这两者都小于接受错误事物的损失。根据 $P(X|[x]) + P(\neg X|[x]) = 1$，规则只与概率 $P(X|[x])$ 和相关的损失函数有关。由此，分别计算风险偏好者和风险厌恶者三个阈值参数的值，如表 2.9 所示。

表 2.9　风险偏好者和风险厌恶者三个阈值参数取值表

阈值	风险偏好者	风险厌恶者
α	$\alpha_1 = \dfrac{PN_\eta^L - BN_\eta^L}{(PN_\eta^L - BN_\eta^L) + (BP_\eta^L - PP_\eta^L)}$	$\alpha_2 = \dfrac{PN_\eta^U - BN_\eta^U}{(PN_\eta^U - BN_\eta^U) + (BP_\eta^U - PP_\eta^U)}$
β	$\beta_1 = \dfrac{BN_\eta^L - NN_\eta^L}{(BN_\eta^L - NN_\eta^L) + (NP_\eta^L - BP_\eta^L)}$	$\beta_2 = \dfrac{BN_\eta^U - NN_\eta^U}{(BN_\eta^U - NN_\eta^U) + (NP_\eta^U - BP_\eta^U)}$
γ	$\gamma_1 = \dfrac{PN_\eta^L - NN_\eta^L}{(PN_\eta^L - NN_\eta^L) + (NP_\eta^L - PP_\eta^L)}$	$\gamma_2 = \dfrac{PN_\eta^U - NN_\eta^U}{(PN_\eta^U - NN_\eta^U) + (NP_\eta^U - PP_\eta^U)}$

由规则(B″)可知:$\alpha_1>\beta_1$ 和 $\alpha_2>\beta_2$,则 $\frac{BP_\eta^L-PP_\eta^L}{PN_\eta^L-BN_\eta^L}<\frac{NP_\eta^L-BP_\eta^L}{BN_\eta^L-NN_\eta^L}$,$\frac{BP_\eta^U-PP_\eta^U}{PN_\eta^U-BN_\eta^U}<\frac{NP_\eta^U-BP_\eta^U}{BN_\eta^U-NN_\eta^U}$。此外,由不等式 $\frac{b}{a}>\frac{d}{c}\Rightarrow\frac{b}{a}>\frac{b+d}{a+c}>\frac{d}{c}$ $(a、b、c、d>0)$,有 $\frac{BP_\eta^L-PP_\eta^L}{PN_\eta^L-BN_\eta^L}<\frac{NP_\eta^L-PP_\eta^L}{PN_\eta^L-NN_\eta^L}<\frac{NP_\eta^L-BP_\eta^L}{BN_\eta^L-NN_\eta^L}$,$\frac{BP_\eta^U-PP_\eta^U}{PN_\eta^U-BN_\eta^U}<\frac{NP_\eta^U-PP_\eta^U}{PN_\eta^U-NN_\eta^U}<\frac{NP_\eta^U-BP_\eta^U}{BN_\eta^U-NN_\eta^U}$。因而,$0\leqslant\beta_1<\gamma_1<\alpha_1\leqslant 1$ 和 $0\leqslant\beta_2<\gamma_2<\alpha_2\leqslant 1$。这样,决策规则(P″)、(B″)、(N″)可重写为下面两种情况。

对于风险偏好者,其决策准则如下。

(P″1):若 $P(X|[x])\geqslant\alpha_1$,则 $x\in \mathrm{POS}(X)$。

(B″1):若 $\beta_1<P(X|[x])<\alpha_1$,则 $x\in \mathrm{BND}(X)$。

(N″1):若 $P(X|[x])\leqslant\beta_1$,则 $x\in \mathrm{NEG}(X)$。

对于风险厌恶者,其决策准则如下。

(P″2):若 $P(X|[x])\geqslant\alpha_2$,则 $x\in \mathrm{POS}(X)$。

(B″2):若 $\beta_2<P(X|[x])<\alpha_2$,则 $x\in \mathrm{BND}(X)$。

(N″2):若 $P(X|[x])\leqslant\beta_2$,则 $x\in \mathrm{NEG}(X)$。

特别地,当 $PP_\eta^L=PP_\eta^U$,$BP_\eta^L=BP_\eta^U$,$NP_\eta^L=NP_\eta^U$,$PN_\eta^L=PN_\eta^U$,$BN_\eta^L=BN_\eta^U$,$NN_\eta^L=NN_\eta^U$时,决策规则(P″1)、(B″1)、(N″1)与(P″2)、(B″2)、(N″2)等价,模糊数三支决策模型退化为 Yao 提出的决策粗糙集。

在针对模糊数三支决策模型,这里考虑的一种实际决策语义性:

$$\begin{aligned}&0\leqslant PP_\eta^L\leqslant PP_\eta^U\leqslant BP_\eta^L\leqslant BP_\eta^U<NP_\eta^L\leqslant NP_\eta^U\\&0\leqslant NN_\eta^L\leqslant NN_\eta^U\leqslant BN_\eta^L\leqslant BN_\eta^U<PN_\eta^L\leqslant PN_\eta^U\end{aligned}\tag{2.30}$$

式(2.30)表示模糊损失函数 $\tilde{\lambda}_{BP}^\eta$ 的左端点不小于 $\tilde{\lambda}_{PP}^\eta$ 的右端点;$\tilde{\lambda}_{NP}^\eta$ 的左端点大于 $\tilde{\lambda}_{BP}^\eta$ 的右端点;模糊损失函数 $\tilde{\lambda}_{BN}^\eta$ 的左端点不小于 $\tilde{\lambda}_{NN}^\eta$ 的右端点;$\tilde{\lambda}_{PN}^\eta$ 的左端点大于 $\tilde{\lambda}_{BN}^\eta$ 的右端点。

基于决策粗糙集模型和模糊数的四则运算,下面给出两个定理来确定 α 和 β 的区间上下确界。

定理 2.3 在满足式(2.30)条件的情况下,阈值 α 的取值范围为 $\alpha\in\left[\frac{PN_\eta^L-BN_\eta^U}{(PN_\eta^U-BN_\eta^L)+(BP_\eta^U-PP_\eta^L)},\min\left(\frac{PN_\eta^U-BN_\eta^L}{(PN_\eta^L-BN_\eta^U)+(BP_\eta^L-PP_\eta^U)},1\right)\right]$。

证明:根据 2.2 节决策粗糙集模型推导条件,易得 $PN-BN>0$,$BP-PP\geqslant 0$,$\alpha=\frac{(PN-BN)}{(PN-BN)+(BP-PP)}$。再由式(2.30)可得 $PN_\eta^L-BN_\eta^U\leqslant PN-BN\leqslant PN_\eta^U-BN_\eta^L$,$BP_\eta^L-PP_\eta^U\leqslant BP-PP\leqslant BP_\eta^U-PP_\eta^L$。因此,$(PN_\eta^L-BN_\eta^U)+(BP_\eta^L-$

$PP^{U}_{\eta})\leqslant(PN-BN)+(BP-PP)\leqslant(PN^{U}_{\eta}-BN^{L}_{\eta})+(BP^{U}_{\eta}-PP^{L}_{\eta})$。可得 $\frac{PN^{L}_{\eta}-BN^{U}_{\eta}}{(PN^{U}_{\eta}-BN^{L}_{\eta})+(BP^{U}_{\eta}-PP^{L}_{\eta})}\leqslant\frac{PN-BN}{(PN-BN)+(BP-PP)}\leqslant\frac{PN^{U}_{\eta}-BN^{L}_{\eta}}{(PN^{L}_{\eta}-BN^{U}_{\eta})+(BP^{L}_{\eta}-PP^{U}_{\eta})}$。又 $\alpha\in[0,1]$，由此，$\alpha\in\left[\frac{PN^{L}_{\eta}-BN^{U}_{\eta}}{(PN^{U}_{\eta}-BN^{L}_{\eta})+(BP^{U}_{\eta}-PP^{L}_{\eta})},\min\left(\frac{PN^{U}_{\eta}-BN^{L}_{\eta}}{(PN^{L}_{\eta}-BN^{U}_{\eta})+(BP^{L}_{\eta}-PP^{U}_{\eta})},1\right)\right]$成立。

得证。

定理 2.4　在满足式(2.30)条件的情况下，阈值 β 的取值范围为 $\beta\in\left[\frac{BN^{L}_{\eta}-NN^{U}_{\eta}}{(BN^{U}_{\eta}-NN^{L}_{\eta})+(NP^{U}_{\eta}-BP^{L}_{\eta})},\min\left(\frac{BN^{U}_{\eta}-NN^{L}_{\eta}}{(BN^{L}_{\eta}-NN^{U}_{\eta})+(NP^{L}_{\eta}-BP^{U}_{\eta})},1\right)\right]$。

证明：根据 2.2 节决策粗糙集模型推导条件易得 $BN-NN>0$，$NP-BP>0$，因此，$\beta=\frac{(BN-NN)}{(BN-NN)+(NP-BP)}$。其他证明过程类似于定理 3.3，这里省略。

由定理 2.3 和定理 2.4，显然有

$$\begin{aligned}
\alpha_1、\alpha_2\in[\alpha_L,\alpha_U]&=\left[\frac{PN^{L}_{\eta}-BN^{U}_{\eta}}{(PN^{U}_{\eta}-BN^{L}_{\eta})+(BP^{U}_{\eta}-PP^{L}_{\eta})},\right.\\
&\qquad\left.\min\left(\frac{PN^{U}_{\eta}-BN^{L}_{\eta}}{(PN^{L}_{\eta}-BN^{U}_{\eta})+(BP^{L}_{\eta}-PP^{U}_{\eta})},1\right)\right]\\
\beta_1、\beta_2\in[\beta_L,\beta_U]&=\left[\frac{BN^{L}_{\eta}-NN^{U}_{\eta}}{(BN^{U}_{\eta}-NN^{L}_{\eta})+(NP^{U}_{\eta}-BP^{L}_{\eta})},\right.\\
&\qquad\left.\min\left(\frac{BN^{U}_{\eta}-NN^{L}_{\eta}}{(BN^{L}_{\eta}-NN^{U}_{\eta})+(NP^{L}_{\eta}-BP^{U}_{\eta})},1\right)\right]
\end{aligned}\tag{2.31}$$

式(2.31)表明了乐观主义决策准则和悲观主义决策准则只是模糊数三支决策模型的一个特例。

下面利用企业信用评估的例子来阐明模糊数决策粗糙集的应用过程。对企业进行信用评估，一方面有利于资本市场的公平、公正和诚信，有助企业防范商业风险，为现代企业制度的建设提供良好条件；另一方面，也是商业银行确定贷款风险程度的依据和信贷资产风险管理的基础。它通过对企业信用记录、经营水平、外部环境、财务状况、发展前景以及可能出现的各种风险等进行客观、科学、公正的分析研究，就其信用做出综合评定。文献[32]中详细地讨论了新兴技术企业信用风险识别问题，总结出四类财务方面指标和一类非财务方面指标。其中，四类财务方面指标依次反映出：企业的偿债能力、营利能力、经营能力和发展前景，而一类非财务方面指标则反映出企业的创新能力。

根据模糊数决策粗糙集的思想,企业信用评估问题利用两个状态集和三个行动集来描述决策过程。状态集 $\Omega=\{X,\neg X\}$ 分别表示企业信用可靠和企业信用不可靠两种状态;行动集 $A=\{a_P,a_B,a_N\}$ 分别表示判定企业信用可靠、延迟判定和判定企业信用不可靠三种行动。接着,通过专家利用企业信用评定指标对各个企业进行仔细评估,综合给出参与评定企业的损失函数。考虑到专家思维模糊性和评估过程中的不确定性情况,最终各损失函数由模糊数表示。对于各模糊数,考虑到简单多数原则,这里对所有损失函数模糊数取截集 $\eta=0.5$。令 $\tilde{\lambda}_{PP}=[PP_\eta^L,PP_\eta^U]$,$\tilde{\lambda}_{BP}=[BP_\eta^L,BP_\eta^U]$,$\tilde{\lambda}_{NP}=[NP_\eta^L,NP_\eta^U]$分别表示在隶属度 η 下,当企业信用可靠时,采取行动 a_P、a_B、a_N 下的损失;$\tilde{\lambda}_{PN}=[PN_\eta^L,PN_\eta^U]$,$\tilde{\lambda}_{BN}=[BN_\eta^L,BN_\eta^U]$,$\tilde{\lambda}_{NN}=[NN_\eta^L,NN_\eta^U]$分别表示在隶属度 η 下,当企业信用不可靠时,采取行动 a_P、a_B、a_N 下的损失。表 2.10 给出了六家企业的模糊损失函数左右端点的情况,其数值是综合专家意见得到的结果。

表 2.10 六家企业的综合评估损失情况

U	PP_η^L	PP_η^U	BP_η^L	BP_η^U	NP_η^L	NP_η^U	NN_η^L	NN_η^U	BN_η^L	BN_η^U	PN_η^L	PN_η^U
x_1	3.5	4	6	7.3	10	11.2	1	2.5	5.2	6	9	10
x_2	0.5	0.8	3.9	4	7	7.2	0	2.1	2.5	3	11.2	13
x_3	2	4	5	6.5	8	9	0	0.5	1	1.5	3	4
x_4	1.5	2	4	5	12.7	13	0	4	7	8.2	10.8	11
x_5	0.5	1	1.5	2.1	3	6	0	0.5	1	4	5	8
x_6	4.5	4.6	6	6.5	8	9	2.8	3	5	6	9.7	9.9

通过表 2.9 和表 2.10 以及式(2.31),计算得到六家企业相应的 α 和 β 值,结果如表 2.11 所示。

表 2.11 六家企业的相关阈值计算结果

企业 U	风险偏好者决策准则			风险厌恶者决策准则			阈值下界		阈值上界	
	α_1	β_1	γ_1	α_2	β_2	γ_2	α_L	β_L	α_U	β_U
x_1	0.6032	0.5122	0.5517	0.5479	0.4730	0.5102	0.3488	0.2647	0.9600	0.9259
x_2	0.7190	0.4464	0.6328	0.7576	0.2195	0.6301	0.5857	0.0635	0.9292	0.8824
x_3	0.4000	0.2500	0.3333	0.5000	0.2857	0.4118	0.2000	0.0909	1.0000	0.7500
x_4	0.6032	0.4459	0.4909	0.4828	0.3443	0.3889	0.3467	0.1744	0.8696	0.7664
x_5	0.8000	0.4000	0.6667	0.7843	0.4730	0.6000	0.1163	0.0588	1.0000	1.0000
x_6	0.7581	0.5238	0.6635	0.6724	0.5455	0.6106	0.5362	0.3226	0.9608	0.9143

表 2.11 详细地列出了每一个企业在风险偏好者决策准则、风险厌恶者决策准则下，α、β、γ 的取值情况；并给出了 α 和 β 的阈值下界和阈值上界，可以看到，α_1、$\alpha_2 \in [\alpha_L, \alpha_U]$，$\beta_1$、$\beta_2 \in [\beta_L, \beta_U]$。根据模糊数决策粗糙集中的决策规则，在决策判定过程中需要比较条件概率 $P(X|x_i)$ 与 α 和 β 值的大小。条件概率 $P(X|x_i)$ 表示企业属于信用可靠的概率，计算通常会根据先验信息确定，其具体计算过程可参考第 2.4 节的式(2.22)～式(2.24)。这里，为了方便起见，表 2.12 给出了条件概率 $P(X|x_i)$ 从 0 到 1，步长为 0.1 时，分别考虑在 (α_1, β_1)、(α_2, β_2)、(α_L, β_L) 和 (α_U, β_U) 四种情况下，根据决策准则(P″)、(B″)、(N″)，评定为信用可靠的企业的结果。

表 2.12　条件概率变化下各企业信用可靠性决策表

$P(X\|x_i)$	(α_1, β_1)	(α_2, β_2)	(α_L, β_L)	(α_U, β_U)
0.1	$\varnothing$	$\varnothing$	$\varnothing$	$\varnothing$
0.2	$\varnothing$	$\varnothing$	$\{x_3, x_5\}$	$\varnothing$
0.3	$\varnothing$	$\varnothing$	$\{x_3, x_5\}$	$\varnothing$
0.4	$\{x_3\}$	$\varnothing$	$\{x_1, x_3, x_4, x_5\}$	$\varnothing$
0.5	$\{x_3\}$	$\{x_3, x_4\}$	$\{x_1, x_3, x_4, x_5\}$	$\varnothing$
0.6	$\{x_3\}$	$\{x_1, x_3, x_4\}$	$\{x_1, x_2, x_3, x_4, x_5, x_6\}$	$\varnothing$
0.7	$\{x_1, x_3, x_4\}$	$\{x_1, x_3, x_4, x_6\}$	$\{x_1, x_2, x_3, x_4, x_5, x_6\}$	$\varnothing$
0.8	$\{x_1, x_2, x_3, x_4, x_5, x_6\}$	$\{x_1, x_2, x_3, x_4, x_5, x_6\}$	$\{x_1, x_2, x_3, x_4, x_5, x_6\}$	$\varnothing$
0.9	$\{x_1, x_2, x_3, x_4, x_5, x_6\}$	$\{x_1, x_2, x_3, x_4, x_5, x_6\}$	$\{x_1, x_2, x_3, x_4, x_5, x_6\}$	$\{x_4\}$
1.0	$\{x_1, x_2, x_3, x_4, x_5, x_6\}$	$\{x_1, x_2, x_3, x_4, x_5, x_6\}$	$\{x_1, x_2, x_3, x_4, x_5, x_6\}$	$\{x_1, x_2, x_3, x_4, x_5, x_6\}$

表 2.12 给出了四种特殊情况下，当条件概率取不同数值时，信用可靠企业的变动情况。从表 2.12 中，随着 $P(X|x_i)$ 的增大，判为信用可靠的企业数量也随之增多。可以看到，考虑阈值下界情形下，做出的决策要求最宽松；在考虑阈值上界情形下，做出的决策要求最严格；而风险偏好和风险厌恶两种情况下的决策结果都处于两者之间。通过本节的分析可以看到，模糊数三支决策模型能够简单、直观地描述实际决策问题，并有效地辅助决策者做出合理的决策。

2.6　本章小结

本章基于贝叶斯理论及其决策过程，由浅入深、循序渐进地介绍了三支决策理论提出的背景和模型。考虑到经典决策粗糙集模型中损失函数在实际决策过程中较难获取这一现象，提出将损失函数进行不确定性处理，进而分别讨论了损失函数是随机数、区间数和模糊数的三支情形，建立了基于统计分布的三支决策、基于区间集的三支决策和基于模糊集的三支决策三个扩展模型。这不仅在理论和方法上有望开辟一条基于粗糙集理论的三支决策分析研究新路径，而且可以拓展粗糙集理论的应用领域，充分体现粗糙集理论在处理不确定性决策问题的优势，具有重要的理论意义和广泛的应用前景。当然，在损失函数确定这一问题上，还可以引入心理学、社会学等行为方法，利用心理学实验、调查问卷等方法获取。可以预见，不确定性三支决策理论不仅能够给决策问题以理论指导，而且能在实际应用和实践中发挥越来越重要的作用。

致 谢

感谢加拿大里贾纳大学姚一豫教授在本章编写过程中提出的宝贵意见。本章的意见内容得到了国家自然科学基金项目（71201133，61175047）、教育部人文社会科学研究青年基金项目（11YJC630127）、高等学校博士学科点专项科研基金项目（20120184120028）、中国博士后科学基金项目（2012M520310，2013T60132）、中央高校基本科研科技创新项目（SWJTU12CX117）的资助，在此表示感谢。

参考文献

[1] Yao Y Y, Wong S K M. A decision theoretic framework for approximating concepts. International Journal of Man-machine Studies, 1992, 37: 793-809.

[2] Yao Y Y. Decision-theoretic rough set models. LNAI4481, 2007: 1-12.

[3] Yao Y Y. Three-way decision: an interpretation of rules in rough set theory. LNAI5589, 2009: 642-649.

[4] Yao Y Y. Three-way decisions with probabilistic rough sets. Information Sciences, 2010, 180: 341-353.

[5] Yao Y Y. The superiority of three-way decision in probabilistic rough set models. Information Sciences, 2011, 181: 1080-1096.

[6] Yao Y Y. Three-way decisions using rough sets//Peters G, et al, Rough Sets: Selected Methods and Applications in Management and Engineering, Advanced Information and Knowledge Processing. London: Springer, 2012: 79-93.

[7] Yao Y Y. An outline of a theory of three-way decisions. Proceedings of the 6th International Conference on Rough Sets and Knowledge Technology, 2012, 7414: 1-17.

[8] Liu D, Li H X, Zhou X Z. Two decades' research on decision-theoretic rough sets. Proceeding of 9th IEEE International Conference on Cognitive Informatics, 2010: 968-973.

[9] 李华雄，刘盾，周献中. 决策粗糙集模型研究综述. 重庆邮电大学学报（自然版），2010，22(5)：624-630.

[10] Li H X, Zhou X Z. Risk decision making based on decision-theoretic rough set: a three-way view decision model. International Journal of Computational Intelligence Systems, 2011, 4: 1-11.

[11] Yu H, Chu S, Yang D. Autonomous knowledge-oriented clustering using decision-theoretic rough set theory. Fundamenta Informaticae. 2012, 115(2/3): 141-156.

[12] 贾修一，商琳，周献中，等. 三支决策理论与应用. 南京：南京大学出版社，2012.

[13] Yao J T, Herbert J P. Web-based support systems with rough set analysis. Proceedings of International

Conference on Rough Sets and Intelligent Systems Paradigms 2007, Lecture Notes in Artificial Intelligence4585, Berlin: Springer, 2007: 360-370.

[14] Zhao W Q, Zhu Y L. An email classification scheme based on decision-theoretic rough set theory and analysis of email security. Proceedings of 2005 IEEE Region 10, 2005: 1-6.

[15] Ayad R A, Liu J. Supporting E-learning system with modified Bayesian rough set model. Proceedings of the 6th International Symposium on Neural Networks 2009, Lecture Notes in Computer Science5552. Berlin: Springer, 2009: 192-200.

[16] Liu D, Yao Y Y, Li T R. Three-way investment decisions with decision-theoretic rough sets. International Journal of Computational Intelligence Systems, 2011, 4: 66-74.

[17] Liu D, Li T R, Liang D C. Three-way government decision analysis with decision-theoretic rough sets. International Journal of Uncertainty, Fuzziness and Knowledge-Based Systems, 2012, 20: 119-132.

[18] 刘盾，姚一豫，李天瑞. 三支决策粗糙集. 计算机科学，2011，38(1)：246-250.

[19] Pawlak Z. Rough sets. International Journal of Computer and Information Sciences, 1982, 11: 341-356.

[20] Skowron A, Stepaniuk J. Tolerance approximation spaces. Fundamenta Informaticae, 1996, 27: 245-253.

[21] Liu D, Li T R, Liang D C. Incorporating logistic regression to decision-theoretic rough sets for classifications. International Journal of Approximate Reasoning, 2013, DOI: 10.1016/j.ijar.2013.02.013.

[22] Liu D, Li T R, Ruan D. Probabilistic model criteria with decision-theoretic rough sets. Information Sciences, 2011, 181: 3709-3722.

[23] 刘盾，李天瑞，李华雄. 区间决策粗糙集. 计算机科学，2012，39(7)：178-181，214.

[24] 刘盾，李天瑞，梁德翠. 模糊数决策粗糙集. 计算机科学，2012，39(12)：25-29.

[25] Liang D C, Liu D, Pedrycz W, et al. Triangular fuzzy decision-theoretic rough sets. International Journal of Approximate Reasoning, 2013, 54: 1087-1106.

[26] Liu D, Li T R, Liang D C. Decision-theoretic rough sets with probabilistic distribution. Lecture Notes in Computer Science7414, 2012: 389-398.

[27] Xie G, Yue W, Wang S Y, et al. Dynamic risk management in petroleum project investment based on a variable precision rough set model. Technological Forecasting & Social Change, 2010, 77: 891-901.

[28] Yusgiantoro P, Hsiao F S T. Production-sharing contracts and decision making in oil production. Energy Economics, 1993, 10: 245-256.

[29] Macmillan F. Risk, uncertainty and investment decision-making in the upstream oil and gas industry. Aberdeen: University of Aberdeen, 2000.

[30] Yao Y Y, Zhou B. Naive bayesian rough sets. LNAI6401, 2010: 719-726.

[31] Mishra H, Mishra M, Shiv B. In praise of vagueness: malleability of vague information as a performance-booster. Psychological Science, DOI: 10.1177/0956797611407208.

[32] 顾婧，周宗放. 基于可变精度粗糙集的新兴技术企业信用风险识别. 管理工程学报，2010，24(1)：70-76.

第3章　代价敏感序贯三支决策

李华雄[1]　周献中[1]　黄　兵[2]

1. 南京大学工程管理学院

2. 南京审计学院信息科学学院

三支决策理论的关键是在正域和负域二支决策中引入了边界域决策(延迟决策),其思想是在决策背景信息资源不足时,人们对决策对象的认识具有粗粒度特征,若不能做出准确决策判断,则可以暂缓决策,即采用边界域决策,此时决策代价最小,是一种可行的决策,符合最小决策代价原则,因此三支决策是具有代价敏感特性的决策方法。边界域决策表明当前可用于决策的信息不足,为做出准确决策,需要进一步收集决策对象的状态信息,根据新增信息做出更准确决策,重复这个过程直至决策结果的风险代价符合预期。在充分收集状态信息后,对决策对象的认识由粗粒度向细粒度转化,使准确决策成为可能。这种从粗粒度到细粒度的决策过程构成了一种序贯决策方法,它可以刻画人们在许多实际问题中所采用的动态渐进决策过程,为模拟人们多粒度分析问题的方法提供了一种实现途径。本章将讨论这种序贯决策模型与算法实现。

3.1　引　　言

三支决策将传统的正域和负域二支决策语义拓广为正域、边界域、负域的三支决策语义,认为在数据信息不充分和获取数据信息代价较高的情况下,边界域决策(延迟决策)是一类可行的决策形式,这与人类智能在处理复杂决策问题的方法是一致的,也是人们在决策过程中经常采用的一种策略[1-2]。三支决策的目标是决策代价最小化,因此是具有代价敏感特性的决策方法,其决策的有效性取决于决策参考信息的充分性与完整性。在实际决策问题中,可供决策的参考信息通常有限,获取充分全面的决策背景知识需要相应代价。在有限信息资源的条件下,延迟决策成为折中选择[3-4]。随着获取信息的不断增加和决策依据的完备化,决策结果渐趋明晰,决策实现了从粗粒度到细粒度的转变,延迟决策也将转化为正域或负域的确定决策,这种从粗粒度到细粒度的决策过程称为代价敏感序贯三支决策。本章将介绍这种决策思想的理论基础和应用方法,主要讨论决策与三支决策、三支序贯决策方法、代价敏感序贯决策模型与算法等问题,并通过数据实验给出代价敏感序贯三支决策的分析结果。

3.2　决策与三支决策

决策是当今人类社会的基本活动之一，任何个人、企业、社会组织和政府机构都离不开决策，决策科学已越来越受到人们的重视。著名管理学家西蒙(Simon)曾指出："管理由一系列决策组成，决策是管理的核心，管理就是决策。"他对不同领域的管理活动进行了高度的理论概括，并充分考虑管理者所处的不同复杂环境，使管理理论始终围绕决策这个中心发展。决策科学作为管理科学的核心领域之一，已成为管理学、经济学、心理学和智能科学等诸多学科共同关注的焦点[5]。

早期的决策主要依靠个人的经验、知识及人脑在决策过程中的反应。随着现代计算机技术和互联网技术的广泛应用，决策特别是一些复杂的决策已经无法离开计算机信息处理能力的辅助支持，拥有充分的数据资源和信息快速处理能力是决策正确的关键。在过去二三十年，无论政府机构、大型商业公司还是小型企业，计算机应用系统都得到了迅速推广，决策部门或决策者所能收集的数据信息急剧膨胀。如何正确高效地利用现代信息技术提供的大量数据资源，从中获取有用的知识信息为人们提供决策支持，已成为决策科学研究的重要方向。数据挖掘和机器学习技术为从数据库中获取有效的知识提供了有力工具[6-7]。通过数据挖掘和机器学习，人们能够从存放在数据仓库或其他信息库的海量数据中发现有用的知识，并可以直接或间接为决策者提供科学正确的决策依据和决策方案。

数据挖掘和机器学习的一个基本问题是分类问题，即从历史数据或训练数据中构造出分类模型，并依据该模型将未见样例分类为正例或负例(以二类问题为例)，实现未见样例的准确分类，这与决策问题中依据历史案例和当前决策状态信息做出合适的决策行为是一致的。例如，在医疗诊断问题中，通过数据挖掘方法可以从大量患者的病例数据中发现症状信息与癌症的关联，从而对患者是否患有癌症做出诊断；而同样具有丰富经验的医生也可以依据诊断经验对患者是否患有癌症做出决策，这里的病例"数据"和决策"经验"是统一的。因此，数据挖掘方法可以为科学决策提供信息支持平台。

传统的决策大多考虑二支决策问题，即只考虑接受与拒绝两种选择(从分类角度看，即只考虑正例或负例的情况)。只要有充分的数据资源和恰当的分类模型，人们就可以从数据中获取丰富的决策经验，实现准确的二支决策。分类模型的精度越高，二支决策的结果也就越准确。但是，在实际决策问题中，可供决策的参考信息通常是有限的，获取充分全面的决策背景知识或数据资源需要相应代价。在有限信息资源的条件下,延迟决策成为折中选择。此时人们通常采用三支决策,即比二支决策增加了一个延迟决策(不承诺选择)[8]。在当前信息资源不足以支持接收或拒绝时,选择延迟决策可能是最佳的决策。例如,在医疗诊断中,当患者出现疑难病症,初步体检信息不足以表明其是否患有某病症时,医生通常不是立即做出诊断结果,而是采取留院观察的方式,通过进一步收集体检信息以做出最终诊断,这种决策即为一种延迟决策[3]。因此,与二支决策相比,三支决策更接近人们的实际决策。近年来,三支决策的研究结果已应用在多个方向和领域,包括风险决策分析[9-10]、文本分类[11]、聚类分析[12-13]、网络支持系统[14]、博弈分析决策[15-16]、邮件过滤分析[17]等,成为决策方法一个新的研究方向[18-30]。

此外,从数据挖掘和机器学习角度看,分类模型的优劣很大程度上取决于其分类的精度。因此,大多数据挖掘分类算法都以分类精度作为主要性能指标,其目标是获得一个分类精度尽可能高的分类器,这与决策问题中人们期望决策结果尽可能准确是统一的。但是,实际问题中的决策大都是含有风险代价的。外部环境中存在各种不确定因素,导致决策不能顺利达到预期目标,决策结果与预期结果的不一致性将带来决策风险代价。完全避免决策失误是难以做到的,人们所能期望的是使决策风险代价最小。而且,决策者积累的海量数据信息本身就具有不确定性、模糊性甚至包含错误数据,决策知识与错误数据的严格一致性将给决策者提供错误的分类决策信息。此外,决策者在决策过程中并非完全理性,其决策行为会受心理偏好因素、情绪因素、决策结果的预期风险因素等影响,表现为对风险的规避,其往往只要求风险代价最小的决策方案而非最优的决策方案。Kahneman 提出的前景理论(prospect theory)[31]指出,决策行为人的理性是有限的,决策者在风险预期下的决策通常选择逃避风险,而非期望利益最大化的决策。即使是面对同样的经验数据,不同风险偏好的决策者从中得出的决策结果也不相同。在有限理性假设条件下,追求决策知识与经验数据的严格一致性而忽略决策者对预期风险的规避要求难以体现决策者的真实本意,决策者更关注的是决策结果对风险的规避性。因此,如何在决策过程中引入误差容忍与代价敏感机制,使其在分类中对不同代价的误分类结果具有区分性与敏感性,以做出具有最小风险代价的分类决策结果,这也是我们讨论代价敏感三支决策的动因之一。

3.3 三支决策理论简介

三支决策理论最初是在粗糙集和决策粗糙集理论研究中提出的,其目的是为粗糙集和决策粗糙集的三个域提供合理的语义解释[3]。本节将回顾三支决策的理论框架,对三支决策的有关概念给出解释。

考虑在一个数据集上的分类决策问题，通常将数据集表示为四元组形式的决策信息表[32]，即

$$S=(U,A_t=C\cup D,\{V_a\mid a\in A_t\},\{I_a\mid a\in A_t\}) \tag{3.1}$$

式中，U 是有限非空论域，即有限样本集；A_t 为有限非空属性集；V_a 是属性 $a\in A_t$ 的值域；$I_a:U\to V_a$ 表示从论域 U 到值域 V_a 的信息函数；C 表示条件属性集合，即样本的特征属性集；D 表示决策属性集合，即样本的类别集合。考虑数据集是完备的，即不含空值，则对于某样本 x，$I_a(x)$ 为确定值，$I_a:U\to V_a$ 为确定的单值函数。定义条件属性子集 $B\subseteq C$ 上的等价关系 R_B 和 x 在属性集 B 下的等价类分别为

$$R_B=\{(x,y)\in U\times U\mid \forall a\in B,I_a(x)=I_a(y)\},$$
$$[x]_B=\{y\in U\mid (x,y)\in R_B\} \tag{3.2}$$

为简化问题，考虑一个两类分类决策问题，即分类结果包含两个类别：$D=\{X,\neg X\}$。对分类结果的决策记为 $A=\{a_P,a_N,a_B\}$，其中，a_P、a_N、a_B 分别表示将对象决策为正域 POS(X)（分类为 X）、决策为负域 NEG(X)（分类为$\neg X$）、决策为边界域 BND(X)（延迟决策）三种决策。λ_{PP}、λ_{BP}、λ_{NP}表示当样本 x 真实属于 X 类时，分别做出 a_P、a_N、a_B 三种决策所对应的风险代价值，λ_{PN}、λ_{BN}、λ_{NN}表示当 x 真实属于概念$\neg X$ 类时，分别做出 a_P、a_N、a_B 三种决策所对应的风险代价值，其对应的决策代价矩阵 $\boldsymbol{M}_C$ 如表 3.1 所示。

表 3.1　三种决策的代价矩阵 $\boldsymbol{M}_C$

真实类别	POS(X)决策	BND(X)决策	NEG(X)决策
X	λ_{PP}	λ_{BP}	λ_{NP}
$\neg X$	λ_{PN}	λ_{BN}	λ_{NN}

通常情况下，正确分类决策的风险代价最小，既小于延迟决策的风险代价，也小于错误分类决策的风险代价。而且，延迟决策风险代价要小于错误分类决策的风险代价值，但大于正确分类决策的风险代价值。因此，对于六个风险代价值的大小，有如下关系成立：

$$\lambda_{PP}\leqslant\lambda_{BP}\leqslant\lambda_{NP},\quad \lambda_{NN}\leqslant\lambda_{BN}\leqslant\lambda_{PN} \tag{3.3}$$

一般可以认为 $\lambda_{PP}=\lambda_{NN}=0$，因为它们表示正确分类决策的风险代价。由此可以得到如表 3.2 所示的简化的代价矩阵，其由原来六个风险代价值（λ_{ij}，$i\in\{P,B,N\}$，$j\in\{P,N\}$）确定简化为由四个风险代价值（λ_{ij}，$i\in\{P,B,N\}$，$j\in\{P,N\}$，$i\neq j$）确定。

表 3.2 简化的代价矩阵 M_C

真实类别	POS(X)决策	BND(X)决策	NEG(X)决策
X	0	λ_{BP}	λ_{NP}
$\neg X$	λ_{PN}	λ_{BN}	0

根据贝叶斯最小风险决策理论和简化的代价矩阵，三种决策行为 a_P、a_N、a_B 对应的期望风险代价 $R(a_P|[x]_R)$、$R(a_N|[x]_R)$ 和 $R(a_B|[x]_R)$ 分别为

$$
\begin{aligned}
R(a_P \mid [x]_R) &= \lambda_{PP}P(X \mid [x]_R) + \lambda_{PN}P(\neg X \mid [x]_R) = \lambda_{PN}P(\neg X \mid [x]_R)\\
R(a_N \mid [x]_R) &= \lambda_{NP}P(X \mid [x]_R) + \lambda_{NN}P(\neg X \mid [x]_R) = \lambda_{NP}P(X \mid [x]_R)\\
R(a_B \mid [x]_R) &= \lambda_{BP}P(X \mid [x]_R) + \lambda_{BN}P(\neg X \mid [x]_R)
\end{aligned}
\tag{3.4}
$$

式中，$[x]_R$ 是样本 x 在属性集 R 下的等价类，$P(X|[x]_R)$ 和 $P(\neg X|[x]_R)$ 分别表示等价类$[x]_R$ 属于 X 类和$\neg X$ 类的条件概率，即 $P(X|[x]_R)=\dfrac{|X\cap[x]_R|}{|[x]_R|}$，$P(\neg X|[x]_R)=\dfrac{|\neg X\cap[x]_R|}{|[x]_R|}$。根据最小化风险代价的决策原则，可以得到最优分类决策规则为

若 $R(a_P|[x]_R)\leqslant R(a_N|[x]_R)$ 且 $R(a_P|[x]_R)\leqslant R(a_B|[x]_R)$，
则决策为正域 POS(X)；

若 $R(a_N|[x]_R)\leqslant R(a_P|[x]_R)$ 且 $R(a_N|[x]_R)\leqslant R(a_B|[x]_R)$， (3.5)
则决策为负域 NEG(X)；

若 $R(a_B|[x]_R)\leqslant R(a_P|[x]_R)$ 且 $R(a_B|[x]_R)\leqslant R(a_N|[x]_R)$，
则决策为边界域 BND(X)。

对于给定的样本 x 和属性集 R，x 在属性集 R 下的等价类唯一确定，则依据式(3.5)计算的最优分类结果也随之确定，由此可以确定一个最优分类决策函数 $\phi^*([x]_R)$，其表达形式为

$$\phi^*([x]_R)=\underset{\boldsymbol{D}\in\{a_P,a_N,a_B\}}{\operatorname{argmin}} R(\boldsymbol{D}|[x]_R) \tag{3.6}$$

它表示在属性集 R 描述下，依据最小风险代价原则将样本 x 进行分类决策结果。易知，当$(\lambda_{PN}-\lambda_{BN})(\lambda_{NP}-\lambda_{BP})\geqslant(\lambda_{BP}-\lambda_{PP})(\lambda_{BN}-\lambda_{NN})$时[33]，式(3.6)可化为

$$\phi^*([x]_R)=\begin{cases}a_P, & P(X \mid [x]_R)\geqslant\alpha\\ a_N, & P(X \mid [x]_R)\leqslant\beta\\ a_B, & \beta<P(X \mid [x]_R)<\alpha\end{cases} \tag{3.7}$$

式中，$\alpha=\dfrac{\lambda_{PN}-\lambda_{BN}}{(\lambda_{PN}-\lambda_{BN})+(\lambda_{BP}-\lambda_{PP})}$，$\beta=\dfrac{\lambda_{BN}-\lambda_{NN}}{(\lambda_{BN}-\lambda_{NN})+(\lambda_{NP}-\lambda_{BP})}$，$0\leqslant\beta\leqslant\alpha\leqslant1$。

3.4　三支序贯决策过程

人们在决策过程中表现的智能通常具有很强的全局性，可以从各种不同的粒度将复杂的问题分解成简单的模型，然后对简单的模型进行分析求解，得出一些特征与性质，接着利用这些性质特征指导下一步的分析。人们不仅能在不同粒度模型上分析问题，而且能够很快地从一个粒度层次转换到另一个粒度层次，形成对问题的多视角的知识结构。这种处理不同粒度层次的能力，正是人类问题求解的强有力的表现[34]。

三支决策理论为模拟这种多粒度分析问题的方法提供了一种实现途径。三支决策理论的关键是在正域和负域的二支决策中引入了边界域决策（延迟决策），其思想是在决策背景信息资源不足时，人们对决策对象的认识具有粗粒度特征，难以做出准确决策判断，可以暂缓决策，即采用边界域决策，此时决策代价最小，符合最小决策风险原则。边界域决策表明当前可用于决策的信息不足，为做出准确决策，需要进一步收集决策状态信息。在充分收集状态信息后，对决策对象的认识由粗粒度向细粒度转化，使准确决策成为可能。这种从粗粒度到细粒度的决策过程构成了一种序贯决策方法，它可以刻画人们在许多实际问题中所采用的动态渐进决策过程。例如，在医学诊断中，医生首先可以通过观察气色、舌苔、检测脉搏、听诊心肺音等手段获得患者的初步信息特征，粗略了解患者的情况，然后根据检测结果做下一步判断。如果这些观察结果反映患者有可能患上肺病，则需要做肺病的进一步检测，判断可能患的是哪一种肺病。如果初步观察结果反映患者不大可能患肺病，如可能是心脏问题，则需要做心脏的进一步检测，在检测的过程中，患者的特征逐步清晰明了，直至最终准确诊断出病情，并给出治疗方法。在这种序贯决策过程中，每一步的决策结果影响下一步的信息获取与决策方案，构成了一个决策序列，边界域在序贯决策过程中逐步减小，直至获得确定的决策结果。

3.5　代价敏感序贯决策模型

考虑在数据集上的分类决策问题，设 $S=(U,A_t=C\cup D,\{V_a\mid a\in A_t\},\{I_a\mid a\in A_t\})$，给定一个数据样本 x 和代价矩阵 $\boldsymbol{M}_C=\begin{pmatrix}\lambda_{PP} & \lambda_{BP} & \lambda_{NP}\\ \lambda_{PN} & \lambda_{BN} & \lambda_{NN}\end{pmatrix}$，则序贯代价敏感决策（简称序贯决策）成一决策序列，表示为

$$\begin{aligned}\mathrm{SD}&=(\mathrm{SD}_1,\mathrm{SD}_2,\mathrm{SD}_3,\cdots,\mathrm{SD}_n)\\&=(\phi^*([x]_{\{c_{i_1}\}}),\phi^*([x]_{\{c_{i_1},c_{i_2}\}}),\phi^*([x]_{\{c_{i_1},c_{i_2},c_{i_3}\}}),\cdots,\phi^*([x]_{\{c_{i_1},c_{i_2},\cdots,c_{i_n}\}}))\end{aligned}\tag{3.8}$$

式中，n 为决策步数；第 k 步的决策为 $\phi^*([x]_{\{c_{i_1},c_{i_2},\cdots,c_{i_k}\}})=\underset{D\in\{a_P,a_N,a_B\}}{\operatorname{argmin}} R(D\mid[x]_{\{c_{i_1},c_{i_2},\cdots,c_{i_k}\}})$，$k\in\{1,2,\cdots,n\}$；第 k 步决策代价（误分类代价）为

$$\mathrm{Cost}(x,\mathrm{SD}_k)=\min_{j\in\{P,N,B\}}(\lambda_{jP}P(X\mid[x]_{\{c_{i_1},c_{i_2},\cdots,c_{i_k}\}})+\lambda_{jN}P(\neg X\mid[x]_{\{c_{i_1},c_{i_2},\cdots,c_{i_k}\}}))\tag{3.9}$$

序贯决策 SD 的属性序列记为 $\mathrm{SA}_n=(c_{i_1},c_{i_2},\cdots,c_{i_n})$。

在序贯决策过程中，从局部看，随着属性特征的增加，对样本分类决策的误分类代价可能增加也可能降低，不具单调性。但从整体上看，序贯决策的误分类代价将随属性特征的增加而降低，具有整体单调性。我们将从局部和整体两方面给出决策代价的单调性理论分析结果。

设第 k 步决策为 $\mathrm{SD}_k=\phi^*([x]_{\{c_{i_1},c_{i_2},\cdots,c_{i_k}\}})$，其属性特征集为 $C_k=\{c_{i_1},c_{i_2},\cdots,c_{i_k}\}$，$\lambda_{PP}=\lambda_{NN}=0$，则根据式(3.4)、式(3.6)和式(3.7)可得第 k 步决策代价为

$$\begin{aligned}\mathrm{Cost}(x,\mathrm{SD}_k)&=\min_{j\in\{P,N,B\}}(\lambda_{jP}P(X\mid[x]_{\{c_{i_1},c_{i_2},\cdots,c_{i_k}\}})+\lambda_{jN}P(\neg X\mid[x]_{\{c_{i_1},c_{i_2},\cdots,c_{i_k}\}}))\\&=\begin{cases}\lambda_{PN}P(\neg X\mid[x]_{C_k}), & P(X\mid[x]_{C_k})\geqslant\alpha\\\lambda_{NP}P(X\mid[x]_{C_k}), & P(X\mid[x]_{C_k})\leqslant\beta\\\lambda_{BP}P(X\mid[x]_{C_k})+\lambda_{BN}P(\neg X\mid[x]_{C_k}), & \beta<P(X\mid[x]_{C_k})<\alpha\end{cases}\\&=\begin{cases}\lambda_{PN}-\lambda_{PN}P(X\mid[x]_{C_k}), & P(X\mid[x]_{C_k})\geqslant\alpha\\\lambda_{NP}P(X\mid[x]_{C_k}), & P(X\mid[x]_{C_k})\leqslant\beta\\(\lambda_{BP}-\lambda_{BN})P(X\mid[x]_{C_k})+\lambda_{BN}, & \beta<P(X\mid[x]_{C_k})<\alpha\end{cases}\end{aligned}\tag{3.10}$$

3.5.1 决策代价局部非单调性

考虑第 l 步($l>k$)序贯决策：$\mathrm{SD}_l=\phi^*([x]_{\{c_{i_1},c_{i_2},\cdots,c_{i_l}\}})$，其属性特征集为$C_l=\{c_{i_1},c_{i_2},\cdots,c_{i_l}\}$，$C_k\subset C_l$，则根据文献[35]的分析：$P(X|[x]_{C_l})$与 $P(X|[x]_{C_k})$ 的关系仍有两种情况：① $P(X|[x]_{C_l})\geqslant P(X|[x]_{C_k})$；② $P(X|[x]_{C_l})<P(X|[x]_{C_k})$。假设 $P(X|[x]_{C_k})\geqslant\alpha$，即 $\mathrm{Cost}(x,\mathrm{SD}_k)=\lambda_{PN}P(\neg X|[x]_{C_k})$，则在情况①时有 $P(X|[x]_{C_l})\geqslant P(X|[x]_{C_k})\geqslant\alpha$，即 $\mathrm{Cost}(x,\mathrm{SD}_l)=\lambda_{PN}P(\neg X|[x]_{C_l})=\lambda_{PN}(1-P(X|[x]_{C_l}))=\lambda_{PN}-\lambda_{PN}P(X|[x]_{C_l})$，又 $P(X|[x]_{C_l})\geqslant P(X|[x]_{C_k})$，则 $\mathrm{Cost}(x,\mathrm{SD}_l)=\lambda_{PN}-\lambda_{PN}P(X|[x]_{C_l})\leqslant\lambda_{PN}-\lambda_{PN}P(X|[x]_{C_k})=\mathrm{Cost}(x,\mathrm{SD}_k)$，即有 $\mathrm{Cost}(x,\mathrm{SD}_l)\leqslant\mathrm{Cost}(x,\mathrm{SD}_k)$。在情况②时有 $P(X|[x]_{C_l})<P(X|[x]_{C_k})$，若 $\alpha\leqslant P(X|[x]_{C_l})<P(X|[x]_{C_k})$，则有 $\phi^*([x]_{C_l})=a_P$，$\mathrm{Cost}(x,\mathrm{SD}_l)=\lambda_{PN}P(\neg X|[x]_{C_l})=\lambda_{PN}-\lambda_{PN}P(X|[x]_{C_l})\geqslant\lambda_{PN}-\lambda_{PN}P(X|[x]_{C_k})=\mathrm{Cost}(x,

SD_k)，即有 Cost(x,SD_l)≥Cost(x,SD_k)。

类似地，在 $P(X|[x]_{C_k})\leqslant\beta$ 和 $\beta<P(X|[x]_{C_k})<\alpha$ 时也可得到：当 $l>k$ 时，Cost(x,SD_l)≤Cost(x,SD_k)与 Cost(x,SD_l)≥Cost(x,SD_k)均有可能成立，即决策代价具有局部非单调性特征。

3.5.2　决策代价整体单调性

由上述分析看出，决策代价随属性特征的增加在局部上表现为决策代价的增加或减少，不具备局部单调性。但是在决策一致性假设下，决策代价整体上表现为随属性特征增加而递减的趋势。下面对决策代价的整体单调性进行理论分析。首先给出决策一致性假设：数据集中属性特征完全相同的样本具有相同的分类决策，称满足决策一致性假设的数据集为决策一致数据集。事实上，大多数实际问题中的数据集都符合一致性假设。例如，医疗诊断中，若所有症状特征完全相同的患者具有相同的诊断结果，则他们或患有相同的病症，或均没有患某种病症；若病症不一致，则表明获取的症状特征不完备。在充分获取样本特征信息情况下，数据集将具有决策一致性特征。下面给出决策整体单调性分析。

考虑式(3.1)给出的数据集 $S=(U,A_t=C\cup D,\{V_a|a\in A_t\},\{I_a|a\in A_t\})$，$D=\{X,\neg X\}$，若 S 为一致数据集，则对任意 $x\in U$，$[x]_C\subseteq X$ 或$[x]_C\subseteq\neg X$ 成立。设$|C|=m$，则序贯决策过程中的第 m 步的决策代价为

$$\begin{aligned}\mathrm{Cost}(x,\mathrm{SD}_m)&=\min_{j\in\{\mathrm{P,N,B}\}}(\lambda_{j\mathrm{P}}P(X\mid[x]_C)+\lambda_{j\mathrm{N}}P(\neg X\mid[x]_C))\\&=\begin{cases}\lambda_{\mathrm{PN}}-\lambda_{\mathrm{PN}}P(X\mid[x]_C), & P(X\mid[x]_C)\geqslant\alpha\\ \lambda_{\mathrm{NP}}P(X\mid[x]_C), & P(X\mid[x]_C)\leqslant\beta\\ (\lambda_{\mathrm{BP}}-\lambda_{\mathrm{BN}})P(X\mid[x]_C)+\lambda_{\mathrm{BN}}, & \beta<P(X\mid[x]_C)<\alpha\end{cases}\end{aligned}\tag{3.11}$$

若$[x]_C\subseteq X$，则 $P(X|[x]_C)=1\geqslant\alpha$，$\mathrm{Cost}(x,\mathrm{SD}_m)=\lambda_{\mathrm{PN}}-\lambda_{\mathrm{PN}}P(X|[x]_C)=0$；若$[x]_C\subseteq\neg X$，则 $P(X|[x]_C)=0\leqslant\beta$，$\mathrm{Cost}(x,\mathrm{SD}_m)=\lambda_{\mathrm{NP}}P(X|[x]_C)=0$。两种情况均有 $\mathrm{Cost}(x,\mathrm{SD}_m)=0$ 成立。因此，在序贯决策过程中，总能在第 m 步使决策代价降为 0。事实上，在实际数据集中，通常在 $k<m$ 步内即可将决策代价降为 0。这是由于$[x]_{\{c_{i_1}\}}\supseteq[x]_{\{c_{i_1},c_{i_2}\}}\supseteq[x]_{\{c_{i_1},c_{i_2},c_{i_3}\}}\supseteq\cdots\supseteq[x]_{\{c_{i_1},c_{i_2},\cdots,c_{i_k}\}}$，随着属性特征的增加，样本等价类的规模有递减的趋势，其被准确分类为 X 或$\neg X$ 的概率增加，当样本等价类被准确分类时，决策代价即降为 0。

3.5.3　决策边界域的变化趋势

序贯决策过程中，若决策步数较少，则用于分类决策的属性特征有限，样本分类结果不明确，因此多被决策为边界域，即延迟决策，待信息特征充分后再做出准

确决策。随着属性的增加,样本的分类结果渐趋清晰,在决策代价降为零时,样本被准确分类。因此,决策边界域随着属性的增加有整体降低的趋势,尽管这种降低趋势不具备严格的单调性。

设一致数据集 $S=(U,A_t=C\cup D,\{V_a \mid a\in A_t\},\{I_a \mid a\in A_t\}),D=\{X,\neg X\}$,序贯决策 $SD=(SD_1,SD_2,SD_3,\cdots,SD_n)=(\phi^*([x]_{\{c_{i_1}\}}),\phi^*([x]_{\{c_{i_1},c_{i_2}\}}),\phi^*([x]_{\{c_{i_1},c_{i_2},c_{i_3}\}}),\cdots,\phi^*([x]_{\{c_{i_1},c_{i_2},\cdots,c_{i_n}\}}))$,设条件属性总数 $|C|=m$,记第 k 步 $(k<m)$ 决策的正域、负域和边界域分别为 $POS^{\alpha}_{\{c_{i_1},c_{i_2},\cdots,c_{i_k}\}}(X)$、$NEG^{\beta}_{\{c_{i_1},c_{i_2},\cdots,c_{i_k}\}}(X)$ 和 $BND^{(\alpha,\beta)}_{\{c_{i_1},c_{i_2},\cdots,c_{i_k}\}}(X)$,即

$$
\begin{aligned}
&POS^{\alpha}_{\{c_{i_1},c_{i_2},\cdots,c_{i_k}\}}(X)=\{x\in U \mid P(X \mid [x]_{\{c_{i_1},c_{i_2},\cdots,c_{i_k}\}})\geqslant\alpha\}\\
&NEG^{\beta}_{\{c_{i_1},c_{i_2},\cdots,c_{i_k}\}}(X)=\{x\in U \mid P(X \mid [x]_{\{c_{i_1},c_{i_2},\cdots,c_{i_k}\}})<\beta\}\\
&BND^{(\alpha,\beta)}_{\{c_{i_1},c_{i_2},\cdots,c_{i_k}\}}(X)=\{x\in U \mid \beta<P(X \mid [x]_{\{c_{i_1},c_{i_2},\cdots,c_{i_k}\}})<\alpha\}
\end{aligned}
\tag{3.12}
$$

考虑第 k 步决策的边界域中的对象 $x\in BND^{(\alpha,\beta)}_{\{c_{i_1},c_{i_2},\cdots,c_{i_m}\}}(X)$,易知至多在第 k 步之后的第 m 步 x 被分类决策为正域或负域:由决策一致性假设,$[x]_C\subseteq X$ 或 $[x]_C\subseteq\neg X$ 成立。若 $[x]_C\subseteq X$,则 $P(X|[x]_{\{c_{i_1},c_{i_2},\cdots,c_{i_m}\}})=P(X|[x]_C)=1\geqslant\alpha$,即有 $x\in POS^{\alpha}_{\{c_{i_1},c_{i_2},\cdots,c_{i_k}\}}(X)$,$x$ 被分类决策为正域;若 $[x]_C\subseteq\neg X$,则 $P(X|[x]_{\{c_{i_1},c_{i_2},\cdots,c_{i_m}\}})=P(X|[x]_C)=1-P(\neg X|[x]_C)=1-1=0\leqslant\beta$,即有 $x\in NEG^{\beta}_{\{c_{i_1},c_{i_2},\cdots,c_{i_m}\}}(X)$,$x$ 被分类决策为负域。事实上,通常情况在 $k<m$ 步内即可将 x 由原边界域决策转变为正域或负域的确定决策。

3.6 代价敏感序贯决策中的两种代价

从三支决策的最优分类决策函数 $\phi^*([x]_R)$ 的表达形式(式(3.5)~式(3.7))可以看出,三支决策的结果是使分类决策具有最小的误分类代价。一般而言,在序贯决策过程中,随着属性特征的增加,误分类代价有总体下降的趋势,而且属性集中,一些分类精度高的属性对误分类代价下降具有较大的贡献。因此,在序贯决策过程中优先选择高分类精度的属性可以较快地降低误分类代价,这是在仅考虑误分类代价时的情况。但是,在许多具体决策问题中,除了误分类代价,另一种代价——测试代价也是影响序贯决策过程的重要因素[36-37]。尽管分类精度高的属性可以使分类结果具有较小的误分类代价,但要获取这些属性特征信息需要较高的测试代价,这有可能使决策总代价(误分类代价与测试代价总和)较高。因此在

序贯决策属性选择过程中需要在误分类代价和测试代价之间做出权衡，综合考虑序贯决策属性的顺序。

在上述两种代价中，第一种代价（误分类代价）可以通过如表3.1和表3.2所示的代价矩阵形式给出，它反映了不同类型的分类错误带来的决策风险的非平衡性。考虑 $x \in U$ 在第 k 步序贯决策时的误分类代价 $\mathrm{Cost}(x, \mathrm{SD}_k)$，依据三支决策规则可以计算其最优分类结果以及相应的误分类代价值（通常设为一个非负实数），由此确定了一个由 $U \times 2^C$ 至 $R^+ \cup \{0\}$ 的误分类代价映射函数为

$$\mathrm{Cost}: U \times 2^C \rightarrow R^+ \cup \{0\} \tag{3.13}$$

由最优分类结果确定的误分类代价函数的形式为

$$\mathrm{Cost}(x, \mathrm{SD}_k) = \begin{cases} \lambda_{\mathrm{PN}} - \lambda_{\mathrm{PN}} P(X \mid [x]_{C_k}), & P(X \mid [x]_{C_k}) \geqslant \alpha \\ \lambda_{\mathrm{NP}} P(X \mid [x]_{C_k}), & P(X \mid [x]_{C_k}) \leqslant \beta \\ (\lambda_{\mathrm{BP}} - \lambda_{\mathrm{BN}}) P(X \mid [x]_{C_k}) + \lambda_{\mathrm{BN}}, & \beta < P(X \mid [x]_{C_k}) < \alpha \end{cases} \tag{3.14}$$

对于第二种代价（测试代价），给出以下基本假设。考虑样本 $x \in U$ 在第 k 步序贯决策时的测试代价，第 k 步测试属性集为 $\mathrm{SA}_k = \{c_{i_1}, c_{i_2}, \cdots, c_{i_k}\}$。假设各个样本在同一属性上的测试代价相同，且 x 在测试属性集 SA_k 上的测试代价值等于 $\{c_{i_1}, c_{i_2}, \cdots, c_{i_k}\}$ 中每个属性的测试代价总和（通常为一个非负实数），由此可以确定一个由 2^C 至 $R^+ \cup \{0\}$ 的误分类代价映射函数为

$$\mathrm{Test}: 2^C \rightarrow R^+ \cup \{0\} \tag{3.15}$$

该测试代价函数的值由测试属性集 B 中各个属性 c_{i_k} 测试代价的总和确定，其形式为

$$\mathrm{Test}(\mathrm{SA}_k) = \sum_{j=1}^{k} T(c_{i_j}) \tag{3.16}$$

式中，$T(c_{i_j})$ 为单个属性 c_{i_j} 的测试代价。

在实际问题中，不同属性特征一般具有不同的测试代价，而且测试代价通常与属性特征的分类能力有关。一般而言，属性的分类精度越高，测试代价相应越高[36]。例如，在医学诊断中，对患者做磁共振的费用要比做常规检查（如血压、血糖、血脂）的费用要高，但前者的检验结果对判断患者是否患有心脑血管疾病比后者效果更好，所以在做常规检测难以判断患者患病情况时，要选择费用更高且诊断能力更强的检测项目。因此，可以用属性特征的分类能力来刻画属性的测试代价。

用属性特征（条件属性）$c_l \in C$ 与类别（决策属性）D 之间的条件熵表示属性的分类能力。设 $U/\{c_l\} = \{X_1, X_2, \cdots, X_M\}$，$U/\{D\} = \{Y_1, Y_2, \cdots, Y_N\}$，则 c_l 与 D 之间的条件熵 $H(D \mid \{c_l\}) = \sum_{i=1}^{M} P(X_i) \sum_{j=1}^{N} P(Y_j \mid X_i) \dfrac{1}{\log P(Y_j \mid X_i)} / \log N$。若

$H(D|\{c_l\})$较小，则表明属性特征 c_l 同类别 D 的划分具有较高的确定性和一致性，即具有较高的分类精度；若 $H(D|\{c_l\})$较大，则表明属性特征 c_l 同类别 D 的划分具有较大的不一致性，从而具有较低的分类精度，根据 $0 \leqslant H(D|\{c_l\}) \leqslant 1$ 以及$H(D|\{c_l\})$与分类能力的关系，采用 $1-H(D|\{c_l\})$的形式给出单个属性特征 c_l 的测试代价值为

$$T(c_l)=1-H(D \mid \{c_l\})=1+\sum_{i=1}^{M}P(X_i)\sum_{j=1}^{N}P(Y_j \mid X_i)\log P(Y_j \mid X_i)/\log N \tag{3.17}$$

对于第 l 步序贯决策 SD_l，其测试代价为属性序列 $\mathrm{SA}_l=(c_{i_1},c_{i_2},\cdots,c_{i_l})$的测试总和，即 $\mathrm{Test}(\mathrm{SA}_l)=\sum_{j=1}^{l}T(c_{i_j})$ 。代价敏感序贯决策要求权衡误分类代价 $\mathrm{Cost}(x,\mathrm{SD}_l)$和测试代价 $\mathrm{Test}(\mathrm{SA}_l)=\sum_{j=1}^{l}T(c_{i_j})$ 两种代价，应选择适当的决策序列，使决策结果具有综合最小代价。

3.7 代价敏感序贯决策算法

代价敏感序贯三支决策模型为模拟人们从粗粒度到细粒度的渐进动态决策过程提供了一条途径，这种序贯决策以最小化误分类代价和测试代价为目标，在决策过程中逐步选择需要测试的属性特征做出决策分类，使决策结果完成由不确定性和粗粒度特征(边界域)到确定性和细粒度特征(正域和负域)的转化。实际决策中，人们对误分类代价和测试代价具有不同的偏重倾向，有些偏重于误分类代价，以降低误分类代价为主要目标；另一些则偏重于测试代价，考虑在误分类代价和测试代价中取得平衡，决策目标为最小化决策总代价。例如，在医疗诊断中，在考虑到较高的测试费用时，人们通常首先选择常规低廉的检测方法诊断病情，只在常规检测方法不足以判断病情时才选择价格更高昂的检测手段；而另一些人要求尽可能快速准确地判断病情结果，对检测费用考虑较少，则优先考虑诊断效果好、价格昂贵的诊断方法。

根据序贯决策过程中对误分类代价和测试代价的不同倾向与偏重，可以给出三种序贯三支决策算法。第一种是以最小化误分类代价为目标，在序贯决策过程中优先选择测试代价小的属性进行测试，按照测试代价由小到大递增的顺序逐步选择属性特征做出决策，直到误分类代价降为零，这种算法被称为测试代价递增序贯策略。第二种同样以最小化误分类代价为目标，在序贯决策过程中优先选择分类精度高的属性特征用于决策，即按照测试代价由大到小递减的顺序选择属性特征做出决策，直到误分类代价将为零，这种算法被称为测试代价递减序贯策略。第三种是综合考虑误分类代价和测试代价，在序贯决策过程中以最小化总代价为目标，即最小总代价序

贯策略。下面给出这三种序贯决策算法描述，其中第一种和第二种序贯决策算法描述大体相同，差别在测试代价的排序上，用一个算法描述表示如下。

算法 1：测试代价递增（递减）序贯决策算法

输入：决策一致数据集 $S=(U,A_t=C\cup D,\{V_a\mid a\in A_t\},\{I_a\mid a\in A_t\})$，待决策分类样本 x，误分类代价矩阵 $\boldsymbol{M}_C$；

输出：待分类样本 x 的序贯决策 $\mathrm{SD}=(\mathrm{SD}_1,\mathrm{SD}_2,\mathrm{SD}_3,\cdots,\mathrm{SD}_n)$，序贯决策属性序列 $\mathrm{SA}=(c_{i_1},c_{i_2},\cdots,c_{i_n})$；

第 1 步：计算数据集关于决策属性 D 的划分：$U/\{D\}=\{Y_1,Y_2,\cdots,Y_N\}$；

第 2 步：计算属性集 C 中每个属性的测试代价，对每个 $c_i\in C$，计算

$$U/\{c_i\}=\{X_1,X_2,\cdots,X_M\}$$

$$T(c_i)=1+\sum_{i=1}^{M}P(X_i)\sum_{j=1}^{N}P(Y_j\mid X_i)\log P(Y_j\mid X_i)/\log N$$

第 3 步：对属性集 C 中的属性按 $T(c_i)$ 由小到大（递减策略则按由大到小顺序）排列，得到备选属性序列集 C'；

第 4 步：设置序贯决策属性序列 $\mathrm{SA}=\varnothing$，备选属性序列集 $B=C'$；

第 5 步：$k=1$；令 b 为备选属性序列集 B 中第一个属性，计算当前三支决策分类：$\mathrm{SD}_k=\phi^*([x]_{\{b\}})=\underset{\boldsymbol{D}\in\{a_{\mathrm{P}},a_{\mathrm{N}},a_{\mathrm{B}}\}}{\arg\min}R(\boldsymbol{D}\mid[x]_{\{b\}})$，计算当前误分类代价 $\mathrm{MC}=\mathrm{Cost}(x,\mathrm{SD}_1)=\min\limits_{j\in\{\mathrm{P,N,B}\}}(\lambda_{j\mathrm{P}}P(X\mid[x]_{\{b\}})+\lambda_{j\mathrm{N}}P(\neg X\mid[x]_{\{b\}}))$；

第 6 步：当 $\mathrm{MC}>0$ 时，重复以下循环：

① $k=k+1$；

② 令 b 为备选属性序列集 B 中第一个属性；$\mathrm{SA}\leftarrow\mathrm{SA}\cup\{b\}$；$B\leftarrow B-\{b\}$；

③ 计算当前三支决策分类：$\mathrm{SD}_k=\phi^*([x]_{\mathrm{SA}})=\underset{\boldsymbol{D}\in\{a_{\mathrm{P}},a_{\mathrm{N}},a_{\mathrm{B}}\}}{\arg\min}R(\boldsymbol{D}\mid[x]_{\mathrm{SA}})$，计算当前误分类代价：$\mathrm{MC}=\mathrm{Cost}(x,\mathrm{SD}_k)=\min\limits_{j\in\{\mathrm{P,N,B}\}}(\lambda_{j\mathrm{P}}P(X\mid[x]_{\mathrm{SA}})+\lambda_{j\mathrm{N}}P(\neg X\mid[x]_{\mathrm{SA}}))$。

第 7 步：$n=k$；输出待分类样本 x 的序贯决策 $\mathrm{SD}=(\mathrm{SD}_1,\mathrm{SD}_2,\mathrm{SD}_3,\cdots,\mathrm{SD}_n)$，序贯决策属性序列 $\mathrm{SA}=(c_{i_1},c_{i_2},\cdots,c_{i_n})$；结束。

下面讨论最小总代价序贯策略的算法实现。最小总代价序贯策略以最小化误分类代价与测试代价总和为决策目标，记样本 x 在第 k 步序贯决策的决策总代价为 $\mathbf{F}(x,\mathrm{SA}_k)$，则 $\mathbf{F}(x,\mathrm{SA}_k)$ 为误分类代价 $\mathrm{Cost}(x,\mathrm{SD}_k)$ 和测试代价 $\mathrm{Test}(\mathrm{SA}_k)$ 两部分的加权和，即

$$\mathbf{F}(x,\mathrm{SA}_k)=\mathrm{Cost}(x,\mathrm{SD}_k)+\eta\mathrm{Test}(\mathrm{SA}_k),\quad \eta\in[0,+\infty) \tag{3.18}$$

式中，$\eta\in[0,+\infty)$ 为两种代价的权重系数。

理论上，需要通过遍历测试属性集的所有属性子集找到决策总代价最小的测试属性子集，但事实上可选的属性子集随特征属性个数呈指数增长，其计算复杂度过高，不易实现。为此，采用序贯决策方法，按照启发式搜索策略，在每一步序贯决

策中选择当前能使总代价下降最快的测试属性进行决策，直到决策总代价不再下降，从而得到局部最小总代价序贯决策结果。

设 SA_k 为第 k 步序贯决策属性集，考虑第 $k+1$ 步可选择添加的属性 b，其对降低总分类代价的贡献率为

$$\Delta\mathbf{F}(x, SA_k, b) = \mathbf{F}(x, SA_k \cup \{b\}) - \mathbf{F}(x, SA_k) \tag{3.19}$$

将属性 b 对降低总分类代价的贡献率作为启发式函数，按照启发式策略搜索出第 $k+1$ 步需要添加的测试属性，并做出第 $k+1$ 步的三支决策结果。由此可以给出如下的代价敏感分类算法。

算法 2：局部最小总代价序贯决策算法

输入：决策一致数据集 $S=(U, A_t = C\cup D, \{V_a \mid a\in A_t\}, \{I_a \mid a\in A_t\})$，待决策分类样本 x，误分类代价矩阵 $\boldsymbol{M}_C$，代价权重系数 η；

输出：待分类样本 x 的序贯决策 $SD=(SD_1, SD_2, SD_3, \cdots, SD_n)$，序贯决策属性序列 $SA=(c_{i_1}, c_{i_2}, \cdots, c_{i_n})$；

第 1 步：计算数据集关于决策属性 D 的划分：$U/\{D\}=\{Y_1, Y_2, \cdots, Y_N\}$；

第 2 步：计算属性集 C 中每个属性的测试代价：对每个 $c_i\in C$，计算 $U/\{c_i\}=\{X_1, X_2, \cdots, X_M\}$，$T(c_i)=1+\sum_{i=1}^{M}P(X_i)\sum_{j=1}^{N}P(Y_j \mid X_i)\log P(Y_j \mid X_i)/\log N$；

第 3 步：计算属性集 C 中每个属性的决策总代价：对每个 $c_i\in C$，计算三支决策分类：$\phi^*([x]_{\{c_i\}})=\underset{\boldsymbol{D}\in\{a_P, a_N, a_B\}}{\arg\min} R(\boldsymbol{D}\mid[x]_{\{c_i\}})$，$\mathrm{Cost}(x, \{c_i\})=\min_{j\in\{P,N,B\}}(\lambda_{jP}P(X\mid[x]_{\{c_i\}})+\lambda_{jN}P(\neg X\mid[x]_{\{c_i\}}))$，$\mathbf{F}(x, \{c_i\})=\mathrm{Cost}(x, \{c_i\})+\eta\mathrm{Test}(\{c_i\})$；

第 4 步：$k=1$；计算决策总代价最小属性 $b=\underset{c_i\in C}{\arg\min}\,\mathbf{F}(x, \{c_i\})$，设置初始序贯决策属性序列 $SA\leftarrow\{b\}$，备选属性集 $B\leftarrow C-\{b\}$；当前决策总代价值 $\mathbf{F}(x, b)=\mathrm{Cost}(x, \{b\})+\eta\mathrm{Test}(\{b\})$；

第 5 步：当 $B\neq\varnothing$ 时，重复以下循环：

① 对每个属性 $b\in B$，计算决策总代价 $\mathbf{F}(x, b)=\mathrm{Cost}(x, \{b\})+\eta\mathrm{Test}(\{b\})$；计算属性降低总代价贡献率 $\Delta\mathbf{F}(x, SA, b)=\mathbf{F}(x, SA\cup\{b\})-\mathbf{F}(x, SA)$；

② 对降低总代价贡献率最大的属性为 $b_i^*=\underset{b_i\in B}{\arg\max}\,\Delta\mathrm{F}(x, SA, b_i)$；

③ 若 $\Delta\mathbf{F}(x, SA, b^*)\leqslant 0$，则转至第 6 步；

④ 更新序贯决策属性序列 $SA\leftarrow SA\cup\{b^*\}$；计算当前三支决策分类：$SD_{k+1}=\phi^*([x]_{SA})=\underset{\boldsymbol{D}\in\{a_P, a_N, a_B\}}{\arg\min} R(\boldsymbol{D}\mid[x]_{SA})$，计算当前误分类代价：$MC=\mathrm{Cost}(x, SD_{k+1})=\min_{j\in\{P,N,B\}}(\lambda_{jP}P(X\mid[x]_{SA})+\lambda_{jN}P(\neg X\mid[x]_{SA}))$；更新备选属性集 $B\leftarrow B-\{b^*\}$；

⑤ $k=k+1$。

第 6 步：$n=k$；输出待分类样本 x 的序贯决策 $SD=(SD_1, SD_2, SD_3, \cdots, SD_n)$，序贯决策属性序列 $SA=(c_{i_1}, c_{i_2}, \cdots, c_{i_n})$；结束。

3.8 实验分析

为验证本章关于序贯决策的理论分析结果和算法的有效性，我们在 UCI 数据库[38]进行了数据实验。实验中采用的四组数据为离散符号数据，分别是 Mushroom、Breast-cancer-wisconsin(简记为 Breast)、Hepatitis、Car。我们对数据进行如下预处理：由于前三组数据包含缺失数据，为不完备数据集，我们将 Mushroom 和 Breast 中含缺失数据的记录删除，并将 Hepatitis 按照最频繁值填充法对缺失值进行补齐，即保留其中符号型数据，这样所有数据均为完备数据集。在本章中，我们考虑二类的决策分类问题，上述四组实验数据中前三组的类别数为 2，而 Car 的类别数为 4，我们将 Car 数据中类别为"good"和"vgood"的记录与类别为"acc"的记录合并，合并后 Car 的类别数调整为 2。这样得到预处理后实验数据的基本信息如表 3.3 所示。

表 3.3　实验数据基本信息(UCI 数据预处理结果)

编号	名称	类别数	属性个数	原始数据大小	预处理后大小
1	Mushroom	2	22	8124	5644
2	Breast	2	9	699	683
3	Hepatitis	2	12	155	155
4	Car	2	6	1728	1728

在实验中，按照式(3.3)的限定条件给出代价矩阵 $\boldsymbol{M}_C$，即满足 $\lambda_{PP} \leqslant \lambda_{BP} \leqslant \lambda_{NP}$，$\lambda_{NN} \leqslant \lambda_{BN} \leqslant \lambda_{PN}$，$\lambda_{PP}=\lambda_{NN}=0$。实验中选定的代价矩阵为 $\boldsymbol{M}_C=\begin{pmatrix} 0 & 8 & 20 \\ 15 & 7 & 0 \end{pmatrix}$。

首先，验证测试代价递增(递减)序贯决策算法(算法 1)在序贯决策过程中误分类代价的变化趋势。为检验误分类代价的整体单调性，我们根据算法 1 测试每组数据所有样本在 k 步(k 为属性个数)序贯决策过程中的平均误分类代价(全样本平均误分类代价)。为检验误分类代价的局部非单调性，根据算法 1 测试每组数据前 5 个样本在 k 步(k 为属性个数)序贯决策过程中的平均误分类代价(前 5 个样本平均误分类代价)。实验结果如图 3.1～图 3.8 所示，其中图 3.1、图 3.3、图 3.5、图 3.7 采用的是测试代价递增序贯决策算法(简称递增序贯策略)，图 3.2、图 3.4、图 3.6、图 3.8 采用的是测试代价递减序贯决策算法(简称递减序贯策略)，图中圆点表示全体样本的平均误分类代价，三角形表示前 5 个样本的平均误分类代价。

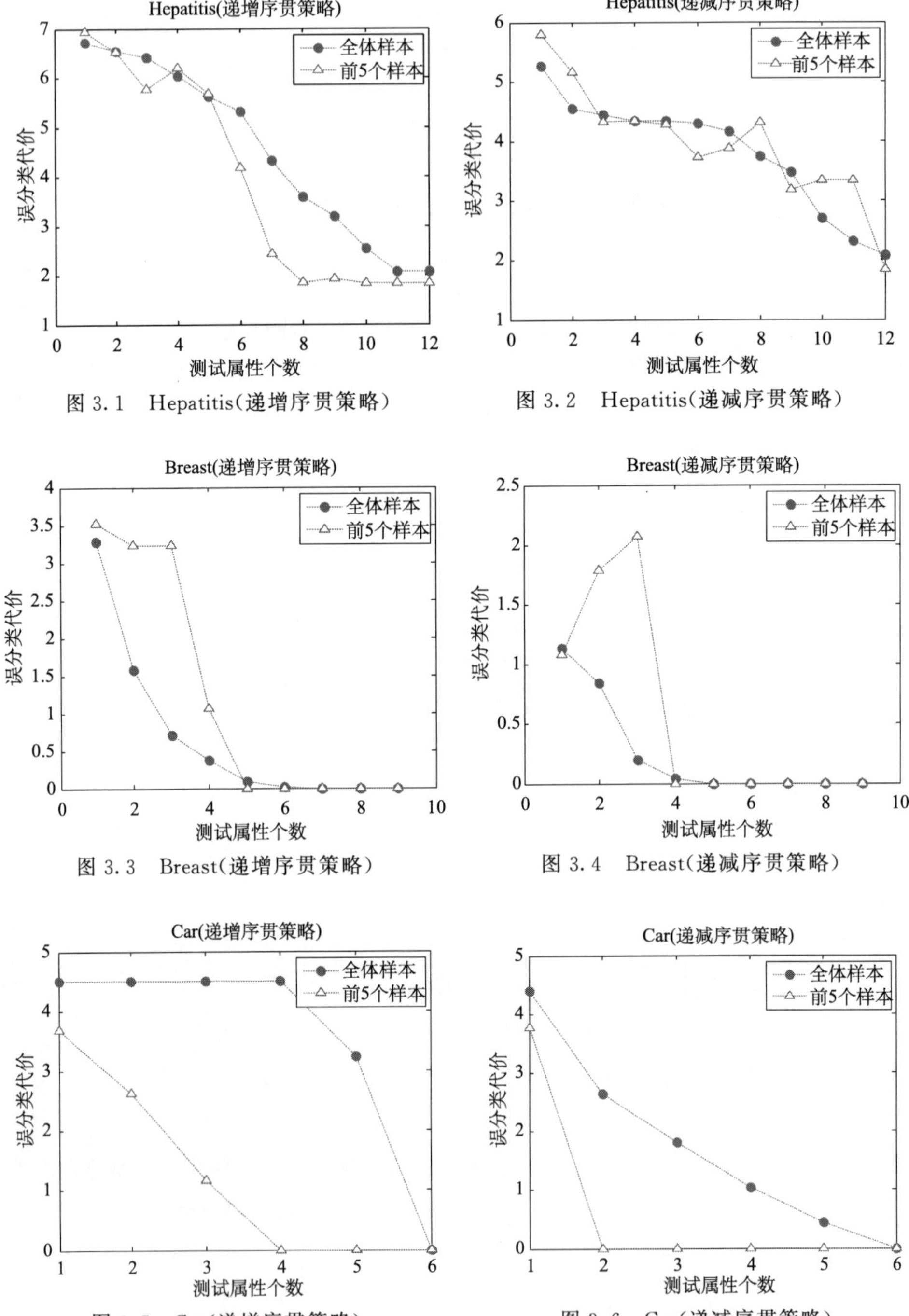

图 3.1　Hepatitis(递增序贯策略)

图 3.2　Hepatitis(递减序贯策略)

图 3.3　Breast(递增序贯策略)

图 3.4　Breast(递减序贯策略)

图 3.5　Car(递增序贯策略)

图 3.6　Car(递减序贯策略)

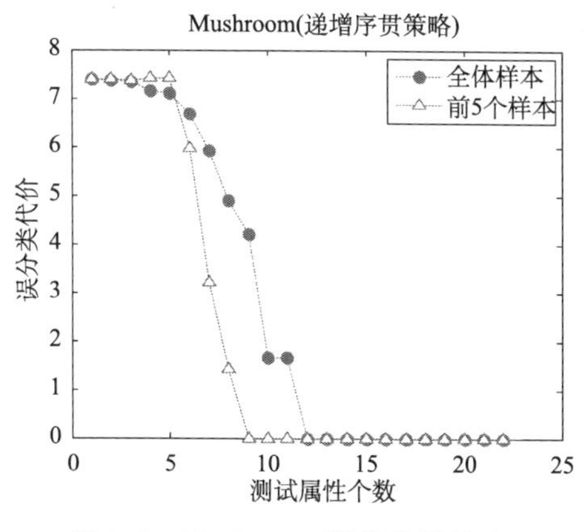

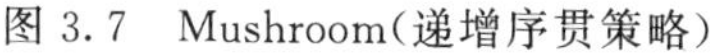
图 3.7　Mushroom(递增序贯策略)

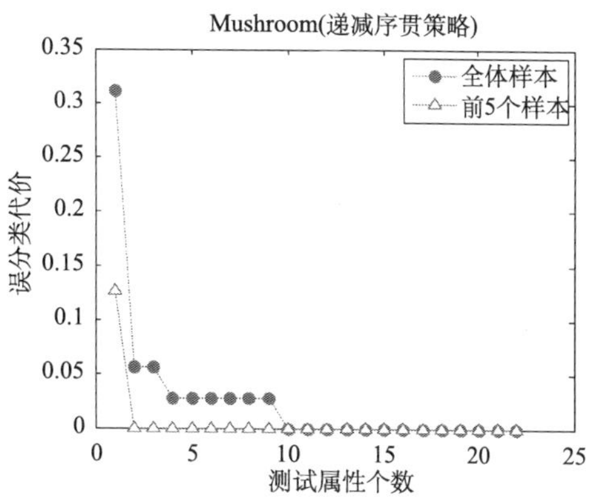

图 3.8　Mushroom(递减序贯策略)

从图中可以得出以下结论:①在序贯过程决策中,误分类代价具有局部非单调性特征,如在前 5 个样本的平均误分类代价变化曲线中,图 3.1、图 3.2、图 3.4 和图 3.7 中存在误分类代价随序贯决策步骤增加而递增的区域(不满足严格递减);②但在统计全样本基础上,误分类代价具有整体单调性特征,即全样本平均误分类代价表现为随序贯决策步骤增加而递减的趋势,最终趋于 0(注:数据集 Hepatitis 不是决策一致数据集,故误分类代价最终未降为 0);③测试代价递减序贯策略与测试代价递增序贯策略相比,可以更快地降低误分类代价,但同时具有更大的测试代价。

我们还可以验证序贯决策过程中边界域的变化趋势。以 Mushroom 数据集为例,采用算法 1 的测试代价递增序贯策略,统计每一步序贯决策中正域决策、负域决策和边界域决策的样本总数,绘出三个区域随决策步数增加的趋势如图 3.9 所示。我们可以看到随着决策步数的增加,边界域大小整体上呈递减的趋势,正域和负域大小整体上呈递增的趋势变化。这表明在决策初始时,决策对象信息不充分情况下,多数样本被决策为边界域,随着决策步数的增加,决策对象信息逐步充分,一部分边界域决策转化为正域决策或负域决策,这个过程最终使边界域决策全部转化为正域或负域的准确决策。

关于算法 2 的验证,取 $\eta=0.8$,根据式(3.17)可以得到每组数据中各样本的加权测试代价以及决策总代价,根据算法 2 可以得到局部最小总代价序贯决策的平均步数、序贯决策最大步数(属性总数)、误分类代价、测试代价和决策总代价(包括算法 2 的决策总代价和在全属性上的决策总代价),将实验结果汇总在表 3.4中。

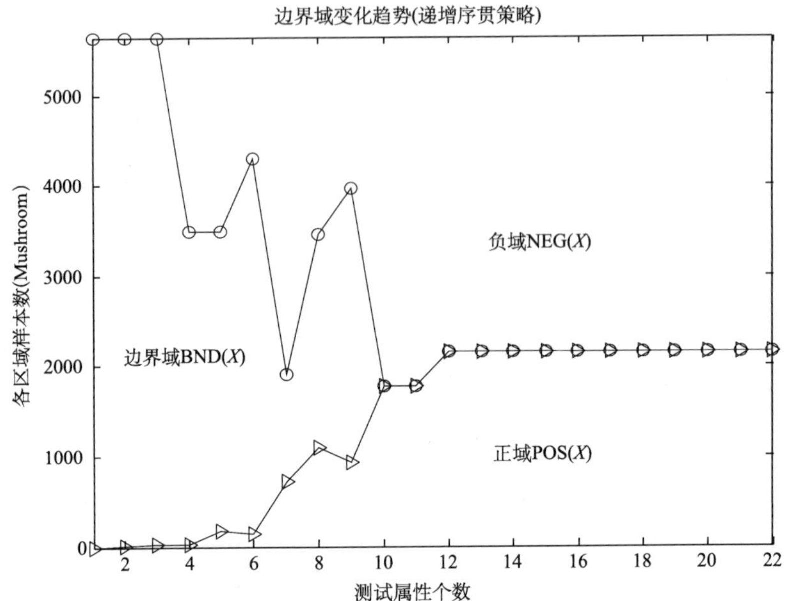

图 3.9 Mushroom 边界域的变化趋势(递增序贯策略)

表 3.4 算法 2 实验结果

编号	数据集	平均序贯步数	属性总数	误分类代价	测试代价	总代价(算法 2)	总代价(全属性)
1	Hepatitis	1.4	12	3.975	1.041	5.016	9.184
2	Breast	1.1	9	0.122	0.263	0.385	2.965
3	Car	1.42	6	0.876	2.451	1.575	3.808
4	Mushroom	1.09	22	0.017	0.136	0.153	3.218

从表 3.4 可以看出:由算法 2 得到的序贯决策过程可以在较少的步数内使决策总代价具有较明显的降低。例如,Hepatitis 包含 12 个条件属性,最多可进行 2 步序贯决策,按照算法 2 的运行结果平均在 1.4 步内即可将决策总代价降为 5.016,决策步数和决策总代价均低于全属性测试结果。在 Breast、Car、Mushroom 数据集上的结果也有类似结论。采用局部最小总代价序贯决策可以较大程度地降低决策总代价,原因在于其序贯决策步骤中选择的属性具有较高分类性能,从而对降低分类总代价具有较大贡献率,尽管序贯步数的减少会引起误分类代价的增加,但同时降低了分类的测试代价,从而使最终序贯决策具有较低的决策总代价。

3.9 本章小结

人们在问题求解中通常表现为多粒度变化特征，不仅能在不同粒度模型上分析问题，而且能够在不同粒度模型之间自由变换，形成对问题的多视角知识结构，这种处理多种粒度层次的能力，正是人类问题求解的强有力的表现。三支决策理论为模拟这种多粒度分析问题的方法提供了一种实现途径。三支决策理论的关键是在正域和负域二支决策中引入了边界域决策(延迟决策)，其思想是在决策背景信息资源不足时，人们对决策对象的认识具有粗粒度特征，难以做出准确决策判断，可以暂缓决策，即采用边界域决策，此时决策代价最小，符合最小决策风险原则。边界域决策表明当前可用于决策的信息不足，为做出准确决策，需要进一步收集决策状态信息，在充分收集状态信息后，对决策对象的认识由粗粒度向细粒度转化，使准确决策成为可能。这种从粗粒度到细粒度的决策过程构成了一种序贯决策方法，它可以刻画人们在许多实际问题中所采用的动态渐进决策过程。本章主要讨论了这种序贯决策模型以及算法实现，包括决策与二支决策、三支序贯决策方法、代价敏感序贯决策模型与算法等问题，以期为模拟多粒度分析问题能力提供一种实现方法。

致　谢

感谢加拿大里贾纳大学姚一豫教授、西南交通大学刘盾博士对本章内容给予的帮助和建议。本章研究内容得到了国家自然科学基金项目(70971062，71201076，61170105，71201133)、江苏省自然科学基金项目(BK2011564)和教育部高等院校博士点基金项目(20120091120004)的资助，在此一并感谢。

参考文献

[1] Yao Y Y. Three-way decisions with probabilistic rough sets. Information Sciences，2010，180：341-353.

[2] Yao Y Y. The superiority of three-way decisions in probabilistic rough set models. Information Sciences，2011，181：1080-1096.

[3] 李华雄，周献中，赵佳宝，等. 基于三支决策粗糙集的代价敏感分类方法//贾修一，商琳，周献中，等. 三支决策理论与应用. 南京：南京大学出版社，2012：34-48.

[4] 李华雄，周献中，李天瑞，等. 决策粗糙集理论及其研究进展. 北京：科学出版社，2011.

[5] Simon H A. 管理行为. 詹正茂，译. 北京：机械工业出版社，2004.

[6] Han J W，Kamber M. 数据挖掘概念与技术. 范明，孟小峰，译. 北京：机械工业出版社，2001.

[7] Michalski R S，Bratko I，Kubat M. 机器学习与数据挖掘：方法与应用. 朱明，译. 北京：电子工业出版社，2004.

[8] Yao Y Y. Two semantic issues in a probabilistic rough set model. Fundamenta Informaticae，2011，108：

249-265.

[9] Zhou X Z, Li H X. A multi-view decision model based on decision-theoretic rough set. Proceedings of the RSKT 2009, LNCS(LNAI)5589, 2009: 650-657.

[10] Li H X, Zhou X Z. Risk decision making based on decision-theoretic rough set: a multi-view decision model. International Journal of Computational Intelligence Systems, 2011, 4: 1-11.

[11] Li W, Miao D Q, Wang W L, et al. Hierarchical rough decision theoretic framework for text classification. Proceedings of the ICCI, 2010: 484-489.

[12] Yu H, Chu S S, Yang D C. Autonomous knowledge-oriented clustering using decision-theoretic rough set theory. Proceedings of the RSKT 2010, LNCS(LNAI)6401, 2010: 687-694.

[13] Yu H, Chu S S, Yang D C. A semiautonomous clustering algorithm based on decision-theoretic rough set theory. Proceedings of the ICCI, 2010: 477-483.

[14] Yao J T, Herbert J P. Web-based support systems with rough set analysis. Proceedings of the RSEISP 2007, LNAI 4585, 2007: 360-370.

[15] Herbert J P, Yao J T. Game-theoretic risk analysis in decision-theoretic rough sets. Proceedings of the RSKT 2008, LNAI 5009, 2008: 132-139.

[16] Herbert J P, Yao J T. Game-theoretic rough sets. Fundamenta Informaticae, 2011, 3/4: 267-286.

[17] Zhou B, Yao Y Y, Luo J. A three-way decision approach to email spam filtering. Proceeding of the CCAI 2010, LNCS(LNAI)6085, 2010: 28-39.

[18] Liu D, Li H X, Zhou X Z. Two decades' research on decision-theoretic rough sets. Proceedings of the ICCI, 2010: 968-973.

[19] 李华雄，刘盾，周献中. 决策粗糙集模型研究综述. 重庆邮电大学学报(自然科学版)，2010，22(5)：624-630.

[20] 刘盾，姚一豫，李天瑞. 三支决策粗糙集. 计算机科学，2011，38(1)：245-250.

[21] Li H X, Zhou X Z, Zhao J B, et al. Attribute reduction in decision-theoretic rough set model: a further investigation. Proceedings of RSKT 2011, LNCS(LNAI)6954, 2011: 466-475.

[22] Liu D, Li T R, Hu P, et al. Multiple-category classification with decision-theoretic rough sets. Proceedings of the ICCI 2010, 2010: 703-710.

[23] Liu D, Li T R, Ruan D. Probabilistic model criteria with decision-theoretic rough sets. Information Sciences, 2011, 181: 3709-3722.

[24] Liu D, Li T R, Liang D C. A new discriminant analysis approach under decision-theoretic rough sets. Proceedings of the RSKT 2011, LNCS(LNAI)6954, 2011: 473-482.

[25] 贾修一，商琳，陈家骏. 决策风险最小化属性约简. 计算机科学与探索，2011，5(2)：155-160.

[26] 贾修一，商琳，陈家骏. 基于三支决策的属性约简//中国人工智能进展 2009. 北京：北京邮电大学出版社，2009：193-198.

[27] Jia X Y, Li W W, Shang L, et al. An optimization viewpoint on decision-theoretic rough set model. Proceedings of the RSKT 2011, LNCS(LNAI)6954, 2011: 454-462.

[28] Liu D, Yao Y Y, Li T R. Three-way investment decisions with decision-theoretic rough sets. International Journal of Computational Intelligence Systems, 2011, 4: 66-74.

[29] Yao Y Y, Deng X F. Sequential three-way decisions with probabilistic rough sets. Proceedings of the ICCI 2011, IEEE Press, 2011: 120-125.

[30] Yang X P,Song H G,Li T J. Decision making in incomplete information system based on decision-theoretic rough sets. Proceedings of the RSKT 2011,LNCS(LNAI)6954,2011:495-503.

[31] Kahneman D,Tversk A. Prospect theory:an analysis of decision under risk. Econometrica,1979,47:263-291.

[32] Yao Y Y,Zhao Y. Attribute reduction in decision-theoretic rough set models. Information Sciences,2008,178:3356-3373.

[33] Yao Y Y. Decision-theoretic rough set models. Proceedings of the RSKT 2007,LNCS(LNAI)4481,2007:1-12.

[34] 苗夺谦,王国胤,刘清,等. 粒计算:过去、现在与展望. 北京:科学出版社,2007.

[35] 李华雄,周献中,赵佳宝. 决策粗糙集的正域属性约简//李华雄,周献中,李天瑞,等. 决策粗糙集理论及其研究进展. 北京:科学出版社,2011:77-89.

[36] Cebe M,Gunduz-Demir C. Qualitative test-cost sensitive classification. Pattern Recognition Letters,2010,31:2043-2051.

[37] Min F,He H P,Qian Y H,et al. Test-cost-sensitive attribute reduction. Information Sciences,2011,181:4928-4942.

[38] Blake C L,Merz C J. UCI repository of machine learning databases. http://archive.ics.uci.edu/ml/datasets.html.

第4章　代价敏感学习的粗糙决策方法

闵　帆　祝　峰

闽南师范大学粒计算重点实验室

测试代价、误分类代价、延迟代价是许多现实数据的重要方面，也是不少数据挖掘方法的研究重点。本章从数据模型、计算模型、问题、算法四个层次，描述代价敏感学习的粗糙集与决策方法。在数据模型层次，研究三类重要的代价以及代价之间的关系，以及名词型及数值型数据；在计算模型层次，建立基于不同数据的扩展粗糙集模型；在问题层次，提出测试代价敏感的属性约简、多种代价敏感的属性选择、代价敏感分类等问题；在算法层次，基于回溯法、启发式算法、随机算法等，开发适合于不同问题的算法，并讨论参数设置的自适应方法。

4.1　引　　言

代价是现实数据的重要方面，代价敏感学习是数据挖掘的十大具有挑战性问题之一[1]，其研究在近15年来获得重要进展。Turney[2]提出了代价敏感决策树算法，首次统一考虑测试代价与误分类代价；Ling等[3]在该工作基础上进一步提高了其性能；Domingos[4]提出了将分类器算法改造为代价敏感学习的一般性方案；周志华等[5]利用误分类代价敏感人工神经网络，解决了决策类不平衡问题；Fan等[6]研究了误分类代价敏感Boosting方法。

误分类代价敏感的粗糙集理论与方法已经取得了很大的进展，其中最有代表性的是决策粗糙集理论[7]。该理论于1990年由姚一豫教授提出，优点在于其建立在贝叶斯决策理论上，上下近似的阈值依赖误分类及延迟分类代价，而不是人为设置的参数。近年来对于该理论的研究正在逐步深入，基于它的属性约简问题[8]、分类问题[9]、聚类问题[10]、风险最小化问题[11]，以及与概率粗糙集的结合[12]等均有较好的解决方案。

最近测试代价及误分类代价敏感的粗糙集理论与方法也获得不少关注。我们建立了测试代价敏感数据模型[13]、计算模型[14-15]，定义了多个测试代价敏感属性选择问题[16]并提出相应的算法[15-19]。这些内容是本章的重点。

我们开发了一个开源软件Coser(Cost-sensitive rough sets)(其网址为http://grc.fjzs.edu.cn/～fmin/coser)，实现了本章所涉及的算法和一些粗糙集基础算法。我们还在不断更新该软件，以与新的算法同步。Coser用Java语言编写，具有很好的可移植性扩展性，程序可读性强。同时，Coser 基于数据挖掘开源平台 Weka（其网址为 http://www.cs.waikato.ac.nz/ml/weka），因此所实现的算法可以方便地与数据挖掘的其他算法进行比较。Coser 友好的图形用户界面、完备的联机帮助文档可以使读者方便、快速地重复实验。我们也非常希望更多的学者能将自己的算法集成到该平台。

4.2　代价敏感学习数据模型

数据是计算机理论及应用的基础，也是数据挖掘的核心。本节描述代价敏感学习所涉及的常用数据模型。

4.2.1　决策系统

决策系统是有监督学习（supervised learning）的基础数据模型，定义如下。

定义 4.1　决策系统是一个五元组 $S=(U,C,D,V=\{V_a|a\in C\cup D\},I=\{I_a|a\in C\cup D\})$，其中，$U$ 为对象的集合也称论域，C 为条件属性集合，D 为决策属性集合，V_a 为属性 a 的值域，$I_a:U\to V_a$ 为信息函数。

在多数决策系统中，仅有一个决策属性，记为 $D=\{d\}$。

例 4.1　表 4.1 为一个决策系统，其中，$U=\{x_1,x_2,x_3,x_4,x_5,x_6\}$，$C=\{$Mcv, Alkphos, Sgpt, Sgot, Gammagt, Drinks$\}$，$D=\{$Selector$\}$。

表 4.1　一个医疗决策系统

患者	Mcv	Alkphos	Sgpt	Sgot	Gammagt	Drinks	Selector
x_1	Normal	Low	Low	Normal	Normal	Normal	Yes
x_2	Abnormal	Normal	Normal	High	Normal	Normal	Yes
x_3	Abnormal	Normal	Normal	Low	High	Normal	Yes
x_4	Normal	Normal	Normal	Low	High	Abnormal	No
x_5	Normal	High	High	Normal	Low	Normal	No
x_6	Normal	High	High	Normal	Low	Abnormal	No

如果对象 x_i 与 x_j 具有相同的条件属性值、不同的决策属性值，则称为矛盾对象。如果决策系统中不存在矛盾对象，则称为一致的，否则为不一致的。决策系统不一致的原因有多种，包括条件属性不够、噪音干扰等。一致决策系统仅产生确定性命题，不一致决策系统可能产生不确定性命题[20]。因此在不一致决策系统中学习会遇到更多的困难。

4.2.2　代价的数据模型

Turney[21] 对代价进行了分类。本章讨论三种常用代价，即测试代价、延迟代价和误分类代价。

1. 测试代价

测试代价可以是获取数据花费的金钱，存储数据付出的存储容量，传输数据消耗的带宽等。我们建立了一个测试代价敏感的决策系统体系[22]。为了简便，本章侧重举例说明，而省掉一些形式化的定义及分析。

在多数情况下，测试代价与属性有关，而与具体的对象无关。例如，任何人进行血糖检测的费用都为 12 元。单个属性的测试代价函数为

$$c(a):U \rightarrow R^{+} \cup \{0\} \tag{4.1}$$

式中，$c(a)$为属性 $a \in C$ 的测试代价，R^{+}为正数集合。当测试的顺序不影响代价时，属性子集的测试代价函数可以表示为

$$c^{*}(A):2^{U} \rightarrow R^{+} \cup \{0\} \tag{4.2}$$

式中，$c^{*}(A)$为属性子集 $A \subseteq C$ 的测试代价。

1）独立测试代价

在最简单的情况下，进行每项检测相应的测试代价确定，而与是否进行其他检测无关。这时有以下定义。

定义 4.2 如果对任意 $A \subseteq C$，均有

$$c^{*}(A)=\sum_{a \in A} c^{*}(\{a\})=\sum_{a \in A} c(a) \tag{4.3}$$

则称测试代价函数是独立的。

独立测试代价函数可以用一个向量$[c(a_1),c(a_2),\cdots,c(a_{|C|})]$表示。当该向量的所有分量都为 0 时，测试代价实际上已经不被考虑。

例 4.2 表 4.2 为一个测试代价向量，其中属性与表 4.1 对应。

表 4.2 各项检测对应的测试代价 （单位：元）

a	Mcv	Alkphos	Sgpt	Sgot	Gammagt	Drinks
$c(a)$	12	12	15	20	20	5

需要注意的是，决策属性值并非测试出来的，因此没有对应的测试代价。在某些应用中，可以由人指定正确的决策属性值，这时需要教师代价[21]。这类代价不在本章讨论范围之内。

2）简单公共测试代价

在医疗诊断等应用中，同时进行多项检测的总代价可能小于这些检测的代价之和。在某些情况下，可以把各项检测分为几组，组内存在固定的公共代价，而组间不存在公共代价。

定义 4.3　令组数为 K，$g:C\to[1,2,\cdots,K]$为分组函数，$gc:[1,2,\cdots,K]\to R^+\cup\{0\}$为组内公共代价，$G_k=\{a\mid g(a)=k\}$，如果对任意 $A\subset C$ 及 $a\in C-A$，均有

$$c^*(A\cup\{a\})=\begin{cases}c^*(A)+c(a)-gc(k), & A\cap G_k\neq\varnothing\\ c^*(A)+c(a), & 其他\end{cases}\tag{4.4}$$

则称属性集有简单公共测试代价。

从数据存储结构的角度，我们需要一个向量表示 g，即各属性属于哪组；另一个向量表示 gc，即各组内的公共测试代价。

例 4.3　将表 4.2 中的五项测试分为三组，如表 4.3 所示。每组的公共测试代价如表 4.4 所示。当进行所有检测时，需要的测试代价为 12＋12＋15＋20＋20＋5－1－2×5＝73(元)。其中，由于 Mcv 和 Alkphos 一起检测节约了 1 元，这是因为一次性检测节约了医生的时间。Sgpt、Sgot 和 Gammagt 一起检测节约了两个 5 元，这是因为这三者均涉及抽血费用，而进行一项检测和三项检测花费在抽血上的代价均为 5 元。

表 4.3　各项检测对应组别

a	Mcv	Alkphos	Sgpt	Sgot	Gammagt	Drinks
组编号	1	1	2	2	2	3

表 4.4　各组公共测试代价　(单位：元)

组编号	1	2	3
公共代价	1	5	1

3）复杂公共测试代价

在更一般的情况下，一个属性可能同时属于多个组。

定义 4.4　令组数为 K，$gr:[1,2,\cdots,K]\to 2^C$ 为分组函数，$gc:[1,2,\cdots,K]\to R^+$为组内公共代价，$G_k=gr(k)$，如果对任意 $A\subset C$ 及 $a\in C-A$，均有

$$c^*(A\cup\{a\})=c^*(A)+c(a)-\sum_{1\leqslant k\leqslant K}f(A\cap G_k,\{a\}\cap G_k)gc(k)\tag{4.5}$$

式中

$$f(A_1,A_2)=\begin{cases}1, & A_1\neq\varnothing\text{ 且 }A_2\neq\varnothing\\ 0, & 其他\end{cases}\tag{4.6}$$

则称属性集有复杂公共测试代价。

这时，需要一个二维布尔数组表示 gr，即各属性属于哪些组；组内的公共测试代价 gc 仍由一个向量表示。

例 4.4 表 4.2 中的五项测试分为三组，如表 4.5 所示，公共代价如表 4.4 所示。其中，Sgpt、Sgot 和 Gammagt 既属于第 2 组，也属于第 3 组。当进行所有检测时，需要的测试代价为 12＋12＋15＋20＋20＋5－2×1－2×5－3×1＝69(元)。Sgpt、Sgot、Gammagt 和 Drinks 一起检测既节约了抽血的费用(2 个 5 元)，也节约了打印报告的代价(3 个 1 元)。

表 4.5 各项检测对应组别

a	Mcv	Alkphos	Sgpt	Sgot	Gammagt	Drinks
第 1 组	1	1	0	0	0	1
第 2 组	0	0	1	1	1	0
第 3 组	0	0	1	1	1	1

4) 序列相关测试代价

在一些具体的应用中，测试代价还与属性测试的顺序有关。这时数据模型变得更为复杂。

例 4.5 各属性的测试代价如表 4.2 所示。如果同时测试 Sgpt 与 Sgot，由于这两个属性共享抽血代价与报告打印代价，那么总代价为 15＋20－5－2＝28(元)。如果先测试 Sgpt，再测试 Sgot，报告打印代价无法共享，那么总代价为 15＋20－5＝30(元)。如果先测试 Sgot，再测试 Sgpt，由于测试 Sgpt 需要更多的备注，两个测试不存在公共代价，那么总代价为 15＋20＝35(元)。

为表达这类数据，除了式(4.2)的 $c^*(A)$，还需要一个函数 $\mathrm{cq}: 2^{|C|}\times 2^{|C|}\rightarrow R^+\cup\{0\}$指定条件测试代价。给定$\varnothing\subset A_1\subset C$ 及$\varnothing\subset A_2\subset C$，$\mathrm{cq}(A_2|A_1)$为测试$A_1$后，测试的 A_2代价。

2. 延迟代价

延迟代价是指测试花费的时间，它可以看做测试代价的一种。由于其特殊性，我们单独考虑该代价。

1) 时间的重叠性

作为最简单的方式，我们可以获得一项检测的结果后，再进行下一项检查。但由于时间的重叠性比较强，在某些应用中，我们有必要将它与其他资源的耗费分开计算，并进行合理的统筹规划。

延迟代价可分为两部分：测试时间与等待时间。例如，对于被检测者，为进行血液检查，从开始抽血到抽血完成所耗费的时间为测试时间，而抽血完成到获得检验报告的时间为等待时间。测试时间与等待时间均可以用一个向量表示，如表 4.6所示。

表 4.6 各项检测对应的测试时间与等待时间 (单位:min)

a	Mcv	Alkphos	Sgpt	Sgot	Gammagt	Drinks
$t(a)$	1	5	10	10	10	1
$w(a)$	1	1	60	120	60	1

一项检测的等待时间通常可以和其他检测的测试时间或等待时间重叠。例如,在等待 Sgot 结果的过程中,可以进行任何其他的测试。然而,测试时间的重叠性具有一定限制。例如,不同的血液检查可以只进行一次抽血。由此我们可以将不同测试分为若干组,组内可以共享测试时间,而组间不能。相应的分组情况如表 4.7所示。

表 4.7 各项检测对应组别

a	Mcv	Alkphos	Sgpt	Sgot	Gammagt	Drinks
组编号	1	1	2	2	2	1

例 4.6 同时检测 Sgpt、Sgot 和 Gammagt 需要 130min。由于 Gammagt 结果有时不必要,医生先检测 Sgpt 与 Sgot。假设 Sgpt 报告出来后,又认为有必要补 Gammagt 检测。具体过程如下:开始时进行 Sgpt 与 Sgot 检测;70min 时获得 Sgpt 报告,并开始 Gammagt 检测;130min 时获得 Sgot 报告;140min 时获得 Gammagt 报告,总共需要 140min。

为简便起见,定义延迟代价函数为

$$\mathrm{tw}(A):2^C \to R^+ \cup \{0\} \tag{4.7}$$

式中,$\mathrm{tw}(A)$为属性子集 $A \subseteq C$ 的延迟代价。给定函数 t 与 w,可以获得函数 tw,但由于涉及统筹规划,这三个函数之间的联系往往不能用一个公式给定。

2) 延迟代价与其他代价的换算

一项测试可能涉及多种代价。医疗测试一般会涉及医生人工、仪器材料、患者的时间等。为了找到一种合适的方案,需要首先将这些测试所涉及的代价换算成同一个度量。医生人工及仪器材料一般已经根据医院的定价转换成以金钱度量,患者的时间也需要进行相应的换算。为进行换算,我们可以指定一个函数

$$c = f(t) \tag{4.8}$$

式中,t 为时间代价(可以以 min 为单位),f 为换算函数,c 为换算后的金钱代价。它可以是线性的,如 1h 与 100 元等价。也可以是非线性的,如患者可能会为节约 100 元等待 1h,但可能不会愿意为了节约 200 元而等待 2h。

3. 误分类代价

误分类代价,也称风险,是指将一个类的数据分为另一个类所付出的代价。例

如，将正常人误分类为患者，将影响其正常的工作和生活，并付出治疗费用；将患者误分类为正常人，则会延误病情，甚至导致生命危险。又如，进行产品检测时，如果将不合格产品标注为合格，商家则会承受退货以及信誉受损等代价。反之，将合格产品标注为不合格，丢弃产品也会有经济损失。

实际上，在许多代价敏感学习方法中，“代价”特指误分类代价。对于有 k 个类的数据，代价一般可以用一个 $k\times k$ 矩阵表示。

例 4.7　对表 4.1 所示的决策系统，误分类代价矩阵。

实际类＼分类为	No	Yes
No	0	200
Yes	800	100

该误分类矩阵表示把没病的人误诊为有病需要付出 200 元的代价，反之会付出 800 元的代价。有些应用中，对角线上的值均为 0，表示正确分类不需要付出代价。但在某些情况下，这些值可能不为 0。本例中，将有病的人正确分类也有 100 元的代价，表示用于后续的治疗。

误分类代价在实际应用中的设置有两个方面的困难。第一，为了定义数据挖掘的目标，需要进行测试代价与误分类代价的换算，以将两者统一成同一个度量，如金钱。Turney 的工作正是将两者进行统一，以获得良好的可操作性。第二，有些误分类代价由具体应用直接确定，如错误诊断所增加的治疗费用。但有些误分类代价必须由专家给定，如对身体的损害、病情的延误、医院信誉受损等。这时需要一系列的评估体系，它们已经超过本章的范围。

误分类代价函数为

$$\mathrm{mc}(i,j):V_d\times V_d\to R^+\cup\{0\}\tag{4.9}$$

式中，$\mathrm{mc}(i,j)$表示将类别 i 分为类别 j 所导致的代价。

4. 延迟分类代价

延迟分类代价是指不立即进行分类所导致的代价，它是三支决策的基础。在医疗检测中，医生根据已有的检测结果可以做出三种判断：第一是认为被检测人员有病；第二是认为他没病；第三是根据现有检测无法确定，需要进一步检测。

延迟分类代价可以看成误分类代价与延迟代价的某种复合。一方面，它是误分类代价的扩展。

例 4.8　对表 4.1 所示的决策系统，扩展的误分类代价矩阵。

实际类 \ 决策	不治疗	治疗	留院观察
No	0	200	50
Yes	800	100	300

该误分类矩阵比例 4.7 的误分类代价矩阵多了一列，对应延迟(留院观察)。它表示正常人进行进一步检查需要多付出 50 元，患者留院观察并治疗则需要付 300 元。

另一方面，由于时间的拖延，这两个代价可以看成延迟代价。它与前面所指出的不同点在于，其不可以看成测试代价，也不能用时间度量。

4.2.3　不同的数据类型

决策表中的数据可以有不同的类型。对于决策属性集 D，本章仅讨论其为名词性值的情况。以下讨论条件属性集合的数据类型。

1. 名词性值

名词性值是最简单的数据类型。在某些情况下，数据本身是枚举类型，如 Mcv 有两种取值"Normal"和"Abnormal"，职业有多种取值，如"教师"、"商人"、"医生"等。布尔值可以看成其特例。在另外一些情况下，数据由其他类型通过预处理，转换为名词性，如表 4.1 中 Alkphos 的取值已经为名词性值"High"、"Normal"等。

2. 数值型值

在实际应用中，我们经常会处理数值型值，如从温度计中读出的温度原始值为 37.5℃。对相应数据的解释将影响数据的处理方法。首先，我们可以认为不同的温度计具有不同的误差范围。例如，有些温度计的精度为 ±0.1℃，有的则为 ±0.3℃。即使温度计的精度比较高，由于体温的自然变化，也可能导致误差范围为 ±0.5℃。其次，测量误差通常服从正态分布。例如，被检测者的实际体温在测量值 ±0.1℃ 范围内的概率为 80%，而在测量值 ±0.3℃ 范围内的概率为 99.9%。

将误差范围进行进一步泛化，我们可以定义区间值。一个区间值可以表示为 $[l,h]$，其中，l 表示下界，而 h 表示上界。例如，某患者在一天之内不同时间段测量了 6 次体温，其中最低温度为 37.7℃，最高温度为 38.5℃，则其体温可以表示为 [37.7,38.5]。

3. 有序属性

名词性值和数值型值都可能存在序关系，相应的属性称为有序属性。例如，我们一般认为学生成绩高比成绩低好,产品质量优比良好、良比中好。在条件属性与决策属性都有序的情况下,并不能保证决策属性取值的一致性。例如,学生 A 的各门成绩都不低于学生 B,但在选拔时有可能 B 被选上而 A 落选,这可能是某些重要数据(如健康状况的缺失)导致的。

4.3 相关计算模型

为处理各类数据,人们建立了不少理论与方法,我们将其核心称为计算模型。在数据挖掘与人工智能领域,流行的方法包括决策树、人工神经网络、贝叶斯网络、粗糙集等。粗糙集的核心计算模型是上下近似。

经典粗糙集[23]建立在划分基础上,而划分可以由名词性属性或属性集导出。在处理数值型值[24]、区间值的过程中,通常会产生覆盖而不是划分,这需要利用覆盖粗糙集[25-26]和邻域粗糙集[27-28]进行相应的处理。

4.3.1 基于误差范围的覆盖粗糙集

在实际数据的获取过程中,观测误差是不可避免的。如“数值型值”小节所讨论的,数值型值实际上表示的是一个区间。本节研究这种数据模型下的上下近似。

定义 4.5 基于误差范围的决策系统是一个六元组 $S=(U,C,D,V=\{V_a\mid a\in C\cup D\},I=\{I_a\mid a\in C\cup D\},e)$,其中,$U$ 为对象的集合也称论域,C 为条件属性集合,D 为决策属性集合,V_a为属性 a 的值域,$I_a:U\to V_a$为信息函数,$e:C\to R^+\cup\{0\}$是最大的观测误差,$-e(a)$和$+e(a)$分别是属性 a 的误差边界。(注:决策属性的类型为符号型,因此,不考虑误差。)

例 4.9 表 4.8 为经过归一化的数值型决策系统,其中,$U=\{x_1,x_2,x_3,x_4,x_5,x_6\}$,$C=\{$Mcv,Alkphos,Sgpt,Sgot,Gammagt,Drinks$\}$,$D=\{$Selector$\}$。

表 4.8 一个决策系统

患者	Mcv	Alkphos	Sgpt	Sgot	Gammagt	Drinks	Selector
x_1	0.31	0.23	0.08	0.28	0.09	0.00	Yes
x_2	0.14	0.38	0.23	0.35	0.06	0.10	Yes
x_3	0.25	0.40	0.40	0.14	0.17	0.20	Yes
x_4	0.60	0.46	0.51	0.25	0.11	0.60	No
x_5	0.41	0.64	0.62	0.30	0.02	0.30	No
x_6	0.35	0.50	0.75	0.30	0.02	0.40	No

定义 4.6 假设 $S=(U,C,D,V,I,e)$是基于误差范围的决策系统,给定 $x_i\in U$,$B\subseteq C$,则基于属性集合 B 的 x_i的邻域定义为

$$e_B(x_i)=\{x_i \in U \mid \forall a \in B, \mid a(x_i)-a(x_j) \mid \leqslant 2e(a)\} \tag{4.10}$$

图 4.1 与图 4.2 分别为一维邻域空间与二维邻域空间。

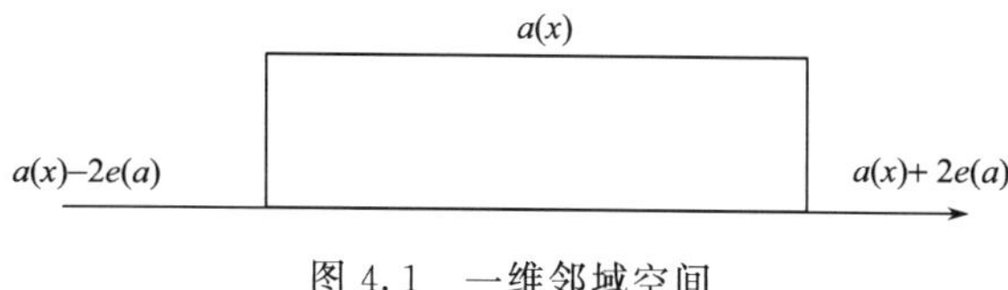

图 4.1　一维邻域空间

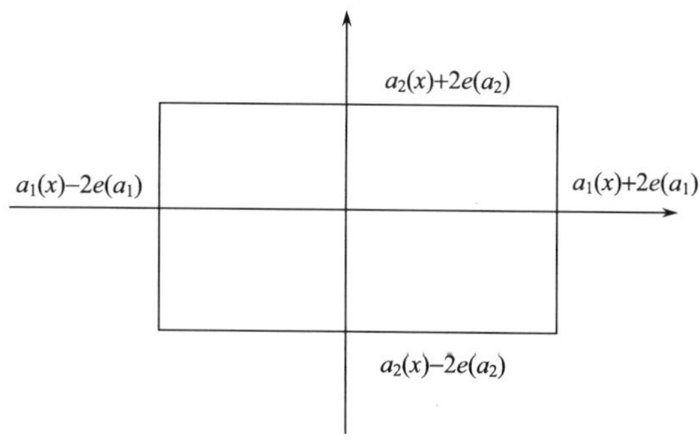

图 4.2　二维邻域空间

例 4.10　给定决策系统及其观测误差向量如表 4.8 和表 4.9 所示，假设 $a_1=$ Mcv，$a_2=$ Alkphos，$a_3=$ Sgpt，$a_4=$ Sgot，$a_5=$ Gammagt，$a_6=$ Drinks，$D=\{d\}=\{$Selector$\}$，则 $e_{\{a_1\}}(x_1)=\{x_1,x_3,x_5,x_6\}$，$e_{\{a_1,a_2\}}(x_1)=\{x_1,x_2\}$，表 4.10 给出了各对象在不同属性集下的邻域。

表 4.9　观测误差向量

a	Mcv	Alkphos	Sgpt	Sgot	Gammagt	Drinks
$e(a)$	0.069	0.087	0.086	0.054	0.016	0.053

表 4.10　在不同属性集下对象 x 的邻域

B	$\{a_1\}$	$\{a_1,a_2\}$	$\{a_1,a_3\}$	$\{a_1,a_2,a_4\}$
x_1	$\{x_1,x_3,x_5,x_6\}$	$\{x_1,x_3\}$	$\{x_1\}$	$\{x_1\}$
x_2	$\{x_2,x_3\}$	$\{x_2,x_3\}$	$\{x_2,x_3\}$	$\{x_2\}$
x_3	$\{x_1,x_2,x_3,x_6\}$	$\{x_1,x_2,x_3,x_6\}$	$\{x_2,x_3\}$	$\{x_3\}$
x_4	$\{x_4\}$	$\{x_4\}$	$\{x_4\}$	$\{x_4\}$
x_5	$\{x_1,x_5,x_6\}$	$\{x_5,x_6\}$	$\{x_5,x_6\}$	$\{x_5,x_6\}$
x_6	$\{x_1,x_3,x_5,x_6\}$	$\{x_3,x_5,x_6\}$	$\{x_5,x_6\}$	$\{x_5,x_6\}$

定义 4.7 假设 $S=(U,C,D,V,I,e)$ 是基于误差范围的决策系统，N_B 是属性集合 B 的邻域，其中，$B\subseteq C$，则 $\langle U,N_B\rangle$ 称为邻域近似空间，对于任意 $X\subseteq U$，X 关于 $\langle U,N_B\rangle$ 的下近似、上近似定义分别为

$$\underline{N_B}(X)=\{x_i\in U\mid e_B(x_i)\subseteq X\} \tag{4.11}$$

$$\overline{N_B}(X)=\{x_i\in U\mid e_B(x_i)\cap X\neq\varnothing\} \tag{4.12}$$

显然，$\underline{N_B}(X)\subseteq X\subseteq\overline{N_B}(X)$，$X$ 的边界区域为 $BN_B(X)=\overline{N_B}(X)-\underline{N_B}(X)$，正域 $\mathrm{POS}_B(D)=\bigcup_{X\in U/D}\underline{N_B}(X)$。

例 4.11 给定决策系统及其观测误差向量如表 4.8 和表 4.9 所示，假设 $a_1=$ Mcv，$a_2=$ Alkphos，$a_3=$ Sgpt，$a_4=$ Sgot，$a_5=$ Gammagt，$a_6=$ Drinks，$D=\{d\}=\{\text{Selector}\}$，表 4.10 是针对不同属性集合 B、X 的邻域。根据表 4.8 可知，$U/\{d\}=\{\{x_1,x_2,x_3\},\{x_4,x_5,x_6\}\}$，即根据决策属性，可以将论域 U 分为两个子集：$X_1=\{x_1,x_2,x_3\}$，$X_2=\{x_4,x_5,x_6\}$，表 4.11 为对象 X 在不同属性集下的近似空间。

表 4.11 在不同属性集下对象 X 的近似空间

	X	$\{a_1\}$	$\{a_1,a_2\}$	$\{a_1,a_3\}$	$\{a_1,a_2,a_4\}$
$\underline{N_B}(X)$	X_1	$\{x_2\}$	$\{x_1,x_2\}$	$\{x_1,x_2,x_3\}$	$\{x_1,x_2,x_3\}$
	X_2	$\{x_4\}$	$\{x_4,x_5\}$	$\{x_4,x_5,x_6\}$	$\{x_4,x_5,x_6\}$
$\overline{N_B}(X)$	X_1	$\{x_1,x_2,x_3,x_4,x_5,x_6\}$	$\{x_1,x_2,x_3,x_6\}$	$\{x_1,x_2,x_3\}$	$\{x_1,x_2,x_3\}$
	X_2	$\{x_1,x_2,x_3,x_4,x_5,x_6\}$	$\{x_3,x_4,x_5,x_6\}$	$\{x_4,x_5,x_6\}$	$\{x_4,x_5,x_6\}$

4.3.2 基于正态分布误差的覆盖粗糙集

4.3.1 节提到的基于误差范围的覆盖粗糙集扩大了覆盖粗糙集的应用，但并未考虑误差的分布情况或仅考虑了误差属于均匀分布的情况，而且误差的最大边界是人工给定的，而在现实应用中，多数测量误差满足正态分布，同时误差边界满足一定的规律。

服从正态分布 $N(\mu,\sigma^2)$ 的随机变量 X，记为 $X\sim N(\mu,\sigma^2)$，其概率密度函数为

$$f(x)=\frac{1}{\sigma\sqrt{2\pi}}\mathrm{e}^{-\frac{(x-\mu)2}{2\sigma2}},\quad -\infty<x<\infty \tag{4.13}$$

式中，μ 为测量总体的数学期望，σ 为测量总体的标准差。正态分布的概率密度函数如图 4.3 所示。

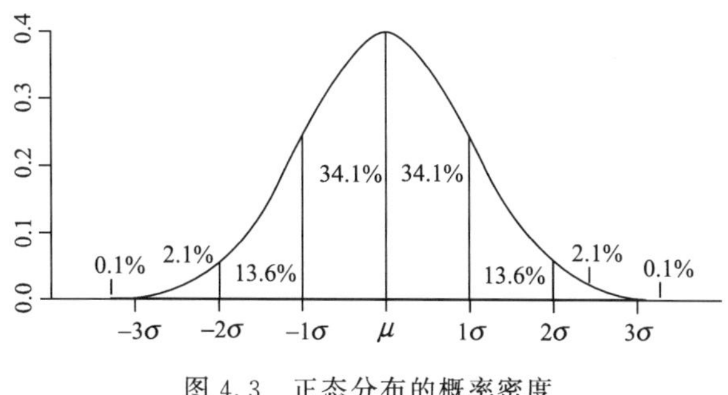

图 4.3　正态分布的概率密度

X 的分布函数为

$$F(x)=\frac{1}{\sigma\sqrt{2\pi}}\int_{-\infty}^{x}\mathrm{e}^{-\frac{(t-\mu)2}{2\sigma 2}}\mathrm{d}t,\quad -\infty<x<\infty \tag{4.14}$$

$\mu=0,\sigma=1$ 的正态分布称为标准正态分布，标准正态分布的重要性在于，任何一个一般的正态分布都可以通过线性变换转化为标准正态分布。设 $X\sim N(\mu,\sigma^2)$，则 $Y=\frac{X-\mu}{\sigma}\sim N(0,1)$。其分布函数表示为

$$\Phi(x)=\frac{1}{\sqrt{2\pi}}\int_{-\infty}^{x}\mathrm{e}^{-\frac{t2}{2}}\mathrm{d}t \tag{4.15}$$

通过查询标准正态分布函数数值表，可以解决一般正态分布的概率计算。根据正态分布的对称性，当 $x<0$ 时，$\Phi(-x)=1-\Phi(x)$。若 $X\sim N(0,1)$，则

$$P(a<x<b)=\Phi(b)-\Phi(a) \tag{4.16}$$

若 $X\sim N(\mu,\sigma^2)$，$Y=\frac{X-\mu}{\sigma}\sim N(0,1)$，则

$$P(a<x<b)=\Phi\left(\frac{b-\mu}{\sigma}\right)-\Phi\left(\frac{a-\mu}{\sigma}\right) \tag{4.17}$$

由标准正态分布的查表计算可以求得，当 $X\sim N(0,1)$时，可知

$$P(|X|\leqslant 1)=2\Phi(1)-1=0.6826 \tag{4.18}$$

$$P(|X|\leqslant 2)=2\Phi(2)-1=0.9544 \tag{4.19}$$

$$P(|X|\leqslant 3)=2\Phi(3)-1=0.9974 \tag{4.20}$$

这说明，X 的取值几乎全部集中在[−3,3]，超出这个范围的可能性不到 0.3%。

将上述结论推广到一般的正态分布，当 $Y\sim N(\mu,\sigma^2)$时，

$$P(|Y-\mu|\leqslant \sigma)=0.6826 \tag{4.21}$$

$$P(|Y-\mu|\leqslant 2\sigma)=0.9544 \tag{4.22}$$

$$P(|Y-\mu| \leqslant 3\sigma)=0.9974 \tag{4.23}$$

可以认为，Y 的取值几乎全部集中在$[\mu-3\sigma,\mu+3\sigma]$。这在统计学上称为“$3\sigma$准则”，即三倍标准差原则。超过此区间的误差将在数据采集的过程中被剔除。因此，可以根据此原理进行误差边界的设定。

定义 4.8 基于误差范围的决策系统是一个六元组 $S=(U,C,D,V=\{V_a \mid a\in C\cup D\},I=\{I_a \mid a\in C\cup D\},n)$，其中，$U$、$C$、$D$、$V_a$、$I_a$ 均与定义 4.5 意义相同，$n:C\rightarrow R^+\cup\{0\}$是正态分布误差区间的最大值，$-n(a)$和$+n(a)$分别是属性 a 的误差边界。

可以根据不同的实际应用需求设定误差边界，图 4.4 为以一倍、二倍及三倍标准差为边界的二维邻域空间。

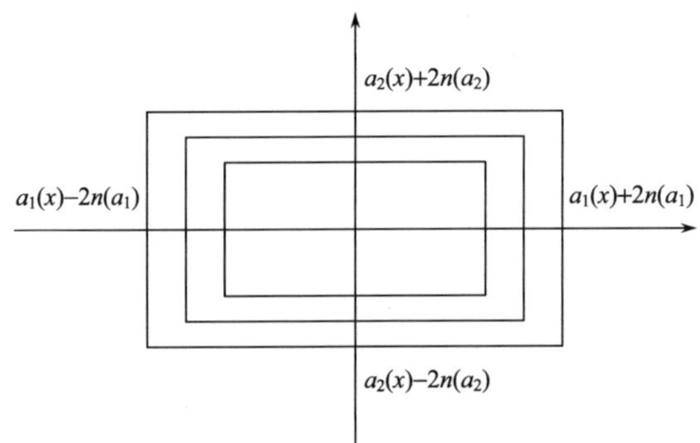

图 4.4 不同边界的二维邻域空间

4.4 代价敏感的数据挖掘问题

多数的经典机器学习及数据挖掘方法不涉及代价，而代价又是许多现实应用时必须考虑的因素，因此，代价敏感学习比经典的数据挖掘问题更具有现实意义，也更具有挑战性。实际上，代价敏感学习被列为数据挖掘十大挑战性问题之一[1]。

4.4.1 代价敏感的属性选择

属性选择是数据挖掘的一种重要的预处理过程。由于现实数据中可能涉及数以百万计的对象与数以千计的属性，直接构建分类器有可能不可行。通过属性选择，可以加快学习过程，节约存储空间，甚至提高分类器的精度。

从人工智能和机器学习的角度，属性选择问题可以描述为约束满足问题(constraint satisfaction problem，CSP)。约简是粗糙集理论中的一个重要概念，它是一类特殊的属性选择。基于正区域的约简在许多文献中都有描述,在此不再赘述。本章使用 CSP 方式描述约简问题及更一般的属性选择问题。

在讨论代价敏感的属性约简之前,需要重新描述经典约简问题。

问题 4.1　正区域约简。

输入:$S=(U,C,\{d\},V,I)$。

输出:$B\subseteq C$。

约束条件:

(1) $\mathrm{POS}_B(\{d\})=\mathrm{POS}_C(\{d\})$;

(2) $\forall a\in B,\mathrm{POS}_{B-\{a\}}(\{d\})\subset \mathrm{POS}_B(\{d\})$。

问题 4.1 有两个约束条件,条件(1)表明属性子集 B 保持正区域不变;条件(2)表明 B 中没有冗余属性。在这里,保持正区域不变被认为是保持了决策表的信息,并保证了约简后的分类能力。Kryszkiewicz[29]、张文修等[20]使用条件信息熵等不变作为约束条件,提出了最大分布约简、分配约简、分布约简和近似约简等一系列概念。这些约简在一致决策表上等价,但在不一致决策表中不同。

在问题 4.1 的描述中,CSP 方式并没有表现出约简性的优势,但在更复杂问题的描述以及不同问题的比较中,这一优势将得以展现。例如,如果需要获得所有的约简,那么将输出改为"所有的 $B\subseteq C$"即可。

通常我们并不是寻找任意一个约简或者所有的约简。根据 Occam 剃刀原理,越简单的描述具有越高的泛化能力,越有利于预测。因此,人们通常致力于寻找最小约简。该问题定义如下。

问题 4.2　最小正区域约简。

输入:$S=(U,C,\{d\},V,I)$。

输出:$B\subseteq C$。

约束条件:$\mathrm{POS}_B(\{d\})=\mathrm{POS}_C(\{d\})$。

最优化目标:$\min|B|$。

问题 4.2 比问题 4.1 少了一个约束条件,但这个约束条件可以由最优化目标获得。当 B 的基数最小时,不可能还存在冗余属性。在现实数据中,特别是属性较多的数据集中,最小约简通常有多个。与问题 4.1 类似,我们可以修改输出的定义,以获得所有的最小约简。

当属性具有名词性值时,值较多的属性即使具有更好的区分能力,也不一定具有更好的泛化能力。文献[22]用 $\min\prod_{a\in B}|V_a|$ 作为优化目标,提出了最小空间约简的概念。当所有的属性具有同样大小值域时,该目标退化为问题 4.2 中的目标。

1. 测试代价敏感的属性选择

我们关注时序无关的测试代价，并定义如下问题[16]。

问题 4.3 最小测试代价约简。

输入：$S=(U,C,\{d\},V,I)$，测试代价函数 c^*。

输出：$B\subseteq C$。

约束条件：$\mathrm{POS}_B(\{d\})=\mathrm{POS}_C(\{d\})$。

最优化目标：$\min c^*(B)$。

当所有的属性具有相同的测试代价，且测试代价独立时，问题 4.3 退化为问题 4.1，从这一角度，问题 4.3 为问题 4.1 的泛化，但问题 4.3 的意义远不止如此。下面考虑它的一个实例。

例 4.12 某高校安排对教职工进行体检，以尽可能确定他们是否患有某种类型的疾病。为简化方案，要求所有的教职工进行的测试相同。如何设计体检项目，以使总的体检费最少？

例 4.12 有如下特点：第一，所有的教职工进行的测试相同；第二，保持分类能力是一个约束条件；第三，代价最小是最优化目标。从体检表设计的角度，保持分类能力只是一个辅助条件，进行属性选择才是最终目的。相比之下，求最小正区域约简(问题 4.2)一般只作为一个预处理过程而存在。求最小约简的动机在于，基于这样的约简更有可能获得良好的分类器。也就是说，最终的目标是最大化分类精度。由于最小约简通常有多个，任意选择一个并不一定能保证良好的性能。两个问题的对比如表 4.12 所示。

表 4.12 最小约简与最小测试代价约简的对比

	约简的地位	分类精度的地位	对最优化目标的达成
最小约简	预处理	最优化目标	不确定
最小测试代价约简	最优化目标	约束条件	确定

从表 4.12 可以看出，获得最小测试代价约简不是一个可选的预处理过程，而是一个为达成一定目标的独立的问题。因此，对它进行研究具有非常好的现实意义。

例 4.12 是一个比较基本的问题，现在考虑它的一些变化。

例 4.13 某高校安排对教职工进行体检，以保证对是否患病判断的正确率达到 98%以上。如何设计体检项目，以使总的体检费最少？

相应的问题可定义如下[30]。

问题 4.4 正区域约束的最小测试代价属性选择。

输入：$S=(U,C,\{d\},V,I)$，测试代价函数 c^*。

输出：$B\subseteq C$。

约束条件：$|\mathrm{POS}_B(\{d\})|\geqslant\min\{\mathrm{Acc}\times|U|,|\mathrm{POS}_C(\{d\})|\}$。

最优化目标：$\min c^*(B)$。

其中，Acc 为用户指定的分类正确率下限，使用 $\min\{\mathrm{Acc}\times|U|,|\mathrm{POS}_C(\{d\})|\}$是为了防止在不一致决策系统中，将 Acc 设置得比$|\mathrm{POS}_C(\{d\})|/|U|$还大。这时不可能找到任何的属性子集满足约束条件。还需要注意，这里的输出已经无法保证为一个正区域约简，因此，该问题称为属性选择问题，而不是约简问题。

另一方面，还可以定义测试代价的约束。

例 4.14　某高校安排对教职工进行体检，体检费控制在 500 元以内。如何设计体检项目，以使体检的效果最好？

相应的问题可定义如下[19]。

问题 4.5　测试代价约束的最大正区域属性选择。

输入：$S=(U,C,\{d\},V,I)$，测试代价函数 c^*，总测试代价上限 m。

输出：$B\subseteq C$。

约束条件：$c^*(B)\leqslant m$。

最优化目标：

(1) $\max|\mathrm{POS}_B(\{d\})|$；

(2) $\min c^*(B)$。

其中，目标(1)为主要的目标，它保证保持分类信息最大化；目标(2)为次要目标，它的引入是为了应对多个属性子集满足目标(1)的情况。满足这两个最优化目标的属性子集在多数情况下是唯一的，这将通过后面的实验验证。

2. 延迟代价敏感的属性选择

如果仅考虑延迟代价，那么可以定义如下问题。

问题 4.6　最小延迟代价约简。

输入：$S=(U,C,\{d\},V,I)$，延迟代价函数 tw。

输出：$B\subseteq C$。

约束条件：$\mathrm{POS}_B(\{d\})=\mathrm{POS}_C(\{d\})$。

最优化目标：$\min \mathrm{tw}(B)$。

问题 4.6 与问题 4.3 从形式上非常相似。下面考虑它的一个实例。

例 4.15　某高校安排对教职工进行体检，以尽可能确定他们是否患有某种类型的病。为简化方案，要求所有的教职工进行的测试相同。如何设计体检项目，以使总的时间最少？

实际上，例 4.15 与例 4.12 的唯一差别在于前者的目标是“时间”最少，而后者是“费用”最少。但由于时间的特殊性，这一差别又是本质的。

3. 测试代价与误分类代价敏感的属性选择

问题 4.4 和问题 4.5 需要人为地设置相应约束。这在一些应用中容易做到，而在另外的应用中显得过于牵强。一般而言，获取更多的数据会增加测试代价，但能减少误分类代价。如果两类代价已知，就可以考虑它们的折中，以获得最小代价。

例 4.16 某高校安排对教职工进行体检，误诊其病情的代价已知。如何设计体检项目，以使该校付出的总代价最小？

该校付出的总代价，既包括每个人均需要付出的测试代价，也包括仅为误诊人群付出的误分类代价。误分类代价可以平均到每个人身上，以形成平均误分类代价，以及平均总代价。相应的问题可定义如下[19]。

问题 4.7 测试代价与误分类代价敏感的最小代价属性选择。

输入：$S=(U,C,\{d\},V,I)$，测试代价函数 c^*，误分类代价矩阵 mc。

输出：$B\subseteq C$。

最优化目标：$\min(c^*(B)+\mathrm{mc}^*(U,B))$。

其中，$\mathrm{mc}^*(U,B)$为使用属性集 B 导致的平均误分类代价。

问题 4.7 只有最优化目标，没有约束条件。这是它与问题 4.4 和问题 4.5 的重要区别。

4. 测试代价与延迟代价约束的属性选择

在某些情况下，需要在给定的时间和给定的金钱范围内进行属性选择。

例 4.17 为进行一种流行病防疫监控，某高校安排对教职工进行体检，每人均需要在 3h 内检查完毕，且检测费控制在 500 元内。如何设计体检项目，以使体检的效果最好？

例 4.17 比例 4.14 多了一个约束条件。相应的问题可定义如下。

问题 4.8 测试代价与延迟代价约束的属性选择。

输入：$S=(U,C,\{d\},V,I)$，测试代价函数 c^*，测试时间函数 t，等待时间函数 w，测试代价上限 mc，时间上限 mt。

输出：$B\subseteq C$。

约束条件：$c^*(B)\leqslant \mathrm{mc}$，$\mathrm{tw}(B)\leqslant \mathrm{mt}$。

最优化目标：

(1) $\max|\mathrm{POS}_B(\{d\})|$；

(2) $\min \mathrm{tw}^*(B)$；

(3) $\min c^*(B)$。

问题 4.8 比问题 4.5 复杂，并不仅在于它多考虑了一个约束，更在于延迟代价计算的复杂性。在此不考虑序列相关测试代价模型，以免将问题过于复杂化。

4.4.2　代价敏感的分类

分类问题是机器学习和数据挖掘的核心问题之一。人们通常将数据集分为训练集与测试集，根据训练集获得分类器，并在测试集中验证分类器的质量。由于数据分布的随机性和测试集未知，理论上不存在最优的分类器。与之相反，使用已知实例评价属性选择的质量，因此，存在最优的属性子集。

决策树是一种常用的分类器，在医疗诊断中被广泛使用。为简便起见，本章仅讨论这种分类器。使用决策树进行分类的基本流程如下：给定对象 x 及决策树 T，首先测试 x 在 T 的根节点所标识的属性值；然后根据该值选择一个分支，并进行该分支第一个节点所标志的属性；重复该过程直到达到某一叶节点，该节点所标注的分类就是所预测的分类。

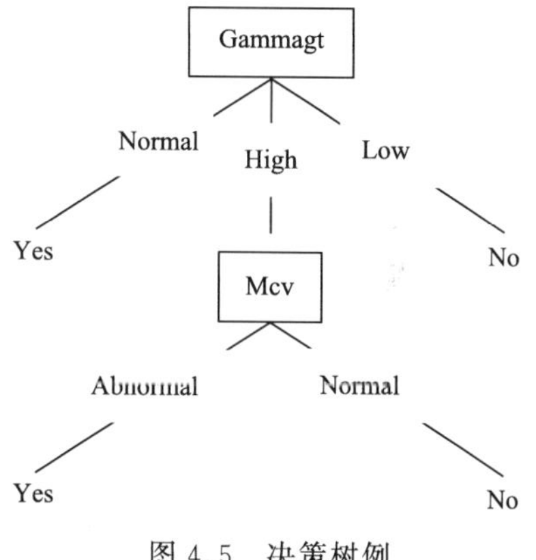

图 4.5　决策树例

从表 4.1 获得的一棵决策树如图 4.5 所示。将 x 在 T 中经过的属性值记为 $T_a(x)$，x 使用 T 预测的分类记为 $T(x)$，x 的实际分类记为 $d(x)$。当 $T(x)=d(x)$时，可以正确地将 x 分类。

下面仍然使用 CSP 的方式进行问题的描述。需要注意，这里的输出不是简单的数据，而是分类器。为简化关于问题定义的讨论，均考虑一致的决策系统。

1. 测试代价敏感的分类

首先仅考虑测试代价。

例 4.18　某高校安排对教职工进行体检，以尽可能确定他们是否患有某种类型的病。为了节约费用，不同的教职工可以有不同的测试。如何设计体检流程，以使总的体检费最少？

例 4.12 与例 4.18 的不同点在于：前者只能一次性选择足够的测试；而后者可以根据已有的测试结果确定下一步的测试。它们之间的关系在“测试代价与延迟代价敏感的分类”小节中有更清楚的阐述。例 4.18 相应的问题定义如下。

问题 4.9　测试代价敏感分类。

输入：$S=(U,C,\{d\},V,I)$，测试代价函数 c^*，训练集 U_r，测试集 U_t。

输出：决策树 T。

约束条件：任意 $x\in U_r$，$T(x)=d(x)$。

最优化目标：$\min\sum_{x\in U_t}|c'(T,T_a(x))|$。

其中，$U_r\cup U_t=U$，$U_r\cap U_t=\varnothing$，T 只能使用 U_r 中元素获得。约束条件保证了 T 在训练集中总产生正确的分类。$c'(T,T_a(x))$表示 x 在 T 中的测试代价，其可以通过 c^*、T 和 $T_a(x)$具体计算出来。但由于公共代价测试的存在，它们的关系不能用简单的计算式获得。

2. 测试代价与延迟代价敏感的分类

当增加对延迟代价的考虑时，我们有如下例子。

例 4.19 某高校安排对教职工进行体检，以尽可能确定他们是否患有某种类型的病。为了节约费用，不同的教职工可以有不同的测试。测试代价与延迟代价已知，并有具有相同的计量单位。如何设计体检流程，以使总代价最少？

例 4.19 比例 4.12 和例 4.18 更具一般性。当延迟代价比测试代价高得多时，可以一次性地将必要的测试选定，尽可能并行测试以节约时间，这时例 4.19 退化为例 4.12。当延迟代价比测试代价小得多，甚至为零时，我们逐个地选择测试，以尽可能节约测试代价，这时例 4.19 退化为例 4.18。

针对例 4.19，应该设计如下模式的流程：选择一批属性进行并行测试，然后根据测试的结果确定下一批属性并测试，这种测试方式称为“批量测试”[31]。这正是医疗检查最常用的模式。例 4.19 相应的问题定义如下。

问题 4.10 测试代价与延迟代价敏感分类。

输入：$S=(U,C,\{d\},V,I)$，测试代价函数 c^*，延迟代价函数 tw，训练集 U_r，测试集 U_t。

输出：决策树 T。

约束条件：任意 $x\in U_r$，$T(x)=d(x)$。

最优化目标：$\min\sum_{x\in U_t}|c'(T,T_a(x))+\mathrm{tw}'(T,T_a(x))|$。

其中，类似于 $c'(T,T_a(x))$的计算，利用 tw、T 和 $T_a(x)$计算 $\mathrm{tw}'(T,T_a(x))$也是一个较为复杂的过程。

3. 测试代价与误分类代价敏感的分类

误分类往往不可避免，考虑如下例子。

例 4.20 某高校安排对教职工进行体检，以确定他们是否患有某种类型的病。为了节约费用，不同的教职工可以有不同的测试。误分类代价已由专家给出，并与测试代价具有相同的计量单位。如何设计体检流程，以使总的代价最少？

例 4.18 与例 4.20 的不同点在于：前者需要尽可能地保证分类的正确性，而后者需要考虑测试代价与误分类代价的折中。从另一角度看，可以认为例 4.18 中误分类代价比测试代价高很多，以至于在能够提高分类能力的情况下，可以进行更多的测试。例 4.20 相应的问题定义如下。

问题 4.11　测试代价与误分类代价敏感分类。

输入：$S=(U,C,\{d\},V,I)$，测试代价函数 c^*，误分类代价矩阵 mc，训练集 U_r，测试集 U_t。

输出：决策树 T。

最优化目标：$\min\sum_{x\in U_t}|c^*(T_a(x))+\mathrm{mc}(d(x),T(x))|$。

问题 4.11 没有约束条件，这一点和问题 4.7 的情况类似。

结合问题 4.10 与问题 4.11，可以定义测试代价、误分类代价及延迟代价敏感的分类问题。虽然该问题更为一般化，但没有引入新的特性，在此不再赘述。

4. 基于三支决策的分类

首先考虑延迟分类代价。

例 4.21　某高校安排对教职工进行体检，以确定他们是否患有某种类型的病。根据已有检查结果，可获得三种结论并给出相应决策：①无病，不治疗；②有病，治疗；③无法判断，留院观察。假设扩展的误分类代价已知，如何进行决策，以使其总的代价最小？

三支决策本质上不是计算机科学的具体技术，而是一种观察和解决问题的方法论。它指明我们不仅有是、否两种选择，还有延迟决定这第三种选择。它可以用于非常多的实际问题，如审稿时有拒绝、接受、修改重审三种选择。

例 4.21 所对应的问题如下。

问题 4.12　三支决策分类。

输入：$S=(U,C,\{d\},V,I)$，扩展的误分类代价矩阵 mc，训练集 U_r，测试集 U_t。

输出：决策树 T。

最优化目标：$\min\sum_{x\in U_t}|\mathrm{mc}(d(x),T(x))|$。

需要注意，在这里的决策树也可以用规则集合代替。如果我们不允许进行延迟决策，问题 4.12 退化为一般的误分类代价敏感分类问题。这也是本章中不定义误分类代价敏感分类问题的重要原因。如果再考虑测试代价，我们有如下例子。

例 4.22　某高校安排对教职工进行体检，以确定他们是否患有某种类型的病。根据已有检查结果，可获得三种结论并给出相应决策：①无病，不治疗；②有病，治疗；③无法判断，留院观察。假设测试代价与扩展的误分类代价已知，如何设计体检流程，以使其总代价最小？

由于引入了测试代价因素，我们需要设计新的流程，以进行测试代价与延迟分类代价的折中。这一点与例 4.16 的情况类似。延迟分类代价与延迟代价有相似的时间特性,因此,我们也需要进行批量测试,以获得更好的诊断方案。这一点与例 4.19 的情况类似。

4.5 代价敏感学习的各类算法

本节针对 4.3.2 小节提出的两类算法,讨论如何修改常用的机器学习方法,以获得适用于代价敏感学习的算法。同时,本节也将列出一些数据集的实验结果。

4.5.1 属性选择算法

属性选择存在最优解,也存在寻找最优解的算法。例如,区分矩阵[32]被用于获得最小约简。但由于寻找最小约简是 NP 问题[32],在属性个数较多时,使用穷举算法效率可能太低,不能满足某些应用的需要。因此,人们提出了若干启发式算法,以牺牲结果的质量为代价,获得更快的速度。诸多文献显示,在最小约简问题上,启发式算法一般都能找到最优解。部分原因在于最小约简的个数不少,即最优解是比较稠密的。但对于更复杂的属性选择问题,由于最优解相当稀疏,使用启发式算法更难找到最优解。本节仅讨论最小测试代价约简问题(问题 4.3)的若干算法,可以根据它们开发本章中其他属性选择问题的相应算法。

1. 算法效果的评价指标

启发式算法不能保证找到最优约简,为评价结果的质量,我们定义了超出因子。令某个最小代价约简为 R',则最优的代价为 $c^*(R')$,当前约简 R 的超出因子(exceeding factor,EF)为 $(c^*(R)-c^*(R'))/c^*(R')$。显然,当前约简为最优约简时,超出因子为 0。

为进一步评价算法的效果,我们对代价进行不同的取值。在不同的设置下获得约简,并从统计的角度计算约简的质量。假设进行了 K 组不同的代价设置并获得了相应的约简,其中 k 次获得的约简为最优约简,则找到最优因子(finding optimal factor,FOF)为 k/K。显然,当该因子为 1 时,表示一直能找到最优解。另外,最大超出因子(maximal exceeding factor,MEF)为给定 K 组不同设置,最差的那一次所对应的超出因子。平均超出因子(average exceeding factor,AEF)则为 K 组不同设置所对应的超出因子的平均值。这三个因子都有统计的意义。

例 4.23 表 4.13 列出了同一数据集四次不同代价设置对应的约简代价。从表中易得到 FOF 为 $2/4=0.5$,MEF 为 0.2,AEF 为 $(0+0.2+0.05+0)/4=0.0625$。

表 4.13　四次不同代价设置对应的结果

次数	$c^*(R)$	$c^*(R')$	超出因子
1	90	90	0
2	120	100	0.2
3	210	200	0.05
4	150	150	0

2. 回溯法

回溯法又称为万能解题法[33]。由于单个属性的选择有两个状态(选或不选)，属性选择问题的解空间大小为 $2^{|C|}$。这一空间可以用高度为$|C|$的完全二叉树描述，每个叶节点表示一种可行解。另一种方式是任意节点均表示一个可行解，这样可以节约大概一半的存储空间。拥有四个属性的决策表的解空间树如图 4.6 所示。

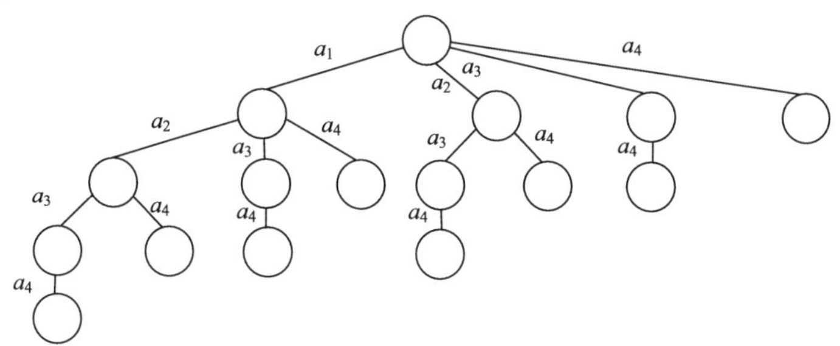

图 4.6　解空间树

在此研究回溯法有三个方面的意义。第一，需要一个最优解来评价各类启发式算法的质量，以此进行启发式算法的选择。第二，回溯法比基于区分矩阵的算法更常用，更易于理解，也更能适应不同的问题。第三，在数据集不太大的情况下，使用回溯法寻找最优解已经能够满足运算时间的要求，这时就没有必要使用启发式算法。例如，在医疗检测中，一般可选的属性只有几十个，为获得一定的规律，数据集的对象个数也仅有几千个。这时，回溯算法无疑是比启发式算法更好的选择。

针对最小测试代价约简问题(问题 4.3)，我们提出了算法 4.1 和算法 4.2。其中，算法 4.1 为主方法，它负责进行初始化，以及最后结果的返回。

```
输入：测试代价独立决策系统 S=(U,C,D,V,I,c*)；
输出：一个最小测试代价约简 R；
方法名：mtc-reduction；
R=∅；//记录当前最优约简，定义为全局变量
mc=100000；//最小测试代价值，初始化为一个大的数值，定义为全局变量
backtracking(∅,0)；//调用回溯方法进行计算，∅表示尚未选择任何属性，0 表示当前代价
```

算法 4.1　最小测试代价敏感约简的回溯算法主方法

```
输入：属性值 B⊆C，属性下标下界 il；
输出：不需要显示输出，仅改变全局变量 R 及 mc；
方法名：backtracking
for(i=il;i<|C|;i++)do
  B'=B∪{a_i}；
  if(c*(B')≥mc)then
    continue；//更贵的属性子集，剪枝
  end if
  if(U/B'=U/B)then
    continue；//未能获得更细的划分，剪枝
  end if
  if(POS_B'(D)=POS_C(D))then
    R=B'；//找到更好的约简
    continue；//不需要再增加属性
  end if
  backtracking(B',i+1)；//至下一层增加属性
end for
```

算法 4.2　回溯方法

提高回溯法效率的关键是其剪枝技术。算法 4.2 涉及两项剪枝技术。第一，使用 mc 记录当前最优约简的测试代价，如果新的属性集的测试代价不低于它，就将相应分枝剪掉。第二，如果增加属性不能获得更细的划分，也进行剪枝。需要注意，第二项剪枝技术涉及的是划分的改变，而不是正区域的改变。实际上，有些属性不能直接导致正区域的改变，但它们却可以成为约简的一部分。

例 4.24　表 4.14 给出一个决策表，容易得知 $\mathrm{POS}_{\{a_1\}}(\{d\})=\mathrm{POS}_{\{a_1\}}(\{d\})=\varnothing$，但是 $\mathrm{POS}_{\{a_1,a_2\}}(\{d\})=U$，因此，唯一的约简为$\{a_1,a_2\}$。使用回溯算法可以获得该约简。使用正区域或信息增益作为启发式信息，其正区域增加或信息增益均为零，因此无法获得该约简。

使用 Coser 在四个 UCI 数据集上做实验，测试代价设置为 1～100 的随机数，结果如表 4.15 所示。从表中可以观察到，虽然 Mushroom 有 8124 个对象和 22 个条件属性，但其运行时间只有 594ms。这说明回溯算法具有实际应用价值。

表 4.14　单个属性不产生下正域的决策表

U	a_1	a_2	d
x_1	A	A	Y
x_2	A	B	N
x_3	B	A	N
x_4	B	B	Y

从这些结果中还观察到 Zoo 数据集所花的回溯步数比 Mushroom 数据集更多,但时间更少。前者是因为 Zoo 数据集最优约简含 6 个属性,而 Mushroom 的只有 4 个。后者是因为 Mushroom 的对象个数多,计算划分更耗时。

表 4.15　回溯法的效率

数据集	$\lvert U\rvert$	$\lvert C\rvert$	$\lvert R\rvert$	回溯步数	时间/ms
Zoo	101	16	6	4090	31
Tic-tac-toe	958	9	9	498	47
Voting	435	16	10	48112	797
Mushroom	8124	22	4	1663	594

当我们考虑更复杂的问题,如问题 4.7 时,可以引入更多的剪枝技术[18]。但文献[18]的第三项剪枝技术存在错误,其假设总代价极小值唯一,在少量情况下导致了过度剪枝。我们已经通过放松条件在 Coser 中将其修复。

3. 前向启发式算法

前向启发式算法是使用最多的属性约简算法,如基于正区域变化的约简算法,基于信息增益约简算法,例 4.24 说明它们都不是完全可靠的。多个 UCI 数据的实验表明,基于正区域变化的约简算法经常无法求得约简,但基于信息增益约简算法均能求得约简。针对问题 4.3,我们提出了算法 4.3。

```
输入:测试代价独立决策系统 S=(U,C,D,V,I,c*);
输出:一个约简 R;
方法名:tcs-reduction;
1:B=core(S);//计算核
//逐个增加属性
2:CA=C-B;//剩下的属性
3:while(POS_B'(D)≠POS_C(D))do
4:   对任意 a∈CA,计算 f(B,a,c*);
5:   选择 a'使 f(B,a',c*)最大;
```

```
    B=B∪{a'};CA=CA−{a'};
end while
//删除冗余属性
CD=B;CD中属性按测试代价值降序排列;
while(CD≠∅)do
    CD=CD−{a};//a为CD中第一个元素
    if(POS_{B−{a}}(D)=POS_B(D))then
        B=B−{a};
    end if
end while
return B;
```

算法 4.3　测试代价敏感的一般性前向启发式算法

算法 4.3 是一个算法框架,它包括三个步骤:计算核、增加属性、删除属性。为获得实际的算法,只需要将第二个步骤中函数 $f(B,a,c^*)$进行明确的定义。该函数表明了在属性集 B 的基础上,属性 a 所做出的贡献与其增加的测试代价的折中。例如,可以定义为

$$f(B,a,c^*)=f_e(B,a)c^*(a)^\lambda \tag{4.24}$$

式中,$f_e(B,a)$为属性 a 在属性集 B 基础上的信息增益;$\lambda\leqslant 0$ 为用户设置的一个参数。当 $\lambda=0$ 时,该启发式函数退化为信息增益;当 $\lambda<0$ 时,该函数倾向选择测试代价较小的属性。

对于用户来说,设置 λ 值并非容易的事,我们提出了解决了该问题的竞争方案(competition strategy)。所谓竞争方案,就是使用不同的设置产生一组结果,然后在这些结果中挑选最好的。例如,我们可以分别取 λ 值为 0,−0.5,−1,−1.5,−2,然后使用算法 4.3 获得相应的 5 个约简,然后选择测试代价最小的约简。一般而言,获得的结果个数越多,最终结果为最优的可能性就越大,但算法的时间开销也越大。

竞争方案并不只是对算法 4.3 有效,它可以基于许多与参数设置有关的算法。其核心是使用不同的参数获得多个结果,并选择最好的一个。它与 bagging 技术的本质区别在于,bagging 使用了多个分类器,而竞争方案最终仅使用一个约简(或分类器)。在我们的问题中,使用多个约简(或分类器)一定会导致测试代价的增加,而竞争方案提供了一种简单的机制,在效率与效果之间进行折中。

以下我们通过少量实验数据来回答三个问题:①算法 4.3 的效果如何;②对于不同的数据集,是否存在最优的 λ 设置;③竞争方案的效果如何。实验的设置如下:各个属性的测试代价为 1~100,服从给定的三个分布之一:均匀分布、正态分

布、有界 Pareto 分布(bounded Pareto)。

从图 4.7 和图 4.8 可以看出,对于较小的数据集 Voting,算法 4.3 能获得很高的 FOF 和 AEF,但对于较大的数据集 Mushroom,算法 4.3 的效果不能令人满意。对于不同数据集,以及不同的代价分布函数,不存在最优的 λ 设置。

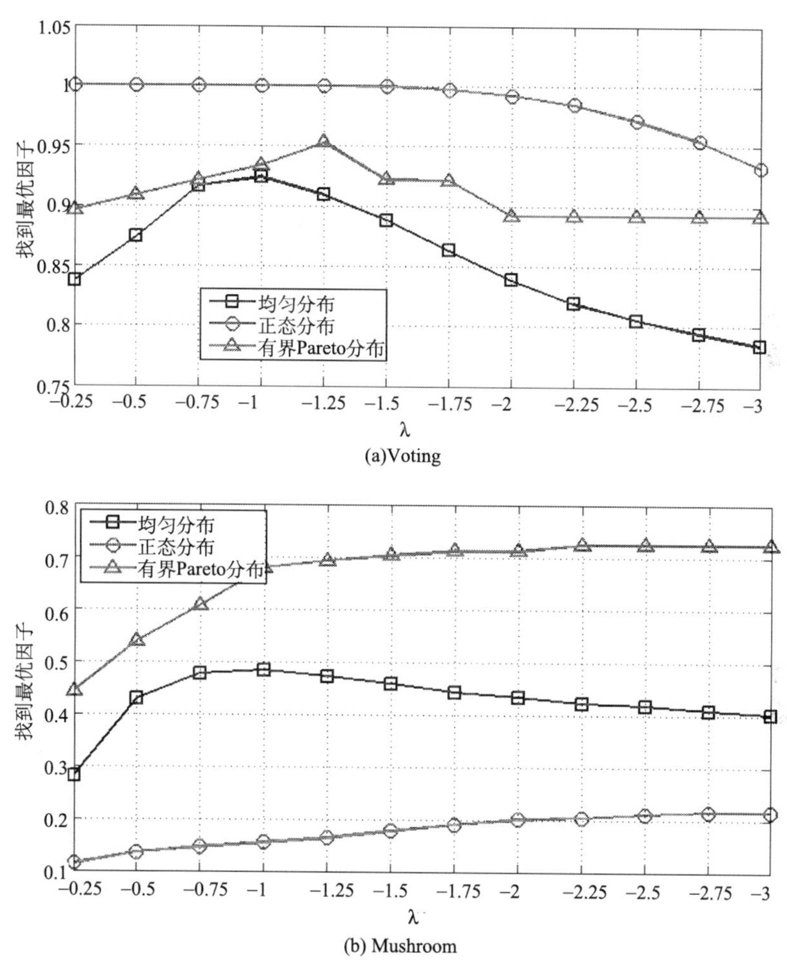

图 4.7　找到最优因子(FOF)

表 4.16 中,λ^* 表示 λ 的最优设置。从该表可以看出,不使用 λ 加权(λ=0)时,算法效果非常差;使用 λ 的最优设置时,效果会有很大提升;使用竞争方案时,效果会有进一步明显提升。也就是说,使用竞争方案一方面避免用户进行设置,另一方面算法的效果有保障。

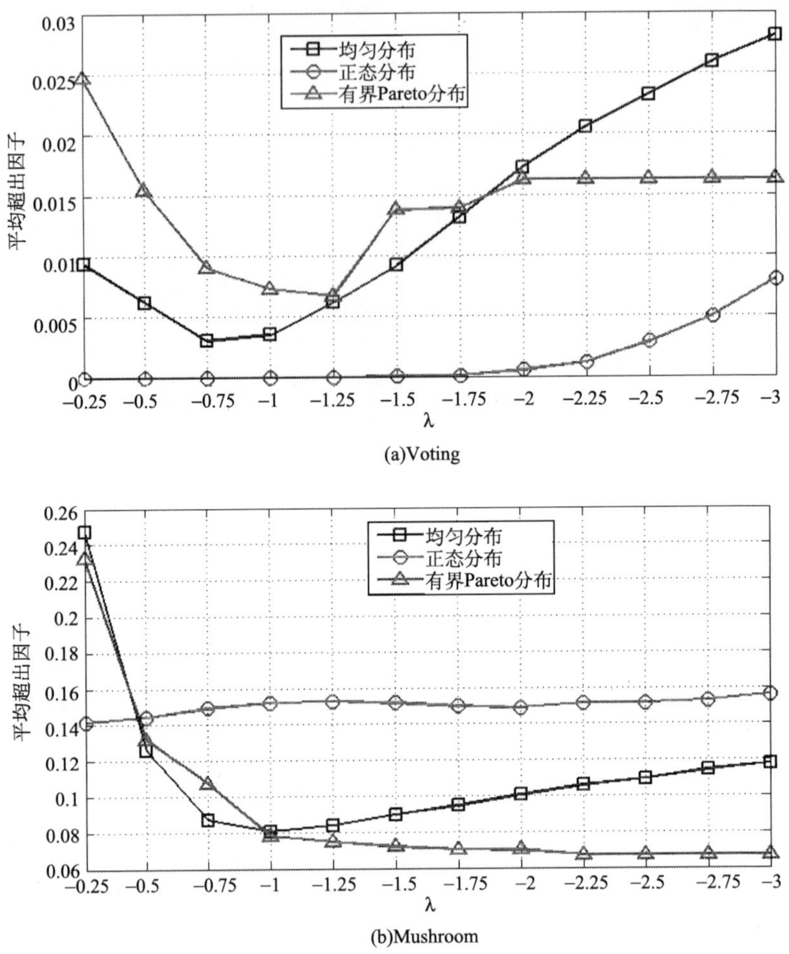

图 4.8　平均超出因子(AEF)

表 4.16　竞争方案的效果

数据集	分布	找到最优因子			平均超出因子		
		λ=0	λ=λ*	λ∈L	λ=0	λ=λ*	λ∈L
Voting	均匀分布	0.837	0.924	0.997	0.00940	0.00303	0.00006
	正态分布	1.000	1.000	1.000	0.00000	0.00000	0.00000
	有界 Pareto 分布	0.896	0.953	0.999	0.02466	0.00671	0.00007
Mushroom	均匀分布	0.029	0.484	0.699	0.74323	0.08066	0.02974
	正态分布	0.082	0.219	0.341	0.10014	0.14176	0.07522
	有界 Pareto 分布	0.365	0.712	0.750	0.47205	0.06983	0.06118

4. 遗传算法

信息熵启发式算法在求解最小测试代价约简问题时，不能取得较好的效果，尤其在较大的数据集上，效果很差。因此，有必要开发更好的启发式算法来提高效果。

遗传算法是一种应用比较广泛的演化算法。文献[17]提出用遗传算法来解决最小测试代价约简问题。该算法以某种随机机制初始化一个染色体种群，种群中的每个染色体个体对应着一个候选解。通过变异、交叉，产生优良的后代，并从中选出最好的作为算法结果输出。

算法使用的染色体适应值为

$$f(v)=\left(\frac{|C|-|R|}{|C|}+|\mathrm{POS}_R(D)|\right)c^{\lambda} \tag{4.25}$$

式中，$|C|$表示条件属性的个数，$|R|$表示已经选择的属性子集中属性的个数，$|\mathrm{POS}_R(D)|$表示正域的基数，c 表示一个染色体的总测试代价，λ 为用户给定的一个参数。

实验结果表明，遗传算法在小型数据集上效果很好。在中等数据集 Mushroom 上效果明显优于信息熵算法，结果如表 4.17 所示。

表 4.17　遗传算法和信息熵算法的比较

数据集	分布	遗传算法			信息熵算法		
		找到最优因子	最大超出因子	平均超出因子	找到最优因子	最大超出因子	平均最优因子
Voting	均匀分布	0.999	0.009	0.000	0.997	0.053	0.000
	正态分布	1.000	0.000	0.000	1.000	0.000	0.000
	有界 Pareto 分布	0.995	0.067	0.000	0.999	0.071	0.000
Zoo	均匀分布	0.947	0.224	0.002	0.903	0.391	0.005
	正态分布	0.924	0.101	0.002	0.856	0.107	0.003
	有界 Pareto 分布	0.993	0.200	0.001	0.999	0.167	0.000
Tic-tac-toe	均匀分布	1.000	0.000	0.000	0.976	0.025	0.000
	正态分布	1.000	0.000	0.000	0.864	0.036	0.001
	有界 Pareto 分布	1.000	0.000	0.000	1.000	0.000	0.000
Mushroom	均匀分布	0.766	0.543	0.019	0.699	0.672	0.030
	正态分布	0.551	0.340	0.022	0.341	0.402	0.075
	有界 Pareto 分布	0.949	0.500	0.012	0.750	0.500	0.061

5. 蚁群优化算法

蚁群优化(ant colony optimization,ACO)是一种仿生智能算法,在很多组合优化问题的解决中,取得了很好的效果。

对于代价敏感粗糙集的约简问题,回溯法虽然能够保证求出正确的解,但是其效率往往无法令人满意。如果在小型数据集上的效率可以接受,那么,在大型数据集上的效率就不可以接受了。而现有的启发式算法中,信息熵算法对于中等数据集的效果比较差,遗传算法的效果也不是很理想。所以有必要开发其他的方法来提高效果。

文献[34]提出的蚁群优化算法解决最小测试代价问题的思路主要包含数据的表征方法和算法。我们采用完全图来表示一个决策系统,图中的每一个顶点表示决策系统中的每一个属性,每个属性都包含一个测试代价信息,每一条边都包含信息素信息。算法主要有三个阶段:①添加属性。人工蚂蚁依据各个属性的测试代价和邻接边上的信息素,一个一个节点地爬行,每爬行一个节点,就将其添加到属性子集中。②删除属性。当每只蚂蚁的所获得的属性子集满足正域条件时,蚂蚁停止爬行。此时,删除属性子集中的冗余属性。③选择约简。从一批蚂蚁获得的约简中,选择出对应测试代价最小的约简作为算法的结果。

我们提出如下算法。

```
输入:决策系统 S=(U,C,D,V,I,c);
输出:M(S),决策系统 S 的一个约简;
方法名:acomtr;
M=∅;//表示蚂蚁获得的最好约简
  for(i=0;i<K;i++)do
    for(j=0;j<k;j++)do
    创建人工蚂蚁数组 ant[i×k+j];
    B_{i×k+j}=core(S);//计算核属性,并添加到候选解中
    end for
  //每只蚂蚁选择属性
    for(对任意一个 m∈[i×k;(i+1)×k],当 ant[m]还没有停止工作时)do
      MonteCarlo(tc;ph);//选择下一个节点
        if(POS_{B_m}(D)==POS_C(D))then
          ant[m]停止工作;
          更新 ant[m]所爬过边的信息素;
        end if
    end for
end for
 //删除最后 n 只蚂蚁所获得属性子集中的冗余属性
mtc=10000;//最小测试代价
```

```
for(i=K×k-n;i<=K×k-1;i++)do
  for(j=|B_i|-1;j>=|core(S)|;j--)do
  if(POS_(B_i-{a_j})(D)==POS_(B_i)(D))then
  B_i=B_i-{a_j};
  end if
end for
 //从最后 n 只蚂蚁中选择最小测试代价约简
  if tc(B_i)≤mtc then
     mtc=tc(B_i);
     M=B_i;
  end if
end for
return M;
```

算法 4.4　解决最小测试代价约简问题的蚁群优化算法

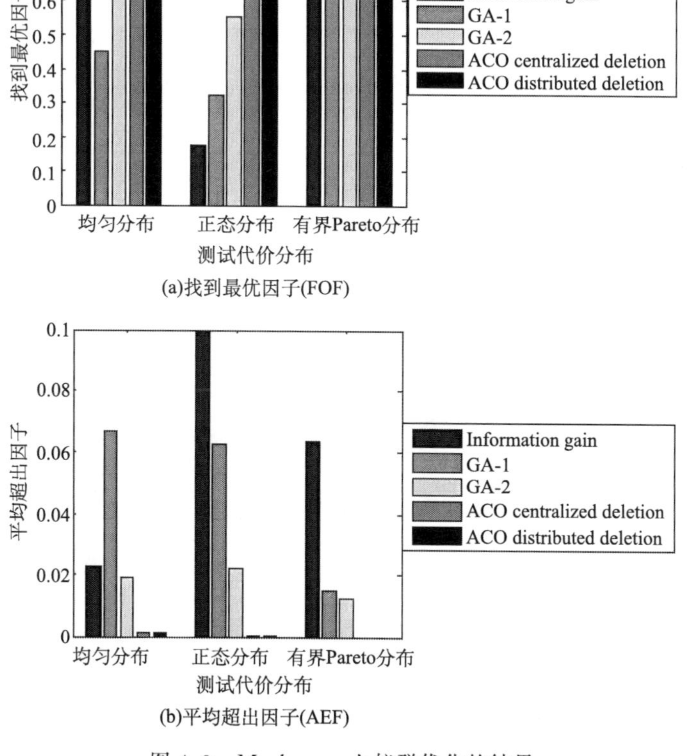

图 4.9　Mushroom 上蚁群优化的结果

蚁群算法在中等数据集 Mushroom 上的运行结果如图 4.9 所示。从图 4.9(a)可以看出,蚁群优化的找到最优因子明显好于信息熵算法和遗传算法。从图 4.9(b)可以得出结论,蚁群优化的平均超出因子具有明显优势。

6. 随机算法

前面介绍的一些启发式算法虽然能够取得较好的效果,但是往往效率不够高。在实际应用中,人们可能会希望在较短的时间内求出一个近似解,而不苛求一个精确解。正是由于此种目的,文献[35]开发了一种快速随机算法来解决最小测试代价约简问题。

算法设计主要包括两部分,一个是从核属性出发,在非核属性子集中每次随机地批量选择 α 个属性,通过批量选择降低选择的次数。在越大的数据集上这种选择方法的优势体现得越加明显。例如,一个需要 30 个非核属性的约简子集,如果每次选择一个属性,那么就需要选择 30 次,但是如果预先对约简子集有一个预估,那么就可以一次选择出 3～10 个属性,这样选择的次数就会大大降低,从而减少选择属性后的正域计算次数,相应地减少了程序的运行时间,提高了效率;另一个重要阶段就是我们可能选择的属性存在一定的冗余,那么就要删除这一部分冗余的属性,我们仍然采取了随机的机制,在选择好的非核属性子集中,随机地剔除某个属性,检测删除后是否会对约简子集产生影响,如果没有影响就删除,否则就保留下来。整个算法通过运用随机机制的快速性规律,提高了算法的运行效率,降低了运行时间。

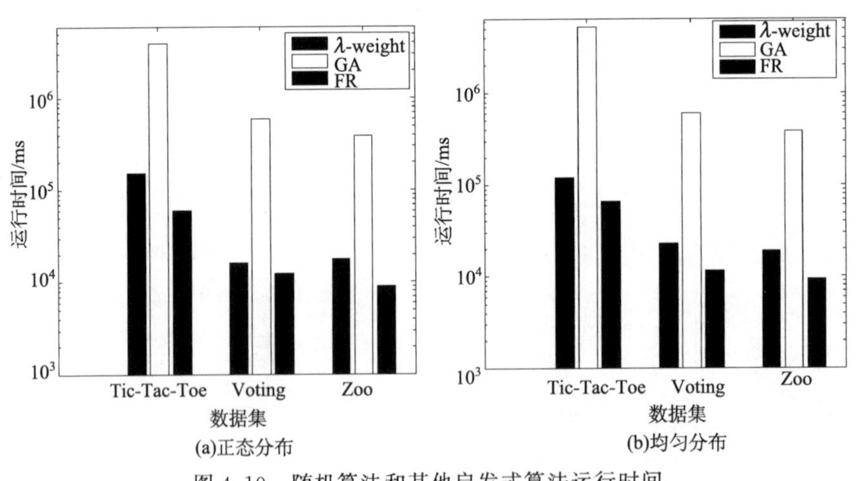

(a)正态分布 (b)均匀分布

图 4.10 随机算法和其他启发式算法运行时间

实验结果如图 4.10 所示,我们看到随机算法在正态分布和均匀分布的测试代价上的运行时间均低于信息熵算法和遗传算法。

4.5.2 决策树算法

决策树是在数据挖掘和人工智能中一种有效的分类方法。在实际应用中，我们必须考虑代价，包括测试代价和误分类代价等。因此，代价敏感决策树算法应运而生。已经有人提出 IDX[36]、CS-ID3[37]等相关算法。

文献[38]提出 λ-ID3 的代价敏感决策树算法及其竞争策略。该算法以 ID3 为基础算法，应用后剪枝策略，并且套用竞争算法框架。启发式信息为

$$f(a)^{\lambda}=\Delta I_{a}tc(a)^{\lambda} \tag{4.26}$$

式中，λ 为测试代价的指数，ΔI_a为选择属性 a 的所产生的信息增益。

算法主要步骤：①以不同的 λ 值按照 ID3 算法的生成一批决策树；②对于每一棵决策树实施后剪枝；③从该批剪枝之后的决策树中选出平均代价最小的作为结果。针对 Mushroom 数据集设置 1000 组不同的代价，使用不同的 I 值训练决策树，并在测试集上获得平均代价，结果如图 4.11 所示，其中 CC 表示竞争算法。可以看出竞争算法获得的决策树明显优于任何单个的 λ 值对应的决策树。一般在训练集上最好的代价敏感决策树往往在测试集上也是最好的，但不是绝对的。

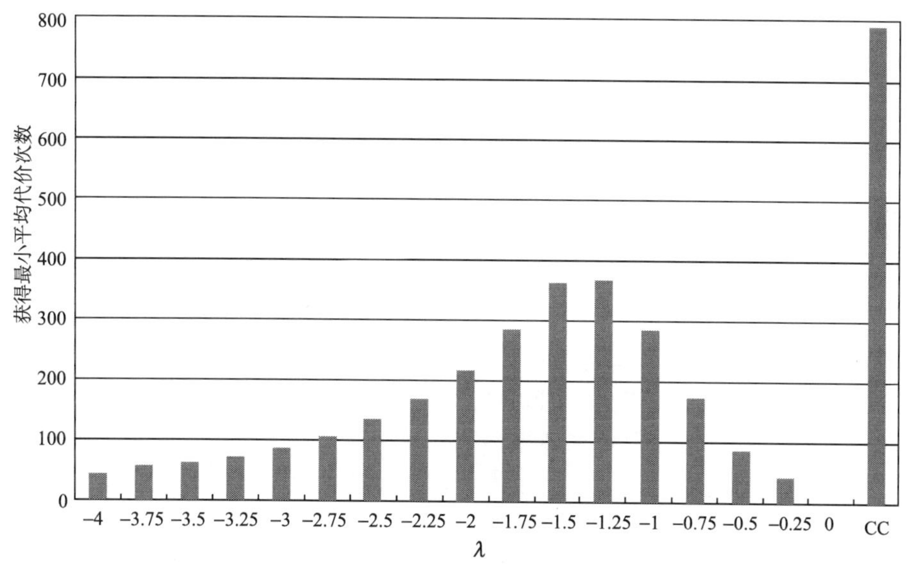

图 4.11 以不同参数值生成的决策树的平均代价

由于 λ-ID3 算法是以 ID3 为基准算法的，所以它在处理数值型数据的时候显得不是很合适。因此，文献[39]以 C4.5 算法为基础算法，开发了一种带有后剪枝和竞争策略的代价敏感决策树算法。按照 C4.5 算法的思路，算法以二元划分的形式来处理数值型数据。实验结果表明，算法可以有效地生成决策树。图 4.12 表

明后剪枝策略能够有效降低决策树的平均代价，并且效果明显优于文献[38]提出的后剪枝技术。

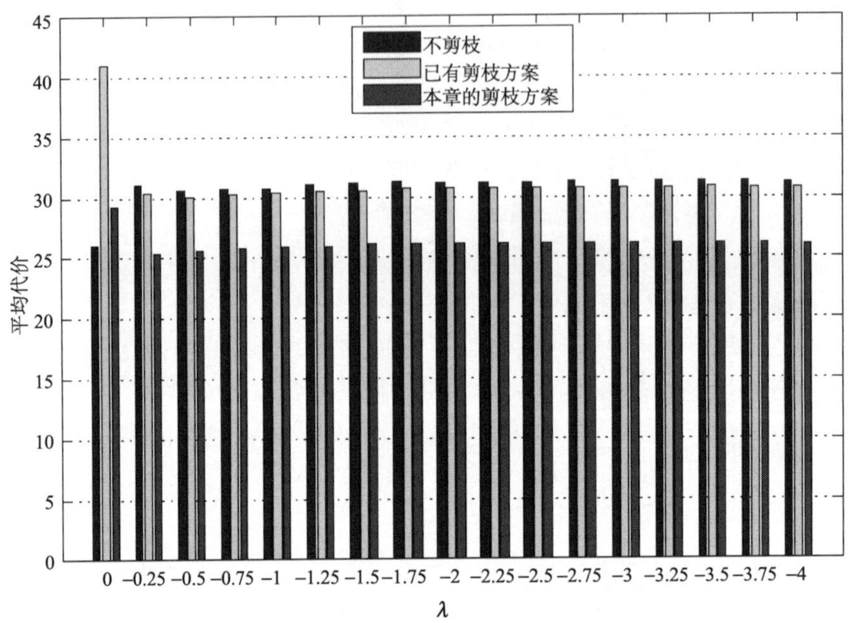

图 4.12　无剪枝以及两种剪枝技术的结果比较

4.6　本章小结

本章定义了代价敏感学习数据模型，提出了粗糙集计算模型，定义了多个有意义的数据挖掘问题，并针对某些问题设计了多种算法。在最小代价属性约简问题中，蚁群优化算法能够获得更好的效果，随机算法能获得更快的速度，竞争机制则能在常数倍时间内，有效改进基础算法的结果。今后我们将基于这些工作，寻找针对各问题更好的算法，并将算法应用于实际数据，获得代价更低、效果更好的解决方案。

致　谢

感谢姚一豫、姚静涛教授的对我们工作长期的支持和帮助。感谢刘盾博士及审稿专家提出的宝贵意见。感谢赵红、刘家彬、徐子龙、李静宽、何旭在本章编写过程中做出的努力。本章工作获得国家自然科学基金项目(61170128)、福建省自然科学基金项目(2011J01374)、福建省教育厅科技项目(JK2012028)资助。

参 考 文 献

[1] Yang Q, Wu X. 10 challenging problems in data mining research. International Journal of Information Technology & Decision Making, 2006, 5(4): 597-604.

[2] Turney P D. Cost-sensitive classification: empirical evaluation of a hybrid genetic decision tree induction algorithm. Journal of Artificial Intelligence Research, 1995, 2: 369-409.

[3] Ling C X, Sheng V S, Yang Q. Test strategies for cost-sensitive decision trees. IEEE Transactions on Knowledge and Data Engineering, 2006, 18(8): 1055-1067.

[4] Domingos P. MetaCost: a general method for making classifiers cost-sensitive. Proceedings of the KDD, 1999: 155-164.

[5] Zhou Z H, Liu X Y. Training cost-sensitive neural networks with methods addressing the class imbalance problem. IEEE Transactions on Knowledge and Data Engineering, 2006, 18(1): 63-77.

[6] Fan W, Stolfo S, Zhang J, et al. Adacost: misclassification cost-sensitive boosting. Proceedings of the ICML, 1999: 97-105.

[7] Yao Y Y, Wong S K M. A decision theoretic framework for approximating concepts. International Journal of Man-Machine Studies, 1992, 37(6): 793-809.

[8] Yao Y Y, Zhao Y. Attribute reduction in decision-theoretic rough set models. Information Sciences, 2008, 178: 3356-3373.

[9] Liu D, Li T R, Li H X. A multiple-category classification approach with decision-theoretic rough sets. Fundamenta Informaticae, 2012, 115(2/3): 173-188.

[10] Lingras P, Chen M, Miao D Q. Rough cluster quality index based on decision theory. IEEE Transactions on Knowledge and Data Engineering, 2009, 21(7): 1014-1026.

[11] Li H, Zhou X. Risk decision making based on decision-theoretic rough set: a three-way view decision model. International Journal of Computational Intelligence Systems, 2011, 4(1): 1-11.

[12] Liu D, Li T R, Ruan D. Probabilistic model criteria with decision-theoretic rough sets. Information Sciences, 2011, 181: 3709-3722.

[13] Min F, Liu Q. A hierarchical model for test-cost-sensitive decision systems. Information Sciences, 2009, 179: 2442-2452.

[14] Min F, Zhu W. Attribute reduction of data with error ranges and test costs. Information Sciences, 2012, 211: 48-67.

[15] Zhao H, Liu J B, Min F, et al. Inducing covering rough sets from error distribution. Journal of Information & Computational Science, 2013, 10(3): 851-859.

[16] Min F, He H, Qian Y, et al. Test-cost-sensitive attribute reduction. Information Sciences, 2011, 181: 4928-4942.

[17] Liu J B, Liao S J, Min F, et al. Test cost constraint attribute reduction through a genetic approach. Journal of Information & Computational Science, 2013, 10(3): 839-849.

[18] Min F, Zhu W. Minimal cost attribute reduction through backtracking. Proceedings of the FGIT-DTA/BSBT, CCIS, 2011: 100-107.

[19] Min F, Zhu W. Optimal sub-reducts with test cost constraint. Proceedings of the RSKT, 2011: 57-62.

[20] 张文修, 米据生, 吴伟志. 不协调目标信息系统的知识约简. 计算机学报, 2003, 26(1): 13-18.

[21] Turney P D. Types of cost in inductive concept learning. Proceedings of the Workshop on Cost-Sensitive Learning at the 17th ICML,2000:15-21.

[22] Min F,Du X H,Qiu H,et al. Minimal attribute space bias for attribute reduction. Proceedings of Rough Set and Knowledge Technology,2007:379-386.

[23] Pawlak Z. Rough sets. International Journal of Computer and Information Sciences,1982,11:341-356.

[24] Zhao H,Min F,Zhu W. Test-cost-sensitive attribute reduction of data with normal distribution measurement errors. Mathematical Problems in Engineering,2013,(2013):1-12.

[25] Zhu W. Relationship among basic concepts in covering-based rough sets. Information Sciences,2009,17(14):2478-2486.

[26] Zhu W,Wang F. Reduction and axiomization of covering generalized rough sets. Information Sciences,2003,152(1):217-230.

[27] Du Y,Hu Q H,Zhu P F,et al. Rule learning for classification based on neighborhood covering reduction. Information Sciences,2011,181(24):5457-5467.

[28] Hu Q,Yu D,Liu J,et al. Neighborhood rough set based heterogeneous feature subset selection. Information Sciences,2008,178(18):3577-3594.

[29] Kryszkiewicz M. Comparative studies of alternative type of knowledge reduction in inconsistent systems. International Journal of Intelligent Systems,2001,16(1):105-120.

[30] Liu J B,Min F,Liao S J,et al. Minimal test cost feature selection with positive region constraint. Proceedings of the RSCTC,2012:259-266.

[31] Sheng V S,Ling C X. Feature value acquisition in testing:a sequential batch test algorithm. Proceedings of the ICML,2006:809-816.

[32] Skowron A,Rauszer C. The discernibility matrices and functions in information systems. Proceedings of the Intelligent Decision Support,1992:331-362.

[33] 王晓东. 算法设计与分析. 北京:科学出版社,2006.

[34] Xu Z,Min F,Zhu W. Ant colony optimization to minimal test cost reduction. Proceedings of the IEEE GrC,2012:688-693.

[35] Li J K,Min F,Zhu W. Fast randomized algorithm for minimal test cost attribute reduction. Proceedings of the ICRITO,2013:12-17.

[36] Norton S. Generating better decision trees. Proceedings of the IJCAI,1989:800-805.

[37] Tan M. Cost-sensitive learning of classification knowledge and its applications in robotics. Machine Learning,1993,13(1):7-33.

[38] Min F,Zhu W. A competition strategy to cost-sensitive decision trees. Proceedings of the RSKT,2012:359-368.

[39] Xu Z,Min F,Zhu W. Cost-sensitive decision trees with post-pruning and competition for numeric data. Journal of Computational Information Systems(accepted),2013.

第5章 多粒度决策粗糙集

钱宇华 梁吉业 林国平

山西大学计算机与信息学院

山西大学计算智能与中文信息处理教育部重点实验室

借鉴最小期望风险贝叶斯决策理论，Yao提出了决策粗糙集模型，在不同的约束下其可以退化为已有的多种粗糙集模型。然而，在粒计算视角下，决策粗糙集也可以归到单粒度粗糙集的范畴。在面对多源信息系统、分布式信息系统以及高维数据分析等背景时，决策粗糙集和经典粗糙集都遇到了困惑。为此，多粒度粗糙集应运而生，它正逐渐成为粗糙集领域的一个重要研究方向。从粒计算的角度看，多粒度粗糙集不同于经典的粗糙集理论，其通过多个二元关系导出的多个粒空间进行建模。本章将多粒度数据分析的理念引入决策粗糙集中，建立了被称为多粒度决策粗糙集的一类数据分析模型。

5.1 引　　言

1982年波兰学者Pawlak等提出了粗糙集理论[1-2]，其不需要提供所需处理数据集合之外的任何先验信息，用论域的已知划分来刻画目标概念以进行规则获取，在模式识别、特征提取、决策支持、知识发现、数据挖掘等方面取得了广泛应用[3-17]。针对Pawlak粗糙集模型缺乏容错能力的问题，人们考虑在正域中引入误分类容忍机制，并在此基础上提出参数可调的概率粗糙集模型，主要模型有基于贝叶斯风险分析的决策粗糙集模型(decision-theoretic rough sets，DTRS)[18-20]、变精度粗糙集模型(variable precision rough sets，VPRS)[21-22]、基于Bayesian粗糙集模型[23]、相容关系粗糙集模型[24-26]、优势关系粗糙集模型[27]、博弈粗糙集模型(game-theoretic rough sets，GRS)[28-29]、模糊粗糙和粗糙模糊粗糙集模型[30]等。由Yao等提出的基于决策的粗糙集具有强大的理论基础和合理的语义解释[18-20]，他认为从正域里获取的正规则表示接受某事物，从负域里获取的负规则表示拒绝某事物，落在边界域上的规则表示需要进一步观察，即延迟决策。这种将论域分为三部分的决策方式，很好地描述了人类在解决实际决策问题时的思维模式。

在粒计算视角下[31-32]，这些粗糙集模型都可归到单粒度粗糙集的范畴，在面对如多源信息系统、分布式信息系统以及高维数据分析等背景时，钱宇华等从多个角度、多个层次出发分析问题而提出了多粒度粗糙集模型[33-34]。不同于经典的粗糙集理论,多粒度粗糙集通过多个二元关系导出的多个粒空间进行建模,从中挖掘有用的知识并形成有效决策。近几年,多粒度粗糙集理论得到不断完善并取得相应的应用[35-48]。

为了使决策粗糙集进一步应用于多源信息系统的数据分析,以及高维和分布式信息系统中的发现知识,我们将多粒度数据分析的理念引入决策粗糙集中,建立了被称为多粒度决策粗糙集的一类数据分析模型。

5.2 基本概念

本节中,我们首先简要介绍 Pawlak 粗糙集、多粒度粗糙集的基本概念。

5.2.1 Pawlak 粗糙集

形式上,四元组 $S=(U,A_T,V,f)$ 是一个信息系统,其中,$U=\{u_1,u_2,\cdots,u_N\}$ 为论域;$A_T=\{a_1,a_2,\cdots,a_M\}$ 为属性集;$V=\bigcup_{a\in A}V_a$,V_a 表示属性 a 的值域;$f:U\times A_T\to V$ 是一个信息函数,即对 $\forall u\in U,a\in A$,有 $f(u,a)\in V_a$。任意 $R\subseteq A_T$ 决定等价关系 $\mathrm{ind}(R)=\{(u,v)\mid \forall a\in R,f(u,a)=f(v,a)\}$,商集 $U/\mathrm{ind}(R)$ 构成论域 U 的划分,简记为 U/R。

对于每个 $X\subseteq U$ 和 $R\subseteq A_T$,定义两个子集

$$\underline{R}X=\bigcup\{Y\in U/R\mid Y\subseteq X\}$$

$$\bar{R}X=\bigcup\{Y\in U/R\mid Y\cap X\neq\varnothing\}$$

为 X 的 R 下近似集和 R 上近似集[22]。

$\mathrm{POS}_R(X)=\underline{R}(X)$ 称为 X 的 R 正域;集合 $\mathrm{BND}_R(X)=\bar{R}(X)-\underline{R}(X)$ 称为 X 的 R 边界域;$\mathrm{NEG}_R(X)=U-\bar{R}(X)$ 称为 X 的 R 负域。显然 $\bar{R}X=\mathrm{POS}_R(X)\cup\mathrm{BND}_R(X)$。

令 $S=(U,A_T\cup\{d\},V,f)$ 是一个决策系统,U 为论域,A_T 为条件属性集,d 为决策属性,设 $U/\{d\}=\{X_1,X_2,\cdots,X_m\}$,对于 $X_i\subseteq U$ 和 $R\subseteq A_T$,定义两个子集

$$\underline{R}X_i=\bigcup\{Y\in U/R\mid Y\subseteq X_i\}$$

$$\bar{R}X_i=\bigcup\{Y\in U/R\mid Y\cap RX_i\neq\varnothing\}$$

为决策类 X_i 的 R 下近似集和 R 上近似集[1]。

每个决策类 X_i 具有 R 正域 $\mathrm{POS}_R(X_i)$,R 边界域 $\mathrm{BND}_R(X_i)$ 和 R 负域 $\mathrm{NEG}_R(X_i)$。

5.2.2　多粒度粗糙集

钱宇华和梁吉业[49]自 2006 年提出多粒度粗糙集以来,得到众多学者的广泛关注。近几年来,根据不同需求发展了许多多粒度粗糙集的拓展模型。例如,基于模糊覆盖的多粒度粗糙集、基于邻域的多粒度粗糙集、基于变精度的多粒度粗糙集等。需要特别指出的是梁吉业等在多粒度视角下提出了一种大规模数据集的高效特征提取算法[35]。

在多粒度决策过程中,根据"求同存异"和"求同排异"的策略分别发展了乐观多粒度粗糙集和悲观多粒度粗糙集。"求同存异"策略是指每个决策者根据自己的粒空间进行决策,而不反对其他决策者所给出的粒空间的决策,是一种乐观的决策策略。"求同排异"的策略是指有决策者使用共同满意的方案进行决策,而存在分歧的方案不能用于决策,是一种悲观或保守的决策策略。

1. 乐观粗糙近似

在乐观多粒度粗糙集中,目标概念通过多个等价粒空间按照"求同存异"策略来近似。

定义 5.1[29]　设 $S=(U,A_{\mathrm{T}},f)$ 是一个信息系统,$X\subseteq U$ 和 $R_1,R_2,\cdots,R_m\subseteq A_{\mathrm{T}}$,$X$ 关于 $R_1,R_2,\cdots,R_m$ 的乐观多粒度粗糙集的下、上近似定义为

$$\underline{\sum_{i=1}^{m}R_i}^{\mathrm{O}}(X)=\{x:[x]_{R_1}\subseteq X\vee[x]_{R_2}\subseteq X\vee\cdots\vee[x]_{R_m}\subseteq X,x\in U\}$$

$$\overline{\sum_{i=1}^{m}R_i}^{\mathrm{O}}(X)=\sim\underline{\sum_{i=1}^{m}R_i}^{\mathrm{O}}(\sim X)$$

式中,$[x]_{R_i}$,$i\in\{1,2,\cdots,m\}$是由属性集 A_i 导出的等价类,$\sim X$ 是 X 的补集。根据乐观下近似 $\underline{\sum_{i=1}^{m}R_i}^{\mathrm{O}}(X)$ 和乐观上近似 $\overline{\sum_{i=1}^{m}R_i}^{\mathrm{O}}(X)$,乐观多粒度粗糙集的边界定义为

$$\mathrm{BN}^{\mathrm{O}}_{\sum_{i=1}^{m}R_i}(X)=\overline{\sum_{i=1}^{m}R_i}^{\mathrm{O}}(X)-\underline{\sum_{i=1}^{m}R_i}^{\mathrm{O}}(X)$$

定理 5.1　设 $S=(U,A_{\mathrm{T}},f)$ 是一个信息系统,$X\subseteq U$ 和 $R_1,R_2,\cdots,R_m\subseteq A_{\mathrm{T}}$,则

$$\overline{\sum_{i=1}^{m}R_i}^{\mathrm{O}}(X)=\{x:[x]_{R_1}\cap X\neq\varnothing\wedge[x]_{R_2}\cap X\neq\varnothing\wedge\cdots\wedge[x]_{R_m}\cap X\neq\varnothing\}$$

2. 悲观粗糙近似

在悲观多粒度粗糙集中,目标概念通过多个等价粒空间按照"求同排异"策略近似。

定义 5.2 设 $S=(U,A_T,f)$ 是一个信息系统，$X\subseteq U$ 和 $R_1,R_2,\cdots,R_m\subseteq A_T$，悲观多粒度粗糙集的下、上近似分别定义为

$$\underline{\sum_{i=1}^{m}R_i}^{P}(X)=\{x:[x]_{R_1}\subseteq X\wedge[x]_{R_2}\subseteq X\wedge\cdots\wedge[x]_{R_m}\subseteq X,x\in U\}$$

$$\overline{\sum_{i=1}^{m}R_i}^{P}(X)=\sim\underline{\sum_{i=1}^{m}R_i}^{P}(\sim X)$$

根据悲观下近似 $\underline{\sum_{i=1}^{m}R_i}^{P}(X)$ 和悲观上近似 $\overline{\sum_{i=1}^{m}R_i}^{P}(X)$，悲观多粒度粗糙集的边界定义为

$$BN^{P}_{\sum_{i=1}^{m}R_i}(X)=\overline{\sum_{i=1}^{m}R_i}^{P}(X)-\underline{\sum_{i=1}^{m}R_i}^{P}(X)$$

定理 5.2 设 $S=(U,A_T,f)$ 是一个信息系统，$X\subseteq U$ 和 $R_1,R_2,\cdots,R_m\subseteq A_T$，则

$$\overline{\sum_{i=1}^{m}R_i}^{P}(X)=\{x:[x]_{R_1}\cap X\neq\varnothing\vee[x]_{R_2}\cap X\neq\varnothing\vee\cdots\vee[x]_{R_m}\cap X\neq\varnothing\}$$

5.3 多粒度决策粗糙集(MG-DTRS)

Pawlak 粗糙集并没有考虑决策规则的容错性，完全正确和确定的规则才能进入正域。为此，Pawlak 粗糙集并没有考虑决策规则的容错性，即完全正确和确定的规则才能进入正域。为了将不精确决策规则也纳入讨论范畴，有关学者提出了一系列概率粗糙集模型，如决策粗糙集模型[18-20]、变精度粗糙集模型[22]、贝叶斯粗糙集模型[23]，它们均可看做 Pawlak 粗糙集的更一般化形式。特别指出的是，Yao 提出的决策粗糙集具有很强的理论依据和合理的语义解释。通过调整两个阈值参数，决策粗糙集可以退化为 Pawlak 粗糙集、变精度粗糙集、0.5-概率粗糙集等。在许多诸如多源信息系统、高维和分布式信息系统发现知识的实际应用中，如果结合决策粗糙集理论，那么多粒度意义下的决策粗糙集理论将会更理想。因此，本节将提出多粒度决策粗糙集模型。

5.3.1 决策粗糙集

这里，我们首先介绍决策粗糙集的有关理论。

决策粗糙集理论的基本模型可参见文献[18]～文献[20]。刘盾和李华雄等对决策粗糙集近 20 年来的发展进行了详细的综述[50-53]。决策粗糙集基本模型为：假设 $S=(U,A_T,V,f)$ 是一个信息表，$\Omega=\{w_1,w_2,\cdots,w_m\}$ 为 m 个有限的状态集，

$A=\{a_1,a_2,\cdots,a_n\}$为 n 个有限的行动集。$P_r(w_i|x)$为 x 在状态 w_i 下的条件概率。令 $\lambda(a_j|w_i)$为在状态 w_i 下采取行动 a_j 的损失或代价，对于某元素 x，如果采取行动 a_j，其期望损失为

$$R(a_j \mid x)=\sum_{i=1}^{m}\lambda(a_j \mid w_i)P_r(w_i \mid x)$$

一般地，对于给定的描述 x，令 $\tau(x)$为一个决策规则，它是 x 到行动集 A 的一个映射函数，$\tau(x)\in A$。令 $\Re$ 是在给定一个决策规则 τ 下的总体期望风险，它可表示为

$$\Re=\sum_{x\in U}R(\tau(x) \mid x)P_r(x)$$

式中，$P_r(x)$为 x 的先验概率；$R(\tau(x)|x)$为采取不同行动 x 的条件风险。按照贝叶斯决策过程，需要选取使总体期望风险 $\Re$ 达到最小的决策行为作为最佳行动方案。如果有多个决策使 $\Re$ 达到最小，则根据实际情况选择其中之一。

决策粗糙集模型基于贝叶斯决策过程以及三支决策的思想，利用两个状态集和三个行动集描述决策过程。状态集 $\Omega=\{X,\neg X\}$分别表示某事件属于 X 和不属于 X，行动集 $A=\{a_P,a_B,a_N\}$分别表示接受某事件、延迟决策和拒绝某事件三种行动。考虑到采取不同行动会产生不同的损失，记 λ_{PP}、λ_{BP}、λ_{NP}分别表示当 x 属于 X 时，采取行动 a_P、a_B、a_N 下的损失；记 λ_{PN}、λ_{BN}、λ_{NN}分别表示当 x 不属于 X 时，采取行动 a_P、a_B、a_N 下的损失。因此，采取 a_P、a_B、a_N 三种行动下的期望损失可分别表示为

$$R(a_P \mid [x])=\lambda_{PP}P_r(X \mid [x])+\lambda_{PN}P_r(\neg X \mid [x])$$
$$R(a_B \mid [x])=\lambda_{BP}P_r(X \mid [x])+\lambda_{BN}P_r(\neg X \mid [x])$$
$$R(a_N \mid [x])=\lambda_{PN}P_r(X \mid [x])+\lambda_{NN}P_r(\neg X \mid [x])$$

根据贝叶斯决策准则，需要选择期望损失最小的行动集作为最佳行动方案，于是可得到如下三条决策规则。

(P)：若 $R(a_P|[x])\leqslant R(a_B|[x])$和 $R(a_P|[x])\leqslant R(a_N|[x])$同时成立，则 $x\in \mathrm{POS}(X)$。

(N)：若 $R(a_N|[x])\leqslant R(a_P|[x])$和 $R(a_N|[x])\leqslant R(a_B|[x])$同时成立，则 $x\in \mathrm{NEG}(X)$。

(B)：若 $R(a_B|[x])\leqslant R(a_P|[x])$和 $R(a_B|[x])\leqslant R(a_N|[x])$同时成立，则 $x\in \mathrm{BND}(X)$。

由于 $P_r(X|[x])+P_r(\neg X|[x])=1$，上述规则只与概率 $P_r(X|[x])$和相关的损失函数 λ 有关。此外，考虑到接受正确事物的损失不大于延迟接受正确事物的损失，且这两者都小于拒绝正确事物的损失；拒绝错误事物的损失不大于延迟拒绝错误事物的损失，且这两者都小于接受错误事物的损失。因此，一个合理的假设为

$$0 \leqslant \lambda_{PP} \leqslant \lambda_{BP} < \lambda_{NP}, \quad 0 \leqslant \lambda_{NN} \leqslant \lambda_{BN} < \lambda_{PN}$$

据此,可计算三条决策规则(P)、(N)、(B)的条件为

对于规则(P):

$$R(a_P \mid [x]) \leqslant R(a_B \mid [x])$$
$$\Leftrightarrow \lambda_{PP} P_r(X \mid [x]) + \lambda_{PN}(1 - P_r(X \mid [x])) \leqslant \lambda_{BP} P_r(X \mid [x]) + \lambda_{BN}(1 - P_r(X \mid [x]))$$
$$\Leftrightarrow P_r(X \mid [x]) \geqslant \frac{\lambda_{PN} - \lambda_{BN}}{(\lambda_{PN} - \lambda_{BN}) + (\lambda_{BP} - \lambda_{PP})}$$

$$R(a_P \mid [x]) \leqslant R(a_N \mid [x])$$
$$\Leftrightarrow \lambda_{PP} P_r(X \mid [x]) + \lambda_{PN}(1 - P_r(X \mid [x])) \leqslant \lambda_{PN} P_r(X \mid [x]) + \lambda_{NN}(1 - P_r(X \mid [x]))$$
$$\Leftrightarrow P_r(X \mid [x]) \geqslant \frac{\lambda_{PN} - \lambda_{NN}}{(\lambda_{PN} - \lambda_{NN}) + (\lambda_{NP} - \lambda_{PP})}$$

对于规则(N):

$$R(a_N \mid [x]) \leqslant R(a_P \mid [x])$$
$$\Leftrightarrow \lambda_{PN} P_r(X \mid [x]) + \lambda_{NN}(1 - P_r(X \mid [x])) \leqslant \lambda_{PP} P_r(X \mid [x]) + \lambda_{PN}(1 - P_r(X \mid [x]))$$
$$\Leftrightarrow P_r(X \mid [x]) \leqslant \frac{\lambda_{PN} - \lambda_{NN}}{(\lambda_{PN} - \lambda_{NN}) + (\lambda_{NP} - \lambda_{PP})}$$

$$R(a_N \mid [x]) \leqslant R(a_B \mid [x])$$
$$\Leftrightarrow \lambda_{PN} P_r(X \mid [x]) + \lambda_{NN}(1 - P_r(X \mid [x])) \leqslant \lambda_{BP} P_r(X \mid [x]) + \lambda_{BN}(1 - P_r(X \mid [x]))$$
$$\Leftrightarrow P_r(X \mid [x]) \leqslant \frac{\lambda_{BN} - \lambda_{NN}}{(\lambda_{BN} - \lambda_{NN}) + (\lambda_{NP} - \lambda_{BP})}$$

对于规则(B):

$$R(a_B \mid [x]) \leqslant R(a_P \mid [x])$$
$$\Leftrightarrow \lambda_{BP} P_r(X \mid [x]) + \lambda_{BN}(1 - P_r(X \mid [x])) \leqslant \lambda_{PP} P_r(X \mid [x]) + \lambda_{PN}(1 - P_r(X \mid [x]))$$
$$\Leftrightarrow P_r(X \mid [x]) \leqslant \frac{\lambda_{PN} - \lambda_{BN}}{(\lambda_{PN} - \lambda_{BN}) + (\lambda_{BP} - \lambda_{PP})}$$

$$R(a_B \mid [x]) \leqslant R(a_N \mid [x])$$
$$\Leftrightarrow \lambda_{BP} P_r(X \mid [x]) + \lambda_{BN}(1 - P_r(X \mid [x]))$$

$$\leqslant \lambda_{PN} P_r(X \mid [x]) + \lambda_{NN}(1 - P_r(X \mid [x]))$$

$$\Leftrightarrow P_r(X \mid [x]) \geqslant \frac{\lambda_{BN} - \lambda_{NN}}{(\lambda_{BN} - \lambda_{NN}) + (\lambda_{NP} - \lambda_{BP})}$$

令

$$\alpha = \frac{\lambda_{PN} - \lambda_{BN}}{(\lambda_{PN} - \lambda_{BN}) + (\lambda_{BP} - \lambda_{PP})} = \left(1 + \frac{\lambda_{BP} - \lambda_{PP}}{\lambda_{PN} - \lambda_{BN}}\right)^{-1}$$

$$\beta = \frac{\lambda_{BN} - \lambda_{NN}}{(\lambda_{BN} - \lambda_{NN}) + (\lambda_{NP} - \lambda_{BP})} = \left(1 + \frac{\lambda_{NP} - \lambda_{BP}}{\lambda_{BN} - \lambda_{NN}}\right)^{-1}$$

$$\gamma = \frac{\lambda_{PN} - \lambda_{NN}}{(\lambda_{PN} - \lambda_{NN}) + (\lambda_{NP} - \lambda_{PP})} = \left(1 + \frac{\lambda_{NP} - \lambda_{PP}}{\lambda_{PN} - \lambda_{NN}}\right)^{-1}$$

由规则(B)可知，$\alpha > \beta$，则$\frac{\lambda_{BP} - \lambda_{PP}}{\lambda_{PN} - \lambda_{BN}} < \frac{\lambda_{NP} - \lambda_{BP}}{\lambda_{BN} - \lambda_{NN}}$。此外，由不等式$\frac{b}{a} > \frac{d}{c} \Rightarrow \frac{b}{a} > \frac{b+d}{a+c} > \frac{d}{c}$($a$、$b$、$c$、$d>0$)，有$\frac{\lambda_{BP} - \lambda_{PP}}{\lambda_{PN} - \lambda_{BN}} < \frac{\lambda_{NP} - \lambda_{PP}}{\lambda_{PN} - \lambda_{NN}} < \frac{\lambda_{NP} - \lambda_{BP}}{\lambda_{BN} - \lambda_{NN}}$。因而，$0 \leqslant \beta < \gamma < \alpha \leqslant 1$。这样，规则(P)、(B)、(N)可重写如下。

(P1)：若 $P_r(X|[x]) \geqslant \alpha$，则 $x \in \mathrm{POS}(X)$。

(N1)：若 $P_r(X|[x]) \leqslant \beta$，则 $x \in \mathrm{NEG}(X)$。

(B1)：若 $\beta < P_r(X|[x]) < \alpha$，则 $x \in \mathrm{BND}(X)$。

应用这三个决策规则，可以得到概率粗糙集下、上近似为

$$\underline{\mathrm{apr}}_\alpha(X) = \{x : P_r(X \mid [x]) \geqslant \alpha, x \in U\}$$

$$\overline{\mathrm{apr}}_\alpha(X) = \{x : P_r(X \mid [x]) > \beta, x \in U\}$$

当 $\alpha = \beta$ 时，有 $\alpha = \gamma = \beta$，决策粗糙集得到如下规则。

(P2)：若 $P_r(X|[x]) > \alpha$，则 $x \in \mathrm{POS}(X)$。

(N2)：若 $P_r(X|[x]) < \alpha$，则 $x \in \mathrm{NEG}(X)$。

(B2)：若 $P_r(X|[x]) = \alpha$，则 $x \in \mathrm{BND}(X)$。

应用这三个决策规则，可以得到概率下、上近似为

$$\underline{\mathrm{apr}}_\alpha(X) = \{x : P_r(X \mid [x]) > \alpha, x \in U\}$$

$$\overline{\mathrm{apr}}_\alpha(X) = \{x : P_r(X \mid [x]) \geqslant \beta, x \in U\}$$

因此，在决策粗糙集的框架下，根据条件概率可以把 Pawlak 粗糙集、变精度粗糙集、贝叶斯粗糙集、0.5-概率粗糙集统一起来研究。

5.3.2 多粒度决策粗糙集

1. 多粒度决策粗糙集理论基础

多粒度粗糙集和传统 Pawlak 粗糙集不同，前者是通过多个等价关系导出的多个粒度结构建模的，而后者是仅通过单个等价关系导出的单粒度结构建模。

假定 $R_1,R_2,\cdots,R_m$ 是 m 个粒结构，$X\subseteq U$，多粒度粗糙集的下、上近似可以分别表示为

$$\underline{\sum_{i=1}^{m}R_i}(X)=f_{\mathrm{L}}(R_1,R_2,\cdots,R_m)$$

$$\overline{\sum_{i=1}^{m}R_i}(X)=f_{\mathrm{U}}(R_1,R_2,\cdots,R_m)$$

式中，f_{L} 为下近似融合函数，f_{U} 为上近似融合函数。通过 m 个粒结构，利用这两个函数计算多粒度粗糙集的下、上近似。在实际应用中，根据不同的语义和需求，融合函数具有很多形式。为便于讨论，记 $\lambda_k(a_j/w_i)$ 为在状态 w_i 下采取行动 a_j 的损失或代价，$P(w_i|x_k)$ 为 x 在状态 w_i 下的条件概率。对于某元素 x，如果采取行动 a_j，其期望损失为

$$R(a_j\mid x_1,x_2,\cdots,x_m)=\sum_{k=1}^{m}\sum_{i=1}^{S}\lambda(a_j\mid w_i)P(w_i\mid x_k)$$

式中，$R(a_j|x_1,x_2,\cdots,x_m)$ 为条件风险。$\tau(x_1,x_2,\cdots,x_m)$ 为采取 $a_1,a_2,\cdots,a_m$ 中的某一种行动的值。关于决策规则 $\tau(x_1,x_2,\cdots,x_m)$ 总体的风险$\mathbb{R}$是期望损失定义为 $\mathbb{R}=\sum_{k=1}^{m}R(\tau(x_1,x_2,\cdots,x_m)\mid x_1,x_2,\cdots,x_m)\cdot P(x_1,x_2,\cdots,x_m)$，其中，$P(x_1,x_2,\cdots,x_m)$ 为联合概率，其计算通过融合 m 个粒结构诱导的概率（$P(x_1)$，$P(x_2)$，$\cdots$，$P(x_m)$）。

给定 m 个粒结构 $R_1,R_2,\cdots,R_m$，多粒度决策粗糙集的目的是选择一种序列决策行动使总风险尽可能小，其中决策行动包括执行正域决策、负域决策和边界决策。在多粒度决策粗糙集中，有两种假设，一种是损失值 $\lambda_k(a_j/w_i)(k\leqslant m)$ 都相等，另一种假设是它们不相等，每个损失值均对应独立的粒结构且都有自己的损失函数。为了引入多粒度的思想，这里只介绍第一种情况，基于第二种假设的多粒度粗糙集有待于进一步研究。

2. 三类多粒度决策粗糙集

给定 m 个粒结构 $R_1,R_2,\cdots,R_m\subseteq R$，当 $\lambda_k(a_j/w_i)=\lambda_l(a_j/w_i)(k,l\leqslant m)$

时，$R(a_j \mid x_1, x_2, \cdots, x_m)=\sum_{k=1}^{m}\sum_{i=1}^{S}\lambda(a_j \mid w_i)P(w_i \mid x_k)$。这种情况下，在多粒度粗糙集中的信息融合可以简化为在相同论域中概率集合。下面，将给出三种多粒度粗糙集模型，分别是均值多粒度粗糙集模型(mean multigranulation-DTRS，MMG-DTRS)、乐观多粒度粗糙集模型(optimistic multigranulation-DTRS，OMG-DTRS)、悲观多粒度粗糙集模型(pessimistic multigranulation-DTRS，PMG-DTRS)。

1) 均值多粒度决策粗糙集模型

在多粒度决策粗糙集中，当损失函数固定时，在 m 个粒结构中判断一个对象包含在目标概念的条件概率可以通过期望计算，那就是说，$E(P(X|x)=(P(X|[x]_{R_1})+P(X|[x]_{R_2})+\cdots+P(X|[x]_{R_m}))/m$，联合概率是 m 个条件概率的平均值。根据这个思想，给出一类多粒度决策粗糙集，可以称为均值多粒度决策粗糙集，其形式定义如下。

定义 5.3　假定 $R_1, R_2, \cdots, R_m$ 是 m 个粒结构，$\forall X \subseteq U$，均值多粒度决策粗糙集的下近似 $\underline{\sum_{i=1}^{m}R_i}^{\mathrm{M}}(X)$ 和上近似 $\overline{\sum_{i=1}^{m}R_i}^{\mathrm{M}}(X)$ 分别定义为

$$\underline{\sum_{i=1}^{m}R_i}^{\mathrm{M}}(X)=\{x:(P(X \mid [x]_{R_1})+P(X \mid [x]_{R_2})+\cdots+P(X \mid [x]_{R_m}))/m, x \in U\}$$

$$\overline{\sum_{i=1}^{m}R_i}^{\mathrm{M}}(X)=U-\{x:(P(X \mid [x]_{R_1})+P(X \mid [x]_{R_2})+\cdots+P(X \mid [x]_{R_m}))/m \leqslant \beta, x \in U\}$$

式中，$[x]_{R_i}, i \in \{1,2,\cdots,m\}$ 是由属性集 R_i 导出的等价类，$P(X|[x]_{R_i})$ 是等价类 $[x]_{R_i}$ 关于 X 的条件概率。根据下近似 $\underline{\sum_{i=1}^{m}R_i}^{\mathrm{M}}(X)$ 和上近似 $\overline{\sum_{i=1}^{m}R_i}^{\mathrm{M}}(X)$，乐观多粒度决策粗糙集的边界定义为

$$\mathrm{BN}^{\mathrm{M}}_{\sum_{i=1}^{m}R_i}(X)=\overline{\sum_{i=1}^{m}R_i}^{\mathrm{M}}(X)-\underline{\sum_{i=1}^{m}R_i}^{\mathrm{M}}(X)$$

类似于经典的决策粗糙集，当阈值 $\alpha>\beta$，可以得到如下规则。

(MP1)：若 $(P(X|[x]_{R_1})+P(X|[x]_{R_2})+\cdots+P(X|[x]_{R_m}))/m \geqslant \alpha$，则 $x \in \mathrm{POS}(X)$。

(MN1)：若 $(P(X|[x]_{R_1})+P(X|[x]_{R_2})+\cdots+P(X|[x]_{R_m}))/m \leqslant \beta$，则 $x \in \mathrm{NEG}(X)$。

(MB1)：若 $\beta<(P(X|[x]_{R_1})+P(X|[x]_{R_2})+\cdots+P(X|[x]_{R_m}))/m<\alpha$，则 $x \in \mathrm{BND}(X)$。

当阈值 $\alpha=\beta$ 时，有 $\alpha=\gamma=\beta$，所以可以得到如下多粒度决策粗糙集的决策规则。

(MP1)：若 $(P(X\mid[x]_{R_1})+P(X\mid[x]_{R_2})+\cdots+P(X\mid[x]_{R_m}))/m>\alpha$，则 $x\in \mathrm{POS}(X)$。

(MN1)：若 $(P(X\mid[x]_{R_1})+P(X\mid[x]_{R_2})+\cdots+P(X\mid[x]_{R_m}))/m<\alpha$，则 $x\in \mathrm{NEG}(X)$。

(MB1)：若 $(P(X\mid[x]_{R_1})+P(X\mid[x]_{R_2})+\cdots+P(X\mid[x]_{R_m}))/m=\alpha$，则 $x\in \mathrm{BND}(X)$。

2) 乐观多粒度决策粗糙集

在现有的多粒度粗糙集方法中，“乐观”一词指的是决策者根据自己的粒空间进行决策，而不反对其他决策者给出的粒空间的决策。这里将提出多粒度决策粗糙集，其下近似是由至少一个粒结构在等价类与近似目标间满足概率阈值大于等于 α 的集合，而上近似是由所有粒结构在等价类与近似目标间满足概率阈值小于等于 β 的集合。

定义 5.4　假定 $R_1,R_2,\cdots,R_m$ 是 m 个粒结构，$\forall X\subseteq U$，乐观多粒度决策粗糙集的下近似 $\underline{\sum_{i=1}^{m}R_i}^{\mathrm{O}}(X)$ 和上近似 $\overline{\sum_{i=1}^{m}R_i}^{\mathrm{O}}(X)$ 分别定义为

$$\underline{\sum_{i=1}^{m}R_i}^{\mathrm{O}}(X)=\{x:(P(X\mid[x]_{R_1})\geqslant\alpha \vee P(X\mid[x]_{R_2})\geqslant\alpha\vee\cdots\vee P(X\mid[x]_{R_m})\geqslant\alpha),x\in U\}$$

$$\overline{\sum_{i=1}^{m}R_i}^{\mathrm{O}}(X)=U-\{x:(P(X\mid[x]_{R_1})\leqslant\beta \vee P(X\mid[x]_{R_2})\leqslant\beta\vee\cdots\vee P(X\mid[x]_{R_m})\leqslant\beta,x\in U\}$$

式中，$[x]_{R_i}$，$i\in\{1,2,\cdots,m\}$ 是由属性集 R_i 导出的等价类，$P(X\mid[x]_{R_i})$ 是等价类 $[x]_{R_i}$ 关于 X 的条件概率。

根据下近似 $\underline{\sum_{i=1}^{m}R_i}^{\mathrm{O}}(X)$ 和上近似 $\overline{\sum_{i=1}^{m}R_i}^{\mathrm{O}}(X)$，乐观多粒度决策粗糙集的边界定义为

$$\mathrm{BN}^{\mathrm{O}}_{\sum_{i=1}^{m}A_i}(X)=\overline{\sum_{i=1}^{m}A_i}^{\mathrm{O}}(X)-\underline{\sum_{i=1}^{m}A_i}^{\mathrm{O}}(X)$$

定理 5.3　假定 $R_1,R_2,\cdots,R_m$ 是 m 个粒结构，$\forall$ X⊆U，下面性质成立。

(1) $\underline{\sum_{i=1}^{m}R_i}^{\mathrm{O}}(X)\supseteq \underline{R_i}(X)$，$i\leqslant m$。

(2) $\overline{\sum_{i=1}^{m} R_i}^{\mathrm{O}}(X) \subseteq \overline{R_i}(X), i \leqslant m$。

定理 5.4　假定 $R_1, R_2, \cdots, R_m$ 是 m 个粒结构，$\forall X \subseteq U$，下面性质成立。

(1) $\underline{\sum_{i=1}^{m} R_i}^{\mathrm{O}}(X) = \bigcup_{i=1}^{m} \underline{R_i}(X), i \leqslant m$。

(2) $\overline{\sum_{i=1}^{m} R_i}^{\mathrm{O}}(X) = \bigcap_{i=1}^{m} \overline{R_i}(X), i \leqslant m$。

定理 5.5　假定 $R_1, R_2, \cdots, R_m$ 是 m 个粒结构，$\forall X_1 \subseteq X_2 \subseteq \cdots \subseteq X_m \subseteq U$，下面性质成立。

(1) $\underline{\sum_{i=1}^{m} R_i}^{\mathrm{O}}(X_1) \subseteq \underline{\sum_{i=1}^{m} R_i}^{\mathrm{O}}(X_2) \subseteq \cdots \subseteq \underline{\sum_{i=1}^{m} R_i}^{\mathrm{O}}(X_n)$。

(2) $\overline{\sum_{i=1}^{m} R_i}^{\mathrm{O}}(X_1) \subseteq \overline{\sum_{i=1}^{m} R_i}^{\mathrm{O}}(X_2) \subseteq \cdots \subseteq \overline{\sum_{i=1}^{m} R_i}^{\mathrm{O}}(X_n)$。

类似于经典的决策粗糙集，当阈值 $\alpha > \beta$ 时，可以得到如下规则。

(OP1)：若 $\exists i \in \{1, 2, \cdots, m\}$，使 $P(X \mid [x]_{R_i}) \geqslant \alpha$ 成立，则 $x \in \mathrm{POS}(X)$。

(ON1)：若 $\forall i \in \{1, 2, \cdots, m\}$，使 $P(X \mid [x]_{R_i}) \leqslant \beta$ 成立，则 $x \in \mathrm{NEG}(X)$。

(OB1)：否则 $x \in \mathrm{BND}(X)$。

当阈值 $\alpha = \beta$ 时，有 $\alpha = \gamma = \beta$，所以可以得到如下多粒度决策粗糙集的决策规则。

(OP2)：若 $\exists i \in \{1, 2, \cdots, m\}$，使 $P(X \mid [x]_{R_i}) > \alpha$ 成立，则 $x \in \mathrm{POS}(X)$。

(ON2)：若 $\forall i \in \{1, 2, \cdots, m\}$，使 $P(X \mid [x]_{R_i}) < \alpha$ 成立，则 $x \in \mathrm{NEG}(X)$。

(OB2)：否则 $x \in \mathrm{BND}(X)$。

3) 悲观多粒度决策粗糙集

在决策分析中，“求同排异”策略指的是所有决策者使用共同满意的方案进行决策，而存在分歧的方案则不能用于决策，是一种悲观或者保守的决策策略。根据这个思想，钱宇华等[14]提出了悲观多粒度的概念。这里结合决策粗糙集的思想，提出悲观决策多粒度粗糙集，它的下近似是由所有粒结构在等价类与近似目标之间满足概率阈值大于等于 α 的集合，而上近似是由所有粒结构在等价类与近似目标之间满足概率阈值小于等于 β 的集合。

定义 5.5　假定 $R_1, R_2, \cdots, R_m$ 是 m 个粒结构，$\forall X \subseteq U$，悲观多粒度的下、上近似定义为

$$\underline{\sum_{i=1}^{m} R_i}^{\mathrm{P}}(X) = \{x : (P(X \mid [x]_{R_1}) \geqslant \alpha \wedge P(X \mid [x]_{R_2}) \geqslant \alpha \wedge \cdots \wedge P(X \mid [x]_{R_m}) \geqslant \alpha), x \in U\}$$

$$\overline{\sum_{i=1}^{m} R_i}^{\mathrm{P}}(X) = U - \{x:(P(X \mid [x]_{R_1}) \leqslant \beta \wedge P(X \mid [x]_{R_2}) \leqslant \beta \wedge \cdots \wedge P(X \mid [x]_{R_m}) \leqslant \beta, x \in U\}$$

式中，$[x]_{R_i}$，$i\in\{1,2,\cdots,m\}$是由属性集 A_i 导出的等价类，$P(X|[x]_{R_i})$是等价类$[x]_{R_i}$关于 X 的条件概率。

根据下近似 $\underline{\sum_{i=1}^{m} R_i}^{\mathrm{P}}(X)$ 和上近似 $\overline{\sum_{i=1}^{m} R_i}^{\mathrm{P}}(X)$，悲观多粒度决策粗糙集的边界定义为

$$\mathrm{BN}^{\mathrm{P}}_{\sum_{i=1}^{m} R_i}(X) = \overline{\sum_{i=1}^{m} R_i}^{\mathrm{P}}(X) - \underline{\sum_{i=1}^{m} R_i}^{\mathrm{P}}(X)$$

定理 5.6　假定 $R_1, R_2, \cdots, R_m$ 是 m 个粒结构，$\forall X \subseteq U$，则下面性质成立。

(1) $\underline{\underline{\sum_{i=1}^{m} R_i}}^{\mathrm{P}}(X) \subseteq \underline{R_i}(X), i \leqslant m$。

(2) $\overline{\overline{\sum_{i=1}^{m} R_i}}^{\mathrm{P}}(X) \supseteq \overline{R_i}(X), i \leqslant m$。

定理 5.7　假定 $R_1, R_2, \cdots, R_m$ 是 m 个粒结构，$\forall X \subseteq U$，则下面性质成立。

(1) $\underline{\underline{\sum_{i=1}^{m} R_i}}^{\mathrm{P}}(X) = \bigcup_{i=1}^{m} \underline{R_i}(X), i \leqslant m$。

(2) $\overline{\overline{\sum_{i=1}^{m} R_i}}^{\mathrm{P}}(X) = \bigcap_{i=1}^{m} \overline{R_i}(X), i \leqslant m$。

定理 5.8　假定 $R_1, R_2, \cdots, R_m$ 是 m 个粒结构，$\forall X \subseteq U$，则下面性质成立。

(1) $\underline{\underline{\sum_{i=1}^{m} R_i}}^{\mathrm{P}}(X_1) \subseteq \underline{\underline{\sum_{i=1}^{m} R_i}}^{\mathrm{P}}(X_2) \subseteq \cdots \subseteq \underline{\underline{\sum_{i=1}^{m} R_i}}^{\mathrm{P}}(X_n)$。

(2) $\overline{\overline{\sum_{i=1}^{m} R_i}}^{\mathrm{P}}(X_1) \subseteq \overline{\overline{\sum_{i=1}^{m} R_i}}^{\mathrm{P}}(X_2) \subseteq \cdots \subseteq \overline{\overline{\sum_{i=1}^{m} R_i}}^{\mathrm{P}}(X_n)$。

类似于经典的决策粗糙集，当阈值 $\alpha > \beta$ 时，可以得到如下规则。

(PP1)：若 $\forall i \in \{1,2,\cdots,m\}$，使 $P(X|[x]_{R_i}) \geqslant \alpha$ 成立，则 $x \in \mathrm{POS}(X)$。

(PN1)：若 $\exists i \in \{1,2,\cdots,m\}$，使 $P(X|[x]_{R_i}) \leqslant \beta$ 成立，则 $x \in \mathrm{NEG}(X)$。

(PB1)：否则 $x \in \mathrm{BND}(X)$。

当阈值 $\alpha = \beta$ 时，有 $\alpha = \gamma = \beta$，所以可以得到如下多粒度决策粗糙集的决策规则。

(PP2)：若 $\forall i \in \{1,2,\cdots,m\}$，使 $P(X|[x]_{R_i}) > \alpha$ 成立，则 $x \in \mathrm{POS}(X)$。

(PN2)：若 $\exists i \in \{1,2,\cdots,m\}$，使 $P(X|[x]_{R_i}) < \alpha$ 成立，则 $x \in \mathrm{NEG}(X)$。

(PB2)：否则 $x \in \mathrm{BND}(X)$。

定理 5.9　假定 $R_1, R_2, \cdots, R_m$ 是 m 个粒结构，$\forall X \subseteq U$，则下面性质成立。

(1) $\underline{\sum_{i=1}^{m} R_i}^{\mathrm{P}}(X) \subseteq \underline{\sum_{i=1}^{m} R_i}^{\mathrm{M}}(X) \subseteq \underline{\sum_{i=1}^{m} R_i}^{\mathrm{O}}(X)$。

(2) $\overline{\sum_{i=1}^{m} R_i}^{\mathrm{P}}(X) \supseteq \overline{\sum_{i=1}^{m} R_i}^{\mathrm{M}}(X) \supseteq \overline{\sum_{i=1}^{m} R_i}^{\mathrm{O}}(X)$。

5.4　多粒度决策粗糙集和其他多粒度粗糙集的关系

5.4.1　多粒度决策粗糙集与经典多粒度粗糙集的关系

在决策粗糙集中，我们知道由概率和阈值可以确定粗糙集的具体形式。根据 Yao 的工作，可知当 $\alpha=1$、$\beta=0$ 时，决策粗糙集退化为经典粗糙集。在这种情况下，乐观多粒度决策粗糙集也退化为乐观多粒度粗糙集(optimistic multigranulation RS，OMGRS)[34]。同理，悲观多粒度决策粗糙集也将退化为悲观多粒度(pessimistic multigranulation RS，PMGRS)[14]。由此可以得到

$$P(X \mid [x]_R) = \frac{|[x]_R \cap X|}{|X|} = 1 \Leftrightarrow [x]_R \subseteq X$$

$$P(X \mid [x]_R) = \frac{|[x]_R \cap X|}{|X|} = 0 \Leftrightarrow [x]_R \cap X = \varnothing$$

因此

$$\begin{aligned}
\underline{\sum_{i=1}^{m} R_i}^{\mathrm{O}}(X) &= \{x : (P(X \mid [x]_{R_1}) \geqslant 1 \vee P(X \mid [x]_{R_2}) \\
&\quad \geqslant 1 \vee \cdots \vee P(X \mid [x]_{R_m}) \geqslant 1, x \in U\} \\
&\Rightarrow \underline{\sum_{i=1}^{m} R_i}^{\mathrm{O}}(X) \\
&= \{x : [x]_{R_1} \subseteq X \vee [x]_{R_2} \subseteq X \vee \cdots \vee [x]_{R_m} \subseteq X, x \in U\}
\end{aligned}$$

且

$$\begin{aligned}
\overline{\sum_{i=1}^{m} R_i}^{\mathrm{O}}(X) &= U - \{x : (P(X \mid [x]_{R_1}) \leqslant 0 \vee P(X \mid [x]_{R_2}) \\
&\quad \leqslant 0 \vee \cdots \vee P(X \mid [x]_{R_m}) \leqslant 0, x \in U\} \\
&\Rightarrow \overline{\sum_{i=1}^{m} R_i}^{\mathrm{O}}(X) \\
&= \{x : [x]_{R_1} \cap X \neq \varnothing \wedge [x]_{R_2} \cap \\
&\quad X \neq \varnothing \wedge \cdots \wedge [x]_{R_m} \cap X \neq \varnothing, x \in U\}
\end{aligned}$$

多粒度下近似和多粒度上近似和文献[34]中提到的乐观多粒度粗糙集是一致的。因此，当 $\alpha=1$ 且 $\beta=0$ 时，乐观多粒度决策粗糙集将退化为乐观多粒度粗糙集模型。

悲观多粒度决策粗糙集也具有如下性质。

$$\underline{\sum_{i=1}^{m} R_i}^{\mathrm{P}}(X)=\{x:(P(X\mid[x]_{R_1})\geqslant 1 \wedge P(X\mid[x]_{R_2})\geqslant 1 \wedge \cdots \wedge P(X\mid[x]_{R_m})\geqslant 1, x\in U\}$$

$$\Rightarrow \underline{\sum_{i=1}^{m} R_i}^{\mathrm{P}}(X)=\{x:[x]_{R_1}\subseteq X \wedge [x]_{R_2}\subseteq X \wedge \cdots \wedge [x]_{R_m}\subseteq X, x\in U\}$$

且

$$\overline{\sum_{i=1}^{m} R_i}^{\mathrm{P}}(X)=U-\{x:(P(X\mid[x]_{R_1})\leqslant 0 \vee P(X\mid[x]_{R_2})\leqslant 0 \vee \cdots \vee P(X\mid[x]_{R_m})\leqslant 0, x\in U\}$$

$$\Rightarrow \overline{\sum_{i=1}^{m} R_i}^{\mathrm{P}}(X)=\{x:[x]_{R_1}\cap X\neq\varnothing \vee [x]_{R_2}\cap X\neq\varnothing \vee \cdots \vee [x]_{R_m}\cap X\neq\varnothing, x\in U\}$$

5.4.2 变精度多粒度粗糙集

当 $\alpha+\beta=1$ 且 $0\leqslant\beta\leqslant 0.5<\alpha\leqslant 1$ 时，决策粗糙集转化为变精度粗糙集。由条件 $0\leqslant\beta\leqslant 0.5<\alpha\leqslant 1$ 得到下近似是上近似的子集。因此

$$\underline{\sum_{i=1}^{m} R_i}^{\mathrm{O}}(X)=\{x:(P(X\mid[x]_{R_1})\geqslant \alpha \vee P(X\mid[x]_{R_2})\geqslant \alpha \vee \cdots \vee P(X\mid[x]_{R_m})\geqslant \alpha, x\in U\}$$

$$\overline{\sum_{i=1}^{m} R_i}^{\mathrm{O}}(X)=U-\{x:(P(X\mid[x]_{R_1})\leqslant \beta \vee P(X\mid[x]_{R_2})\leqslant \beta \vee \cdots \vee P(X\mid[x]_{R_m})\leqslant \beta, x\in U\}$$

$$\Rightarrow \underline{\sum_{i=1}^{m} R_i}^{\mathrm{O}}(X)=\{x:(P(X\mid[x]_{R_1})\geqslant \alpha \vee P(X\mid[x]_{R_2})\geqslant \alpha \vee \cdots \vee P(X\mid[x]_{R_m})\geqslant \alpha, x\in U\}$$

$$\overline{\sum_{i=1}^{m} R_i^{\mathrm{O}}}(X)=\{x:(P(X \mid [x]_{R_1})>1-\alpha \wedge P(X \mid [x]_{R_2})>1-\alpha \wedge \cdots \wedge P(X \mid [x]_{R_m})>1-\alpha, x \in U\}$$

多粒度下近似和多粒度上近似和文献[34]中提到的乐观变精度多粒度粗糙集(OVMGRS)是一致的。因此，当 $\alpha+\beta=1$ 且 $0\leqslant\beta\leqslant0.5<\alpha\leqslant1$ 时，乐观多粒度决策粗糙集(OM-GDTRS)将退化为乐观变精度多粒度粗糙集模型(OVMGRS)。

悲观多粒度决策粗糙集也具有如下的性质：

$$\underline{\sum_{i=1}^{m} R_i^{\mathrm{P}}}(X)=\{x:(P(X \mid [x]_{R_1})\geqslant\alpha \wedge P(X \mid [x]_{R_2})\geqslant\alpha \wedge \cdots \wedge P(X \mid [x]_{R_m})\geqslant\alpha, x \in U\}$$

$$\overline{\sum_{i=1}^{m} R_i^{\mathrm{P}}}(X)=U-\{x:(P(X \mid [x]_{R_1})\leqslant\beta \wedge P(X \mid [x]_{R_2})\leqslant\beta \wedge \cdots \wedge P(X \mid [x]_{R_m})\leqslant\beta, x \in U\}$$

$$\Rightarrow \underline{\sum_{i=1}^{m} R_i^{\mathrm{P}}}(X)=\{x:(P(X \mid [x]_{R_1})\geqslant\alpha \wedge P(X \mid [x]_{R_2})\geqslant\alpha \wedge \cdots \wedge P(X \mid [x]_{R_m})\geqslant\alpha, x \in U\}$$

$$\underline{\sum_{i=1}^{m} R_i^{\mathrm{P}}}(X)=\{x:(P(X \mid [x]_{R_1})>1-\alpha \vee P(X \mid [x]_{R_2})>1-\alpha \vee \cdots \vee P(X \mid [x]_{R_m})>1-\alpha, x \in U\}$$

多粒度下近似和多粒度上近似等价于张明等在文献[48]提出的悲观变精度多粒度粗糙集(PVMGRS)。这样，悲观多粒度决策粗糙集(PMG-DTRS)将退化为悲观变精度多粒度粗糙集(PVMGRS)。当阈值 α 和 β 有其他的限制关系时，多粒度决策粗糙集将产生变精度多粒度粗糙集，其可以应用于许多实际问题。基于以上的讨论，我们得到多粒度决策粗糙集(MG-DTRS)，其他多粒度粗糙集模型(MGRS)，单粒度决策粗糙集(SG-DTRS)的关系如图 5.1 所示。

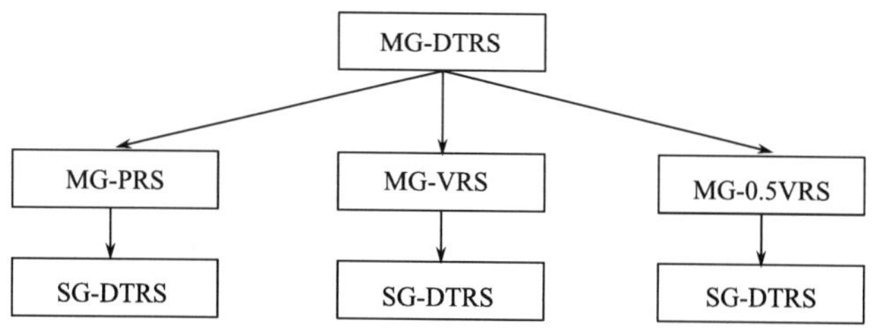

MG-DTRS模型与其他MGRS模型的关系图

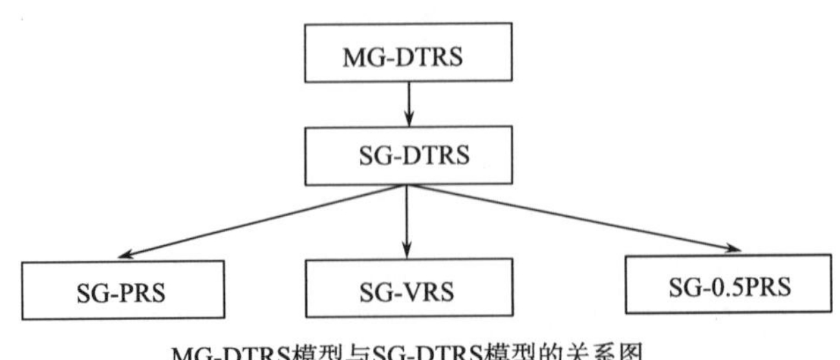

图 5.1 MG-DTRS 与 MGRS,SG-DTRS 与其他 SGRS 模型的关系

5.5 本章小结

多粒度粗糙集模型在粗糙集理论中是一种比较理想的近似模型,其中下近似、上近似通过多个二元关系导出粒结构近似,其为决策制定提供了一个比较完善的方法。本书结合了决策粗糙集和多粒度的思想,发展了一种新的多粒度粗糙集模型,称为多粒度决策粗糙集。在这个框架下,我们定义了三种多粒度决策粗糙集模型,分别为均值多粒度决策粗糙集模型、乐观多粒度决策粗糙集模型和悲观多粒度决策粗糙集模型。此外,还讨论了多粒度决策粗糙集模型和其他多粒度粗糙集模型的关系。本章的研究仅发展了多粒度决策粗糙集的框架,其中还有很多有趣的问题有待进一步研究,主要有以下四方面:①在其他类型数据下,多粒度决策粗糙集的拓展模型;②多粒度结构的信息融合;③粒选择和粒度选择;④多粒度决策理论的应用。值得一提的是,多粒度决策粗糙集和传统决策粗糙集的结合将在多源信息系统、高维数据、分布式信息系统具有广泛的应用。

致　谢

本章的研究内容得到了国家自然科学基金重点项目(71031006)、国家重大基础研究计划(973 计划)子课题(2013CB329404)、教育部新世纪优秀人才支持计划项目(20120301)、高等学校博士学科点专项科研基金(博导类)项目(20121401110013)的资助。

参考文献

[1] Pawlak Z. Rough Sets:Theoretical Aspects of Reasoning about Data,System Theory. Dordrecht:Kluwer Academic Publisher,1991.

[2] Pawlak Z,Skowron A. Rudiments of rough sets. Information Sciences,2007,177:3-27.

[3] Duntsch I, Gediga G. Uncertainty measures of rough set prediction. Artificial Intelligence, 1998, 106: 109-137.

[4] Feng T, Zhang S P, Mi J S. The reduction and fusion of fuzzy covering systems based on the evidence theory. International Journal of Approximate Reasoning, 2012, 53(1): 87-103.

[5] Jensen R, Shen Q. Fuzzy-rough sets assisted attribute selection. IEEE Transactions on Fuzzy Systems, 2007, 15(1): 73-89.

[6] Jeon G, Kim D, Jeong J. Rough sets attributes reduction based expert system in interlaced video sequences. IEEE Transactions on Consumer Electronics, 2006, 52(4): 1348-1355.

[7] Li H X, Wang M H, Zhou X Z, et al. An interval set model for learning rules from incomplete information table. International Journal of Approximate Reasoning, 2012, 53(1): 24-37.

[8] Liang J Y, Dang C Y, Chin K S, et al. A new method for measuring uncertainty and fuzziness in rough set theory. International Journal of General Systems, 2002, 31(4): 331-342.

[9] Liang J Y, Li D Y. Uncertainty and Knowledge Acquisition in Information Systems. Beijing: Science Press, 2005.

[10] Liang J Y, Qian Y H. Information granules and entropy theory in information systems. Science in China Series F: Information Sciences, 2008, 51(10): 1427-1444.

[11] Qian Y H, Liang J Y, Dang C Y. Incomplete multi-granulation rough set. IEEE Transactions on Systems, Man and Cybernetics-Part A, 2010, 20: 420-431.

[12] Qian Y H, Liang J Y, Li D Y, et al. Approximation reduction in inconsistent incomplete decision tables. Knowledge-Based Systems, 2010, 23: 427-433.

[13] Qian Y H, Liang J Y, Pedrycz W, et al. Positive approximation: an accelerator for attribute reduction in rough set theory. Artificial Intelligence, 2010, 174: 597-618.

[14] Qian Y H, Liang J Y, Wei W. Pessimistic rough decision. Proceedings of the Second International Workshop on Rough Sets Theory, 2010: 440-449.

[15] Rebolledo M. Rough intervals-enhancing intervals for qualitative modeling of technical systems. Artificial Intelligence, 2006, 170: 667-685.

[16] Shen Q, Chouchoulas A. A rough-fuzzy approach for generating classification rules. Pattern Recognition, 2002, (35): 2425-2438.

[17] Xu Z B, Liang J Y, Dang C Y, et al. Inclusion degree: a perspective on measures for rough set data analysis. Information Sciences, 2002, 141: 227-236.

[18] Yao Y Y, Wong S K. Lingras P. A decision-theoretic rough set model. Methodologies for Intelligent Systems 5, 1990: 17-24.

[19] Yao Y Y. The superiority of three-way decisions in probabilistic rough set models. Information Sciences, 2011, 181: 1080-1096.

[20] Yao Y Y. Three-way decisions with probabilistic rough sets. Information Sciences, 2010, 180: 341-353.

[21] Ziarko W. Variable precision rough sets model. Journal of Computer System Science, 1993, 46(1): 39-59.

[22] Zhang X Y, Mo Z W, Xiong F, et al. Comparative study of variable precision rough set model and graded rough set model. International Journal of Approximate Reasoning, 2012, 53(1): 104-116.

[23] Slezak D, Ziarko W. The investigation of the Bayesian rough set model. International Journal of Approximate Reasoning, 2005, 40: 81-91.

[24] Kryszkiewicz M. Rough set approach to incomplete information systems. Information Sciences, 1998,

112:39-49.

[25] Kryszkiewicz M. Rules in incomplete information systems. Information Sciences, 1999, 113: 271-292.

[26] Leung Y, Li D Y. Maximal consistent block technique for rule acquisition in incomplete information systems. Information Sciences, 2003, 153: 85-106.

[27] Fan T F, Liau C J, Liu D R. Dominance-based fuzzy rough set analysis of uncertain and possibilistic data tables. International Journal of Approximate Reasoning, 2011, 52(9): 1283-1297.

[28] Herbert J P, Yao J T. Game-theoretic rough sets. Fundamenta Informaticae, 2011, 108(3/4): 267-286.

[29] Herbert J P, Yao J T. Analysis of data-driven parameters in game-theoretic rough sets. Proceedings of International Conference on Rough Sets and Knowledge Technology, 2011, 6954: 447-456.

[30] Dubois D, Prade H. Rough fuzzy sets and fuzzy rough sets. International Journal of General Systems, 1990, 17: 191-209.

[31] Yao Y Y. Information granulation and rough set approximation. International Journal of Intelligent Systems, 2001, 16: 87-104.

[32] Zadeh L A. Toward a theory of fuzzy information granulation and its centrality in human reasoning and fuzzy logic. Fuzzy Sets and Systems, 1997, 90: 111-127.

[33] Qian Y H, Dang C Y, Liang J Y. MGRS in incomplete information systems. Proceedings of 2007 IEEE Conference on Granular Computing, 2007: 163-168.

[34] Qian Y H, Liang J Y, Yao Y Y, et al. MGRS: a multi-granulation rough set. Information Sciences, 2010, 180: 949-970.

[35] Liang J Y, Wang F, Dang C Y, et al. An efficient rough feature selection algorithm with a multi-granulation view. International Journal of Approximate Reasoning, 2012, 53: 912-926.

[36] Lin G P, Qian Y H, Li J J. NMGRS: neighborhood-based multi-granulation rough set. International Journal of Approximate Reasoning, 2012, 53(7): 1080-1093.

[37] Liu C H, Wang M Z. Covering fuzzy rough set based on multi-granulations. International Conference on Uncertainty Reasoning and Knowledge Engineering, 2011: 146-149.

[38] Liu C H, Miao D Q. On covering multi-granulation fuzzy rough sets. Information Technology Journal, 2012, 12(3): 506-509.

[39] Raghavan R, Tripathy B K. On some topological properties of multi-granulation rough sets. Advances in Applied Science Research, 2011, 2(3): 536-543.

[40] She Y H, He X L. On the structure of the multi-granulation rough set model. Knowledge-Based Systems, 2012, 36: 81-92.

[41] Tripathy B K, Panda G K, Mitra A. Incomplete multi-granulation based on rough intuitionistic fuzzy sets. UNIASCIT, 2012, 2(1): 118-124.

[42] Wu W Z, Leung Y. Theory and applications of granular labeled partitions in multi-scale decision tables. Information Sciences, 2011, 181: 3878-3897.

[43] Wu M F. Fuzzy rough set model based on multi-granulations. Proceedings of 2010 International Conference on Computer Engineering and Technology, 2010: 271-275.

[44] Xu W H, Zhang X T, Wang Q R. A generalized multi-granulation rough set approach. Lecture Notes in Computer Science6840, 2012: 681-689.

[45] Xu W H, Wang Q R, Zhang X T. Multi-granulation fuzzy rough sets in a fuzzy tolerance approximation space. International Journal of Fuzzy Systems, 2011, 13(4): 246-259.

[46] Xu W H,Sun W X,Zhang X Y,et al. Multiple granulation rough set approach to ordered information systems. International Journal of General Systems,2012,41(5):475-501.
[47] Yang X B,Song X N,Dou H L,et al. Multi-granulation rough set:from crisp to fuzzy case. Annals of Fuzzy Mathematics and Informatics,2011,1(1):55-70.
[48] Zhang M,Tang Z M,Xu W Y,et al. A variable multi-granulation rough sets approach. Proceedings of the 7th International Conference on Intelligent Computing:Bio-inspired Computing and Applications,2011,315-322.
[49] Qian Y H,Liang J Y. Rough set method based on multi-granulations. Proceedings of 5th IEEE Conference on Cognitive Informatics,2006:297-304.
[50] Liu D,Zhou X Z,Li H X. Two decades' research on decision-theoretic rough sets. Proceedings of 9th IEEE Conference on Cognitive Informatics,2009:968-973.
[51] 李华雄,刘盾,周献中. 决策粗糙集模型研究综述. 重庆邮电大学学报(自然版),2010,22(5):624-630.
[52] 刘盾,姚一豫,李天瑞. 三支决策粗糙集. 计算机科学,2011,38(1):245-250.
[53] 李华雄,周献中,李天瑞,等. 决策粗糙集理论及其研究进展. 北京:科学出版社,2011.

第6章　知识粒化中的三支区域变迁不确定性

苗夺谦[1,2]　张贤勇[1,2,3]

1. 同济大学计算机科学与技术系

2. 同济大学嵌入式系统与服务计算教育部重点实验室

3. 四川师范大学数学与软件科学学院

决策粗糙集(DTRS)具有量化阈值的语义解释和三支决策特色，是一种重要的量化扩张概率粗糙集。对于概率粗糙集，属性删除时其分类正域具有非单调性，故其属性约简问题成为了科研重点与学术难点。事实上，属性约简是粗糙集理论的核心内容，其关联于粒计算(特别是知识粒化)，而分类正域非单调性所隐藏的本质正是知识粒化所导致的区域变迁不确定性。当前，粒计算中的不确定性分析已经成为一个重要课题，但很少有文献讨论属性约简中的区域变迁不确定性。本章主要利用粒计算方法，剖析知识粒化这一核心过程，阐明知识粒化的基本性质，进而重点探讨其中的三支区域变迁不确定性，揭示粒计算中的 DTRS 区域变迁不确定性的形成机理与客观规律。本章针对典型的二分类决策问题，立足于知识、概念层面和影射推理层面，研究内容主要包括知识粒化研究、Pawlak 区域变化确定性分析、DTRS 区域变迁不确定性分析。研究结果将奠定 DTRS 属性约简理论与应用的基础，并在一定程度上消除概率粗糙集关于区域变迁的困惑，为概率粗糙集属性约简提供全新的洞察力。

6.1　引　　言

粗糙集理论是一种重要的不确定性处理理论，也是一种关于数据分析与知识推理的有力工具。其能够有效地分析不精确、不一致、不完整的数据信息，从中发现隐含知识，揭示潜在规律。当前，粗糙集理论已经被广泛而成功地应用于知识推理、数据分析、决策制定、机器学习等方面，并成为国际人工智能理论及其应用的研究热点之一。Pawlak 粗糙集[1-2]是一种定性模型，缺乏近似空间的定量信息，具有一定局限性，如其不能有效处理数据噪声，也不能充分挖掘边界中潜在的有用信息。然而，量化信息却是实际应用的重要基础。因此，Pawlak 粗糙集的改进与扩张，尤其是量化(扩张)模型的构建，具有重要的实际应用意义，成为粗糙集理论的一个重要研究方向。概率是刻画与度量不确定性的重要工具，其被引入粗糙集理论形成了概率粗糙集。概率粗糙集具有非常突出的优点，如量化信息的可度量性、模型的泛性与弹性、对于噪声的不敏感性等。因此，概率粗糙集得到了广泛发展与深刻研究，包括很多具体模型，例如，0.5-概率粗糙集[3]、决策粗糙集[4-5]、变精度粗糙集[6]、贝叶斯粗糙集[7-8]、博弈粗糙集[9-10]、参数化粗糙集[11-12]等。2008年国际期刊 *International Journal of Approximate Reasoning* 出版了概率粗糙集研究专辑，包括例文[12-15]等。同时，程度粗糙集[16-17]也是关于 Pawlak 粗糙集的一类基本量化扩张粗糙集。特别地，文献[18]系统地比较研究了程度粗糙集与变精度粗糙集；文献[19]提取出程度度量与精度度量，利用笛卡儿积进行量化信息合成，构建了两类基本双量化模型。

概率粗糙集模型一般需要量化阈值来剖分论域成为应用区域。不同的阈值将导致不同的信息分析与数据处理结果。阈值的确定成为了模型应用的首要任务与关键问题。但是，大多数阈值主要通过专家经验或领域知识获取，从而缺乏基础性语义。20世纪90年代，加拿大 Yao 教授利用贝叶斯风险决策过程与三支决策语义建立了决策粗糙集理论[4-5]。DTRS 创造性地确立了阈值的语义解释与数值计算，并能够实现绝大多数概率粗糙集模型的统一，从而提供了探讨概率粗糙集本质特性的基础平台与泛化框架。三支决策模式联系了粗糙集、贝叶斯决策、假设检验，为模拟人类在决策过程中的不确定行为提供了一种有效手段，成为了 DTRS 的重要特色。文献[20]和文献[21]深刻剖析了三支决策的优势。文献[22]构建了4层概率规则选取标准，提供了8种类型的 DTRS-Model。二分类是 DTRS 的基本情形，文献[23]～文献[25]则研究了多分类情形。文献[26]和文献[27]在 DTRS 中提出了多观点决策模型，基于风险偏好计算阈值并决策。文献[28]～文献[31]探讨了 DTRS 属性约简问题。文献[32]提出了一个多用户 DTRS。基于 DTRS，文献[33]提出了一个文本分类方法，文献[24]、文献[25]和文献[34]则探讨了聚类问题。近年来，DTRS 在风险决策、信息过滤、聚类分析与博弈分析等领域得到了成功的应用。2011年和2012年出版的 DTRS 专著：《决策粗糙集理论及其应用进展》[35]、《三支决策理论与应用》[36]，全面而深刻地论述了 DTRS 的研究与应用。

属性约简是粗糙集理论进行信息处理、数据挖掘、知识发现等应用的基础，是粗糙集理论的核心内容。属性约简是在保持整体属性的特定描述性质或分类能力的条件下，寻求极小属性子集，即构建约简(reduct)，使其中的属性具有整体充分性与个体必要性。约简具有与整体相同的特定性质与能力，但具有更少的属性从而具有更强的泛化性。因此，属性约简对信息描述与计算优化具有重要意义，成为数据表分析的重要内容。事实上，属性约简一直是理论研究与实际应用的国际前沿性热点。当前，存在诸多理论、方法、算法来寻求所有约简或单一约简。针对 Pawlak 粗糙集属性约简，文献[37]研究了协调性决策表与不协调性决策表的三种不同分类性质,构建了相应的约简与差别矩阵并提出了它们的泛化定义,进行了属性约简在粒计算中的层次刻画。概率粗糙集属性约简也存在诸多研究,如文献[28]~文献[31]是关于 DTRS 的,文献[7]和文献[38]是关于贝叶斯粗糙集的,文献[39]~文献[42]是关于变精度粗糙集的。对于 Pawlak 粗糙集,属性删除时分类正域(广义)单调递减,故 Pawlak 约简只需要保证分类正域不变。但对于概率粗糙集,属性删除时分类正域具有非单调性。文献[28]、文献[39]~文献[41]指出,在概率粗糙集中直接应用"分类正域不变"准则将会带来"约简异常"。显然,在量化扩张的新环境中,出现了一些属性约简新现象,包括"分类正域非单调性";事实上,它们蕴涵着不确定性,已经超越了 Pawlak 约简的基本框架,从而给整个概率粗糙集属性约简研究带来了困惑与挑战。因此,建立概率粗糙集属性约简的合理概念与科学理论,已经成为科研重点与学术难点。对于此问题,以 DTRS 为例,文献[28]分析了模型扩张所导致的经典度量属性依赖度 γ 的分离性,建立了多种超越 γ 的分类性质与度量(如决策单调性、信度、覆盖度、泛度、风险等),并用于分类规则的局部性与整体性评估,进而在多标准与多度量下提出了约简的泛化定义。在这一泛化约简框架下,文献[30]探讨了关于分类正域的 DTRS 属性约简,文献[31]则提出了基于最小化风险的 DTRS 属性约简。

针对概率粗糙集,量化扩张带来了区域变化的复杂性。对比 Pawlak 约简,属性删除中"分类正域非单调性"带来了约简困惑,并制约了属性约简的深入发展。"分类正域非单调性"背后所隐藏的深刻本质,其实是一种不确定性——"区域变迁不确定性",其将影响与决定属性约简的科学构建与深入走向。换言之,属性删除中的区域变迁不确定性分析及基于此的科学约简原则构建,成为概率粗糙集属性约简概念形成与深入应用的关键。遗憾的是,虽然"分类正域非单调性"的事实与案例已经被广泛确认,但几乎没有文献在"区域变迁不确定性"本质层面探寻其内部动因与合理解释。事实上,"区域变迁不确定性"的机理分析与规律揭示,能够透析量化区域变化本质,进而诱导合理的区域约简原则并指导属性约简的深入研究。对此,本章主要针对属性删除这一知识变化过程,剖析"区域变迁不确定性",揭示其形成机理与客观规律,并给出"分类正域非单调性"的动因与解释,为属性约简的深入研究与实际应用提供科学的理论依据。DTRS 是最具代表性与泛化性的概率粗糙集,而二分类问题则是其最典型、最基本的情形,此时区域关系相对清晰。因此,本章主要依托二分类 DTRS 进行"区域变迁不确定性分析",这样易于攻关突破与结果推广。

不确定性是智能系统研究的核心课题。无论是自然智能还是人工智能,都与不确定性的处理紧密相联,可以说智能主要反映在求解不确定性问题的能力上。粒计算是系统研究粒化思维方式及其方法论的一门新学科,是计算智能系统中的一种高速发展的信息处理模式[43-44]。Yao 教授提出的"粒计算三元论"[45],提倡多粒度、多层次、多视角的结构化方法，进行结构化思维、结构化问题求解、结构化信息处理，建立了粒计算研究的基本框架。粒计算理论对产生不确定性的本质原因进行了深刻剖析，指出知识具有粒度而导致了不确定性发生这一事实，从而不确定性主要依赖不同知识粒度层次上的转换与信息。当前，运用粒度化、层次化以及结构化的思想对不确定性问题进行系统研究，是一个重要且充满挑战的领域。粒计算中的不确定性分析已经成为一个重要课题。我们指出了此课题在知识、概念、推理三个层面进行研究的基本思路[46]，建立了此课题探讨的初步框架。事实上，属性约简关联知识粒化，是在知识的粒结构层次间的转换；属性约简也关联概念，必须依托概念进行区域描述与决策刻画；属性约简也关联推理，为规则提取提供了技术性与适用性。因此，粒计算方法能够深入透析关联属性约简的不确定性，从知识、概念、推理三个层面展现属性约简的深刻本质。本章主要拟采用粒计算方法，分析“区域变迁不确定性”。其中的知识粒化，特指联系属性删除的非细化知识变化，这正是属性约简中最常用的描述过程。事实上，分类正域非单调性所隐藏的区域变迁不确定性本质，也正是由知识粒化导致的。本章主要抓住属性约简这一主线，立足于知识变化这一动态粒计算过程，进行知识、概念、推理三个层面的分析。首先独立研究知识粒化，然后结合概念进行区域研究，而后可进行约简并推理。因此，利用关联属性约简的粒计算，研究知识粒化、分析区域变迁不确定性、奠定约简与推理基础，成为本章的主要工作与重要特色。

综上，本章利用粒计算方法，剖析知识粒化这一核心过程，阐明知识粒化的基本性质；进而重点探讨其中的三支区域变迁不确定性，揭示粒计算中的 DTRS 区域变迁不确定性的形成机理与客观规律。其中的研究框架主要是二分类情形。研究内容包括知识粒化研究、Pawlak 区域变化确定性分析、DTRS 区域变迁不确定性分析。研究结果将奠定 DTRS 属性约简理论与应用的基础，并在一定程度上消除概率粗糙集关于区域变迁的困惑，为概率粗糙集属性约简提供全新的洞察力。本章安排如下：6.2 节探讨知识粒化。其中，6.2.1 小节给出知识粒化的定义与类型；6.2.2 小节研究知识粒化。6.3 节进行三支区域变迁不确定性分析。其中，6.3.1 小节介绍三支区域与信息粒合成；6.3.2 小节分析 Pawlak 区域变化确定性；6.3.3 小节与 6.3.4 小节分别研究信息粒合成的 DTRS 区域分布的完备性与充分性；6.3.5 小节分析 DTRS 区域变迁不确定性。6.4 节为本章小结。

6.2　知识粒化探讨

粗糙集理论主要基于知识，故知识从机理性上决定粗糙集理论的不确定性刻画与知识发现应用。知识的独立与透彻研究，有利于明确知识粒化的结构关系，透析粗糙集理论的本质。对此，本节单独探讨知识粒化，阐明知识粒化的基本性质。

6.2.1 知识粒化的定义与类型

本小节主要介绍知识粒化的定义与两种粒化类型。为此，先给出一些基本准备与相关符号[2]。

U 为非空有限论域，$\mathfrak{R}$ 为其上的一族等价关系，则$(U,\mathfrak{R})$称为知识库。$\varnothing \neq P \subseteq \mathfrak{R}$，$\cap P$ 决定的等价关系记为 $\mathrm{IND}(P)$。$U/\mathrm{IND}(P)$称为知识，即知识是一种分类结构；$U/\mathrm{IND}(P)$记为U/P，(不引起混淆的情况下)也可称为知识 P。记元素 x 所在等价类为$[x]_{\mathrm{IND}(P)}$或$[x]_P$，称为信息粒。

$\forall P,Q\subseteq\mathfrak{R}$，若 $\mathrm{IND}(P)\subseteq\mathrm{IND}(Q)$，则称 P 诱导 Q 或 Q 依赖 P，记为 $P\Rightarrow Q$。此时，Q 的分类结构比知识 P 的分类结构更(广义)粗，即知识 P 进行了(广义)粗化得到了知识 Q。事实上，诱导性(或依赖性)是粗糙集理论进行属性约简的本质特性。诱导性关联于知识在粒层次上的一种转化，即一种知识的粒化。该粒化动作描述了属性删除这一基本行为。本章中的“知识粒化”特指这一单向知识重构，即知识从 P(广义)粗化到 Q。

利用属性值表可以产生知识表达系统，其与知识库具有一一对应关系。决策表为知识表达系统的一种，具有重要的决策功能。决策表是一个四元组，表示为

$$S=(U,A_t=C\cup D,\{V_a:a\in A_t\},\{I_a:a\in A_t\})$$

式中，U 为非空有限论域；A_t 为非空有限属性集，包括条件属性集 C 与决策属性集 D；V_a 为属性 $a\in A_t$ 的值域；I_a 为 $U\rightarrow V_a$ 的信息映射，把论域中的每一对象赋予唯一属性值。若具有相同条件属性值的对象均具有相同的决策属性值，则决策表称为协调的，否则称为不协调的。在决策表中，属性集 A_t 对应知识库的 $\mathfrak{R}$，即属性子集决定着知识。设$\varnothing\neq A\subseteq C\subseteq A_t$，则 $\mathrm{IND}(A)=\{(x,y)\in U\times U:\forall a\in A,I_a(x)=I_a(y)\}$为等价关系，分类结构 $U/\mathrm{IND}(A)$为知识；知识 $U/\mathrm{IND}(A)$可用U/A 表述，(在清楚的情况下)也可用 A 直接称谓。$[x]_A$ 描述等价类，即信息粒；通常，知识可以用信息粒集表示，即 $U/\mathrm{IND}(A)=\{[x]_A:x\in U\}$，此时，$|U/\mathrm{IND}(A)|$称为关于 A 的信息粒数目。同时，可以类似地得到关于 D 的等价关系、知识、信息粒等。本章决策表主要使用形式：$S=(U,C\cup D)$；此外，2^C 记做 C 的幂集。

以下的定义 6.1、定理 6.1 与命题 6.1 是关于属性删除的基本性质，文献[2]对此有详细描述。为了描述方便与符号准备，下面主要改用了知识粒化的语言与形式。

定义 6.1(知识粒化) 对决策表 $S=(U,C\cup D)$，设 $C'\subseteq C,a\in C$。当删除属性集 C'时，C、$C-C'$分别对应于旧知识 $U/\mathrm{IND}(C)$与新知识 $U/\mathrm{IND}(C-C')$，知

识粒化特指从 $U/\mathrm{IND}(C)$ 到 $U/\mathrm{IND}(C-C')$ 的分类结构转化过程，简记为 $C \xrightarrow{-C'} C-C'$ 或 $C \xrightarrow{-} C-C'$（若 $C'=\{a\}$，则记为 $C \xrightarrow{-a} C-\{a\}$）。其中，知识 $U/\mathrm{IND}(C)$ 粒化后得到的新知识 $U/\mathrm{IND}(C-C')$ 称为 C 的粒化知识；记 $U/\mathrm{IND}(C-C)=U/\mathrm{IND}(\varnothing)=\{U\}$。$\mathrm{Gr}(C)=\{U/\mathrm{IND}(C-C'):\forall C'\subseteq C\}$ 称为 C 的粒化知识集。

定义 6.1 给出了本章特指的知识粒化定义。知识粒化是属性删除的粒计算本质，主要刻画与表示决策表的属性删除动作，将贯穿决策表属性约简这一主要目标的始末。其中，$\mathrm{Gr}(C)$ 描述了通过知识粒化可以得到的所有知识。

定理 6.1（知识单调性）　在知识粒化 $C \xrightarrow{-C'} C-C'$ 中，$\mathrm{IND}(C-C')\supseteq\mathrm{IND}(C)$，即 $C\Rightarrow C-C'$，进一步：

(1) $\forall [x]_C\in U/\mathrm{IND}(C)$，$\exists [x]_{C-C'}\in U/\mathrm{IND}(C-C')$，使 $[x]_C\subseteq[x]_{C-C'}$；

(2) $|U/\mathrm{IND}(C-C')|\leqslant|U/\mathrm{IND}(C)|$。

定理 6.1 呈现了知识粒化的本质特性：知识单调性，即在知识粒化中，知识不会变细，信息粒的数目不会增加。因此，知识粒化联系了两种知识，并对应于在知识的粒结构中的非细化转化或广义粗化。

命题 6.1

(1) $\mathrm{IND}(C-C')=\mathrm{IND}(C)$，等价于 $|U/\mathrm{IND}(C-C')|=|U/\mathrm{IND}(C)|$；

(2) $\mathrm{IND}(C-C')\supset\mathrm{IND}(C)$，等价于 $|U/\mathrm{IND}(C-C')|<|U/\mathrm{IND}(C)|$。

命题 6.1 表明，知识粒化的单调性基本特性可以只通过信息粒的数目变化表征。

知识粒化通常可分为两种类型。类型一，属性删除没有改变信息粒的结构，即知识没有改变，该类型称为“知识保持”；此时，删除的属性是相对冗余的。类型二，属性删除改变了信息粒的结构。此时，知识严格粗化，即细的旧知识变成了粗的新知识，该类型称为“知识严格粗化”或“知识不保持”。在知识单调性（定理 6.1）条件下，这两种称谓是等价的。命题 6.1 刚好反映了这两种类型，也提供了可以鉴别与表征这两种类型的明显特征：信息粒的数目变化。

命题 6.2　对知识粒化 $C \xrightarrow{-C'} C-C'$，$\forall [x]_C\in U/\mathrm{IND}(C)$，定义 $g([x]_C)=[x]_{C-C'}$，则 g 为 $U/\mathrm{IND}(C)\rightarrow U/\mathrm{IND}(C-C')$ 的满映射。进一步：

(1) 若 $\mathrm{IND}(C-C')=\mathrm{IND}(C)$，则 g 为 1-1 映射，此时 $g([x]_C)=[x]_C$；

(2) 若 $\mathrm{IND}(C-C')\supset\mathrm{IND}(C)$，则 g 为非单映射，此时 $g([x]_C)\supset[x]_C$。

定理 6.1 中的(1)已经表明旧新知识间的特定映射的存在性。命题 6.2 则表明知识粒化关联着信息粒集间的一个满映射，进一步可以分化成 1-1 映射与非单射，这两种映射刚好关联“知识保持”与“知识严格粗化”这两种类型。命题 6.2 给出了数学映射的确切描述。

为简化，本章分别用 KP、KNP 表征或描述知识粒化的“知识保持”与“知识不保持”两种类型。设知识粒化 φ：$.\xrightarrow{-}.$，则“$.\xrightarrow{-}.\mid=\text{KP}$”表示知识粒化 φ 具有“知识保持”特性；相反，“$.\xrightarrow{-}.\mid=\text{KNP}$”表示知识粒化 φ 具有“知识不保持”特性，即知识严格粗化。

6.2.2 知识粒化的研究

本小节进行知识粒化的一些研究，阐述知识粒化的一些机理与刻画。为描述“知识保持”与“知识不保持”在属性删除中的稳定性，这里首先给出并描述知识粒化序列。设

$$C=B\cup C',C'=\{a_1,a_2,\cdots,a_t\},t\geqslant 2$$

命题 6.3 $C\xrightarrow{-C'}B$，等价于 $C\xrightarrow{-a_1}B-\{a_1\}\xrightarrow{-a_2}\cdots\xrightarrow{-a_t}B-\{a_1,a_2,\cdots,a_t\}$，$\forall a_1,a_2,\cdots,a_t$。

命题 6.3 刻画了知识粒化的分解性（合成性）与可交换性，即整体属性删除等价于任意的单属性删除序列的合成。事实上，从属性删除这一行为过程看，这一结果是显然的。进一步，命题中的单属性改为 C' 的任意属性子集 C_0，上述结果依然成立，即单属性删除序列可以提升到子属性删除序列。

设 T 为知识粒化 $C\xrightarrow{-C'}B$ 的知识粒化序列，$C_0\subseteq C'$，$.\xrightarrow{-C_0}.$ 是 T 中的知识粒化。

定理 6.2（感染原理）

(1) $\exists T,\exists .\xrightarrow{-C_0}.\mid=\text{KNP}$，等价于 $C\xrightarrow{-C'}B\mid=\text{KNP}$；

(2) $\exists C_0^*\subseteq C',C\xrightarrow{-C_0^*}C-C_0^*\mid=\text{KNP}$，等价于 $C\xrightarrow{-C'}C-C'\mid=\text{KNP}$。

证明：

(1) 基于命题 6.3，可假设 $.\xrightarrow{-C_0}.$ 是知识粒化序列 T 中的第一个 KNP 知识粒化，则 $\text{IND}(C-C_0)\supset\text{IND}(C)$。由知识单调性（定理 6.1），知识 $U/\text{IND}(C)$ 在序列 T 的以后知识粒化中不可能再得到，即序列 T 已经产生了知识严格粗化。因此 $C\xrightarrow{-C'}B\mid=\text{KNP}$。通过取 $C_0=C'$ 及 $T=\{C\xrightarrow{-C'}B\}$，上述过程的反面可以被证明。

(2) $C\xrightarrow{-C'}B$，等价于 $C\xrightarrow{-C_0^*}C-C_0^*\xrightarrow{-}B$。因为 $C\xrightarrow{-C_0^*}C-C_0^*\mid=\text{KNP}$，根据(1)有 $C\xrightarrow{-C'}B\mid=\text{KNP}$。上述过程的反面通过取 $C_0^*=C'$可得。

定理 6.3(纯化原理)

(1) $C \xrightarrow{-C'} B \models \mathrm{KP}$,等价于 $\forall\, T, \forall\, . \xrightarrow{-C_0} . \models \mathrm{KP}$;

(2) $C \xrightarrow{-C'} C-C' \models \mathrm{KP}$,等价于 $\forall\, C_0^* \subseteq C', C \xrightarrow{-C_0^*} C-C_0^* \models \mathrm{KP}$。

感染原理与纯化原理是对偶的。感染原理(定理 6.2)表明,任何阶段的任何"知识不保持"子属性删除,都会导致整体属性删除的"知识不保持"。换句话说,"知识不保持"具有基于子属性删除序列内部的感染性。相反,纯化原理(定理 6.3)表明了"知识保持"在整体知识粒化与局部子知识粒化间的和谐性。

定义 6.2

$$\mathrm{KP}(C)=\{a \in C: \mathrm{IND}(C-\{a\})=\mathrm{IND}(C)\}$$
$$\mathrm{KNP}(C)=\{a \in C: \mathrm{IND}(C-\{a\}) \supset \mathrm{IND}(C)\}$$

分别称为 C 的"知识保持集"与"知识不保持集"。

基于单属性删除,定义 6.2 描述了知识粒化的两种类型,并定义了两个相应的属性划分集:KP(C)、KNP(C)。

推论 6.1

(1) $C \xrightarrow{-a} C-\{a\} \models \mathrm{KP}$,等价于 $a \in \mathrm{KP}(C)$;

(2) $C \xrightarrow{-a} C-\{a\} \models \mathrm{KNP}$,等价于 $a \in \mathrm{KNP}(C)$。

KP(C)具有如下基本性质:删除其中的任何一个元素,知识 C 是保持的。相反,删除 KNP(C)中的任何一个元素,知识 C 是不保持的。下面,构建核原理进一步阐述关于 KP(C)、KNP(C)的删除性质。

定理 6.4(核原理)

(1) $\mathrm{KNP}(C) \cap C' \neq \varnothing$,可推出 $C \xrightarrow{-C'} B \models \mathrm{KNP}$;

(2) $C \xrightarrow{-C'} B \models \mathrm{KP}$,可推出,$C' \subseteq \mathrm{KP}(C)$。

证明:

(1) $\mathrm{KNP}(C) \cap C' \neq \varnothing$,所以 $\exists\, a_i \in C', C \xrightarrow{-a_i} C-\{a_i\} \models \mathrm{KNP}$。根据感染原理(定理 6.2),$C \xrightarrow{-C'} B \models \mathrm{KNP}$。同时,(1)与(2)是逆否命题,即(2)也成立。

根据单属性删除的知识保持性,属性集 C 被分成两部分:KP(C)、KNP(C)。核原理(定理 6.4)表明,"知识保持"的知识粒化不能够删除 KNP(C)中的任何属性,但可以删除 KP(C)中的一些(或可能全部)属性。这样,KNP(C)成为了"知识保持"的核。但是,核原理的反面是不成立的,因为 KP(C)、KNP(C)都只是针对一个属性的特定描述。反例容易被构造。因此,删除 KP(C)中的一些属性,具有属性约简的必要性,也具有"知识保持"的充分性,但对于"知识保持"没有删除的最大性与最小性。

对于知识 C 和决策表 $S=(U,C\cup D)$，感染定理与纯化原理在只关联条件属性 C 的独立环境中起着机理性作用。它们保证了“知识保持”在知识粒化中的稳定性，也提供了属性删除的核。研究发现，感染定理与纯化原理的推广结果在量化阈值的复杂环境中具有基础性意义。因为在这种弱化环境中，“区域单调性”基石及其相应构建已经被瓦解。感染定理、纯化原理与核原理是和谐的，它们共同建立了知识保持约简的深刻理论基础。事实上，它们仅依赖决策表的形式结构（主要是条件属性 C）而非具体模型。我们将定义一种关于“知识保持”的约简，它仍只关联决策表，并适用所有模型约简。

定义 6.3 决策表 $S=(U,C\cup D)$，设 $B\subseteq C$。B 是 C 的一个 KP 约简，若

(1) $\mathrm{IND}(B)=\mathrm{IND}(C)$

(2) $\forall\ \varnothing\neq B'\subset B,\mathrm{IND}(B')\supset\mathrm{IND}(B)$

则所有 KP 约简的交为 KP 核，简记为 $\mathrm{core}(C)$。

命题 6.4 在 KP 约简中，$\mathrm{core}(C)=\mathrm{KNP}(C)$。

命题 6.5 B 是 C 的一个 KP 约简，则 $C\xrightarrow{-(C-B)}B\models\mathrm{KP}$。

需要说明的是，这里定义 6.3、命题 6.4、命题 6.5 所涉及的关于 $S=(U,C\cup D)$ 的 KP 约简，与传统的关于 (U,C) 的 Pawlak 约简[2]是一致的，只是其描述框架是决策表而非信息表。

KP 约简的约简目标是“知识保持”。显然，这一目标是决策表属性约简的最高要求，其适合于所有模型约简，并包含在所有模型的约简中。同时，在知识粒化中，通过 KP 约简可以首先删除一些冗余属性。命题 6.5 表明，删除 KP 约简以外的所有条件属性，不会改变知识；换言之，在理论上，我们可以在这个基本删除以后再进行深入讨论。这样，KP 约简可以视为决策表约简与所有模型约简的一个预处理。事实上，$\mathrm{KNP}(C)$ 是 KP 约简的核，KP 约简也提供了在 $\mathrm{KNP}(C)$ 中寻求具体删除集的一种基本思路。

定理 6.5（KP 约简演化特性） 决策表 $S=(U,C\cup D)$ 的 KP 约简，具有知识 C 的保持性，从实用性上提升了信息系统 (U,C) 的 Pawlak 约简。

定理 6.5 表明了 KP 约简对于信息系统 Pawlak 约简的提升性。换言之，信息系统 Pawlak 约简不仅只是 Pawlak 粗糙集的一个具体内容，而且还是相关决策表对于各种模型的属性约简中的泛化内容。这两种约简，在 Pawlak 模型层面实际上是等价的。这样，利用信息系统中 Pawlak 约简与其核的关系，核原理及其不成立的反命题容易被具体地理解。“知识保持”与 KP 约简关联信息系统 Pawlak 约简，前者的研究对信息系统约简本质的理解与应用具有重要意义，而后者的研究也决定着前者的发展。值得指出的是，这里的研究建立了决策表约简与其子信息系统约简的关系，研究结果对所有模型约简具有意义，包括 DTRS 的。

在决策表 $S=(U,C\cup D)$中，$\forall C'\subseteq C$，对于知识粒化 $C\xrightarrow{-C'}C-C'$，开始的知识是一样的，都是 C，只有 C 粒化得到的知识（粒化知识）$C-C'$不同。基于定义 6.1，粒化知识集 Gr(C)包容了所有可以实现的粒化知识，即联系了所有的属性删除动作。因此，对粒化知识集 Gr(C)的刻画与度量，可以完备地描述决策表的知识粒化与属性删除。这里，仅给出初步的结构刻画与基本的度量要求。

定理 6.6（粒化知识的完备格刻画）　知识诱导关系（依赖关系）：⇒，为 Gr(C)上的偏序关系，(Gr(C)，⇒)是完备格，其中，$U/\mathrm{IND}(C)$为最小元，$U/\mathrm{IND}(\varnothing)=\{U\}$为最大元。

在决策表 $S=(U,C\cup D)$中，粒化知识的数学结构，本质上决定于知识库中知识的粒结构，特别地刻画了决策表属性删除中的基本数学结构，深刻地反映了粗糙集理论进行约简与推理的机理。

定理 6.7（知识保持的极性）

$\forall U/\mathrm{IND}(C-C')\in \mathrm{Gr}(C)$，$U/\mathrm{IND}(C)\Rightarrow U/\mathrm{IND}(C-C')$。

定理 6.7 表明，$U/\mathrm{IND}(C)$为完备格最小元，即它可以诱导其他任何 C 的粒化知识。这也说明了“知识保持”是一个基本特性，从而“知识保持约简”（即 KP 约简）则是属性约简中最可靠、最可信的行为。这个结果与上诉 KP 约简的描述是完全一致的。因此，KP 约简具有基础性的意义。

定理 6.8（同态原理）　$\forall C'\in 2^C$，$f(C')=U/\mathrm{IND}(C-C')$，则 f 为 $2^C\rightarrow$ Gr(C)的满映射（一般不是单射），且 f 为(2^C，⊆)到(Gr(C)，⇒)的同态。

证明：由上述构造，f 显然是满射。设 $C_1'\subseteq C_2'\subseteq C$，则 $C-C_1'\supseteq C-C_2'$，则 $\mathrm{IND}(C-C_1')\subseteq \mathrm{IND}(C-C_2')$，则 $U/\mathrm{IND}(C-C_1')\Rightarrow U/\mathrm{IND}(C-C_2')$或 $C-C_1'\Rightarrow C-C_2'$。

同态是一个基本的、重要的数学刻画。同态原理（定理 6.8）表明，决策表中可以删除的条件属性集族与粒化知识集关于子集关系与诱导关系同态，这一结果深刻地刻画了删除的条件属性集与粒化知识的结构关系。基于集合包含关系的基础性，同态原理也反映了诱导关系的科学性。此外，$f^{-1}[U/\mathrm{IND}(C)]=\{C':C'\subseteq C,f(C')=U/\mathrm{IND}(C)\}$，该逆像集可以描述关联知识保持或 KP 约简的冗余属性集。

定理 6.9（粒化知识的度量原则）　(m，≤)为粒化知识集 Gr(C)的度量，其需要满足如下两个基本要求。

(1) 单调性：$\forall C_1'、C_2'\in 2^C$，若 $U/\mathrm{IND}(C-C_1')\Rightarrow U/\mathrm{IND}(C-C_2')$，则 $m[U/\mathrm{IND}(C-C_1')]\leqslant m[U/\mathrm{IND}(C-C_2')]$。

(2) 有界性：$\forall C'\in 2^C$，$m[U/\mathrm{IND}(C)]\leqslant m[U/\mathrm{IND}(C-C')]\leqslant m[U/\mathrm{IND}(\varnothing)]$。

基于粒化知识完备格的结构性与同态性，定理 6.9 利用诱导关系提出了粒化知识度量的基本要求，即要满足单调性与有界性（或极性），从而保持完备格 $(\mathrm{Gr}(C),\Rightarrow)$ 与度量 $(m,\leqslant)$ 间的科学结构关系。

最后，对知识粒化进行总结。知识粒化这一动作关联属性约简，是粗糙集理论的核心内容，具有根本性。本节对知识粒化的研究（包括 KP 约简），只关联决策表 $S=(U,C\cup D)$ 的形式结构，主要是条件属性 C 的形式结构。因此，知识粒化具有泛性，适用诸多模型。此外，知识粒化也可以刻画信息系统的属性约简。知识粒化的结构刻画与度量具有重要意义，值得深入研究。

6.3 三支区域变迁不确定性分析

6.2 节主要是在知识层面独立研究了知识粒化。接下来，将立足概念引入区域，并针对粗糙集模型，进行知识粒化中的区域变迁不确定性分析。

6.3.1 三支区域与信息粒合成

U 为非空有限论域，R 为其上的等价关系，(U,R) 称为近似空间，等价类信息粒记为 $[x]_R$。集合 $X\subseteq U$，X 称为概念。在 Pawlak 粗糙集中，X 的上下近似为

$$\overline{\mathrm{apr}}_R(X)=\{x:[x]_R\cap X\neq\varnothing\},\ \underline{\mathrm{apr}}_R(X)=\{x:[x]_R\subseteq X\}$$

那么

$$\mathrm{POS}_R(X)=\underline{\mathrm{apr}}_R(X),\mathrm{BND}_R(X)=\overline{\mathrm{apr}}_R(X)-\underline{\mathrm{apr}}_R(X),\mathrm{NEG}_R(X)=\sim\overline{\mathrm{apr}}_R(X)$$

称为 X 的正域（POS）、边界域（BND）、负域（NEG）。

对决策表 $S=(U,C\cup D)$，设 $A\subseteq C$，则 D 关于 A 的正域（分类正域）为

$$\mathrm{POS}_A(D)=\bigcup_{X\in U/\mathrm{IND}(D)}\underline{\mathrm{apr}}_{\mathrm{IND}(A)}X$$

即分类正域为决策等价类的下近似的并。进而，D 关于 A 的属性依赖度定义为

$$\gamma_A(D)=\frac{|\mathrm{POS}_A(D)|}{|U|}$$

若 $|U/\mathrm{IND}(D)|=2$，则 $S=(U,C\cup D)$ 为二分类决策表。设 $U/\mathrm{IND}(D)=\{X,\sim X\}$，则

$$\mathrm{POS}_A(D)=\mathrm{POS}_A(X)\cup\mathrm{POS}_A(\sim X)=\mathrm{POS}_A(X)\cup\mathrm{NEG}_A(X)$$

可见，二分类问题主要涉及两种客观状态，这正是 DTRS 最基本的情形。此时，分类正域与概念区域关系比较清楚。设 $B'\subseteq B\subseteq C$，则 $\mathrm{POS}_{B'}(D)\subseteq\mathrm{POS}_B(D)$，该式刻画了分类正域的单调性。

对于二分类问题，DTRS 利用二状态、三决策、六代价，通过贝叶斯决策过程可

以得到阈值 α、β 关于代价的计算公式。进一步，通过条件概率 $P(X|[x]_R)$ 可以形成科学的三支决策。其中关于 $[x]_R$ 的决策规则如下[4]。

(P)若 $P(X|[x]_R)\geqslant\alpha$，则决策 $[x]_R$ 属于 POS(X)。

(B)若 $\beta<P(X|[x]_R)<\alpha$，则决策 $[x]_R$ 属于 BND(X)。

(N)若 $P(X|[x]_R)\leqslant\beta$，则决策 $[x]_R$ 属于 NEG(X)。

其中，阈值范围为 $0\leqslant\beta<\alpha\leqslant 1$，$x$ 对于 X 的条件概率为

$$P(X \mid [x]_R)=\frac{|[x]_R \cap X|}{|[x]_R|}$$

显然，三支决策自然地界定了三支区域（正域、边界域、负域）。事实上，文献[47]已经把粗糙集三支决策概念延展到了更广阔的环境（如多值逻辑与泛化集合论），并建立了坚实的三支决策理论框架。这样，三支区域即为三支决策理论中三个区域的一种特殊情况。

如 6.2.1 小节所述，知识粒化具有“知识保持”与“知识严格粗化”两种类型。“知识保持”意味着旧信息粒的分类结构在知识粒化中完全没有改变，关于概念形成的区域也不会变化。“知识严格粗化”则意味着旧信息粒的分类结构在知识粒化中发生了严格粗化，即存在旧信息粒到新信息粒的严格合成，由此可能导致三支区域在两个不同知识粒度层次上的变迁。显然，知识粒化可以视为由多组旧信息粒的广义“粒合成”组成，而只有其中的严格“粒合成”，才对区域的变迁起着机理性的作用。换言之，(严格)“信息粒合成”代表的区域分析，是进行区域变迁不确定性分析的最形象与最有效的工作。本章后面所述的“信息粒合成”均指严格意义上的真正粒合成。6.2.2 小节中的 KP 约简是在第一种类型下的宏观研究；而“信息粒合成”则主要是在第二种类型下的研究，且其定位于微观层次的机理性探讨，可以从动因上揭示宏观层次上的区域变迁规律。

定理 6.10(信息粒合成原理)　知识粒化 $C\xrightarrow{-C'}C-C'$ 中，$\mathrm{IND}(C-C')\supset\mathrm{IND}(C)$（特征为 $|U/\mathrm{IND}(C-C')|<|U/\mathrm{IND}(C)|$），等价于 $\exists\,[x]_C^1,\cdots,[x]_C^k\in U/\mathrm{IND}(C)$，$k\geqslant 2$，$\exists\,[x]_{C-C'}^1\in U/\mathrm{IND}(C-C')$，使 $[x]_C^1\cup\cdots\cup[x]_C^k=[x]_{C-C'}^1$，即 $g^{-1}([x]_{C-C'}^1)=\{[x]_C^1,\cdots,[x]_C^k\}$。

命题 6.2 利用信息粒集间的满映射 g 刻画了信息粒间的微观动态变化。“信息粒合成原理”对“知识严格粗化”这一类型进行了深入的粒计算刻画，表明了其中“信息粒合成”的客观存在性，而且与非单满射 g 具有一致性。反之，正是因为“信息粒合成”这一机理动作，即旧信息粒分组合成了新信息粒，导致了“知识严格粗化”与新信息粒数目的减少。这里给出“信息粒合成”的形式定义。

定义 6.4(信息粒合成)　在知识粒化 $C\xrightarrow{-C'}C-C'$ 中，若 k 个旧信息粒 $[x]_C^1,\cdots,[x]_C^k$ 被合成了一个新信息粒 $[x]_{C-C'}^1$ $(k\geqslant 2)$，则该合成动作称为“信息粒合成”，记为

$[x]_C^1\cup\cdots\cup[x]_C^k\to[x]_{C-C'}^1$。

由前面的分析可见，信息粒合成决定着知识结构的严格粗化。从粒计算的观点来看，信息粒合成成为知识粒化的微观本质机理。因此，知识粒化主要研究信息粒合成，只列出一个代表就可以了，故用一般分析形式$[x]_C^1\cup\cdots\cup[x]_C^k\to[x]_{C-C'}^1$。

性质 6.1(区域变迁原理) 在知识粒化中，区域变迁仅由信息粒合成完全确定。

证明：在知识粒化中，没有变化的信息粒不影响区域的变迁，而变化了的信息粒都涉及信息粒合成。

区域是由信息粒组成的，信息粒对于区域的微观行为将根本地决定与影响区域的宏观变迁。进而，“区域变迁原理”成为一个自然的、重要的结论，说明信息粒合成是导致区域变迁可能的唯一要素。因此，知识粒化中的区域变迁不确定性分析，需要且只需要分析信息粒合成对于区域的作用。信息粒合成关于区域的研究，成为关键性工作并具有决定性意义，而信息粒合成的区域描述成为一项首要任务。信息粒合成是行为动作，联系了两个部分：诸多旧信息粒与一个新信息粒。因此，对于给定模型的三支区域，“旧信息粒的旧区域分布”与“新信息粒的新区域归属”，将根本地决定与完全地刻画信息粒合成对于区域变迁的行为与影响。为此，下面引入“信息粒合成的区域分布”这一重要定义。

定义 6.5(信息粒合成的区域分布) 信息粒合成$[x]_C^1\cup\cdots\cup[x]_C^k\to[x]_{C-C'}^1$的区域分布是指由“旧信息粒的旧区域分布”与“新信息粒的新区域归属”组成的二维复合描述。例如，设$[x]_C^1,\cdots,[x]_C^k$的“旧信息粒的旧区域分布”为“正域、负域”，而$[x]_{C-C'}^1$“新信息粒的新区域归属”为“边界域”，则此信息粒合成的区域分布为({正域，负域}；边界域)；简单地，主要使用形象的与等价的描述格式，如“正域+负域→边界域”或表格格式。

信息粒合成是一个动作过程而不是静态事物，故其区域分布的描述相对复杂。该定义主要涉及“旧信息粒的旧区域分布”与“新信息粒的新区域归属”两个基本要素，并通过笛卡儿积进行合成描述。这样，其完备地描述了信息粒合成前后的旧信息粒、新信息粒的不同区域情况，进而可以有效地挖掘出变更了区域的信息粒，故能够充分地反映信息粒合成对于区域变化的作用与影响。特别地，该定义中提供了一个具体例子，从而区域分布的描述格式也变得清晰。

性质 6.2(归属区域变更的信息粒提取) 基于信息粒合成的区域分布，能够提取变更了归属区域的信息粒。

对于一个具有区域分布“正域+负域→边界域”的信息粒合成，可以提取出两类变更了区域的信息粒，一类是从旧正域跨入了新边界域，其对区域的影响是缩小正域，扩大边界域；另一类从旧负域跨入了新边界域，其对区域的影响是缩小负域，扩大边界域。显然，这一信息粒合成具有扩大边界与缩小正域、负域的区域变迁影响。这样，每种情况都可以类似分析。因此，信息粒合成的区域分布，通过归属区域变更的信息粒提取，根本地决定了区域的变迁；进而，区域变迁能够自然得到。

命题 6.6(区域分布的最大完备性)　信息粒合成，理论上最多有 21 种区域分布，描述如表 6.1。

表 6.1　信息粒合成的区域分布

情形	旧信息粒的旧区域分布	情形	新信息粒的新区域归属
(1)	正域		
(2)	负域	(1)	正域
(3)	边界域		
(4)	正域、边界域	(2)	边界域
(5)	边界域、负域		
(6)	正域、负域	(3)	负域
(7)	正域、边界域、负域		

证明：从三支区域来讲，k 个旧信息粒$[x]_C^1,\cdots,[x]_C^k$ 的旧区域分布最多只有 7 种情形，一个新信息粒$[x]_{C-C'}^1$的新区域归属最多只有 3 种情形。这样，通过组合，信息粒合成的区域分布最多只有 21 种。

这里通过举例略微说明。例如，若 k 个旧信息粒只涉及旧正域、旧负域，则合成的新信息粒在理论上可能归属新正域、新边界域、新负域，此时区域分布为“正域＋负域→正域”、“正域＋负域→边界域”、“正域＋负域→负域”。类似地，可以得到如下一些区域分布：“正域→正域”、“正域→边界域”、“正域→负域”、“正域＋边界域＋负域→正域”、“正域＋边界域＋负域→边界域”、“正域＋边界域＋负域→负域”。事实上，21 种情形刚好关联 7 种“旧信息粒的旧区域分布”到 3 种“新信息粒的新区域归属”的所有对应。显然，这 21 种情形是非交的、完备的，即形成了情形分类。但是，实际中某些情形可能是不存在的，即它们不一定都满足充分性。具体地，某种情形是充分的，可以解释为，其是真实存在的，能被适当的决策表及知识粒化实现或涉及的。

下面分别研究 Pawlak 粗糙集与 DTRS 在知识粒化中的区域变化，模型、三支区域都是清晰的，环境为 $S=(U,C\cup D)$，$U/\mathrm{IND}(D)=\{X,\sim X\}$。

6.3.2　Pawlak 区域变化确定性

定理 6.11(完备充分“区域分布”)　关于 Pawlak 区域，信息粒合成有且只有 7 种情形的区域分布，如表 6.2 所示。

表 6.2 信息粒合成的 Pawlak 区域分布

情形	旧信息粒的旧区域分布	新信息粒的新区域归属
(1)	正域	正域
(2)	负域	负域
(3)	边界域	边界域
(4)	正域、边界域	边界域
(5)	边界域、负域	边界域
(6)	正域、负域	边界域
(7)	正域、边界域、负域	边界域

证明:基于 Pawlak 区域的定义,旧正域中的旧信息粒合成的新信息粒一定在新正域中,旧负域中的旧信息粒合成的新信息粒一定在新负域中,而剩下的情形,即表 6.1 中的“旧信息粒的旧区域分布”情形(3)～(7),合成的新信息粒都一定归属新边界域。因此,完备性、充分性都得以证明。

基于 Pawlak 区域对三支区域的定性刻画,上述命题及证明是清晰的。表 6.2 详细地提供了信息粒合成中 7 种情形的 Pawlak 区域分布。例如,情形(1)“正域→正域”,描述了“旧正域中的旧信息粒,合成了新正域中的新信息粒”,明显地,这是一种基本的粒合成情形。再例如,情形(7)“正域＋边界域＋负域→边界域”,描述了“旧正域、旧边界域、旧负域中的旧信息粒,合成了新边界域中的新信息粒”。这样,这 7 种情形都可以类似描述。特别指出,这 7 种情形是完备不交的,即它们形成了信息粒合成关于 Pawlak 区域分布的情形分类。同时,这 7 种情形都是可以实际实现的,即充分的。换言之,它们对于信息粒合成的 Pawlak 区域分布,是完备的、分化的、充分的;任何一个信息粒合成,都只能是这 7 种情形中的某一种。

实际上,表 6.2 的 7 种情形,建立了 7 种“旧信息粒的旧区域分布”到 3 种“新信息粒的新区域归属”的一个 Pawlak 粗糙集确定的特定映射,它们是表 6.1 中 21 种中的特定 7 种。由区域分布证明,这 7 种情形可以归纳成 3 种:“正域→正域”、“负域→负域”,否则“#→边界域”,其中,#表示旧信息粒既不是全隶属于旧正域,也不是全隶属于旧负域。这 7 种情形也可以归纳成 4 种:“正域→正域”、“负域→负域”、“正域＋负域→边界域”、“边界域＋*→边界域”,其中,最后一种情形表示,只要有旧信息粒隶属于旧边界域,则合成的新信息粒一定归属于新边界域。

性质 6.3(信息粒合成的区域确定性) 关于 Pawlak 区域,信息粒合成是确定的,即“旧信息粒的旧区域分布”能够完全确定“新信息粒的新区域归属”。

证明:综合表 6.2 的 7 种情形可以证明。

信息粒合成的区域确定性,一致于“旧信息粒的旧区域分布”到“新信息粒的新区域归属”的映射，描述的是，合成前的粒区域分布清楚，则合成后的粒区域归属也清楚。因此，从 Pawlak 区域来看，信息粒合成(属性删除)这一行为动作是确定的。

性质 6.4(信息粒合成的单向汇聚性)　在 Pawlak 粗糙集信息粒合成中，合成信息粒都是尽可能地向新边界域这一区域方向聚集。

证明：基于表 6.2，情形(1)和(2)不可能(没法)向新边界域聚集；剩下的情形，不管合成前的旧信息粒区域分布如何，合成新信息粒一定都归属于新边界域中。

如 6.3.1 小节所述，基于信息粒合成的 7 种区域分布，可以提取出变更了归属区域的信息粒，用来分析信息粒关于区域的微观行为，进而得到每种分布下信息粒合成对区域变迁的影响。因此，信息粒合成的单向汇聚性，本质上是基于信息粒合成的一种关于区域的信息粒统计性质。换一个角度，Pawlak 边界域是论域的不确定性定性区域。因此，信息粒合成的单向汇聚性，根源是知识的严格粗化，是论域不确定性增强的具体表现，故直接表现了知识粒化。进一步，可以自然地获得 Pawlak 区域在宏观上的变化性。下面给出了知识粒化中的区域变化确定性、区域变化单调性的性质。

性质 6.5(区域变化确定性(单调性))　在 Pawlak 粗糙集知识粒化中，三支区域的变化具有确定性。同时，三支区域的变化具有单调性；具体地，边界域不缩小、正域与负域不扩大。

证明：由表 6.2 的 7 种情形可以证明，也可以用“信息粒合成的区域确定性”(性质 6.3)和“信息粒合成的单向汇聚性”(性质 6.4)证明。

性质 6.6(分类正域变化单调性)　在 Pawlak 粗糙集知识粒化中，分类正域的变化具有单调性；具体地，分类正域不扩大。

基于“区域变迁原理”(性质 6.1)，信息粒合成是在知识粒化中改变“信息粒对于区域隶属关系”的唯一要素，信息粒合成底层关联的区域性质将从机理上决定知识粒化外层的区域变化。因此，基于信息粒合成的完备充分“区域分布”(表 6.2)，在信息粒合成层面归纳了“信息粒合成的区域确定性”、“信息粒合成的单向汇聚性”等统计结果，最终在知识粒化层面提炼出“知识粒化中的区域变化确定性(单调性)”的宏观结论。同时，“信息粒合成的区域确定性”与“知识粒化中的区域变化确定性”是在两个层次上的确定性，具有推理关系；此外，“信息粒合成的单向汇聚性”与“知识粒化的区域变化单调性”分别是不确定性增强在微观层次与宏观层次上的区域表现，而且前者也可从机理上解释后者。同时，在信息粒合成层面，“区域确定性”为“单向汇聚性”提供了基础；在知识粒化层面，“区域变化确定性”为“区域变化单调性”提供了基础，而“分类正域单调性”可以看成“区域变化单调性”的一个结果。图 6.1 呈现了上述关系。

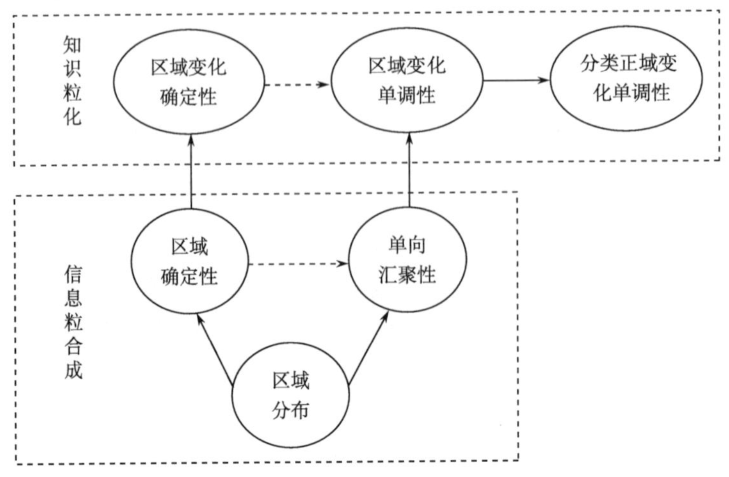

图 6.1 Pawlak 区域变化确定性

本节从信息粒合成的机理性微观层面,诠释了在 Pawlak 粗糙集属性约简中共知的宏观现象:区域变化单调性以及分类正域变化单调性,并深刻地挖掘了区域变化确定性的坚实背景。特别指出,"确定单调性"成为知识粒化中区域变化的本质特性。

6.3.3 信息粒合成的 DTRS 区域分布完备性

命题 6.7(条件概率有界性) 对信息粒合成$[x]_C^1 \cup \cdots \cup [x]_C^k \to [x]_{C-C'}^1$,有$P(X|[x]_{C-C'}^1) \in [\min_i P(X|[x]_C^i), \max_i P(X|[x]_C^i)]$,其中,求最值的范围是在$i=1,\cdots,k$中。

证明:略。

定理 6.12(区域分布的完备性) 关于 DTRS 区域,信息粒合成最多只有 13 种情形的区域分布,即表 6.3 中的情形(1)、(2)、(3)、(4a)、(4b)、(5a)、(5b)、(6a)、(6b)、(6c)、(7a)、(7b)、(7c)。

表 6.3 信息粒合成的 DTRS 区域分布

情形	旧信息粒的旧区域分布	新信息粒的新区域归属
(1)	正域	正域
(2)	负域	负域
(3)	边界域	边界域
(4)	正域、边界域	正域或边界域
(4a)	正域、边界域	正域

续表

情形	旧信息粒的旧区域分布	新信息粒的新区域归属
(4b)	正域、边界域	边界域
(5)	边界域、负域	边界域或负域
(5a)	边界域、负域	边界域
(5b)	边界域、负域	负域
(6)	正域、负域	正域或边界域或负域
(6a)	正域、负域	正域
(6b)	正域、负域	边界域
(6c)	正域、负域	负域
(7)	正域、边界域、负域	正域或边界域或负域
(7a)	正域、边界域、负域	正域
(7b)	正域、边界域、负域	边界域
(7c)	正域、边界域、负域	负域

证明:该命题主要描述完备性,最大的完备性是表 6.1 涉及的 21 种情形。对于“旧信息粒的旧区域分布”,关联“正域+负域”条件的(6a)、(6b)、(6c)与关联“正域+边界域+负域”条件的(7a)、(7b)、(7c)没有变化即局部完备,故不需要讨论;换言之,只需要证明关联“正域”、“负域”、“边界域”、“正域+边界域”、“边界域+负域”五种条件情形的局部完备性,即只需要证明相关的“新信息粒的新区域归属”的必要性,亦即只需要证明丢弃的八种情况的不可能性。基于条件概率有界性与 DTRS 区域的阈值定义,容易证明。下面对情形(1)、(2)、(3)、(4a)、(4b)、(5a)、(5b),用$[x]_C^1\cup\cdots\cup[x]_C^k\to[x]_{C-C'}^1$进行阐述,其中 $i=1,\cdots,k$。

(1) $P(X|[x]_C^i)\geqslant\alpha$,则$\min\limits_i P(X|[x]_C^i)\geqslant\alpha$,故 $P(X|[x]_{C-C'}^1)\geqslant\alpha$。因此,对“正域”条件,“正域→边界域”、“正域→负域”不可能发生,仅“正域→正域”可能存在。

(2) 类似地,对“负域”条件,“负域→正域”、“负域→边界域”不可能发生,仅“负域→负域”可能存在。

(3) $P(X|[x]_C^i)\in(\beta,\alpha)$,则$\min\limits_i P(X|[x]_C^i)>\beta$ 且$\max\limits_i P(X|[x]_C^i)<\alpha$,故 $P(X|[x]_{C-C'}^1)\in(\beta,\alpha)$。因此,对“边界域”条件,“边界域→正域”、“边界域→负域”不可能发生,仅“边界域→边界域”可能存在。

(4) 对“正域+边界域”条件,$\max\limits_i P(X|[x]_C^i)\geqslant\alpha$ 且$\min\limits_i P(X|[x]_C^i)\in(\beta,\alpha)$,则 $\beta<\min\limits_i P(X|[x]_C^i)<\alpha\leqslant\max\limits_i P(X|[x]_C^i)$,故 $P(X|[x]_{C-C'}^1)\geqslant\alpha$ 或 $P(X|[x]_{C-C'}^1)\in(\beta,\alpha)$。因此,“正域+边界域→负域”不可能发生,最多只有“正域+边界域→正域”与“正域+边界域→边界域”两种可能情形。

(5) 类似地，对"边界域＋负域"条件，即"边界域＋负域→正域"不可能发生，最多只有"边界域＋负域→边界域"与"边界域＋负域→负域"两种可能情形。

表 6.3 详细地提供了信息粒合成的 13 种 DTRS 区域分布。例如，情形(4a)"正域＋边界域→正域"描述旧正域、旧边界域中的旧信息粒，合成了新正域中的新信息粒。再例如，情形(7c)"正域＋边界域＋负域→负域"描述旧正域、旧边界域、旧负域中的旧信息粒，合成了新负域中的新信息粒。这样，13 种情形都可以类似描述。

6.3.4 信息粒合成的 DTRS 区域分布充分性

基于条件概率有界性(命题 6.7)，6.3.3 小节给出了信息粒合成的 13 种完备 DTRS 区域分布。现在，完备性没有问题，但是否还有更小的完备集即极大完备性，需要进一步探讨。换言之，是否每种情形都是可能实际实现的，还是有些情形只是虚幻的理论存在。因此，需要论证这 13 种情形的充分性。

定理 6.13(区域分布的充分性) 关于 DTRS 区域，信息粒合成的 13 种情形(表 6.3)是充分的。

Pawlak 粗糙集是定性模型，故信息粒合成关于 Pawlak 区域相对简单。但 DTRS 是定量模型，其信息粒合成关于 DTRS 区域异常复杂，必须涉及"信息粒合成量化研究"。上述条件概率有界性(命题 6.7)实际上是通过"信息粒合成量化研究"证明的；事实上，利用"信息粒合成量化研究"已经证明了上述 13 种情形的充分性，但限于篇幅与避免过多的数学推导，详细内容不再给出。这里仅提供一个相关的支撑结论——条件概率充分性。

命题 6.8(条件概率充分性) 对条件概率 $P(X\mid[x]_C^i)$，$i=1,\cdots,k$，$\forall P_0\in(\min\limits_i P(X\mid[x]_C^i),\max\limits_i P(X\mid[x]_C^i))$，则存在两个"信息粒合成"：${}^{\mathrm{I}}[x]_C^1\cup\cdots\cup{}^{\mathrm{I}}[x]_C^k\to{}^{\mathrm{I}}[x]_{C-C'}^1$，${}^{\mathrm{II}}[x]_C^1\cup\cdots\cup{}^{\mathrm{II}}[x]_C^k\to{}^{\mathrm{II}}[x]_{C-C'}^1$，其中 $P(x\mid{}^{\mathrm{I}}[x]_C^i)=P(x\mid{}^{\mathrm{I}}[x]_C^i)=P(x\mid{}^{\mathrm{II}}[x]_C^i)$，$i=1,\cdots,k$，使下式成立：

$$P(X\mid{}^{\mathrm{I}}[x]_{C-C'}^1)\leqslant P_0\leqslant P(X\mid{}^{\mathrm{II}}[x]_{C-C'}^1)$$

下面替代地给出另外一种相对简单的方法，即利用决策表进行构造，也可以达到验证 13 种情形充分性的目的。下面提供的决策表案例，还说明了本章的知识粒化、信息粒合成、信息粒合成的区域分布、归属区域变更的信息粒提取与作用分析、区域变迁等内容。

例 6.1 决策表 $S=(U,C\cup D)$ 中，$U=\{x_1,x_2,\cdots,x_7\}$，$C=\{a,b\}$，$D=\{d\}$，表 6.4 提供了相关数据。这里，$U/\{a,b\}=\{\{x_1\},\{x_2,x_3\},\{x_4,x_5,x_6\},\{x_7\}\}$，$U/\{b\}=\{\{x_1,x_2,x_3\},\{x_4,x_5,x_6\},\{x_7\}\}$，$U/\{d\}=\{\{x_1,x_2,x_4,x_5,x_6\},\{x_3,x_7\}\}$，$X=\{x_1,x_2,x_4,x_5,x_6\}$。

表 6.4　例 6.1 的决策表

U	a	b	d
x_1	1	1	1
x_2	0	1	1
x_3	0	1	0
x_4	0	0	1
x_5	0	0	1
x_6	0	0	1
x_7	0	2	0

在知识粒化$\{a,b\}\xrightarrow{-a}\{b\}$中，旧知识与新知识分别是$U/\{a,b\}$与$U/\{b\}$。$|U/\{b\}|=3<4=|U/\{a,b\}|$，故该知识粒化是第二种类型的，即“知识严格粗化”或“知识不保持”。换言之，在该知识粒化中，分类结构发生了严格粗化，从$U/\{a,b\}$与$U/\{b\}$可以清晰地看出。由于信息粒$\{x_4,x_5,x_6\}$、$\{x_7\}$在知识粒化中没有改变，故知识粒化$\{a,b\}\xrightarrow{-a}\{b\}$可以看成三个“广义信息粒合成”，其中只有一个“(严格)信息粒合成”，即$\{x_1\}\cup\{x_2,x_3\}\to\{x_1,x_2,x_3\}$。显然，只有信息粒合成$\{x_1\}\cup\{x_2,x_3\}\to\{x_1,x_2,x_3\}$，才会影响与决定整个知识粒化$\{a,b\}\xrightarrow{-a}\{b\}$中的区域变迁区域；而其中变更了归属区域的旧信息粒，在信息粒合成层面与知识粒化层面是一致的。

$$P(X\mid\{x_1\})=|\{x_1\}\cap X|/|\{x_1\}|=1$$

$$P(X\mid\{x_2,x_3\})=|\{x_2,x_3\}\cap X|/|\{x_2,x_3\}|=0.5$$

$$P(X\mid\{x_1,x_2,x_3\})=|\{x_1,x_2,x_3\}\cap X|/|\{x_1,x_2,x_3\}|=2/3$$

进一步，通过阈值α、β的分类讨论，可以得到信息粒合成$\{x_1\}\cup\{x_2,x_3\}\to\{x_1,x_2,x_3\}$的 DTRS 区域分布情形。进而可以得到知识粒化$\{a,b\}\xrightarrow{-a}\{b\}$中归属区域变更的旧信息粒与区域变迁情况。事实上，阈值α、β与常数 0.5、2/3 只有六种完备情形，表 6.5 给出了这六种情形及相应的信息粒变化与区域变化，这里的区域变迁都只涉及了区域单调性变化。

表 6.5　例 6.1 的信息粒合成的区域分布与区域变化

情形	阈值分布	$\{x_1\}\cup\{x_2,x_3\}\to\{x_1,x_2,x_3\}$	13 种区域分布	归属区域变更的旧信息粒	区域变化
(1)	$\beta<\alpha<0.5<2/3$	“正域→正域”	(1)	—	—
(2)	$\beta<0.5<\alpha<2/3$	“正域＋边界域→正域”	(4a)	$\{x_2,x_3\}$	正＋、边－
(3)	$\beta<0.5<2/3<\alpha$	“正域＋边界域→边界域”	(4b)	$\{x_1\}$	边＋、正－

续表

情形	阈值分布	$\{x_1\}\cup\{x_2,x_3\}\to\{x_1,x_2,x_3\}$	13种区域分布	归属区域变更的旧信息粒	区域变化
(4)	$0.5<\beta<\alpha<2/3$	"正域＋负域→正域"	(6a)	$\{x_2,x_3\}$	正＋、负－
(5)	$0.5<\beta<2/3<\alpha$	"正域＋负域→边界域"	(6b)	$\{x_1\}$、$\{x_2,x_3\}$	边＋、正－、负－
(6)	$0.5<2/3<\beta<\alpha$	"正域＋负域→负域"	(6c)	$\{x_1\}$	负＋、正－

作为例子，只解释表6.5中的决策表情形(2)。在阈值条件$\beta<0.5<\alpha<2/3$下，旧信息粒$\{x_1\}$、$\{x_2,x_3\}$分别隶属于旧正域、旧边界域，通过信息粒合成后，新信息粒$\{x_1,x_2,x_3\}$归属于新正域。因此，信息粒合成$\{x_1\}\cup\{x_2,x_3\}\to\{x_1,x_2,x_3\}$对应于区域分布情形(4a)"正域＋边界域→正域"。这一信息粒合成，实际上是把旧正域中的旧信息粒$\{x_1\}$与旧边界域中的旧信息粒$\{x_2,x_3\}$，合成了新正域中的新信息粒$\{x_1,x_2,x_3\}$。只有信息粒$\{x_2,x_3\}$变更了区域归属，它从旧边界域中调入了新正域中。显然，这一结果导致了知识粒化$\{a,b\}\xrightarrow{-a}\{b\}$中的宏观区域变化：正域扩大、边界域缩小、负域保持，此时，分类正域便扩大了。这里也提供了一致的区域事实。事实上，旧正域、旧边界域、旧负域分别为$\{x_1,x_4,x_5,x_6\}$、$\{x_2,x_3\}$、$\{x_7\}$；新正域、新边界域、新负域分别为$\{x_1,x_2,x_3,x_4,x_5,x_6\}$、$\varnothing$、$\{x_7\}$；这里，$P(X|\{x_4,x_5,x_6\})=1$，$P(X|\{x_7\})=0$。其他五种情形可以类似分析。

本决策表案例提供了13种完备区域分布中的六种情形的真实存在性，即充分性。这六种是情形(1)、(4a)、(4b)、(6a)、(6b)、(6c)。类似地，可以构造决策表证明剩余七种的充分性，即情形(2)、(3)、(5a)、(5b)、(7a)、(7b)、(7c)。实际上，我们已经完成了相应的工作。这样，表6.3中的13种情形，对于信息粒合成的DTRS区域分布，不仅是完备的、分化的，而且也是充分的。因此，这13种情形形成了信息粒合成关于Pawlak区域分布的情形分类；任何一个信息粒合成，是且只能是这13种情形中的某一种。

6.3.5 DTRS区域变迁不确定性

基于6.3.3小节与6.3.4小节，表6.3提供了13种信息粒合成的完备充分"区域分布"。基于此，类似并对比于6.3.2小节的Pawlak区域变化确定性分析，本小节主要进行DTRS区域变迁不确定性分析。

性质6.7(信息粒合成的区域不确定性) 关于DTRS区域，信息粒合成是不确定的，即"旧信息粒的旧区域分布"不能完全确定"新信息粒的新区域归属"。

证明：利用表6.3的13种情形可以总结证明。例如，对"正域＋边界域"这种"旧信息粒的旧区域分布"，"新信息粒的新区域归属"具有新正域与新边界域两种可能性结果，即情形(4a)、(4b)。故得证。

信息粒合成的DTRS区域不确定性，关联“旧信息粒的旧区域分布”到“新信息粒的新区域归属”的对应，对比明显地区分“信息粒合成的Pawlak区域确定性”。分析可见，合成前的旧信息粒区域分布清楚，但合成后的新信息粒在一些情形中还具有一定范围与一定程度的归属区域选择性。事实上，合成信息粒具有相对独立于旧信息粒区域分布的新归属区域的“选择可能性”，这是信息粒合成的DTRS区域不确定性的本质。例如，如果旧信息粒分布于“旧正域、旧边界域、旧负域”，仅有此信息无法知道合成信息粒归属于哪个新区域，新三支区域都具有包含合成信息粒的可能性，即情形(7a)、(7b)、(7c)都可能出现。因此，从DTRS区域看，信息粒合成(属性删除)这一行为动作是不确定的。

定义6.6(确定性(不确定性)情形)　表6.3的情形(1)、(2)、(3)称为确定性情形。表6.3中剩下的10种情形称为不确定性情形，即情形(4a)、(4b)、(5a)、(5b)、(6a)、(6b)、(6c)、(7a)、(7b)、(7c)，它们可以归纳为四种不确定性情形：“正域＋边界域→正域或边界域”、“边界域＋负域→边界域或负域”、“正域＋负域→正域或边界域或负域”、“正域＋边界域＋负域→正域或边界域或负域”，即表6.3中的情形(4)、(5)、(6)、(7)。

关于DTRS区域，确定性情形所涉及的信息粒合成显然是确定的，这点也可以利用区域分布的完备性充分性证明体现。不确定性情形(4)～(7)，从形式上形象地表述了“信息粒合成的区域不确定性”。事实上，信息粒合成的区域不确定性，主要关联信息粒合成中的不确定性情形。在后面叙述中，直接使用不确定性(确定性)情形或情形(1)～(3)、(4)～(7)，而忽略表6.3。

性质6.8(区域保持(不保持)原理)　①知识粒化中区域保持的充要条件是内部的信息粒合成只涉及确定性情形；②知识粒化中区域不保持的充要条件是内部的信息粒合成具有不确定性情形。

证明：在信息粒合成中，确定性情形不改变知识粒化中的区域，不确定性情形均要改变知识粒化中的至少两个区域。

区域保持是属性约简的一种自然目标。确定性情形与不确定性情形对应于区域保持与区域不保持，并提供了后者的形成机理，也为关于属性约简的区域原则的构建奠定了基础。区域保持要求确定性情形的纯洁性，而不确定性情形将从内部感染，最终导致“区域不保持”。这点与6.2.2小节的“纯化原理”(定理6.3)与“感染原理”(定理6.2)具有相似性，但表述的层次是在信息粒合成层面(而非知识粒化层面)。

性质6.9(信息粒合成的多向汇聚性)　在DTRS信息粒合成中，合成信息粒不再是尽可能地向新边界域这一区域方向聚集，而是可以向其所能归属的多种新区域方向聚集。

证明：基于表6.3，情形(1)～(3)是确定的，无选择性的。而对于不确定性情形(4)～(7),合成信息粒对新归属区域具有一定的选择性,故可以向多个新区域汇聚。例如,情形(4)"正域+边界域→正域或边界域"中,合成信息粒可以向正域或边界域聚集,即情形(4a)和(4b)。

DTRS中的"信息粒合成的多向汇聚性",关于Pawlak粗糙集中的"信息粒合成的单向汇聚性"具有明显的对比性,本质上也是基于信息粒合成的一种关于区域的信息粒统计性质,得到了"信息粒合成的区域不确定性"的支撑。具体地,在DTRS的信息粒合成中,信息粒不再总是向新边界聚集,而是也可以向新正域或新负域聚集,这种现象可以通过量化机制进行解释。Pawlak粗糙集中的三支区域是定性区域,正域、负域关联确定性(只有肯否或正反之分),而边界域关联不确定性。因此,在信息粒合成这一分类结构严格粗化中,不确定性增强必然导致在边界域方向的信息粒汇聚;进而,在知识粒化层面,边界域不减与分类正域不增。不同的是,DTRS中的三支区域都是定量区域,在阈值环境下都涉及了不确定性。因此,虽然信息粒合成仍然意味着分类结构严格粗化,但不确定性增强已经不能保证在阈值边界域方向的唯一、单纯信息粒汇聚,而阈值正域方向或阈值负域方向也可以发生信息粒聚集;进而,在知识粒化层面,(阈值)边界域与(阈值)分类正域不再必然单调,三支(阈值)区域对于集合变化,都具有不确定性与漂移性。

性质 6.10(区域变迁不确定性(漂移性))　在DTRS知识粒化中,三支区域的变迁具有不确定性。同时,三支区域的变迁具有漂移性。因此在变迁中,三支区域具有不确定漂移性,可以不确定性漂移。

证明:显然,我们可以构造决策表,使在特定知识粒化中,有表6.3中的13种的每一种,有且只有唯一信息粒合成存在。例6.1提供了一个很好的说明。换言之,可以将表6.3中的13种在信息粒合成层面的区域分布,直接提升到知识粒化层面来观测或证实区域变迁情况。这样,基于信息粒合成的区域不确定性,即不确定性情形(4)～(7),能够直接证明和得出知识粒化中的区域变迁不确定性(漂移性)结论。事实上,也可以用"信息粒合成的区域不确定性"(性质6.7)和"信息粒合成的多向汇聚性"(性质6.9)证明。

性质 6.11(区域变迁非单调性)　在DTRS知识粒化中,三支区域的变迁具有非单调性。

性质 6.12(分类正域变迁非单调性)　在DTRS知识粒化中,分类正域的变迁具有非单调性。

知识粒化中具有客观的区域变迁不确定性,其证明过程表明了其形成机理是信息粒合成的区域不确定性。事实上,表6.3及其中的不确定性情形(4)～(7)是最核心的因素与最根本的依据。在知识粒化层面,对比"Pawlak区域变化确定性"背景下形成的"Pawlak区域变化单调性",这里给出了"DTRS区域变迁不确定性"背景下的"DTRS区域变迁漂移性"。换句话,"DTRS区域变迁漂移性"是"DTRS

区域变迁不确定性”的表现。区域的变迁不确定性，是多个合成信息粒对新归属区域可能性选择后的宏观组合结果，可以解释为区域变迁具有漂移的可能性，即新区域具有关于旧区域的“漂移可能性”。换言之，漂移性即一种不确定性，“不确定漂移性”根本地刻画了区域的变迁本质，进而“区域变迁不确定漂移性”可以诱导“区域变迁非单调性”、“分类正域变迁非单调性”。显然，Pawlak 粗糙集不具有这种区域变迁不确定性（漂移性），它们是 DTRS 在扩张 Pawlak 粗糙集中伴随的特有现象。事实上，其主要关联决定三支区域的量化阈值，因此，它们也是概率粗糙集的固有特性。同时，需要强调的是，区域变迁不确定性（漂移性）具有与概率论相通的不确定性特性。这里提供一个决策表案例，主要说明“漂移”性状。

例 6.2　决策表 $S=(U,C\cup D)$ 中，$U=\{x_1,x_2,\cdots,x_{12}\}$，$C=\{a,b\}$，$D=\{d\}$，表 6.6 提供了相关数据。这里，$U/\{a,b\}=U/\{a\}=\{Y_1,Y_2,Y_3,Y_4\}$、$U/\{b\}=\{Z_1,Z_2\}$、$U/\{d\}=\{X,\sim X\}$，其中

$$Y_1=\{x_1,x_2,x_3\}、Y_2=\{x_4,x_5,x_6\}、Y_3=\{x_7,x_8,x_9\}、Y_4=\{x_{10},x_{11},x_{12}\},$$

$$Z_1=\{x_1,\cdots,x_6\}、Z_2=\{x_7,\cdots,x_{12}\},$$

$$X=\{x_1,x_2,x_3,x_4,x_7,x_8,x_9,x_{10},x_{11}\}。$$

表 6.6　例 6.2 的决策表

U	a	b	d	U	a	b	d
x_1	0	1	1	x_7	2	2	1
x_2	0	1	1	x_8	2	2	1
x_3	0	1	1	x_9	2	2	1
x_4	1	1	1	x_{10}	3	2	1
x_5	1	1	0	x_{11}	3	2	1
x_6	1	1	0	x_{12}	3	2	0

知识粒化 $\{a,b\}\xrightarrow{-a}\{b\}$ 为“知识严格粗化”第二类型知识粒化，其存在两个“信息粒合成”：$Y_1\cup Y_2\rightarrow Z_1$，$Y_3\cup Y_4\rightarrow Z_2$，其中，$P(X|Y_1)=1$，$P(X|Y_2)=1/3$，$P(X|Z_1)=2/3$；$P(X|Y_3)=1$，$P(X|Y_4)=2/3$，$P(X|Z_2)=5/6$。设 $0<\beta<1/3<2/3<\alpha<5/6<1$，则三支旧区域为 $\mathrm{POS}_{\{a,b\}}X=Y_1\cup Y_3$，$\mathrm{BND}_{\{a,b\}}X=Y_2\cup Y_4$，$\mathrm{NEG}_{\{a,b\}}X=\varnothing$；三支新区域为 $\mathrm{POS}_{\{b\}}X=Z_2=Y_3\cup Y_4$，$\mathrm{BND}_{\{b\}}X=Z_1=Y_1\cup Y_2$，$\mathrm{NEG}_{\{b\}}X=\varnothing$。$Y_1\cup Y_2\rightarrow Z_1$，$Y_3\cup Y_4\rightarrow Z_2$ 分别对应“正域＋边界域→边界域”、“正域＋边界域→正域”，即情形（4b）、（4a）。这样，在知识粒化中，负域始终为空集；正域由 $Y_1\cup Y_3$“漂移”至 $Y_3\cup Y_4$，“漂移”中飘至 Y_4，移去 Y_1，保留 Y_3；边界域由 $Y_2\cup Y_4$“漂移”至 $Y_1\cup Y_2$，“漂移”中飘至 Y_1，移去 Y_4，保留 Y_2。这里，从信息粒合成微观机理看，信息粒归属区域的变更为：Y_1 从旧正域聚集到并调入了新边界域，

而 Y_4 则从旧边界域聚集到并调入了新正域，从而致使上诉区域的宏观漂移。

显然，这里的三支区域、分类正域在知识粒化中都具有非单调性。区域变化已经不能用单调性刻画，而非单调性太笼统，更具体与形象的就是“漂移性”(其可以涉及区域规模的大小变化)。同时，若采用类似于传统属性依赖度的 γ 度量阈值分类正域的元素数目变化，可以发现 $\gamma_{\{a,b\}}(D)=\gamma_{\{b\}}(D)=0.5$，这源于信息粒合成中变更了归属区域的粒 Y_1 与 Y_4 的元素个数相同($|Y_1|=|Y_4|$)，但三支区域与分类正域都发生了漂移的本质变化。因此，在知识粒化的区域变迁不确定漂移性的特性下，属性依赖度已经不能再充要地度量区域变化。进而，如何刻画与度量区域漂移是一个值得深入探讨的内容。

类比于 6.3.2 小节的研究，可以简单说明并给出图示。信息粒合成的不确定性情形(4)～(7)，在信息粒合成层面导致了 DTRS 区域不确定性，也导致了合成信息粒向新正域、新边界域、新负域的不确定性汇聚。进而在知识粒化的宏观层面，可以看到三支区域变迁的不确定性与漂移性。换言之，“信息粒合成的区域不确定性”，以及其后的“信息粒合成的多向汇聚性”，从微观机理上决定了宏观区域的“变迁不确定性与漂移性”。进而，由“区域变迁的漂移性”可以得出自然的结论：“区域变迁非单调性”、“分类正域变迁非单调性”。换言之，知识粒化中的区域可以不确定性漂移，进而具有非单调性，分类正域具有非单调性。图 6.2 呈现了上述关系。

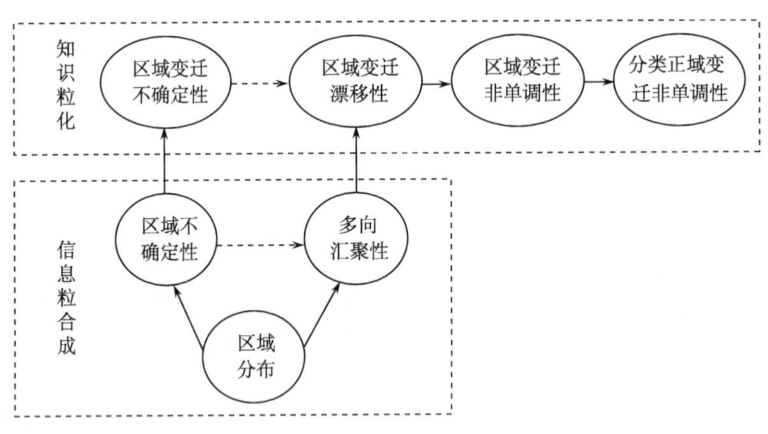

图 6.2 DTRS 区域变迁不确定性

这样，针对二分类 DTRS，我们揭示了知识粒化中“分类正域非单调性”背后的“区域变迁不确定性”本质，即区域具有不确定漂移性，并挖掘了其关于信息粒合成的内部机理。简单地，可以得到如下一些论断：在属性删除知识粒化中，正域、边界域、负域可能缩小也可能扩大，更多的时候在漂移；分类正域可以单调也可以不单调,更多的时候也是在漂移。对比于 Pawlak 粗糙集中的“单调”对确定性的描述,这里,“漂移”被用来形象地描述知识粒化中的区域变迁不确定性。同时,利用不确定性情形(4)～(7),还可以深刻挖掘“不确定漂移性”的规律或结论。

对于属性约简,当前可以广泛地找到“分类正域非单调性”的事实与实例,但几乎没有关于“区域变迁不确定性”的报道,对此我们进行了原创性工作。本节在知识粒化的第二类型,探寻了决定宏观区域变迁的微观机理层:信息粒合成。基于 Pawlak 区域与 DTRS 区域,本节研究了信息粒合成,提供了区域分析的重要基础:信息粒合成的完备充分“区域分布”。进而,在信息粒合成层面,挖掘了信息粒合成对于 Pawlak 区域的确定性,与对于 DTRS 区域的不确定性。通过归纳统计,得出了合成信息粒对于 Pawlak 边界域的单向汇聚性,与对于 DTRS 三支区域的多向汇聚性。在这些微观机理清晰后,本节自然地得到了知识粒化宏观层面的区域变迁结论:Pawlak 区域变化确定性(单调性)、DTRS 区域变迁不确定性(漂移性)、DTRS 区域变迁非单调性、DTRS 分类正域变迁非单调性。可见,由内而外的机理探寻与事实显现是本节的主要特色;Pawlak 区域变化确定性与 DTRS 区域变迁不确定性的对比挖掘与分析,则是本节的主要方法。对于 DTRS,信息粒合成的区域不确定性,知识粒化中的区域变迁不确定性,具有客观存在性;而 Pawlak 粗糙集却没有这些不确定性。因此,知识粒化中的这些不确定性,是 DTRS 在阈值扩张 Pawlak 粗糙集过程中获得的独特性质,其关联决定区域的量化阈值,因此也是概率粗糙集量化扩张模型的一种本质特性。进一步,通过多向汇聚作用,它们将导致区域变迁不确定性漂移。这样,在知识粒化与三支区域的宏观层面,可以得出结论:在(属性删除)知识粒化中,DTRS 区域不仅具有非单调性,而且具有不确定漂移性。不确定漂移性,即我们必须面对的关于区域变迁的客观事实。

6.4 本章小结

属性约简涉及知识、概念、推理,与粒计算紧密地联系,在粗糙集理论的不确定性分析与实际应用中担当着中心角色并起着重要作用。在量化阈值扩张的复杂环境中,为了建立科学的属性约简理论,知识粒化中的区域变迁分析是一个必要的基础。实际上,正是“知识粒化中的区域变迁不确定性”成为了制约 DTRS 等概率粗糙集属性约简科学发展的主要因素。粒计算中的不确定性分析主要通过知识、概念、推理三个层面实现。以此思想为指导,本章首先独立深入地研究了知识粒化这一核心过程,阐明了知识粒化的基本性质;进而,聚焦三支区域变迁不确定性,透析了二分类 DTRS 在属性约简中的区域变迁不确定性,探讨了该不确定性的内部形成机理,揭示了该不确定性的客观规律;接下来,则进行属性约简的研究与推理的不确定性分析。

在知识粒化的第二个类型“知识严格粗化”中，信息粒合成具有 DTRS 区域不确定性与多向汇聚性。这一微观内部性状决定了区域的宏观外在表现：不确定漂移性。而区域非单调性成为了一个自然论断。通过完备讨论与充分构造，我们成功地破解了“信息粒合成不确定性魔盒”（表 6.3），其提供了 DTRS 区域变迁的内部机理。例如，对于非单调性，表 6.3 中的情形（4a）、（6a）、（7a）导致正域扩大，情形（5b）、（6c）、（7c）导致负域扩大，而情形（4a）、（5b）则可以导致分类正域扩大。本章确切地提供了知识粒化中的区域变迁的可能性、分布、原因、规律与解释，揭示了事实：在概率阈值的量化扩张环境中，知识粒化中的区域变迁具有不确定漂移性，进而具有非单调性。

显然，本章关于信息粒合成的区域不确定性分析，与关于知识粒化的区域变迁不确定性分析，奠定了 DTRS 属性约简理论与应用的基础，并能够在一定程度上消除概率粗糙集关于区域变迁的困惑，为概率粗糙集属性约简提供全新的洞察力。接下来，DTRS 等概率粗糙集的属性约简如何在区域变迁不确定性中科学地前行，需要深入探讨；属性约简以及推理在粒计算中的研究，包括不确定性的刻画与度量等方面，需要系统开展。“路漫漫其修远兮，吾将上下而求索！”目前，我们的研究团队正致力于这些方面的科研工作，并取得了一些可喜进展。

致　谢

感谢加拿大里贾纳大学 Yao 教授与审稿专家在本章编写过程中提出的宝贵意见。本章工作得到了国家自然科学基金项目（61273304，61203285）、中国博士后科学基金项目（2013T60464，2012M520930）、上海市博士后科研资助计划项目（13R21416300）资助。

参考文献

[1] Pawlak Z. Rough sets. International Journal of Computer and Information Sciences，1982，11(5)：341-356.

[2] Pawlak Z. Rough Set：Theoretical Aspects of Reasoning about Data. Boston：Kluwer Academic Publishers，1991.

[3] Wong S K M，Ziarko W. Comparison of the probabilistic approximate classification and the fuzzy set model. Fuzzy Sets and Systems，1987，21：357-362.

[4] Yao Y Y，Wong S K M，Lingras P. A decision-theoretic rough set model//The 5th International Symposium on Methodologies for Intelligent Systems. New York：North-Holland，1990：17-25.

[5] Yao Y Y，Wong S K M. A decision theoretic framework for approximating concepts. International Journal of Man-machine Studies，1992，37：793-809.

[6] Ziarko W. Variable precision rough set model. Journal of Computer and System Sciences，1993，46(1)：39-59.

[7] Slezak D，Ziarko W. The investigation of the bayesian rough set model. International Journal of Approxi-

mate Reasoning, 2005, 40: 81-91.

[8] Slezak D. Rough sets and bayes factor. LNCS Transactions on Rough Sets III, 2005, (3400): 202-229.

[9] Herbert J P, Yao J T. Criteria for choosing a rough set model. Computer and Mathematics with Application, 2009, 57: 908-918.

[10] Herbert J P, Yao J T. Game-theoretic rough sets. Fundamenta Informaticae, 2011, 108: 267-286.

[11] Pawlak Z, Skowron A. Rudiments of rough sets. Information Sciences, 2007, 177: 3-27.

[12] Greco S, Matarazzo B, Slowinski R. Parameterized rough set model using rough membership and Bayesian confirmation measures. International Journal of Approximate Reasoning, 2008, 49(2): 285-300.

[13] Yao Y Y. Probabilistic rough set approximations. International Journal of Approximate Reasoning, 2008, 49(2): 255-271.

[14] Ziarko W. Probabilistic approach to rough sets. International Journal of Approximate Reasoning, 2008, 49(2): 272-284.

[15] Yao J T, Yao Y Y, Ziarko W. Probabilistic rough sets: approximations, decision-makings, and applications. International Journal of Approximate Reasoning, 2008, 49(2): 253-254.

[16] Yao Y Y, Lin T Y. Generalization of rough sets using modal logics. Intelligent Automation and Soft Computing, 1996, 2(2): 103-120.

[17] Liu C H, Miao D Q, Zhang N, et al. Graded rough set model based on two universes and its properties. Knowledge Based Systems, 2012, 33: 65-72.

[18] Zhang X Y, Mo Z W, Xiong F, et al. Comparative study of variable precision rough set model and graded rough set model. International Journal of Approximate Reasoning, 2012, 53(1): 104-116.

[19] Zhang X Y, Miao D Q. Two basic double-quantitative rough set models of precision and grade and their investigation using granular computing. International Journal of Approximate Reasoning, 2013, 54(8): 1130-1148

[20] Yao Y Y. The superiority of three-way decision in probabilistic rough set models. Information Sciences, 2011, 181: 1080-1096.

[21] Yao Y Y. Three-way decisions with probabilistic rough sets. Information Sciences, 2010, 180: 341-353.

[22] Liu D, Li T R, Ruan D. Probabilistic model criteria with decision-theoretic rough sets. Information Sciences, 2011, 181: 3709-3722.

[23] Liu D, Li T R, Li H X. A multiple-category classification approach with decision-theoretic rough sets. Fundamenta Informaticae, 2012, 115(2/3): 173-188.

[24] Lingras P, Chen M, Miao D Q. Rough cluster quality index based on decision theory. IEEE Transactions on Knowledge and Data Engineering, 2009, 21(7): 1014-1026.

[25] Lingras P, Chen M, Miao D Q. Rough multi-category decision theoretic framework. Lecture Notes in Computer Science5009, 2008: 676-683.

[26] Li H X, Zhou X Z. Risk decision making based on decision-theoretic rough set: a three-way view decision model. International Journal of Computational Intelligence Systems, 2011, 4: 1-11.

[27] Zhou X Z, Li H X. A multi-view decision model based on decision-theoretic rough set. Proceeding of 4th International Conference on Rough Set and Knowledge Technology, 2009, 5589: 650-657.

[28] Yao Y Y, Zhao Y. Attribute reduction in decision-theoretic rough set models. Information Sciences, 2008, 178(17): 3356-3373.

[29] Zhao Y, Wong S K M, Yao Y Y. A note on attribute reduction in the decision-theoretic rough set model.

LNCS Transactions on Rough Sets XIII6499,2011:260-275.

[30] Li H X,Zhou X Z,Zhao J B,et al. Attribute reduction in decision-theoretic rough set model:a further investigation. Lecture Notes in Computer Science6954,2011:466-475.

[31] Jia X Y,Liao W H,Tang Z M,et al. Minimum cost attribute reduction in decision-theoretic rough set models. Information Sciences,2013,219(10):151-167.

[32] Yang X P,Yao J T. A multi-agent decision-theoretic rough set model. Proceeding of the 5th International Conference on Rough Set and Knowledge Technology,2010,6401:711-718.

[33] Li W,Miao D Q,Wang W,et al. Hierarchical rough decision theoretic framework for text classification. 2010 9th IEEE International Conference on Cognitive Informatics(ICCI),2010:484-489.

[34] Lingras P,Chen M,Miao D Q. Semi-supervised rough cost/benefit decisions. Fundamenta Informaticae,2009,94(2):233-244.

[35] 李华雄,周献中,李天瑞,等. 决策粗糙集理论及其研究进展. 北京:科学出版社,2011.

[36] 贾修一,商琳,周献中,等. 三支决策理论与应用. 南京:南京大学出版社,2012.

[37] Miao D Q,Zhao Y,Yao Y Y,et al. Relative reducts in consistent and inconsistent decision tables of the Pawlak rough set model. Information Sciences,2009,179:4140-4150.

[38] Zhang H Y,Zhou J,Miao D Q,et al. Bayesian rough set model:a further investigation. International Journal of Approximate Reasoning,2012,53:541-557.

[39] Beynon M. Reducts within the variable precision rough sets model:a further investigation. European Journal of Operational Research,2001,134:592-605.

[40] Mi J S,Wu W Z,Zhang W X. Approaches to knowledge reduction based on variable precision rough set model. Information Sciences,2004,159(3/4):255-272.

[41] Wang J Y,Zhou J. Research of reduct features in the variable precision rough set model. Neurocomputing,2009,72:2643-2648.

[42] Inuiguchi M,Yoshioka Y,Kusunoki Y. Variable-precision dominance-based rough set approach and attribute reduction. International Journal of Approximate Reasoning,2009,50(8):1199-1214.

[43] 苗夺谦,王国胤,刘清,等. 粒计算:过去、现在与展望. 北京:科学出版社,2007.

[44] 王国胤,李德毅,姚一豫,等. 云模型与粒计算. 北京:科学出版社,2012.

[45] 张燕平,罗斌,姚一豫,等. 商空间与粒计算——结构化问题求解理论与方法. 北京:科学出版社,2010.

[46] 苗夺谦,李德毅,姚一豫,等. 不确定性与粒计算. 北京:科学出版社,2011.

[47] Yao Y Y. An outline of a theory of three-way decisions. RSCTC,2012,7413:1-17.

第7章　商空间粒化模型的三支决策方法

何富贵[1,2]　赵　姝[1]　张燕平[1]

1. 安徽大学计算机科学与技术学院

2. 皖西学院信息工程学院

复杂问题的求解是人工智能研究领域的关键问题，对问题解的推理及决策能力决定了求解的有效性和复杂性。三支决策将问题的解空间(U)分解为正域(POS)、负域(NEG)和边界域(BND)，其正域一定是问题的解空间，负域一定不是问题的解空间，边界域是包含问题解的可能空间。商空间理论作为粒计算理论之一，通过对问题的粒变换处理，获得对应问题的多粒度空间，利用保真保假原理在多粒度空间中进行含边界域的多级逼近推理，从而获取复杂问题的解。本章利用商空间的粒化方法获取复杂问题的不同粒度层次的解空间，讨论多粒度计算中几类典型的解空间决策推理过程，将U分解为POS、NEG和BND：①在多粒度解空间中，解空间U被分解为NEG和非负域解空间(U-NEG)，建立剔除负域机制，逐步将粗粒度空间的U-NEG分解为细粒度空间的NEG和U-NEG，获取问题的POS解；②在多粒度解空间中，建立筛选正域机制。对于不同粒度空间上的POS包含原问题最优解和可行解，将U分解为POS和非正域解空间(U-POS)，逐步将粗粒度空间的POS分解为细粒度空间的POS和U-POS，实现问题最优解求解过程；③将复杂问题分解为子问题，建立合成子问题POS解空间机制，实现正域解空间的合成，从而获取复杂问题的解。

7.1　引　　言

复杂问题的求解是人工智能研究领域的关键问题，对问题解的推理决策能力决定了求解的有效性和复杂性，其方法有状态空间法、启发式法、不确定性推理法(概率推理、模糊推理、随机推理)等。机器学习、模式识别等方法都是在这些决策推理方法基础上的后期发展[1-2]。其目标是用人工智能模拟人类智能过程，而“人类智能的一个公认特点，就是人们能从极不相同的粒度(granularity)上观察和分析同一问题。人们不仅能在不同粒度世界上进行问题求解，而且能够很快地从一个粒度世界跳到另一个粒度世界，往返自如，毫无困难。这种处理不同粒度世界的能力，正是人类能够求解问题的强有力表现”[3]。

粒计算作为人工智能领域的分支之一，使用从宏观或微观层面上分析和处理信息的方法，模拟了人类观察问题、描述问题、分析问题和解决问题的方法。粒度就是对问题的不同角度、不同层次进行粗、细变化获取知识的方法。Yao 的粒计算三元论[4-5]认为，粒计算是一种粒化的思维方式及方法论。从哲学、方法论和计算模式的角度阐述了粒计算，认为其是基于多粒度、多层次、多视角的哲学思想，是一种结构化问题求解的方法论及信息处理模式：粒计算以粒为最基本概念，以粒结构为基础，通过粒将问题进行粒化，获得原问题的多粒度、多层次、多视角的粒结构描述，以便于人和机器理解，达到对原问题的求解。

粒计算方法是人工智能的研究领域之一，具有代表性的理论有模糊集、粗糙集、区间计算和商空间理论[6-7]。粒计算研究大体分为不确定性问题求解和多粒度计算[8-9]。模糊集、粗糙集和区间计算侧重于不确定性问题求解，商空间理论侧重从多粒度角度实现问题求解。粒计算已被广泛应用到模糊控制、模糊决策、知识获取、决策分类、聚类、图像处理、故障诊断等领域[6-8,10-15]。三支决策理论是在研究粗糙集和决策粗糙集基础上提出的[10,16]，其将问题的解归为接受、拒绝和不承诺三种状态，对应于粒计算中粗糙集模型的正域、负域和边界域。文献[10]给出了基于全序评价函数的三支决策理论。

本章介绍一种商空间粒化模型的三支决策方法，结合不确定性决策方法和多粒度问题求解方法，利用商空间的粒化方法获取复杂问题不同粒度层次的解空间，用三支决策方法进行决策推理获取解空间，实现 POS、NEG 和 BND 区域划分。本章重点讨论如何实现多粒度解空间的三支决策：实现 NEG 与 U-NEG 划分，POS 与 U-POS 划分逼近最优解，以及子问题 POS 解的合成。通过这三种决策推理，实现多粒度计算中解空间的决策，给出一种多粒度空间中问题求解的决策推理方法。

7.2 商空间理论与三支决策方法

7.2.1 商空间理论

在商空间理论中，求解问题用三元组(X,f,T)表示：X 表示问题的论域(universe)；f 表示论域 X 的属性(attribute)；T 表示论域的结构(structure)，指论域 X 中各元素的相互关系。“论域-属性-结构”不仅表示出求解对象的状态和特征，而且表示出对象的结构特征，用三元组从立体空间中描述对象的特征，突破了传统的集合论(X,f)二元组只描述数据的属性特征。

商空间理论中通过等价、相容等基本粒选取方式形成粒空间。设 R 是 X 上的一个等价(相容)关系①,则$\{[x] \mid x\in X\}$是X的一个划分(覆盖)。定义商空间为$([X],[f],[T])$,其中,$[X]$为对应于关系R的商集②;设原空间属性函数$f:X\to Y$,则商属性$[f]:[X]\to[Y]$;$[T]$为商结构:$\{u \mid p^{-1}(u)\in T, u\in X\}$,$p:X\to[X]$是自然投影。

对问题(X,f,T),对于X上给定的关系R,由R产生商集$[X]$,将商集中的等价类(覆盖)$[x]$看成元素(作为基本粒),将形成的一个新的空间(商空间),其等价类(覆盖)的属性和等价类(覆盖)之间的联系即为商空间中的商属性$[f]$和商结构$[T]$,即$([X],[f],[T])$为(X,f,T)的商空间。此过程根据论域X粒化,对论域取粒度,应用分解的方式进行粒度粗化,通过不同粒度的合成产生新的粒度。给定不同的关系R,X上形成不同的商集及其对应形成的商空间,即为不同粒度空间构成问题(X,f,T)的多粒度世界。

根据商空间理论中问题描述的三元组,除对X粒化形成商空间,还可以对其他任意一个元组先进行粒化,再得到三元组中的其他两个粒度表示,形成商空间。例如,对属性f粒化,通过对属性取粒度,实现对论域的划分;而对结构T粒化,根据论域中元素之间的结构特征,直接对结构取粒度得到商结构$[T]$,再对论域进行划分。粒化过程是粒计算的首要问题,在商空间理论中选择哪个元组进行粒化,取决于具体的问题,粒化方法将决定问题求解的复杂度[3,11,17]。

在不同的粒化方法中,根据不同的关系R可以得到问题(X,f,T)的多粒度世界。在这个多粒度世界中,按照粒度粗细,形成一个粒度格[3]。这个粒度格存在一条链,各个粒度空间是格中不同粒度层上一个节点,其定义如下。

定义 7.1(分层递阶商空间链) 设$\mathfrak{R}$是X上基本粒形成的数学关系的全体,若$R_1,R_2\in\mathfrak{R}$,$x,y\in X$,$xR_1y\Rightarrow xR_2y$,则称R_1比R_2细,记为$R_1>R_2$。对于问题(X,f,T),存在关系$R_1>R_2>\cdots>R_n\in\mathfrak{R}$,对应的商空间$(X,f,T)>(X_1,f_1,T_1)>(X_2,f_2,T_2)>\cdots>(X_n,f_n,T_n)$为分层递阶商空间链。

分层递阶商空间链给出了问题的各个粒度空间表示,是商空间理论的最大特点。根据保假(真)原理,该理论不但可以建立问题的不同粒空间描述,而且可以建立不同粒空间的联系,便于复杂问题逐步剖析、求解。

定理 7.1(保假原理) 若问题$[A]\to[B]$在$([X],[f],[T])$上无解,则问题$A\to B$在(X,f,T)上也一定无解,即若问题$A\to B$在(X,f,T)上有解,则在商空间$([X],[f],[T])$上,问题$[A]\to[B]$也一定有解。

---

① 形成粒空间的基本粒可以是等价关系、相容关系、模糊等价关系或模糊相容关系等,或者为其他类型具有其物理意义或者数学模型的基本粒形成关系,形式不限。这里仅列出两种经典的数学关系。

② 此处"商集"的含义已经突破了传统数学上的等价关系对应的商集,是一个泛化概念。同样,后面的"商结构"和"商属性"也是如此。

定理 7.2(保真原理)　若问题$[A]\to[B]$在$([X],[f],[T])$上有解,而且对于任意$[x]$,$p^{-1}([x])$在 X 上是连通集,则问题 $A\to B$ 在(X,f,T)上也一定有解。

7.2.2　三支决策理论

三支决策理论是二支决策理论的拓广,其更精细地表达了决策推理过程中的不确定性,将粗糙集模型中的正域、负域和边界域对应到决策推理结论中的接受、拒绝和不承诺三种状态。其理论给出了决策推理中的不确定性描述,丰富了决策推理的数学表示。具体的三支决策理论见其他章节或相关文献[10]、文献[13]～文献[15]和文献[18]。

文献[10]在全序集中定义了 POS、NEG 和 BND。

定义 7.2[10]　U 是决策方案集,$(L,\leqslant)$是一全序集,$\leqslant$是全序关系,a 和 b($a<b$)是 L 中元素。给定评价函数 $v:U\to L$,POS、NEG 和 BND 分别定义为

$$\mathrm{POS}_{(a,b)}(v)=\{x\in U\mid v(x)\geqslant b\}$$

$$\mathrm{NEG}_{(a,b)}(v)=\{x\in U\mid v(x)\leqslant a\}$$

$$\mathrm{BND}_{(a,b)}(v)=\{x\in U\mid a<v(x)<b\}$$

在三支决策理论中,给出了正域和负域,其划分给出解空间是有解、无解,而边界域属于解空间中的模糊区域。机器学习中的分类算法,在预测过程中对于样本是否归属某一个类别只有三种状态:属于、不属于和不能确定,如文献[9]中给出覆盖算法的三支决策方法。

粒计算方法在实现复杂问题求解过程中,将原空间通过基本粒映射到合适的粒度空间,其解空间也映射到对应的粒度空间。由于在粒化过程中,特别是在粒度粗化过程中,存在着信息流失,不能完美实现三支决策推理任务,无法实现 POS、NEG 和 BND 三个域两两互不相交。在问题求解过程中,其问题的解空间存在重叠,通过一定过程的推理和决策,只能除去其中一个解空间。在此,延续定义 7.2 在全序集中的定义,定义非负域解空间(U-NEG)、非正域解空间(U-POS),分别表示包含正域和边界域的解空间、包含负域和边界域的解空间。

定义 7.3　非负域解空间(U-NEG)为

$$\text{U-NEG}_{(a,b)}(v)=\mathrm{POS}_{(a,b)}(v)\cup\mathrm{BND}_{(a,b)}(v)=\{x\in U\mid v(x)>a\}$$

非正域解空间(U-POS)为

$$\text{U-POS}_{(a,b)}(v)=\mathrm{NEG}_{(a,b)}(v)\cup\mathrm{BND}_{(a,b)}(v)=\{x\in U\mid v(x)<b\}$$

下面给出实现多粒度解空间的三支决策方法,分别实现 NEG 与 U-NEG 划分,POS 与 U-POS 之间划分,以及多粒度计算中子空间的 POS 解的合成。

7.3 负域与非负域解空间的决策

7.3.1 问题描述

给定问题空间用(X,f,T)表示,其问题解空间用 $A\rightarrow B$ 表示。在多粒度计算中,将原空间(X,f,T)通过基本粒映射到不同的粒度空间(X_i,f_i,T_i),其解空间 $A\rightarrow B$ 也映射到对应的粒度空间解空间 $A_i\rightarrow B_i$。对问题(X,f,T),利用关系 $R_1>R_2>\cdots>R_n$,对应的多粒度商空间表示为分层递阶商空间链$(X,f,T)>(X_1,f_1,T_1)>(X_2,f_2,T_2)>\cdots>(X_n,f_n,T_n)$。此过程是多粒度计算的第一步——实现问题的多粒度表示,其后是如何利用问题的多粒度表示降低问题复杂度,实现问题的求解。

例如,一张国家区域交通地图用多粒度空间表示,由粒度从细到粗分为地点—街道—区—市—省份,如何快速在地图上找到其目标地点?一个复杂的机械设备用多粒度空间表示,由粒度从细到粗分为零件—部件—功能模块—整体机器,工程师如何快速发现机器故障,对机器进行修理(机械设备维修问题)?

7.3.2 问题求解模型

多粒度计算最大的优点是将复杂问题引入合适的粒度空间中求解,以降低问题的复杂度,如何确定合适粒度空间是关键。

对给定的分层递阶商空间链$(X,f,T)>(X_1,f_1,T_1)>(X_2,f_2,T_2)>\cdots>(X_n,f_n,T_n)$,寻找合适的粒度空间$(X_i,f_i,T_i)$求解原问题在其对应空间中的问题解空间 $A_i\rightarrow B_i$。在粒度空间(X_i,f_i,T_i)问题求解过程中,模拟人类处理问题的方式,对问题的解空间进行分析,首先剔除 $A_i\rightarrow B_i$ 的无解空间,即负域解空间(NEG_i),建立该粒度空间中非负域解空间($\mathrm{U\text{-}NEG}_i$);再将 $\mathrm{U\text{-}NEG}_i$ 映射到细的粒度空间$(X_{i-1},f_{i-1},T_{i-1})$,利用商空间理论的保假原理,剔除其 NEG_{i-1}……逐步到更细粒度空间决策出 U-NEG,直到最细粒度空间(X,f,T)筛选其问题的 POS 解。

这种逐步剔除 NEG 的过程,也是筛选问题的 POS 解过程,其基本思想是逐步从粒度粗空间中剔除不可能的解,缩小问题解范围空间,逼近问题的精确解。

在粒度空间(X_i,f_i,T_i)中剔除 $A_i\rightarrow B_i$ 的无解空间必定是问题解空间 $A\rightarrow B$ 的无解空间,从(X_n,f_n,T_n),(X_n,f_n,T_{n-1}),…,(X_1,f_1,T_1)到(X,f,T),逐步从粗粒度到细粒度剔除无解空间,其过程是筛选其问题的 POS 解过程。

对于上述快速在交通地图上定位目标地点的问题,如果知道目标地点在不同粒度空间上的对应位置如“安徽省六安市裕安区鼓楼街道皖西学院”,可直接按照粒度从粗到细在地图上定位。根据“安徽省”确定其省份,剔除了其他省份

(NEG),缩小“省”粒度上的搜索空间,其 U-NEG 在地图的安徽省区域范围内;“六安市”确定了城市,剔除了其他市(NEG),缩小“市”粒度上的搜索空间,其 U-NEG在地图的六安市区域范围内;“裕安区”给定了在“区”粒度空间中的 U-NEG,剔除了其他“区”;“鼓楼街道”给定了“街道”粒度空间中的 U-NEG,剔除了其他“街道”;最后“街道”上确定“皖西学院”在地图上的位置。其定位目标地址的过程是按照在从粗粒度问题解空间中剔除 NEG,构成 U-NEG,再在细粒度空间中建立 U-NEG,直至最细的粒度空间,实现多粒度空间的剔除 NEG 决策过程。

对于上述复杂机械设备维修的问题,一台复杂的机械设备,工程师首先认识到机器的功能模块,清楚机器包含几个功能模块。从粒度粗的方面看,通过几个功能模块的结构组合形成整体机器。从粒度细的方面看,对于各个功能模块,要实现其模块的功能,需要哪些必备部件组合构成;对于每个部件,要实现模块功能,其必需的零件组合将决定散装零件的组装。其组装功能模块的过程决定着各个部件需要哪些零件,不需要哪些零件和可能需要哪些零件。若机械装备机器在操作过程出现故障,将如何检测其故障?根据从粗到细的粒度,先检查各个功能模块,排除没有故障的功能模块,剔除 NEG,有故障的功能模块构成 U-NEG;在有故障的功能模块中,检测各个部件,剔除没有故障的部件 NEG,有故障和不正常的部件形成 U-NEG;在有故障的部件集中检测其零件,剔除没有损坏的零件 NEG,有故障和不正常的零件集形成 U-NEG。最后找到其故障原因。其过程也是剔除 NEG 过程,形成从粗粒度到细粒度上的 U-NEG,以得到问题的解。

下面通过一个实例分析非负域解空间的问题求解过程。

7.3.3　实例及其分析

例 7.1　称球游戏[19]

问题描述:设有 k 个球,其中只有一个坏球(其质量与其他球不一样),其他球均为好球,其质量一样。现用无砝码的天平称量,问至少要称几次能将坏球找出。

此问题等价于:称 n 次最多能从多少个球中找出一个坏球。

解:首先将球分成三份(其中在天平上的第一、第二份球数量相当)称一次,第一份放在天平左盘,第二份放在天平右盘,第三份先不称,这是一个粒划分过程,即得一个商空间。对于发现坏球来说,在形成商空间过程中,剔除其中的 NEG。这三份中只有一份有坏球,其他两份是 NEG。称一次可进行一次判断,将无解的部分删去,对剩下的球再取细粒度空间,逐步进行下去,最后找到坏球。

(1) 当 $n=1$ 时,即称一次最多能从多少个球中找出一个坏球。

$k=2$,有 2 个球,称一次无法判别坏球。

$k=3$,有 3 个球,3 个球分成三份。若坏球在天平上,无法判定坏球在天平左盘还是右盘,则称一次无法找出坏球。

(2) 当 $n=2$ 时,即称两次最多能从多少个球中找出一个坏球。

为表述方便,对球进行编号以①、②、③……分别表示一号球、二号球、三号球……;(①,② | ③,④)表示将球①、②放在天平的左边,将球③、④放在天平的右边进行一次称球,天平称得的结果分别以<、=、>表示天平左边轻、天平平衡、天平右边轻。

$k=3$,有 3 个球,三个球分成三份,称两次可以判别出坏球。

$k=4$,有 4 个球,经过称两次可判别出坏球。

方法如下。

先称(① | ②):

(a) 若"=",则①、②是好球,属于 NEG。再称(① | ③):若"=",③属于 NEG,④是坏球;若"<"或">",③是坏球。

(b) 若"<"或">",则③、④是好球。再称(① | ③):若"=",①属于 NEG,②是坏球;若"<"或">",①是坏球。

$k=5$,有 5 个球,先称(①,② | ③,④),若"<",坏球在①、②、③、④中,剩下一次称球无法从中找出坏球。另外一种称法,先称(① | ②),若"=",①、②是好球,属于 NEG,坏球在③、④、⑤中,由 $n=1$ 的分析中知称一次无法从 3 个球中区别出坏球,故此种称法不行。

综上所述,$n=2$ 时最多可以从 4 个球中找出坏球。

一般情况:将球分成三份:A、B(用 W_A 记为 A 份球的质量,N_A 记为 A 份球的个数,$N_A=N_B$)和 C(不上天平称)。若称得的结果是天平平衡($W_A=W_B$),A、B 属于 NEG,再对 C 份进行 $n-1$ 次称球;若不相等,C 属于 NEG,则对 A、B 进行 $n-1$ 次称球,并知道 $W_A<W_B$ 或 $W_A>W_B$。

假设 7.1　设已有一些好球,称 n 次最多能判别 b_n 个球中的一个坏球。如果已知好球标准,称一次最多能判别两个球中的坏球,$b_1=2$。

假设 7.2　设已有一些好球,且 $W_A<W_B$(或 $W_A>W_B$),称 n 次最多能判别 c_n 个球中的一个坏球。如果已知好球标准,且知道坏球的轻重,称一次最多能判别 3 个球中的坏球,$c_1=3$。

下面讨论对 C 份进行 $n-1$ 次称球,按照假设 7.1,C 份中可以是 b_{n-1} 个球。将球分成三组 D_1、D_2、D_3,其中 $N_{D1}=N_{D2}$。

称($D_1 | D_2$):

(a) 若"=",D_1、D_2 属于 NEG,则对 D_3 进行 $n-2$ 次称,由假设 7.1 知 D_3 中可以有 b_{n-2} 个球。

(b) 若“<”(“>”)，D_3 属于 NEG，则对 D_1、D_2(已知 $|D_1|<|D_2|$)进行 $n-2$ 次称球，由假设 7.2 知 D_1、D_2 中可以有 c_{n-2} 个球。

结论 7.1 $b_{n-1}=b_{n-2}+c_{n-2}$。

对 A、B 进行 $n-1$ 次称球，按照假设 7.2，A、B 份中可以是 c_{n-1} 个球。

设 $W_A<W_B$，$N_A=N_B$，将 A、B 均分成三组：A_1、A_2、A_3、B_1、B_2、B_3(使 $N_{A_1}=N_{B_2}$，$N_{A_2}=N_{B_1}$，$N_{A_3}=N_{B_3}$)。

称球$(A_1,B_1|A_2,B_2)$：

(a) 若“=”，A_1、A_2、B_1、B_2 属于 NEG，则对 A_3、B_3 进行 $n-2$ 次称球。由 $W_A<W_B$，$N_A=N_B$ 得 $W_{A_3}<W_{B_3}$，$N_{A_3}=N_{B_3}$，由假设 7.2 得，A_3 和 B_3 中可以有 c_{n-2} 个球。

(b) 若“<”(“>”)，且有 $W_{A_1}<W_{B_2}$($W_{A_2}<W_{B_1}$)，A_3、B_3 属于 NEG。由假设 7.2 得，A_1、A_2、B_1、B_2 中可以有 c_{n-2} 个球。

于是有 $c_{n-1}=3c_{n-2}$，递推得 $c_n=3^{n-1}c_1$，易知 $c_1=3$，求得结论 2 成立。

结论 7.2 $c_n=3^n$。

将结论 7.2 代入结论 7.1，得 $b_n=b_{n-1}+3^{n-1}$，递推得 $b_n=3^{n-1}+3^{n-2}+\cdots+3+b_1$。

已知 $b_1=2$，故结论 3 成立。

结论 7.3 $b_n=3^n+\cdots+3+1+1=\dfrac{3^n-1}{2}+1=\dfrac{3^n+1}{2}$。

最后，设 a_n 是称 n 次能判别的球数，由上面推导，有 $a_n=A+B+C$ 且 $A=B$。设第一次称球为$(A|B)$，故由结论 7.3 得 $C=\dfrac{3^{n-1}+1}{2}$。再由结论 7.2 得 $A+B\leqslant 3^{n-1}-1$，又因为 $A=B$，所以 A、B 之和为偶数，即最多为 $A+B=3^{n-1}-1$，代入得

$$a_n=3^{n-1}-1+\frac{3^{n-1}+1}{2}=\frac{3^n-1}{2}$$

综上所述，得出结论：称 n 次最多可从 $\dfrac{3^n-1}{2}$ 个球中找出坏球。

在推导过程中，其实已经给出了称球的具体方法，现总结称球步骤如下。

步骤 1：将 a_n 个球分成三组，且球的数目 $N_A=N_B$，称$(A|B)$：

若相等，则对 C 进行第 1 步。

若“<”(“>”)，对 A、B 进行第 2 步。

步骤 2：将 A、B 均分成 A_1、A_2、A_3、B_1、B_2、B_3 且 A_1+B_2、A_2+B_1、A_3+B_3 均小于等于$\left\{\dfrac{A+B}{3}\right\}$，球的数目 $N_{A_1}+N_{B_1}=N_{A_2}+N_{B_2}$、$N_{A_3}=N_{B_3}$，进行$(A_1,B_1|A_2,B_2)$：

若“＝”,则转向对 A_3、B_3 进行第 2 步;

若“＜”(“＞”),则转向对 A_1、B_2(A_2、B_1)进行第 2 步。

7.4　正域与非正域解空间的决策

7.4.1　问题描述

7.3 节中给定问题(X,f,T),其问题解空间 $A \rightarrow B$ 通过逐步从粗粒度空间剔除 NEG 求解复杂问题,实现负域与非负域解空间决策的问题求解。对一些问题,由于规模或者其现实条件限制等,其无解空间较大,用剔除 NEG 求解计算复杂度很大,寻求最优解比较困难,则需要采用直接决策正域空间方法来处理。

在多粒度计算中,先要实现问题的多粒度,将原空间(X,f,T)通过基本粒映射到不同的粒度空间(X_i,f_i,T_i),其解空间 $A \rightarrow B$ 也映射到对应的粒度解空间 $A_i \rightarrow B_i$。遵循前面的多粒度描述,多粒度空间用分层递阶商空间链$(X,f,T)>(X_1,f_1,T_1)>(X_2,f_2,T_2)>\cdots>(X_n,f_n,T_n)$表示。在各粒度空间$(X_i,f_i,T_i)$,其问题的解空间为 $A_i \rightarrow B_i$,无解空间对应于 NEG_i,可行解对应于 BND_i,最优解对应于 POS_i。其问题是,如何直接获取原问题解空间 $A \rightarrow B$ 中的 POS,即在解空间 $A \rightarrow B$ 中分解正域与非正域解空间。

如同图论中路径寻优问题是人工智能领域中的经典问题,特别是最短路径算法问题,经典的教科书算法(如 Dijkstra、Bellman-Ford、Floyd-Warshall 和 Johnson 算法)从理论上证明了其完美性和实用价值,但不能适用大规模网络的高复杂度,特别对于快速寻优网络中两节点间的路径就更难办到。快速寻优网络中的两节点间的路径属于点对点最短路径问题[20]。此外,基于启发式函数的最短路径算法(A^* 算法)通过启发式函数实现目标导向搜索,启发式函数的选取和网络规模影响了算法的性能,同样无法满足大规模网络路径寻优的实际需求。下面用多粒度计算方法来降低问题求解的复杂度,在不同粒度空间来求解问题。

7.4.2　问题求解模型

大型网络的结构特征复杂,高效快速地实现网络路径寻优,首先要认识网络,了解网络结构特征。多粒度表示可以从不同粒度空间认识网络,这个过程也是对网络进行预处理的过程。对实现大型网络点对点路径寻优,采用预处理和实时查询分开的方式将大大提高计算效率[21-22]。

首先根据大型网络的基本单元特征(如社团结构),对网络进行粒化处理,构建商空间。

一个大型网络用三元组 (X, f, T) 表示，其中 X 为节点集，f 是 X 上的属性集，T 表示 X 上的拓扑结构。为了实现多粒度网络分解，首先构造其商集 X_1，在 X 上挖掘社团结构，将每个社团作为基本粒，社团间联系形成边，构成 T_1，其边的信息表示社团间的关联程度，定义社团间的距离表示边的信息，得到商属性 f_1 和商空间(X_1, f_1, T_1)。

同样，对于商空间(X_1, f_1, T_1)，在 X_1 上挖掘社团结构，将每个社团作为基本粒，社团间联系形成边，构成 T_2，其边的信息表示社团间的关联程度，在此定义社团间的距离表示边的信息，得到商属性 f_2 和商空间(X_2, f_2, T_2)，以此类推。

形成分层递阶商空间链$(X, f, T) > (X_1, f_1, T_1) > (X_2, f_2, T_2) > \cdots > (X_n, f_n, T_n)$，这是对大型网络结构的多粒度描述。

实时查询延用 A^* 算法的思路，用启发式方法实现网络点对点路径寻优。在启发式方法中，对于当前搜索的节点 v，其估计函数是 $e(v) = d_s(v) + \pi_t(v)$，$d_s(v)$ 表示节点 s 到节点 v 的最短路径距离，$\pi_t(v)$为节点 v 到节点 t 的最短路径估计距离。利用粒间的距离计算和粒内的最小生成树来计算估计函数中的 $\pi_t(v)$，使其估计函数值更贴近实际的最短路径，这将大大减少求最短路径的搜索空间。

讨论如何选择 $\pi_t(v)$：对于搜索节点 v，首先确定节点 v 所在的粒 $x(v)$。如果节点 v 和节点 t 属于同一粒$(x(v) = x(t))$，通过粒内的最小生成树即可得到 $\pi_t(v)$，节点 v 到节点 t 的最短路径也在最小生成树上。若节点 v 和节点 t 不属于同一粒，根据商空间链上的粒间距离和粒内最小生成树来计算 $\pi_t(v) = d_i(v) + d_{x(t)}(x(v)) + d_t(j)$，其中节点 i 为粒 $x(v)$ 与其他基本粒连接的节点，节点 j 为基本粒 $x(t)$ 与其他基本粒连接的节点，$d_{x(t)}(x(v))$为粒 $x(v)$ 到 $x(t)$ 的距离（节点 i 到节点 j 的距离），$d_i(v)$为节点 v 到节点 i 的最短路径距离，$d_t(j)$为节点 j 到节点 t 的最短路径距离。

其路径搜索算法的代码如下。

```
Algorithm : (G(V,E), source s and destination t)

Q.add(s,0);       //priority queue
    distance[];        //array for distance of vertices from source s
    while (! Q.empty() or Q.minElement()≠t)
    u = Q.deleteMin();
        for all outgoing edges e from u
            v = e.head;
            If distance[u] + e.weight()< distance[v]
                distance[v] = distance[u] + e.weight()
                 for allvertices i of the community C(v)
```

```
                e(v) = min( distance[v] + d_i(v) + d_x(t)(x(t)) + d_t(j))
            End for
            Enqueue(v,e(v))
        End if
    End for
End while
```

粒内的最小生成树根据经典图论中的生成树算法实现即可，下面讨论如何计算不同粒层的粒间距离。

对于多粒度空间链中的(X_i, f_i, T_i)、$(X_{i+1}, f_{i+1}, T_{i+1})$和$(X_{i+2}, f_{i+2}, T_{i+2})$($(X_i, f_i, T_i) > (X_{i+1}, f_{i+1}, T_{i+1}) > (X_{i+2}, f_{i+2}, T_{i+2})$)，$(X_{i+1}, f_{i+1}, T_{i+1})$存储了$(X_i, f_i, T_i)$中相邻基本粒间的距离；在粒层的树形图中，粗粒度空间记录了细粒度空间中相邻基本粒间的距离。对于(x_i, f_i, T_i)中不相邻的两基本粒的距离，应在粒层的树形图中计算。现假设(X_i, f_i, T_i)中不相邻两个粒在$(X_{i+2}, f_{i+2}, T_{i+2})$中归于同一粒，如图 7.1 所示，$A_0$、$B_0$、$C_0$、$D_0$、$E_0$为$(X_i, f_i, T_i)$中的粒，求粒$A_0$到$E_0$的距离。

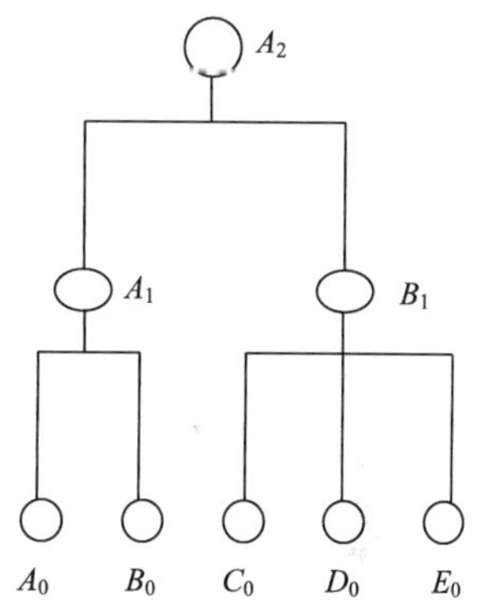

图 7.1　粒层中各粒的层次树形图

$(X_{i+1}, f_{i+1}, T_{i+1})$中包含粒$A_1$、$B_1$，$A_0$包含在$A_1$中，$E_0$包含在$B_1$中，从$(X_{i+2}, f_{i+2}, T_{i+2})$的粒$A_2$中得知$A_1$到$B_1$的距离，在$(X_i, f_i, T_i)$中计算粒$A_0$到节点$\{x \mid d(x, B_1) = A_1$到$B_1$的距离$, x \in A_1\}$($A_0$或$B_0$)的距离，和节点$\{x \mid d(A_1, x) = A_1$到$B_1$的距离$, x \in B_1\}$($C_0$、$D_0$或$E_0$)，从而得到$A_0$到$E_0$的距离。

算法 7.1　粒间距离计算递归算法 GranularDistance(x_i, x_j)

输入：粒x_i、x_j信息。

输出：粒x_i到x_j的距离。

步骤 1：判断粒x_i与x_j所在粒层：

　　if (粒x_i与x_j不在同一粒层)

　　return error;

　　else 返回其粒层(X_i, f_i, T_i)。

步骤 2：判断粒x_i与x_j是否属于粒层$(X_{i+1}, f_{i+1}, T_{i+1})$上同一个粒中：

if(粒 x_i 与 x_j 不在同一粒层)

return(在粒层(X_i, f_i, T_i)上直接计算得到粒 x_i 与 x_j 的距离);

else 继续执行步骤 3。

步骤 3:遍历$(X_{i+1}, f_{i+1}, T_{i+1})$,得到粒 x_i 与 x_j 所在的粒 x_{i+1} 和 x_{j+1}。

步骤 4:计算粒 x_{i+1} 到 x_{j+1} 的距离,调用 GranularDistance(x_{i+1}, x_{j+1}),得到粒 x_i' 到 x_j' 的距离 $d(x_i', x_j')$(其中 $d(x_i', x_j')=$ GranularDistance(x_{i+1}, x_{j+1}))。

步骤 5:计算粒 x_i 到 x_i' 的距离 $d(x_i, x_i')$ 与 x_j' 到 x_j 的距离 $d(x_j', x_j)$,return$(d(x_i, x_i')+d(x_i', x_j')+d(x_j', x_j))$。

以上陈述了用多粒度计算方法实现大型网络点对点路径寻优进行预处理和实时查询的操作。在预处理阶段,利用社会网络中的社团作为基本粒形成商空间,构建网络的多粒度描述,形成分层递阶商空间链$(X, f, T)>(X_1, f_1, T_1)>(X_2, f_2, T_2)>\cdots>(X_n, f_n, T_n)$。在实时查询过程中,通过优化启发式搜索方法中的估计函数来实现网络的路径择优过程。其算法的关键部分是计算 $\pi_t(v)$ 的过程,其中计算粒间距离是核心,路径寻优问题转化为在其粗粒度空间中的粒间距离计算问题。图 7.1 中计算粒 A_0 到 E_0 的距离,先在粗粒度空间$(X_{i+1}, f_{i+1}, T_{i+1})$中计算粒 A_1 到 B_1 的距离,才能在细粒度空间(X_i, f_i, T_i)中得到粒 A_0 到 E_0 的距离,即先得到粗粒度空间$(X_{i+1}, f_{i+1}, T_{i+1})$上的 POS_{i+1},再在 POS_{i+1} 上计算 POS_i。

实现多粒度计算中正域与非正域解空间的决策,在分层递阶商空间链$(X, f, T)>(X_1, f_1, T_1)>(X_2, f_2, T_2)>\cdots>(X_n, f_n, T_n)$上,先计算粗粒度空间$(X_n, f_n, T_n)$上的 POS_n,根据 POS_n 再计算其细粒度空间上的 POS_{n-1}……根据 POS_2 再计算其细粒度空间(X_1, f_1, T_1)上的 POS_1,最后得到原问题的解 POS。此过程通过从粗粒度到细粒度,在不同粒层上递推式进行问题求解,逐步筛选原问题解空间的 POS,实现问题求解。采用多粒度表示和不同粒度空间计算的方式将问题进行分治,达到降低计算复杂度的目的。在不同粒层上递推式计算的过程严格遵循商空间理论的保真原理。

7.4.3 实验及其分析

为验证大型网络路径择优分析的有效性,本节将以交通网络为应用背景进行路径搜索。其实验数据是由 DIMACS Challenge 提供的美国不同等级规模州、区的城市道路交通网络。表 7.1 所示为 District of Columbia、Hawaii、Alabama、California 和 Texas 等城市的数据信息规模,包括节点个数和边数目。各个城市的道路交通网络是加权网络,其基本信息包括地名、经纬度、路线的时间费用。

表 7.1　美国不同等级规模州、区的城市道路交通网络

城市名称	节点个数	边数目
District of Columbia(DC)	9559	14909
Hawaii(HI)	64892	76809
Alabama(AL)	566843	661487
California(CA)	1613325	1989149
Texas(TX)	2073870	2584159

选用局部结构的社团作为基本粒，根据网络中节点拓扑中心度搜索出社团的核，以社团的核为中心，以节点在社团的节点拓扑中心度(或适应度函数)为评价标准来吸收核周边的节点，形成以核为中心的社团子网，计算网络社团模块度，调整各个社团子网使社团模块度最大化，简称两种方法为拓扑中心度社团网络粒化法(方法 1)和适应度社团网络粒化法(方法 2)。这种构建社团的粒化方法实现了网络的粒计算，其社团体现了网络的整体结构特征。对于网络的最短路径搜索，应用粒计算处理降低问题的复杂度，对方法 2 进行改进(方法 3)，使在多粒度空间链上经过某粒的最短路径必过其社团的核，这样体现了社团核的中心性，也减少了启发式搜索空间。

对大规模网络的路径寻优问题，目前已有一些实用算法，如 ALT 算法[23-25]是结合 A^* 算法通过标记网络中的几个节点(landmark)预先计算并存储各节点与 landmark 之间的最短距离，利用节点间距离的三角不等式关系来获得启发式函数。PCD(precomputed cluster distances)[26-27]将网络划分为聚类子网并预先计算出各子网间的最短路径来实现目标搜索，Reach 算法[28]通过预处理找到最短路径的重要节点来剪切搜索路径分支，HH(Highway Hierarchies)[29]是针对实际交通中的道路网，采用构造、压缩网络的方式形成不同层次的 Highway 网络，使大型网络逐步减小来进行预处理操作。查询阶段是先分别从源、汇节点的方向在局限区域查询，然后跳到高层网络。Wagner 等提出应用几何容器将网络分成若干小块，得到原网络图的简化网络，逐步简化形成多个层次网络，对于高层的网络，其边的密度要高。Pochter[30]等为了减少路径搜索空间，通过预处理将网络中与最短路径无关的区域(swamp)进行修剪，简化初始网络。Edge-flags 算法[31-32]将网络分块后对边进行标记是否在最短路径上，进行网络预处理，根据边的标记便于路径查询。Transit[33]应用网络的层次分割寻找 transit 点来实现预计算。其他还有组合算法，如 REAL 算法是采用 Reach 和 ALT 算法组合，SHARC 算法组合了 Highway Hierarchies 和 Edge-flags 技术。以上算法中的预处理方法主要是全局目标搜索，通过对网络进行层次分割实现对网络复杂度的降低。

在路径搜索实验分析中,将提出的三种方法和 A* 算法、ALT 算法进行比较。从五组实验数据中随机选择 100 对节点计算其网络的最短路径。在预处理过程中用多粒度网络分解方法实现,其社团粒化方法分别是方法 1、方法 2 和方法 3。图 7.2 为三种预处理过程中所花费的时间和空间费用的比较。实验中最短路径搜索是对启发式路径搜索方法中的估计函数进行改进。图 7.3 为路径搜索查询过程中所搜索的空间比和时间费用,其结果为 100 次实验的平均值。对于 ALT 算法[27],考虑到空间费用的要求,在实验中采用 avoid 方法选择 32 landmark 进行实验。考虑到时间复杂度,只列出了三组网络的 A* 算法的实验结果。综合实验结果,以社团为基本粒的最短路径搜索方法的时间、空间复杂度相对于 A* 算法和 ALT 算法有一定的优势,是一种可行的大型网络的 P2P 问题求解的方法。

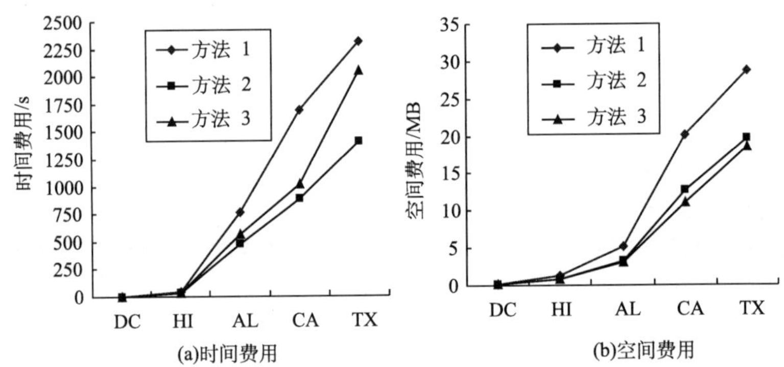

图 7.2 三种方法实现启发式搜索方法花费的时间费用和空间费用比较

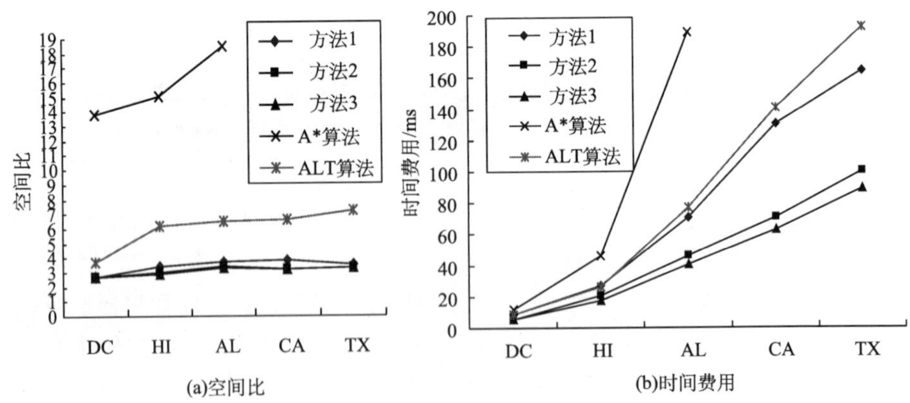

图 7.3 方法 1、方法 2、方法 3、A* 算法和 ALT 算法在路径搜索查询过程中所搜索的空间比以及时间费用的比较

7.5　正域解空间的合成

7.5.1　问题描述

7.3 节介绍了多粒度计算中的负域与非负域解空间决策，7.4 节讨论了多粒度计算中正域与非正域解空间的决策，其分别利用分层递阶商空间链从粗粒度到细粒度，逐步剔除 NEG 和筛选 POS 来实现解空间决策，这两种基于多粒度计算的决策方法都是将原问题映射到不同粒度空间中来决策解空间以降低问题的复杂度。为了降低问题的复杂度，可以把问题分解为若干个子问题。将问题先分解为子问题，原问题的解空间 $A\rightarrow B$，分解为子问题解空间 $A\rightarrow C_1$，$C_1\rightarrow C_2$，…，$C_{n-2}\rightarrow C_{n-1}$，$C_{n-1}\rightarrow B$。令 $C_0=A$，$C_n=B$，解空间分解为 $C_{j-1}\rightarrow C_j$ $(1\leqslant j\leqslant n)$，利用 7.3 节和 7.4 节的决策方法可以求解每个子问题 POS 解空间，而各个子问题的解空间如何合成为原问题的解是一个关键问题——子问题正域解空间合成问题。

上述大规模网络路径择优问题的目标是找到源节点到汇节点的最优路径。问题求解过程是从源节点按照某种规则搜索到汇节点。其问题可以分解为两个子问题：分别从源节点和汇节点出发进行搜索实现双向搜索，搜索到中间的交汇点结束搜索。7.4 节中为了优化启发式搜索方法的估计函数中的 $\pi_t(v)$，计算粒间距离和粒内距离涉及同一个粒度空间中节点的距离计算，属于粒空间内部的正域解空间的合成。现对上述启发式方法求解大型网络路径择优问题进行改进，将其从源节点到汇节点的单向搜索转变为从源节点和汇节点同时搜索，用双向搜索的方式加快实时搜索速度。对于双向搜索路径问题，关键在于确定搜索的交汇点。如果双向搜索没有交汇点，将决定其搜索过程失败，没有找到一个可行解。

7.5.2　问题求解模型

对子问题的解空间合成问题，关键问题是子问题之间的交汇点选取。在多粒度表示的分层递阶商空间链 $(X,f,T)>(X_1,f_1,T_1)>(X_2,f_2,T_2)>\cdots>(X_n,f_n,T_n)$ 上，子问题对应到不同的粒度空间中。存在一个粒度空间 (X_i,f_i,T_i)，在一个基本粒包含两个子问题解空间 $C_{j-1}\rightarrow C_j$ 和 $C_j\rightarrow C_{j+1}$ $(0\leqslant j\leqslant n-1)$，则在细粒度空间 $(X_{i-j},f_{i-j},T_{i-j})$ $(j\geqslant 1)$ 中，两个子问题解空间在不同基本粒，子问题之间的交汇点 N_j 在此空间中选取。已知交汇点 N_j，用 7.3 节和 7.4 节的决策方法求两个子问题解空间 $C_{j-1}\rightarrow C_j$ 和 $C_j\rightarrow C_{j+1}$ 的 POS，并将其 POS 合成为合成问题解空间 $C_{j-1}\rightarrow C_{j+1}$ 的 POS。

双向搜索网络路径择优问题需要确定双向搜索的交汇点，首先保证搜索过程可行，得到一个可行解。将这个问题映射到不同的粒度空间中。对于源节点到汇节点有路径的情况，存在一个粒度空间(X_i, f_i, T_i)，其源节点与汇节点属于同一个基本粒中，则在粒度空间$(X_{i-j}, f_{i-j}, T_{i-j})(j \geqslant 1)$中，源节点与汇节点属于不同基本粒，交汇点属于源节点与汇节点所在基本粒联系的节点集 N 中。

对节点集 N 中的每个节点 n，计算源节点到 n 以及 n 到汇节点的估计函数为 $e(v)=d_s(v)+\pi_n(v)$，取其中最小估计函数值对应的节点为交汇点。

接下来求解源节点到交汇点和交汇点到汇节点的路径，仍沿用 A^* 算法的思路，用启发式方法实现网络点对点路径寻优。这样实现了正域解空间的合成。

7.5.3 实验及分析

为了验证大型网络路径择优正域解空间合成的有效性，以交通网络为应用背景进行路径搜索。其实验数据是由 DIMACS Challenge 提供的美国不同等级规模州、区的城市道路交通网络，如表 7.1 所示。为了和前面实验进行对比，方法 4 采用双向搜索方法，实现正域解空间的合成。和前面内容相比，在实时查询过程中增加了寻找交汇点的过程代价。图 7.4 为路径搜索查询过程中所搜索的空间比和时间费用，其结果为 100 次实验的平均值。从实验结果来看，搜索空间和时间费用有不同程度的降低。

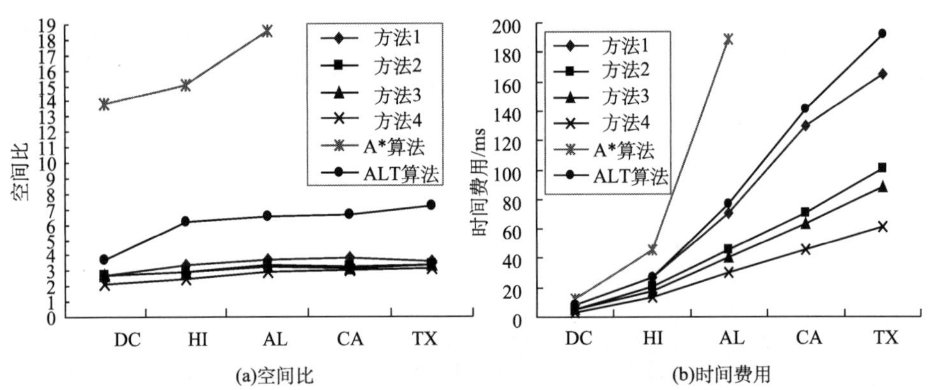

图 7.4 方法 1、方法 2、方法 3、方法 4、A^* 算法和 ALT 算法在路径搜索查询过程中所搜索的空间比和时间费用的比较

7.6 本章小结

三支决策方法拓广了二支决策，是一种普适性方法，给复杂问题求解的决策推理过程提供了很好的决策方法论。结合三支决策方法，本章介绍了商空间理论多粒度计算问题求解过程中的解空间决策推理过程，给出了负域与非负域解空间以及正域与非正域解空间的决策推理模型，并就子问题 POS 解合成问题即正域的合

成问题进行了讨论。结合称球游戏和大规模网络路径择优问题,给出了解空间决策推理过程和仿真实验,证实了提出的方法的可行性和高效性。

参考文献

[1] 蔡自兴,徐光祐. 人工智能及其应用. 第 4 版. 北京: 清华大学出版社, 2010.

[2] 李德毅,杜鹢. 不确定性人工智能. 北京:国防工业出版社, 2005.

[3] Zhang L, Zhang B. Theory and Applications of Problem Solving—The Quotient Space granular computation theory and Applications 2nd ed. Beijing: Tsinghua University Press, 2007.

[4] Yao Y Y. Three perspectives of granular computing. International Forum on Theory of GrC from Rough Set Perspective, Journal of Nanchang Institute of Technology, 2006, 25:16-21.

[5] Yao Y Y. Triarchic Theory of Granular Computing. Beijing:Science Press, 2010:115-143.

[6] 苗夺谦,王国胤,刘清,等. 粒计算:过去、现在与展望. 北京:科学出版社, 2007.

[7] 刘清. 基于粒计算的 AI 中问题求解研究. 计算机科学, 2003,30(5):11-12.

[8] 王国胤,张清华,马希骜,等. 知识不确定性问题的粒计算模型. 软件学报. 2011,22(4):676-694.

[9] 张钹,张铃. 粒计算未来发展方向探讨. 重庆邮电大学学报(自然科学版). 2010,22(5):538-540.

[10] 姚一豫. 三支决策//贾修一,商琳,周继中,等.三支决策理论与应用. 南京:南京大学出版社,2012:1-16.

[11] Zhang L, He F G, Zhang Y P, et al. A new algorithm for optimal path finding in complex networks based on the quotient space. Fundamenta Informaticae, 2009, 93(4): 459-469.

[12] 赵姝,张燕平. 构造性覆盖算法的三支决策//贾修一,商琳,周继中,等.三支决策理论与应用.南京:南京大学出版社,2012:80-102.

[13] 李华雄,刘盾,周献中. 决策粗糙集模型研究综述. 重庆邮电大学学报(自然科学版), 2010,22(5):624-630.

[14] Jia X Y, Li W W, Shang L, et al. An optimization viewpoint on decision-theoretic rough set model. Proceedings of 6th International Conferences on Rough Set and Knowledge Technology, 2011:454-462.

[15] Liu D, Yao Y Y, Li T R. Three-way investment decisions with decision-theoretic rough sets. International Journal of Computational Intelligence Systems, 2011,4(1):66-74.

[16] Yao Y Y. Probabilistic rough set approximations. International Journal of Approximate Reasoning, 2008,49:255-271.

[17] He F G, Zhang Y P, Chen J, et al. Path queries on massive graphs based on multi-granular graph partitioning.RSKT, 2011, 6954:569-578.

[18] 刘盾,姚一豫,李天瑞. 三支决策粗糙集. 计算机科学, 2011,38(1):245-250.

[19] 张铃,张钹. 粒计算+结构分析=商空间方法//张燕平,罗斌,姚一豫,等.商空间与粒计算——结构化问题求解理论与方法. 北京:科学出版社,2010:1-12.

[20] Schultes D. Route Planning in Road Networks. PhD thesis, 2008.

[21] 何富贵. 商空间理论在网络路径分析中研究[博士学位论文]. 合肥:安徽大学,2011.

[22] 何富贵,刘仁金,张燕平. 网络结构分析的粒计算. 计算机科学与探索, 2012, 6(11): 1049-1056.

[23] Goldberg A V. Point-to-point shortest path algorithms with preprocessing. Theory and Practice of Computer Science Lecture Notes in Computer Science4362, 2007:88-102.

[24] Goldberg A V Harrelson C. Computing the shortest path : A* search meets graph theory. 16th Annual ACM-SIAM Symposium on Discrete Algorithms (SODA '05), 2005:156-165.

[25] Goldberg A V, Kaplan H, Werneck R F. Better landmarks within reach. The 9th DIMACS Implementation Challenge, 2007: 38-51.

[26] Maue J, Sanders P, Matijevic D. Goal directed shortest path queries using precomputed cluster distances. 5th Workshop on Experimental Algorithms, 2006, 4007: 316-328.

[27] Maue J, Sanders P, Matijevic D. Goal-directed shortest-path queries using precomputed cluster distances. ACM Journal of Experimental Algorithmics, 2009, 14(3): 1-27.

[28] Goldberg A V. Reach for A*: efficient point-to-point shortest path algorithms. SIAM Workshop on Algorithms Engineering and Experimentation (ALENEX 06), 2006: 129-143.

[29] Delling D, Sanders P, Schultes D, et al. Highway hierarchies star. 9th DIMACS Implementation Challenge, 2006: 1-34.

[30] Pochter N, Zohar A, Rosenschein J S, et al. Search space reduction using swamp hierarchies. 24th AAAI Conference on Artificial Intelligence, 2010: 1-6.

[31] Kohler E, Mohring R H, Schilling H. Acceleration of shortest path and constrained shortest path computation. The 4th International Workshop on Efficient and Experimental Algorithm, 2005, 3503: 126-138.

[32] Mohring R H, Schilling H, Schutz B, et al. Partitioning graphs to speedup dijkstra's algorithm. Journal of Experimental Algorithmics, 2005, 3503: 189-202.

[33] Bast H, Funke S, Matijevic D. TRANSIT: ultrafast shortest-path queries with linear-time preprocessing. The 9th DIMACS Implementation Challenge, 2006: 1-8.

第8章 基于区间集的三支决策粗糙集

胡宝清

武汉大学数学与统计学院

三支决策理论、区间集思想来源于粗糙集。本章从区间集及其运算出发，将各类与区间集有相似之处的集合进行归纳和分析，基于区间集建立几种粗糙集模型。研究内容主要包括区间集及其代数结构、区间集与相近概念的关系、区间集的粗糙集。

8.1 引 言

三支决策理论是对传统二支决策理论的拓广[1]，它的基本思想来源于粗糙集[2-3]和决策粗糙集[4-9]的研究，其主要目的是将粗糙集模型的正域、负域和边界域解释为接受、拒绝和不承诺三种决策的结果。这种三支决策除了粗糙集作为代表外，还有其他不确定性，如模糊不确定性和随机不确定性，表8.1列出了三支决策的典型代表。

表8.1 三支决策的典型代表

三支决策理论	接受	拒绝	不承诺
粗糙集	正域	负域	边界域
模糊集	属于(核)	不属于	不确定(边界)
随机集	必然事件	不可能事件	不确定

当然首先有必要弄清楚粗糙集的结构以及与之相关概念的关系。

粗糙集概念被Pawlak于1982年提出[2]，随后粗糙集被推广到粗糙Fuzzy集[10]、Fuzzy粗糙集[10]、广义粗糙Fuzzy集[11]、广义Fuzzy粗糙集[12]、基于三角模的广义Fuzzy粗糙集[13,14]、基于逻辑算子的广义Fuzzy粗糙集[15-17]、区间值Fuzzy粗糙[18,19]等。图8.1显示了粗糙集的推广路线[20-21]。关于属性的等价关系被推广到Fuzzy等价关系、一般Fuzzy关系、区间值Fuzzy关系；关于对象的经典集被推广到Fuzzy集、区间值Fuzzy集；运算算子被推广到区间值Fuzzy t-模、区间值Fuzzy R-蕴涵、区间值蕴涵等[20-21]。

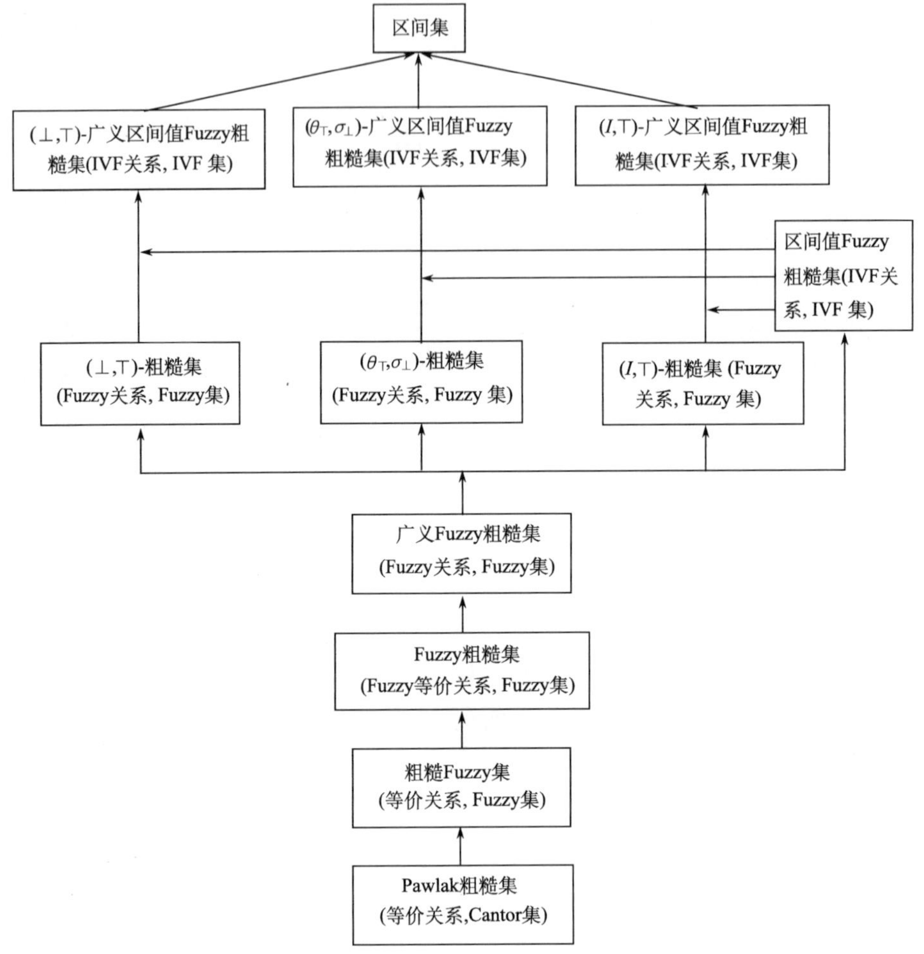

图 8.1　粗糙集的推广过程(IVF-区间值 Fuzzy)

不管是哪类粗糙集,都有下近似集与上近似集,各类概念用各自的下近似集或上近似集来近似表达。经过粗糙集及其各类扩广研究,Yao 从粗糙集的近似结构上抽象出了区间集的概念[22-23]。特别在文献[23]中,可以很清晰地看到从粗糙集的下近似集和上近似集到区间集的描述。表 8.2 列出了各类粗糙集的区间集特征,这些区间集的下界和上界分别是各自的下近似集和上近似集。表 8.3 列出了各类粗糙集的语义。

目前区间集的研究主要集中在以下几个方面。

(1) 区间集的概念及其代数结构。这一方面的研究主要是区间集概念的引入与运算的讨论[22-26]、区间集的格结构与蕴涵算子研究[27-29]。

(2) 区间集的推广研究。区间集被推广到格值区间集[30]。

(3) 区间集的比较研究。区间集与区间值的比较[31]、区间集与粗糙集的比较[27,32]、区间集与区间值模糊集的比较[33]。

(4) 区间集推理研究。基于区间集的不确定性推理研究[34-37]。

(5) 区间集的应用研究。区间集聚类分析[38-39]、不完全信息处理的区间集模型[40]。

本章详细安排如下。8.2 节研究区间集及其代数结构，具体介绍区间集及其运算；讨论特殊的区间集与区间集的格结构；定义 Fuzzy 区间集与格区间集；给出区间集的度量方法；探讨基于划分的区间集。8.3 节研究区间集与相近概念的关系，具体比较区间集与阴影集、区间集与区间值 Fuzzy 集、区间集与 Flou 集、区间集与直觉 Fuzzy 集、区间集与粗糙集。8.4 节研究区间集的粗糙集与 Fuzzy 区间集的 Fuzzy 粗糙集。8.5 节引入关系区间集与 Fuzzy 关系区间集，并研究了相应的粗糙集。8.6 节研究 Fuzzy 区间集基于 Fuzzy 关系区间集的粗糙集。8.7 节对本章进行总结。

表 8.2　各类粗糙集的区间集特征(IVF-区间值 Fuzzy)

粗糙集家族	论域	关系 (R) /对象 (A)	下、上近似
$(\bot,\top)$-广义 IVF 粗糙集	$X\times Y$	IVF 关系 /Y 的 IVF 集	$\underline{R}_{\bot}(A)=[\underline{R^{+}}_{\bot_1}(A^{-})\underline{R^{-}}_{\bot_2}(A^{+})]$ $\overline{R}_{T}(A)=[\overline{R^{-}}_{\top_1}(A^{-}),\overline{R^{+}}_{\top_2}(A^{+})]$
$(\theta_{\top},\sigma_{\bot})$-广义 IVF 粗糙集	$X\times Y$	IVF 关系 /Y 的 IVF 集	$\underline{R}_{\theta_{\top}}(A)=[\underline{R^{-}}_{\theta_{\top_1}}(A^{-})\cap\underline{R^{+}}_{\theta_{\top_2}}(A^{+}),\underline{R^{+}}_{\theta_{\top_2}}(A^{+})]$ $\overline{R}_{\sigma_{\bot}}(A)=[\overline{R^{+}}_{\sigma_{\bot_1}}(A^{-}),\overline{R^{+}}_{\sigma_{\bot_1}}(A^{-})\cup\overline{R^{-}}_{\sigma_{\bot_2}}(A^{+})]$
$(I,\top)$-广义 IVF 粗糙集	$X\times Y$	IVF 关系 /Y 的 IVF 集	$\underline{R}_{I}(A)=[\underline{R^{-}}_{I_1}(A^{-}),\underline{R^{+}}_{I_2}(A^{+})]$ $\overline{R}_{\top}(A)=[\overline{R^{-}}_{\top_1}(A^{-}),\overline{R^{+}}_{\top_2}(A^{+})]$
$(\bot,\top)$-广义 Fuzzy 粗糙集	$X\times Y$	Fuzzy 关系 /Y 的 Fuzzy 集	$\underline{R}_{\bot}(A)(x)=\inf\limits_{y\in Y}\bot(N(R(x,y)),A(y))$ $\overline{R}_{\top}(A)(x)=\sup\limits_{y\in Y}\top(R(x,y),A(y))$
$(\theta_{\top},\sigma_{\bot})$-广义 Fuzzy 粗糙集	$X\times Y$	Fuzzy 关系 /Y 的 Fuzzy 集	$\underline{R}_{\theta_{\top}}(A)(x)=\inf\limits_{y\in Y}\theta_{\top}(R(x,y),A(y))$ $\overline{R}_{\sigma_{\bot}}(A)(x)=\sup\limits_{y\in Y}\sigma_{\bot}(N(R(x,y)),A(y))$
$(I,\top)$-广义 Fuzzy 粗糙集	$X\times Y$	Fuzzy 关系 /Y 的 Fuzzy 集	$\underline{R}_{I}(A)(x)=\inf\limits_{y\in Y}I(R(x,y),A(y))$ $\overline{R}_{\top}(A)(x)=\sup\limits_{y\in Y}\top(R(x,y),A(y))$

续表

粗糙集家族	论域	关系 (R) /对象 (A)	下、上近似
区间值 Fuzzy 粗糙集	$X\times X$	IVF 关系 /X 的 IVF 集	$\underline{R}(A)(x)=[\bigwedge_{y\in X}\{A^-(y)\vee(1-R^+(x,y))\},\bigwedge_{y\in X}\{A^+(y)\vee(1-R^-(x,y))\}]$ $\overline{R}(A)(x)=[\bigvee_{y\in X}\{A^-(y)\wedge R^-(x,y)\},\bigvee_{y\in X}\{A^+(y)\wedge R^+(x,y)\}]$
区间值粗糙 Fuzzy 集	$X\times X$	等价关系 /X 的 IVF 集	$\underline{R}(A)(x)=[\wedge\{A^-(y)\mid y\in[x]_R\},\wedge\{A^+(y)\mid y\in[x]_R\}]$ $\overline{R}(A)(x)=[\vee\{A^-(y)\mid y\in[x]_R\},\vee\{A^+(y)\mid y\in[x]_R\}]$
广义 Fuzzy 粗糙集	$X\times Y$	Fuzzy 关系 /Y 的 Fuzzy 集	$\underline{R}(A)(x)=\inf_{y\in X}(A(y)\vee(1-R(x,y)))$ $\overline{R}(A)(x)=\sup_{y\in X}(A(y)\wedge R(x,y))$
广义粗糙 Fuzzy 集	$X\times Y$	一般经典关系 /Y 的 Fuzzy 集	$\underline{R}(A)(x)=\wedge\{A(y)\mid y\in F(x)\}$ $\overline{R}(A)(x)=\vee\{A(y)\mid y\in F(x)\}$ $F(x)=\{y\in Y\mid(x,y)\in R\},x\in X$
广义粗糙集	$X\times Y$	一般经典关系 /Y 的经典集	$\underline{R}(A)=\{x\in X\mid F(x)\subseteq A\}$ $\overline{R}(A)=\{x\in X\mid F(x)\cap A\neq\varnothing\}$ $F(x)=\{y\in Y\mid(x,y)\in R\},x\in X$
Fuzzy 粗糙集	$X\times X$	Fuzzy 关系 /X 的 Fuzzy 集	$\underline{R}(A)(x)=\inf_{y\in X}(A(y)\vee(1-R(x,y)))$ $\overline{R}(A)(x)=\sup_{y\in X}(A(y)\wedge R(x,y))$
Fuzzy 粗糙集	$X\times X$	Fuzzy 关系 /X 的经典集	$\underline{R}(A)(x)=\bigwedge_{y\notin A}\{1-R(x,y)\}$ $\overline{R}(A)(x)=\bigvee_{y\in A}\{R(x,y)\}$
粗糙 Fuzzy 集	$X\times X$	等价关系 /X 的 Fuzzy 集	$\underline{R}(A)(x)=\inf\{A(y)\mid y\in[x]_R\}$ $\overline{R}(A)(x)=\sup\{A(y)\mid y\in[x]_R\}$
Pawlak 粗糙集	$X\times X$	等价关系 /X 的经典集	$\underline{R}(A)=\{x\in X:[x]_R\subseteq A\}=\cup\{[x]_R\in X/R:[x]_R\subseteq A\}$ $\overline{R}(A)=\{x\in X:[x]_R\cap A\neq\varnothing\}=\cup\{[x]_R\in X/R:[x]_R\cap A\neq\varnothing\}$

表 8.3　各类粗糙集的语义(IVF-区间值 Fuzzy)

粗糙集家族	论域	关系 (R) /对象 (A)	语义
$(\perp,\top)$-广义 IVF 粗糙集	$X\times Y$	IVF 关系 /Y 的 IVF 集	基于算子$(\perp,\top)$的不同论域的区间值 Fuzzy 概念通过一般的上、下区间值 Fuzzy 知识近似表示
$(\theta_\top,\sigma_\perp)$-广义 IVF 粗糙集	$X\times Y$	IVF 关系 /Y 的 IVF 集	基于算子$(\theta_\top,\sigma_\perp)$的不同论域的区间值 Fuzzy 概念通过一般的上、下区间值 Fuzzy 知识近似表示
$(I,\top)$-广义 IVF 粗糙集	$X\times Y$	IVF 关系 /Y 的 IVF 集	基于算子$(I,\top)$的不同论域的区间值 Fuzzy 概念通过一般的上、下区间值 Fuzzy 知识近似表示
$(\perp,\top)$-广义 Fuzzy 粗糙集	$X\times Y$	Fuzzy 关系 /Y 的 Fuzzy 集	基于算子$(\perp,\top)$的不同论域的 Fuzzy 概念通过一般的上、下 Fuzzy 知识近似表示
$(\theta_\top,\sigma_\perp)$-广义 Fuzzy 粗糙集	$X\times Y$	Fuzzy 关系 /Y 的 Fuzzy 集	基于算子$(\theta_\top,\sigma_\perp)$的不同论域的 Fuzzy 概念通过一般的上、下 Fuzzy 知识近似表示
$(I,\top)$-广义 Fuzzy 粗糙集	$X\times Y$	Fuzzy 关系 /Y 的 Fuzzy 集	基于算子$(I,\top)$的不同论域的 Fuzzy 概念通过一般的上、下 Fuzzy 知识近似表示
区间值 Fuzzy 粗糙集	$X\times X$	IVF 关系 /X 的 IVF 集	区间值 Fuzzy 概念通过一般的上、下区间值 Fuzzy 知识近似表示
区间值粗糙 Fuzzy 集	$X\times X$	等价关系 /X 的 IVF 集	区间值 Fuzzy 概念通过上、下知识近似表示
广义 Fuzzy 粗糙集	$X\times Y$	Fuzzy 关系 /Y 的 Fuzzy 集	基于两个论域的 Fuzzy 概念通过一般的上、下 Fuzzy 知识近似表示
广义粗糙 Fuzzy 集	$X\times Y$	一般经典关系 /Y 的 Fuzzy 集	基于两个论域的 Fuzzy 概念通过一般的上、下知识近似表示
广义粗糙集	$X\times Y$	一般经典关系 /Y 的经典集	基于两个论域的概念通过一般的上、下区间值知识近似表示
Fuzzy 粗糙集	$X\times X$	Fuzzy 关系 /X 的 Fuzzy 集	Fuzzy 概念通过上、下 Fuzzy 知识近似表示

续表

粗糙集家族	论域	关系（R）/对象（A）	语义
Fuzzy 粗糙集	$X \times X$	Fuzzy 关系 /X 的经典集	概念通过上、下 Fuzzy 知识近似表示
粗糙 Fuzzy 集	$X \times X$	等价关系 /X 的 Fuzzy 集	Fuzzy 概念通过上、下知识近似表示
Pawlak 粗糙集	$X \times X$	等价关系 /X 的经典集	概念通过上、下知识近似表示

8.2 区间集及其代数结构

8.2.1 区间集的定义

Yao 引入了有限论域上的区间集[22]，下面给出的区间集不限制在有限论域上。

定义 8.1[22,25-26] 设 X 是论域，则 $[A_l, A_u] = \{A \subseteq X \mid A_l \subseteq A \subseteq A_u\}$ 称为 X 的一个区间集。X 上的所有区间集用 $I(\mathscr{P}(X))$ 表示。

从语义上讲，一个区间集描述了一个部分已知概念。尽管概念的外延是 X 的子集，但是信息不完全性使得难以精确地给出该子集。一个可能的方法是通过下界 A_l 和上界 A_u 对概念进行描述。对于任何子集 A，如果满足条件 $A_l \subseteq A \subseteq A_u$，那么 A 就可能是该概念的真实外延[26]，如图 8.2 所示。区间集的三支决策为

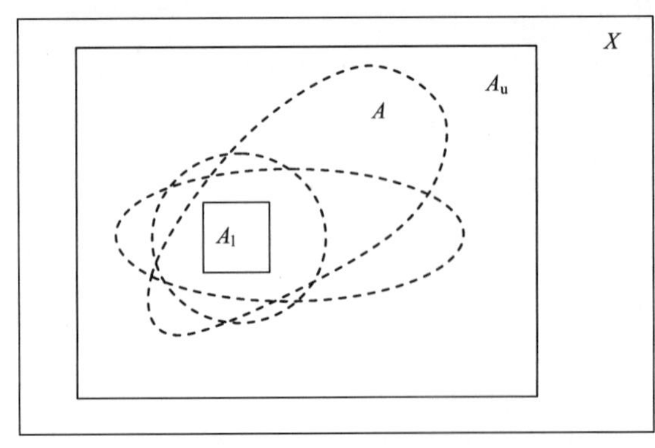

图 8.2 区间集示意图

①接受：A_l；②拒绝：$(A_u)^c$；③不承诺：区间集$[A_l, A_u]$的边界域 $BND([A_l, A_u]) = A_u - A_l$。

例 8.1　设 $X=\{a,b,c\}$，考虑其幂集元素的包含关系，如图 8.3 所示，则

$$[\{a\},\{a,b,c\}]=\{\{a\},\{a,b\},\{a,c\},\{a,b,c\}\}$$

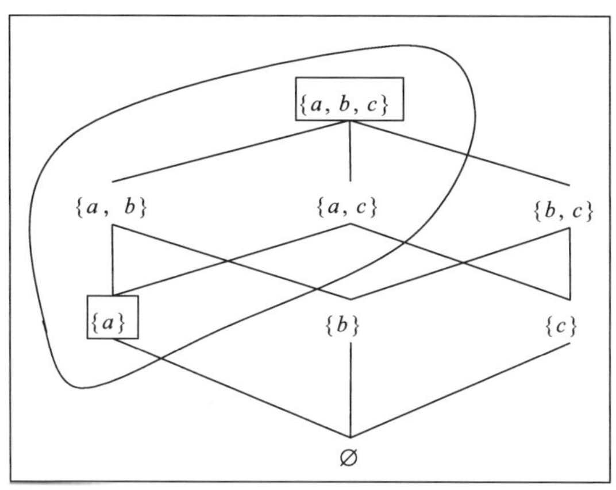

图 8.3　经典集合的幂集包含关系示意图

8.2.2　区间集的运算

Yao 讨论了区间集的运算及其代数结构[23, 26]。

定义 8.2　设 $\mathcal{A}=[A_l, A_u]$，设 $\mathcal{B}=[B_l, B_u]\in I(\mathscr{P}(X))$，则

$$\mathcal{A}\sqcap\mathcal{B}=[A_l\cap B_l, A_u\cap B_u]=\{A\cap B \mid A\in\mathcal{A}, B\in\mathcal{B}\}$$

$$\mathcal{A}\sqcup\mathcal{B}=[A_l\cup B_l, A_u\cup B_u]=\{A\cup B \mid A\in\mathcal{A}, B\in\mathcal{B}\}$$

$$\mathcal{A}-\mathcal{B}=[A_l-B_u, A_u-B_l]=\{A-B \mid A\in\mathcal{A}, B\in\mathcal{B}\}$$

$$\neg\mathcal{A}=[X,X]-[A_l, A_u]=[A_u^c, A_l^c]$$

$$[\varnothing,\varnothing]\triangleq\varnothing,\ [X,X]\triangleq\mathcal{X}$$

设 $\mathcal{A}_i=[A_l^{(i)}, A_u^{(i)}]$，则还可定义

$$\bigsqcup_i\mathcal{A}_i=\bigsqcup_i[A_l^{(i)}, A_u^{(i)}]=[\bigcup_i A_l^{(i)}, \bigcup_i A_u^{(i)}]$$

$$\bigsqcap_i\mathcal{A}_i=\bigsqcap_i[A_l^{(i)}, A_u^{(i)}]=[\bigcap_i A_l^{(i)}, \bigcap_i A_u^{(i)}]$$

命题 8.1[26]　区间集代数$(I(\mathscr{P}(X)),\sqcup,\sqcap,\neg,\varnothing,\mathcal{X})$是一个软代数，即运算$\sqcap$、$\sqcup$和$\neg$满足幂等律、交换律、结合律、分配律、吸收律、De Morgan 律、对合律、0-1 律。

由命题 8.1 知 $I(\mathscr{P}(X))$上相应的序关系为

$$[A_l, A_u]\sqsubseteq[B_l, B_u]\Leftrightarrow A_l\subseteq B_l \text{ 且 } A_u\subseteq B_u$$

并且 $\mathcal{A}\sqsubseteq\mathcal{B}\Leftrightarrow\mathcal{A}\sqcap\mathcal{B}=\mathcal{A}\Leftrightarrow\mathcal{A}\sqcup\mathcal{B}=\mathcal{B}$。

8.2.3 特殊区间集

定义 8.3　设 X 是论域，A_l、$A_u \subseteq X$，则 $[\varnothing, A_u] = \{A \subseteq X \mid A \subseteq A_u\}$ 和 $[A_l, X] = \{A \subseteq X \mid A_l \subseteq A\}$ 分别称为 X 的一个 u 和 l 区间集，分别简记为 $(A_u]$ 和 $[A_l)$。X 上的所有 u 和 l 区间集分别用 $I_u(\mathscr{P}(X))$ 和 $I_l(\mathscr{P}(X))$ 表示。

由定义很容易得到：如果 $(A_u] \in I_u(\mathscr{P}(X))$ 和 $[A_l) \in I_l(\mathscr{P}(X))$，并且 $A_l \subseteq A_u$，则 $[A_l, A_u] \in I(\mathscr{P}(X))$。

定义 8.4　论域 X 的区间集 $[A_l, A_u]$ 称为 X 的一个可定义区间集，如果 $A_l \subseteq A \subseteq A_u \Rightarrow A = A_l$ 或 $A = A_u$。

特别地，X 的一个可定义区间集 $(A_u]$ $(A_u \neq \varnothing)$ 称为 X 的一个原子区间集。

从语义上讲，可定义区间集 $[A_l, A_u]$ 所表达的概念的真实外延只可能是 A_l 或 A_u。

例如，在例 8.1 中，$[\{a\}, \{a, b\}]$ 就是 X 的一个可定义区间集，$(\{a\}]$ 是 X 的一个原子区间集。

很显然 $(X] = \mathscr{P}(X) = \bigsqcup_{a \in X} (\{a\}]$。

8.2.4 区间集的格结构

一般总用 $(L, \vee, \wedge)$ 表示一个格代数。设 $\wedge^+$ 和 $\vee^+$ 分别是 $\wedge$ 和 $\vee$ 的提升运算，即

$\forall A \subseteq L$：

$\varnothing \wedge^+ A = A \wedge^+ \varnothing = \varnothing$

$\varnothing \vee^+ A = A \vee^+ \varnothing = A$

$\forall A$、$B \subseteq L - \{\varnothing\}$：

$A \wedge^+ B = \{x \wedge y \mid x \in A, y \in B\}$

$A \vee^+ B = \{x \vee y \mid x \in A, y \in B\}$

定义 8.5[41]　设 $\mathscr{L} \subseteq \mathscr{P}(L)$，若 $(\mathscr{L}, \vee^+, \wedge^+)$ 成为格，则称 $\mathscr{L}$ 为 L 的提升格或幂格。L 的全体提升格记为 $H(L)$。

引理 8.1[41]　设 $A \in \mathscr{L} \subseteq H(L)$，则 A 是 L 的子格。

由定义很容易得到下面的结论。

命题 8.2

(1) 若 $(A_u] \in I_u(\mathscr{P}(X))$ 和 $[A_l) \in I_l(\mathscr{P}(X))$，则 $[A_l)$，$(A_u] \in H(\mathscr{P}(X))$，即 $[A_l)$ 和 $(A_u]$ 是集代数 $\mathscr{P}(X)$ 的提升格。

(2) 若 $[A_l, A_u] \in I(\mathscr{P}(X))$，则 $[A_l, A_u] \in H(\mathscr{P}(X))$，即 $[A_l, A_u]$ 是集代数 $\mathscr{P}(X)$ 的提升格。

(3) $[A_l)$、$(A_u]$ 和 $[A_l, A_u]$ 是格 $\mathscr{P}(X)$ 的子格。

8.2.5　Fuzzy 区间集与格区间集

设 $\mathscr{F}(X)$ 表示 X 上的所有 Fuzzy 集[42]，即 $\mathscr{F}(X)=\{A \mid A: X\rightarrow[0,1]\}$。设 $\mathscr{F}_L(X)$ 表示 X 上的所有 L-Fuzzy 集，即 $\mathscr{F}_L(X)=\{A \mid A: X\rightarrow L\}$。在 $\mathscr{F}(X)$ 和 $\mathscr{F}_L(X)$ 上的交、并、补运算分别用 $\cap$、$\cup$、c 表示[43]。

定义 8.6　设 X 是论域，A_1、$A_u\in\mathscr{F}(X)$，并且 $A_1\subseteq A_u$，则 $[A_1,A_u]=\{A\in\mathscr{F}(X)\mid A_1\subseteq A\subseteq A_u\}$ 称为 X 的一个 Fuzzy 区间集。X 上的所有 Fuzzy 区间集用 $I(\mathscr{F}(X))$ 表示。

定义 8.7　设 X 是论域，A_1、$A_u\in\mathscr{F}_L(X)$，并且 $A_1\subseteq A_u$，则 $[A_1,A_u]=\{A\in\mathscr{F}_L(X)\mid A_1\subseteq A\subseteq A_u\}$ 称为 X 的一个 L-Fuzzy 区间集。X 上的所有 L-Fuzzy 区间集用 $I(\mathscr{F}_L(X))$ 表示。

我们可以给出 Fuzzy 区间集的运算：设 $[A_1,A_u]$、$[B_1,B_u]\in I(\mathscr{F}(X))$，则

$\mathcal{A}\sqcap\mathcal{B}=[A_1\cap B_1,A_u\cap B_u]=\{A\cap B\mid A\in ,B\in\mathcal{B}\}$

$\mathcal{A}\sqcup\mathcal{B}=[A_1\cup B_1,A_u\cup B_u]=\{A\cup B\mid A\in ,B\in\mathcal{B}\}$

$\neg\mathcal{A}=[A_u^c,A_1^c]$

$[\varnothing,\varnothing]\triangleq\varnothing$，$[X,X]\triangleq\mathcal{X}$。

L-*Fuzzy* 区间集的运算：设 $[A_l,A_u]$，$[B_l,B_u]\in I(\mathscr{F}_L(X))$，则

$\mathcal{A}\sqcap_L\mathcal{B}=[A_1\cap B_1,A_u\cap B_u]=\{A\cap B\mid A\in\mathcal{A},B\in\mathcal{B}\}$

$\mathcal{A}\sqcup_L\mathcal{B}=[A_1\cup B_1,A_u\cup B_u]=\{A\cup B\mid A\in\mathcal{A},B\in\mathcal{B}\}$

$\neg=[A_u^c,A_1^c]$

命题 8.3　Fuzzy 区间集代数 $(I(\mathscr{F}(X)),\sqcup,\sqcap,\neg,\varnothing,\mathcal{X})$ 和格 Fuzzy 区间集代数 $(I(\mathscr{F}_L(X)),\sqcup_L,\sqcap_L,\neg,\varnothing,\mathcal{X})$ 都是软代数。

8.2.6　区间集的度量

区间集的不精确性是由边界域的存在而引起的。区间集的边界域越大，其描述概念的精确性则越低。为了更准确地表达这一点，我们引入信息确定度和概率确定度的概念。

定义 8.8　设 $\mathcal{A}=[A_1,A_u]\in I(\mathscr{P}(X))$，$X=\{x_1,x_2,\cdots,x_n\}$，则

$$\alpha_I(\mathcal{A})=\begin{cases}1, & A_u=\varnothing\\ \dfrac{|A_1|}{|A_u|}, & A_u\neq\varnothing\end{cases}$$

称为 $\mathcal{A}$ 的信息确定度，其中 $|A|$ 表示集合 A 的基数。

$$\rho_I(\mathcal{A})=1-\alpha_I(\mathcal{A})=\begin{cases}0, & A_u=\varnothing \\ \dfrac{|A_u-A_l|}{|A_u|}, & A_u\neq\varnothing\end{cases}$$

称为 $\mathcal{A}$ 的信息不确定度。

对于 Fuzzy 区间集可类似定义信息确定度与信息不确定度。Fuzzy 集 A 的基数定义为 $|A|=\sum_{i=1}^{n}A(x_i)$ [43]。

对于例 8.1，$\alpha_I([\{a\},\{a,b,c\}])=\dfrac{1}{3}$，$\rho_I([\{a\},\{a,b,c\}])=\dfrac{2}{3}$。信息确定度反映的是区间集的概念近似表达“程度”，$\alpha_I(\mathcal{A})$ 越小（$\rho_I(\mathcal{A})$ 越大），概念“部分已知”越少。由定义得到对论域中的任意非空子集，$\alpha_I([\varnothing,A])=0$。这说明信息确定度并未真正反映边界域的“大小”。为此引入下面的概念。

定义 8.9 称 $\alpha_P(\mathcal{A})=\dfrac{1}{|\mathcal{A}|}$ 为 $\mathcal{A}$ 的概率确定度。

概率确定度能反映边界域的“大小”。对于例 8.1，$\alpha_P([\{a\},\{a,b,c\}])=\dfrac{1}{4}$，这说明区间集 $[\{a\},\{a,b,c\}]$ 表示的概念有四种可能近似。对于可定义区间集 $\mathcal{A}$，$\alpha_P(\mathcal{A})=\dfrac{1}{2}$。很显然，$\alpha_P([A_l,A_u])=1$，当且仅当 $A_l=A_u$，这样的区间集表示的是精确概念。

8.2.7 基于划分的区间集

设 $\mathscr{C}=\{X_1,X_2,\cdots,X_n\}$ 是 X 的一个划分，即 $\forall i\in\{1,2,\cdots,n\}$，$X_i\neq\varnothing$，$X_i\subseteq X$，并且 $X_i\cap X_j=\varnothing$，$i\neq j$，$\bigcup_{i=1}^{n}X_i=X$。

定义 8.10 设 $\{X_1,X_2,\cdots,X_n\}$ 是 X 的一个划分，对于 $A\subseteq X$，如果 $A=\varnothing$ 或存在 $X_{i_j}\in\{X_1,X_2,\cdots,X_n\}$，$j=1,2,\cdots,k$，使 $A=X_{i_1}\cup X_{i_2}\cup\cdots\cup X_{i_k}$，则称 A 为基于划分 $\mathscr{C}$ 的确定概念。若 A_l、A_u 都是基于划分 $\mathscr{C}$ 的确定概念，则区间集 $\mathcal{A}=[A_l,A_u]\in I(\mathscr{P}(X))$ 称为 $\mathscr{C}$ 确定区间集。

命题 8.4 设 $\mathscr{C}=\{X_1,X_2,\cdots,X_n\}$ 是 X 的一个划分，$\mathcal{A}=[A_l,A_u]$、$\mathcal{B}=[B_l,B_u]\in I(\mathscr{P}(X))$ 是 $\mathscr{C}$ 确定区间集，则 $\mathcal{A}\sqcap\mathcal{B}$、$\mathcal{A}\sqcup\mathcal{B}$、$\mathcal{A}-\mathcal{B}$ 和 $\neg\mathcal{A}$ 都是 $\mathscr{C}$ 确定区间集。

证明：其实只需要证明如果 A 和 B 是基于划分 $\mathscr{C}$ 的确定概念，则 $A\cap B$、$A\cup B$、$A-B$ 和 A^c 都是基于划分 $\mathscr{C}$ 的确定概念。

8.3　区间集与相近概念的关系

还有一些其他概念与区间集有一定关系，这些概念有阴影集、区间值 Fuzzy 集、Flou 集、直觉 Fuzzy 集、粗糙集等。本节简单讨论区间集与它们的关系。

8.3.1　区间集与阴影集

Pedrycz 引入了阴影集(shadowed set)的概念[44]。阴影集被看成新的独立结构，也常常可以从 Fuzzy 集诱导。它比 Fuzzy 集更简单实用，能看成数值 Fuzzy 集的一种符号表示[45]。

定义 8.11[44-45]　设 X 是论域，则集值映射 $A:X\rightarrow\{0,1,[0,1]\}$ 是一个阴影集。X 上的全体阴影集用 $\mathscr{F}_s(X)$ 表示。

图 8.4 展现了阴影集的基本形象。

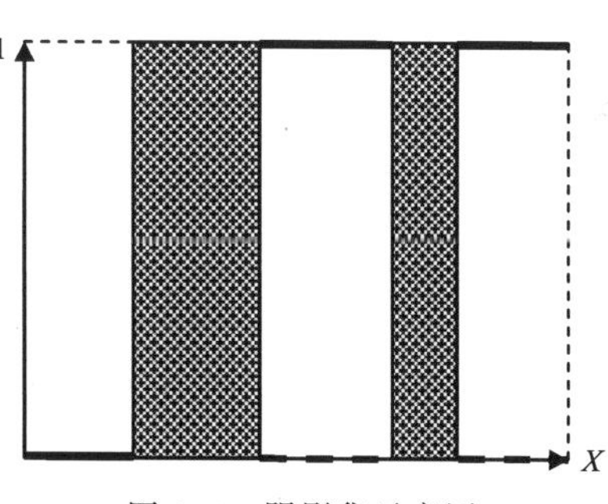

图 8.4　阴影集示意图

命题 8.5[33]　区间集对应一个阴影集，而阴影集对应一个区间集。

实际上，如果 $L=\{0,1,[0,1]\}$，序关系 $\leqslant_s$ 定义为 $0\leqslant_s[0,1]\leqslant_s 1$，则 $(L,\leqslant_s)$ 是一个软代数。设其代数运算为 $\vee_s$、$\wedge_s$、$\neg_s$，则在阴影集上(A、$B\in\mathscr{F}_s(X)$)可定义运算：

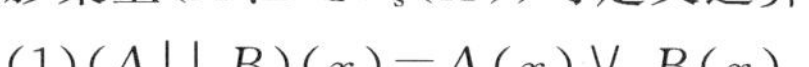

(1) $(A\cup_s B)(x)=A(x)\vee_s B(x)$。

(2) $(A\cap_s B)(x)=A(x)\wedge_s B(x)$。

(3) $(\neg_s A)(x)=\neg_s(A(x))$。

命题 8.6

(1) 阴影集代数 $(\mathscr{F}_s(X),\cup_s,\cap_s,\neg_s,\varnothing,X)$ 是一个软代数。

(2) 区间集代数 $(I(\mathscr{P}(X)),\sqcup,\sqcap,\neg,\varnothing,\mathcal{X})$ 与阴影集代数 $(\mathscr{F}_s(X),\cup_s,\cap_s,\neg_s,\varnothing,X)$ 同构。

证明：令 $f:I(\mathscr{P}(X))\rightarrow\mathscr{F}_s(\mathrm{X})$

$$f([A_l,A_u])(x)=\begin{cases}1, & x\in A_l\\ [0,1], & x\in A_u-A_l\\ 0, & 其他\end{cases}$$

很显然 f 是 $I(\mathscr{P}(X))$ 到 $\mathscr{F}_s(\mathrm{X})$ 的一一对应映射(单射和满射)，并且对于 $\mathcal{A}=[A_l,A_u]$、$\mathcal{B}=[B_l,B_u]\in I(\mathscr{P}(X))$ 有

$$f([A_l,A_u]\sqcup[B_l,B_u])(x)=f([A_l\cup B_l,A_u\cup B_u])(x)$$

$$=\begin{cases}1, & x\in A_l\cup B_l\\ [0,1], & x\in A_u\cup B_u-A_l\cup B_l\\ 0, & \text{其他}\end{cases}$$

分如下三种情形进行讨论(如图 8.5 所示)。

(1) $x\in A_l\cup B_l$

这时 $x\in A_l$ 或 $x\in B_l$。$f([A_l,A_u])(x)=1, f([B_l,B_u])(x)\leqslant_s 1$ 或者 $f([A_l,A_u])(x)\leqslant_s 1, f([B_l,B_u])(x)=1$。于是 $f([A_l,A_u]\sqcup[B_l,B_u])(x)=1=f([A_l,A_u])(x)\vee_s f([B_l,B_u])(x)$。

(2) $x\in A_u\cup B_u-A_l\cup B_l$

$f([A_l,A_u])(x)=[0,1], f([B_l,B_u])(x)\leqslant_s[0,1]$或者 $f([A_l,A_u])(x)\leqslant_s[0,1], f([B_l,B_u])(x)=[0,1]$。于是 $f([A_l,A_u]\sqcup[B_l,B_u])(x)=[0,1]=f([A_l,A_u])(x)\vee_s f([B_l,B_u])(x)$。

(3) $x\notin A_u\cup B_u$

$(f([A_l,A_u])\cup_s f([B_l,B_u]))(x)=0=f([A_l,A_u])(x)=f([B_l,B_u])(x)$，即$f([A_l,A_u]\sqcup[B_l,B_u])=f([A_l,A_u])\cup_s f([B_l,B_u])$。

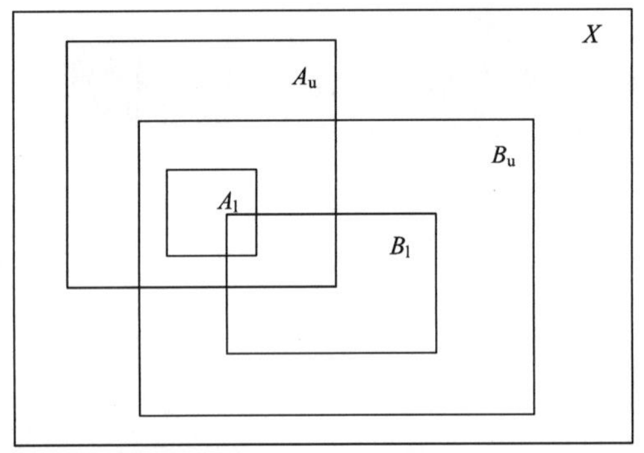

图 8.5 两个区间集关系示意图

同理可证 $f([A_l,A_u]\sqcap[B_l,B_u])=f([A_l,A_u])\cap_s f([B_l,B_u])$。

$$f(\neg[A_l,A_u])(x)=f([(A_u)^c,(A_l)^c])(x)=\begin{cases}1, & x\in(A_u)^c\\ [0,1], & x\in(A_l)^c-(A_u)^c\\ 0, & \text{其他}\end{cases}$$

$$=\begin{cases}\neg_s 0, & x\in(A_u)^c\\ \neg_s[0,1], & x\in A_u-A_l\\ \neg_s 1, & x\in A_l\end{cases}=\neg_s(f([A_l,A_u]))(x)$$

这证明了 f 是 $I(\mathscr{P}(X))$到 $\mathscr{F}_s(X)$的同构映射。

Cattanco 和 Ciucci[46] 采用具体的隶属度值 0.5 代替区间[0，1]，这与 Pedrycz 的方法是等价的。

8.3.2　区间集与区间值 Fuzzy 集

Zadeh 将 Fuzzy 集概念推广引入了如下的区间值 Fuzzy 集概念。

定义 8.12[47]　设 A 是论域 X 到 $I^{(2)}$ 的一个映射，即

$$A: X \to I^{(2)}$$

称 A 是 X 上的区间值 Fuzzy 集。这里

$$I^{(2)} = \{a = [\underline{a}, \bar{a}] \mid 0 \leqslant \underline{a} \leqslant \bar{a} \leqslant 1, \underline{a}, \bar{a} \in [0,1]\}$$

X 上的所有区间值 Fuzzy 集记为 $\mathscr{F}_{I^{(2)}}(X)$。

图 8.6 展现了区间值 Fuzzy 集的基本形象。

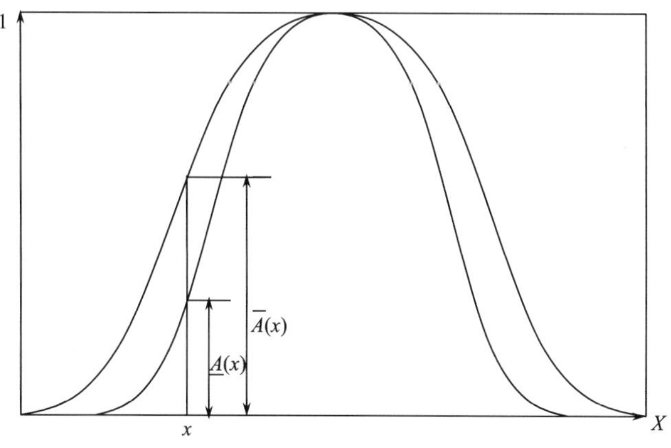

图 8.6　区间值 Fuzzy 集 $A(x) = [\underline{A}(x), \bar{A}(x)]$

由定义很容易得到 X 上的阴影集 A 是 X 上的一个区间值 Fuzzy 集$[\underline{A}, \bar{A}]$[33]，其中

$$\underline{A}(x) = \begin{cases} A(x), & A(x) = 0,1 \\ 0, & A(x) = [0,1] \end{cases}; \quad \bar{A}(x) = \begin{cases} A(x), & A(x) = 0,1 \\ 1, & A(x) = [0,1] \end{cases}$$

设 A 是 X 上的区间值 Fuzzy 集，则 $A(x)$记为$[\underline{A}(x), \bar{A}(x)]$，这时，$\underline{A}$和$\bar{A}$是 X 上的 Fuzzy 集，记 A 为$[\underline{A}, \bar{A}]$，显然$\underline{A} \subseteq \bar{A}$。$\underline{A}(x)$和$\bar{A}(x)$分别称为 A 的下隶属函数和上隶属函数。

由定义很容易得到 X 上的区间集$[A_l, A_u]$是 X 上的一个区间值 Fuzzy 集$[\chi_{A_l}, \chi_{A_u}]$，其中 χ_A 是 A 的特征函数。

区间值 Fuzzy 集的并、交、补与序关系定义如下。

定义 8.13[43]　设 A 和 B 是 X 上的区间值 Fuzzy 集，则

(1) $(A\cup B)(x)=[\underline{A}(x)\vee\underline{B}(x),\bar{A}(x)\vee\bar{B}(x)],\forall x\in X$；

(2) $(A\cap B)(x)=[\underline{A}(x)\wedge\underline{B}(x),\bar{A}(x)\wedge\bar{B}(x)],\forall x\in X$；

(3) $A^c(x)=[1-\bar{A}(x),1-\underline{A}(x)],\forall x\in X$；

(4) $A\subseteq B\Leftrightarrow\underline{A}\subseteq\underline{B}$ 且 $\bar{A}\subseteq\bar{B}$。

由此得到

$$\underline{A\cup B}=\underline{A}\cup\underline{B},\quad\overline{A\cup B}=\bar{A}\cap\bar{B}$$

$$\underline{A\cap B}=\underline{A}\cap\underline{B},\quad\overline{A\cap B}=\bar{A}\cap\bar{B}$$

$$\underline{A^c}=(\bar{A})^c,\quad\overline{A^c}=(\underline{A})^c$$

区间值 Fuzzy 集的研究还有很多具体参见文献[33]、文献[43]和文献[47]～文献[51]。

注 8.1

(1) 有人将区间值 Fuzzy 集称为灰集[52-53]。

(2) 有人将区间值 Fuzzy 集称为 ϕ-Fuzzy 集[54]。

(3) 区间 2 型 Fuzzy 集就是区间值 Fuzzy 集[33,55]。区间值 2 型 Fuzzy 集是隶属度为区间值 Fuzzy 集的 Fuzzy 集[56]，Fuzzy 值 Fuzzy 集是隶属度为 Fuzzy 值的 Fuzzy 集[57]。

命题 8.7

(1) 区间值 Fuzzy 集代数$(\mathscr{F}_{I^{(2)}}(X),\cup,\cap,c,\varnothing,X)$是一个软代数。

(2) 模糊区间集代数$(I(\mathscr{F}(X)),\sqcup,\sqcap,\neg,\varnothing,\mathcal{X})$与区间值 Fuzzy 集代数$(\mathscr{F}_{I^{(2)}}(X),\cup,\cap,c,\varnothing,X)$同构。

8.3.3　区间集与 Flou 集

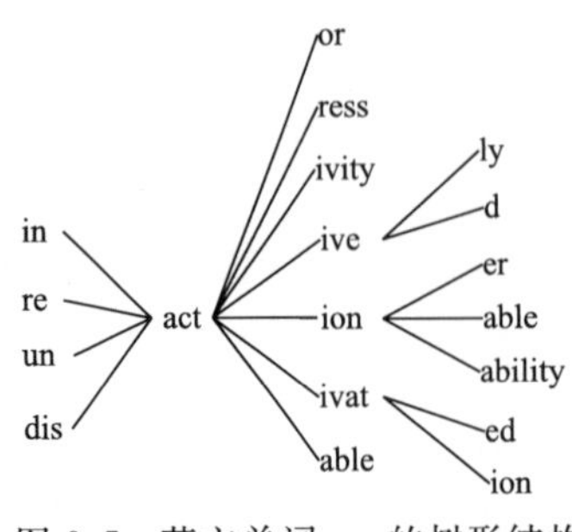

图 8.7　英文单词 act 的树形结构

Flou 集来自于 Gentilhomme (1968) 对自然语言(法语)词汇的某些语言学方面的考虑[58]。例如，从“act”开始，人们可以通过添加“in”、“un”、“re”、“dis”等前缀，和(或)添加“ive”、“ivity”、“ion”、“ionability”、“able”等后缀形成其他词。也就是说，可以考虑如图 8.7 所示的树形结构。

在这个树上的一些组合产生出常用的词(inactive，action，activate，actable)，有些组合显然

是不太常用的词(inactable),有些组合看起来似乎是可以接受的,但从来没有人能在字典里找到它们。出于这种考虑 Gentilhomme 将论域分成了三类:第一类是中心元素类,即这些元素一定满足某种属性;第二类是周边元素,即可疑元素;第三类是非元素,即一定不满足所给定的属性[59]。下面将这些想法形式化。

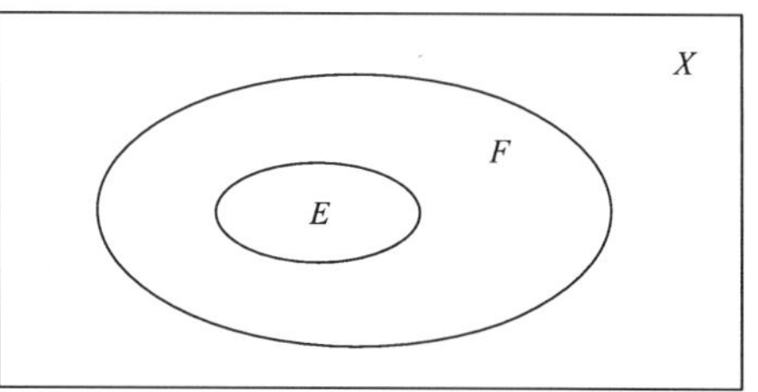

图 8.8 X 中 Flou 集(E, F)

定义 8.14[58] 设 X 是一个论域,则偶对(E,F)称为 X 的一个 Flou 集,其中 E、$F\subseteq X$,$E\subseteq F$。E 是确定域,F 是最大域,F-E 是 Flou 域,如图 8.8 所示。$\mathscr{Fl}(X)$是 X 的所有 Flou 集,即

$$\mathscr{Fl}(X)=\{(E,F):E,F\in\mathscr{P}(X),E\subseteq F\}$$

很显然,X 的经典集 A 是一个特殊的 Flou 集,记为(A,A)。

Flou 集(E,F)也可诠释为:E 是属性或概念的"核"元素;F-E 是其"边界"元素;E 的元素比 F-E 的元素更可能属于此属性或概念。

例 8.2 (1)设 $X=[0, 100]$是表述一个人的年龄论域,那么老年人就可以用 Flou 集表示。区间集$([60, 100], [50,100])$表示每一位年龄不低于 60 岁的人肯定是老年人,每一位低于 50 岁的人肯定不是老年人,而年龄在 50~60 岁的人,要说他"老年"就有疑问了。

(2) 设 R 是有限论域 X 上的等价关系,A 是 X 的子集,$\underline{R}(A)$和$\overline{R}(A)$分别是 A 的 Pawlak 下近似和上近似,则$(\underline{R}(A),\overline{R}(A))$就是一个 Flou 集。$\underline{R}(A)$中的元素肯定属于 A(粗糙集理论称为正域),$(\overline{R}(A))^c$ 中的元素肯定不属于 A(粗糙集理论称为负域),$\overline{R}(A)-\underline{R}(A)$中的元素是否属于 A 值得怀疑(粗糙集理论称为边界)。

定义 8.15 设 $A=(E,F)$,$B=(E',F')\in\mathscr{Fl}(X)$,则

(1) $(E,F)\subseteq(E',F')\Leftrightarrow E\subseteq E',F\subseteq F'$;

(2) $(E,F)\cup(E',F')=(E\cup E',F\cup F')$;

(3) $(E,F)\cap(E',F')=(E\cap E',F\cap F')$;

(4) $(E,F)^c=(F^c,E^c)$。

命题 8.8

(1) Flou 集代数$(\mathscr{Fl}(X),\cup,\cap,c,(\varnothing,\varnothing),(X,X))$是一个软代数。

(2) 区间集代数$(I(\mathscr{P}(X)),\sqcup,\sqcap,\neg,\varnothing,\mathcal{X})$与 Flou 集代数$(\mathscr{Fl}(X),\cup,\cap,c,(\varnothing,\varnothing),(X,X))$同构。

区间集与 Flou 集从数学上看是两个等价的概念,但区间集不仅强调了接受、

拒绝和不承诺三支决策的结果，也强调介于两个给定集合之间的集合可能是所描述概念的外延，而 Flou 集强调的只是三支决策的结果。

定义 8.16 设 X 是一个论域，则 X 的一个 n-Flou 集是一个 n 元组$(E_1,E_2,\cdots,E_n)$，其中，$E_1\subseteq E_2\subseteq\cdots\subseteq E_n\subseteq X$。$\mathscr{Fl}_n(X)$表示 X 的全体 n-Flou 集。

定义 8.17 设$(E_1,E_2,\cdots,E_n)$、$(F_1,F_2,\cdots,F_n)\in\mathscr{Fl}_n(X)$，则

(1) $(E_1,E_2,\cdots,E_n)\subseteq(F_1,F_2,\cdots,F_n)\Leftrightarrow(\forall i\in\{1,2,\cdots,n\})(E_i\subseteq F_i)$；

(2) $(E_1,E_2,\cdots,E_n)\cup(F_1,F_2,\cdots,F_n)=(E_1\cup F_1,E_2\cup F_2,\cdots,E_n\cup F_n)$；

(3) $(E_1,E_2,\cdots,E_n)\cap(F_1,F_2,\cdots,F_n)=(E_1\cap F_1,E_2\cap F_2,\cdots,E_n\cap F_n)$；

(4)$(E_1,E_2,\cdots,E_n)^c=(E_n^c,E_{n-1}^c,\cdots,E_1^c)$。

命题 8.9 $(\mathscr{Fl}_n(X),\cup,\cap,c)$是一个软代数。

Negoita 和 Ralescu 于 1975 年引入了 L-Flou 集并证明了 L-Fuzzy 集与 L-Flou 集之间的等价性[60]。

定义 8.18[60] 设 X 是一个论域，则一个 L-Flou 集是一个 L 到 $\mathscr{P}(X)$映射，即用 L 加标的 X 的子集族，$(E_\alpha)_{\alpha\in L}$满足如下条件。

(1) $E_0=\varnothing$；

(2) $E_{\sup_{i\in\Lambda}\alpha_i}=\bigcup\limits_{i\in\Lambda}E_{\alpha_i}$，$\forall(\alpha_i)_{i\in\Lambda},\alpha_i\in L$。

其中，Λ 为非空指标集。$\mathscr{Fl}_L(X)$是 X 上的所有 L-Flou 集。

n-Flou 集是特殊的 L-Flou 集，即它们对应选择了 $L=\{0,1,2,\cdots,n\}$，提供了自然序。令 $E_0=\varnothing$，$(E_\alpha)_{\alpha\in\{1,2,\cdots,n\}}\in\mathscr{Fl}_n(X)$。

8.3.4 区间集与直觉 Fuzzy 集

Atanassov 于 1983 年给出了 Fuzzy 集的一个推广概念——直觉 Fuzzy 集。Fuzzy 集给出了论域中一点的隶属度，而直觉 Fuzzy 集给出了论域中一点的隶属度与非隶属度。

直觉 Fuzzy 集用两个特征函数分别表示论域中元素的隶属度(belongingness)和非隶属度(non-belongingness)，严格定义如下。

定义 8.19[61] 论域 X 上的一个直觉 Fuzzy 集是下列形式的一个对象

$$A=\{(x,\mu_A(x),\nu_A(x))\mid x\in X\}$$

式中，$\mu_A(x)(\in[0,1])$为 x 属于 A 的隶属度，$\nu_A(x)(\in[0,1])$为 x 不属于 A 的隶属度，并且其和满足下列条件

$$\mu_A(x)+\nu_A(x)\leqslant 1,\forall x\in X$$

X 上的所有直觉 Fuzzy 集记为 $\mathscr{IF}(X)$，为了简单起见，$A=\{(x,\mu_A(x),\nu_A(x))\mid x\in X\}$记为 $A=(\mu_A,\nu_A)$。若 $X=\{x_1,x_2,\cdots,x_n\}$，则直觉 Fuzzy 集 $A=(\mu_A,\nu_A)$可以表示为

$$A=\frac{(\mu_A(x_1),\nu_A(x_1))}{x_1}+\frac{(\mu_A(x_2),\nu_A(x_2))}{x_2}+\cdots+\frac{(\mu_A(x_n),\nu_A(x_n))}{x_n}$$

设 $X=\{x_1,x_2,x_3,x_4,x_5\}$，则直觉 Fuzzy 集 $A=$“老年”可定义为

$$A=\frac{(0.8,0.2)}{x_1}+\frac{(0.2,0.7)}{x_2}+\frac{(0.1,0.8)}{x_3}+\frac{(0.9,0.1)}{x_4}+\frac{(0.5,0.5)}{x_5}$$

对于 X 上的直觉 Fuzzy 集 $A=(\mu_A,\nu_A)$，称

$$\pi_A(x)=1-\mu_A(x)-\nu_A(x)$$

为元素 x 在 A 中的直觉指标[62]，很显然 $0\leqslant\pi_A(x)\leqslant 1$[62-63]。

直觉 Fuzzy 集的并、交、补与序关系定义如下。

定义 8.20　设 $A=(\mu_A,\nu_A)$ 和 $B=(\mu_B,\nu_B)$ 是 X 上的直觉 Fuzzy 集，则

(1) $A\cup B=\{(x,\max\{\mu_A(x),\mu_B(x)\},\min\{\nu_A(x),\nu_B(x)\})\mid x\in X\}$；

(2) $A\cap B=\{(x,\min\{\mu_A(x),\mu_B(x)\},\max\{\nu_A(x),\nu_B(x)\})\mid x\in X\}$；

(3) $A^c=\{(x,\nu_A(x),\mu_A(x))\mid x\in X\}$；

(4) $A\subseteq B\Leftrightarrow\mu_A\subseteq\mu_B$ 且 $\nu_A\supseteq\nu_B$；

(5) $A=B\Leftrightarrow A\subseteq B$ 且 $B\subseteq A$；

(6) $A\leqslant B\Leftrightarrow\mu_A\subseteq\mu_B$ 且 $\nu_A\subseteq\nu_B$。

命题 8.10

(1) 直觉模糊集代数 $(\mathscr{IF}(X),\cup,\cap,c,\varnothing,X)$ 是一个软代数。

(2) 模糊区间集代数 $(I(\mathscr{F}(X)),\sqcap,\sqcup,\neg,\varnothing,\mathcal{X})$ 与直觉模糊集代数 $(\mathscr{IF}(X),\cup,\cap,c,\varnothing,X)$ 同构。

证明：设 $f:I(\mathscr{F}(X))\to\mathscr{IF}(X)$

$$[A_1,A_u]\to(A_1,(A_u)^c)$$

很显然，$(\forall x\in X)(A_1(x)\leqslant A_u(x)\Leftrightarrow A_1(x)+(A_u)^c(x)\leqslant 1)$，且 f 是一个双射。

$$\begin{aligned}f([A_1,A_u]\sqcup[B_1,B_u])&=f([A_1\cup B_1,A_u\cup B_u])\\&=(A_1\cup B_1,(A_u\cup B_u)^c)\\&=(A_1\cup B_1,(A_u)^c\cap(B_u)^c)\\&=(A_1,(A_u)^c)\cup(B_1,(B_u)^c)\\&=f([A_1,A_u])\cup f([B_1,B_u])\end{aligned}$$

$$f(\neg[A_1,A_u])=f([A_u^c,A_1^c])=(A_u^c,A_1)=(A_1,A_u^c)^c=(f([A_1,A_u]))^c$$

Gau 和 Buehrer[64]定义了含糊集的概念，随后 Bustince 和 Burillo[65]证明了含糊集就是直觉 Fuzzy 集。Atanassov 等还讨论了区间值直觉 Fuzzy 集[66]和直觉 L-Fuzzy 集[67]。

8.3.5 区间集与粗糙集

粗糙集[2]和经典集合在集合运算上有着本质的区别，二者对集合相等的定义表述各异。在经典集合里，如果两个集合有完全相同的元素，则这两个集合相等。在粗糙集理论中，我们需要另一个集合相等的概念，即近似(粗糙)相等。两个集合在普通集合里不是相等的，但在粗糙集里可能是近似相等的，因为两个集合是否近似相等是根据我们得到的知识判断的。

现在介绍集合的三种近似相等和近似包含的概念。

定义 8.21 设(X, R)为 Pawlak 近似空间，A、$B\subseteq X$。

(1) 若 $\underline{R}A=\underline{R}B$，则称集合 A 和 B 为 R 下相等，记为 $A=_{\underline{R}}B$。

(2)若 $\overline{R}A=\overline{R}B$，则称集合 A 和 B 为 R 上相等，记为 $A=_{\overline{R}}B$。

(3) 若 $A=_{\underline{R}}B$ 且 $A=_{\overline{R}}B$，则称集合 A 和 B 为 R 相等，记为 $A=_{R}B$。

(4) 若 $\underline{R}A\subseteq\underline{R}B$，则称集合 A 为 R 下包含于 B，记为 $A\subseteq_{\underline{R}}B$。

(5) 若 $\overline{R}A\subseteq\overline{R}B$，则称集合 A 为 R 上包含于 B，记为 $A\subseteq_{\overline{R}}B$。

(6) 若 $A\subseteq_{\underline{R}}B$ 且 $A\subseteq_{\overline{R}}B$，则称集合 A 为 R 包含于 B，记为 $A\subseteq_{R}B$。

易知，对于 X 上的任何等价关系 R、$=_{\underline{R}}$、$=_{\overline{R}}$ 和$=_{R}$ 为 $\mathscr{P}(X)$上的等价关系，$\subseteq_{\underline{R}}$、$\subseteq_{\overline{R}}$和$\subseteq_{R}$ 为 $\mathscr{P}(X)$上的拟序关系。

命题 8.11 $\forall A\in\mathscr{P}(X)$，区间集$[\underline{R}(A),\overline{R}(A)]$具有下列性质。

(1) $[\underline{R}(A),\overline{R}(A)]\supseteq[A]_{=_R}=\{B\in\mathscr{P}(X)\mid B=_{R}A\}$。

(2) $[\underline{R}(A),\overline{R}(A)]=\{B\in\mathscr{P}(X)\mid A\subseteq_{\underline{R}}B\subseteq_{\overline{R}}A\}$。

证明：(1)很显然，此处略。

(2) $\forall B\in[\underline{R}(A),\overline{R}(A)]$，有

$$\begin{aligned}\underline{R}(A)\subseteq B\subseteq\overline{R}(A)&\Rightarrow\underline{R}(\underline{R}(A))\subseteq\underline{R}(B),\overline{R}(B)\subseteq\overline{R}(\overline{R}(A))\\&\Rightarrow\underline{R}(A)\subseteq\underline{R}(B),\overline{R}(B)\subseteq\overline{R}(A)\\&\Rightarrow A\subseteq_{\underline{R}}B\subseteq_{\overline{R}}A。\end{aligned}$$

反之，$A\subseteq_{\underline{R}}B\subseteq_{\overline{R}}A\Rightarrow\underline{R}(A)\subseteq\underline{R}(B)\subseteq B\subseteq\overline{R}(B)\subseteq\overline{R}(A)$。

图 8.9 显示了粗糙集构成的区间集与粗相等和粗包含的关系。

由粗糙集的性质，得到下面命题。

命题 8.12 设(X, R)为 Pawlak 近似空间，A、$B\subseteq X$，则

(1) $[\underline{R}(A),\overline{R}(A)]\sqcup[\underline{R}(B),\overline{R}(B)]\sqsubseteq[\underline{R}(A\cup B),\overline{R}(A\cup B)]$；

(2) $[\underline{R}(A),\overline{R}(A)]\sqcap[\underline{R}(B),\overline{R}(B)]\sqsupseteq[\underline{R}(A\cap B),\overline{R}(A\cap B)]$；

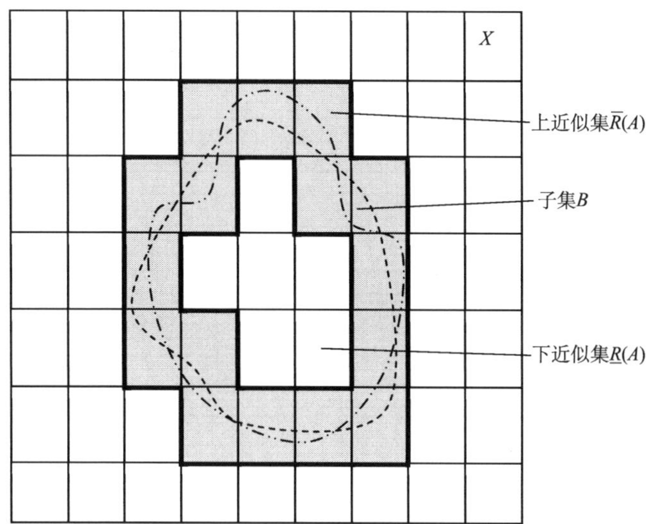

图 8.9　粗糙集所构成的区间集所决定的等价类

(3) $\neg[\underline{R}(A),\overline{R}(A)]=[\underline{R}(A^{c}),\overline{R}(A^{c})]$；

(4) $[\underline{R}(\varnothing),\overline{R}(\varnothing)]=\varnothing,[\underline{R}(X),\overline{R}(X)]=\mathcal{X}$；

(5) $A\subseteq B\Rightarrow[\underline{R}(A),\overline{R}(A)]\sqsubseteq[\underline{R}(B),\overline{R}(B)]$。

证明：只证(1)，其他类似可证。

$$
\begin{aligned}
[\underline{R}(A),\overline{R}(A)]\sqcup[\underline{R}(B),\overline{R}(B)]&=[\underline{R}(A)\cup\underline{R}(B),\overline{R}(A)\cup\overline{R}(B)]\\
&=[\underline{R}(A)\cup\underline{R}(B),\overline{R}(A\cup B)]\\
&\sqsubseteq[\underline{R}(A\cup B),\overline{R}(A\cup B)]
\end{aligned}
$$

本节讨论了区间集与相近概念的关系，综合上面的研究得到关系如图 8.10 所示。

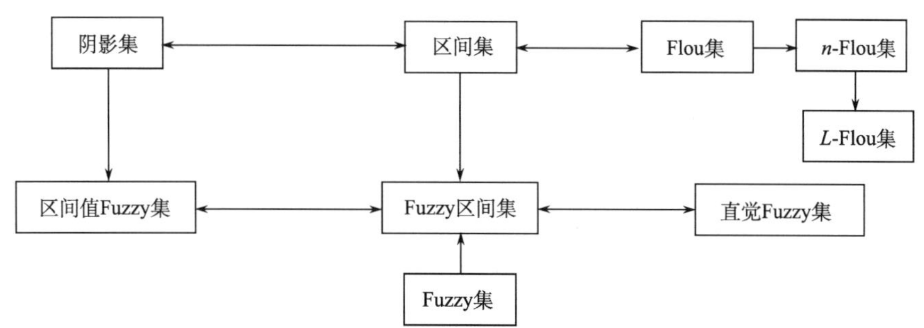

图 8.10　区间集与相关集合的关系

8.4 区间集的粗糙集

在粗糙集理论中，对象可以是经典集、Fuzzy 集、区间值 Fuzzy 集等，本节要讨论的是对象为区间集的 Pawlak 粗糙集和对象为 Fuzzy 区间集的 Fuzzy 粗糙集。

8.4.1 区间集的 Pawlak 粗糙集

定义 8.22 设 R 是有限论域 X 上的等价关系，$(\underline{R}(A),\bar{R}(A))$ 是 X 上子集 A 的 Pawlak 粗糙集，对于区间集 $\mathcal{A}=[A_l,A_u]\in I(\mathcal{P}(X))$，$\mathcal{A}$ 的下近似与上近似分别定义为 $\underline{R}(\mathcal{A})=[\underline{R}(A_l),\underline{R}(A_u)]$ 和 $\bar{R}(\mathcal{A})=[\bar{R}(A_l),\bar{R}(A_u)]$，称 $(\underline{R}(\mathcal{A}),\bar{R}(\mathcal{A}))$ 为区间集 $\mathcal{A}$ 的 Pawlak 粗糙集。

很显然当区间集 $\mathcal{A}=[A_l,A_u]$ 退化为 X 的一个经典集时，即 $A_l=A_u$，$(\underline{R}(\mathcal{A}),\bar{R}(\mathcal{A}))$ 就是 Pawlak 粗糙集。

命题 8.13 设 R 是有限论域 X 上的等价关系，$\mathcal{A}=[A_l,A_u]$，$\mathcal{B}=[B_l,B_u]\in I(\mathcal{P}(X))$，则

(1) $\underline{R}(\mathcal{A}\sqcup\mathcal{B})\sqsupseteq\underline{R}(\mathcal{A})\sqcup\underline{R}(\mathcal{B})$；

(2) $\bar{R}(\mathcal{A}\sqcup\mathcal{B})\sqsupseteq\bar{R}(\mathcal{A})\sqcup\bar{R}(\mathcal{B})$；

(3) $\underline{R}(\mathcal{A}\sqcap\mathcal{B})=\underline{R}(\mathcal{A})\sqcup\underline{R}(\mathcal{B})$；

(4) $\bar{R}(\mathcal{A}\sqcap\mathcal{B})\sqsubseteq\bar{R}(\mathcal{A})\sqcap\bar{R}(\mathcal{B})$；

(5) $\neg\underline{R}(\mathcal{A})=\bar{R}(\neg\mathcal{A})$ 和 $\neg\bar{R}(\mathcal{A})=\underline{R}(\neg\mathcal{A})$；

(6) $\underline{R}(\varnothing)=\bar{R}(\varnothing)=\varnothing$，$\underline{R}(\mathcal{X})=\bar{R}(\mathcal{X})=\mathcal{X}$；

(7) $\mathcal{A}\sqsubseteq\mathcal{B}\Rightarrow\underline{R}(\mathcal{A})\sqsubseteq\underline{R}(\mathcal{B})$，$\bar{R}(\mathcal{A})\sqsubseteq\bar{R}(\mathcal{B})$。

证明：只证(1)和(5)，其他类似可证。

(1)
$$\begin{aligned}\underline{R}(\mathcal{A}\sqcup\mathcal{B})&=\underline{R}([A_l\cup B_l,A_u\cup B_u])\\&=[\underline{R}(A_l\cup B_l),\underline{R}(A_u\cup B_u)]\\&\sqsupseteq[\underline{R}(A_l)\cup\underline{R}(B_l),\underline{R}(A_u)\cup\underline{R}(B_u)]\\&=\underline{R}(\mathcal{A})\sqcup\underline{R}(\mathcal{B})\end{aligned}$$

(5)
$$\begin{aligned}\neg\underline{R}(\mathcal{A})&=[(\underline{R}(A_u))^c,(\underline{R}(A_l))^c]\\&=[\bar{R}((A_u)^c),\bar{R}((A_l)^c)]\\&=\bar{R}(\neg\mathcal{A})\end{aligned}$$

8.4.2　Fuzzy 区间集的 Fuzzy 粗糙集

如果考虑 Fuzzy 区间集，也有类似的结果。

定义 8.23　设 R 是有限论域 X 上的 Fuzzy 关系，$(\underline{R}(A),\overline{R}(A))$ 是 X 上 Fuzzy 集 A 的粗糙集，对于 Fuzzy 区间集 $\mathcal{A}=[A_l,A_u]\in I(\mathscr{F}(X))$，$\mathcal{A}$ 的下近似与上近似分别定义为 $\underline{R}(\mathcal{A})=[\underline{R}(A_l),\underline{R}(A_u)]$ 和 $\overline{R}(\mathcal{A})=[\overline{R}(A_l),\overline{R}(A_u)]$，称 $(\underline{R}(\mathcal{A}),\overline{R}(\mathcal{A}))$ 为 Fuzzy 区间集 $\mathcal{A}$ 的 Fuzzy 粗糙集。

很显然当 Fuzzy 区间集 $\mathcal{A}=[A_l,A_u]$ 退化为 X 的一个区间集时，$(\underline{R}(\mathcal{A}),\overline{R}(\mathcal{A}))$ 就是 8.4.1 节讨论的 Pawlak 粗糙集。

命题 8.14　设 R 是有限论域 X 上的 Fuzzy 关系，$\mathcal{A}=[A_l,A_u]$，$\mathcal{B}=[B_l,B_u]\in I(\mathscr{F}(X))$，则

(1) $\underline{R}(\mathcal{A}\sqcup\mathcal{B})\sqsupseteq\underline{R}(\mathcal{A})\sqcup\underline{R}(\mathcal{B})$；

(2) $\overline{R}(\mathcal{A}\sqcup\mathcal{B})\sqsupseteq\overline{R}(\mathcal{A})\sqcup\overline{R}(\mathcal{B})$；

(3) $\underline{R}(\mathcal{A}\sqcup\mathcal{B})\sqsubseteq\underline{R}(\mathcal{A})\sqcup\underline{R}(\mathcal{B})$；

(4) $\overline{R}(\mathcal{A}\sqcap\mathcal{B})\sqsubseteq\overline{R}(\mathcal{A})\sqcap\overline{R}(\mathcal{B})$；

(5) $\neg\underline{R}(\mathcal{A})=\overline{R}(\neg\mathcal{A})$ 和 $\neg\overline{R}(\mathcal{A})=\underline{R}(\neg\mathcal{A})$；

(6) $\underline{R}(\varnothing)=\overline{R}(\varnothing)=\varnothing$，$\underline{R}(\mathcal{X})=\overline{R}(\mathcal{X})=\mathcal{X}$；

(7) $\mathcal{A}\sqsubseteq\mathcal{B}\Rightarrow\underline{R}(\mathcal{A})\sqsubseteq\underline{R}(\mathcal{B})$，$\overline{R}(\mathcal{A})\sqsubseteq\overline{R}(\mathcal{B})$。

证明：类似命题 8.13 可证。

8.5　基于关系区间集的 $\mathcal{R}$ 粗糙集

在粗糙集中对象可以考虑区间集，关系也可以考虑区间集。本节讨论的是关系为区间集的粗糙集与 Fuzzy 粗糙集。

8.5.1　关系区间集及其粗糙集

定义 8.24　设区间集 $\mathcal{R}=[R_l,R_u]\in I(\mathscr{P}(X\times Y))$，则称 $\mathcal{R}=[R_l,R_u]$ 是 X 到 Y 的关系区间集。R_l 和 R_u 是串行的(serial)，则称 $\mathcal{R}$ 是 serial。对于 $X=Y$，如果 R_l、R_u 都是 X 上的自反(对称、传递、等价)关系，则称 $\mathcal{R}=[R_l,R_u]$ 为 X 的自反(对称、传递、等价)关系区间集。

由定义可知，$\mathcal{R}=[R_l,R_u]$ 是 X 的自反关系区间集，当且仅当 R_l 是 X 的自反关系时。这时 $\forall R\in\mathcal{R}=[R_l,R_u]$，$R$ 都是自反的。对于对称性和传递性则没有这

个性质，即 $\mathcal{R}=[R_l,R_u]$是对称的(传递的)关系区间集，并未要求$\forall R\in\mathcal{R}=[R_l,R_u]$，$R$ 是对称的(传递的)关系。

定义 8.25 设 $\mathcal{R}=[R_l,R_u]$是有限论域 X 上的等价关系区间集，则称$(X,\mathcal{R})$为区间集近似空间。设 $A\subseteq X$，$(\underline{R_l}(A),\overline{R_l}(A))$和$(\underline{R_u}(A),\overline{R_u}(A))$分别是 A 关于 R_l 和 R_u 的 Pawlak 粗糙集，则分别称$\underline{\mathcal{R}}(A)=[\underline{R_u}(A),\underline{R_l}(A)]$和 $\overline{\mathcal{R}}(A)=[\overline{R_l}(A),\overline{R_u}(A)]$为 A 的 $\mathcal{R}$ 下近似和 $\mathcal{R}$ 上近似。$(\underline{\mathcal{R}}(A),\overline{\mathcal{R}}(A))$为 A 的 $\mathcal{R}$ 粗糙集。

图 8.11 显示了 $\mathcal{R}$ 粗糙集的上下近似。

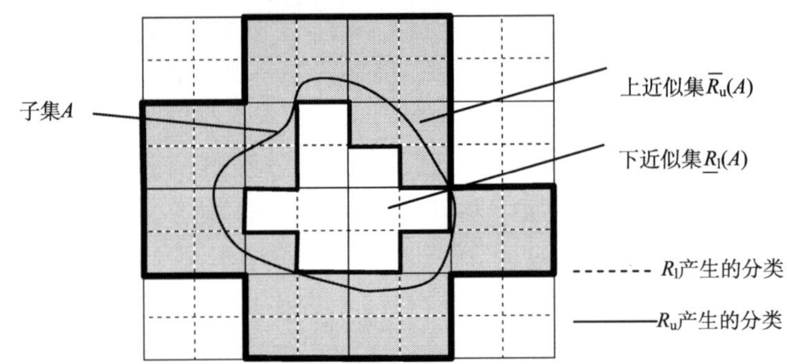

图 8.11 关系区间集所构造的粗糙集上下近似

很显然当 $R_l=R_u$ 即 $\mathcal{R}=[R_l,R_u]$时，其退化为有限论域 X 上的等价关系，则$(\underline{\mathcal{R}}(A),\overline{\mathcal{R}}(A))$为 A 的 Pawlak 粗糙集。

8.5.2 Fuzzy 关系区间集及其粗糙集

定义 8.25 可推广到 Fuzzy 关系区间集上。

定义 8.26 设 Fuzzy 区间集 $\mathcal{R}=[R_l,R_u]\in I(\mathscr{F}(X\times Y))$，则称 $\mathcal{R}=[R_l,R_u]$是 X 到 Y 的 Fuzzy 关系区间集。对于 $X=Y$，如果 R_l、R_u 都是 X 上的自反(对称、(max-T)传递、等价)Fuzzy 关系，则称 $\mathcal{R}=[R_l,R_u]$为 X 的自反(对称、(max-T)传递、等价)Fuzzy 关系区间集。

设 X 和 Y 是两个有限非空论域，$\mathcal{R}=[R_l,R_u]$是 X 到 Y 的 Fuzzy 关系区间集，则称$(X,Y,\mathcal{R})$为广义 Fuzzy 区间集近似空间。

定义 8.27 设$(X,Y,\mathcal{R})$为广义 Fuzzy 区间集近似空间，对于 Fuzzy 集 $A\in\mathscr{F}(Y)$，$(\underline{R_l}(A),\overline{R_l}(A))$和$(\overline{R_u}(A),\overline{R_u}(A))$分别是 A 关于 R_l 和 R_u 的广义 Fuzzy 粗糙集，则分别称$\underline{\mathcal{R}}(A)=[\underline{R_u}(A),\underline{R_l}(A)]$和$\overline{\mathcal{R}}(A)=[\overline{R_l}(A),\overline{R_u}(A)]$为 A 的 $\mathcal{R}$ 下近似和 $\mathcal{R}$ 上近似。$(\underline{\mathcal{R}}(A),\overline{\mathcal{R}}(A))$为 Fuzzy 集 A 的广义 Fuzzy $\mathcal{R}$ 粗糙集。

很显然当 $R_l=R_u$ 即 $\mathcal{R}=[R_l,R_u]$ 时，其退化为 X 到 Y 的 Fuzzy 关系，则 $(\underline{\mathcal{R}}(A),\overline{\mathcal{R}}(A))$ 为 A 的广义 Fuzzy 粗糙集。

此定义也可推广到逻辑算子上。便于讨论，我们首先给出基于三角模的广义 Fuzzy 粗糙集。在本章的讨论中我们总假设 $\top$ 和 $\bot$ 分别是 $[0,1]$ 上的 t-模和 t-余模，并且 t-余模 $\bot$ 和 t-模 $\top$ 总是对偶的，即 $\bot(x,y)=1-\top(1-x,1-y)$，$\forall x$、$y\in[0,1]$。

定义 8.28[13]　设 X 和 Y 是两个有限非空论域，R 是 X 到 Y 的 Fuzzy 关系。对于 Fuzzy 集 $A\in\mathscr{F}(Y)$，A 的 $\bot$-下近似 $\underline{R}_\bot(A)$ 和 $\top$-上近似 $\overline{R}_\top(A)$ 分别是 X 的 Fuzzy 集，其隶属函数分别定义为

$$\underline{R}_\bot(A)(x)=\inf\{A(y)\bot(1-R(x,y))\mid y\in Y\}$$

$$\overline{R}_\top(A)(x)=\sup\{A(y)\top R(x,y)\mid y\in Y\}$$

三元组 (X,Y,R) 被称为广义 Fuzzy 近似空间，并且 Fuzzy 集对 $(\underline{R}_\bot(A),\overline{R}_\top(A))$ 称为 $(\bot,\top)$-广义 Fuzzy 粗糙集。特别地，如果 $\bot=\vee$ 和 $\top=\wedge$，$(\underline{R}_\bot(A),\overline{R}_\top(A))$ 记为 $(\underline{R}(A),\underline{R}(A))$，即为广义 Fuzzy 粗糙集[12]。如果 $X=Y$，那么 $(\underline{R}_\bot(A),\overline{R}_\top(A))$ 称为 $(\bot,\top)$-Fuzzy 粗糙集。

引理 8.2[13]　设 (X,Y,R) 和 (X,Y,S) 为广义 Fuzzy 近似空间，则

(1) $R\subseteq S\Rightarrow\underline{R}_\bot(A)\supseteq\underline{S}_\bot(A)$，$\overline{R}_\top(A)\subseteq\overline{S}_\top(A)$；

(2) $\underline{R\cup S}_\bot(A)=\underline{R}_\bot(A)\cap\underline{S}_\bot(A)$，$\underline{R\cap S}_\bot(A)\supseteq\underline{R}_\bot(A)\cup\underline{S}_\bot(A)$；

(3) $\overline{(R\cup S)}_\top(A)=\overline{R}_\top(A)\cup\overline{S}_\top(A)$，$\overline{(R\cap S)}_\top(A)\subseteq\overline{R}_\top(A)\cap\overline{S}_\top(A)$。

定义 8.29　设 $(X,Y,\mathcal{R})$ 为广义 Fuzzy 区间集近似空间，$A\in \mathrm{F}(Y)$，$(\underline{R}_{l\bot}(A),\overline{R}_{l\top}(A))$ 和 $(\underline{R}_{u\bot}(A),\underline{R}_{u\top}(A))$ 分别是 A 关于 R_l 和 R_u 的 $(\bot,\top)$-广义 Fuzzy 粗糙集，则分别称 $[\underline{R}_{u\bot}(A),\underline{R}_{l\bot}(A)]$ 和 $[\overline{R}_{l\top}(A),\overline{R}_{u\top}(A)]$ 为 A 的 $\bot$-$\mathcal{R}$ 下近似和 $\top$-$\mathcal{R}$ 上近似，分别记为 $\overline{\mathcal{R}}_\bot(A)$ 和 $\overline{\mathcal{R}}_\top(A)$。偶对 $(\underline{\mathcal{R}}_\bot(A),\overline{\mathcal{R}}_\top(A))$ 为 Fuzzy 集 A 的 $(\bot,\top)$-广义 Fuzzy$\mathcal{R}$ 粗糙集。

很显然当 $R_l=R_u$ 即 $\mathcal{R}=[R_l,R_u]$ 时，其退化为 X 到 Y 的 Fuzzy 关系，则 $(\underline{\mathcal{R}}_\bot(A),\overline{\mathcal{R}}_\top(A))$ 为 Fuzzy 集 A 的 $(\bot,\top)$-广义 Fuzzy 粗糙集。

命题 8.15　设 $(X,Y,\mathcal{R})$ 为广义 Fuzzy 区间集近似空间，A、$B\in\mathscr{F}(Y)$，则

(1) $\overline{\mathcal{R}}_\top(\varnothing)=\varnothing$，$\underline{\mathcal{R}}_\bot(Y)=\mathcal{X}$；

(2) $A\subseteq B\Rightarrow\underline{\mathcal{R}}_\bot(A)\sqsubseteq\underline{\mathcal{R}}_\bot(B)$，$\overline{\mathcal{R}}_\top(A)\sqsubseteq\overline{\mathcal{R}}_\top(B)$；

(3) $\underline{\mathcal{R}}_\bot(A^c)=\neg(\overline{\mathcal{R}}_\top(A))$，$\overline{\mathcal{R}}_\top(A^c)=\neg(\underline{\mathcal{R}}_\bot(A))$；

(4) $\underline{\mathcal{R}}_\bot(A\cap B)=\underline{\mathcal{R}}_\bot(A)\sqcap\underline{\mathcal{R}}_\bot(B)$，$\overline{\mathcal{R}}_\top(A\cup B)=\overline{\mathcal{R}}_\top(A)\sqcup\overline{\mathcal{R}}_\top(B)$；

(5) $\underline{\mathcal{R}}_{\perp}(A\cup B)\sqsupseteq\underline{\mathcal{R}}_{\perp}(A)\sqcup\underline{\mathcal{R}}_{\perp}(B)$, $\bar{\mathcal{R}}_{\top}(A\cap B)\sqsubseteq\bar{\mathcal{R}}_{\top}(A)\sqcap\bar{\mathcal{R}}_{\top}(B)$;

(6) $\mathcal{R}$ 是 serial$\Leftrightarrow\underline{\mathcal{R}}_{\perp}(\varnothing)=\varnothing\Leftrightarrow\bar{\mathcal{R}}_{\top}(Y)=\mathcal{X}\Leftrightarrow\underline{\mathcal{R}}_{\perp}(A)\sqsubseteq\bar{\mathcal{R}}_{\top}(A)$。

证明:

(3) $\underline{\mathcal{R}}_{\perp}(A^{c})=[\underline{R}_{u\perp}(A^{c}),\underline{R}_{1\perp}(A^{c})]=[(\bar{R}_{u\top}(A))^{c},(\bar{R}_{1\top}(A))^{c}]$

$$=\neg[\bar{R}_{1\top}(A),\bar{R}_{u\top}(A)]=\neg(\bar{\mathcal{R}}_{\top}(A))$$

(4) $\underline{\mathcal{R}}_{\perp}(A\cap B)=[\underline{R}_{u\perp}(A\cap B),\underline{R}_{1\perp}(A\cap B)]$

$$=[\underline{R}_{u\perp}(A)\cap\underline{R}_{u\perp}(B),\underline{R}_{1\perp}(A)\cap\underline{R}_{1\perp}(B)]$$

$$=\underline{\mathcal{R}}_{\perp}(A)\sqsubseteq\underline{\mathcal{R}}_{\perp}(B)$$

(6) $\mathcal{R}$ 是 serial $\Leftrightarrow R_1$ 和 R_u 是 serial

$$\Leftrightarrow\underline{R}_{1\perp}(\varnothing)=\varnothing,\underline{R}_{u\perp}(\varnothing)=\varnothing$$

$$\Leftrightarrow\bar{R}_{1\top}(Y)=X,\bar{R}_{u\top}(Y)=X$$

$$\Leftrightarrow\underline{R}_{1\perp}(A)\subseteq\bar{R}_{1\top}(A),\underline{R}_{u\perp}(A)\subseteq\bar{R}_{u\top}(A)$$

$$\Leftrightarrow\underline{\mathcal{R}}_{\perp}(A)\sqsubseteq\bar{\mathcal{R}}_{\top}(A)$$

其他类似可证。

命题 8.16　设$(X,Y,\mathcal{R})$和$(X,Y,\mathcal{S})$为广义 Fuzzy 区间集近似空间,则

(1) $\mathcal{R}\sqsubseteq\mathcal{S}\Rightarrow\underline{\mathcal{R}}_{\perp}(A)\sqsupseteq\underline{\mathcal{S}}_{\perp}(A),\bar{\mathcal{R}}_{\top}(A)\sqsubseteq\bar{\mathcal{S}}_{\top}(A)$;

(2) $\underline{\mathcal{R}\sqcup\mathcal{S}}_{\perp}(A)=\underline{\mathcal{R}}_{\perp}(A)\sqcap\underline{\mathcal{S}}_{\perp}(A)$, $\underline{\mathcal{R}\sqcap\mathcal{S}}_{\perp}(A)\sqsupseteq\underline{\mathcal{R}}_{\perp}(A)\sqcup\underline{\mathcal{S}}_{\perp}(A)$;

(3) $\overline{(\mathcal{R}\sqcup S)}_{\top}(A)=\bar{\mathcal{R}}_{\top}(A)\sqcup\bar{\mathcal{S}}_{\top}(A)$, $\overline{(\mathcal{R}\sqcap S)}_{\top}(A)\sqsubseteq\bar{\mathcal{R}}_{\top}(A)\sqcap\bar{\mathcal{S}}_{\top}(A)$

定义 8.30[15]　设 X 和 Y 是两个有限非空论域,R 是 X 到 Y 的 Fuzzy 关系。对于 Fuzzy 集 $A\in\mathcal{F}(Y)$, A 的下近似$\underline{R}_{\theta}(A)$和上近似$\bar{R}_{\sigma}(A)$是 X 的 Fuzzy 集,其隶属函数为

$$\underline{R}_{\theta}(A)(x)=\bigwedge_{y\in Y}\theta(R(x,y),A(y))$$

$$\bar{R}_{\sigma}(A)(x)=\bigvee_{y\in Y}\sigma(1-R(x,y),A(y))$$

(X, Y, R) 称为广义 Fuzzy 近似空间并且 Fuzzy 集对$(\underline{R}_{\theta}(A),\bar{R}_{\sigma}(A))$称为$(\theta,\sigma)$-广义 Fuzzy 粗糙集。式中,$\theta(x,y)=\sup\{\lambda\in[0,1]\mid\top(x,\lambda)\leqslant y\}$, $\sigma(x,y)=\inf\{\lambda\in[0,1]\mid\perp(x,\lambda)\geqslant y\}$,$\perp(x,y)=1-\top(1-x,1-y)$。

我们可以得到类似引理 8.2 的结论。

引理 8.3　设(X,Y,R)和(X,Y,S)为广义 Fuzzy 近似空间,则

(1) $R\subseteq S\Rightarrow\underline{R}_{\theta}(A)\supseteq\underline{S}_{\theta}(A),\bar{R}_{\sigma}(A)\subseteq\bar{S}_{\sigma}(A)$;

(2) $\underline{R\cup S}_{\theta}(A)=\underline{R}_{\theta}(A)\cap\underline{S}_{\theta}(A)$, $\underline{R\cap S}_{\theta}(A)\supseteq\underline{R}_{\theta}(A)\cup\underline{S}_{\theta}(A)$;

(3) $\overline{(R\cup S)}_{\sigma}(A)=\bar{R}_{\sigma}(A)\cup\bar{S}_{\sigma}(A)$, $\overline{(R\cap S)}_{\sigma}(A)\subseteq\bar{R}_{\sigma}(A)\cap\bar{S}_{\sigma}(A)$。

证明:只证(2),其他类似可证。

$$
\begin{aligned}
(2)\ \underline{R\cup S}_\theta(A)(x) &= \bigwedge_{y\in Y}\theta(R(x,y)\vee S(x,y),A(y)) \\
&= \bigwedge_{y\in Y}\{(\theta(R(x,y),A(y)))\wedge(\theta(S(x,y),A(y)))\} \\
&= (\bigwedge_{y\in Y}\theta(R(x,y),A(y)))\wedge(\bigwedge_{y\in Y}\theta(S(x,y),A(y))) \\
&= \underline{R}_\theta(A)(x)\wedge\underline{S}_\theta(A)(x) \\
&= (\underline{R}_\theta(A)\cap\underline{S}_\theta(A))(x)
\end{aligned}
$$

$$
\begin{aligned}
\underline{R\cap S}_\theta(A)(x) &= \bigwedge_{y\in Y}\theta(R(x,y)\wedge S(x,y),A(y)) \\
&= \bigwedge_{y\in Y}\{(\theta(R(x,y),A(y)))\vee(\theta(S(x,y),A(y)))\} \\
&\geqslant (\bigwedge_{y\in Y}\theta(R(x,y),A(y)))\vee(\bigwedge_{y\in Y}\theta(S(x,y),A(y))) \\
&= \underline{R}_\theta(A)(x)\vee\underline{S}_\theta(A)(x) \\
&= (\underline{R}_\theta(A)\cup\underline{S}_\theta(A))(x)
\end{aligned}
$$

定义 8.31　设$(X,Y,\mathcal{R})$为广义 Fuzzy 区间集近似空间，$A\in\mathscr{F}(Y)$，$(\underline{R}_{1_\theta}(A),\overline{R}_{1_\sigma}(A))$和$(\underline{R}_{u_\theta}(A),\overline{R}_{u_\sigma}(A))$分别是 A 关于 R_1 和 R_u 的(θ,σ)-广义 Fuzzy 粗糙集，则分别称$[\underline{R}_{u_\theta}(A),\underline{R}_{1_\theta}(A)]$和$[\overline{R}_{1_\sigma}(A),\overline{R}_{u_\sigma}(A)]$为 A 的θ-$\mathcal{R}$ 下近似和σ-$\mathcal{R}$ 上近似，分别记为$\underline{\mathcal{R}}_\theta(A)$和$\overline{\mathcal{R}}_\sigma(A)$。偶对$(\underline{\mathcal{R}}_\theta(A),\overline{\mathcal{R}}_\sigma(A))$为 Fuzzy 集 A 的(θ,σ)-广义 Fuzzy$\mathcal{R}$ 粗糙集。

很显然当 $R_1=R_u$ 即 $\mathcal{R}=[R_1,R_u]$时，其退化为 X 到 Y 的 Fuzzy 关系，则$(\underline{\mathcal{R}}_\theta(A),\overline{\mathcal{R}}_\sigma(A))$为 A 的(θ,σ)-广义 Fuzzy 粗糙集。

命题 8.17　设$(X,Y,\mathcal{R})$为广义 Fuzzy 区间集近似空间，A、$B\in\mathscr{F}(Y)$，则

(1) $\overline{\mathcal{R}}_\sigma(\varnothing)=\varnothing$，$\underline{\mathcal{R}}_\theta(Y)=\mathcal{X}$；

(2) $A\subseteq B\Rightarrow\underline{\mathcal{R}}_\theta(A)\sqsubseteq\underline{\mathcal{R}}_\theta(B)$，$\overline{\mathcal{R}}_\sigma(A)\sqsubseteq\overline{\mathcal{R}}_\sigma(B)$；

(3) $\underline{\mathcal{R}}_\theta(A^c)=\neg(\overline{\mathcal{R}}_\sigma(A))$，$\overline{R}_\sigma(A^c)=\neg(\underline{\mathcal{R}}_\theta(A)$；

(4) $\underline{\mathcal{R}}_\theta(A\cap B)=\underline{\mathcal{R}}_\theta(A)\sqcap\underline{\mathcal{R}}_\theta(B)$，$\overline{\mathcal{R}}_\sigma(A\cup B)=\overline{\mathcal{R}}_\sigma(A)\sqcup\overline{\mathcal{R}}_\sigma(B)$；

(5) $\underline{\mathcal{R}}_\theta(A\cup B)\sqsupseteq\underline{\mathcal{R}}_\theta(A)\sqcup\underline{\mathcal{R}}_\theta(B)$，$\overline{\mathcal{R}}_\sigma(A\cap B)\sqsubseteq\overline{\mathcal{R}}_\sigma(A)\sqcap\overline{\mathcal{R}}_\sigma(B)$。

8.6　Fuzzy 区间集的广义 Fuzzy$\mathcal{R}$ 粗糙集

本节要讨论的关系与对象都是 Fuzzy 区间集。

8.6.1　基于三角模的 Fuzzy 区间集的广义 Fuzzy$\mathcal{R}$ 粗糙集

定义 8.32　设$(X,Y,\mathcal{R})$为广义 Fuzzy 区间集近似空间，对于 Fuzzy 区间集 $\mathcal{A}=[A_1,A_u]\in I(\mathscr{F}(Y))$，$\mathcal{A}$ 的下近似与上近似分别定义为$\underline{\mathcal{R}}_\perp(\mathcal{A})=$

$[\underline{R}_{u\perp}(A_l),\underline{R}_{l\perp}(A_u)]$和$\bar{\mathcal{R}}_{\top}(\mathcal{A})=[\bar{R}_{l\top}(A_l),\bar{R}_{u\top}(A_u)]$，并且偶对$(\underline{\mathcal{R}}_{\perp}(\mathcal{A}),\bar{\mathcal{R}}_{\top}(\mathcal{A}))$被称为 Fuzzy 区间集 $\mathcal{A}$ 的$(\perp,\top)$-广义 Fuzzy$\mathcal{R}$ 粗糙集。当 $X=Y$ 时，偶对$(\underline{\mathcal{R}}_{\perp}(\mathcal{A}),\bar{\mathcal{R}}_{\top}(\mathcal{A}))$被称为 Fuzzy 区间集 $\mathcal{A}$ 的$(\perp,\top)$—Fuzzy$\mathcal{R}$ 粗糙集。

特别当$\perp=\vee$、$\top=\wedge$、$A_l=A_u=A$ 时，$(\underline{\mathcal{R}}(\mathcal{A}),\bar{\mathcal{R}}(\mathcal{A}))$是定义 8.27 的广义 Fuzzy$\mathcal{R}$ 粗糙集。当$\perp=\vee$、$\top=\wedge$、$R_l=R_u=R$、$X=Y$ 时，$(\underline{\mathcal{R}}(\mathcal{A}),\bar{\mathcal{R}}(\mathcal{A}))$是定义 8.23 区间集 $\mathcal{A}$ 的粗糙集。

命题 8.18 设$(\underline{\mathcal{R}}_{\perp}(\mathcal{A}),\bar{\mathcal{R}}_{\top}(\mathcal{A}))$是 Fuzzy 区间集 $\mathcal{A}$ 的$(\perp,\top)$-广义 Fuzzy$\mathcal{R}$ 粗糙集，则

$$\underline{\mathcal{R}}_{\perp}(\mathcal{A})=\left[\bigcap_{R\in\mathcal{R},A\in\mathcal{A}}\underline{R}_{\perp}(A),\ \bigcup_{R\in\mathcal{R},A\in\mathcal{A}}\underline{R}_{\perp}(A)\right]$$

$$\bar{\mathcal{R}}_{\top}(\mathcal{A})=\left[\bigcap_{R\in\mathcal{R},A\in\mathcal{A}}\bar{R}_{\top}(A),\ \bigcup_{R\in\mathcal{R},A\in\mathcal{A}}\bar{R}_{\top}(A)\right]$$

命题 8.19 设 $\mathcal{R}=[R_l,R_u]\in I(\mathscr{F}(X\times Y))$，$\mathcal{A}=[A_l,A_u]$，$\mathcal{B}=[B_l,B_u]\in I(\mathscr{F}(Y))$，则

(1) $\underline{\mathcal{R}}_{\perp}(\mathcal{A}\sqcup\mathcal{B})\sqsupseteq\underline{\mathcal{R}}_{\perp}(\mathcal{A})\sqcup\underline{\mathcal{R}}_{\perp}(\mathcal{B})$；

(2) $\bar{\mathcal{R}}_{\top}(\mathcal{A}\sqcup\mathcal{B})\sqsupseteq\bar{\mathcal{R}}_{\top}(\mathcal{A})\sqcup\bar{\mathcal{R}}_{\top}(\mathcal{B})$；

(3) $\underline{\mathcal{R}}_{\perp}(\mathcal{A}\sqcap\mathcal{B})=\underline{\mathcal{R}}_{\perp}(\mathcal{A})\sqcap\underline{\mathcal{R}}_{\perp}(\mathcal{B})$；

(4) $\bar{\mathcal{R}}_{\top}(\mathcal{A}\sqcap\mathcal{B})\sqsubseteq\bar{\mathcal{R}}_{\top}(\mathcal{A})\sqcap\bar{\mathcal{R}}_{\top}(\mathcal{B})$；

(5) $\neg\underline{\mathcal{R}}_{\perp}(\mathcal{A})=\bar{\mathcal{R}}_{\top}(\neg\mathcal{A})$；

(6) $\bar{\mathcal{R}}_{\top}(\varnothing)=\varnothing$，$\underline{\mathcal{R}}_{\perp}(\mathcal{X})=\mathcal{X}$；

(7) $\mathcal{A}\sqsubseteq\mathcal{B}\Rightarrow\underline{\mathcal{R}}_{\perp}(\mathcal{A})\sqsubseteq\underline{\mathcal{R}}_{\perp}(\mathcal{B})$，$\bar{\mathcal{R}}_{\top}(\mathcal{A})\sqsubseteq\bar{\mathcal{R}}_{\top}(\mathcal{B})$。

证明：

(1)
$$\begin{aligned}\underline{\mathcal{R}}_{\perp}(\mathcal{A}\sqcup\mathcal{B})&=\underline{\mathcal{R}}_{\perp}([A_l\cup B_l,A_u\cup B_u])\\&=[\underline{R}_{u\perp}(A_l\cup B_l),\underline{R}_{l\perp}(A_u\cup B_u)]\\&\sqsupseteq[\underline{R}_{u\perp}(A)_l\cup\underline{R}_{u\perp}(B_l),\underline{R}_{l\perp}(A_u)\cup\underline{R}_{l\perp}(B_u)]\\&=\underline{\mathcal{R}}_{\perp}(\mathcal{A})\sqcup\underline{\mathcal{R}}_{\perp}(\mathcal{B})\end{aligned}$$

(5)
$$\begin{aligned}\neg\underline{\mathcal{R}}_{\perp}(\mathcal{A})&=\neg[\underline{R}_{u\perp}(A_l),\underline{R}_{l\perp}(A_u)]\\&=[(\underline{R}_{l\perp}(A_u))^c,(\underline{R}_{u\perp}(A_l))^c]\\&=[\bar{R}_{l\top}(A_u^c),\bar{R}_{u\top}(A_l^c)]\\&=\bar{\mathcal{R}}_{\top}(\neg\mathcal{A})\end{aligned}$$

其他证明略。

命题 8.20　设$(X,Y,\mathcal{R})$和$(X,Y,\mathcal{S})$为广义 Fuzzy 区间集近似空间，则

(1) $\mathcal{R}\sqsubseteq\mathcal{S}\Rightarrow\underline{\mathcal{R}}_{\perp}(\mathcal{A})\sqsupseteq\underline{\mathcal{S}}_{\perp}(\mathcal{A}),\overline{\mathcal{R}}_{\top}(\mathcal{A})\sqsubseteq\overline{\mathcal{S}}_{\top}(\mathcal{A})$；

(2) $\underline{\mathcal{R}\sqcup\mathcal{S}}_{\perp}(\mathcal{A})=\underline{\mathcal{R}}_{\perp}(\mathcal{A})\sqcap\underline{\mathcal{S}}_{\perp}(\mathcal{A})$，$\underline{\mathcal{R}\sqcap\mathcal{S}}_{\perp}(\mathcal{A})\sqsupseteq\underline{\mathcal{R}}_{\perp}(\mathcal{A})\sqcup\underline{\mathcal{S}}_{\perp}(\mathcal{A})$；

(3) $(\overline{\mathcal{R}\sqcup\mathcal{S}})_{\top}(\mathcal{A})=\overline{\mathcal{R}}_{\top}(\mathcal{A})\sqcup\overline{\mathcal{S}}_{\top}(\mathcal{A})$，$(\overline{\mathcal{R}\sqcap\mathcal{S}})_{\top}(\mathcal{A})\sqsubseteq\overline{\mathcal{R}}_{\top}(\mathcal{A})\sqcap\overline{\mathcal{S}}_{\top}(\mathcal{A})$。

命题 8.21　设$(\underline{\mathcal{R}}_{\perp}(\mathcal{A}),\overline{\mathcal{R}}_{\top}(\mathcal{A}))$是 Fuzzy 区间集 $\mathcal{A}$ 的$(\perp,\top)$-Fuzzy$\mathcal{R}$ 粗糙集，则

(1) $\mathcal{R}$ 自反$\Leftrightarrow\underline{\mathcal{R}}_{\perp}(\mathcal{A})\sqsubseteq\mathcal{A}$，$\forall\mathcal{A}\in I(\mathscr{F}(X))$

$\Leftrightarrow\mathcal{A}\sqsubseteq\overline{\mathcal{R}}_{\top}(\mathcal{A})$，$\forall\mathcal{A}\in I(\mathscr{F}(X))$

(2) $\mathcal{R}$ 对称$\Leftrightarrow\underline{\mathcal{R}}_{\perp}(1_{X\setminus\{y\}})(x)=\underline{\mathcal{R}}_{\perp}(1_{X\setminus\{x\}})(y),\forall(x,y)\in X\times X$

$\Leftrightarrow\overline{\mathcal{R}}_{\top}(1_{\{x\}})(y)=\overline{\mathcal{R}}_{\top}(1_{\{y\}})(x),\forall(x,y)\in X\times X$

(3) $\mathcal{R}$ 是 max-$\top$ 传递的$\Leftrightarrow\underline{\mathcal{R}}_{\perp}(\mathcal{A})\sqsubseteq\underline{\mathcal{R}}_{\perp}(\underline{\mathcal{R}}_{\perp}(\mathcal{A}))$，$\forall\mathcal{A}\in I(\mathscr{F}(X))$

$\Leftrightarrow\overline{\mathcal{R}}_{\top}(\overline{\mathcal{R}}_{\top}(\mathcal{A}))\sqsubseteq\overline{\mathcal{R}}_{\top}(\mathcal{A})$，$\forall\mathcal{A}\in I(\mathscr{F}(X))$

(4) $\mathcal{R}$ 自反和 max-$\top$ 传递$\Rightarrow\underline{\mathcal{R}}_{\perp}(\mathcal{A})=\underline{\mathcal{R}}_{\perp}(\underline{\mathcal{R}}_{\perp}(\mathcal{A})),\overline{\mathcal{R}}_{\top}(\overline{\mathcal{R}}_{\top}(\mathcal{A}))=\overline{\mathcal{R}}_{\top}(\mathcal{A})$，$\forall A\in I(\mathscr{F}(X))$。

证明：

(1) $\mathcal{R}$ 自反$\Leftrightarrow R_{l}$ 和 R_{u} 自反

$\Leftrightarrow\underline{R}_{u\perp}(A_{l})\subseteq A_{l},\underline{R}_{l\perp}(A_{u})\subseteq A_{u}$

$\Leftrightarrow\underline{\mathcal{R}}_{\perp}(\mathcal{A})\sqsubseteq\mathcal{A}$，$\forall\mathcal{A}\in I(\mathscr{F}(X))$

$\mathcal{R}$ 自反$\Leftrightarrow R_{l}$ 和 R_{u} 自反

$\Leftrightarrow A_{l}\subseteq\overline{R}_{l\top}(A_{l}),A_{u}\subseteq\overline{R}_{u\perp}(A_{u})$

$\Leftrightarrow\mathcal{A}\sqsubseteq\overline{\mathcal{R}}_{\top}(\mathcal{A})$，$\forall\mathcal{A}\in I(\mathscr{F}(X))$

(2) $\mathcal{R}$ 对称$\Leftrightarrow R_{l}$ 和 R_{u} 对称

$\Leftrightarrow\underline{R}_{l_{\perp}}(1_{X\setminus\{y\}})(x)=\underline{R}_{l_{\perp}}(1_{X\setminus\{x\}})(y)$，$\forall(x,y)\in X\times X$

$\underline{R}_{u_{\perp}}(1_{X\setminus\{y\}})(x)=\underline{R}_{u_{\perp}}(1_{X\setminus\{x\}})(y)$，$\forall(x,y)\in X\times X$

$\Leftrightarrow\underline{\mathcal{R}}_{\perp}(1_{X\setminus\{y\}})(x)=\underline{\mathcal{R}}_{\perp}(1_{X\setminus\{x\}})(y),\forall(x,y)\in X\times X$

$\mathcal{R}$ 对称$\Leftrightarrow R_{l}$ 和 R_{u} 对称

$\Leftrightarrow\overline{R}_{l_{\top}}(1_{\{x\}})(y)=\overline{R}_{l\top}(1_{\{y\}})(x),\forall(x,y)\in X\times X$

$\overline{R}_{u\top}(1_{\{x\}})(y)=\overline{R}_{u\top}(1_{\{y\}})(x),\forall(x,y)\in X\times X$

$\Leftrightarrow\overline{\mathcal{R}}_{\top}(1_{\{x\}})(y)=\overline{\mathcal{R}}_{\top}(1_{\{y\}})(x),\forall(x,y)\in X\times X$

(3)和(4)类似可以证明，此处略。

8.6.2 基于蕴涵算子的 Fuzzy 区间集的广义 Fuzzy$\mathcal{R}$粗糙集

定义 8.33 设$(X,Y,\mathcal{R})$为广义 Fuzzy 区间集近似空间，对于 Fuzzy 区间集 $\mathcal{A}=[A_1,A_u]\in I(\mathscr{F}(Y))$，$\mathcal{A}$ 的下近似与上近似分别定义为$\underline{\mathcal{R}}_\theta(\mathcal{A})=[\underline{R}_{u_\theta}(A_1),\underline{R}_{1_\theta}(A_u)]$ 和 $\overline{\mathcal{R}}_\sigma(\mathcal{A})=[\overline{R}_{1_\sigma}(A_1),\overline{R}_{u_\sigma}(A_u)]$，并且偶对$(\underline{\mathcal{R}}_\theta(\mathcal{A}),\overline{\mathcal{R}}_\sigma(\mathcal{A}))$被称为 Fuzzy 区间集$\mathcal{A}$ 的(θ,σ)-广义 Fuzzy $\mathcal{R}$ 粗糙集。当 $X=Y$ 时，偶对$(\underline{\mathcal{R}}_\theta(\mathcal{A}),\overline{\mathcal{R}}_\sigma(\mathcal{A}))$被称为 Fuzzy 区间集 $\mathcal{A}$ 的(θ,σ)-Fuzzy$\mathcal{R}$ 粗糙集。

特别当 $A_1=A_u=A$ 时，$(\underline{\mathcal{R}}_\theta(\mathcal{A}),\overline{\mathcal{R}}_\sigma(\mathcal{A}))$是定义 8.31 的广义 Fuzzy $\mathcal{R}$ 粗糙集。

命题 8.22 设$(X,Y,\mathcal{R})$为广义 Fuzzy 区间集近似空间并且$(\underline{\mathcal{R}}_\theta(\mathcal{A}),\overline{\mathcal{R}}_\sigma(\mathcal{A}))$是 Fuzzy 区间集$\mathcal{A}$ 的(θ,σ)-广义 $\mathcal{R}$ 粗糙集，则

$$\underline{\mathcal{R}}_\theta(\mathcal{A})=\left[\bigcap_{R\in\mathcal{R},A\in\mathcal{A}}\underline{R}_\theta(A),\ \bigcup_{R\in\mathcal{R},A\in\mathcal{A}}\underline{R}_\theta(A)\right]$$

$$\overline{\mathcal{R}}_\sigma(\mathcal{A})=\left[\bigcap_{R\in\mathcal{R},A\in\mathcal{A}}\overline{R}_\sigma(A),\ \bigcup_{R\in\mathcal{R},A\in\mathcal{A}}\overline{R}_\sigma(A)\right]$$

命题 8.23 设 $\mathcal{R}=[R_1,R_u]\in I(\mathscr{F}(X\times Y))$，$\mathcal{A}=[A_1,A_u]$、$\mathcal{B}=[B_1,B_u]\in I(\mathscr{F}(Y))$，则

(1) $\underline{\mathcal{R}}_\theta(\mathcal{A}\sqcup\mathcal{B})\sqsupseteq\underline{\mathcal{R}}_\theta(\mathcal{A})\sqcup\underline{\mathcal{R}}_\theta(\mathcal{B})$；

(2) $\overline{\mathcal{R}}_\theta(\mathcal{A}\sqcup\mathcal{B})=\overline{\mathcal{R}}_\theta(\mathcal{A})\sqcup\overline{\mathcal{R}}_\theta(\mathcal{B})$；

(3) $\underline{\mathcal{R}}_\theta(\mathcal{A}\sqcap\mathcal{B})=\underline{\mathcal{R}}_\theta(\mathcal{A})\sqcap\underline{\mathcal{R}}_\theta(\mathcal{B})$；

(4) $\overline{\mathcal{R}}_\sigma(\mathcal{A}\sqcap\mathcal{B})\sqsubseteq\overline{\mathcal{R}}_\sigma(\mathcal{A})\sqcap\overline{\mathcal{R}}_\sigma(\mathcal{B})$；

(5) $\neg\underline{\mathcal{R}}_\theta(\mathcal{A})=\overline{\mathcal{R}}_\sigma(\neg\mathcal{A})$；

(6) $\overline{\mathcal{R}}_\sigma(\varnothing)=\varnothing$，$\underline{\mathcal{R}}_\theta(\mathcal{X})=\mathcal{X}$；

(7) $\mathcal{A}\sqsubseteq\mathcal{B}\Rightarrow\underline{\mathcal{R}}_\theta(\mathcal{A})\sqsubseteq\underline{\mathcal{R}}_\theta(\mathcal{B})$，$\overline{\mathcal{R}}_\sigma(\mathcal{A})\sqsubseteq\overline{\mathcal{R}}_\sigma(\mathcal{B})$。

证明：

$$\begin{aligned}(1)\ \underline{\mathcal{R}}_\theta(\mathcal{A}\sqcup\mathcal{B})&=\underline{\mathcal{R}}_\theta([A_1\cup B_1,A_u\cup B_u])\\&=[\underline{R}_{u_\theta}(A_1\cup B_1),\underline{R}_{1_\theta}(A_u\cup B_u)]\\&\sqsupseteq\underline{\mathcal{R}}_{u_\theta}(A_1)\cup\underline{\mathcal{R}}_{u_\theta}(B_1),\underline{\mathcal{R}}_{1_\theta}(A_u)\cup\underline{\mathcal{R}}_{1_\theta}(B_u)\\&=\underline{\mathcal{R}}_\theta(\mathcal{A})\sqcup\underline{\mathcal{R}}_\theta(\mathcal{B})\end{aligned}$$

$$\begin{aligned}(5)\ \neg\underline{\mathcal{R}}_\theta(\mathcal{A})&=\neg[\underline{R}_{u_\theta}(A_1),\underline{R}_{1_\theta}(A_u)]\\&=[(\underline{R}_{1_\theta}(A_u))^c,(\underline{R}_{u_\theta}(A_1))^c]\\&=[\overline{R}_{1_\sigma}(A_u^c),\overline{R}_{u_\sigma}(A_1^c)]\\&=\overline{\mathcal{R}}_\sigma(\neg\mathcal{A})\end{aligned}$$

命题 8.24　设$(X,Y,\mathcal{R})$和$(X,Y,\mathcal{S})$为广义 Fuzzy 区间集近似空间,则

(1) $\mathcal{R}\sqsubseteq\mathcal{S}\Rightarrow\underline{\mathcal{R}}_\theta(\mathcal{A})\sqsupseteq\underline{\mathcal{S}}_\theta(\mathcal{A}),\overline{\mathcal{R}}_\sigma(\mathcal{A})\sqsubseteq\overline{\mathcal{S}}_\sigma(\mathcal{A})$;

(2) $\underline{\mathcal{R}\sqcup\mathcal{S}}_\theta(\mathcal{A})=\underline{\mathcal{R}}_\theta(\mathcal{A})\sqcap\underline{\mathcal{S}}_\theta(\mathcal{A})$, $\underline{\mathcal{R}\sqcap\mathcal{S}}_\theta(\mathcal{A})\sqsupseteq\underline{\mathcal{R}}_\theta(\mathcal{A})\sqcup\underline{\mathcal{S}}_\theta(\mathcal{A})$;

(3) $\overline{(\mathcal{R}\sqcup\mathcal{S})}_\sigma(\mathcal{A})=\overline{\mathcal{R}}_\sigma(\mathcal{A})\sqcup\overline{\mathcal{S}}_\sigma(\mathcal{A})$, $\overline{(\mathcal{R}\sqcap\mathcal{S})}_\sigma(\mathcal{A})\sqsubseteq\overline{\mathcal{R}}_\sigma(\mathcal{A})\sqcap\overline{\mathcal{S}}_\sigma(\mathcal{A})$。

关于 Fuzzy 区间集 $\mathcal{A}$ 的(θ,σ)-广义 Fuzzy$\mathcal{R}$ 粗糙集的其他性质可类似讨论,这里不再详细讨论。

关于区间集的粗糙集是 Pawlak 粗糙集的推广,本章分别按照对象和关系推广到区间集和 Fuzzy 区间集并研究了其粗糙集结构。这些区间集粗糙集的关系如图 8.12 所示。

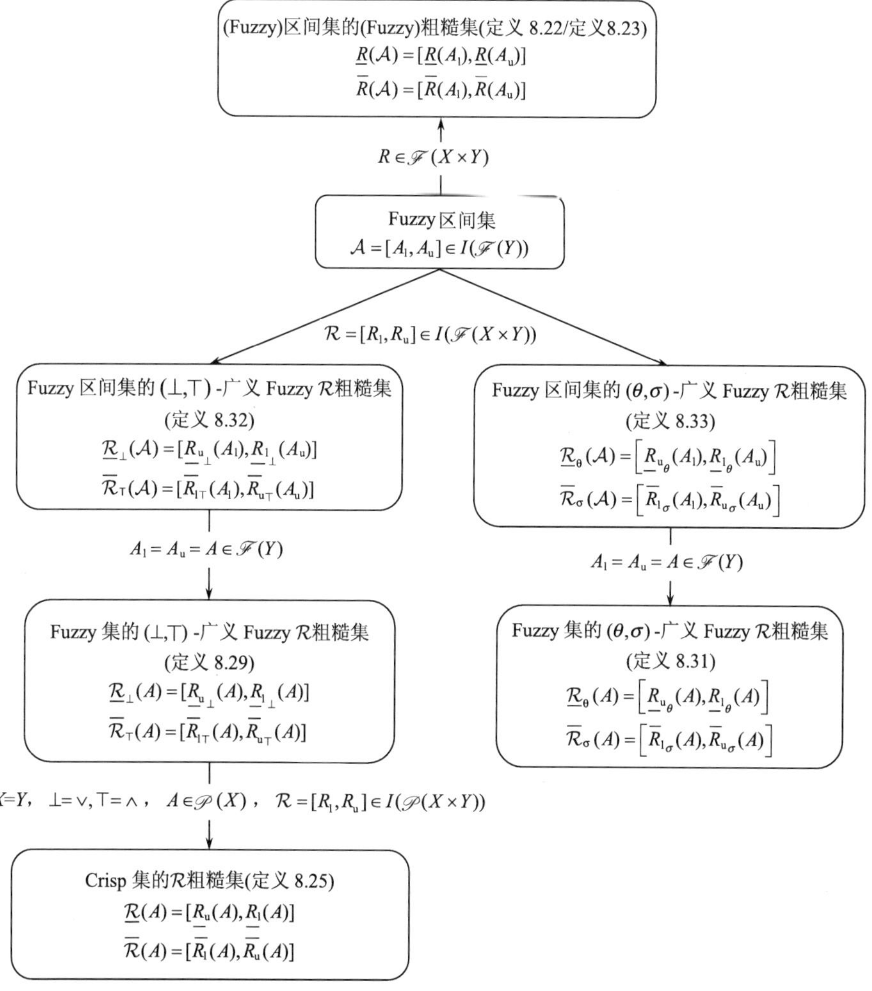

图 8.12　各类区间集粗糙集的关系

8.7 本章小结

本章以区间集为主线简单归纳了与之相关的概念：阴影集、区间值 Fuzzy 集、Flou 集、直觉 Fuzzy 集、粗糙集等，对它们进行了比较研究。基于区间集建立了各种粗糙集，我们得到下列结论和研究建议。

(1) 区间集可看成一个提升结构，其可推广到模糊区间集。

(2) 区间集数学上等价于 Flou 集，但语意不同。就像直觉 Fuzzy 集与区间值 Fuzzy 集一样，数学形式上等价，但在应用上两者含义不相同。

(3) 区间集思想来源于粗糙集，可能要回到粗糙集。

致　　谢

感谢王春勇、韩君和赵雪荣参与本章的讨论并提出了宝贵意见，感谢 Yao 提出的意见和建议。本章成果得到国家自然科学基金项目(61179038)资助。

参考文献

[1] Yao Y Y. An outline of a theory of three-way decisions. Proceedings of the 8th international RSCTC conference, 2012,7413:1-17.

[2] Pawlak Z. Rough sets. International Journal of Information and Computer Sciences, 1982, 11:341-356.

[3] Pawlak Z. Rough Sets: Theoretical Aspects of Reasoning about Data. Dordrecht: Kluwer Academic Publishers, 1991.

[4] Yao Y Y, Wong S K M, Lingras P. A decision-theoretic rough set model. The 5th International Symposium on Methodologies for Intelligent Systems, 1990,5:17-24.

[5] Yao Y Y, Wong S K M. A decision theoretic framework for approximating concepts. International Journal of Man-machine Studies, 1992, 37: 793-809.

[6] Yao Y Y. Probabilistic approaches to rough sets. Expert Systems, 2003, 20: 287-297.

[7] Yao Y Y. Probabilistic rough set approximations. International Journal of Approximate Reasoning, 2008, 49: 255-271.

[8] 李华雄，周献中，李天瑞，等. 决策粗糙集理论及其研究进展. 北京:科学出版社，2011.

[9] 姚一豫. 决策粗糙集研究探讨// 李华雄，周献中，李天瑞，等. 决策粗糙集理论及其研究进展. 北京：科学出版社，2011.

[10] Dubois D, Prade H. Rough fuzzy sets and fuzzy rough sets. International Journal of General System, 1990, 17:191-208.

[11] Wu W Z, Mi J S, Zhang W X. Generalized fuzzy rough sets. Information Sciences, 2003, 151: 263-282.

[12] Wu W Z, Zhang W X. Constructive and axiomatic approaches of fuzzy approximation operators. Information Sciences, 2004:159, 233-254.

[13] Hu B Q, Huang Z H. (⊥, ⊤)-Generalized fuzzy rough sets based on fuzzy composition operations.

Fuzzy Information and Engineering,2009,54:647-659.

[14] Mi J S, Leung Y, Zhao H Y,et al. Generalized fuzzy rough sets determined by a triangular norm. Information Science, 2008,178:3203-3213.

[15] Mi J S, Zhang W X. An axiomatic characterization of a fuzzy generalization of rough sets. Information Sciences. 2004:160, 235-249.

[16] Radzikowska A M, Kerre E E. A comparative study of fuzzy rough sets. Fuzzy Sets and Systems, 2002, 126: 137-155.

[17] Wu W Z, Leung Y, Mi J S. On characterizations of (I, T)-fuzzy rough approximation operators. Fuzzy Sets and Systems, 2005, 154: 76-102.

[18] Gong Z, Sun B, Chen D. Rough set theory for the interval-valued fuzzy information systems. Information Science, 2008, 178: 1968-1985.

[19] Sun B, Gong Z, Chen D. Fuzzy rough set theory for the interval-valued fuzzy information systems. Information Science, 2008, 178: 2794-2815.

[20] Hu B Q, Wong H. Generalized interval-valued fuzzy rough sets based on fuzzy logical operators. Information Journal of Fuzzy Systems(submitted).

[21] Hu B Q, Cao L. Generalized interval-valued fuzzy variable precision rough sets based on fuzzy logical operators.Information Sciences(submitted).

[22] Yao Y Y. Interval-set algebra for qualitative knowledge representation. Proceedings of the 5th International Conference on Computing and Information,1993:370-374.

[23] Yao Y Y. Two views of the theory of rough sets in finite universes. International Journal of Approximation Reasoning, 1996, 15(4): 291-317.

[24] Wong S K M, Wang L S, Yao Y Y. On modeling uncertainty with interval structures. Computational Intelligence,1995,11:406-426.

[25] Yao Y Y. Interval sets and interval-set algebras. Proceedings of the 8th IEEE International Conference on Cognitive Informatics, 2009:307-314.

[26] 姚一豫. 区间集//王国胤，李德毅，姚一豫，等. 云模型与粒计算. 北京：科学出版社，2012.

[27] Grabowski A, Jastrzebska M. On the lattice of intervals and rough sets. Formalized Mathematics, 2009, 17:237-244.

[28] Xue Z A, Du H C, Xue H F, et al. Residuated lattice on the interval sets. Journal of Information and Computational Science, 2011, 8:1199-1208.

[29] Xue Z A, Du H C, Yin H Z, et al. A new kind of the generalized R-implication on interval-set. 2010 IEEE International Conference on Granular Computing, 2010:568-573.

[30] Zhang X H, Jia X Y. Lattice-valued interval sets and t-representable interval set t-norms. Proceedings of the 8th IEEE International Conference on Cognitive Informatics,2009:333-337.

[31] Yao Y Y. A comparison of two interval-valued probabilistic reasoning methods. Journal of Computing and Information, 1995:1090-1105.

[32] Yao Y Y, Li X. Comparison of rough-set and interval-set models for uncertain reasoning. Fundamenta Informaticae, 1996, 27(2/3): 289-298.

[33] 胡宝清. 云模型与相近概念的关系//王国胤，李德毅，姚一豫，等. 云模型与粒计算. 北京：科学出版社，2012.

[34] Yao Y Y, Wong S K M, Wang L S. A non-numeric approach to uncertain reasoning. International Jour-

nal of General Systems, 1995, 23:343-359.

[35] Yao Y Y, Wang J. Interval based uncertain reasoning using fuzzy and rough sets. Advances in Machine Intelligence & Soft-Computing, 1197, IV: 196-215.

[36] Yao Y Y, Wong S K M. Interval approaches for uncertain reasoning. Proceedings of ISMIS'97, 1997, 1325:381-390.

[37] Yao Y Y. Interval based uncertain reasoning. Proceedings of the 19th International Conference of the North American Fuzzy Information Processing Society, 2000: 363-367.

[38] Yao Y Y, Lingras P, Wang R Z, et al. Interval set cluster analysis: a re-formulation. Proceedings of RSFDGrC, 2009, 5908:398-405.

[39] Chen M, Miao D Q. Interval set clustering. Expert Systems with Applications, 2011, 38:2923-2932.

[40] Li H X, Wang M H, Zhou X Z, et al. An interval set model for learning rules from incomplete information table. International Journal of Approximate Reasoning, 2012, 53:24-37.

[41] 胡宝清. 提升格. 数学季刊, 1990, 5(1/2): 55-60.

[42] Zadeh L A. Fuzzy sets. Information and Control, 1965, 8: 338-353.

[43] 胡宝清. 模糊理论基础. 第 2 版. 武汉：武汉大学出版社, 2010.

[44] Pedrycz W. Shadowed sets: representing and processing fuzzy sets. IEEE Transactions on Systems, Man, and Cybernetics, 1998, 28: 103-109.

[45] Pedrycz W. From fuzzy sets to shadowed sets: interpretation and computing. International Journal of Intelligent Systems, 2009, 24: 48-61.

[46] Cattaneo G, Ciucci D. Shadowed sets and related algebraic structures. Fundamenta Informaticae, 2003, 55:255-284.

[47] Zadeh L A. The concept of a linguistic variable and its applications in approximate reasoning (I), (II), (III). Information Science, 1975. 8:199-249; 8: 301-357; 9: 43-80.

[48] Gehrke M, Walker C, Walker E. Some comments on interval valued fuzzy sets. International Journal of Intelligent Systems, 1996, 11:751-759.

[49] Gorzalczany M B. Interval-valued fuzzy controller based on verbal model of object. Fuzzy Sets and Systems, 1988, 28: 45-53.

[50] Yager R R. Level sets and the extension principle for interval valued fuzzy sets and its application to uncertainty measures. Information Sciences, 2008, 178: 3565-3576.

[51] Cornelis C, Kerre E E. Advances and challenges in interval-valued fuzzy logic. Fuzzy Sets and Systems, 2006, 157: 622-627.

[52] Deng J L. Introduction to grey system theory. The Journal of Grey System, 1989, 1: 1-24.

[53] YangY, John R. Grey sets and greyness. Information Sciences, 2012, 185:249-264.

[54] Sambuc R. Fonctions ϕ-floues. Application à I'aide au diagnostic en pathologie thyroidienne. Marseille: Universite de Marseille, 1975.

[55] Hu B Q, Kwong C K. On type-2 fuzzy sets and their t-norm operations. Information Sciences, 2013 (to appear).

[56] Hu B Q, Wang C Y. On type-2 fuzzy relations and interval-valued type-2 fuzzy sets. Fuzzy Sets and Systems, 2013, DOI:10.1016/j.fss.2013.07.011.

[57] Wang C Y, Hu B Q. On type-2 operations and fuzzy-valued fuzzy sets. Fuzzy Sets and Systems, 2012 (submitted).

[58] Gentilhomme Y. Les ensembles flous en linguistique. Cahiers Linguistiques Theoretique, Appliqee, 1968, 5:47-63.

[59] Kerre E E, 黄崇福, 阮达. 模糊集理论与近似推理. 武汉: 武汉大学出版社, 2004.

[60] Negoita C V, Ralescu D A. Applications of Fuzzy Sets to Systems Analysis. New York: Wiley, 1975.

[61] Atanassov K T. Intuitionistic fuzzy sets//Sequrev V. VII ITKR's Session, Sofia (deposed in Central Sci and Techn Library, Bulg Academy of Sciences, 1697/84), 1983.

[62] Atanassov K T. Intuitionistic fuzzy sets. Fuzzy Sets Systems, 1986, 20(1): 87-96.

[63] Burillo P, Bustince H. Entropy on intuitionistic fuzzy sets and on interval-valued fuzzy sets. Fuzzy Sets and Systems, 1996, 78:305-316.

[64] Gau W L, Buehrer D J. Vague Sets. IEEE Transactions on Systems Man on Cybernetics, 1993, 23(2): 610-614.

[65] Bustince H, Burillo P. Vague sets are intuitionistic fuzzy sets. Fuzzy Sets and Systems, 1996, 79: 403-405.

[66] Atanassov K T, Gargov G. Interval valued intuitionistic fuzzy sets. Fuzzy Sets and Systems, 1989, 31: 343-349.

[67] Atanassov K T, Stoeva S. Intuitionistic L-fuzzy sets. Cybernetics and Systems Research, 1984:539-540.

第 9 章　基于三支决策的模糊集近似

邓晓飞

里贾纳大学计算机科学系

本章基于 Yao 提出的三支决策理论框架(2012),总结并提出了对模糊集近似的一般框架,并以 Pedrycz 提出的阴影集(1998)为例,对阴影集的方法进行了改进,最终提出了一种基于决策论的模糊集三近似模型。该模型验证了三支决策理论框架的一般性,即三支决策理论可以应用于多个不同的研究领域并且不再局限于粗糙集理论,包括决策粗糙集。

9.1 引　　言

基于各个领域中三支决策的共性及特征,Yao[1] 提出了三支决策理论框架。三支决策是在传统二支决策的基础上发展起来的。传统的二支决策只提供两种决策选择:接受或者拒绝;三支决策理论拓广了传统二支决策,提供了第三种决策选择,即不承诺决策或延迟决策。不承诺决策是人们在无法获取信息或信息不完全时所普遍采用的一种决策策略。三支决策的方法和策略已经在许多领域有广泛的应用[2-8],将三支决策分离出来作为一个独立的研究方向,不但能够获得一个一般化的决策方案,而且能够进一步拓广其应用。

三支决策目前的研究主要侧重 Yao 提出的决策粗糙集及三支决策语义。例如,姚静涛和 Herbert[9] 在博弈论基础上研究了如何计算合适的阈值,并给出了基于博弈论的语义解释。贾修一等[10-13] 提出了基于决策粗糙集的阈值自适应算法、模拟退火算法。关于三支决策理论及应用的最新趋势,贾修一等[14] 在《三支决策理论与应用》一书中给予了介绍。周冰和姚一豫[15] 提出了平凡贝叶斯粗糙集。邓晓飞等[16-18] 提出了基于三支决策的自适应粗糙集方法以及基于信息熵的阈值计算方法和相关语义解释。刘盾等[19-24] 将决策粗糙集应用于投资决策和政府决策等问题中,并在多篇学术论文中阐述了其对决策粗糙集的独特见解。于洪等[25-28] 研究了基于决策粗糙集的自动聚类方法。李华雄等[29-32] 研究了基于决策粗糙集的属性约简问题,并出版了《决策粗糙集理论及其研究进展》一书,介绍了决策粗糙集理论的最新研究成果。杨晓平等[33-34] 研究了基于决策粗糙集的三支决策在不完备信息和多智能体系统中的应用。苗夺谦等[35-38] 将决策粗糙集模型应用于文本分类，并研究了基于决策论和决策粗糙集的粗聚类方法等。

三支决策理论最初是从 Pawlak 经典粗糙集理论发展起来的，粗糙集理论自身的特点及其局限性限制了三支决策理论的发展。三支决策理论框架[1]更具一般性，不局限于决策粗糙集的范畴，因此可以应用于更多的模型中。从应用的角度看，该一般性框架更具实用价值。例如，可以将三支决策应用于神经网络中[39]。本章给出了如何将这个一般性的三支决策理论框架应用于模糊集近似中的实例。对模糊集进行近似的最初想法由 Zadeh 在文献[40]中提出，其目标是将连续的隶属度函数近似为两个或多个隶属度区间。可以将模糊集近似看成将定量的隶属度函数近似为定性表示形式的过程，这与粗糙集中采用三个区间或上、下限进行近似的方法是不一样的。

9.2　三支决策的基本概念

本节总结了三支决策的主要思想，并重点介绍基于全序关系的三支决策模型。讨论的主要内容来自 Yao 在 RSKT2012 上发表的文章 *An outline of a theory of three-way decisions*，具体请参考文献[1]。

9.2.1　三支决策问题描述

设 U 是所有对象的集合，C 是一组条件的集合，这称为一个标准(criteria)集合。对于 U 中的一个对象，它可能满足、不满足或者在一定程度上满足标准。三支决策根据一组标准对对象集进行划分。通过评估对象满足标准的程度，即满足度，可以进行如下三支决策。

(1) 接受决策：如果对象对于某标准的满足度大于或等于某一程度，则采取接受决策，并认为该对象满足标准。

(2) 拒绝决策：如果对象对于某标准的满足度小于或等于某一程度(另一个)，则采取拒绝决策，并认为该对象不满足标准。

(3) 不承诺决策：如果该对象的满足度既不适合采取接受决策也不适合采取拒绝决策，则采取不承诺决策或者延迟决策，并有待进一步观察。

三支决策将对象集中的所有对象划分到三个域，分别为正域、负域和边界域。在实际应用中，可以用更具实用价值和更易操作的概念来解释标准集、满足度等概念。例如，可以用代价、风险、利润和错误率等应用中经常遇到和考虑的概念来解释标准集。我们将评估函数所得的对象评估值解释为对象对于标准的满足度。具体采用什么评估函数取决于实际的应用。例如，在决策粗糙集模型中用概率作为对象的评估函数，在模糊集近似问题中用隶属函数作为评估函数，而在人工神经网络中可以用错误分类率作为评估函数。

拓展和完善三支决策理论框架可以从以下三个基本方向着手。

(1) 度量值集合的构造和语义解释。对于满足性和不满足性可以根据需要分别构造不同的度量值集合。

(2) 评价函数的构造和语义解释。评价函数评估对象的满足性或不满足性，既可以使用相同的评价函数也可以使用不同的评价函数。

(3) 指定值集合的构造和语义解释。对于接受决策和拒绝决策可以分别构造不同的指定值集合。

9.2.2　基于全序关系的三支决策

Yao 在文献[1]中提出了多种基于序关系的三支决策模型，为了方便讨论和计算，本章采用一种特殊的、基于全序关系的三支决策模型。

设$(L,\preccurlyeq)$是一个全序集，$\preccurlyeq$表示全序关系，即$\preccurlyeq$是自反（$\forall a\in L, a\preccurlyeq a$ 成立）、传递（$\forall a、b、c\in L, a\preccurlyeq b, b\preccurlyeq c\Rightarrow a\preccurlyeq c$ 成立）和可比较的（$\forall a、b\in L$，a$\preccurlyeq$b 或者 b$\preccurlyeq a$ 成立）。集合 L 是一组评价值的集合。如果阈值 α 和 β 满足 $\beta\prec\alpha(\beta\preccurlyeq\alpha\wedge\neg(\alpha\preccurlyeq\beta))$，可以为接受决策构造一组指定值的集合 $L^+=t\in L\mid t\preccurlyeq\alpha$，以及为拒绝决策构造一组指定值的集合 $L^-=b\in L\mid b\preccurlyeq\beta$。将阈值对$(\alpha,\beta)$应用于评估函数 $v:U\rightarrow L$，可以构造如下(α,β)-正域、负域和边界域：

$$
\begin{aligned}
\mathrm{POS}_{(\alpha,\beta)}(v)&=\{x\in U\mid v(x)\in L^+\}\\
&=\{x\in U\mid v(x)\succcurlyeq\alpha\}\\
\mathrm{NEG}_{(\alpha,\beta)}(v)&=\{x\in U\mid v(x)\in L^-\}\\
&=\{x\in U\mid v(x)\preccurlyeq\beta\}\\
\mathrm{BND}_{(\alpha,\beta)}(v)&=(\mathrm{POS}_{(\alpha,\beta)}(v)\cap\mathrm{NEG}_{(\alpha,\beta)}(v))^{c}\\
&=\{x\in U\mid \beta\prec v(x)\prec\alpha\}
\end{aligned}
\tag{9.1}
$$

式(9.1)构造了一个基于全序关系的三支决策区域。评价值 $v(x)\in L$ 给出了对象 x 对一组标准的满足程度。标准在具体应用中可以解释为代价、风险、收益等概念，根据具体应用的需求可以合理地解释并构造。评价值满足 $v(x)\in L^+$ 的对象划分到正域 $\mathrm{POS}_{(\alpha,\beta)}(v)$；评价值满足 $v(x)\in L^-$ 的对象可以划分到负域 $\mathrm{NEG}_{(\alpha,\beta)}(v)$；其余的所有对象划分到边界域 $\mathrm{BND}_{(\alpha,\beta)}(v)$。这三个区域两两不相交，由于其中某个区域可能为空，所以不一定构成对整个对象集的划分。

9.2.3　目标函数和阈值计算

基于全序关系的三支决策的三个区间是通过指定值集合 L^+ 和 L^- 构造的，具体可以通过全序集$(L,\preccurlyeq)$上的两个阈值 $\alpha、\beta\in L$ 构造。下面给出了一个构造最优指定值集合或最优阈值对(α,β)的一般框架。本章采用决策代价来计算最优阈值对，但是在实际应用中，该框架中决策代价这个概念可以替换并解释为决策收益、决策风险等，用户可以根据实际需要采用合适的语义解释。

设$R_P(\alpha,\beta)$、$R_N(\alpha,\beta)$和$R_B(\alpha,\beta)$分别表示正域、负域和边界域的决策代价，三个区间的整体决策代价可以表示为

$$R(\alpha,\beta)=R_P(\alpha,\beta)+R_N(\alpha,\beta)+R_B(\alpha,\beta) \tag{9.2}$$

通过求取目标函数 $R(\alpha,\beta)$ 的最小值，可以获得使整体决策代价最小的指定值集合L^+和L^-，从而获取最优的阈值对(α,β)为

$$\arg\min_{(\alpha,\beta)} R(\alpha,\beta) \tag{9.3}$$

最优阈值对的求取和目标函数在具体应用中的语义解释相关，如果目标函数表示整体决策代价，那么最优的阈值对使目标函数整体代价值最小；反之，如果目标函数表示整体收益，那么就需要计算获得整体收益最大的阈值对。

9.2.4　三支决策与决策粗糙集

决策粗糙集模型[41-43]是基于全序关系的三支决策模型的一个典型实例。概率粗糙集采用条件概率作为三支决策的评估函数。设 $x\in U$ 是一个属于对象集 U 的对象，E 是一个等价关系（即一个满足自反、传递和对称性的二元关系），$[x]=[x]_E=\{y\in U|xEy\}$是一个与对象 x 满足等价关系的对象集合，称为等价类，C 是一个对象集，是需要学习的概念，条件概率 $P_r(C|[x])=v(x)$ 表示等价类$[x]$属于集合 C 的条件概率。

该模型用一对阈值 α 和 β 定义正域、负域和边界域中的对象，最终通过三个区间区分属于 C 的对象、不属于 C 的对象和不确定是否属于 C 的对象。设阈值 α 和 β 满足条件 $0\leqslant\beta<\alpha\leqslant 1$，那么决策粗糙集的主要结果，即$(\alpha,\beta)$-正、负和边界域可以定义为

$$\begin{aligned}
\mathrm{POS}_{(\alpha,\beta)}(C)&=\{x\in U \mid v(x)\geqslant\alpha\}\\
&=\{x\in U \mid P_r(C\mid[x])\geqslant\alpha\}\\
\mathrm{NEG}_{(\alpha,\beta)}(C)&=\{x\in U \mid v(x)\leqslant\beta\}\\
&=\{x\in U \mid P_r(C\mid[x])\leqslant\beta\}\\
\mathrm{BND}_{(\alpha,\beta)}(C)&=\{x\in U \mid \beta<v(x)<\alpha\}\\
&=\{x\in U \mid \beta<P_r(C\mid[x])<\alpha\}
\end{aligned}$$

这三个区域两两不相交，由于有可能某一个区域为空，所以并不一定构成对对象集 U 的一个划分。

决策粗糙集采用条件概率作为评价函数，因此可以估算不同决策的错误分类率。接受决策的错误分类率为 $1-P_r(C|[x])\leqslant 1-\alpha$，拒绝决策的错误分类率为

$P_r(C|[x])\leqslant\beta$。为了进一步从语义上解释阈值 α 和 β 以及构造三个决策区域，决策粗糙集还给出了基于贝叶斯决策论的阈值计算方法[41]。

9.3 模糊集近似及其解释

本节总结现有的模糊集近似的研究成果，并提出一个基于有限个经典集合近似模糊集的框架。

设 A 是一个经典集合(ordinary set)，可以用特征函数 $\mu_A:U\rightarrow\{0,1\}$ 来描述对象集 U 中的对象和该经典集合 A 的从属关系。但是，该特征函数在描述具有不确定、逐渐改变边界的未知概念时遇到了困难。通过允许[0,1]的值来描述一个对象属于集合 A 的程度，称为隶属度(membership grade)，该集合称为模糊集，记为 $\mathcal{A}$。描述模糊集 $\mathcal{A}$ 的特征函数称为隶属函数，定义为对象集 U 到区间[0,1]的映射，即

$$\mu_{\mathcal{A}}:U\rightarrow[0,1]$$

实数值 $\mu_{\mathcal{A}}(x)\in[0,1]$ 是对象 x 属于模糊集 $\mathcal{A}$ 的程度，即隶属度。隶属度为 1 的对象可以看成典型的、属于 $\mathcal{A}$ 的实例，1 称为完全隶属度(full membership grade)；隶属度为 0 的对象看成不属于 $\mathcal{A}$ 的实例，0 隶属度也称为非隶属关系(non-membership grade)。对象的隶属度越高，对象属于 $\mathcal{A}$ 的程度就越高；对象的隶属度越低，对象属于 $\mathcal{A}$ 的程度就越低。隶属函数 $\mu_{\mathcal{A}}$ 使用具有无限、连续隶属度值的区间[0,1]来描述一个对象的隶属度。模糊集近似的基本思想是使用有限个隶属度值来描述未知概念。

模糊集的近似既是生产实际的现实需求，也符合认知心理学的现有研究成果。但从实际应用的角度出发，隶属度函数提供的高精确度、连续的隶属度值的表示方式可能过分精确。例如，某对象属于一个概念的隶属度是 0.9，另一个对象属于该概念的隶属度是 0.8，从数学上可以很好地表示这两个对象在隶属度上差别是 0.1，但是在实际应用中，0.8 和 0.9 的隶属度可能并没有本质差别，而且也可能并不要求区分隶属度分别为 0.8 和 0.9 的对象。此外，过分精确的隶属度值，往往伴随较高的评估代价、较多的资源浪费、生产成本的增加，甚至生产效率的降低。事实上，许多应用只需要在若干隶属度层面上区分对象，也就是说，人们在利用隶属度时常将其看成一个定性的概念。为了降低生产成本，并提高生产效率，需要对模糊集进行定性近似。另一方面，心理学家 Miller [44] 在 Bell 实验室工作时，根据大量实验结果提出人脑短期记忆存储容量约为 7±2 个单元。近期的心理学研究结果[45]表明，人脑的短期记忆存储量实际上可能更少，大约是 4 个单元。这些研究成果表明，可以根据具体应用使用少量的隶属度层次来区分对象。

9.3.1 单经典集近似

使用单个经典集合表示模糊集是一种最简单的模糊集近似。设 α 为[0,1]的一个阈值，所有隶属度值大于或等于 α 的对象构造了一个经典集合，称为 α-截集，即

$$\mathcal{A}_\alpha = \{x \in U \mid \mu_{\mathcal{A}}(x) \geqslant \alpha\}$$

对于一个对象 $x \in U$，模糊集隶属函数 $\mu_{\mathcal{A}}(x)$ 可以定性表示为

$$\mu_{\mathcal{A}_\alpha}(x) = \begin{cases} 1, & \mu_{\mathcal{A}}(x) \geqslant \alpha (x \in \mathcal{A}_\alpha) \\ 0, & \mu_{\mathcal{A}}(x) < \alpha (\neg x \in \mathcal{A}_\alpha) \end{cases}$$

式中，当 $\mu_{\mathcal{A}}(x) = \alpha$ 时，采用 Tie-breaking 策略并将对象 x 的隶属度近似为 1，即认为对象 x 属于模糊集 $\mathcal{A}$。当 $\alpha = 0.5$ 时，可以构造一个特殊的模糊集近似 $\mathcal{A}_{0.5}$，$\mu_{\mathcal{A}}(x) = 0.5$ 介于全隶属度 1 和零隶属度 0 之间，可以看成一个决策的平衡点，当隶属度大于等于 0.5 时，倾向于认为对象 x 属于模糊集 $\mathcal{A}$，并将隶属度从 $\mu_{\mathcal{A}}(x)$ 近似为 1；反之，则倾向于认为对象 x 不属于模糊集 $\mathcal{A}$，并将隶属度近似为 0。从不确定性的角度，0.5 也可以看成最具不确定性的点。

9.3.2 特殊双经典集定性近似

对模糊集的近似也可以通过两个经典集合 CORE 和 SUPPORT[40,46-47] 定性地表示为

$$\begin{aligned} \text{CORE}(\mu_{\mathcal{A}}) &= \{x \in U \mid \mu_{\mathcal{A}}(x) = 1\} \\ &= \{x \in U \mid \mu_{\mathcal{A}}(x) \geqslant 1\} \\ \text{SUPPORT}(\mu_{\mathcal{A}}) &= \{x \in U \mid \mu_{\mathcal{A}}(x) \neq 0\} \\ &= \{x \in U \mid \mu_{\mathcal{A}}(x) > 0\} \end{aligned} \tag{9.4}$$

与三支决策的表示形式保持一致，三支决策的正域、负域和边界域可以通过经典集 CORE 和 SUPPORT 等价地表示为

$$\begin{aligned} \text{POS}(\mu_{\mathcal{A}}) &= \text{CORE}(\mu_{\mathcal{A}}) \\ &= \{x \in U \mid \mu_{\mathcal{A}}(x) \geqslant 1\} \\ \text{NEG}(\mu_{\mathcal{A}}) &= (\text{SUPPORT}(\mu_{\mathcal{A}}))^c \\ &= \{x \in U \mid \mu_{\mathcal{A}}(x) \leqslant 0\} \\ \text{BND}(\mu_{\mathcal{A}}) &= \text{SUPPORT}(\mu_{\mathcal{A}}) - \text{CORE}(\mu_{\mathcal{A}}) \\ &= \{x \in U \mid 0 < \mu_{\mathcal{A}}(x) < 1\} \end{aligned} \tag{9.5}$$

对模糊集的定性近似使用了区间[0,1]的两个端点值，即完全隶属度 1 和零隶属度 0。对于一个对象 $x \in U$，模糊集隶属函数近似后可以得到特征函数

$$\mu_{\mathcal{A}_{(1,0)}}(x)=\begin{cases}1, & \mu_{\mathcal{A}}(x)\geqslant 1\\ 0, & \mu_{\mathcal{A}}(x)\leqslant 0\\ [0,1], & 0<\mu_{\mathcal{A}}(x)<1\end{cases} \tag{9.6}$$

式中，$\mu_{\mathcal{A}_{(1,0)}}(x)=1$ 是对象在集合 CORE 中的情况，$\mu_{\mathcal{A}_{(1,0)}}(x)=0$ 是对象不在集合 SUPPORT 中的情况。

9.3.3 双经典集(α,β)-定量近似

用 CORE 和 SUPPORT 两个经典集合对模糊集定性近似存在很多限制。例如，隶属度接近或几乎等于 1 的对象没有放进正域，隶属度接近或几乎等于 0 的对象没有放进负域。然而，在实际应用中，这些对象可以认为在一定程度上属于正域或者负域的，没有必要将所有非完全隶属度和非零隶属度 0 所对应的对象都放进边界域中。事实上，通过引入阈值对(α,β)，可以构造更具一般性的两个经典集合(设 $0\leqslant\beta<\alpha\leqslant 1$)，即

$$\begin{aligned}\mathcal{A}_{\alpha}&=\{x\in U\mid\mu_{\mathcal{A}}\geqslant\alpha\}\\ \mathcal{A}_{\beta}&=\{x\in U\mid\mu_{\mathcal{A}}>\beta\}\end{aligned} \tag{9.7}$$

为了与三支决策三个区间的表示形式保持一致，对于经典集合$\mathcal{A}_{\beta}$，本章将隶属度$\mu_{\mathcal{A}}(x)=\beta$ 的对象划分到补集$\mathcal{A}_{\beta}$中。根据条件 $\beta<\alpha$，可得$\mathcal{A}_{\alpha}\subseteq\mathcal{A}_{\beta}$，根据该包含关系，通过阈值对$(\alpha,\beta)$构造的模糊集近似可以表示成一个特殊的三支决策模型，三支决策的三个区间分别为

$$\begin{aligned}\mathrm{POS}_{(\alpha,\beta)}(\mu_{\mathcal{A}})&=\mathcal{A}_{\alpha}\\ &=\{x\in U\mid\mu_{\mathcal{A}}(x)\geqslant\alpha\}\\ \mathrm{NEG}_{(\alpha,\beta)}(\mu_{\mathcal{A}})&=(\mathcal{A}_{\beta})^{c}\\ &=\{x\in U\mid\mu_{\mathcal{A}}(x)\leqslant\beta\}\\ \mathrm{BND}_{(\alpha,\beta)}(\mu_{\mathcal{A}})&=\mathcal{A}_{\beta}-\mathcal{A}_{\alpha}\\ &=\{x\in U\mid\beta<\mu_{\mathcal{A}}(x)<\alpha\}\end{aligned} \tag{9.8}$$

结合 Kleene[48] 的三值逻辑，Zadeh[40] 也提出了类似于三支决策的思想对模糊集进行近似。Zadeh 三值近似方法的基本思想是：将隶属度接近 1，但可能不是 1 的对象划分到属于模糊集 $\mathcal{A}$ 的集合中(如果$\mu_{\mathcal{A}}(x)\geqslant\alpha$)；将隶属度接近 0，但可能不是 0 的对象划分到不属于模糊集 $\mathcal{A}$ 的集合中(如果$\mu_{\mathcal{A}}(x)\leqslant\beta$)；其余对象置于两者之间的状态(如果 $\beta<\mu_{\mathcal{A}}(x)<\alpha$)。通过阈值对$(\alpha,\beta)$，对于模糊集中任意一个对象 x，可以通过三支决策对 x 的隶属度值进行如下近似：

$$\mu_{\mathcal{A}_{(\alpha,\beta)}}(x)=\begin{cases}1, & \mu_{\mathcal{A}}(x)\geqslant\alpha\\ 0, & \mu_{\mathcal{A}}(x)\leqslant\beta\\ [0,1], & \beta<\mu_{\mathcal{A}}(x)<\alpha\end{cases} \tag{9.9}$$

此外，Banerjee 和 Pal[49] 以及 Chakrabarty 等[50] 也考虑了在粗糙集框架下通过一对经典集合对模糊集进行近似。

9.3.4 多经典集近似

为使讨论更具一般性，可以考虑使用多个经典集合表示模糊集，这相当于从多个隶属度层面区分对象。设 $0\leqslant\alpha_1<\alpha_2<\cdots<\alpha_{n-1}\leqslant 1$ 是按升序排列的一组阈值，可以得到如下经典集合：

$$\begin{aligned}
\mathcal{A}_{\alpha_{n-1}} &= \{x\in U \mid \mu_{\mathcal{A}}(x)\geqslant\alpha_{n-1}\}\\
\mathcal{A}_{\alpha_{n-2}} &= \{x\in U \mid \mu_{\mathcal{A}}(x)\geqslant\alpha_{n-2}\}\\
&\vdots\\
\mathcal{A}_{\alpha_2} &= \{x\in U \mid \mu_{\mathcal{A}}(x)\geqslant\alpha_2\}\\
\mathcal{A}_{\alpha_1} &= \{x\in U \mid \mu_{\mathcal{A}}(x)>\alpha_1\}
\end{aligned} \tag{9.10}$$

根据条件 $0\leqslant\alpha_i<\alpha_j\leqslant 1(1\leqslant i<j\leqslant n-1)$，可得两个经典集合 $\mathcal{A}_{\alpha_i}$ 和 $\mathcal{A}_{\alpha_j}$ 之间满足包含关系 $\mathcal{A}_{\alpha_j}\subseteq\mathcal{A}_{\alpha_i}$。因此，可以构造 n 个经典集合对模糊集的近似，即

$$\begin{aligned}
\mathcal{A}_{n-1} &- \mathcal{A}_{\alpha_{n-1}}\\
&= \{x\in U \mid \mu_{\mathcal{A}}(x)\geqslant\alpha_{n-1}\}\\
\mathcal{A}_{n-2} &= \mathcal{A}_{\alpha_{n-2}}-\mathcal{A}_{\alpha_{n-1}}\\
&= \{x\in U \mid \alpha_{n-2}\leqslant\mu_{\mathcal{A}}(x)<\alpha_{n-1}\}\\
&\vdots\\
\mathcal{A}_1 &= \mathcal{A}_{\alpha_1}-\mathcal{A}_{\alpha_2}\\
&= \{x\in U \mid \alpha_1\leqslant\mu_{\mathcal{A}}(x)<\alpha_2\}\\
\mathcal{A}_0 &= (\mathcal{A}_{\alpha_1})^{\mathrm{c}}\\
&= \{x\in U \mid \mu_{\mathcal{A}}(x)<\alpha_1\}
\end{aligned} \tag{9.11}$$

对于集合 $\mathcal{A}_{\alpha_1}$ 采用类似于前面的 Tie-breaking 策略。基于单个经典集合的模糊集近似和基于两个经典集合的模糊集近似可以看成基于 n 个经典集合模糊集近似的特殊例子。对于论域中任意一个对象 x 可以通过多支决策，进行如下近似：

$$\mu_{\mathcal{A}_{(\alpha,\beta)}}(x)=\begin{cases}
1, & \mu_{\mathcal{A}}(x)\geqslant\alpha_{n-1}\\
[0,1]\text{ 或 }[\alpha_{n-2},\alpha_{n-1}), & \alpha_{n-2}\leqslant\mu_{\mathcal{A}}(x)<\alpha_{n-1}\\
[0,1]\text{ 或 }[\alpha_{n-3},\alpha_{n-2}), & \alpha_{n-3}\leqslant\mu_{\mathcal{A}}(x)<\alpha_{n-2}\\
\vdots & \vdots\\
[0,1]\text{ 或 }[\alpha_1,\alpha_2) & \alpha_2\leqslant\mu_{\mathcal{A}}(x)<\alpha_1\\
0, & \mu_{\mathcal{A}}(x)\leqslant\alpha_1
\end{cases} \tag{9.12}$$

式(9.12)表明,将模糊集定性表示成多个隶属度层次时,完全隶属度 1 和零隶属度 0 可以采用区间[0,1]的两个端点。中间若干层的隶属度近似值用区间$[\alpha_i, \alpha_j)$,区间的右端点α_j的划分可以根据具体应用采用不同的 Tie-breaking 策略。

对模糊集的近似可以总结为图 9.1 所给出的框架。其中,使用一对经典集近似时,可以进一步分为两种情况:①使用一对阈值(α, β)近似构造的经典集$\mathcal{A}_\alpha$和$\mathcal{A}_\beta$进行近似;②使用 CORE 和 SUPPORT 两个集合进行近似。情况②中 CORE 和 SUPPORT 可以分别表示为$\mathcal{A}_1$和$\mathcal{A}_0$,因此可以看成给予特殊的阈值对(1,0)的近似。图 9.1 所示的模糊集近似的框架也可以等价地用图 9.2 表示。

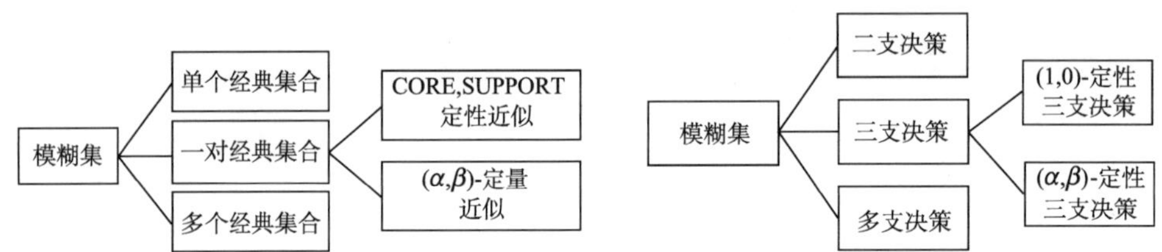

图 9.1 基于经典集的模糊集近似框架　　图 9.2 基于决策的模糊集近似框架

使用单个经典集合的模糊集近似可以看成二支决策,使用一对经典集合则可以看成三支决策,而使用多个经典集合的模糊集近似则可以看成多支决策。

9.4 模糊集近似的三支决策方法

在基于全序关系的三支决策理论框架下,介绍了一种基于决策理论的模糊集近似模型。该模型同 Pedrycz 提出的阴影集[51-53]有很大的相似性。本章讨论的内容主要基于 *Decision-theoretic shadowed sets*[54]一文中的工作。

9.4.1 模糊集三值近似及决策错误

Pedrycz 阴影集采取提升或降低操作将模糊集近似为三个区域,其中阴影区域近似为区间[0,1]。本节介绍一种不同的三值近似方法。

当对象 $x \in U$ 既不接近或等于 1 也不接近或等于 0 时,与 Pedrycz 的方法不同,Cattaneo 和 Ciucci[55]采用具体的隶属度值 0.5 代替区间[0,1],相应的模糊集三值近似可以定义为

$$\mu_{\mathcal{A}_{(\alpha,\beta)}}(x) = \begin{cases} 1, & \mu_{\mathcal{A}}(x) \geqslant \alpha \\ 0, & \mu_{\mathcal{A}}(x) \leqslant \beta \\ 0.5, & \beta < \mu_{\mathcal{A}}(x) < \alpha \end{cases} \tag{9.13}$$

隶属度值 0.5 作为完全隶属度 1 和零隶属度 0 的中间值，表示最不确定的点。图 9.3 中的阴影区域面积直观地显示了采用 0.5 隶属度定义模糊集三值近似的优点，即减少了阴影区域的决策错误。将对象 x 的隶属度从 $\mu_A(x)$ 近似为 0.5 需要采取不承诺决策，如图 9.3 所示，可能采取降低操作或者提升操作，对应的决策错误(设 $\beta<\mu_A(x)<\alpha$)如下。

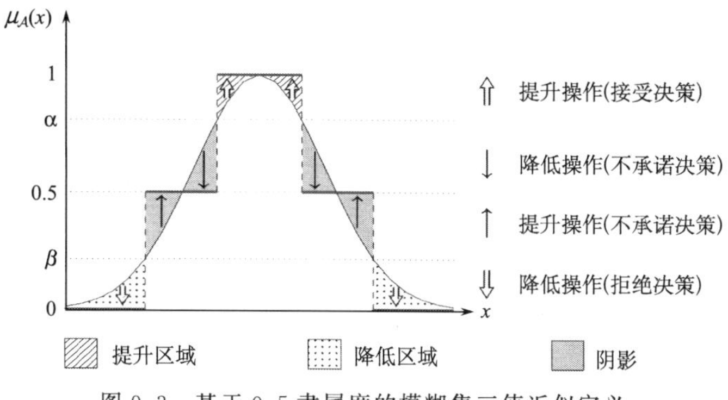

图 9.3　基于 0.5 隶属度的模糊集三值近似定义

降低操作(不承诺决策)：如果 $\mu_A(x)\geqslant 0.5$，$E_{s\downarrow}(\mu_A(x))=\mu_A(x)-0.5$。

提升操作(不承诺决策)：如果 $\mu_A(x)<0.5$，$E_{s\uparrow}(\mu_A(x))=0.5-\mu_A(x)$。

此外，当隶属度 $\mu_A(x)\leqslant\beta$ 时，采取拒绝决策，即降低操作。当隶属度 $\mu_A(x)\geqslant\alpha$ 时，采取接受决策，即提升操作。这两种操作对应的决策错误可以分别表示为

提升操作(接受决策)：如果 $\mu_A(x)\geqslant\alpha$，$E_e(\mu_A(x))=1-\mu_A(x)$。

降低操作(拒绝决策)：如果 $\mu_A(x)\leqslant\beta$，$E_r(\mu_A(x))=\mu_A(x)$。

对于任意一个对象 $x\in U$，相应的三支决策错误可以用以下分段函数描述：

$$E_{(\alpha,\beta)}(\mu_A(x))=\begin{cases}1-\mu_A(x), & \mu_A(\mathrm{x})\geqslant\alpha\\ \mu_A(x)-0.5, & 0.5\leqslant\mu_A(x)<\alpha\\ 0.5-\mu_A(x), & \beta<\mu_A(x)<0.5\\ \mu_A(x)-0, & \mu_A(x)\leqslant\beta\end{cases}\tag{9.14}$$

以 0.5 隶属度值定义的模糊集三值近似为基础，本节引进了决策错误的概念和定义。通过最小化三个决策区域的错误可以得到使总体决策错误最小的 (α,β) 阈值对，即

$$\arg\min_{(\alpha,\beta)}\sum_{x\in U}E_{(\alpha,\beta)}(\mu_A(x))$$

在解决实际问题的过程中，仅使用决策错误是不够的，本章通过引进决策代价或者决策风险的概念，进一步拓广了基于三支决策的模糊集近似模型。

9.4.2 基于决策代价的模糊集近似

设 actions$=\{a_e, a_r, a_{s\downarrow}, a_{s\uparrow}\}$表示决策动作的集合，分别表示提升操作(接受决策)、降低操作(拒绝决策)、降低操作(不承诺决策)和提升操作(不承诺决策)。根据决策论，每一个决策动作都会有相应的决策错误和决策代价。前面已经介绍了决策错误。表 9.1 进一步给出了三支决策的决策动作、模糊集隶属度、隶属度近似值、决策错误和对应的决策代价。

表 9.1 三支决策代价和错误表

决策动作	模糊集隶属度	隶属度近似	决策错误	决策代价
提升操作(接受决策)a_e	$\mu_A(x)\geqslant\alpha$	1	$1-\mu_A(x)$	λ_e
降低操作(拒绝决策)a_r	$\mu_A(x)\leqslant\beta$	0	$\mu_A(x)-0$	λ_r
降低操作(不承诺决策)$a_{s\downarrow}$	$0.5\leqslant\mu_A(x)<\alpha$	0.5	$\mu_A(x)-0.5$	$\lambda_{s\downarrow}$
提升操作(不承诺决策)$a_{s\uparrow}$	$\beta<\mu_A(x)<0.5$	0.5	$0.5-\mu_A(x)$	$\lambda_{s\uparrow}$

对象 x 的隶属度是$\mu_A(x)$，近似后的隶属度值可能是 0、1 或 0.5。设 act$\in\{a_e, a_r, a_{s\downarrow}, a_{s\uparrow}\}$表示某一个三支决策动作，相应的决策错误可以表示为$E_{\text{act}}(\mu_A(x))$，具体请参考表 9.1 第 4 列。设采取决策动作 act 对应的决策代价为$\lambda_{\text{act}}\in\{\lambda_e,\lambda_r,\lambda_{s\downarrow},\lambda_{s\uparrow}\}$，如果将决策错误看成比重，那么对对象 x 采取决策动作 act 引起的实际代价可以通过决策代价λ_{act}的比例计算，即

$$R(\text{act}|x)=\lambda_{\text{act}}E_{\text{act}}(\mu_A(x)) \tag{9.15}$$

每一个对象 x，一次决策只能采取一种三支决策动作，接受、拒绝或不承诺。通过累加每个对象的决策代价，总体决策代价可以表示为

$$\begin{aligned}R&=\sum_{x\in U}R(\text{act}(x)\mid x)\\&=\sum_{x\in U}\lambda_{\text{act}(x)}E_{\text{act}(x)}(\mu_A(x))\end{aligned} \tag{9.16}$$

对于每一个对象 x，设 $\tau(x)$是使决策代价 $R(\text{act}(x)|x)$值最小的决策动作，具体可定义为

$$\tau(x)=\arg\min_{\text{act}(x)\in\text{actions}}R(\text{act}(x)\mid x) \tag{9.17}$$

决策动作 $\tau(x)$可以通过定义三支决策的规则获取。根据表 9.1，当隶属度值$\mu_A(x)\geqslant0.5$ 时，只能采取接受a_e、拒绝a_r或不承诺$a_{s\downarrow}$三种动作，对应的三支决策规则如下。

接受(A1):如果 $R(a_e|x)\leqslant R(a_r|x)\wedge R(a_e|x)\leqslant R(a_{s\downarrow}|x)$,那么采取接受决策$a_e$,即$\mu_{\mathcal{A}(\alpha,\beta)}(x)=1$。

拒绝(R1):如果 $R(a_r|x)\leqslant R(a_e|x)\wedge R(a_r|x)\leqslant R(a_{s\downarrow}|x)$,那么采取拒绝决策$a_r$,即,$\mu_{\mathcal{A}(\alpha,\beta)}(x)=0$。

不承诺(N1):如果 $R(a_{s\downarrow}|x)\leqslant R(a_e|x)\wedge R(a_{s\downarrow}|x)\leqslant R(a_r|x)$,那么采取不承诺决策$a_{s\downarrow}$,即$\mu_{\mathcal{A}(\alpha,\beta)}(x)=0.5$。

当隶属度值$\mu_{\mathcal{A}}(x)<0.5$时,采取接受a_e、拒绝a_r或不承诺$a_{s\uparrow}$三种动作,对应的三支决策规则如下。

接受(A2):如果 $R(a_e|x)\leqslant R(a_r|x)\wedge R(a_e|x)\leqslant R(a_{s\uparrow}|x)$,那么采取接受决策$a_a$,即$\mu_{\mathcal{A}(\alpha,\beta)}(x)=1$。

拒绝(R2):如果 $R(a_r|x)\leqslant R(a_e|x)\wedge R(a_r|x)\leqslant R(a_{s\uparrow}|x)$,那么采取拒绝决策$a_r$,即$\mu_{\mathcal{A}(\alpha,\beta)}(x)=0$。

不承诺(N2):如果 $R(a_{s\uparrow}|x)\leqslant R(a_e|x)\wedge R(a_{s\uparrow}|x)\leqslant R(a_r|x)$,那么采取不承诺决策$a_{s\uparrow}$,即$\mu_{\mathcal{A}(\alpha,\beta)}(x)=0.5$。

通过累积所有对象的决策代价可以得到总体的最小决策代价,以及对应的最优阈值对。

9.4.3 计算最优(α,β)阈值对

在对模糊集进行三支决策的过程中,通过两两比较接受决策、拒绝决策和不承诺决策所引起的决策代价,并执行决策代价最小的决策动作以达到优化整体决策的目标。在这些决策规则中,用于比较决策代价的条件不等式可以化简为含阈值α和β的简单三支决策规则。决策规则简化及(α,β)阈值对的求取过程如下。

对于一个对象x,接受决策a_e、拒绝决策a_r和不承诺决策$a_{s\downarrow}$或$a_{s\uparrow}$所对应的实际决策代价可以具体表示为决策代价的比例值,即

$$\begin{aligned}
R(a_e|x)&=\lambda_e E_e(\mu_{\mathcal{A}}(x))=(1-\mu_{\mathcal{A}}(x))\lambda_e\\
R(a_r|x)&=\lambda_r E_r(\mu_{\mathcal{A}}(x))=\mu_{\mathcal{A}}(x)\lambda_r\\
R(a_{s\downarrow}|x)&=\lambda_{s\downarrow} E_{s\downarrow}(\mu_{\mathcal{A}}(x))=(\mu_{\mathcal{A}}(x)-0.5)\lambda_{s\downarrow}\\
R(a_{s\uparrow}|x)&=\lambda_{s\uparrow} E_{s\uparrow}(\mu_{\mathcal{A}}(x))=(0.5-\mu_{\mathcal{A}}(x))\lambda_{s\uparrow}
\end{aligned}\tag{9.18}$$

对于这些决策动作,本章假设所有的决策代价都是非负的,即λ_e、λ_r、$\lambda_{s\downarrow}$、$\lambda_{s\uparrow}\geqslant 0$。接受决策和拒绝决策的代价不能同时为0,否则任意选择接受或拒绝即可,因此$\lambda_e+\lambda_r\neq 0$。不承诺决策$a_{s\uparrow}$和拒绝决策的代价不同时为零,即$\lambda_{s\uparrow}+\lambda_r\neq 0$;不承诺决策$a_{s\downarrow}$和接受决策的代价不同时为0,即$\lambda_{s\downarrow}+\lambda_e\neq 0$。

如果对象x的隶属度$\mu_{\mathcal{A}}(x)\geqslant 0.5$,则采用三支决策规则:$(A1)$、$(R1)$或$(N1)$。在接受规则$(A1)$中,条件不等式可以等价表示为

$$R(a_e \mid x) \leqslant R(a_r \mid x) \Leftrightarrow \mu_A(x) \geqslant \frac{\lambda_e}{\lambda_e + \lambda_r} = \gamma$$

$$R(a_e \mid x) \leqslant R(a_{s\downarrow} \mid x) \Leftrightarrow \mu_A(x) \geqslant \frac{2\lambda_e + \lambda_{s\downarrow}}{2(\lambda_e + \lambda_{s\downarrow})} = \alpha \tag{9.19}$$

那么接受规则(A1)可以等价地表示如下。

(A1)：如果$\mu_A(x) \geqslant \gamma \wedge \mu_A(x) \geqslant \alpha$，那么采取接受决策$a_e$，即令$\mu_{A(\alpha,\beta)}(x)=1$。

类似可以得到如下拒绝规则和不承诺规则。

(R1)：如果$\mu_A(x) \leqslant \gamma \wedge \mu_A(x) \leqslant \gamma^-$，那么采取拒绝决策$a_r$，即令$\mu_{A(\alpha,\beta)}(x)=0$。

(N1)：如果$\mu_A(x) < \alpha \wedge \mu_A(x) \geqslant \gamma^-$，那么采取不承诺决策$a_{s\downarrow}$，即令$\mu_{A(\alpha,\beta)}(x)=0.5$。

其中，阈值γ^-可以表示为

$$\gamma^- = \mu_A(x) \leqslant \frac{-\lambda_{s\downarrow}}{2(\lambda_r - \lambda_{s\downarrow})} \tag{9.20}$$

通过假设不承诺决策$a_{s\downarrow}$的代价小于等于拒绝决策a_r的代价，以及不承诺决策$a_{s\uparrow}$的代价小于等于接受决策a_e的代价，即$\lambda_{s\downarrow} \leqslant \lambda_r$和$\lambda_{s\uparrow} \leqslant \lambda_e$，可以得到阈值$\gamma^-$和$\alpha$满足条件：$\gamma^- \leqslant 0$和$\gamma \leqslant \alpha$。因此，如果$\mu_A(x) \geqslant 0.5$，三支决策规则(A1)、(R1)和(N1)可以简化为以下规则。

(A1)：如果$\mu_A(x) \geqslant \alpha$，那么采取接受决策$a_e$，即令$\mu_{A(\alpha,\beta)}(x)=1$。

(N1)：如果$0.5 \leqslant \mu_A(x) < \alpha$，那么采取不承诺决策$a_{s\downarrow}$，即令$\mu_{A(\alpha,\beta)}(x)=0.5$。

其中，拒绝规则(R1)中的条件$\mu_A(x) \leqslant \gamma^- \leqslant 0$与假设$\mu_A(\mathrm{x}) \geqslant 0.5$冲突，因此当$\mu_A(x) \geqslant 0.5$时，拒绝规则(R1)不参与决策。

如果对象x的隶属度$\mu_A(x) < 0.5$，那么采用三支决策规则(A2)、(R2)或(N2)。类似地，这些规则可以简化如下。

(R2)：如果$\mu_A(x) \leqslant \beta$，那么采取拒绝决策a_r，即令$\mu_{A(\alpha,\beta)}(x)=0$。

(N2)：如果$\beta < \mu_A(x) < 0.5$，那么采取不承诺决策$a_{s\downarrow}$，即令$\mu_{A(\alpha,\beta)}(x)=0.5$。

其中，阈值β可以表示为

$$\beta = \frac{\lambda_{s\uparrow}}{2(\lambda_r + \lambda_{s\uparrow})} \tag{9.21}$$

通过合并不承诺决策规则(N1)和(N2)，可以得到如下三支决策规则。

(A)：如果$\mu_A(x) \geqslant \alpha$，那么采取接受决策$a_a$，即令$\mu_{A(\alpha,\beta)}(x)=1$。

(N)：如果$\beta < \mu_A(x) < \alpha$，那么采取不承诺决策$a_n$，即令$\mu_{A(\alpha,\beta)}(x)=0.5$。

(R)：如果$\mu_A(x) \leqslant \beta$，那么采取拒绝决策a_r，即令$\mu_{A(\alpha,\beta)}(x)=0$。

其中，接受决策采用简化后的(A1)，拒绝决策采用简化后的(R2)。与三支决

策相对应，最优阈值对(α,β)可以表示为

$$\left(\frac{2\lambda_e+\lambda_{s\downarrow}}{2(\lambda_e+\lambda_{s\downarrow})},\frac{\lambda_{s\uparrow}}{2(\lambda_r+\lambda_{s\uparrow})}\right) \tag{9.22}$$

阈值α具体请参考式(9.19)，阈值β参考式(9.21)。

9.5　实　　例

本节给出了一个应用三支决策对三角形模糊隶属函数近似的例子。该例子中使用了数学软件 MATLAB 的模糊逻辑模块，根据三角形隶属函数的隶属度分布随机抽取有限个点形成对象集。

设$f(x;a,b,c)$为一个三角形隶属度函数，该函数的三个参数分别为$a=3$，$b=6$，$c=8$，该函数与 MATLAB 模糊逻辑模块中三角形隶属度函数 trimf(x,[a,b,c])采用相同的定义，具体定义如下：

$$f(x;a,b,c)=\begin{cases}0, & x\leqslant a\\ \dfrac{x-a}{b-a}, & a\leqslant x\leqslant b\\ \dfrac{c-x}{c-b}, & b\leqslant x\leqslant c\\ 0, & c\leqslant x\end{cases}$$

对模糊集进行三值近似的目标是将隶属函数$f(x;a,b,c)$的值映射为 0、1 或 0.5。Pedrycz 的阴影集方法的关键是通过解析目标函数找出合适的区分隶属度值的阈值α。Pedrycz 所采用的方法和具体的隶属度函数有关，需要根据具体函数解析得到最优的阈值。如果采用 Pedrycz 的方法求取两个独立阈值α和β，那么阈值求取的计算过程根据函数的不同会比较困难。

与 Pedrycz 的解析式方法不同，图 9.4 所示的基于三支决策的模糊集的三值近似与具体的隶属度函数无关，而且该方法采用贝叶斯决策论解释三值近似的过程，给出了阈值的语义解释。设三支决策对应的代价分别为

$$\lambda_e=0.37,\quad \lambda_r=0.25$$

$$\lambda_{s\downarrow}=0.18,\quad \lambda_{s\uparrow}=0.15$$

根据式(9.22)可以分别计算最优阈值α和β为

$$\alpha=\frac{2\lambda_e+\lambda_{s\downarrow}}{2(\lambda_e+\lambda_{s\downarrow})}=\frac{2\times0.37+0.18}{2\times(0.37+0.18)}=0.8364$$

$$\beta=\frac{\lambda_{s\uparrow}}{2(\lambda_r+\lambda_{s\uparrow})}=\frac{0.15}{2\times(0.25+0.15)}=0.1875$$

图 9.4 中的实验数据是由 MATLAB 根据三角形隶属度函数随机抽取的，图中的虚线分别表示最优阈值 α 和 β。

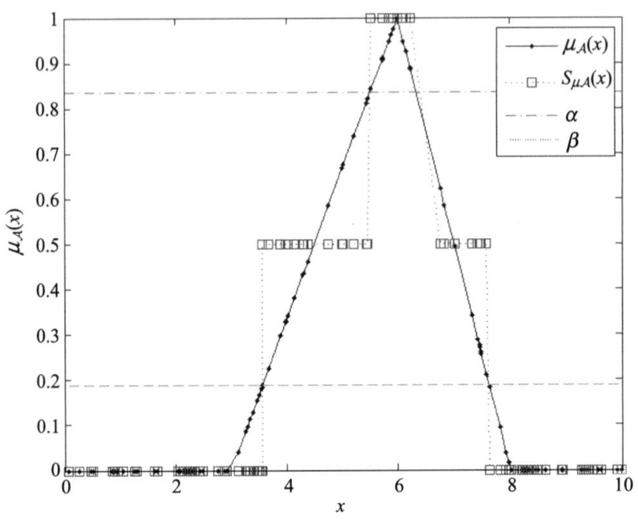

图 9.4　基于三支决策的模糊集近似

9.6　本章小结

三支决策理论框架提供了一个一般性的决策框架。该理论框架不再局限于决策粗糙集的理论范畴，为许多决策问题提供了一个具有坚实理论基础的应用平台。本章首先总结了三支决策理论框架的主要内容，并将其中一个模型(基于全序关系的三支决策模型)应用于模糊集近似的具体实例中。对模糊集的近似和粗糙集、决策粗糙集中的近似是完全不同的概念，因此，该实例也验证了三支决策理论可以摆脱原来决策粗糙集的理论限制，并能够应用于更一般性的问题中。

致　　谢

衷心感谢父亲费立平、母亲邓建新三年来的支持；感谢姚一豫教授在学习、研究方面所给予的悉心指导及生活等方面的开导和热心帮助；感谢刘盾博士和李天瑞教授提供汇报研究结果的机会；感谢王洪凯教授、黄顺亮教授、李建林教授以及评审专家对文章内容、格式和文字表述等各个方面所提出的建议。

参考文献

[1] Yao Y Y. An outline of a theory of three-way decisions. Proceedings of the 8th international RSCTC conference, 2012,7413:1-17.

[2] 张文修,吴伟志,梁吉业,等. 粗糙集理论与方法. 北京:科学出版社,2001.

[3] Herbert J P, Yao J T. Learning optimal parameters in decision-theoretic rough sets. Proceedings of the 4th International Conference on Rough Sets and Knowledge Technology, RSKT, 2009,5589:610-617.

[4] Chan A,Gilon D, Manor O, et al. Probabilistic reasoning and clinical decision-making: do doctors overestimate diagnostic probabilities? QJM: An International Journal of Medicine, 2003, 96:763-769.

[5] Lurie J D, Sox H C. Principals of medical decision making. Spine, 1999, 24: 493-498.

[6] Sherif M, Hovland C I. Social Judgment: Assimilation and Contrast Effects in Communication and Attitude Change. New Haven: Yale University Press, 1961.

[7] Forster M R. Key concepts in model selection performance and generalizability. Journal of Mathematical Psychology, 2000, 44:205-231.

[8] Weller A C. Editorial Peer Review: Its Strengths and Weakness. Medford: Information Today Incorpation, 2001.

[9] Herbert J P, Yao J T. Game-theoretic rough sets. Fundamenta Informaticae, 2011, 108: 267-286.

[10] Jia X Y, Li W W, Shang L,et al. An optimization viewpoint of decision-theoretic rough set model. Proceedings of the 4th International Conference on Rough Sets and Knowledge Technology,RSKT 2011, 2011,6954:457-465.

[11] Jia X Y, Zhang K, Shang L. Three-way decisions solution to filter spam email:an empirical study. Proceedings of the 8th international RSCTC conference, 2012,7413:287-296.

[12] 贾修一, 李伟湋, 商琳,等. 一种自适应求三支决策中决策阈值的算法. 电子学报, 2011, 39: 2520-2525.

[13] 贾修一, 商琳. 一种求三支决策阈值的模拟退火算法. 小型微型计算机系统,2012.

[14] 贾修一,商琳,周献中,等. 三支决策理论与应用. 南京:南京大学出版社,2012.

[15] Yao Y Y, Zhou B. Naive Bayesian rough sets. Rough Sets and Knowledge Technology, 2010,6401: 719-726.

[16] Yao Y Y, Deng X F. Sequential three-way decisions with probabilisticroughsets. Proceedings of the 10th IEEE International Conference on Cognitive Informatics & Cognitive Computing, 2011:120-125.

[17] 邓晓飞,王洪凯,姚一豫. 基于三支决策的自适应粗糙集近似//贾修一,商琳,周继中,等. 三支决策理论与应用. 南京:南京大学出版社,2012.

[18] Deng X F, Yao Y Y. An information-theoretic interpretation of thresholds in probabilistic rough sets. Proceedings of RSKT, 2012,7414:369-378.

[19] Liu D, Li H X, Zhou X Z. Two decades' research on decision-theoretic rough sets. Proceedings of the 9th IEEE International Conference on Cognitive Informatics, 2010:968-973.

[20] Liu D, Li T R, Li H X. A multiple-category classification approachwithdecision-theoretic rough sets. Fundamenta Informaticae, 2012, 115: 173-188.

[21] Liu D, Li T R, Liang D C. A new discriminant analysis approach underdecision-theoretic rough sets. Proceedings of the 4th International Conference on Rough Sets and Knowledge Technology, RSKT, 2011,6954:476-785.

[22] Liu D, Li T R, Liang D C. Decision-theoretic rough sets withprobabilisticdistribution. Proceedings of the 8th international RSCTC conference, 2012,7414:389-398.

[23] Liu D, Li T R,Ruan D. Probabilistic model criteria with decision-theoreticrough sets. Information Sciences, 2011, 181: 3709-3722.

[24] Liu D, Yao Y Y, Li T R. Three-way investment decisions with decision-theoretic rough sets. International Journal of Computational Intelligence Systems, 2011, 4: 66-74.

[25] Yu H, Chu S S, Yang D C. Autonomous knowledge-oriented clusteringusingdecision-theoretic rough set theory. Fundamenta Informaticae, 2012, 115: 141-156.

[26] Yu H, Liu Z G, Wang G Y. Automatically determining the number of clustersusing decision-theoretic rough set. Proceedings of the 4th International Conference on Rough Sets and Knowledge Technology, RSKT, 2011:504-513.

[27] Yu H, Wang Y. Three-way decisions method for overlapping clustering. Proceedings of the 8th international RSCTC conference, 2012,7113:277-286.

[28] Ma X A, Wang G Y, Yu H. Multiple-category attribute reduct using decision-theoretic rough set model. Proceedings of the 8th international RSCTC conference, 2012,7413:267-276.

[29] Li H X, Zhou X Z. Risk decision making based on decision-theoretic rough set: a three-way view decision model. International Journal of Computational Intelligence Systems, 2011, 4: 1-11.

[30] Li H X, Zhou X Z, Zhao J B, et al. Cost-sensitive classification basedondecision-theoretic rough set model. Proceedings of the 8th international RSCTC conference, 2012,379-388.

[31] Li H X, Zhou X Z, Zhao J B, et al. Attribute reduction in decision-theoreticrough set model: a further investigation. Proceedings of the 4th International Conference on Rough Sets and Knowledge Technology, RSKT, 2011, 6954:466-475.

[32] 李华雄,周献中,李天瑞,等. 决策粗糙集理论及其研究进展. 北京:科学出版社,2011.

[33] Yang X P, Song H G, Li T J. Decision making in incomplete informationsystembased on decision-theoretic rough sets. Proceedings of the 4th International Conference on Rough Sets and Knowledge Technology, RSKT 2011,6954:495-503.

[34] Yang X P, Yao J T. Modelling multi-agent three-way decisions with decision theoretic rough sets. Fundamenta Informaticae, 2012, 115: 157-171.

[35] Li W, Miao D Q, Wang W L, et al. Hierarchical rough decisiontheoreticframework for text classification. Proceedings of the 9th IEEE InternationalConference on Cognitive Informatics, 2010:484-489.

[36] Lingras P, Chen M, Miao D Q. Rough multi-category decision theoretic framework. Proceedings of the 3rd International Conference on Rough Sets and Knowledge Technology, RSKT, 2008,5009:676-683.

[37] Lingras P, Chen M, Miao D Q. Semi-supervised rough cost/benefit decisions. Fundamenta Informaticae, 2009, 94: 233-244.

[38] Lingras P, Chen M, Miao D Q. Rough cluster quality index based on decision theory. IEEE Transaction on Knowledge and Data Engineering, 2009, 21: 1014-1026.

[39] Deng X F. Three-way decisions with artificial neural networks. The 26th Annual Canadian Conference on Electricaland Computer Engineering, CCECE, 2013: 762-765.

[40] Zadeh L A. Fuzzy sets. Information and Control,1965, 8: 338-353.

[41] Yao Y Y, Wong S K M. A decision-theoretic framework for approximating concepts. International Journal of Man-Machine Studies, 1992, 37: 793-809.

[42] Yao Y Y. Probabilistic approaches to rough sets. Expert Systems, 2003, 20: 287-297.

[43] Yao Y Y. Probabilistic rough set approximations. International Journal of Approximate Reasoning, 2008, 49: 255-271.

[44] Milller G A. The magical number seven, plus or minus two:some limits on our capacity for processing information. Psychological Review,1955, 101: 343-352.

[45] Cowan N. The magical number 4 in short-term memory: A reconsideration ofmental storage capacity. Behavioral and Brain Sciences,2001, 24: 87-114.

[46] Dubois D,Prade H. Fuzzy Sets and Fuzzy Rough Sets: Theory and Applications. New York:Academic Press,1980.

[47] Klir G J, Bo Y. Fuzzy Sets and Fuzzy Logic: Theory and Applications. New Jersey:Prentice Hall, 1995.

[48] Kleene S C. Introduction to Metamathematics. New York:Van Nostrand, 1952.

[49] Banerjee M, Pal S K. Roughness of a fuzzy set. Information Sciences 1996, 93: 235-246.

[50] Chakrabarty K, Biswas R, Nanda S. Nearest ordinary set of a fuzzy set: Arough theoretic construction. Bulletin of Polish Academy of Sciences, Technical Sciences,1998, 46: 105-114.

[51] Pedrycz W. Shadowed sets: representing and processing fuzzy sets. IEEE Transactions on System,Man and Cybernetics,1998, 28: 103-109.

[52] Pedrycz W. Interpretation of clusters in the framework ofshadowed sets. Pattern Recognition Letters, 2005, 26: 2439-2449.

[53] Pedrycz W. Granular computing with shadowed sets. Computer Science,2005,3641:23-32.

[54] Deng X F, Yao Y Y. Decision-theoretic shadowed sets(submitted).

[55] Cattaneo G, Ciucci D. Shadowed sets and related algebraic structures. Fundamenta Informaticae, 2003, 55: 255-284.

第 10 章　不完备粗糙粒计算方法

杨习贝

江苏科技大学计算机科学与工程学院

作为粒计算理论的一种重要数学工具，粗糙集的下、上近似集以精确的数学形式描述了决策数据中的不一致性问题，其对于粗糙集研究的重要性不言而喻。经典粗糙集模型建立在等价关系基础上，适用于从完备系统中进行知识获取。然而在现实世界中，信息系统中的数据描述不一定是完备的，这主要体现在两个方面：信息系统中的属性值没有被测量和记录，因而数据矩阵中出现了未知属性值；用于描述对象的属性没有被完全记录和存储，从而无法利用现有的属性集合区分对象。因为机器学习的主要目的是在给定样本信息的条件下构造学习模型，所以本章仅考虑第一种情形，称出现未知属性值的信息系统为不完备信息系统。本章主要从不完备信息系统出发，考虑不完备信息系统中未知属性值的不同解释，介绍近年来涌现出的一些扩展粗糙集模型，并分析相关模型的内在联系。

10.1　不完备信息系统

(1) 令 $U\neq\varnothing$ 为一论域，$\mathbf{R}$ 为 U 上一族等价关系的集合，称二元组 $\mathrm{KB}=<U,\mathbf{R}>$ 为一个知识基[1-4]。

(2) $\forall R\in\mathbf{R}$，R 表示 U 上的一个等价关系（满足自反性、对称性和传递性），$\forall x$、$y\in U$，若 $(x,y)\in R$，则称 x 与 y 之间是不可分辨的。

(3) $\forall R\in\mathbf{R}$，二元组 $\mathrm{KS}=<U,R>$ 被称为一个知识结构或近似空间。

由离散数学的相关知识可以证明，U 上的一个划分与 U 上的一个二元等价关系一一对应。若令 U/R 表示由二元等价关系 R 产生的论域划分，则 U/R 中的元素称为 R 基本集或原子集。在近似空间 KS 中，$\forall X\subseteq U$，若 X 是一些 R 基本集的并集，则称 X 是 R 可定义的，否则称 X 是 R 不可定义的。

知识表示是认知科学和人工智能两个领域共同存在的问题。在认知科学领域，其关系到人类如何储存和处理资料；在人工智能领域，其主要目标为储存知识，使计算机程序能够处理知识，达到人类的智慧。

Pawlak 采用知识表示系统来描述知识。知识表示系统实际上是一个数据表，表中的行表示数据对象，而表中的列则表示关于数据对象的信息。

形式化地，一个知识表示系统可被定义为二元组 $S=<U,A_T>$，其中

(1) U 表示所有对象的集合，称为论域。

(2) A_T 表示所有属性的集合。

$\forall a\in A_T$，定义映射 $a:U\to V_a$，V_a 表示属性 a 的值域，即 $a(x)\in V_a(\forall x\in U)$。

令 $\mathrm{KB}=<U,\mathbf{R}>$ 为一个知识基，如何将知识基中的知识转化为知识表示系统的形式？一般来说，可以通过如下两个步骤实现。

(1) $\forall R\in\mathbf{R}$，得到论域上的一个划分 $U/R=\{X_1,X_2,\cdots,X_m\}$。

(2) 给定一个属性 a，其中，$a\in A_T$，若令 $V_a=\{1,2,\cdots,m\}$，则有 $a(x)=i\ (1\leqslant i\leqslant m)$ 当且仅当 $x\in X_i$。

知识表示系统 $S=<U,A_T>$ 实际上是用来描述知识基 $\mathrm{KB}=<U,\mathbf{R}>$ 中的知识的，其将知识基中的知识转化为计算机可以接受的数据结构。对于知识基中的每个等价关系，知识表示系统中必有一个属性与之对应；而对于每个等价类，在知识表示系统中必有一个属性值与之对应。

对于一个信息系统 $S=<U,A_T>$，若 $\exists x\in U$，x 在属性 $a(a\in A_T)$ 上的取值未知，则称信息系统 S 是一个不完备信息系统。

10.1.1　容差关系粗糙集

首先考虑未知属性值仅是被遗漏的，但是确实存在的，这种遗漏型未知属性值在本章中记为 $a(x)=*$。若假设遗漏型未知属性值与其他任意属性值都是可以比较的，则可构建如定义 10.1 所示的容差关系[5]。

定义 10.1　设 S 为一不完备信息系统，$\forall A\subseteq A_T$，由 A 决定的容差关系记为 T_A 且

$$T_A=\{(x,y)\in U^2:\forall a\in A,a(x)=a(y)\vee a(x)=*\vee a(y)=*\}\tag{10.1}$$

显然，容差关系 T_A 满足自反性和对称性，而不一定满足传递性。

定义 10.2　设 S 为一不完备信息系统，$\forall A\subseteq A_T$、$\forall x\in U$，x 基于容差关系 T_A 的容差类记为 $T_A(x)$，且

$$T_A(x)=\{y\in U:(x,y)\in T_A\}\tag{10.2}$$

$T_A(x)$ 表示在属性集合 A 上所有与 x 满足关系 T_A 的个体对象 y 的集合，即对象 x 的容差类。对于 x，$T_A(x)$ 是与 x 可能不可区分的对象的最大集合。由于容差关系不满足传递性，因而是一种较弱的二元关系，由容差关系对论域进行分类一般不会形成论域上的划分，而是形成覆盖，记这种覆盖为 $U/T_A=\{T_A(x):x\in U\}$。

定义 10.3　设 S 为一不完备信息系统，$\forall A\subseteq A_T$，$\forall X\subseteq U$，X 基于容差关系的上、下近似集分别记为 $\overline{A}_T(X)$ 和 $\underline{A}_T(X)$，其中

$$\overline{A}_T(X)=\{x\in U:T_A(x)\cap X\neq\varnothing\} \tag{10.3}$$

$$\underline{A}_T(X)=\{x\in U:T_A(x)\subseteq X\} \tag{10.4}$$

10.1.2 相似关系粗糙集

不完备信息系统中的未知属性值还有另一种语义解释：所有的未知属性值被认为是丢失的，是不允许比较的，这种未知属性值称为缺席型未知属性值，在本章中用符号“?”表示。

定义 10.4 设 S 为一不完备信息系统，$\forall A\subseteq A_T$，由 A 决定的相似关系[6]记为 S_A且

$$S_A=\{(x,y)\in U^2:\forall a\in A,a(x)=?\ \vee\ a(x)=a(y)\} \tag{10.5}$$

显然，定义 10.4 中所示的相似关系是自反和传递的，但并不一定是对称的。根据非对称相似关系，$\forall x\in U$，可以得到如下两种信息粒。

(1) $S_A(x)=\{y\in U:(y,x)\in S_A\}$表示所有非对称相似于 x 的集合。

(2) $S_A^{-1}(x)=\{y\in U:(x,y)\in S_A\}$表示所有 x 与之非对称相似的集合。

定理 10.1 设 S 为一不完备信息系统，$\forall A\subseteq A_T$，有

$$S_{A_T}\subseteq S_A \tag{10.6}$$

$$y\in S_A^{-1}(x)\Leftrightarrow S_A^{-1}(y)\subseteq S_A^{-1}(x) \tag{10.7}$$

$$S_A^{-1}(x)=\bigcup\{S_{A_T}^{-1}(y):y\in S_A^{-1}(x)\} \tag{10.8}$$

证明：式(10.6)显然成立，故证式(10.7)与式(10.8)即可。

因为相似关系满足自反性，所以 $S_A^{-1}(y)\subseteq S_A^{-1}(x)\Rightarrow y\in S_A^{-1}(x)$显然成立，故证明 $y\in S_A^{-1}(x)\Rightarrow S_A^{-1}(y)\subseteq S_A^{-1}(x)$即可。$\forall z\in S_A^{-1}(y)$，有$(y,z)\in S_A$，又因为 $y\in S_A^{-1}(x)$，所以$(x,y)\in S_A$。由于 S_A具有传递性，所以$(x,z)\in S_A$，即 $z\in S_A^{-1}(x)$。

式(10.7)证毕。

由于 S_A具有自反性，所以 $S_A^{-1}(x)\subseteq\bigcup\{S_{A_T}^{-1}(y):y\in S_A^{-1}(x)\}$。$\forall S_{A_T}^{-1}(y)\in\{S_{A_T}^{-1}(y):y\in S_A^{-1}(x)\}$，因为 $y\in S_A^{-1}(x)$，所以就有 $S_{A_T}^{-1}(y)\subseteq S_A^{-1}(y)\subseteq S_A^{-1}(x)$，即$\bigcup\{S_{A_T}^{-1}(y):y\in S_A^{-1}(x)\}\subseteq S_A^{-1}(x)$。

式(10.8)证毕。

定义 10.5 设 S 为一不完备信息系统，$\forall A\subseteq A_T$，$\forall X\subseteq U$，X 基于相似关系的上、下近似集分别记为$\overline{A}_S(X)$和$\underline{A}_S(X)$，其中

$$\overline{A}_S(X)=\bigcup\{S_A(x):x\in X\} \tag{10.9}$$

$$\underline{A}_S(X)=\{x\in U:S_A^{-1}(x)\subseteq X\} \tag{10.10}$$

定理 10.2 设 S 为一不完备信息系统，$\forall A\subseteq A_T$，$\forall X\subseteq U$，有

$$\overline{A}_S(X)=\{x\in U:S_A^{-1}(x)\cap X\neq\varnothing\}=\bigcup\{S_A(y):y\in X\} \tag{10.11}$$

证明：$\forall x\in U$，若 $S_A^{-1}(x)\cap X\neq\varnothing$，则必定存在 $y\in X$ 且 $y\in S_A^{-1}(x)$，即 $(x,y)\in S_A$，因此，$y\in X$ 且 $x\in S_A(y)$，$x\in\bigcup\{S_A(y):y\in X\}$ 成立，所以 $\{x\in U:S_A^{-1}(x)\cap X\neq\varnothing\}\subseteq\bigcup\{S_A(y):y\in X\}$。

$\forall x\in\bigcup\{S_A(y):y\in X\}$，必定存在 $y\in X$ 且 $y\in S_A^{-1}(x)$，$S_A^{-1}(x)\cap X\neq\varnothing$，所以就有 $\bigcup\{S_A(y):y\in X\}\subseteq\{x\in U:S_A^{-1}(x)\cap X\neq\varnothing\}$。

综上所述，$\{x\in U:S_A^{-1}(x)\cap X\neq\varnothing\}=\bigcup\{S_A(y):y\in X\}$ 成立。

10.1.3　限制容差关系粗糙集

在对容差关系和相似关系进一步深入研究后，王国胤[7]认为容差关系的要求过于宽松，而相似关系的要求过于严格，因此，提出了限制容差关系。根据限制容差关系得到的信息粒介于由容差关系和相似关系得到的信息粒之间。

定义 10.6　设 S 为一不完备信息系统，$\forall A\subseteq A_T$，由 A 决定的限制容差关系记为 L_A，且

$$L_A=\{(x,y)\in U^2:P_A(x)=P_A(y)=\varnothing \\ \vee(\forall a\in P_A(x)\cap P_A(y)\rightarrow a(x)=a(y))\} \tag{10.12}$$

式中，$P_A(x)=\{a\in A:a(x)\text{已知}\}$。

容差关系和相似关系分别是对传统粗糙集理论中的不可分辨关系进行扩充而得到的两种极端情况，而限制容差关系得到的分类介于这两者之间，其排除了容差关系中取值不全为空的两个对象无相同取值的情形，同时去掉了相似关系中 y 不能比 x 更不完备的要求，从而放宽了相似关系而严格了容差关系。

限制容差关系满足自反性和对称性，而传递性则不一定满足。直观地看，在限制容差关系中有如下两种情形。

(1) x、y 在 A 上的取值全为空值。

(2) x、y 在 A 上存在取值同不为空值的属性，且在这些属性上的取值相同。

定义 10.7　设 S 为一不完备信息系统，$\forall A\subseteq A_T$，$\forall X\subseteq U$，X 基于限制容差关系 L_A 的上、下近似集分别记为 $\overline{A}_L(X)$ 和 $\underline{A}_L(X)$，其中

$$\overline{A}_L(X)=\{x\in U:L_A(x)\cap X\neq\varnothing\} \tag{10.13}$$

$$\underline{A}_L(X)=\{x\in U:L_A(x)\subseteq X\} \tag{10.14}$$

式中，$L_A(x)=\{y\in U:(x,y)\in L_A\}$ 表示对象 x 的限制容差类。

定理 10.3　设 S 为一不完备信息系统，$\forall A\subseteq A_T$，若对于任意的 $x\in U$，有 $P_A(x)\neq\varnothing$，则

$$\underline{A}_T(X)\subseteq\underline{A}_L(X)\subseteq\underline{A}_S(X) \tag{10.15}$$

$$\overline{A}_S(X)\subseteq\overline{A}_L(X)\subseteq\overline{A}_T(X) \tag{10.16}$$

由定理 10.3 可知，当信息系统不含属性值全为空的对象时，根据限制容差关系得到的近似集介于由容差关系和相似关系得到的两种近似集之间。

10.1.4 可变精度关系粗糙集

在容差关系中，两个对象在没有任何已知相同属性值的情况下，可以被认为是同类的。例如，对象 x 和 y 在属性集合上的取值合集为{ *，1，*，2，3}和{1，*，0，*，*}，则有 $(x,y)\in T_A$。在相似关系中，两个具有大量已知相同属性值的对象往往容易被分离。例如，x 和 y 在属性集合上的取值合集为{?，1，0，2，3，2，1，1}和{1，?，0，2，3，2，1，1}，则有 $(x,y)\notin S_A$ 且 $(y,x)\notin S_A$。而对于限制容差关系的第一种情况，两个不同的对象在所有属性上取值都为空，仅说明这两个对象有不可区分的可能性且由于未知属性值的大量存在，这种可能性极小；对于限制容差关系的第二种情况，两个对象只要有一个属性值取值相同，而在其余属性上取值无法比较时仍视为同类。在属性成百上千的情形下，这种条件仍然过于宽松。为了解决上述问题，我们分析并提出了如下可变精度分类关系[8]。

定义 10.8 设 S 为一不完备信息系统，$\forall A\subseteq A_T$，由 A 决定的可变精度关系记为 V_A^α，且

$$V_A^\alpha=\{(x,y)\in U^2:\forall a\in P_A(x)\cap P_A(y),a(x)=a(y)\wedge\frac{|P_A(x)\cap P_A(y)|}{|P_A(x)|}\geqslant\alpha\}\cup I_U \tag{10.17}$$

式中，$\alpha\in[0,1]$，$|T|$表示集合 T 的基数，I_U 为恒等关系，即 $I_U=\{(x,x):x\in U\}$。

在定义 10.8 中，若有 $P_A(x)=\varnothing$，则认为 $|P_A(x)\cap P_A(y)|/|P_A(x)|=0$，但恒等关系 I_U 的存在保证了 x 与其自身仍然满足 V_A^α。

显然，V_A^α 仅满足自反性，而不一定满足对称性和传递性。从直观上看，可变精度关系要求两对象在所有同不为空值的属性上必须取值相同，并且这些同不为空的属性必须达到一定的数量，这由阈值 α 控制。根据定义 10.8，x 的自反信息粒记为 $V_A^\alpha(x)$ 且 $V_A^\alpha(x)=\{y\in U:(x,y)\in V_A^\alpha\}$。根据可变精度关系 V_A^α，只要合理地设置 α 的取值，就可以解决由容差关系和相似关系分类带来的问题。例如，若设 $\alpha>0$，则可以将在属性集合上的取值合集分别为{ *，1，*，2，3}和{1，*，0，*，*}的对象分离开，若设 $\alpha=0.6$，在属性集合上的取值合集分别为{?，1，0，2，3，2，1，1}和{1，?，0，2，3，2，1，1}的对象则可以认为是同类的。

对于限制容差关系 L_A，当 $\alpha>0$ 时，V_A^α 排除了 L_A 的第一种情形；而对于限制容差关系的第二种情形，只要合理地设置阈值 α，V_A^α 就可以避免两对象因只有极少数相同的属性值就被认为是同一类的情况。例如，对象 x 和 y 在属性集合上的

取值合集分别为{ * ,1, * ,2,3, * ,1, * }和{1, * ,0, * , * , * ,1, * },限制容差关系认为这两者是属于同类的,然而在所有属性上,x 与 y 仅在一个属性上具有相同的属性值,因此这两者属于同类的可能性较小,把它们归为一类就显得牵强,然而若设 $\alpha=0.5$,则有 $(x,y)\notin V_A^\alpha$ 且 $(y,x)\notin V_A^\alpha$,亦即使用可变精度关系可以将这两者分离开。

综上所述,可变精度关系实际上是限制容差关系的一种改进形式,其更加符合客观实际。

定理 10.4　设 S 为一不完备信息系统,若 $\forall A\subseteq A_T$,则有 $V_A^0=T_A$,$V_A^1=S_A$,形式地可以写为

$$T_A=\{(x,y)\in U^2:\forall a\in P_A(x)\cap P_A(y),a(x)=a(y)\wedge\frac{|P_A(x)\cap P_A(y)|}{|P_A(x)|}\geqslant 0\}\cup I_U\tag{10.18}$$

$$S_A=\{(x,y)\in U^2:\forall a\in P_A(x)\cap P_A(y),a(x)=a(y)\wedge\frac{|P_A(x)\cap P_A(y)|}{|P_A(x)|}=1\}\cup I_U\tag{10.19}$$

定理 10.4 说明了通过设置不同的阈值,可以使可变精度关系在容差关系和相似关系之间变化。使用可变精度关系处理不完备信息系统具有更好的灵活性。而容差关系和相似关系则是可变精度关系的两种极端表现情况,因此 $V_A^\alpha(x)$ 实际上是 $T_A(x)$ 和 $S_A^{-1}(x)$ 一种广义化表现形式。

定义 10.9　设 S 为一不完备信息系统,$A\subseteq A_T$,$\forall X\subseteq U$,X 基于可变精度分关系 V_A^α 的上、下近似集分别记为 $\bar{A}_V^\alpha(X)$ 和 $\underline{A}_V^\alpha(X)$ 且

$$\bar{A}_V^\alpha(X)=\{x\in U:V_A^\alpha(x)\cap X\neq\varnothing\}\tag{10.20}$$

$$\underline{A}_V^\alpha(X)=\{x\in U:V_A^\alpha(x)\subseteq X\}\tag{10.21}$$

定理 10.5　设 S 为一不完备信息系统,$A\subseteq A_T$,若 $0\leqslant\alpha_1\leqslant\alpha_2\leqslant 1$,则 $\forall X\subseteq U$,有

$$V_A^{\alpha_2}(x)\subseteq V_A^{\alpha_1}(x)\tag{10.22}$$

$$\underline{A}_V^{\alpha_1}(X)\subseteq\underline{A}_V^{\alpha_2}(X)\tag{10.23}$$

$$\bar{A}_V^{\alpha_2}(X)\subseteq\bar{A}_V^{\alpha_1}(X)\tag{10.24}$$

证明:$\forall y\in V_A^{\alpha_2}(x)$,根据定义 10.8 有 $|P_A(x)\cap P_A(y)|/|P_A(x)|\geqslant a_2$,又因为 $0\leqslant\alpha_1\leqslant\alpha_2\leqslant 1$,所以 $|P_A(x)\cap P_A(y)|/|P_A(x)|\geqslant\alpha_1$,即 $y\in V_A^{\alpha_1}(x)$,从而 $V_A^{\alpha_2}(x)\subseteq V_A^{\alpha_1}(x)$ 成立。根据粗糙集的定义,易证 $\underline{A}_V^{\alpha_1}(X)\subseteq\underline{A}_V^{\alpha_2}(X)$,$\bar{A}_V^{\alpha_2}(X)\subseteq\bar{A}_V^{\alpha_1}(X)$。

定理 10.6 设 S 为一不完备信息系统,$A\subseteq A_T$,$\forall x\in U$,$X\subseteq U$,有

$$S_A^{-1}(x)\subseteq V_A^\alpha(x)\subseteq T_A(x) \tag{10.25}$$

$$\underline{A}_T(X)\subseteq \underline{A}_V^\alpha(X)\subseteq \underline{A}_S(X) \tag{10.26}$$

$$\bar{A}_S(X)\subseteq \bar{A}_V^\alpha(X)\subseteq \bar{A}_T(X) \tag{10.27}$$

证明:由定理 10.4,式(10.25)显然成立。

$\forall x\in U$,若 $V_A^\alpha(x)\subseteq X$,则根据式(10.25),必定有 $S_A^{-1}(x)\subseteq X$,反之则不一定成立,因此$\underline{A}_V^\alpha(X)\subseteq\underline{A}_S(X)$;类似地,可以证得$\underline{A}_T(X)\subseteq\underline{A}_V^\alpha(X)$。

式(10.26)证毕。

$\forall x\in U$,若 $V_A^\alpha(x)\cap X\neq\varnothing$,则根据式(10.25),必定有 $T_A(x)\cap X\neq\varnothing$,而反之则不一定成立,所以$\bar{A}_V^\alpha(X)\subseteq\bar{A}_T(X)$成立。类似地,可以证得$\bar{A}_S(X)\subseteq\bar{A}_V^\alpha(X)$。

式(10.27)证毕。

从定理 10.6 可以看出,容差关系、相似关系、可变精度关系实际上分别代表了三种不同的知识粒度思想。容差关系实际上表示了一种较粗粒度的覆盖,相似关系表示了一种较细粒度的覆盖,而可变精度分类关系所表示的知识粒度介于两者之间,并且设置不同的阈值可以得到不同的知识粒度,这恰好符合人类处理现实世界中信息的需要。

10.1.5 特征关系粗糙集

容差关系、相似关系限制容差关系以及可变精度关系都未考虑一种更为复杂的信息系统形式,即遗漏和缺席型未知值共存于一个信息系统中[9]的形式。对于一个不完备信息系统,“?”和“*”分别表示其中的缺席和遗漏型未知属性值。$\forall a\in A_T$,$\forall v\in V_a$,令$[(a,v)]=\{x\in U:a(x)=v\}$,定义如下。

(1) 若 $a(x)=?$,则表示对象 x 在属性 a 上的取值是缺席的,是不允许比较的值,此时 x 就不属于任意的$[(a,v)]$。

(2) 若 $a(x)=*$,则表示对象 x 在属性 a 上的取值仅是被遗漏的,但这个值又是确实存在的,此时就认为 x 可属于任意的$[(a,v)]$。

根据上述解释,可在同时具有遗漏和缺席型未知属性值的广义不完备信息系统中构建如下的特征关系。

定义 10.10 设 S 为一不完备信息系统,$\forall A\in A_T$,由 A 决定的特征关系记为 K_A,且

$$K_A=\{(x,y)\in U^2:\forall a\in M_A(x),a(x)=a(y)\vee a(x)=*\vee a(y)=*\} \tag{10.28}$$

式中，$M_A(x)=\{a\in A:a(x)\neq ?\}$。

由定义 10.10 可以看出，特征关系 K_A 仅满足自反性，而对称性和传递性都是可以放宽的。如果在不完备信息系统中，所有的未知属性值都被认为是遗漏的，则特征关系 K_A 就退化为定义 10.1 所示的容差关系；从另一角度看，若广义不完备信息系统中的所有未知属性值都被看成缺席的，则特征关系 K_A 就退化为定义 10.4 所示的非对称相似关系。因此，可以将特征关系看成容差关系和非对称相似关系的一种混合表现形式，其中既保留了容差关系的相关性质，也保留了非对称相似关系的相关性质。

例 10.1　考虑如表 10.1 所示的一个不完备信息系统，其中 $U=\{O_1,O_2,O_3,O_4,O_5,O_6\}$，$A_T=\{a,b,c,d\}$，$V_a=\{a_1,a_2\}$，$V_b=\{b_1,b_2\}$，$V_c=\{c_1,c_2\}$，$V_d=\{d_1,d_2\}$。

表 10.1　不完备信息系统实例

U	a	b	c	d
O_1	a_1	b_1	c_1	d_1
O_2	a_2	*	c_1	d_1
O_3	*	?	c_2	d_2
O_4	a_1	b_2	c_1	d_2
O_5	?	*	c_1	d_2
O_6	a_2	b_1	c_1	*

由定义 10.10 可以得到 $K(A_T)=\{(O_1,O_1),(O_2,O_2),(O_2,O_6),(O_3,O_3),(O_4,O_4),(O_5,O_4),(O_5,O_5),(O_5,O_6),(O_6,O_2),(O_6,O_6)\}$，即 $K_{A_T}(O_1)=\{O_1\}$，$K_{A_T}(O_2)=\{O_2,O_6\}$，$K_{A_T}(O_3)=\{O_3\}$，$K_{A_T}(O_4)=\{O_4\}$，$K_{A_T}(O_5)=\{O_4,O_5,O_6\}$，$K_{A_T}(O_6)=\{O_2,O_6\}$。

定义 10.11　设 S 为一不完备信息系统，$A\subseteq A_T$，$\forall X\subseteq U$，X 基于特征关系的上、下近似集分别记为 $\overline{A}_K(X)$ 和 $\underline{A}_K(X)$，其中

$$\overline{A}_K(X)=\{x\in U:K_A(x)\cap X\neq\varnothing\} \tag{10.29}$$

$$\underline{A}_K(X)=\{x\in U:K_A(x)\subseteq X\} \tag{10.30}$$

10.1.6　特征相容块粗糙集

根据特征关系，某个对象的特征类中的元素与这个对象都满足特征关系。进一步，当不考虑具有缺席型未知属性值的属性时，特征类中的元素与这个对象都满足容差关系，但这并不表示特征类中的任意两个元素之间都满足容差关系。为了解决这个问题，有必要对特征类进行进一步的细分。

定义 10.12 令 U 为论域，$\mathfrak{R}$为论域上的一个容差关系，根据容差关系$\mathfrak{R}$得到的相容覆盖[10-11]记为 $\wp(\mathfrak{R})$且

$$\wp(\mathfrak{R})=\{Y\subseteq U:Y^2\subseteq\mathfrak{R}\wedge(\forall x\in U-Y,(Y\cup\{x\})^2\not\subset\mathfrak{R})\}\tag{10.31}$$

$\forall Y\in\wp(\mathfrak{R})$，即相容覆盖 $\wp(\mathfrak{R})$中的任意一个元素，Y 被称为一个最大相容块，其满足以下两个基本条件。

(1) 最大相容块中的任意两个元素都满足容差关系$\mathfrak{R}$。

(2) 最大相容块以外的任意一个元素都与最大相容块中的某个元素不满足容差关系$\mathfrak{R}$。

根据上述定义，可以发现特征类 $K_A(x)$在属性集合 $M_A(x)$($M_A(x)=\{a\in A:a(x)\neq?\}$)上并不是一个最大相容块。例如，在例 10.1 中，$\forall y\in K_A(x)$，y 与 x 在属性集合 $M_A(x)$上都满足容差关系，$\forall y_1$、$y_2\in K_A(x)$，y_1和 y_2在属性集合 $M_A(x)$上并不一定满足容差关系。例如，在表 10.1 中，$M_{A_T}(O_5)=\{b,c,d\}$，因为 $K_{A_T}(O_5)=\{O_4$、$O_5,O_6\}$，所以对象 O_4、O_5和 O_6在属性集合$\{b,c,d\}$上都与对象 O_5满足容差关系，但即使对象 O_4和 O_6在同一个特征类中，它们在属性集合$\{b,c,d\}$上并不满足容差关系，这是因为 $b(O_4)=b_2\neq b(O_6)=b_1$。

很自然地，可以将最大相容块引入属性集合 $M_A(x)$上，以对特征类$K_A(x)$进行进一步细分。为了简便讨论，定义在属性集合 $M_A(x)$上的容差关系为 $T(M_A(x))$，且

$$T(M_A(x))=\{(x,y)\in(K_A(x))^2:\forall a\in M_A(x),a(x)=a(y)\vee a(x)=*\vee a(y)=*\}\tag{10.32}$$

由式(10.32)可以发现，特征容差关系是定义在属性集合 $M_A(x)$上的，且所考虑的对象合集就是特征类 $K_A(x)$。

定义 10.13 设 S 为一不完备信息系统，$\forall A\subseteq A_T$，$\forall x\in U$，x 的特征相容覆盖[12]定义为

$$\wp_A(x)=\{Y\subseteq K_A(x):Y^2\subseteq T(M_A(x))\wedge(\forall x\in K_A(x)-Y,(Y\cup\{x\})^2\not\subseteq T(M_A(x)))\}\tag{10.33}$$

类似于定义 10.12 的相容覆盖，x 的特征相容覆盖 $\wp_A(x)$也是由一些最大相容块构成的，此处，将这些最大相容块称为特征相容块。这些特征相容块也满足如下两个基本条件。

(1) 特征相容块中的任意两个元素都满足容差关系 $T(M_A(x))$。

(2) $K_A(x)$中任意一个特征相容块以外的元素都与这个特征相容块中的某个元素不满足容差关系 $T(M_A(x))$。

例 10.2 在如表 10.1 所示的不完备信息系统中，对于对象 O_5，因为 $K_{A_T}(O_5)=\{O_4,O_5,O_6\}$，所以根据定义 10.13 可以得到 $\wp_{A_T}(O_5)=\{\{O_4,O_5\},\{O_5,$

$O_6\}\}$。集合$\{O_4,O_5\}$和$\{O_5,O_6\}$都是属性集合$\{b,c,d\}$上的特征相容块，对象 O_6 不能被加入特征相容块$\{O_4,O_5\}$中，因为对象 O_6 与对象 O_4 在属性集合$\{b,c,d\}$上不满足容差关系，同理对象 O_4 也不能被加入特征相容块$\{O_5,O_6\}$中。

定理 10.7　设 S 为一不完备信息系统，$\forall A\subseteq A_T$，$\forall x\in U$，$\forall Y\in \wp_A(x)$，有 $x\in Y$。

证明：假设$\exists Y\in \wp_A(x)$使 $x\notin Y$，根据定义 10.13 可知 $\forall y\in Y$，x 和 y 在属性集合 $M_A(x)$上不满足容差关系 $T(M_A(x))$，即存在 $a\in \mathrm{M}_A(x)$，使 $a(x)\neq *$ 且 $a(y)\neq *$ 且 $a(x)\neq a(y)$，这与 $y\in K_A(x)$矛盾因为 $y\in Y\Rightarrow y\in K_A(x)$。

定理 10.7 说明了给定一个对象，这个对象一定属于与之对应的任意一个特征相容类。

定理 10.8　设 S 为一不完备信息系统，$\forall A\subseteq A_T$，$\forall x\in U$，有

$$K_A(x)=\bigcup \wp_A(x) \tag{10.34}$$

证明：$\forall y\in K_A(x)$，根据定义 10.13 可知 x 和 y 在属性集合 $M_A(x)$上满足容差关系，即 $\forall a\in M_A(x)$，有 $a(x)=a(y)\ \vee a(x)=*\ \vee a(y)=*$，$(x,y)\in M_A(x)$，$\{x,y\}^2\subseteq T(M_A(x))$。所以此时必定存在一个 $Y\in \wp_A(x)$使$\{x,y\}\subseteq Y$，从而 $y\in Y\subseteq \bigcup \wp_A(x)$。

$\forall y\in \bigcup \wp_A(x)$，必定存在 $Y\in \wp_A(x)$使 $y\in Y$。由定理 10.7 可知 $x\in Y$，所以$\{x,y\}\subseteq Y$，即对象 x 和 y 在属性集合 $M_A(x)$上满足容差关系 $T(M_A(x))$，从而由定义 10.10 可以得到 $y\in K_A(x)$。

定理 10.8 说明了对象的特征类就是与这个对象对应的所有特征相容块的并集。

定义 10.14　设 S 为一不完备信息系统，$\forall A\subseteq A_T$，$\forall X\subseteq U$，X 基于特征相容类的下、上近似集分别记为$\underline{A}_{\wp}(X)$、$\bar{A}_{\wp}(X)$，且

$$\underline{A}_{\wp}(X)=\{x\in U:\exists Y\in \wp_A(x),Y\subseteq X\} \tag{10.35}$$

$$\bar{A}_{\wp}(X)=\{x\in U:\forall Y\in \wp_A(x),Y\cap X\neq\varnothing\} \tag{10.36}$$

定理 10.9　设 S 为一不完备信息系统，$\forall A\subseteq A_T$，$\forall X\subseteq U$，有

$$\underline{A}_K(X)\subseteq \underline{A}_{\wp}(X) \tag{10.37}$$

$$\bar{A}_{\wp}(X)\subseteq \bar{A}_K(X) \tag{10.38}$$

证明：对于 $\forall x\in \underline{A}_K(X)$，根据定义 10.11 可知 $K_A(x)\subseteq X$。根据定理 10.8，因为 $K_A(x)=\bigcup \wp_A(x)$，所以 $\forall Y\in \wp_A(x)$，$Y\subseteq X$ 依然成立，从而根据定义 10.14，有 $x\in \underline{A}_{\wp}(X)$，即$\underline{A}_K(X)\subseteq\underline{A}_{\wp}(X)$。

对于 $\forall x\in \bar{A}_{\wp}(X)$，根据定义 10.14 可知 $\forall Y\in \wp_A(x)$，有 $Y\cap X\neq\varnothing$。根据定理 10.8，因为 $K_A(x)=\bigcup \wp_A(x)$，所以 $K_A(x)\cap X\neq\varnothing$ 也成立，根据定义

10.11 可知 $x\in\bar{A}_K(X)$，即$\bar{A}_\wp(X)\subseteq\bar{A}_K(X)$。

定理 10.9 说明了在不完备信息系统中，根据新提出的特征相容块技术，相比传统的特征关系，可以得到更大的下近似和更小的上近似集合，粗糙集合的近似精度得以提高。从这个角度，特征相容块粗糙集模型要优于特征关系粗糙集模型。

例 10.3 考虑表 10.1 所示的不完备信息系统，类似于例 10.2，可以得到所有对象的所有特征相容块，$\wp_{AT}(O_1)=\{\{O_1\}\}$；$\wp_{AT}(O_2)=\{\{O_2,O_6\}\}$；$\wp_{AT}(O_3)=\{\{O_3\}\}$；$\wp_{AT}(O_4)=\{\{O_4\}\}$；$\wp_{AT}(O_5)=\{\{O_4,O_5\},\{O_5,O_6\}\}$；$\wp_{AT}(O_6)=\{\{O_2,O_6\}\}$。

若 $X=\{O_2,O_5,O_6\}$，则根据定义 10.11 可以得到基于特征关系的下、上近似集形如$\underline{AT}_K(X)=\{O_2,O_6\}$，$\overline{AT}_K(X)=\{O_2,O_5,O_6\}$；根据定义 10.14 可以得到基于特征相容类的下、上近似集形如$\underline{AT}_\wp(X)=\{O_2,O_5,O_6\}$，$\overline{AT}_\wp(X)=\{O_2,O_5,O_6\}$。

这个例子的计算结果与定理 10.9 所示的理论结果是一致的。

10.2 不完备序值信息系统

10.1 节所示的几种处理不完备信息系统的粗糙集模型将属性看成常规属性（属性值之间不具有优劣顺序），而在多准则决策问题中，描述对象的属性常常具有顺序性，如投资回报率、市场份额、负债率等，这些属性一般称为准则。如何使用粗糙集理论处理含有准则的信息系统是近年来粗糙集理论发展的另一个重要方向。为了解决这个问题，Sai 和 Yao 率先考虑了信息系统中的序关系[13]，Greco 等提出了基于优势关系的粗糙集模型[14-15]。本节将在不完备信息系统中考虑属性值之间的大小关系问题，并给出几种具有代表性的优势关系粗糙集模型。

10.2.1 扩展优势关系粗糙集

首先考虑未知属性值仅是被遗漏的，但又是确实存在的，类似于 10.1 节，这种遗漏型未知属性值，记为 $a(x)=*$。针对这种形式的不完备信息系统，Shao 和 Zhang[16] 提出了扩展优势关系如定义 10.15 所示。

定义 10.15 设 S 为一不完备信息系统，$\forall A\subseteq A_T$，由 A 决定的扩展优势关系记为 $ED_A^{\geqslant}$ 且

$$ED_A^{\geqslant}=\{(x,y)\in U^2:\forall a\in A,a(x)\geqslant a(y)\vee a(x)=*\vee a(y)=*\}\tag{10.39}$$

定义 10.15 所示的扩展优势关系与 Greco 的优势关系有如下两点不同。

(1) Greco 的优势关系满足自反性和传递性,而 $ED_A^{\geqslant}$ 仅满足自反性,不一定满足对称和传递性。

(2) $\forall (x,y)\in U^2$,若(x,y)满足 Greco 的优势关系,则 x 在属性集合 A 上是必定优于 y 的;而 $\forall (x,y)\in ED_A^{\geqslant}$,由于未知属性值的存在,$x$ 在属性集合 A 上仅是可能优于 y 的。

$\forall x\in U$,根据定义 10.15 所示的扩展优势关系,可以构建如下两个集合。

(1) $ED_A^{+}(x)=\{y\in U:(y,x)\in ED_A^{\geqslant}\}$表示根据条件属性集合 A,所有可能优于对象 x 的对象的集合。

(2) $ED_A^{-}(x)=\{y\in U:(x,y)\in ED_A^{\geqslant}\}$表示根据条件属性集合 A,所有可能劣于对象 x 的对象的集合。

在决策系统中,假设所有对象的目标属性值都是已知的,那么目标属性 d 就构成了论域上的一个划分。在基于优势关系的粗糙集模型中,这种划分记为 $\mathbf{CL}=\{CL_r,r\in T\}$,其中 $T=\{1,2,\cdots,n\}$。$\forall r、s\in T$,若 $r>s$,则认为 CL_r 中的对象要优于 CL_s 中的对象。在优势关系粗糙集模型中,被近似的集合不是单纯的决策类,而是决策类的并,即

$$CL_r^{\geqslant}=\bigcup_{r'\geqslant r}CL_{r'},\ CL_r^{\leqslant}=\bigcup_{r'\leqslant r}CL_{r'}$$

式中,$r、r'\in T$,$x\in CL_r^{\geqslant}$ 表示 x 至少属于决策类 CL_r,$x\in CL_r^{\leqslant}$ 表示 x 至多属于决策类 CL_r。

定义 10.16　设 S 为一不完备决策系统,$A\subseteq A_T$,$\forall r\in T$,$CL_r^{\geqslant}$ 基于扩展优势关系的上、下近似集合分别记为$\overline{A}_{ED}(CL_r^{\geqslant})$和$\underline{A}_{ED}(CL_r^{\geqslant})$,且

$$\overline{A}_{ED}(CL_r^{\geqslant})=\{x\in U:ED_A^{+}(x)\cap CL_r^{\geqslant}\neq\varnothing\} \tag{10.40}$$

$$\underline{A}_{ED}(CL_r^{\geqslant})=\{x\in U:ED_A^{-}(x)\subseteq CL_r^{\geqslant}\} \tag{10.41}$$

$\forall r\in T$,$CL_r^{\leqslant}$ 基于扩展优势关系的上、下近似集合分别记为$\overline{A}_{ED}(CL_r^{\leqslant})$和$\underline{A}_{ED}(CL_r^{\leqslant})$,且

$$\overline{A}_{ED}(CL_r^{\leqslant})=\{x\in U:ED_A^{-}(x)\cap CL_r^{\leqslant}\neq\varnothing\} \tag{10.42}$$

$$\underline{A}_{ED}(CL_r^{\leqslant})=\{x\in U:ED_A^{+}(x)\subseteq CL_r^{\leqslant}\} \tag{10.43}$$

10.2.2 可信规则获取

类似于传统优势关系粗糙集模型,根据定义 10.15,亦可以从不完备决策系统中导出确定(可能)"at least"("at most")决策规则。

例 10.4　表 10.2 是一个不完备决策系统,其中

(1) $U=\{x_1,x_2,\cdots,x_{12}\}$为论域;

(2) $A_T=\{a_1,a_2,a_3\}$为条件属性集合,d 为决策属性;

(3) $V_{a_1}=\{1,2,3\}$,$V_{a_2}=V_{a_3}=V_d=\{1,2\}$。

根据基于优势关系的粗糙集模型分析方法,决策属性 d 在论域上构成的划分为 $\mathbf{CL}=\{CL_1,CL_2\}=\{\{x_2,x_4,x_5,x_{10}\},\{x_1,x_3,x_6,x_7,x_8,x_9,x_{11},x_{12}\}\}$,因此可以得到 $CL_1^{\geqslant}=U$,$CL_1^{\leqslant}=CL_1$,$CL_2^{\geqslant}=CL_2$,$CL_2^{\leqslant}=U$。根据定义 10.16,可以得到如下的粗糙集近似:

$$\underline{AT}_{ED}(CL_1^{\geqslant})=U,\underline{AT}_{ED}(CL_2^{\geqslant})=\{x_1,x_6,x_8,x_9,x_{11},x_{12}\}$$

$$\overline{AT}_{ED}(CL_1^{\geqslant})=U,\overline{AT}_{ED}(CL_2^{\geqslant})=\{x_1,x_2,x_3,x_6,x_7,x_8,x_9,x_{11},x_{12}\}$$

$$\underline{AT}_{ED}(CL_1^{\leqslant})=\{x_4,x_5,x_{10}\},\underline{AT}_{ED}(CL_2^{\leqslant})=U$$

$$\overline{AT}_{ED}(CL_1^{\leqslant})=\{x_2,x_3,x_4,x_5,x_7,x_{10}\},\overline{AT}_{ED}(CL_2^{\leqslant})=U$$

表 10.2 一个不完备决策系统

U	a_1	a_2	a_3	d
x_1	3	2	2	2
x_2	2	1	1	1
x_3	2	1	*	2
x_4	1	1	1	1
x_5	1	*	1	1
x_6	3	1	1	2
x_7	2	1	1	2
x_8	3	2	2	2
x_9	2	1	2	2
x_{10}	1	1	2	1
x_{11}	2	1	2	2
x_{12}	3	*	2	2

根据所求得的近似集,可以从表 10.2 中生成不同类型的决策规则。此处,仅列出确定规则。

确定“at least”规则如下。

Rule 1:$a_1(x)\geqslant 3\wedge a_2(x)\geqslant 2\wedge a_3(x)\geqslant 2\rightarrow d(x)\geqslant 2$(由 x_1、$x_8\in\underline{AT}_{ED}(CL_2^{\geqslant})$ 支持)

Rule 2:$a_1(x)\geqslant 3\wedge a_2(x)\geqslant 1\wedge a_3(x)\geqslant 1\rightarrow d(x)\geqslant 2$(由 $x_6\in\underline{AT}_{ED}(CL_2^{\geqslant})$ 支持)

Rule 3:$a_1(x)\geqslant 3\wedge a_2(x)\geqslant 1\wedge a_3(x)\geqslant 2\rightarrow d(x)\geqslant 2$(由 x_9、$x_{11}\in\underline{AT}_{ED}(CL_2^{\geqslant})$

支持）

Rule 4：$a_1(x) \geqslant 3 \wedge a_2(x) \geqslant * \wedge a_3(x) \geqslant 2 \to d(x) \geqslant 2$（由 $x_{12} \in \underline{\mathrm{AT}}_{\mathrm{ED}}(\mathrm{CL}_2^{\geqslant})$ 支持）

确定“at most”规则如下。

Rule 5：$a_1(x) \leqslant 1 \wedge a_2(x) \leqslant 1 \wedge a_3(x) \leqslant 1 \to d(x) \leqslant 1$（由 $x_4 \in \underline{\mathrm{AT}}_{\mathrm{ED}}(\mathrm{CL}_1^{\leqslant})$ 支持）

Rule 6：$a_1(x) \leqslant 1 \wedge a_2(x) \leqslant * \wedge a_3(x) \leqslant 1 \to d(x) \leqslant 1$（由 $x_5 \in \underline{\mathrm{AT}}_{\mathrm{ED}}(\mathrm{CL}_1^{\leqslant})$ 支持）

Rule 7：$a_1(x) \leqslant 1 \wedge a_2(x) \leqslant 1 \wedge a_3(x) \leqslant 2 \to d(x) \leqslant 1$（由 $x_{10} \in \underline{\mathrm{AT}}_{\mathrm{ED}}(\mathrm{CL}_1^{\leqslant})$ 支持）

例 10.4 所求得的决策规则并非理想的决策规则，它们存在以下两点不足。

(1) 有些规则中含有未知属性值“*”，如 Rule 4 和 Rule 6。

由于在定义 10.14 中，假设未知属性值“*”与其他任意属性值都是可以比较的，所以“*”可以是属性值域中的任意一个值。据此，含有未知属性值的决策规则可以进一步细化。

例如，对于 Rule 4，因为 $V_{a_3}=\{1,2\}$，所以 Rule 4 实际上表示了如下两条不同的规则。

Rule 4_1：$a_1(x) \geqslant 3 \wedge a_2(x) \geqslant 1 \wedge a_3(x) \geqslant 2 \to d(x) \geqslant 2$

Rule 4_2：$a_1(x) \geqslant 3 \wedge a_2(x) \geqslant 2 \wedge a_3(x) \geqslant 2 \to d(x) \geqslant 2$

类似地，Rule 6 表示了如下两条不同的规则。

Rule 6_1：$a_1(x) \leqslant 1 \wedge a_2(x) \leqslant 1 \wedge a_3(x) \leqslant 1 \to d(x) \leqslant 1$

Rule 6_2：$a_1(x) \leqslant 1 \wedge a_2(x) \leqslant 2 \wedge a_3(x) \leqslant 1 \to d(x) \leqslant 1$

(2) 根据例 10.4 的下近似集得出的确定规则是不全的，即有一些确定规则并没有根据下近似导出。例如，若考虑下述子集

$$P=\{x \in U:\ a_1(x) \geqslant 2 \wedge a_2(x) \geqslant 2 \wedge a_3(x) \geqslant 1\}=\{x_1, x_8, x_{12}\}$$

那么就有 $P \subseteq \mathrm{CL}_2^{\geqslant}$，所以可以生成如下决策规则。

Rule 1′：$a_1(x) \geqslant 2 \wedge a_2(x) \geqslant 2 \wedge a_3(x) \geqslant 1 \to d(x) \geqslant 2$

然而在例 10.2 中并没有这样的规则，并且需要注意的是，Rule 1′并不能归到例 10.4 所示的任何一条确定“at least”规则中，因而 Rule 1′是一条新的确定“at least”规则。

类似地，若考虑子集

$$Q=\{x \in U: a_1(x) \leqslant 1 \wedge a_2(x) \leqslant 2 \wedge a_3(x) \leqslant 2\}=\{x_4, x_5, x_{10}\}$$

则有 $Q \subseteq \mathrm{CL}_1^{\leqslant}$，从而得到一条新的确定“at most”规则。

Rule 2′：$a_1(x) \leqslant 1 \wedge a_2(x) \leqslant 2 \wedge a_3(x) \leqslant 2 \to d(x) \leqslant 1$

为了解决上述两个问题，从不完备决策系统中挖掘出所有的确定决策规则，下面将使用描述子[17]的概念。

定义 10.17 设 S 为一不完备决策系统：

(1) $\forall a \in A_T, \forall v \in V_a$，称 $(\geqslant_a, v)$ 为一个 $\uparrow A_T$ 原子公式，$(\leqslant_a, v)$ 为一个 $\downarrow A_T$ 原子公式；

(2) 任意一个 $\uparrow A_T$ 原子公式或几个 $\uparrow A_T$ 原子公式的合取称为一个 $\uparrow A_T$ 描述子；任意一个 $\downarrow A_T$ 原子公式或几个 $\downarrow A_T$ 原子公式的合取称为一个 $\downarrow A_T$ 描述子；

(3) 若 $\wedge_{a \in A_T}(\geqslant_a, v)$ 为一个 $\uparrow A_T$ 描述子，令

$$\| \wedge_{a \in A_T}(\geqslant_a, v) \| = \{x \in U: \forall a \in A_T, a(x) \geqslant v \vee a(x) = *\} \tag{10.44}$$

称 $\| \wedge_{a \in A_T}(\geqslant_a, v) \|$ 中的对象与描述子 $\wedge_{a \in A_T}(\geqslant_a, v)$ 是相容的，$\| \wedge_{a \in A_T}(\geqslant_a, v) \|$ 称为描述子 $\wedge_{a \in A_T}(\geqslant_a, v)$ 的支持集；

(4) 若 $\wedge_{a \in A_T}(\leqslant_a, v)$ 为一个 $\downarrow A_T$ 描述子，令

$$\| \wedge_{a \in A_T}(\leqslant_a, v) \| = \{x \in U: \forall a \in A_T, a(x) \leqslant v \vee a(x) = *\} \tag{10.45}$$

称 $\| \wedge_{a \in A_T}(\leqslant_a, v) \|$ 中的对象与描述子 $\wedge_{a \in A_T}(\leqslant_a, v)$ 是相容的，$\| \wedge_{a \in A_T}(\leqslant_a, v) \|$ 称为描述子 $\wedge_{a \in A_T}(\leqslant_a, v)$ 的支持集；

(5) 若 $t^\uparrow$ 是一个 $\uparrow A_T$ 描述子，$(\geqslant_a, v)$ 是 $t^\uparrow$ 中出现的一个原子公式，则记为 $(\geqslant_a, v) \in t^\uparrow$；若 $t^\downarrow$ 是一个 $\downarrow A_T$ 描述子，$(\leqslant_a, v)$ 是 $t^\downarrow$ 中出现的一个原子公式，则记为 $(\leqslant_a, v) \in t^\downarrow$；

(6) 若 $t^\uparrow$ 是一个 $\uparrow A_T$ 描述子，则 $t^\uparrow$ 中出现的所有属性的集合记为 $A_T(t^\uparrow)$；若 $t^\downarrow$ 是一个 $\downarrow A_T$ 描述子，则 $t^\downarrow$ 中出现的所有属性的集合记为 $A_T(t^\downarrow)$。

设 $t^\uparrow$ 和 $s^\uparrow$ 是不完备决策系统中的两个 $\uparrow A_T$ 描述子，若 $\forall (\geqslant_a, v) \in t^\uparrow$，有 $(\geqslant_a, v) \in s^\uparrow$，换言之，$t^\uparrow$ 由 $s^\uparrow$ 中出现的原子公式构成，则称 $t^\uparrow$ 比 $s^\uparrow$ 更粗，或者 $s^\uparrow$ 比 $t^\uparrow$ 更细，记为 $t^\uparrow \geqslant s^\uparrow$ 或 $s^\uparrow \leqslant t^\uparrow$。进一步，若 $t^\uparrow$ 由 $s^\uparrow$ 中出现的原子公式的真子集构成，则称 $t^\uparrow$ 比 $s^\uparrow$ 严格粗，或者 $s^\uparrow$ 比 $t^\uparrow$ 严格细，记为 $t^\uparrow \succ s^\uparrow$ 或 $s^\uparrow \prec t^\uparrow$。类似地，也可以定义 $t^\downarrow \geqslant s^\downarrow$ 和 $t^\downarrow \succ s^\downarrow$。

定义 10.18 设 S 为一不完备决策系统，记

$$\mathrm{DES}^\uparrow(A_T) = \{t^\uparrow : t^\uparrow \text{ 是 } \uparrow A_T \text{ 描述子}, \| t^\uparrow \| \neq \varnothing\} \tag{10.46}$$

$$\mathrm{DES}^\downarrow(A_T) = \{t^\downarrow : t^\downarrow \text{ 是 } \downarrow A_T \text{ 描述子}, \| t^\downarrow \| \neq \varnothing\} \tag{10.47}$$

$$\mathrm{FDES}^\uparrow(A_T) = \{t^\uparrow : t^\uparrow \in \mathrm{DES}^\uparrow(A_T), A_T(t^\uparrow) = A_T\} \tag{10.48}$$

$$\mathrm{FDES}^\downarrow(A_T) = \{t^\downarrow : t^\downarrow \in \mathrm{DES}^\downarrow(A_T), A_T(t^\downarrow) = A_T\} \tag{10.49}$$

$\mathrm{FDES}^{\uparrow}(A_{\mathrm{T}})$和$\mathrm{FDES}^{\downarrow}(A_{\mathrm{T}})$中的元素分别称为完全$\uparrow A_{\mathrm{T}}$描述子和完全$\downarrow A_{\mathrm{T}}$描述子。一般完全$\uparrow A_{\mathrm{T}}$描述子和完全$\downarrow A_{\mathrm{T}}$描述子的支持集构成了论域上的覆盖而非划分，这两种覆盖可以分别记为$U/A_{\mathrm{T}}{}^{\uparrow}$和$U/A_{\mathrm{T}}{}^{\downarrow}$且

$$U/A_{\mathrm{T}}{}^{\uparrow}=\{\|t^{\uparrow}\|:t^{\uparrow}\in \mathrm{FDES}^{\uparrow}(A_{\mathrm{T}})\} \tag{10.50}$$

$$U/A_{\mathrm{T}}{}^{\downarrow}=\{\|t^{\downarrow}\|:t^{\downarrow}\in \mathrm{FDES}^{\downarrow}(A_{\mathrm{T}})\} \tag{10.51}$$

例 10.5 在表10.2所示的不完备决策系统中，根据定义10.17可以得到如下所示的结果。

$$\begin{aligned}\mathrm{FDES}^{\uparrow}(A_{\mathrm{T}})=&\{t_1^{\uparrow},t_2^{\uparrow},t_3^{\uparrow},t_4^{\uparrow},t_5^{\uparrow},t_6^{\uparrow},t_7^{\uparrow},t_8^{\uparrow},t_9^{\uparrow},t_{10}^{\uparrow},t_{11}^{\uparrow},t_{12}^{\uparrow}\}\\
=&\{(\geqslant_{a_1},3)\wedge(\geqslant_{a_2},2)\wedge(\geqslant_{a_3},2),(\geqslant_{a_1},3)\wedge(\geqslant_{a_2},2)\wedge(\geqslant_{a_3},1),\\
&(\geqslant_{a_1},3)\wedge(\geqslant_{a_2},1)\wedge(\geqslant_{a_3},2),(\geqslant_{a_1},3)\wedge(\geqslant_{a_2},1)\wedge(\geqslant_{a_3},1),\\
&(\geqslant_{a_1},2)\wedge(\geqslant_{a_2},2)\wedge(\geqslant_{a_3},2),(\geqslant_{a_1},2)\wedge(\geqslant_{a_2},2)\wedge(\geqslant_{a_3},1),\\
&(\geqslant_{a_1},2)\wedge(\geqslant_{a_2},1)\wedge(\geqslant_{a_3},2),(\geqslant_{a_1},2)\wedge(\geqslant_{a_2},1)\wedge(\geqslant_{a_3},1),\\
&(\geqslant_{a_1},1)\wedge(\geqslant_{a_2},2)\wedge(\geqslant_{a_3},2),(\geqslant_{a_1},1)\wedge(\geqslant_{a_2},2)\wedge(\geqslant_{a_3},1),\\
&(\geqslant_{a_1},1)\wedge(\geqslant_{a_2},1)\wedge(\geqslant_{a_3},2),(\geqslant_{a_1},1)\wedge(\geqslant_{a_2},1)\wedge(\geqslant_{a_3},1)\}\end{aligned}$$

$$\begin{aligned}&U/A_{\mathrm{T}}{}^{\uparrow}\\
&=\{\|t_1^{\uparrow}\|,\|t_2^{\uparrow}\|,\|t_3^{\uparrow}\|,\|t_4^{\uparrow}\|,\|t_5^{\uparrow}\|,\|t_6^{\uparrow}\|,\|t_7^{\uparrow}\|,\|t_8^{\uparrow}\|,\|t_9^{\uparrow}\|,\|t_{10}^{\uparrow}\|,\|t_{11}^{\uparrow}\|,\|t_{12}^{\uparrow}\|\}\\
&=\{\{x_1,x_8,x_{12}\},\{x_1,x_8,x_{12}\},\{x_1,x_8,x_{12}\},\{x_1,x_6,x_8,x_{12}\},\{x_1,x_8,x_{12}\},\\
&\quad\{x_1,x_8,x_{12}\},\{x_1,x_3,x_8,x_9,x_{11},x_{12}\},\{x_1,x_2,x_3,x_6,x_7,x_8,x_9,x_{11},x_{12}\},\\
&\quad\{x_1,x_8,x_{12}\},\{x_1,x_5,x_8,x_{12}\},\{x_1,x_3,x_8,x_9,x_{10},x_{11},x_{12}\},U\}\end{aligned}$$

(1) $$\begin{aligned}\mathrm{FDES}^{\downarrow}(A_{\mathrm{T}})=&\{t_1^{\downarrow},t_2^{\downarrow},t_3^{\downarrow},t_4^{\downarrow},t_5^{\downarrow},t_6^{\downarrow},t_7^{\downarrow},t_8^{\downarrow},t_9^{\downarrow},t_{10}^{\downarrow},t_{11}^{\downarrow},t_{12}^{\downarrow}\}\\
=&\{(\leqslant_{a_1},3)\wedge(\leqslant_{a_2},2)\wedge(\leqslant_{a_3},2),(\leqslant_{a_1},3)\wedge(\leqslant_{a_2},2)\wedge(\leqslant_{a_3},1),\\
&(\leqslant_{a_1},3)\wedge(\leqslant_{a_2},1)\wedge(\leqslant_{a_3},2),(\leqslant_{a_1},3)\wedge(\leqslant_{a_2},1)\wedge(\leqslant_{a_3},1),\\
&(\leqslant_{a_1},2)\wedge(\leqslant_{a_2},2)\wedge(\leqslant_{a_3},2),(\leqslant_{a_1},2)\wedge(\leqslant_{a_2},2)\wedge(\leqslant_{a_3},1),\\
&(\leqslant_{a_1},2)\wedge(\leqslant_{a_2},1)\wedge(\leqslant_{a_3},2),(\leqslant_{a_1},2)\wedge(\leqslant_{a_2},1)\wedge(\leqslant_{a_3},1),\\
&(\leqslant_{a_1},1)\wedge(\leqslant_{a_2},2)\wedge(\leqslant_{a_3},2),(\leqslant_{a_1},1)\wedge(\leqslant_{a_2},2)\wedge(\leqslant_{a_3},1),\\
&(\leqslant_{a_1},1)\wedge(\leqslant_{a_2},1)\wedge(\leqslant_{a_3},2),(\leqslant_{a_1},1)\wedge(\leqslant_{a_2},1)\wedge(\leqslant_{a_3},1)\}\end{aligned}$$

$$\begin{aligned}&U/A_{\mathrm{T}}{}^{\downarrow}\\
&=\{\|t_1^{\downarrow}\|,\|t_2^{\downarrow}\|,\|t_3^{\downarrow}\|,\|t_4^{\downarrow}\|,\|t_5^{\downarrow}\|,\|t_6^{\downarrow}\|,\|t_7^{\downarrow}\|,\|t_8^{\downarrow}\|,\|t_9^{\downarrow}\|,\|t_{10}^{\downarrow}\|,\|t_{11}^{\downarrow}\|,\|t_{12}^{\downarrow}\|\}\\
&=\{U,\{x_2,x_3,x_4,x_5,x_6,x_7\},\{x_2,x_3,x_4,x_5,x_6,x_7,x_9,x_{10},x_{11},x_{12}\},\\
&\quad\{x_2,x_3,x_4,x_5,x_6,x_7\},\{x_2,x_3,x_4,x_5,x_7,x_9,x_{10},x_{11}\},\\
&\quad\{x_2,x_3,x_4,x_5,x_6,x_7\},\{x_2,x_3,x_4,x_5,x_7,x_9,x_{10},x_{11}\},\\
&\quad\{x_2,x_3,x_4,x_5,x_6,x_7\},\{x_4,x_5,x_{10}\},\{x_4,x_5\},\{x_4,x_5,x_{10}\},\{x_4,x_5\}\}\text{。}\end{aligned}$$

定义 10.19 设S为一不完备决策系统，$\forall A\subseteq A_{\mathrm{T}}$，$\forall r\in T$，$\mathrm{CL}_r^{\geqslant}$基于描述子的上、下近似集合分别记为$\overline{A}_{\mathrm{des}}(\mathrm{CL}_r^{\geqslant})$和$\underline{A}_{\mathrm{des}}(\mathrm{CL}_r^{\geqslant})$，且

$$\overline{A}_{\text{des}}(\text{CL}_r^{\geqslant})=\{\|t^{\uparrow}\|:t^{\uparrow}\in\text{FDES}^{\uparrow}(A),\|t^{\uparrow}\|\cap\text{CL}_r^{\geqslant}\neq\varnothing\}\tag{10.52}$$

$$\underline{A}_{\text{des}}(\text{CL}_r^{\geqslant})=\{\|t^{\uparrow}\|:t^{\uparrow}\in\text{FDES}^{\uparrow}(A),\|t^{\uparrow}\|\subseteq\text{CL}_r^{\geqslant}\}\tag{10.53}$$

$\forall r\in T$，$\text{CL}_r^{\leqslant}$ 的上、下近似集合分别记为$\overline{A}_{\text{des}}(\text{CL}_r^{\leqslant})$和$\underline{A}_{\text{des}}(\text{CL}_r^{\leqslant})$且

$$\overline{A}_{\text{des}}(\text{CL}_r^{\leqslant})=\{\|t^{\downarrow}\|:t^{\downarrow}\in\text{FDES}^{\downarrow}(A),\|t^{\downarrow}\|\cap\text{CL}_r^{\leqslant}\neq\varnothing\}\tag{10.54}$$

$$\underline{A}_{\text{des}}(\text{CL}_r^{\leqslant})=\{\|t^{\downarrow}\|:t^{\downarrow}\in\text{FDES}^{\downarrow}(A),\|t^{\downarrow}\|\subseteq\text{CL}_r^{\leqslant}\}\tag{10.55}$$

需要注意的是，与定义 10.15 的不完备决策系统中的优势关系粗糙集模型不同，定义 10.19 的优势关系上、下近似集不再是论域的子集，而是论域上的一族子集。

定义 10.20 设 S 为一不完备决策系统，$\forall A\subseteq A_{\text{T}}$，令 $t^{\uparrow}=\wedge_{a_i\in A}(\geqslant_{a_i},v_i)\in\text{FDES}^{\uparrow}(A)$，$t^{\downarrow}=\wedge_{a_i\in A}(\leqslant_{a_i},v_i)\in\text{FDES}^{\downarrow}(A)$。

(1) 若 $\|t^{\uparrow}\|\in\underline{A}_{\text{des}}(\text{CL}_r^{\geqslant})$，则称

$$a_1(x)\geqslant v_1\wedge a_2(x)\geqslant v_2\wedge\cdots\wedge a_k(x)\geqslant v_k\rightarrow x\in\text{CL}_r^{\geqslant}$$

为一条↑确定规则，记为 $t^{\uparrow}\rightarrow x\in\text{CL}_r^{\geqslant}$；

(2) 若 $\|t^{\downarrow}\|\in\underline{A}_{\text{des}}(\text{CL}_r^{\leqslant})$，则称

$$a_1(x)\leqslant v_1\wedge a_2(x)\leqslant v_2\wedge\cdots\wedge a_k(x)\leqslant v_k\rightarrow x\in\text{CL}_r^{\leqslant}$$

为一条↓确定规则，记为 $t^{\downarrow}\rightarrow x\in\text{CL}_r^{\geqslant}$。

式中，$A=\{a_1,a_2,\cdots,a_k\}$，$\{v_1,v_2,\cdots,v_k\}\in V_{a_1}\times V_{a_2}\times\cdots\times V_{a_k}$，$1\leqslant i\leqslant k$。

例 10.6 在表 10.2 中，求所有的↑和↓确定规则。

接例 10.5，有 $\|t_1^{\uparrow}\|$、$\|t_2^{\uparrow}\|$、$\|t_3^{\uparrow}\|$、$\|t_4^{\uparrow}\|$、$\|t_5^{\uparrow}\|$、$\|t_6^{\uparrow}\|$、$\|t_7^{\uparrow}\|$、$\|t_9^{\uparrow}\|\in\underline{A_{\text{T}}}_{\text{des}}(\text{CL}_2^{\geqslant})$，因而根据定义 10.20，可以得到如下↑确定规则。

$r_1:a_1(x)\geqslant3\wedge a_2(x)\geqslant2\wedge a_3(x)\geqslant2\rightarrow d(x)\geqslant2$(由 $\|t_1^{\uparrow}\|\in\underline{AT}_{\text{des}}(\text{CL}_2^{\geqslant})$支持)

$r_2:a_1(x)\geqslant3\wedge a_2(x)\geqslant2\wedge a_3(x)\geqslant1\rightarrow d(x)\geqslant2$(由 $\|t_2^{\uparrow}\|\in\underline{AT}_{\text{des}}(\text{CL}_2^{\geqslant})$支持)

$r_3:a_1(x)\geqslant3\wedge a_2(x)\geqslant1\wedge a_3(x)\geqslant2\rightarrow d(x)\geqslant2$(由 $\|t_3^{\uparrow}\|\in\underline{AT}_{\text{des}}(\text{CL}_2^{\geqslant})$支持)

$r_4:a_1(x)\geqslant3\wedge a_2(x)\geqslant1\wedge a_3(x)\geqslant1\rightarrow d(x)\geqslant2$(由 $\|t_4^{\uparrow}\|\in\underline{AT}_{\text{des}}(\text{CL}_2^{\geqslant})$支持)

$r_5:a_1(x)\geqslant2\wedge a_2(x)\geqslant2\wedge a_3(x)\geqslant2\rightarrow d(x)\geqslant2$(由 $\|t_5^{\uparrow}\|\in\underline{AT}_{\text{des}}(\text{CL}_2^{\geqslant})$支持)

$r_6:a_1(x)\geqslant2\wedge a_2(x)\geqslant2\wedge a_3(x)\geqslant1\rightarrow d(x)\geqslant2$(由 $\|t_6^{\uparrow}\|\in\underline{AT}_{\text{des}}(\text{CL}_2^{\geqslant})$支持)

$r_7:a_1(x)\geqslant2\wedge a_2(x)\geqslant1\wedge a_3(x)\geqslant2\rightarrow d(x)\geqslant2$(由 $\|t_7^{\uparrow}\|\in\underline{AT}_{\text{des}}(\text{CL}_2^{\geqslant})$支持)

$r_8:a_1(x)\geqslant1\wedge a_2(x)\geqslant2\wedge a_3(x)\geqslant2\rightarrow d(x)\geqslant2$(由 $\|t_9^{\uparrow}\|\in\underline{AT}_{\text{des}}(\text{CL}_2^{\geqslant})$支持)

显然，规则 r_1、r_2 和 r_3 可以被归到 r_4 中，而规则 r_5 可以被归到 r_6 或 r_7 中。

根据定义 10.19，亦可知 $\|t_9^{\downarrow}\|$、$\|t_{10}^{\downarrow}\|$、$\|t_{11}^{\downarrow}\|$、$\|t_{12}^{\downarrow}\|\in\underline{AT}_{\text{des}}(\text{CL}_1^{\leqslant})$，从而可以得到如下↓确定规则。

$r'_1: a_1(x) \leqslant 1 \wedge a_2(x) \leqslant 2 \wedge a_3(x) \leqslant 2 \rightarrow d(x) \leqslant 1$（由 $\| t_9^{\downarrow} \| \in \underline{\mathrm{AT}}_{\mathrm{des}}(\mathrm{CL}_1^{\leqslant})$ 支持）

$r'_2: a_1(x) \leqslant 1 \wedge a_2(x) \leqslant 2 \wedge a_3(x) \leqslant 1 \rightarrow d(x) \leqslant 1$（由 $\| t_{10}^{\downarrow} \| \in \underline{\mathrm{AT}}_{\mathrm{des}}(\mathrm{CL}_1^{\leqslant})$ 支持）

$r'_3: a_1(x) \leqslant 1 \wedge a_2(x) \leqslant 1 \wedge a_3(x) \leqslant 2 \rightarrow d(x) \leqslant 1$（由 $\| t_{11}^{\downarrow} \| \in \underline{\mathrm{AT}}_{\mathrm{des}}(\mathrm{CL}_1^{\leqslant})$ 支持）

$r'_4: a_1(x) \leqslant 1 \wedge a_2(x) \leqslant 1 \wedge a_3(x) \leqslant 1 \rightarrow d(x) \leqslant 1$（由 $\| t_{12}^{\downarrow} \| \in \underline{\mathrm{AT}}_{\mathrm{des}}(\mathrm{CL}_1^{\leqslant})$ 支持）

很明显，规则 r'_2、r'_3 和 r'_4 可以被归到 r'_1 中。

与例 10.4 相比较，例 10.6 中的规则有如下几点不同。

(1) 所有的确定规则中并没有出现未知属性值。

(2) 规则 r_6 和 r_8 是新产生的规则，因为它们并不能从下近似 $\underline{\mathrm{AT}}_{\mathrm{ED}}(\mathrm{CL}_2^{\geqslant})$ 中生成。

(3) 例 10.4 中的规则 Rule 5、Rule 6 和 Rule 7 仅反映了 r'_1 的部分信息，换言之，r'_1 包含的信息更多。

从例 10.6 的分析中可以看出，根据描述子生成的决策规则解决了例 10.4 中决策规则存在的两个问题。相对于扩展优势关系粗糙集模型，根据描述子生成的决策规则包含的信息更为丰富。

10.2.3 限制优势关系粗糙集

对于定义 10.15 所示的扩展优势关系，其以未知属性值可以等于任意值为假设前提，认为未知属性值优于任意值，同时又认为任意值优于未知属性值，这显然不符合实际情况。例如，若对象 x 在属性集合上的取值合集为{差，差，*}，对象 y 在属性集合上的取值合集为{差，差，优}，对象 z 在属性集合上的取值合集为{*，*，优}，其中"优"为属性值中的最优值，"差"为属性值中的最劣值。按照定义 10.15 可得 $(x,y) \in \mathrm{ED}_A^{\geqslant}$ 和 $(x,z) \in \mathrm{ED}_A^{\geqslant}$。事实上，"* ≥优"及"差≥ *"成立的可能性均很小，而"优≥ *"及"* ≥差"必然成立，从而可知 $(x,y) \in \mathrm{ED}_A^{\geqslant}$ 和 $(x,z) \in \mathrm{ED}_A^{\geqslant}$ 同时成立的可能性很小（这也是扩展优势关系不满足传递性的原因）。这说明上述模型的划分粒度过大。针对以上粗糙决策分析模型的这一缺陷，提出以下基于限制优势关系[18]的粗糙决策分析模型。

定义 10.21　设 S 为一不完备决策系统，$\forall A \subseteq A_T$，A 上的限制优势关系 $\mathrm{LD}_A^{\geqslant}$ 定义为

$$\mathrm{LD}_A^{\geqslant} = \{(x,y) \in U^2 : \forall a \in A, a(x) \geqslant a(y) \vee (a(x) = \max V_a \wedge a(y) = *) \vee (a(x) = * \wedge a(y) = \min V_a)\} \cup I_U \quad (10.56)$$

式中，$\max V_a$ 为值域 V_a 中的最优值，$\min V_a$ 为值域 V_a 中的最劣值。

限制优势关系合理利用了优势关系中属性值具有偏好次序的特性，对扩展优势关系中的属性空值"*"与属性已知值的比较进行了有效的约束，即当属性已知

值为最劣值时才认为属性空值“ * ”优于该已知值，或者当属性已知值为最优值时才认为属性空值“ * ”劣于该已知值。这种拓展的优势关系对于信息不完全的样本对象的分类更加符合实际，从而降低了模型的分类误差率，由此提取的决策规则的可信度也就越高。

根据限制优势关系，若 $\forall (x,y)\in LD_a^{\geqslant}$，则有下列三种情形需要考虑。

(1) $a(x)$ 和 $a(y)$ 都已知 $\rightarrow a(x)\geqslant a(y)$，即对象 x 在属性 a 上确定优于对象 y。

(2) $a(y)$ 未知且 $a(x)$ 已知 $\rightarrow a(x)$ 取值为 V_a 中的最大值，即对象 x 在属性 a 上确定优于对象 y。

(3) $a(x)$ 未知且 $a(y)$ 已知 $\rightarrow a(y)$ 取值为 V_a 中的最小值，即对象 x 在属性 a 上确定优于对象 y。

类似于传统的优势关系，$\forall x\in U$，根据定义 10.21 的限制优势关系，可以构建以下两个集合。

(1) $LD_A^+(x)=\{y\in U:(y,x)\in LD_A^{\geqslant}\}$ 表示根据条件属性集合 A，所有限制优于对象 x 的对象的集合。

(2) $LD_A^-(x)=\{y\in U:(x,y)\in LD_A^{\geqslant}\}$ 表示根据条件属性集合 A，所有限制劣于对象 x 的对象的集合。

定义 10.22 设 S 为一不完备决策系统，$A\subseteq A_T$，$\forall r\in T$，$CL_r^{\geqslant}$ 基于限制优势关系的上、下近似集合分别记为 $\overline{A}_{LD}(CL_r^{\geqslant})$ 和 $\underline{A}_{LD}(CL_r^{\geqslant})$ 且

$$\overline{A}_{LD}(CL_r^{\geqslant})=\{x\in U:LD_A^+(x)\cap CL_r^{\geqslant}\neq\varnothing\} \tag{10.57}$$

$$\underline{A}_{LD}(CL_r^{\geqslant})=\{x\in U:LD_A^-(x)\subseteq CL_r^{\geqslant}\} \tag{10.58}$$

$\forall r\in T$，$CL_r^{\leqslant}$ 基于限制优势关系的上、下近似集合分别记为 $\overline{A}_{LD}(CL_r^{\leqslant})$ 和 $\underline{A}_{LD}(CL_r^{\leqslant})$ 且

$$\overline{A}_{LD}(CL_r^{\leqslant})=\{x\in U:LD_A^-(x)\cap CL_r^{\leqslant}\neq\varnothing\} \tag{10.59}$$

$$\underline{A}_{LD}(CL_r^{\leqslant})=\{x\in U:LD_A^+(x)\subseteq CL_r^{\leqslant}\} \tag{10.60}$$

定理 10.10 设 S 为一不完备决策系统，$A\subseteq A_T$，$\forall r\in T$，有

$$\underline{A}_{ED}(CL_r^{\geqslant})\subseteq\underline{A}_{LD}(CL_r^{\geqslant}),\underline{A}_{ED}(CL_r^{\leqslant})\subseteq\underline{A}_{LD}(CL_r^{\leqslant}) \tag{10.61}$$

$$\overline{A}_{LD}(CL_r^{\geqslant})\subseteq\overline{A}_{ED}(CL_r^{\geqslant}),\overline{A}_{LD}(CL_r^{\leqslant})\subseteq\overline{A}_{ED}(CL_r^{\leqslant}) \tag{10.62}$$

证明：根据定义 10.15 和定义 10.21 显然可以得到 $(x,y)\in LD_A^{\geqslant}\rightarrow(x,y)\in ED_A^{\geqslant}$，从而就有 $LD_A^+(x)\subseteq ED_A^+(x)$ 和 $LD_A^-(x)\subseteq ED_A^-(x)$。根据粗糙集模型的基本性质，不难证得定理 10.10。

10.2.4　相似优势关系粗糙集

上述讨论的不完备信息系统中优势关系粗糙集模型是基于这样的假设：信息系统中的所有未知属性值仅是被遗漏的，但它们确实是存在的。

正如 10.1.2 小节讨论的，不完备信息系统中的未知属性值除了可以被认为是遗漏的，还可以被认为是缺席的，即这种未知属性值是不存在的，与其他所有的属性值都是不可以比较的。从这个角度出发，本小节主要研究具有缺席型未知属性值的不完备信息系统中的优势关系粗糙集模型。

定义 10.23　设 S 为一不完备信息系统，$\forall A\in A_T$，由 A 决定的相似优势关系[19]有如下两种表现形式：

$$\mathrm{SD}_A^{\geqslant}=\{(x,y)\in U^2:\forall a\in A,a(x)=?\vee a(x)\geqslant a(y)\}\tag{10.63}$$

$$\mathrm{SD}_A^{\leqslant}=\{(x,y)\in U^2:\forall a\in A,\ a(x)=?\vee a(x)\leqslant a(y)\}\tag{10.64}$$

很明显，相似优势关系 $\mathrm{SD}_A^{\geqslant}$ 和 $\mathrm{SD}_A^{\leqslant}$ 仅满足自反性和传递性，但是不一定满足对称性。根据相似优势关系，$\forall x\in U$，记

(1) $\mathrm{SD}_A^{\geqslant-}(x)=\{y\in U:(x,y)\mathrm{SD}_A^{\geqslant}\}$，$\forall y\in \mathrm{SD}_A^{\geqslant}\ (x)$，$x$ 相似于 y 且 x 优于 y；

(2) $\mathrm{SD}_A^{\geqslant+}(x)=\{y\in U:(y,x)\in \mathrm{SD}_A^{\geqslant}\}$，$\forall y\in \mathrm{SD}_A^{\geqslant+}(x)$，$y$ 相似于 x 且 y 优于 x；

(3) $\mathrm{SD}_A^{\leqslant-}(x)=\{y\in U:(x,y)\in \mathrm{SD}_A^{\leqslant}\}$，$\forall y\in \mathrm{SD}_A^{\leqslant-}(x)$，$x$ 相似于 y 且 x 劣于 y；

(4) $\mathrm{SD}_A^{\leqslant+}(x)=\{y\in U:(y,x)\in \mathrm{SD}_A^{\leqslant}\}$，$\forall y\in \mathrm{SD}_A^{\leqslant+}(x)$，$y$ 相似于 x 且 y 劣于 x。

一般在具有缺席型未知属性值的不完备信息系统中，有 $\mathrm{SD}_A^{\geqslant-}(x)\neq \mathrm{SD}_A^{\leqslant+}(x)$ 和 $\mathrm{SD}_A^{\leqslant-}(x)\neq \mathrm{SD}_A^{\geqslant+}(x)$。对于相似优势关系，若不考虑属性值之间的序关系，有 $\mathrm{SD}_A^{\geqslant-}(x)=\mathrm{SD}_A^{\leqslant-}(x)=S_A^{-1}(x)$，$\mathrm{SD}_A^{\geqslant+}(x)=\mathrm{SD}_A^{\leqslant+}(x)=S_A(x)$。从这个角度看，定义 10.23 的相似优势关系是定义 10.4 的非对称相似关系的一种拓展形式。

定理 10.11　设 S 为一不完备信息系统，$\forall A\in A_T$，$\forall x\in U$，有

$$\mathrm{SD}_{A_T}^{\geqslant}\subseteq \mathrm{SD}_A^{\geqslant},\mathrm{SD}_{A_T}^{\leqslant}\subseteq \mathrm{SD}_A^{\leqslant}\tag{10.65}$$

$$y\in \mathrm{SD}_A^{\geqslant-}(x)\Leftrightarrow \mathrm{SD}_A^{\geqslant-}(y)\subseteq \mathrm{SD}_A^{\geqslant-}(x)\tag{10.66}$$

$$y\in \mathrm{SD}_A^{\leqslant-}(x)\Leftrightarrow \mathrm{SD}_A^{\leqslant-}(y)\subseteq \mathrm{SD}_A^{\leqslant-}(x)\tag{10.67}$$

$$y\in \mathrm{SD}_A^{\geqslant+}(x)\Leftrightarrow \mathrm{SD}_A^{\geqslant+}(y)\subseteq \mathrm{SD}_A^{\geqslant+}(x)\tag{10.68}$$

$$y\in \mathrm{SD}_A^{\leqslant+}(x)\Leftrightarrow \mathrm{SD}_A^{\leqslant+}(y)\subseteq \mathrm{SD}_A^{\leqslant+}(x)\tag{10.69}$$

$$\mathrm{SD}_A^{\geqslant-}(x)=\bigcup\{\mathrm{SD}_{A_T}^{\geqslant-}(y):y\in\mathrm{SD}_A^{\geqslant-}(x)\}\tag{10.70}$$

$$\mathrm{SD}_A^{\leqslant-}(x)=\bigcup\{\mathrm{SD}_{A_T}^{\leqslant-}(y):y\in\mathrm{SD}_A^{\leqslant-}(x)\}\tag{10.71}$$

$$\mathrm{SD}_A^{\geqslant+}(x)=\bigcup\{\mathrm{SD}_{A_T}^{\geqslant+}(y):y\in\mathrm{SD}_A^{\geqslant+}(x)\}\tag{10.72}$$

$$\mathrm{SD}_A^{\leqslant+}(x)=\bigcup\{\mathrm{SD}_{A_T}^{\leqslant+}(y):y\in\mathrm{SD}_A^{\leqslant+}(x)\}\tag{10.73}$$

证明:由于相似优势关系仍然满足自反和传递性,定理 10.11 的证明过程与定理 10.1 的证明类似,此处略。

定义 10.24　设 S 为一不完备决策系统,$A\subseteq A_T$,$\forall r\in T$,$\mathrm{CL}_r^{\geqslant}$ 基于相似优势关系的上、下近似集合分别记为$\bar{A}_{\mathrm{SD}}(\mathrm{CL}_r^{\geqslant})$和$\underline{A}_{\mathrm{SD}}(\mathrm{CL}_r^{\geqslant})$且

$$\bar{A}_{\mathrm{SD}}(\mathrm{CL}_r^{\geqslant})=\{x\in U:\mathrm{SD}_A^{\geqslant-}(x)\cap\mathrm{CL}_r^{\geqslant}\neq\varnothing\}\tag{10.74}$$

$$\underline{A}_{\mathrm{SD}}(\mathrm{CL}_r^{\geqslant})=\{x\in U:\mathrm{SD}_A^{\leqslant-}(x)\subseteq\mathrm{CL}_r^{\geqslant}\}\tag{10.75}$$

$\forall r\in T$,$\mathrm{CL}_r^{\leqslant}$ 基于相似优势关系的上、下近似集合分别记为 $\bar{A}_{\mathrm{SD}}(\mathrm{CL}_r^{\leqslant})$ 和 $\underline{A}_{\mathrm{SD}}(\mathrm{CL}_r^{\leqslant})$且

$$\bar{A}_{\mathrm{SD}}(\mathrm{CL}_r^{\leqslant})=\{x\in U:\mathrm{SD}_A^{\leqslant-}(x)\cap\mathrm{CL}_r^{\leqslant}\neq\varnothing\}\tag{10.76}$$

$$\underline{A}_{\mathrm{SD}}(\mathrm{CL}_r^{\leqslant})=\{x\in U:\mathrm{SD}_A^{\geqslant-}(x)\subseteq\mathrm{CL}_r^{\leqslant}\}\tag{10.77}$$

定理 10.12　设 S 为一不完备决策系统,$\forall A\subseteq A_T$,$r\in T$,有

$$\bar{A}_{\mathrm{SD}}(\mathrm{CL}_r^{\geqslant})=\{x\in U:\mathrm{SD}_A^{\geqslant-}(x)\cap\mathrm{CL}_r^{\geqslant}\neq\varnothing\}=\bigcup_{x\in\mathrm{CL}_r^{\geqslant}}\mathrm{SD}_A^{\geqslant+}(x)\tag{10.78}$$

$$\bar{A}_{\mathrm{SD}}(\mathrm{CL}_r^{\leqslant})=\{x\in U:\mathrm{SD}_A^{\leqslant-}(x)\cap\mathrm{CL}_r^{\leqslant}\neq\varnothing\}=\bigcup_{x\in\mathrm{CL}_r^{\leqslant}}\mathrm{SD}_A^{\leqslant+}(x)\tag{10.79}$$

证明:由于相似优势关系仍然满足自反和对称性,证明过程与定理 10.2 类似,此处略。

10.3　本章小节

本章总结了在具有不同语义解释未知属性值的不完备信息系统中,如何放宽不可分辨关系,即等价关系的要求,建立更为一般的二元关系以构建粗糙集模型。本章分别考虑了符号型信息系统和有序信息系统,介绍了近年来涌现出的一批扩展粗糙集模型,如容差关系、相似关系、特征关系、限制容差关系、最大相容块技术、扩展优势关系、限制优势关系及相似优势关系粗糙集等。

值得注意的是,本章总结的扩展粗糙集模型都仅建立在一个二元关系基础上。然而钱宇华等认为在决策分析问题中,多个决策者之间的关系有可能是相互独立的,因而需要采用多个二元关系进行目标的近似逼近,为此他提出了多粒度粗糙集

的概念。在钱宇华的经典多粒度粗糙集中，他采用了两个及两个以上的不可分辨关系进行概念的近似逼近，并分析了多粒度粗糙集与 Pawlak 粗糙集之间的关系，这是一种同步多粒度模式。除此之外，还有异步多粒度粗糙集数据分析方法。如何将同步和异步多粒度粗糙集用于分析处理不完备数据将是今后不完备粗糙粒计算方法的一个重要的研究方向。

特别需要指出的是，近年来，三支决策粗糙集方法不仅得到了国内外众多研究学者的关注，而且关于三支决策粗糙集理论与应用的研究也已取得了重要进展。三支决策粗糙集囊括了错分类代价与延迟决策代价，为处理不完备数据提供了广阔的发展空间与有效的技术支撑，因此，如何将三支决策粗糙集的基本思想引入不完备信息系统中进行分类及代价敏感学习问题的研究，是一项非常有意义的工作。

致　谢

本章的研究内容得到了国家自然科学基金项目(61100116，61203024)、江苏省自然科学基金项目(BK2011492，BK2012700)、江苏省高校自然科学基金项目(11KJB520004，13KJB520003)、江苏省青蓝工程、高维信息智能感知与系统教育部重点实验室(南京理工大学)基金项目(30920130122005)、中国科学院计算技术研究所国家重点实验室、人工智能四川省重点实验室开放基金项目(012RZY02)、计算智能与信号处理教育部重点实验室开放基金的资助。

参 考 文 献

[1] Pawlak Z. Rough Sets-Theoretical Aspects of Reasoning about Data. London: Kluwer Academic Publishers, 1991.

[2] Pawlak Z, Skowron A. Rudiments of rough sets. Information Sciences, 2007, 177(1): 3-27.

[3] Pawlak Z, Skowron A. Rough sets: some extensions. Information Sciences, 2007, 177(1): 28-40.

[4] Pawlak Z, Skowron A. Rough sets and boolean reasoning. Information Sciences, 2007, 177(1): 41-73.

[5] Kryszkiewicz M. Rough set approach to incomplete information systems. Information Sciences, 1998, 112(1/2/3/4): 39-49.

[6] Stefanowski J, Tsoukias A. Incomplete information tables and rough classification. Computational Intelligence, 2001, 17(3): 545-566.

[7] 王国胤. Rough 集理论在不完备信息系统中的扩充. 计算机研究与发展, 2002, 39(10): 1238-1243.

[8] 杨习贝，杨静宇，於东军，等. 不完备信息系统中的可变精度分类粗糙集模型. 系统工程理论与实践, 2008, 28(5): 116-121.

[9] Grzymala-Busse J W. Data with missing attribute values: generalization of indiscernibility relation and rule reduction. Lecture Notes in Computer Science3100, 2004: 78-95.

[10] Leung Y, Li D Y. Maximal consistent block technique for rule acquisition in incomplete information systems. Information Sciences, 2003, 15(1): 85-106.

[11] 钱宇华，梁吉业，王锋. 面向非完备决策表的正向近似特征选择加速算法. 计算机学报，2011，34(3)：435-442.

[12] 杨习贝，黄佳玲，周君仪，等. 不完备系统中基于特征相容块的粗糙集. 山东大学学报(工学版)，2012，42 (5)：1-6.

[13] Sai Y，Yao Y Y. Analyzing and mining ordered information tables. Journal of Computer Science and Technology，2003，18(6)：771-779.

[14] Greco S，Matarazzo B，Słowiński R. Rough approximation by dominance relations. International Journal of Intelligent Systems，2002，17(2)：153-171.

[15] Greco S，Matarazzo B，Słowiński R. Rough sets theory for multicriteria decision analysis. European Journal of Operational Research，2001，129(1)：1-47.

[16] Shao M W，Zhang W X. Dominance relation and rules in an incomplete ordered information system. International Journal of Intelligent Systems，2005，20(1)：13-27.

[17] Yang X B，Xie J，Song X N，et al. Credible rules in incomplete decision system based on descriptors. Knowledge-Based Systems，2009，22(1)：8-17.

[18] Luo G Z，Yang X B. Limited dominance-based rough set model and knowledge reductions in incomplete decision system. Journal of Information Science and Engineering，2010，26(6)：2199-2211.

[19] Yang X B，Yang J Y，Wu C，et al. Dominance-based rough set approach and knowledge reductions in incomplete ordered information system. Information Sciences，2008，178(4)：1219-1234.

第 11 章　基于三支决策的重叠聚类方法

于　洪　王　滢　王国胤

重庆邮电大学计算智能重庆市重点实验室

大多数聚类方法一般都要求对象只能属于一个类(簇),但现实生活中的许多应用,如社交网络结构分析、基因数据以及生物信息处理等,普遍存在类类之间有重叠元素的现象,显然硬聚类分析方法已不再符合这些领域的需求,故本章主要针对这种具有类类重叠的数据进行聚类分析。首先,根据三支决策的思想,采用决策粗糙集模型结合区间集重新定义了聚类的概念,该聚类定义不仅可合理地解释类类之间的重叠问题,而且更加贴近生活中的真实情况,即现有的信息可能不能确定该元素的状态。其次,在上述聚类描述下,分析类类之间可能存在的重叠情况。根据不同的重叠情况,提出不同的合并策略。最后,通过多组实验验证上述工作的合理性。

11.1　引　　言

聚类分析作为一种挖掘潜在模式的强有力工具被广泛应用到数据挖掘、网页挖掘、地理信息处理和医学数据处理等领域。聚类的思想就是将具有相似特征的数据(对象)集中在同一簇集内,而将不相似的数据(对象)划分到不同的簇集。也就是说,同一个簇中的数据点是相似的,不同簇中的数据点是不相似的。其用途在于发现数据的共性和差异,并把具有相同的类别标识和共同特征的数据对象归入相应的类。

近年来,聚类分析被广泛应用到多个领域,如数据挖掘、网页挖掘、地理信息处理等。但现在常用的聚类算法,要求每个元素只能被划分到一个类中。随着技术的发展,在许多实际应用领域,如网络结构分析、无线传感器网络和生物信息处理等,较为普遍存在着类类重叠的现象,即一个元素可能属于多个类。例如在社交网络中,一个用户具有不同的兴趣爱好,可能会是多个社区的成员。如果依然沿用原来的聚类方法,将一个元素仅划分到一个类中,那么得到的聚类结果往往与真实结果存在较大误差。

针对不同的应用背景,众多学者已提出很多解决重叠聚类问题的算法[1-5]。例如,在文献[1]中,Takaki 针对网络结构分析提出了重叠聚类方法;Aydin 等基于移动 Ad-hoc 网络提出了一种处理重叠聚类的方法[2]；Lingras 等针对移动电话数据集，进行了硬聚类和模糊聚类的比较[3]；Obadi 等针对 DBLP 数据集，提出了一种基于粗糙集的重叠聚类方法[4]。

学者不仅在不同的应用背景下研究了类类重叠聚类分析方法，而且结合模糊集理论和粗糙理论等不确定处理方法来研究重叠聚类，也取得了一定的研究成果。例如，Lingras 和 Yao 提出区间 K-Means 算法，IKM(interval K-Means，IKM)算法比 RKM(rough K-Means，RKM)算法更加灵活，它允许一个边界元素只属于一个上近似[6]。Asharaf 和 Murty 提出了一个基于粗糙集理论的自适应的粗糙模糊 Leader 聚类算法，此方法通过专家经验值决定阈值来确定上下近似[7]。Wu 和 Zhou 提出了一个基于 C 均值的概率模糊聚类算法[8]；Yu 和 Luo 提出了一个基于可能性理论和模糊理论的 Leader 聚类算法[9]。白亮等结合粗糙集理论提出了改进的 K-Modes 算法[10]。

从文献[7]～文献[10]可以看出，基于粗糙集理论的聚类方法也可以在一定程度上解决聚类中存在的类类重叠现象。粗糙集理论是 Pawlak 于 1982 年提出的一种能够定量分析处理不精确、不一致、不完整信息与知识的数学工具[11-12]。类类之间的重叠现象就是由于数据集中存在不完整或不一致。例如，在信息表中有两个元素所有的条件属性值都相等，但是它们决策属性的值不是一样的，这就是所谓的不一致现象。从条件属性看，这两个元素可以看成一个元素，但是它却被划分到不同的类中，这样就出现了类类重叠现象。而粗糙集就是针对于不完整、不一致的数据集进行分析的数学工具，所以将粗糙集理论引入聚类分析中解决类类重叠现象是非常合理的。

针对经典粗糙集理论中代数模型过于严格，而且缺乏容错能力的问题，学者又提出了一系列概率型粗糙集扩展模型：决策粗糙集模型[13-15]、变精度粗糙集模型[16]、贝叶斯粗糙集模型 [17] 和博弈粗糙集模型[18]等。这些模型增进了对粗糙集理论的研究并且扩大了粗糙集理论的应用领域。

其中，Yao 在 1990 年提出的决策粗糙集模型，引入贝叶斯最小决策风险，不仅对分类提供了一个更好的语义解释，而且模型中的两个阈值不再需要人工输入，而是根据实际情况中存在的风险损耗计算得到。Yao 和 Wong 在文献[14]中进一步解释了决策粗糙集与其他概率模型之间的关系，得出其他概率模型可以视为决策粗糙集模型的一个特例。本章将采用决策粗糙集模型对聚类进行研究。

三支决策理论是传统二支决策理论的拓广[19]。二支决策只考虑接受与拒绝两种选择，但是在实际应用中，由于信息的不精确性或不完整性，常常无法做到接受或拒绝，即难以接受或不接受，也难以拒绝或不拒绝。在这种情况下，人们常常不自觉地使用三支决策。

在聚类中，也会经常出现这样的情况。对象在现有的信息量下不能确定是属于这个类还是不属于这个类，如果这时强行将对象进行划分，对应的风险很可能会远远大于暂时不处理该对象。这时我们等待新的信息后再决策就显得更合理，换句话说，这时将这些对象放置于边界域更合理。而三支决策的思想就是根据信息量是否充分，将类划分为三个域：正域、负域和边界域。正域中的对象肯定是这个类中的元素，负域中的对象不是这个类中的元素，边界域中的对象可能是也可能不是这个类中的元素。可见，将三支决策的思想应用在聚类中，可以更好地体现出聚类的本质。

三支决策广泛地应用于多个学科和领域，包括医疗诊断[20-22]、社会判断理论[23]、统计学中的假设检验[24]、管理学[25-27]和论文评审[28]，每个学科都有各自的三支决策模型。在不同的粗糙集模型下，对应的三支决策也不相同。Yao 对比了概率三支决策、概率二支决策和经典粗糙集的定性三支决策之间的关系，结果表明概率三支决策在任何条件下都优于或等于其他两种决策[29]。因此，我们采用基于决策粗糙集模型下的三支决策来进行聚类分析。

使用基于三支决策的思想对原始数据集进行聚类时，会出现类不再是单个集合，而是由正域和边界域两个集合描述的一个集合，那么以前类的描述方式就不再适合本章中类的概念。Yao 引入区间集(interval set)来代替单一集合的表达方式[30]；Chen 和 Miao 结合粗 K-Means 和区间集进行了聚类分析[31]；还有其他学者也结合区间集进行了一些研究工作[32-34]。在本章中，我们也将采用区间集的描述方式定义类。

在社交网络中，类类重叠现象较为普遍。因为社交网络中的主体是人，而人的兴趣、爱好、交友等都不是固定的、单一的。即使是同一个人在不同时期、不同心情之下的交友都是不同的，那么他们所属的社区(类)也不再是单一的类，而是多种多样的类。而且，就算在一个社区中，每个人扮演的角色也不相同，有些人可能是社区的骨干元老，而有些人可能是刚刚加入社区，是社区的边缘人员。所以，社交网络具有的各种性质导致了社区的重叠性和复杂性。因此，在实验部分将针对社交网络中的不同现象验证本章提出的聚类思想的有效性。

11.2　相关基础理论

11.2.1　三支决策

三支决策理论是传统二支决策理论的拓广。在实际应用中，由于各种原因，在无法直接给出拒绝或者接收的决定时，人们常常不自觉地使用三支决策。三支决策比传统二支决策多了一个不承诺选择，当信息不足以支持接受，也不足以支持拒绝时，采用第三种选择，即不承诺。

二支决策和三支决策各有优缺点，在实际决策过程中，可以根据具体应用采用不同的决策模型。在信息充分或获取信息代价较小时,采用二支决策。二支决策使决策过程迅速、简洁。在信息不足或获取信息需要一定代价时,适合使用三支决策。在使用三支决策时,也需要根据具体情况灵活应用。如果决策结果要求是二支的,即最终是接受或拒绝,可以在决策过程中采用三支决策。也就是说,三支决策的不承诺决策可以和延迟决策联系起来,通过进一步观察,获得足够的信息,从而将不承诺改变为接受或拒绝,如论文的评审过程。如果信息的观察和获取需要付出一定的代价,如时间、资金等资源,那么就需要权衡利弊,折中考虑决策的性能指标,如准确性、错误率等,以及获取信息所需要的代价。在这种情况下,三支决策模型提供了一个很好的权衡资源和效益的决策框架。

首先,三支决策的具体定义[35]如下。

定义 11.1(三支决策) 设 U 为有限非空集合,A 为有限条件集。基于条件集 A,三支决策的主要任务是将实体集 U 分为三个两两不相交的域,分别记为 POS、NEG 和 BND,分别称为正域、负域和边界域。

三支决策理论是在粗糙集和决策粗糙集研究中提出的[36-39],主要目的是为粗糙集三个域提供合理的语义解释[40-43]。粗糙集模型的正域、负域和边界域可以解释为接受、拒绝和不承诺三种决策的结果。从正域、负域中可以分别获取接受、拒绝规则,当无法使用接受或拒绝规则时,则采取不承诺决策。

Yao 提出的决策粗糙集模型具有一定的容错性,错误的类型分为三种:拒真错误、采伪错误和延迟错误。刘盾等具体分析了概率三支决策、概率二支决策和定性三支决策这三种决策在六个区间中,不同的决策类型发生的错误,发现概率三支决策是最具有“中庸之道”的一种决策,没有概率二支决策冒险,也没有定性三支决策保守,比较符合大部分应用的需求[44]。

三支决策是现实生活常用的策略之一。例如,医生通常采用三支决策,即根据初步诊断对病人实施治疗、不治疗或进一步观察。这三类措施可能有错,会导致不同的风险。杂志编辑也常采用三支决策处理稿件,即根据审稿人意见决定接收、拒绝或进一步审查。投资管理者也采用投资、不投资或进一步观察的三支决策。这样的例子还有很多。

三支决策思想比较接近人们的思维方式,许多学者研究和拓广了三支决策理论,并将其应用在医学、工程、管理、石油勘探等领域。Pauker 和 Kassirer 利用两个阈值“检验参数”和“检验-治疗参数”将医疗诊断问题分为三类:治疗、进一步检查和不需治疗[45]。Woodward 和 Naylor 将三支决策用到产品检验上:接受不需检测,直接拒绝和需要进一步检测[46]。

Zhao 等设计了一种基于决策粗糙集方法的电子邮件信息过滤系统[47]。该系统分别将用户感兴趣的邮件信息、不感兴趣的邮件信息与中性邮件信息用决策粗糙集正域、负域和边界域刻画。通过邮件误判的代价函数对错误分类的风险代价做出评估,并依据最小化风险原则给出最优邮件分类规则。实验表明,该系统与传统邮件过滤方法具有更优越的性能。此外,Zhou 等对基于 DTRS 的邮件信息过滤系统作了进一步分析与拓展[48]。

11.2.2　基于决策粗糙集模型的三支决策

三支决策理论是传统二支决策理论的拓广。在各种不同的模型下,也将会对应不同的三支决策描述,如经典粗糙集和决策粗糙集对应的具体三支决策就不同。在本章中将采用基于决策粗糙集模型下的三支决策对聚类进行扩展,因为文献[29]中已经得到结论:不管是在何种情况下,概率三支决策花费的代价都要小于其他两种,也就是说,概率三支决策优于概率二支决策和定性三支决策。本节首先介绍经典粗糙集模型下的三支决策,然后再介绍决策粗糙集模型下的三支决策。

1. 经典粗糙集

粗糙集理论是 Pawlak 于 1982 年提出的一种能够定量分析处理不精确、不一致、不完整信息与知识的数学工具。粗糙集理论最初的原型来源于比较简单的信息模型,它处理的对象为信息表,通过分类或归纳得到规则或者概念。由于粗糙集理论思想新颖、方法独特,其已成为一种重要的智能信息处理技术,该理论已经在机器学习与知识发现、数据挖掘、决策支持与分析等方面得到广泛应用[49]。下面简单介绍粗糙集处理的数据集对象信息表以及粗糙集中的一些基本概念。

定义 11.2(信息表)　信息表 S 是一个四元组 $S=(U,A,V,f)$。其中,$U=\{x_1,x_2,\cdots,x_i,\cdots,x_n\}$是有限的对象集合,称为论域;$A=\{a_1,a_2,\cdots,a_m\}$是有限非空集合;$V=\{V_1,V_2,\cdots,V_m\}$是属性的值域集,$V_i$ 是属性 a_i 的值域;f 是信息函数,$f:V_{ik}=f(x_i,a_k)\in V_k$。信息系统有时也简称为 $S=(U,A)$。

定义 11.3(不可分辨关系)　对于每个属性子集 $B\subseteq A$,可定义一个不可分辨二元关系 IND(B),即 $\mathrm{IND}(B)=\{(x,y)\mid(x,y)\in U\times U,\ \forall b\in B(b(x)=b(y))\}$。显然 IND($B$)是一个等价关系。

定义 11.4(粗糙集)　假设用 U 表示有限非空的论域集合,R 表示在 U 上的等价关系即 $R\subseteq U\times U$。根据等价关系 R 可将论域 U 划分为若干个等价类,划分用 U/R 表示。设集合 X 是 U 的子域,即子集 $X\subseteq U$ 表示一个概念所包含的对象集,该概念的外延。X 不一定可以准确地用 R 的等价类描述,即 X 不一定是一组等价类的并集。因此,用一对上近似集和下近似集刻画 X,在等价关系 R 上 X 的下近似集$\underline{\mathrm{apr}}$和上近似集$\overline{\mathrm{apr}}$分别为

$$\begin{aligned}\underline{\mathrm{apr}}(X)&=\{x\in U\mid[x]\subseteq X\}\\\overline{\mathrm{apr}}(X)&=\{x\in U\mid[x]\cap X\neq\varnothing\}\end{aligned}\tag{11.1}$$

式中，$[x]$表示是元素 $x\in U$ 在等价关系 R 上的等价类。

基于上下近似的概念，可以得到关于 U 的一个划分，将其划分为三个没有交集的子集，即正域 POS(X)、负域 NEG(X)、边界域 BND(X)，分别表示为

$$\begin{aligned}\mathrm{POS}(X)&=\underline{\mathrm{apr}}(X)\\ \mathrm{BND}(X)&=\overline{\mathrm{apr}}(X)-\underline{\mathrm{apr}}(X)\\ \mathrm{NEG}(X)&=U-\overline{\mathrm{apr}}(X)\end{aligned}\tag{11.2}$$

对 $\forall x\in U$，当 $x\in\mathrm{POS}(X)$时，x 是一定属于集合 X；当 $x\in\mathrm{NEG}(X)$时，x 一定不属于集合 X；当 $x\in\mathrm{BND}(X)$时，x 不确定是否属于集合 X，还需要进一步考虑。这个模型对于以后讨论粗糙集的扩展有很多好处。式(11.2)就是基于经典粗糙集模型下的三支决策的描述。

2. 决策粗糙集模型

经典粗糙集理论与应用的核心基础是上近似集和下近似集(又称为上、下近似算子)，需要应用精确集合包含来定义上近似集和下近似集。然而，现实处理的数据大多是不精确的。因此，针对 Pawlak 代数粗糙集模型过于严格缺乏容错能力的问题，专家又提出了一系列概率型粗糙集扩展模型：0.5-概率粗糙集模型[50]、决策粗糙集模型[13-15]、变精度粗糙集模型[16]、参数化粗糙集模型[51-52]、贝叶斯粗糙集模型[17]和博弈粗糙集模型[18]等。这些模型增进了对粗糙集理论的研究并且扩大了粗糙集理论的应用领域。

上述扩展模型中，决策粗糙集是 Yao 在 1990 年提出的一种更具一般性的概率粗糙集模型。Yao 阐述了提出决策粗糙集的动因：在经典 Pawlak 粗糙集模型中，论域表示为决策类的正域和边界域两者的并集，而决策类的负域恒为空集，这是因为每个决策类的负域必定可以划分到互补决策类的正域中，从而造成决策类负域为空。这说明采用经典 Pawlak 粗糙集对决策类的描述具有不完整性：无法刻画决策类的负域。为解决该问题，必须将经典代数粗糙集模型中的代数包含关系拓展为可调的概率包含关系，使决策类的负域为非空，从而整个论域可表示为决策类的正域、边界域和负域三者的并集，以实现决策类描述的真正完整性[14-15]。

决策粗糙集模型是在概率决策粗糙集和最小风险贝叶斯决策的条件下，一种更加一般化的概率粗糙集模型。下面进行仔细描述，给出决策粗糙集模型以及该模型下的三支决策。

假设有限集合 $\Omega=\{w_1,w_2,\cdots,w_s\}$表示 s 个状态，有限集合 $\mathrm{act}=\{a_1,a_2,\cdots,a_m\}$表示 m 个可能的行动。假设 $P(w_j|X)$表示一个实体属于 X 时处在状态 w_j 的条件概率，$\lambda(a_i|w_j)$表示在状态 w_j 进行 a_i 活动的损耗。假设一个实体 x 属于 X，将进行 a_i 活动的损失为

$$R(a_i \mid X)=\sum_{j=1}^{s}\lambda(a_i \mid w_j)P(w_j \mid X)$$

为了方便解释决策粗糙集的基本概念。本书状态集合只有两个元素即 $\Omega=\{X,X^c\}$，其中，X 表示等价类$[x]$中的对象属于到 X 的状态，X^c 表示将等价类$[x]$中的对象不属于 X 的状态。行动集合 $\mathrm{act}=\{a_P,a_B,a_N\}$，其中，$a_p$ 表示将等价类$[x]$中的对象 x 划分到正域的行动，a_N 表示将等价类$[x]$中的对象 x 划分到负域的行动，a_B 表示将等价类$[x]$中的对象 x 划分到边界域的行动。

决策粗糙集重要的贡献就是在将一个等价类划分到正域、负域或者边界域时考虑到了损失函数(loss function)。那么，当一个对象属于 X 时，分别采取行动 a_P、a_B、a_N 时的损耗函数分别记为 λ_{PP}、λ_{BP}、λ_{NP}；当一个对象不属于 X 时，分别采取行动 a_P、a_B、a_N 时的损耗函数分别记为 λ_{PN}、λ_{BN}、λ_{NN}。

对于$[x]$中的对象，采用不同的行动产生的损失表示为

$$\begin{aligned}
R(a_P \mid [x]) &= \lambda_{PP}P(X \mid [x]) + \lambda_{PN}P(\neg X \mid [x]) \\
R(a_B \mid [x]) &= \lambda_{BP}P(X \mid [x]) + \lambda_{BN}P(\neg X \mid [x]) \\
R(a_N \mid [x]) &= \lambda_{NP}P(X \mid [x]) + \lambda_{NN}P(\neg X \mid [x])
\end{aligned} \tag{11.3}$$

根据贝叶斯最小风险决策原则，可以得到如下形式的决策规则。

$$\begin{aligned}
&(\mathrm{P})\ 若 R(a_P \mid [x]) \leqslant R(a_N \mid [x]), R(a_P \mid [x]) \leqslant R(a_B \mid [x])，则 x \in \mathrm{POS}(X)。\\
&(\mathrm{N})\ 若 R(a_N \mid [x]) \leqslant R(a_P \mid [x]), R(a_N \mid [x]) \leqslant R(a_B \mid [x])，则 x \in \mathrm{NEG}(X)。\\
&(\mathrm{B})\ 若 R(a_B \mid [x]) < R(a_P \mid [x]), R(a_B \mid [x]) < R(a_N \mid [x])，则 x \in \mathrm{BND}(X)。
\end{aligned} \tag{11.4}$$

因为 $P(X|[x])+P(\neg X|[x])=1$，可以只采用概率 $P(X|[x])$和 6 个损耗函数简化规则(P)、(N)、(B)。

一般将一个属于 X 的对象 x 划分到正域 POS(X)的损耗小于或者等于将其划分到边界域 BND(X)的损耗；而且，上述两种损耗应该小于将这个对象划分到负域 NEG(X)的损耗。反过来，如果将一个不属于 X 的对象 x 划分到负域 NEG(X)的损耗应该小于或等于将其划分到边界域 BND(X)的损耗；而且，这两种损耗应该小于将这个对象划分到正域 POS(X)的损耗，即有 $\lambda_{PP}\leqslant\lambda_{BP}<\lambda_{NP}$，$\lambda_{NN}\leqslant\lambda_{BN}<\lambda_{PN}$。

利用这些性质，并将式(11.3)代入式(11.4)，可以得到如下最小风险决策规则。

$$\begin{aligned}
&(\mathrm{P})\ 若 P(X \mid [x]) \geqslant \alpha, P(X \mid [x]) \geqslant \gamma，则 x \in \mathrm{POS}(X)。\\
&(\mathrm{B})\ 若 P(X \mid [x]) < \alpha, P(X \mid [x]) > \beta，则 x \in \mathrm{BND}(X)。\\
&(\mathrm{N})\ 若 P(X \mid [x]) \leqslant \beta, P(X \mid [x]) \leqslant \gamma，则 x \in \mathrm{NEG}(X)。
\end{aligned} \tag{11.5}$$

式中

$$\alpha=\frac{\lambda_{PN}-\lambda_{BN}}{(\lambda_{PN}-\lambda_{BN})+(\lambda_{BP}-\lambda_{PP})}=\left(1+\frac{\lambda_{BP}-\lambda_{PP}}{\lambda_{PN}-\lambda_{BN}}\right)^{-1}$$

$$\gamma=\frac{\lambda_{PN}-\lambda_{NN}}{(\lambda_{PN}-\lambda_{NN})+(\lambda_{NP}-\lambda_{PP})}=\left(1+\frac{\lambda_{NP}-\lambda_{PP}}{\lambda_{PN}-\lambda_{NN}}\right)^{-1} \tag{11.6}$$

$$\beta=\frac{\lambda_{BN}-\lambda_{NN}}{(\lambda_{BN}-\lambda_{NN})+(\lambda_{NP}-\lambda_{BP})}=\left(1+\frac{\lambda_{NP}-\lambda_{BP}}{\lambda_{BN}-\lambda_{NN}}\right)^{-1}$$

根据式(11.5)中的规则(B)可以得出，当 $\alpha>\beta$ 时，$\frac{\lambda_{BP}-\lambda_{PP}}{\lambda_{PN}-\lambda_{BN}}<\frac{\lambda_{NP}-\lambda_{BP}}{\lambda_{BN}-\lambda_{NN}}$，此外由不等式 $\frac{b}{a}>\frac{d}{c}\Rightarrow\frac{b}{a}>\frac{b+d}{a+c}>\frac{b}{c}$ $(a、b、c、d>0)$，有 $\frac{\lambda_{BP}-\lambda_{PP}}{\lambda_{PN}-\lambda_{BN}}<\frac{\lambda_{NP}-\lambda_{PP}}{\lambda_{PN}-\lambda_{NN}}<\frac{\lambda_{NP}-\lambda_{BP}}{\lambda_{BN}-\lambda_{NN}}$。因此，有 $0\leqslant\beta<\lambda<\alpha\leqslant1$。这样，规则(P)、(N)、(B)可以重写如下规则。

$$\begin{aligned}&(\mathrm{P})\ 若\ P_r(X\mid x_i)\geqslant\alpha，则\ x_i\in \mathrm{POS}(X)。\\&(\mathrm{B})\ 若\ \beta<P_r(X\mid x_i)<\alpha，则\ x_i\in \mathrm{BND}(X)。\\&(\mathrm{N})\ 若\ P_r(X\mid x_i)\leqslant\beta，则\ x_i\in \mathrm{NEG}(X)。\end{aligned} \tag{11.7}$$

式(11.7)是在决策粗糙集模型下如何进行三支决策的公式。

11.2.3 区间集

概念在很多情况下都不能精确地描述，概念外延得到的集合可能不是该概念的数据集合。正因如此，很多学者都提出了用不精确、模糊的或者部分已知的概念定义这些不确定的概念。区间集也是为解决不确定性问题产生的，其引入了一对集合表示不能准确描述出来的概念包含的集合，这一对集合分别为不确定概念的上限和下限。区间集是用于代表定性信息的一个数学工具。

Yao 分析了区间集的定义与代数性质[30,54]，下面给出区间集的相关定义。

定义 11.5(闭区间集) 设 U 是论域，2^U 表示 U 的所有子集构成的幂集，则 2^U 的子集表示为

$$X=[X_l,X_u]=\{X\in 2^U\mid X_l\subseteq X\subseteq X_u\}$$

这个就称为闭区间集。其中，$X_l\subseteq X_u$。

幂集中的全部闭区间集用 $I(2^U)$ 表示

$$I(2^U)=\{[X_l,X_u]\mid X_l,X_u\subseteq U,X_l\subseteq X_u\}$$

特殊情况下，当 $X_l=X_u$ 时，闭区间集为$[X,X]$。

上面是从数学上给出的解释，下面从语义上解释区间集。当子集 $X\subseteq U$ 表示

一个概念包含的元素集，而现在已知的信息只能得到一部分元素属于子集 X，还有部分信息根据现在已知的信息并不能确定是否属于概念所包含的元素集 X 中时，区间集就提供了一种适合表示不能准确描述子集 X 的方法。其中概念子集 X 一定是全集 U 的子集，但现在已知的信息不能说明概念包含元素集 $X=U$，而已知的信息只能提供该概念包含的元素集 X 的确定包含元素集即下限 X_{l} 和最大包含元素集即上限 X_{u}。

定义 11.6　任何位于集合 X_{l} 和 X_{u} 之间的集合 X 都可以称为概念的外延集合，即

$$\mathrm{BND}([X_{\mathrm{l}},X_{\mathrm{u}}])=X_{\mathrm{u}}-X_{\mathrm{l}}$$

这个集合称为区间集的边界集$[X_{\mathrm{l}},X_{\mathrm{u}}]$。在这个边界集中的元素，无法得知它是否为概念的实例。

假设聚类簇集合 $C=(C^1,C^2,\cdots,C^m)$，在重叠聚类中的定义转化为

$$\begin{aligned}\mathrm{IC}&=\{([C_{\mathrm{l}}^1,C_{\mathrm{u}}^1],[C_{\mathrm{l}}^2,C_{\mathrm{u}}^2],\cdots,[C_{\mathrm{l}}^m,C_{\mathrm{u}}^m])\}\\&=\{(C^1,C^2,\cdots,C^m)\mid C_{\mathrm{l}}^i\subseteq C^i\subseteq C_{\mathrm{u}}^i,1\leqslant i\leqslant m\}\end{aligned}$$

根据区间集的性质，区间集聚类集合满足以下二个属性：

$$\text{(I)}\ C_{\mathrm{l}}^i\neq\varnothing,0\leqslant i\leqslant m$$

$$\text{(II)}\ \bigcup_{[C_{\mathrm{l}},C_{\mathrm{u}}]\in\mathrm{IC}}C_{\mathrm{u}}=U$$

$$\text{(III)}\ C_{\mathrm{l}}^i\cap C_{\mathrm{l}}^j=\varnothing,i\neq j$$

属性(I)要求下限集合不能为空，这是因为在聚类中，每个簇要求至少有一个元素是它的核心元素，这样下限集合就必须不能为空集，那么上限集合也不能为空集；属性(II)要求集合 U 中的任何一个元素至少要属于一个上限集合中，这样保证了每个元素得到合适的分组；属性(III)要求任意两个下限集合不相交，也就是说，当全集 U 中的某元素属于一个类的下限集合时，该元素就不能再属于其他类的下限集合。

11.3　基于三支决策的聚类描述

本节基于决策粗糙集模型下的三支决策重新定义聚类。在此，类不再是用一个确定的集合描述，而是采用上、下近似集两个确定的集合逼近描述。其次，采用了区间集的形式描述聚类结果，并且给出聚类结果的一些性质，最后分析聚类中可能存在的三种重叠情况，并分别定义不同情况下的重叠度的计算方法。

11.3.1　采用区间集描述三支决策聚类

基于定义 11.2 可以将聚类问题描述为：将信息表 S 的论域 U 根据属性集合

A 划分到聚类结果 $C=\{C_1,\cdots,C_k,\cdots,C_K\}$，论域 U 中任意一个元素必须存在于至少一个类中。为了便于讨论，我们先对聚类结果 C 中单独的某个类 C_k 进行讨论，用决策粗糙集的三支决策来定义一个类簇 C_k。

一个元素（对象）x 相对于一个类（簇）C 之间的关系，不是这个对象在这个类中，就是这个对象不在这个类中。因此，可以扩展状态集定义为 $\Omega=\{C,\neg C\}$，其中，C、$\neg C$ 分别表示元素 x 属于 C 的状态和不属于 C 的状态。行动集合 $\mathrm{act}=\{a_{\mathrm{P}},a_{\mathrm{B}},a_{\mathrm{N}}\}$，其中，$a_{\mathrm{P}}$ 表示采取将元素 x 划分到类 C 中的行动，即元素 x 划分到正域 POS(C)的行动；a_{N} 表示采取将元素 x 不划分到类 C 中的行动，即元素 x 划分到负域 NEG(C)中的行动；a_{B} 表示采取将元素 x 划分到类的边界域 BND(C)的行动。

将元素 x 划分到某类的正域、负域和边界域时要考虑到其损失函数。那么，当元素 x 属于类 C 时，采取行动 a_{P}、a_{B}、a_{N} 时的损耗函数分别记为 λ_{PP}、λ_{BP}、λ_{NP}；当元素 x 不属于类 C 时，采取行动 a_{P}、a_{B}、a_{N} 时的损耗函数分别记为 λ_{PN}、λ_{BN}、λ_{NN}。

假设 $r(x)$ 为 x 的一个描述，则 x 属于类 C 的概率记为 $P_{\mathrm{r}}(C|r(x))$，x 不属于类 C 的概率为 $P_{\mathrm{r}}(\neg C|r(x))$。对于论域 U 中的元素，采用不同的行动产生的损失为

$$
\begin{aligned}
\mathrm{Risk}(a_{\mathrm{P}} \mid r(x)) &= \lambda_{\mathrm{PP}} P_{\mathrm{r}}(C \mid r(x)) + \lambda_{\mathrm{PN}} P_{\mathrm{r}}(\neg C \mid r(x)) \\
\mathrm{Risk}(a_{\mathrm{N}} \mid r(x)) &= \lambda_{\mathrm{NP}} P_{\mathrm{r}}(C \mid r(x)) + \lambda_{\mathrm{NN}} P_{\mathrm{r}}(\neg C \mid r(x)) \\
\mathrm{Risk}(a_{\mathrm{B}} \mid r(x)) &= \lambda_{\mathrm{BP}} P_{\mathrm{r}}(C \mid r(x)) + \lambda_{\mathrm{BN}} P_{\mathrm{r}}(\neg C \mid r(x))
\end{aligned}
\tag{11.8}
$$

根据贝叶斯最小风险决策原则，可以得到如下形式的决策规则。

(P) 如果 $\mathrm{Risk}(a_{\mathrm{P}}|r(x))\leqslant\mathrm{Risk}(a_{\mathrm{N}}|r(x))$ 和 $\mathrm{Risk}(a_{\mathrm{P}}|r(x))\leqslant\mathrm{Risk}(a_{\mathrm{B}}|r(x))$，则 $x\in\mathrm{POS}(C)$。

(N) 如果 $\mathrm{Risk}(a_{\mathrm{N}}|r(x))\leqslant\mathrm{Risk}(a_{\mathrm{P}}|r(x))$ 和 $\mathrm{Risk}(a_{\mathrm{N}}|r(x))\leqslant\mathrm{Risk}(a_{\mathrm{B}}|r(x))$，则 $x\in\mathrm{NEG}(\mathrm{C})$。 (11.9)

(B) 如果 $\mathrm{Risk}(a_{\mathrm{B}}|r(x))<\mathrm{Risk}(a_{\mathrm{P}}|r(x))$ 和 $\mathrm{Risk}(a_{\mathrm{B}}|r(x))<\mathrm{Risk}(a_{\mathrm{N}}|r(x))$，则 $x\in\mathrm{BND}(\mathrm{C})$。

一般来说，将一个属于类 C 的元素 x 划分到正域 POS(C)的损耗小于或者等于将其划分到边界域 BND(C)的损耗；而且，上述两种损耗应该小于将这个对象划分到负域 NEG(C)的损耗。反过来，如果将一个不属于类 C 的元素 x 划分到负域 NEG(C)的损耗应该小于或等于将其划分到边界域 BND(C)的损耗；而且，这两种损耗应该小于将这个对象划分到正域 POS(C)的损耗，即有 $\lambda_{\mathrm{PP}}\leqslant\lambda_{\mathrm{BP}}<\lambda_{\mathrm{NP}}$，$\lambda_{\mathrm{NN}}\leqslant\lambda_{\mathrm{BN}}<\lambda_{\mathrm{PN}}$。

根据 $P_{\mathrm{r}}(C|r(x))+P_{\mathrm{r}}(\neg C|r(x))=1$ 以及式(11.8)可将式(11.9)转化成如

下形式。

$$\begin{aligned}&(\mathrm{P})\ 若\ P_r(C \mid r(x)) \geqslant \alpha,\ P_r(C \mid r(x)) \geqslant \gamma,则\ x \in \mathrm{POS}(C)。\\&(\mathrm{B})\ 若\ P_r(C \mid r(x)) < \alpha,\ P_r(C \mid r(x)) > \beta,则\ x \in \mathrm{BND}(C)。\\&(\mathrm{N})\ 若\ P_r(C \mid r(x)) \leqslant \beta,\ P_r(C \mid r(x)) \leqslant \gamma,则\ x \in \mathrm{NEG}(C)。\end{aligned} \tag{11.10}$$

式中,α,β,γ 的计算公式同式(11.6)。

根据式(11.9)规则(B),通过讨论 α、β 之间的关系,可以得类边界之间如下的关系。

当 $\alpha\leqslant\beta$ 时,边界域为空。根据式(11.10)和损耗之间的关系 $\lambda_{PP}\leqslant\lambda_{BP}<\lambda_{NP}$,$\lambda_{NN}\leqslant\lambda_{BN}<\lambda_{PN}$,可以得到 $\alpha\leqslant\gamma\leqslant\beta$,故式(11.10)中的聚类规则为

$$\begin{aligned}&(\mathrm{P})\ 若\ P_r(C \mid r(x)) \geqslant \gamma,则\ x \in \mathrm{POS}(C)。\\&(\mathrm{N})\ 若\ P_r(C \mid r(x)) < \gamma,则\ x \in \mathrm{NEG}(C)。\end{aligned} \tag{11.11}$$

当元素 x 属于类 C 的概率 $P_r(C|r(x))$ 大于等于阈值 γ 时,元素 x 被划分到类 C 内,当元素 x 属于类 C 的概率 $P_r(C|r(x))$ 小于阈值 γ 时,元素 x 被划分到类 C 外。

当 $\alpha>\beta$ 时,边界域不为空,则类类之间边界划分不清晰,类类之间存在重叠部分。根据式(11.6)以及 $\lambda_{PP}\leqslant\lambda_{BP}<\lambda_{NP}$,$\lambda_{NN}\leqslant\lambda_{BN}<\lambda_{PN}$,可以计算出 $\beta\leqslant\gamma\leqslant\alpha$。根据式(11.10)的决策规则(P)、(N)、(B),可以得到正域、负域和边界域可以由 α 和 β 决定。得到如下规则:

$$\begin{aligned}&(\mathrm{P})\ 若\ P_r(C \mid r(x)) \geqslant \alpha,则\ x \in \mathrm{POS}(C)。\\&(\mathrm{B})\ 若\ \beta \leqslant P_r(C \mid r(x)) < \alpha,则\ x \in \mathrm{BND}(C)。\\&(\mathrm{N})\ 若\ P_r(C \mid r(x)) \leqslant \beta,则\ x \in \mathrm{NEG}(C)。\end{aligned} \tag{11.12}$$

当元素 x 属于类 C 的概率 $P_r(C|r(x))$ 大于阈值 α 时,元素 x 被划分到类 C 中;当概率 $P_r(C|r(x))$ 的值在阈值 α、β 中时,元素 x 被划分到类 C 的边界域;当概率 $P_r(C|r(x))$ 的值小于阈值 β 时,元素 x 被划分到类 C 的负域,即元素不是属于类 C 的元素。

根据式(11.12)可以得到类 C 的上下近似为

$$\begin{aligned}\overline{\mathrm{apr}}(C) &= \mathrm{POS}(C) + \mathrm{BND}(C) = \{x \mid P_r(C \mid r(x)) > \beta\}\\\underline{\mathrm{apr}}(C) &= \mathrm{POS}(C) = \{x \mid P_r(C \mid r(x)) \geqslant \alpha\}\end{aligned} \tag{11.13}$$

11.3.2　基于区间集的类描述与性质

根据 11.3.1 小节中式(11.13)可知,本章对于类不再用单独而确定的一个集合表示,而是用上近似和下近似两个集合描述。而由 11.2.3 小节中介绍区间集的定义,发现区间集更能贴近基于三支决策扩展之后得到的聚类结果。所以在本书

中，将不再采用原有的单个类的描述方法，而是采用区间集表示聚类集合 C 中的类，也就是类 C_k 被表示为$[C_k^{\mathrm{l}}, C_k^{\mathrm{u}}]$，根据 11.3.1 小节中式(11.12)和式(11.13)，在区间集中的上下边界分别用类的上下近似表示，也就是 C_k 被表示为$[\underline{\mathrm{apr}}(C_k), \overline{\mathrm{apr}}(C_k)]$。

区间集$[\underline{\mathrm{apr}}(C_k), \overline{\mathrm{apr}}(C_k)] = \{X \mid \underline{\mathrm{apr}}(C_k) \subseteq X \subseteq \overline{\mathrm{apr}}(C_k)\}$中的任何一个集合都可能是真实的类 C_k。如果对象在下近似$\underline{\mathrm{apr}}(C_k)$中，它就是类 C_k 的核心元素，其肯定属于类 C_k；如果对象在集合$\overline{\mathrm{apr}}(C_k) - \underline{\mathrm{apr}}(C_k)$中，那么它就是类 C_k 的边缘元素；如果对象在集合 $U - \overline{\mathrm{apr}}(C_k)$中，它就是类 C_k 的否定元素。

11.3.1 节定义的聚类结果为 $C = \{C_1, \cdots, C_k, \cdots, C_K\}$，用区间集的形式可描述为 $C = \{[\underline{\mathrm{apr}}(C_1), \overline{\mathrm{apr}}(C_1)], \cdots, [\underline{\mathrm{apr}}(C_k), \overline{\mathrm{apr}}(C_k)], \cdots, [\underline{\mathrm{apr}}(C_K), \overline{\mathrm{apr}}(C_K)]\}$。根据 11.2.3 节中性质(I)和(II)，可以得到如下性质：

$$\text{(i)}\ \underline{\mathrm{apr}}(C_k) \neq \varnothing, 0 \leqslant k \leqslant K$$

$$\text{(ii)}\ \bigcup \overline{\mathrm{apr}}(C_k) = U$$

性质(i)要求下近似不能为空，也就是上近似也不能为空。为了保证聚类具有实际的物理意义，每个类至少有一个核心元素，所以下近似不能为空。性质(ii)保证了集合 U 的元素至少要在一个类的上近似中，也就是每个元素至少被划分到一个类中。

根据式(11.13)，聚类结果是根据三支决策得到的，也就是，在集合$\underline{\mathrm{apr}}(C_k)$的元素被划分到类 C_k 的正域，即确定是类 C_k 的元素，在集合$\overline{\mathrm{apr}}(C_k) - \underline{\mathrm{apr}}(C_k)$中的元素被划分到 C_k 的边界域，暂时不能确定是否属于类 C_k；在集合 $U - \overline{\mathrm{apr}}(C_k)$中的元素被划分到类 C_k 的负域，确定是不属于类 C_k 的元素。

当 $k \neq t$ 时，可能存在$\underline{\mathrm{apr}}(C_k) \cap \underline{\mathrm{apr}}(C_t) \neq \varnothing$或者 $\mathrm{BND}(C_k) \cap \mathrm{BND}(C_t) \neq \varnothing$。

本章重新定义了聚类的概念，并采用区间集描述类，即每个类是由两个集合描述的，分别是下界和上界。类类之间的重叠情况已经不同于以往文献中的一种情况，而是可能存在三种情况。

11.3.3 类与类的重叠类型

为不失一般性，考虑任意两个类 C_i、C_j，它们的正域为 $\mathrm{POS}(C_i)$、$\mathrm{POS}(C_j)$，边界域分别为 $\mathrm{BND}(C_i)$、$\mathrm{BND}(C_j)$。

当类的正域与其他类的正域或边界域有重叠时，就只考虑该类的正域部分；当类的正域与其他类不存在重叠部分时，则考虑该类的边界域与其他类的重叠情况。因此，类类之间重叠情况有三种：正域与正域重叠、正域与边界域重叠、边界域与边界域重叠。

那么，考察类 C_i 与类 C_j 的关系，会有如下三种情况。

(1) C_i 正域与 C_j 正域重叠，简称为正域与正域重叠(overlapping between positive regions)，也就是，C_i 与 C_j 两个类正域的交集不为空，即

$$\mathrm{POS}(C_i) \cap \mathrm{POS}(C_j) \neq \varnothing$$

在正域与正域重叠部分的元素，可认为是两类之间的明显活跃元素。因为此部分的元素的活动将对两个类的关系产生明显的影响。例如，在社交网络中，两个社区核心人物之间有相交部分，那么重叠部分的核心人物，对两个社区以后的发展方向可能会产生明显的影响，如重叠人物的活跃活动导致两个社区合并为一个社区，或重叠人物的消极活动导致两个社区交流变少，从而成为两个独立的社区。

(2) C_i 正域和 C_j 边界域重叠，简称为正域与边界域重叠(overlapping between positive region and boundary region)，也就是，C_i 与 C_j 两个类的正域的交集为空，但 C_i 类的正域与 C_j 类的边界域的交集不为空，即

$$\mathrm{POS}(C_i) \cap \mathrm{POS}(C_j) = \varnothing,\ \mathrm{POS}(C_i) \cap \mathrm{BND}(C_j) \neq \varnothing$$

(3) C_i 边界域和 C_j 边界域重叠，简称为边界域与边界域重叠(overlapping between boundary regions)，也就是，两个类的正域的交集为空，C_i 类的正域与 C_j 类的边界域的交集为空，但 C_i 类的边界域与 C_j 类的边界域的交集不为空，即

$$\mathrm{POS}(C_i) \cap \mathrm{POS}(C_j) = \varnothing,\ \mathrm{POS}(C_i) \cap \mathrm{BND}(C_j) = \varnothing,$$
$$\mathrm{BND}(C_i) \cap \mathrm{BND}(C_j) \neq \varnothing$$

在边界域与边界域重叠部分的元素，可以将其看成隐形活跃元素，此处也是与其他论文不同之处，在其他类类重叠论文中，只是求解出类类的显性活跃元素，而忽略了隐形活跃元素的存在。此处边界域中的元素是指现在的信息无法准确划分元素到正域或负域，可以看成类的边缘元素，如果两个类的边缘元素中有重叠部分，那么重叠的边缘元素在一定程度也会影响类的发展进程。

为了更加形象地表现上述三种情况，我们用实线表示 C_i 与 C_j 类的正域，用虚线表示 C_i 与 C_j 类的边界域，用阴影部分表示重叠的位置。如图 11.1 所示为正域与正域重叠，如图 11.2 所示为正域与边界域重叠，如图 11.3 所示为边界域与边界域重叠。

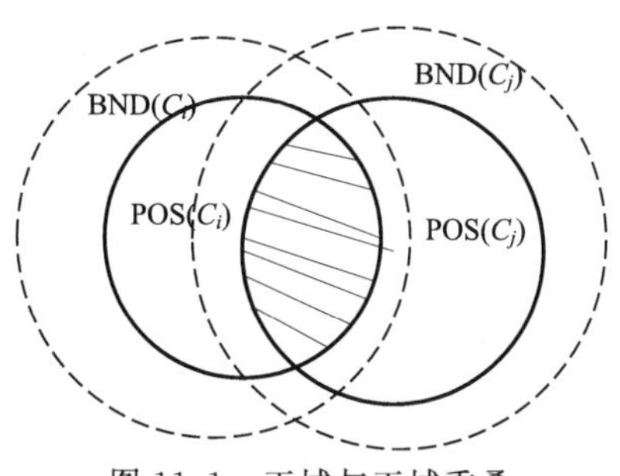

图 11.1　正域与正域重叠

对任意两个类 C_i、C_j，只存在上面三种重叠情况之一，针对上面的三种重叠情况，分别定义不同的重叠度。11.3.4 小节将定义重叠度。

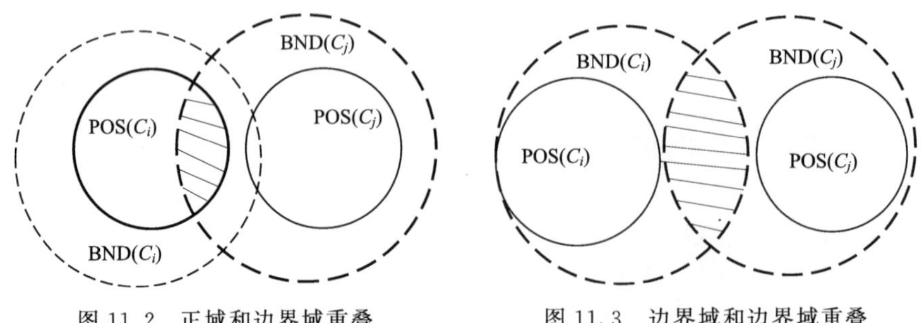

图 11.2　正域和边界域重叠　　　　图 11.3　边界域和边界域重叠

11.3.4　类类重叠度

通常，重叠度(degree of overlapping)反映任意两个类的重叠程度。如果它们当中重叠的元素多，那么重叠度大，反之亦然。如果需要粒度更粗的聚类结果，可以将重叠度高的类合并。

考虑到重叠情况的分类，在此对应地给出不同情况下的类类重叠度的具体定义公式。

(1) 正域与正域重叠

$$\mathrm{DopPP}(C_i, C_j) = \frac{|\mathrm{POS}(C_i) \cap \mathrm{POS}(C_j)|}{|\mathrm{POS}(C_i)|}$$

(2) 正域与边界域重叠

$$\mathrm{DopPPB}(C_i, C_j) = \frac{|\mathrm{POS}(C_i) \cap \mathrm{BND}(C_j)|}{|\mathrm{POS}(C_i) \cup \mathrm{POS}(C_j) \cup \mathrm{BND}(C_j)|}$$

(3) 边界域与边界域重叠

$$\mathrm{DopBPB}(C_i, C_j) = \frac{|\mathrm{BND}(C_i) \cap \mathrm{BND}(C_j)|}{|\mathrm{BND}(C_i) \cup \mathrm{POS}(C_j) \cup \mathrm{BND}(C_j)|}$$

上述三个重叠度中，对于分子的定义，采用的是计算重叠区域中元素的个数。但是对于分母的定义是否合理，则需要进一步说明。下面针对分母的定义进行解释。

(1) 正域和正域重叠。在正域和正域重叠情况下，对于分母，我们考虑过两种情况：第一种是分母为两个正域的并集，即 $\mathrm{POS}(C_i) \cup \mathrm{POS}(C_j)$；第二种是分母为类 i 的正域即 $\mathrm{POS}(C_i)$。第一种定义的含义是重叠区域元素占两个类正域所有元素的比例。第二种定义的含义是重叠区域占当前类 i 的正域元素的比例。可以看出，第一种的重叠度要小于第二种的重叠度，那么两个类合并的概率也小于后一种。但是第二种计算方法更能够体现出两类之间的关系。例如，类 i 的正域个数为 15，类 j 的正域个数为 4，它们重叠区域的元素个数为 3，第一种计算的重叠度为 $\mathrm{DopPP}(C_i,C_j)=\mathrm{DopPP}(C_j,C_i)=3/16$，第二种计算的重叠度有两个，分别为 $\mathrm{DopPP}(C_i,C_j)=3/15$ 和 $\mathrm{DopPP}(C_j,C_i)=3/4$。从原始数据中可看出将两个类合并为一个类更加贴切，但是第一个重叠度不能很好地体现出来，所以后一个定义更为合理。

(2) 正域和边界域重叠。此情况下涉及边界域，在设计分母时，就要考虑是否只考虑边界域，很显然这是不合理的。因为边界域的元素并不相对集中，其是分散在正域周围的数据元素集合。如果只是根据边界域一部分的重叠，就判断将边界域划分到类的正域中，违背了聚类的基本性质，即类中数据相似高。所以，当重叠部分涉及边界域时，将边界域对应的正域一并考虑，这样得到的结果相比于只考虑边界域更为合理。在本次设计中，采用的重叠度是指重叠区域元素个数占重叠两域加正域的比例。这是因为边界域加正域的密集度不等于正域的密集度，所以不能以第一种情况的方式考虑。因为本身边界域加正域的稀疏性较大，所以我们考虑的是重叠区域对应两个类的并集的比例。

(3) 边界域和边界域重叠。此情况中也涉及边界域。上述我们已经分析了存在边界域时，加入对应的正域，此处要考虑的是，类 i 的正域是否要加入考虑范围之内。如果将类 i 的正域也加入分母中，此处对应的重叠度就是两个类的整体重叠度，而不是对应的边界域与边界域的重叠度。所以本次设计只对应一个边界域的正域。

因为是边界域与边界域进行重叠，所以在实际的实验中，边界域与边界域重叠的个数不会很多，而且存在重叠的情况也会较少。但是当边界域与边界域存在很小的一个重叠时，可以单独讨论这种情况。

11.4　基于三支决策的聚类方法

本章提出的三支决策方法是一种两步聚类的方法。首先，针对不同类型的数据集给出初始聚类方法；然后，再根据初始聚类结果不同的重叠情况给出合并策略，从而得到最终的聚类结果。

现有的聚类方法大致上可以分为五种：划分、层次、密度、网格和其他。这五种主要的聚类方法有各自的优点和缺点，以及各自适合的数据类型。本节提出的聚类方法其实并不针对某一种特定的数据类型，为了进行具体的实验验证，本节主要针对两种数据类型展开研究工作，即关系型数据集，如 UCI 中的数据集[55]；网络型数据集，如社交网络中的 Karate 数据集[56]等。

11.4.1 关系型数据集聚类初始化

1. 关系型数据集

关系型数据集是以关系数学模型存储表示的数据。关系数学模型中以二维表的形式描述数据，通常把它称为信息表。例如，数据挖掘中经常使用的 UCI 的大多数数据集就是典型的关系型数据集。

信息表 $S=(U,A)$ 中 $A=\{B,D\}$，其中属性集合 B 表示条件属性，集合 D 表示决策属性。通常，对于一个对象(元素)，其对应的决策属性 D 的取值只有一个，表示一种决策，即每个元素属于一个类。但是，随着生产需求的发展，很多情况下，一个对象对应的决策属性值可能有多个，也就是，D 对于每个对象的值域有时不是一个值，可能为一个集合。这就意味着每一个对象(元素)可能属于一个类，也可能属于多个类。这样的信息表中就应该有重叠聚类现象。

在针对关系型数据集进行初始化时，设计的初始聚类算法将基于网格的聚类思想。下面先介绍一些网格聚类中要用到的基本概念。

定义 11.7(子空间) 设论域 U 为数据集的整个空间，根据距离 Radius 将论域划分为多个空间，即 $U_1,U_2,\cdots,U_k$，这些空间称为子空间。

子空间可以看成论域的划分，即任意两个子空间交集为零($U_i \cap U_j=\varnothing$)，所有子空间的并集等于整个空间，即 $U_1 \cup U_2 \cup \cdots \cup U_i \cup \cdots \cup U_k=U$。

文献[57]中，提到用参考点提高基于密度的聚类的算法效率，这个方法给予我们很好的启示，我们的算法也使用参考点进行基于密度的聚类。首先，给出子空间的定义如下。

定义 11.8(参考点) 对空间中任意点 p、距离 Radius，如果满足 Density(p, Radius)$\geqslant 1$，则称 p 为参考点。这里参考点可以是虚构的点，也可以是数据集中的点。其中，函数 Density(p, Radius)表示在以 Radius 为半径时点 p 的密度，距离 Radius 表示半径。

定义 11.9(代表区域) 每个参考点代表了以该点为圆心、半径为 Radius 的圆形区域，把圆形区域称为参考点的代表区域。在这个圆形区域中的点都被该参考点代表。

定义 11.10(等价类) 参考点 p 代表区域中的所有数据被看成在一个等价类中。那么元素 x 的等价类$[x]$就是元素 x 所在代表区域中的所有元素组成的集合，用 RF 表示。

定义 11.11 (概率计算)：$[x]$表示元素 x 的等价类，如果$|[x]|>1$，概率 $P_r(C|[x])$的计算方法为

$$P_r(C \mid [x])=\frac{|C \cap [x]|}{|[x]|} \tag{11.14}$$

其中，当$|[x]|=1$时，表示元素 x 的等价类$[x]$是元素 x 本身，该情况下概率计算方法为：

当元素 x 属于类(簇)C 的时候，$P_r(C|[x])=1$。

当元素 x 不属于类(簇)C 的时候，$P_r(C|[x])=0$。

基于网格的聚类算法，首先通过网格的思想，将论域空间划分为多个子空间，将每个子空间看成一个密度单位，然后求出密度单位的参考点，根据半径值，计算出重叠的子空间。该算法通过网格和重叠子空间来发现任意形状的类簇：网格克服了依赖数据输入顺序这一缺点，而重叠子空间克服了基于距离的算法只能发现"类圆形"的聚类的缺点。基于网格的聚类算法的指导思想是：把网格中元素大于 1 的子空间度看成密度空间，然后将它加到与之相近的密度空间中。该算法从数据对象的分布密度出发，把密度足够大的区域连接起来，从而可发现任意形状的簇。

设边长阈值为 Rth，根据 Rth 可以将原有的数据集划分成若干子空间，求解出子空间中的元素以及元素个数。然后，取边长 Rth 为半径，子空间的数据子集的中心为参考点，就可以求解出参考点的代表区域。通过上述过程可求解出参考点以及参考点的代表区域，而且求解出来的参考点与输入顺序没有关系，只与数据本身有关，这样求解出来的参考点和代表区域更加合理。选取数据子集的中心为参考点，是为了在划分代表区域时，使代表区域能更加靠近子空间密集点，为下一步合并奠定一定基础。

2. 关系型数据集的初始聚类算法

本小节将设计针对关系型数据集的初始聚类(relational data-oriented initial clustering，RDIC)算法。为了后面描述方便，先给出 RDIC 算法中用到的参考点的数据结构。

参考点的数据结构为

```
struct reference{
    float core[]; //参考点的坐标
    int count; //参考点代表区域内的元素的个数
    float set[];//参考点代表区域内的元素的集合
};
```

RDIC 算法中的输入即原始信息表。在初始化聚类算法 RDIC 中，我们也使用了三支决策聚类的思想，所以阈值 α、β 也是输入参数。下面给出 RDIC 算法描述。

算法：面向关系型数据集的初始聚类算法

输入：信息表 $S=(U,A)$，其中，$U=\{x_1,\cdots,x_i,\cdots,x_n\}$，$A=\{a_1,\cdots,a_m,\cdots,a_M\}$，Rth，$\alpha$，$\beta$。

输出:初始聚类结果。

$\boldsymbol{C}_0=\{[\underline{\mathrm{apr}}(C_1),\overline{\mathrm{apr}}(C_1)],\cdots,[\underline{\mathrm{apr}}(C_k),\overline{\mathrm{apr}}(C_k)],\cdots,[\underline{\mathrm{apr}}(C_K),\overline{\mathrm{apr}}(C_K)]\}$

```
步骤 1:全局变量初始化
C0=∅;    //聚类集合
RF=∅;  //参考点集合RF={RF_1,…,RF_t,…,RF_T}
P_r=0;    //元素划分到类的概率
    max=∅;  //每维的最大值 max={max_1,…,max_m,…,max_M}
    GRID=∅;  //网格集合 GRID={GRID_1,…,GRID_t,…,GRID_T}
步骤 2:划分子空间
for every a_m do
{
     for every x_i do
         if(a_im>max_m) then max_m=a_im;//a_im表示数据 x_i 在属性 a_m 上的值
max_m=max_m/Rth;
}//属性集中每维中最大属性值,根据阈值 Rth 求出每维上面最大等分数。
for every x_i do
{
    for every a_m do
        temp=temp+a_im/Rth×max_1×…×max_{m-1};
}//找到每个数据所在的网格
步骤 3: 找到最佳参考点集合
for every GRID_t∈GRID do
    if(|GRID_t|>0) then RF_t=GRID_t;
for every RF_t∈RF do
  for every x_i do //当元素在参考点代表范围时,将元素添加到参考点集合中
        if|RF_t-x_i|<Rth then RF_t=RF_t∪{x_i};
步骤 4:将参考点根据三支决策进行初始聚类
将参考点RF_k 代表区域中的元素,赋值给该类簇的下近似,即apr_(C_k)=RF_k;
for every apr_(C_k) do
{
    for every RF_t do
     {
根据式(11.14)计算出类簇的下近似与参考点之间概率 P_r(C_k|RF_t);
if P_r(C_k|RF_t)≥α
          then apr_(C_k)=apr_(C_k)∪RF_t,apr¯(C_k)=apr¯(C_k)∪RF_t;
```

else if $\alpha > P_r(C_k | \text{RF}_t) \geqslant \beta$ then $\overline{\text{apr}}(C_k) = \overline{\text{apr}}(C_k) \cup \text{RF}_t$;

}//内循环完成了一个类簇对每个参考点都进行三支决策判断聚类，改
//变了类簇的上下近似集合的大小

}//外循环完成对所有类簇的基于三支决策判断的聚类，但没有改变聚类的
//数目

$$\boldsymbol{C}_0 = \{[\underline{\text{apr}}(C_1), \overline{\text{apr}}(C_1)], \cdots, [\underline{\text{apr}}(C_k), \overline{\text{apr}}(C_k)], \cdots, [\underline{\text{apr}}(C_K), \overline{\text{apr}}(C_K)]\}$$

步骤 5：输出初始聚类结果$\boldsymbol{C}_0$，算法结束。

11.4.2　网络型数据集聚类初始化

随着 Web2.0 时代的到来，各种网络型数据的应用越来越多。本节将以网格型数据集为例给出一种具体的初始聚类算法。

1. 网络型数据集

图是网络型数据集中基本的存储结构。网络型数据集可以用图论中网络的二元组表示 $V=(N,E)$，其中 N 为顶点集合，E 为网络中边的集合。在复杂的网络型数据集中，不仅包含点和边，还包含了其他更多的信息，如边上面的阈值、顶点重要度等。本节主要针对只包含点和边的网络型数据集进行讨论。社交网络数据集就是一种典型的网络型数据。例如，数据集 Karate 是社会学家 Zachary 用了两年的时间观察美国一所大学空手道俱乐部 34 名成员间的社会关系，基于这些成员在俱乐部内部及外部的交往情况，他构造了成员之间的社会关系网，该网络包含 34 个节点，两个节点之间有一条边则意味着相应的两个成员之间至少是交往频繁的朋友关系，共有 78 条边。

在介绍初始化聚类算法之前，首先给出三个定义。

定义 11.12(好友)　在网络型数据集中，顶点与顶点之间存在边直接相连时，称这两个顶点分别为对方的好友。

定义 11.13(亲密好友)　在网络型数据集中，顶点与顶点是好友关系，而且两个顶点有超过某个数量的共同好友时，称这两个顶点分别为对方的亲密好友。

定义 11.14(一般好友)　在网络型数据集中，顶点与顶点是好友关系，但两个顶点之间没有超过某个数量的共同好友，称这两个顶点分别为对方的一般好友。

在网络型数据集中，先分别求出每个顶点的亲密好友与一般好友，其中亲密好友为该顶点的正域，一般好友为该顶点的边界域。

2. 网络型数据集的初始聚类算法

本节将设计针对关系型数据集的初始聚类(network data-oriented initial clustering，NDIC)算法，算法中均以数据集中的元素为单位，不需要复杂数据结构，所

以不需要定义新的数据结构。

NDIC 算法中的输入即原始网络信息。下面给出 NDIC 算法描述。

算法:面向网络型数据集的初始聚类算法

输入:网络信息 $W=(N,E)$,其中,$N=\{x_1,\cdots,x_i,\cdots,x_n\}$,$E=\{e_1,\cdots,e_t,\cdots,e_T\}$;

输出:聚类结果

$\boldsymbol{C}_0=\{[\underline{\mathrm{apr}}(C_1),\overline{\mathrm{apr}}(C_1)],\cdots,[\underline{\mathrm{apr}}(C_k),\overline{\mathrm{apr}}(C_k)],\cdots,[\underline{\mathrm{apr}}(C_K),\overline{\mathrm{apr}}(C_K)]\}$;

```
步骤 1:全局变量初始化
C0=∅ ;  //聚类集合
FRI=∅;  //参考点集合 FRI={FRI1,…,FRIi,…,FRIn}
MaxN = 0;//共同好友阈值
ON[]={0}; //数组下标为共同好友个数,数组值为该个数出现的次数
步骤 2:求出每个顶点的好友集合
for every x do  //x 表示第 i 个顶点
{
      for every et do
      {
            if(xj=xi) then FRIi=FRIi ∪{xj};/ * 当边连接的两个顶点中有一个与当前顶点 xi 为同一个顶点时,另一个顶点加入顶点 xi 的好友集合中 * /
      }
}
步骤 3:求出共同好友阈值
for every xi do
{
      for every xk∈FRIi do //对顶点 xi 的好友集合中每个好友计算共同好友数
      {
            m=|FRIi ∩FRIk|;
            ON[m]=ON[m]+1;//将该共同好友数 m 对应数组值加 1
      }
}
MaxN=max(ON);//阈值 MaxN 为数组 ON 中最大数组值对应的共同好友数
步骤 4:求出每个顶点的类
for every xi do
{
      POS(Ck)=∅ ;//将类 Ci 的正域设为空
```

```
        BND(C_k)=∅;//将类 C_i 的边界域设为空
        for every x_k∈FRI_i do //对顶点 x_k 的划分为正域与边界域
        {
            if FRI_i∩FRI_k≥MaxN then POS(C_k)=POS(C_k)∪{x_i};
            else if FRI_i∩FRI_k<MaxN then BND(C_k)=BND(C_k)∪{x_i};
        }/*当顶点 x_k 与顶点 x_i(x_i 是 x_k 的好友)的共同好友个数大于等于
          MaxN 时,将 x_i 划分为类 C_k 的正域;当小于 MaxN 时,将 x_i 划分
          为类 C_k 的边界域*/
    } //求解每个顶点的正域与边界域
    for every C_i do
    {
        apr_(C_i)=POS(C_i);//下近似为类的正域
        apr¯(C_i)=POS(C_i)+BND(C_i);//上近似为类的正域加边界域
    }//求出每个类的上近似和下近似
```

$\boldsymbol{C}_0=\{[\underline{\mathrm{apr}}(C_1),\overline{\mathrm{apr}}(C_1)],\cdots,[\underline{\mathrm{apr}}(C_k),\overline{\mathrm{apr}}(C_k)],\cdots,[\underline{\mathrm{apr}}(C_K),\overline{\mathrm{apr}}(C_K)]\}$

步骤 5：输出初始聚类结果,算法结束。

11.4.3 三支决策聚类算法

为了提高算法效率,本书采用两步聚类策略,首先,针对不同数据集类型,根据 11.4.1 小节和 11.4.2 小节中的方法进行初始聚类,得到初始化聚类结果;然后,分析其重叠情况,采用不同的合并策略得到最终的聚类结果。

根据 11.3.3 节和 11.3.4 节中的重叠类型以及重叠度,针对不同的重叠类型以及不同程度的重叠度定义合并策略。

(1) 正域与正域重叠。计算类 C_i、C_j 的正域重叠度 $\mathrm{DopPP}(C_i,C_j)$,根据该重叠度进行三支决策的判断。当 $\mathrm{DopPP}(C_i,C_j)\geqslant\alpha$ 时,将两类 C_i、C_j 的正域合并为一个新类 C_k 的正域,即 $\mathrm{POS}(C_k)=\mathrm{POS}(C_i)\cup\mathrm{POS}(C_j)$,边界域合并为新类 C_k 的边界域,即 $\mathrm{BND}(C_k)=\mathrm{BND}(C_i)\cup\mathrm{BND}(C_j)$;当 $\alpha>\mathrm{DopPP}(C_i,C_j)\geqslant\beta$ 时,将两类 C_i、C_j 的正域分别划分到对方的边界域中,即 $\mathrm{BND}(C_i)=\mathrm{BND}(C_i)\cup\mathrm{POS}(C_j)$,$\mathrm{BND}(C_j)=\mathrm{BND}(C_j)\cup\mathrm{POS}(C_i)$。

(2) 正域与边界域重叠。计算类 C_i、C_j 的 $\mathrm{DopPPB}(C_i,C_j)$,根据此重叠度 $\mathrm{DopPPB}(C_i,C_j)$进行三支决策判断。当 $\mathrm{DopPPB}(C_i,C_j)\geqslant\alpha$ 时,将类 C_j 的边界域加正域添加到类 C_i 的正域中,即 $\mathrm{POS}(C_i)=\mathrm{POS}(C_i)\cup\mathrm{POS}(C_j)\cup\mathrm{BND}(C_j)$;当 $\alpha>\mathrm{DopPPB}(C_i,C_j)\geqslant\beta$ 时,将类 C_j 的边界域加正域添加到类 C_i 的边界域中,即 $\mathrm{BND}(C_i)=\mathrm{BND}(C_i)\cup\mathrm{POS}(C_j)\cup\mathrm{BND}(C_j)$。

(3) 边界域与边界域重叠。计算类 C_i、C_j 的 DopBPB(C_i,C_j)，根据此重叠度 DopBPB(C_i,C_j)进行三支决策判断。当 DopBPB(C_i,C_j)$\geqslant\alpha$ 时，将类 C_j 的边界域和正域都添加到类 C_i 的边界域中，即 BND(C_i)=BND(C_i)∪POS(C_j)∪BND(C_j)。当 $\beta\leqslant$DopBPB(C_i,C_j)$<\alpha$ 时，考虑到两个类的边界域重叠度不大，为了避免边界域过大，此时不采取任何行动。

下面给出第二步过程中，根据三支决策的思想进行的聚类算法(clustering algorithm based on three-way decision，CATW)的描述。其中，输入的初始聚类结果以及最终聚类结果都采用式(11.13)的描述形式。根据式(11.12)，在第二步过程中，需要使用到阈值 α、β。

算法：基于三支决策的聚类算法 CATW

输入：初始聚类结果$\boldsymbol{C}_0$，阈值 α、β

输出：最终聚类结果$\boldsymbol{C}$

步骤 1：求解删除初始聚类结果的正域和边界域

```
for every C_i do
    {
      POS(C_i)=apr(C_i);//正域为类的下近似
      BND(C_i)=apr‾(C_i)-apr(C_i);//边界域为类的上近似与下近似之差
    }
```

步骤 2：根据上面的合并策略对聚类进行合并

```
for every C_i do
{
    for every C_j do
    {
        if(DopPP(C_i,C_j)≥α);//满足该条件时，将两类 C_i、C_j 合并为一个类
        then POS(C_i)=POS(C_i)∪POS(C_j),BND(C_i)=BND(C_i)∪BND(C_j);
            C_0=C_0-C_j;
        //当满足该条件时，将类 C_i、C_j 的正域分别划分到对方的边界域中
        else if(α>DopPP(C_i,C_j)≥β)
        then BND(C_i)=BND(C_i)∪POS(C_j),BND(C_j)=BND(C_j)∪
        POS(C_i);
        //如果正域与正域无重叠，考虑正域与边界域重叠情况
        //满足该条件时将类 C_j 的正域和边界域划分到类 C_i 的正域
        else if(DopPP(C_i,C_j)=0 &&DopPPB(C_i,C_j)≥α)
        then POS(C_i)=POS(C_i)∪POS(C_j)∪BND(C_j);
        //满足该条件时，将类 C_j 的正域和边界域划分到类 C_i 的边界域
```

else if(DopPP(C_i,C_j)=0 &&α>DopPPB(C_i,C_j)$\geqslant\beta$)

then BND(C_i)=BND(C_i)∪POS(C_j)∪BND(C_j) ;

//如果正域与正域,边界域与正域均为重叠情况,考虑边界域和边界域重叠

//满足该条件时,将类 C_j 的正域和边界域划分到类 C_i 的边界域

else if(DopPP(C_i,C_j)=0&&DopPPB(C_i,C_j)=0&&DopBPB(C_i,C_j)$\geqslant\alpha$)

then BND(C_i)=BND(C_i)∪POS(C_j)∪BND(C_j) ;

}

}//根据合并策略进行合并

步骤 3:求解出最终聚类结果

for every C_k do

{

$\overline{\text{apr}}(C_k)$=POS($C_k$)+BND($C_k$);　　　//上近似为类的正域加边界域

$\underline{\text{apr}}(C_k)$=POS($C_k$);　　　　　　　//下近似为类的正域

}//求出每个类的上近似和下近似

$\boldsymbol{C}_0=\{[\underline{\text{apr}}(C_1),\overline{\text{apr}}(C_1)],\cdots,[\underline{\text{apr}}(C_k),\overline{\text{apr}}(C_k)],\cdots,[\underline{\text{apr}}(C_K),\overline{\text{apr}}(C_K)]\}$

步骤 4:算法结束,输出聚类结果。

11.5 实验结果

本节对基于三支决策的聚类算法的性能进行了测试,实验平台配置为 Intel(R) Core(TM)2 Quad CPU Q8400 @2.66GHz;存储器为 1.96GB。程序代码用 Visual C++(6.0)实现。

根据数据集的类型,将进行两组实验。实验一采用三组关系型数据集:人工数据集 MD1、UCI[55] 中的 IRIS 数据集和 Ecoli 数据集来验证 RDIC 算法和 CATW 算法能否解决关系型数据集中存在的类类重叠现象;实验二采用网络型数据集,在网络型数据集中,将使用社交网络中常用的数据集 Karate[56] 观察 NDIC 算法和 CATW 算法能否处理网络型数据集中存在的类类重叠现象。

11.5.1 关系型数据集

在关系型数据集的实验中,共采用三组数据集对 RDIC 算法和 CATW 算法进行有效性证明,分别为人工数据集 MD1、IRIS 数据集及 Ecoli 数据集。首先,通过二维人工数据集 MD1 直观表现重叠现象以及算法的聚类效果;然后,通过 UCI 中

IRIS 和 Ecoli 两组数据集说明本章所提的 RDIC 算法和 CATW 算法在解决重叠聚类问题上的有效性。

UCI 中的 IRIS 和 Ecoli 数据集因属性个数均大于 3,无法直观地显示数据集及其聚类结果,所以用重叠度判断 CATW 算法对重叠聚类问题的解决情况。

定义 11.15(重叠度)　数据集中的重叠元素个数与数据集整个元素个数的比值,称为数据集的重叠度。

其中,重叠元素是指数据集中的元素被划分到两个或两个以上的类中的元素。下面给出三组数据集的实验过程与结果。

第一组数据:人工数据集 MD1。

为了直观地反映聚类效果,以及便于观察重叠现象。下面给出一个在二维人造数据集 MD1 上进行的实验。原始数据集 MD1 分布如图 11.4 所示。

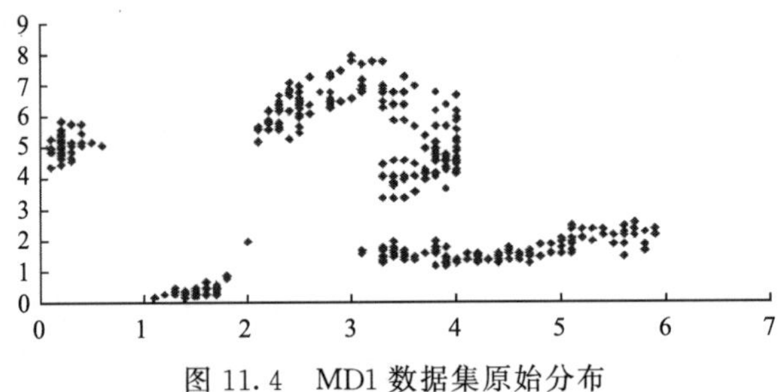

图 11.4　MD1 数据集原始分布

将 MD1 原始数据集输入算法中,同时设三个阈值 Rth＝1、α＝0.69、β＝0.3,得到了五个类。图 11.5 表示本次实验的聚类结果。其中,实心菱形代表类 1 的正域,类 1 没有边界域;空心正方形代表类 2 的正域,空心三角形代表类 2 的边界域;空心菱形代表类 3 的正域,叉形符合代表类 3 的边界域;空心圆形代表类 4 的正域,实心圆形代表类 4 的边界域;横线代表类 5 的正域,类 5 没有边界域。

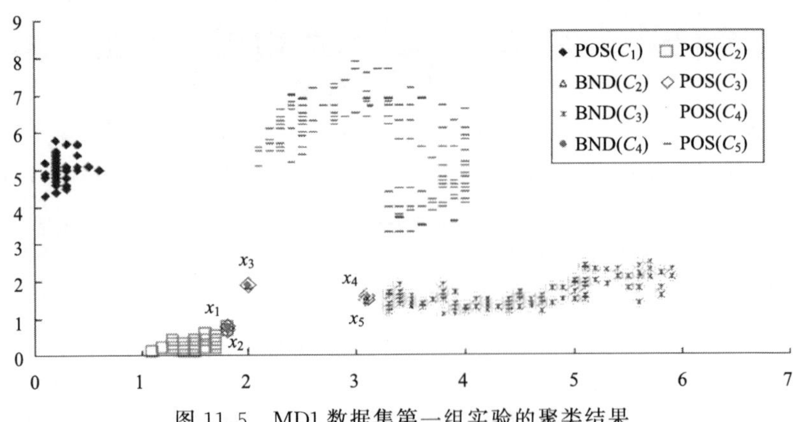

图 11.5　MD1 数据集第一组实验的聚类结果

从图 11.5 的聚类结果可知，类 2、类 3、类 4 存在正域与正域重叠情况，而且还存在正域与边界域重叠以及边界域与边界域重叠的情况。说明本章中聚类方法可以有效地解决类类之间存在的重叠现象。而且在图 11.5 中，我们发现了有五个比较特殊的点，即图 11.5 中的 x_1、x_2、x_3、x_4、x_5，它们分别属于三个类，如 x_1、x_2 分别属于 POS(C_2)、POS(C_3)、POS(C_4) 三个类的正域或边界域中。从图 11.5 中可以发现，这五个点处于整个数据集中较为特殊的位置，对聚类结果有较大的影响。挖掘出对聚类结果有影响的点也是聚类分析中很重要的工作，也是下步工作的方向之一。

RDIC 算法和 CATW 算法中，用到了三个阈值 Rth、α、β，那么当它们取值不同时，聚类结果是否会出现不同聚类结果？针对 MD1 这个数据集，取另一组阈值进行了实验，下面给出另外一组阈值下的聚类结果。

在第二组实验中，设三个阈值 Rth＝1、α＝0.68、β＝0.35，得到了六个类。图 11.6 所示为聚类结果。其中，实心菱形代表类 1 的正域，类 1 没有边界域；空心正方形代表类 2 的正域，空心三角形代表类 2 的边界域；空心菱形代表类 3 的正域，叉形符合代表类 3 边界域；空心圆形代表类 4 的正域，实心正方形代表类 4 的边界域；横线代表类 5 的正域，星号表示类 5 的边界域；实心三角形代表类 6 的正域，实心圆形代表类 6 的边界域。

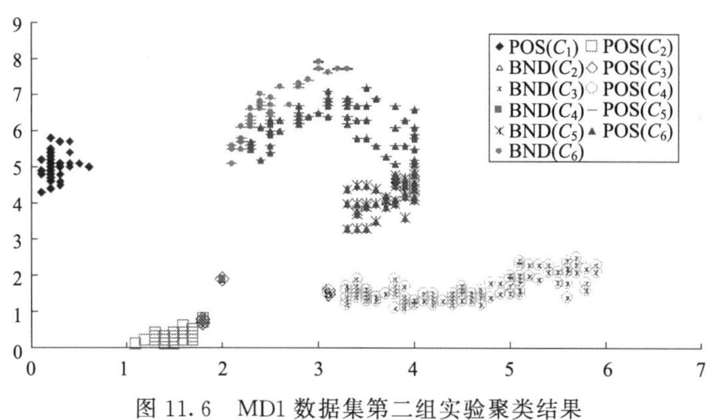

图 11.6　MD1 数据集第二组实验聚类结果

第二组实验与第一组实验的阈值取值不同时，聚类结果也不相同。第二组实验的聚类结果将图 11.5 中的第 5 个类分为两个类，而且正域相交部分元素还较多。从两组实验可以看出，阈值对聚类结果有直接的影响。分析阈值对聚类结果的影响将是下一步的工作之一。

第二组数据：IRIS 数据集

在本组数据中采用 UCI 中常用 IRIS 数据集进行实验。目前对于 IRIS 数据集的划分，现在普遍认为三个类和两个类都是合理的。数据集中的重叠元素为数据集中属于后两类中的 100 个元素，重叠度 OC 为 0.667。

在实验中，针对阈值 Rth、α、β，取三组不同阈值进行运算，得到的聚类结果记录在表 11.1 中。表 11.1 有三部分，分别为数据集属性、阈值、聚类结果。在数据集属性上，给出四个方面信息，分别为 $|U|$ 代表数据集元素个数、$|A|$ 代表数据集属性集合个数、$|C|$ 代表数据集类别个数、OC 代表数据集中原始重叠度。阈值中有三个阈值，分别为 CATW 算法中关于三支决策的两个阈值 α、β，以及初始化算法 RDIC 中的阈值 Rth。聚类结果中主要包含两个方面，聚类数目 $|C'|$ 以及聚类结果中重叠度 OC′。

表 11.1　IRIS 数据集实验结果

实验＼信息	$\|U\|$	$\|A\|$	$\|C\|$	OC	Rth	α	β	$\|C'\|$	OC′
第一组实验	150	4	3	0.667	1.5	0.95	0.3	3	0.667
第二组实验					1.0	0.9	0.3	4	0.435
第三组实验					1.0	0.85	0.3	2	0

表 11.1 中，第一、第二组实验的聚类结果表明，RDIC 和 CATW 算法对聚类中类类重叠问题能够有效地解决，但是第三组实验的聚类结果却与信息表的信息相差很大，这是因为 IRIS 数据集中后两个类的重叠度非常大，所以只有当阈值 α 取值较大时，才能将后两个类区分开，聚类数目才可能出现 3，而且聚类结果的 OC 与数据集中相近；当阈值 α 取值较小时，如表 11.1 中第三组实验，后两个类中类类重叠度满足合并为一个类的条件，CATW 算法会将 IRIS 数据集的后两个类聚为一个类，而且 IRIS 数据集的第一个类与后两个类完全没有重叠元素，所以 OC 就会出现零的情况。

第三组数据：Ecoli 数据集

Ecoli 数据集也为 UCI 数据集中常用数据集之一。Ecoli 中共有八个类，其中有四个类的分类为 im、ims、iml、imu，分析这四个类中对应的元素属性时，发现这些元素相互交错，将这四个类中元素划分到一个类中是合理的，所以将这四个类的元素均看成重叠元素也是合理的；与这四个类相似情况的还有另外两个类为 om、oml。将此六个类中的元素均认为是重叠元素也是合理的，其数据集的 OC 为 0.509。

表 11.2 中，第一、第二组实验中聚类结果表明 CATW 算法能有效地解决聚类中存在的类类重叠问题。但因为 Ecoli 数据集中具有重叠现象的六个类中，有两个类 im 和 om 中元素个数远远多于其他四个类，导致聚类结果出现 0.170 是合理的。

表 11.2　Ecoli 数据集实验结果

实验＼信息	$\|U\|$	$\|A\|$	$\|C\|$	OC	Rth	α	β	$\|C'\|$	OC′
第一组实验	336	7	8	0.509	0.25	0.7	0.4	8	0.354
第二组实验					0.26	0.8	0.4	9	0.467
第三组实验					0.26	0.7	0.4	9	0.170

从上述三组关系型数据集的聚类结果可知，本章提出的 CATW 算法能够解决关系型数据集中存在的类类重叠现象。而且，表 11.1 和表 11.2 也说明，RDIC 和 CATW 算法的聚类结果能够反映出真实的数据集中的潜在模式，聚类数目与真实聚类数目相差不大，而且重叠度也相差不多。从而说明 CATW 算法能有效地解决关系型数据集中存在的类类重叠问题。

在这三组关系型数据集实验中，我们也发现当三个阈值取值不同时，CATW 算法的聚类结果也随之发生改变，那么阈值的取值对聚类结果的影响将是下一步的工作之一。

11.5.2　网络型数据集

近年来，随着博客、微博、社交网站等大量 Web 2.0 应用的迅速涌现，网络对普通用户日常生活的渗透更加深入。在 Web2.0 的应用中，社交网站是一种基于网络提供社交服务的平台，其能为个人在一定的系统内建立公共或者半公共的系统资料库，内容包括文字、图片、音频、视频等，同时可以浏览其他成员的资料信息，并形成一个共享的圈子。社交网络将互联网上形成的社会网络视为一种新兴的网络社区，致力于其成员关系的建立和维护，具有用户真实性和用户自主性的显著特点。

社区是网络中顶点之间联系相对紧密的团体，社区的识别是指通过网络关系图将网络中的不同社区识别出来。对于社交网络，社区识别算法的目的在于将整个网络按照社交圈子的不同分割开，如不同大学之间、不同地区之间的人群划分。这类社区一般联系非常紧密，而不同社区之间的联系要疏松很多。社交网络是一种典型的网络型数据集，所以在本次网络型数据集的验证中，我们将采取社交网络来对网络型数据集进行验证。

在针对网络型数据集的实验中，本章采用社会网络分析领域中常用的经典数据集——Karate 数据集。Karate 数据集的原始结构如图 11.7 所示，可以看出其共有 34 个顶点，对应有 78 条边，而且好友关系为对称关系，即 A 是 B 的好友，则 B 也是 A 的好友。

分析完数据集之后，我们对数据集进行聚类分析。首先，根据 NDIC 算法对

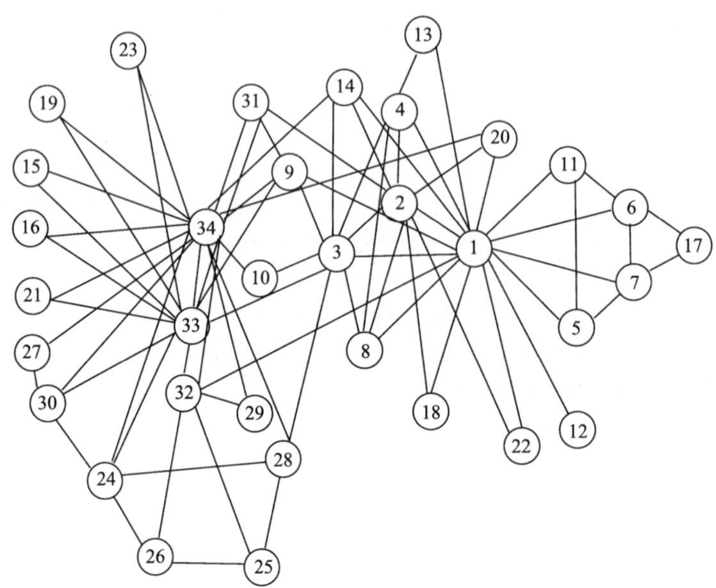

图 11.7　Karate 数据集的原始结构

Karate 数据集进行初始聚类，然后根据 CATW 算法对初始聚类结果进行再聚类，得到最终聚类结果。为了对前面定义的算法有更深的理解，在这里将以 Karate 数据集为例，给出具体的算法步骤。

步骤 1：求初始聚类结果。初始聚类中类的正域和边界域是根据顶点的亲密好友和一般好友组成的，即每个顶点的亲密好友为该顶点的正域，一般好友为该顶点的边界域。根据定义 11.13 和定义 11.14 求解每个顶点的亲密好友和一般好友，其算法过程在 11.4.2 小节中已经给出。

在此，以顶点 31 为例子。顶点 31 的好友集合为{2,9,33,34}，计算顶点 31 的正域与边界域（已计算出共同好友阈值为 1）。顶点 31 与其好友顶点 2 的共同好友个数为零，小于共同好友阈值 1，所以将顶点 2 划分到 31 的边界域中；顶点 31 与其好友顶点 9 的共同好友个数为 2，即顶点 33 与顶点 34 的共同好友数大于阈值 1，故将顶点 34 加入顶点 31 的正域中；将顶点 31 的所有好友全部计算完之后，顶点 31 的正域为{9,33,34}，边界域为{2}。

步骤 2：求解聚类结果。根据步骤 1 中的初始聚类结果，给定阈值 α、β 的值，以及 CATW 算法，求出最终聚类结果。根据不同的阈值可以得到不同的聚类结果。

在关系型数据集实验中，我们发现阈值 α、β 对最终聚类结果有影响。为了判断阈值 α、β 是否对网络型数据集的聚类结果有影响，我们将给出三组不同阈值情况下的聚类结果。

第一组实验：$\alpha=0.7$，$\beta=0.4$。

当 $\alpha=0.7$，$\beta=0.4$ 时，求出的结果为两个类，分别是以 1 为核心和以 33、34 为核心的两个群体。聚类结果如图 11.8 和图 11.9 所示。类 1 的正域为{1,3,9,14,20,32,29,28,2,4,13,11,6,7,5,17,8,18,22,12}，类 2 的正域为{33,34,3,9,14,20,32,29,28,10,31,23,19,15,16,21,27,30,24,26,25}。可见，集合{3,9,14,20,32,29,28}是类 1 和类 2 的正域重叠部分，即这些元素既属于类 1 的正域也属于类 2 的正域。图 11.9 中，{31,34,10,33}是类 1 的边界域，{2,1,8}是类 2 的边界域。

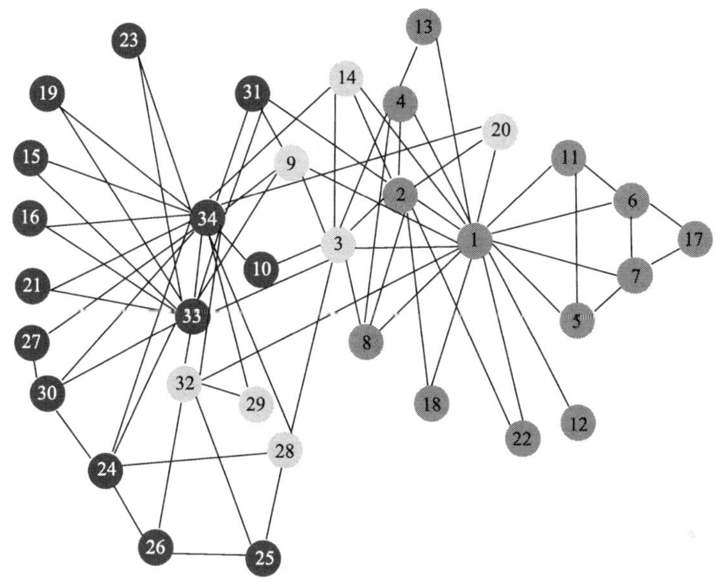

图 11.8　聚类正域结果

从结果中可以看出，第一个群体的核心人物是顶点为 1 的成员，第二个群体的核心人物是顶点为 33 和 34 的成员。其中特别之处在于顶点 3、9、14、20、28、29 都在两个团体的正域部分，可以理解为这 6 个顶点为这两个群体的一个枢纽小群体。而边界域可以看成团体的潜在好友。

下面选取几个合并步骤进行分析验证算法定义是否合理。在步骤 2 时，生成的初始类有 34 个。

在步骤 1 合并中，选取类 1 和类 6 进行说明，类 1 的正域为{1,2,3,4,5,6,7,8,9,11,13,14,18,20,22}，边界域为{12,32}；类 6 的正域为{1,6,7,11,17}，边界域为空，正域与正域重叠个数为 4，重叠度分别为 4/15 和 4/5，因为 4/5>0.7 所以将两个类合并为一个类，类的正域为{1,2,3,4,5,6,7,8,9,11,13,14,17,18,20,22}，边界域为{12,32}。而从图 11.8 中可以发现，将两类合并为一个类是合理的。

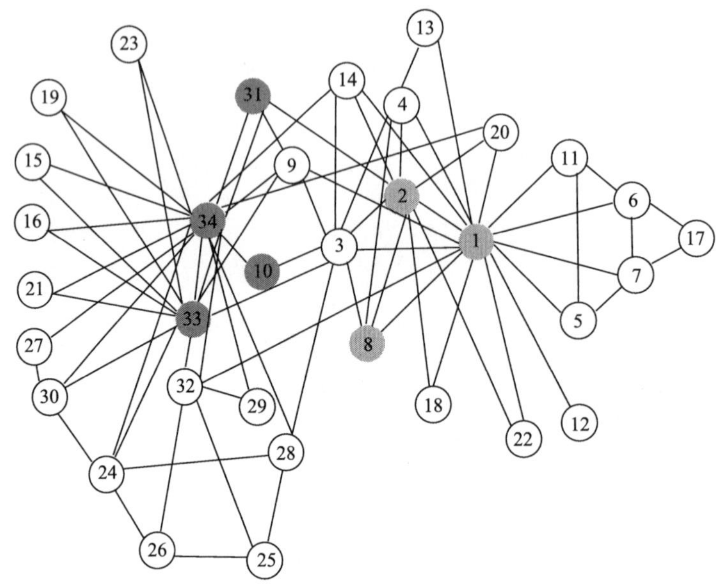

图 11.9 聚类边界域结果

取类 1 和类 10 说明第二种情况(正域与边界域重叠情况),其中,类 1 的正域为{1,2,3,4,5,6,7,8,9,11,13,14,17,18,20,22,28,29,32},边界域为{12,10,31,33,34};类 10 的正域为{15,16,34},边界域为{3,14,16,19,21,23,27,28,29,30,32,33}。正域与边界域重叠个数为 5,采用我们定义的重叠度可知此处的重叠度为 5/31,将不采取任何行动,是合理的。

在本次实验中,数据不存在边界域与边界域重叠的情况,故这里也就不进行说明,不过从第二组说明中,也可以体现出边界域与边界域重叠度的定义是合理的。

从图 11.8 中,可知当类类的正域之间存在一小部分元素相交时,认为这一个小部分重叠组成的一个小的团体是这两个类类之间的显性纽带团体。这里假设当类类的边界域之间也存在一小部分元素重叠时,可以认为这一小部分重叠元素组成的团体是这两类之间的隐形纽带团体。

第二组实验,$\alpha=0.7$,$\beta=0.3$。

第二组实验中,阈值 α、β 相对于第一组中的取值,阈值 β 减小了 0.1,即阈值 α、β 分别为 $\alpha=0.7$,$\beta=0.3$,求出的结果有两个类,分别是以 1 为核心和以 33 和 34 为核心的两个群体。聚类结果为:第一个类的正域为{1,2,3,4,5,6,7,8,9,11,12,13,14,17,18,20,22,28,29,32},边界域为{10,15,16,19,21,23,24,25,26,27,30,31,33,34};第二个类的正域为{3,9,10,14,15,16,19,20,21,23,24,25,26,27,28,29,30,31,32,33,34},边界域为{1,2,4,5,6,7,8,11,12,13,17,18,22}。

从聚类结果中发现,当阈值 α、β 取值不同时,聚类结果不相同,而且重叠元素也发生了改变。该组的实验结果相对于第一组实验，由于 α 值保持不变，正域的范围也没有发生改变，而边界域的范围随着阈值 α、β 的差值的增大而增大。

第三组实验，$\alpha=0.81$，$\beta=0.4$。

在第三组实验中，阈值 α、β 的值设为 $\alpha=0.81$，$\beta=0.4$，相对于第一组实验中的阈值 α、β，在不改变阈值 β 的情况下，将阈值 α 增大为 0.81。在阈值下的聚类结果为四个类，分别为：第一个类的正域为{1,2,3,4,5,6,7,8,9,11,12,13,14,17,18,20,22,28}，边界域为{31,33,34}；第二个类的正域为{3,9,10,14,15,16,19,20,21,23,24,27,28,29,30,31,32,33,34}，边界域为{1,2,8,25,26}；第三个类的正域为{24,25,26,28,29,30,32,33,34}，边界域为{3,9,10,14,15,16,19,20,21,23,27,31}；第四个类的正域为{3,24,25,28,34}，边界域为{9,10,14,26,29,30,31,32,33}。

从上面三组实验中可以看出，本次算法针对网络型数据集中聚类存在的类类重叠问题同样有效。Karate 数据集是一个大的团体发生问题争执之后暂时分裂为两个小的团体，所以这两个小团体之间也有着较为密切的联系，对应到聚类结果的正域的重叠部分的元素会偏多，边界域为对方团体中部分元素。从而可以看出，本章聚类算法可以较好地反映出 Karate 数据集的数据本质。

从上面三组实验中，阈值 α、β 的取值对最终的聚类结果有直接的影响，不同的阈值对应的聚类结果也不同。那么阈值 α、β 是如何影响聚类结果的，也是下一步讨论的重点。

11.6　本章小结

聚类分析作为一种挖掘潜在模式的强有力工具被广泛应用，但是随着技术的发展，硬聚类已经不能满足行业的需要，也不能体现出各行业数据中的潜在模式。例如，社交网络中，一个用户根据不同的兴趣爱好，可能会是多个社区的成员，原有的一个元素仅属于一个类的聚类思想就不能在这些领域中使用。因此，重新扩展聚类思想对于聚类研究有着重要意义。

本章基于决策粗糙集的三支决策扩展聚类定义，使类不再是单独的集合而是用一对集合即上、下近似集描述类，并采用区间集的方式对类进行描述；然后，分析类类之间可能存在的重叠情况，根据不同的重叠情况定义重叠度，并给出不同的合并策略；最后，针对关系型数据集和网络型数据集分别提出了初始化算法，再根据合并策略提出一种新的聚类算法(CATW)。

针对关系型数据集和网络型数据集分别进行实验，从各自的实验结果中可以发现，无论是关系型数据集还是网络型数据集本章提出的算法都可以有效解决聚类中存在的类类重叠问题。

本章中阈值的取值直接影响聚类结果,分析阈值与聚类结果之间的关系以及如何尽量通过数据集本身获取阈值而不采用经验值是下一步工作的方向之一。如何检测数据集中存在的特殊元素,也是下一步的工作方向之一。

参考文献

[1] Takaki M. A extraction method of overlapping cluster based on network structure analysis. Proceeding of the WI-IATW, 2007: 212-217.

[2] Aydin N, Nait-Abdesselam F, Pryyma V, et al. Overlapping clusters algorithm in Ad hoc networks. Proceeding of the GLOBECOM, 2010, 1-5.

[3] Lingras P, Bhalchanda P, Khamitkar S, et al. Crisp and soft clustering of mobile calls. Proceeding of the MIWAT, 2011,7080: 147-158.

[4] Obadi G, Dracdilova P, Hlavacek L, et al. A tolerance rough set based overlapping clustering for the DBLP data. Proceeding of the WI-IATW, 2010: 57-60.

[5] Fu Q, Banerjee A. Multiplicative mixture models for overlapping clustering. Proceeding of the ICDM 2008, 2008: 791-797.

[6] Lingras P W, Yao Y Y. Time complexity of rough clustering: GAs versus K-Means. Proceedings of the RSCTC,2002,2475: 263-270.

[7] Asharaf S, Murty M N. An adaptive rough fuzzy single pass algorithm for clustering 1arge data sets. Pattern Recognition 36, 2003: 3015-3018.

[8] Wu X, Zhou J. Possibilistic fuzzy C-means clustering model using kernel methods. Proceedings of the CIMCA, 2005: 465-470.

[9] Yu H, Luo H. A novel possibilistic fuzzy leader clustering algorithm. International Journal of Hybrid Intelligent Systems, 2011, 8(1): 31-40.

[10] 白亮,梁吉业,曹付元. 基于粗糙集的改进 K-Modes 聚类算法. 计算机科学, 2009, 36(1): 163-176.

[11] Pawlak Z. Rough sets. International Journal of Computer and Information science, 1982, 11(5): 341-356.

[12] Pawlak Z. Rough Sets: Theoretical Aspects of Reasoning about Data. Boston: Kluwer Academic Publishers Press, 1991.

[13] Yao Y Y, Wong S K M, Lingras P. A decision-theoretic rough set model. Methodologies for Intelligent Systems, 1990, 5: 17-24.

[14] Yao Y Y, Wong S K M. A decision theoretic framework for approximating concepts. International Journal of Man machine Studies, 1992, 37(6): 793-809.

[15] Yao Y Y. Decision-theoretic rough set models. Proceedings of the RSKT, 2007,4481: 1-12.

[16] Ziarko W. Variable precision rough set model. Journal of Computer and System ciences, 1993, 46(1): 39-59.

[17] Slezak D. Rough sets and Bayes factor. Proceedings of the Transaction on Rough Sets III,2005,3400: 202-229.

[18] Herbert J, Yao J T. Game-theoretic risk analysis in decision-theoretic rough sets. Proceeding of the RSKT,2008, 5009: 132-139.

[19] Yao Y Y. An outline of a theory of three-way decisions. Proceedings of the RSCTC, 2012: 1-17.

[20] Lurie J D, Sox H C. Principles of medical decision making. Spine, 1999, 24: 493-498.

[21] Pauker S G, Kassirer J P. The threshold approach to clinical decision making. The New England Journal of Medicine, 1980, 302: 1109-1117.

[22] Schechter C B. Sequential analysis in a Bayesian model of diastolic blood pressure measurement. Medical Decision Making, 1988, 8: 191-196.

[23] Sherif M, Hovland C I. Social Judgment: Assimilation and Contrast Effects in Communication and Attitude Change. New Haven: Yale University Press, 1961.

[24] Wald A. Sequential tests of statistical hypotheses. The Annals of Mathematical Statistics, 1945, 16: 117-186.

[25] Forster M R. Key concepts in model selection performance and generalizability. Journal of Mathematical Psychology, 2000, 44: 205-231.

[26] Woodward P W, Naylor J C. An application of Bayesian methods in SPC. The Statistician, 1993, 42: 461-469.

[27] Goudey R. Do statistical inferences allowing three alternative decisions give better feedback for environmentally precautionary decision-making? Journal of Environmental Management, 2007, 85: 338-344.

[28] Weller A C. Editorial Peer Review: Its Strengths and Weaknesses. Medford: Information Today Incorporation, 2001.

[29] Yao Y Y. The superiority of three-way decisions in probabilistic rough set models. Information Sciences, 2011, 181: 1080-1090.

[30] Yao Y Y. Interval sets and interval-set algebras. Proceeding of the ICCI, 2009:307-314.

[31] Chen M, Miao D Q. Interval set clustering. Department of Expert Systems with Applications, 2011, 38: 2923-2932.

[32] Lingras P, Buts C. Interval set representation of 1-v-r support vector machine multi-classifiers. Proceedings of the GRC, 2005: 193-198.

[33] Lingras P, Buts C. Interval set clustering of web users with rough K-Means. Journal of Intelligent Information Systems, 2004, 23(1): 5-16.

[34] Lingras P, Butz C. Interval set classifiers using support vector machines. Proceedings of 2004 conference of the North American Fuzzy Information Processing Society, 2004: 707-710.

[35] 姚一豫. 三支决策// 贾修一,商琳,周献中,等. 三支决策理论与应用. 南京: 南京大学出版社, 2012: 1-17.

[36] Yao Y Y, Wong S K M, Lingras P. A decision theoretic rough set model. The 5th International Symposium on Methodologies for Intelligent Systems, 1900:1-12.

[37] Yao Y Y, Wong S K M. A decision theoretic framework for approximating concepts. International Journal of Man-machine Studies, 1992, 37(6): 793-809.

[38] Yao Y Y. Probabilistic approaches to rough sets. Expert Systems, 2003, 20: 287-297.

[39] Yao Y Y. Probabilistic rough set approximations. International Journal of Approximate Reasoning, 2008, 49: 255-271.

[40] 姚一豫. 决策粗糙集研究探讨// 李华雄, 周献中, 李天瑞, 等. 决策粗糙集理论及其研究进展. 北京: 科学出版社, 2011.

[41] Yao Y Y. Three-way decision: an iterpertation of rules in rough set theory. Proceeding of the RSKT 2009, 2009,5589: 642-649.

[42] Yao Y Y. Three-way decisions with probabilistic rough sets. Information Sciences, 2010, 180(3):

341-353.

[43] Yao Y Y. Two semantic issues in a probablistic rough set model. Fundamenta Informaticae, 2011, 108: 1080-1096.

[44] 刘盾，姚一豫，李天瑞. 三支决策粗糙集. 计算机科学，2011，38(1)：246-250.

[45] Pauker S, Kassirer J. The threshold approach to clinical decision making. The New England Journal of Medicine, 1980, 302: 1109-1117.

[46] Woodward P, Naylor J. An application of Bayesian methods in SPC. The Statistician, 1993, 42: 461-469.

[47] Zhao W Q, Zhu Y L, Gao W. Information filtering model based on decision-theoretic rough set theory. Computer Engineering and Applications, 2007, 43(7): 185-187.

[48] Zhou B, Yao Y Y, Lou J. A three-way decision approach to email spam filtering. Artificial Intelligence, 2010, 6085: 28-39.

[49] 王国胤，姚一豫，于洪. 粗糙集理论与应用研究综述. 计算机学报，2009，32(7)：1229-1246.

[50] Pawlak Z, Wong S K M, Ziarko W. Rough sets: probabilistic versus deterministic approach. International Journal of Man-Machine Studies, 1988, 29: 81-95.

[51] Pawlak Z, Skowron A. Rough sets: some extensions. Information Sciences, 2007, 177: 28-40.

[52] Skowron A, Stepaniuk J. Tolerance approximation spaces. Fundamenta Informaticae, 1996, 27: 245-253.

[53] Lingras P, Chen M, Miao D Q. Rough multi-category decision theoretic framework. Proceedings of the RSKT, 2008,5009: 676-683.

[54] Yao Y Y, Lingras P, Wang R Z, et al. Interval set cluster analysis: a re-formulation. Proceedings of the RSFDGrC, 2009: 398-405.

[55] UCIrvine Machine Learning Repository. http://archive.ics.uci.edu/ml/.

[56] Zachary W W. An information flow model for conflict and fission in small group. Journal of Anthropological Research, 1977, 33:452-473.

[57] 马帅，王腾蛟，唐世渭，等. 一种基于参考点和密度的快速聚类算法. 软件学报，2003，14(6)：1089-1095.

第12章 基于主题模型和三支决策的视频异常行为检测

谢 骋[1] 商 琳[1] 贾修一[2]

1. 南京大学计算机科学与技术系

2. 南京理工大学计算机科学与工程学院

异常行为检测在视频分析中非常重要。对于视频数据，主题模型能够挖掘其中潜在的主题，确定对象的行为。关于主题模型的已有工作为了提高精度，其使用的模型越来越复杂，时间和空间复杂度也随之变大。本章提出一种基于主题模型和三支决策的方法检测视频中的异常行为。首先利用改进的主题模型产生低维特征，这些低维特征能够表示视频中的原子行为；然后采用三支决策的方式，对于确定属于异常和正常的行为做出立即决策，而对于疑似异常的行为则进行进一步的分析以减少误分率。通过在QMUL① 十字路口视频数据集上的实验，我们的方法产生了有意义的低维特征，并且与基于粗糙集方法的四种决策分类器比较，三支决策分类器具有更好的分类性能。

12.1 引 言

在计算机视觉中，视频行为分析是一项有意义且具有挑战性的工作。现在许多场合都有视频监控，大量的视频数据也随之产生。视频中会存在异常的行为或事件，传统的用于发现视频中的异常行为的方法只是通过人为监控，但是视频中的异常行为较稀少，并且持续的时间也相对较短，人为监控将耗费大量的人力物力，因此自动监控，也就是让计算机自己去分析并检测出视频中的异常，能够节省人力物力，具有一定的现实意义。

现有的视频行为分析的方法大致分成两类：一种是基于轨迹的[1-3]，另一种是基于运动的[4-10]。在基于轨迹的方法中，首先需要追踪视频中的对象并且获取每一个对象的轨迹，然后基于轨迹的特征进行建模，进而检测异常。这种方法依赖对象追踪的准确性，但是追踪本身就是一项具有挑战性的任务，并且大部分研究者使用人为标记的轨迹，无法进行实时处理。基于运动的方法使用光流法或背景差分

---

① QMUL数据集1：http：www.eecs.qmul.ac.uk/～jianli/Junction.html

法获得运动路径并从中提取特征,然后利用提取的特征训练一个模型,继而对视频中的行为进行分类,从而发现异常。

现有的用于检测视频中异常行为的方法主要有两种:稀疏编码和主题模型。稀疏编码先使用正常的场景训练一个词典,当有新的场景产生时,计算它的重建代价从而判断该场景是正常还是异常[5,10]。主题模型则给视频中的行为赋予不同的主题,然后进行进一步的分析从而判断视频中的行为是否异常[6-9]。本章采用主题模型进行视频异常行为检测。

在实际应用中,异常行为的发生往往伴随着正常行为,也就是说,异常行为经常和正常行为共现。我们分析的视频是 QMUL 十字路口的交通情况,对于十字路口这个特定的情境,我们定义原子行为是视频中固定朝某个方向行驶的汽车流,定义行为是原子行为的组合。如果已经获知视频中的原子行为,那么就可以知道视频中的所有可能行为。例如,如果视频中包含 3 个原子行为,那么这 3 个原子行为的排列组合会有 2^3 种可能,也就是说至多将有 2^3 种行为。每一个原子行为单独来看都是正常的,而异常就是由那些不能共现的原子行为混合而成,不能共现是指这样的原子行为组合是违反交通规则的。例如,视频中垂直向上行驶和水平向右行驶的汽车流,它们分别为一个原子行为,如果同一时段内既有垂直向上行驶的汽车也有水平向右行驶的汽车,这样是违反交通规则的,也就是异常行为,所以这两个原子行为不能共现,它们的组合是异常行为。

目前主要的主题模型包括隐含狄利克雷分配(latent dirichlet allocation, LDA)和层次狄利克雷过程(hierarchical dirichlet process, HDP),在此基础上,研究者不断提出对其本身参数推导的改进或进行衍生应用。而现有的用来进行视频行为分析的大部分主题模型确实得到了改进,但同时也使模型变得更加复杂。本章旨在提出一种简化的方法进行视频行为分析,为了达到这个目标,在 LDA 的基础上进行改进,用改进后的主题模型进行处理能够找到视频中的原子行为,而这个处理的过程就是把高维特征进行降维,然后利用降维后的低维特征以及相应的分类方法训练一个分类器,用这个分类器分类视频中的行为。目前绝大多数的分类器是把视频中的某一行为分为正常的和异常的,这是最常用的分类模型,在此基础上可以应用机器学习中的各种分类方法,如朴素贝叶斯方法、K-近邻算法和 SVM 算法等。本章使用三支决策模型[11],除了有正常的和异常的两类行为,还包括疑似异常的行为。对于疑似异常的行为,我们不能立即做出判断,需要进一步分析才能决策。三支决策模型和已有的分类模型相比,并不只是简单地增加一个类别,将二分类问题转化为多分类问题,而是构建在粗糙集理论中对于目标概念集合的正区域、负区域和边界区域刻画的基础上,当前三支决策方法的研究主要是基于决策粗糙集模型[12]。

在三支决策中,依据最小代价做出不同的决策,通过比较对象所属类别的概率值与阈值，把对象划分到该类别的相应正区域、负区域和边界区域，对应的决策行为称为接受决策、拒绝决策和延迟决策。延迟决策也就是对边界区域的对象需要进一步分析和处理，然后根据实际情况再做出相应的决策。这样能够有效地处理和分类数据，减少误分率，从而提高分类的准确率。三支决策理论很好地描述了人类在解决实际决策问题时的思维模式，因此在现实生活中有较广泛的应用。例如，在医疗诊断中，医生对于病人的病情可以做出立即治疗、不需要治疗和进一步诊断等决策[13]；期刊编辑部对于来稿可以做出录用、拒绝和退回修改等决策；邮件过滤系统对于收到的邮件可以做出接收邮件、标记为垃圾邮件和标记为疑似垃圾邮件等决策。这样的三支决策符合实际情况，也能提高工作效率。本章就是利用三支决策分类模型对视频中的行为进行分类。

12.2　背景知识

12.2.1　主题模型在视频分析中的应用

本节简单介绍主题模型的基本知识以及主题模型在视频分析中的应用。

主题模型是目前文本挖掘和信息检索领域比较热门的技术，其主要思想是认为一个离散的数据集合(如文档等)是由隐含在数据背后的主题集合产生的。这实际是一个降维的过程，它将原本由上千或上万维单词表示的文档降到只有几十维的主题表示，这样可以便于文本聚类检索。而在视频分析中，主题模型可以对视频中提取的高维特征进行降维，然后将每一帧图像用一个向量表示，向量的长度表示主题的个数，向量中的每一维代表一个主题出现的次数。目前主要的主题模型有 LDA 和 HDP 两种。

LDA 是 2003 年由 Blei 等[14]提出的，因为 LDA 能够辨别和学习到对象的类别，所以自从被提出后，就引起了广泛的关注并被应用到许多其他的研究领域。LDA 的图模型如图 12.1 所示，原始的 LDA 主要应用于文本挖掘，不同于传统的空间向量模型和语言模型只考虑文档在词典空间上的维度，LDA 在文档层与单词层之间引入了主题层。这样实现了文档在低维主题层上的表示，同时每一个主题又是一个在单词层上的概率分布。LDA 是一个层次贝叶斯模型，即将模型的参数看成随机变量，这样无论文档、主题有多少，模型中的参数数量都不会随文档数量的增加而增加，最终都是由超参 α 和 β 控制的。LDA 同时也是一个生成

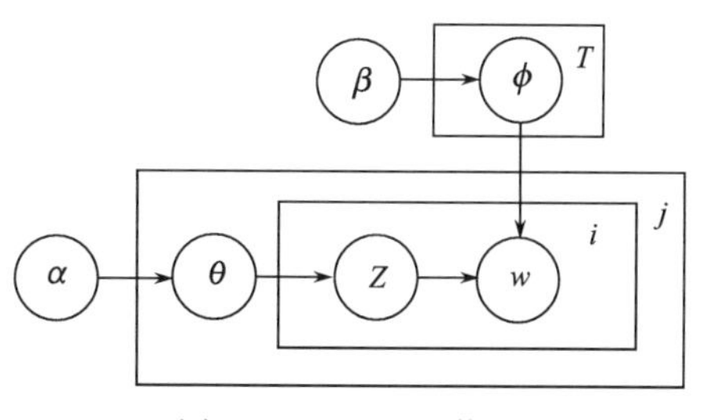

图 12.1　LDA 图模型

模型,主要按以下步骤生成一篇文档:①从主题分布中抽取一个主题;②从被抽到的主题所对应的单词分布中抽取一个单词;③重复上述过程直至生成文档中的每一个单词。

HDP[15]是另一种应用较广的主题模型。它与 LDA 的区别在于:LDA 需要事先设定主题的个数,而 HDP 能够自动地从数据中学习到主题的个数,是一个无参贝叶斯模型,无参并不是指不需要参数,而是参数个数能随数据自由地增长,数据能自适应地选择模型的复杂度。HDP 是一个基于狄利克雷过程的层次结构模型,其主要思想是:数据是按组别出现的,数据能够在不同的群组中共现,每一组数据是一个混合模型,同时混合模型的组件可以在不同的群组之间共享。从生成过程看,假设一个空间内有无数的混合组件,每次选择其中的几个组件组合成一个混合模型,用来生成一组数据,最终会得到一组一组的数据,即我们所拥有的数据。形成组别是一个聚类过程,HDP 可以认为是在抽取了文档的主题后再将主题进行一次聚类,其图模型如图 12.2 所示。

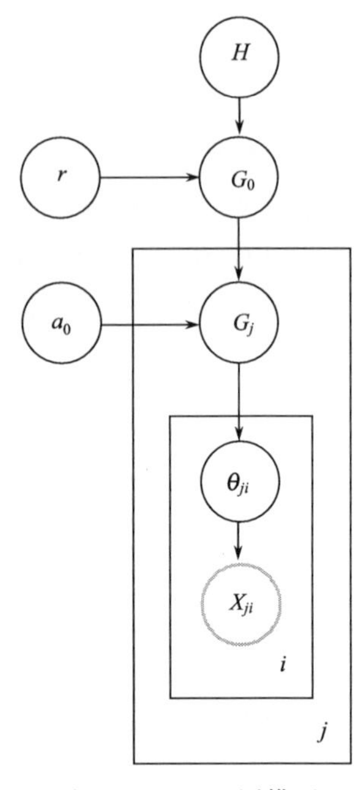

图 12.2 HDP 图模型

在视频中正常行为被认为是频繁出现的,而异常行为则相反。主题模型通常将频繁共现的单词划分为同一个主题,因此可以将主题模型应用到视频行为分析中。对于频繁共现的行为会被划分为一类,而不共现或较少共现的行为则被划分为另一类。目前已有很多研究者把 LDA 和 HDP 这两种主题模型应用到视频行为分析中,并对这两个模型进行改进或扩展。Wang 等[8]在 HDP 的基础上进行改进,提出了一种双重层次狄利克雷过程(dual-HDP,DHDP)模型,这个模型不仅能够把运动的像素聚类为原子行为,而且能够对视频序列进行聚类。Hospedales 等[9]认为数据集中的异常是很稀少的,视频中的场景往往是由正常类和异常类共同构成的,因此异常类会被占多数的正常类所“掩盖”,为此他们对 LDA 进行改进,提出了一种弱监督的联合主题模型,这个模型仅用一个异常的例子来促进对稀少行为的建模。另一个弱监督的主题模型 delta-双重层次狄利克雷过程(dDHDP)模型是由 Haines 和 Xiang[6]提出的,这个模型是非常复杂的,通过在训练集中加入标记的异常类和未标记的正常类进行建模。文献[16]～文献[18]中的方法也是基于主题模型的,这些方法能够大致概括为两个步骤:首先把像素聚类为行为,然后对行为进行聚类或分类。大部分已有的工作可以说都是基于静态模型的,而未能考虑视频动态的序列变化，而视频数据本身具有时空特性，在对视频数据进行挖掘分析时应考虑时空因素。本章在主题模型中引入了空间因素，并将该方法应用在视频异常行为检测中。

12.2.2　决策粗糙集基本概念

本小节简单介绍决策粗糙集的基本知识。

在粗糙集理论[19]中，知识用一个信息系统 S 表示，$S=<U,C\cup D,V_q,f_q>_{q\in C\cup D}$，其中，$U$ 表示有限对象的集合；$C\cup D$ 表示有限属性的集合，属性分为条件属性和决策属性；对于每一个属性 q 并且 $q\in C\cup D$；V_q 表示 q 值的一个集合；f_q 表示一个信息函数，用来把属性范围的值赋给对象。

在粗糙集理论中，通常使用等价类来刻画对象，基于属性集合 $B\subseteq C\cup D$，对象 x 的等价类定义为$[x]_B=\{y\in U\mid f_a(x)=f_a(y),a\in B\}$，其中，$R$ 为 U 上的等价关系，U/R 是基于等价关系 R 对 U 的一个划分，$[x]$为包含 x 的等价类。

在决策粗糙集[12]中，假定有状态集 $\Omega=\{X,\neg X\}$表示对象是否属于决策类 X，则对象 x 通过等价类$[x]$来刻画，属于 X 和不属于 X 的条件概率分别为 $p(X\mid[x])=\dfrac{|X\cap[x]|}{|[x]|}$和 $P(\neg X\mid[x])=1-P(X\mid[x])$。另外行动集 $\Psi=\{a_P,a_B,a_N\}$，其中每一个行动就对应于相应的决策，a_P 表示该对象属于 X 的正域，即 POS(X)；a_B 表示该对象属于 X 的边界域，即 BND(X)；a_N 表示该对象属于 X 的负域，即 NEG(X)。而每一个行动的实施都有一定的代价，也就是有损失，当对象 x 属于 X 时，令 λ_{PP}、λ_{BP}、λ_{NP}分别代表将该对象相应划分到 X 的正域、边界域和负域中时的损失函数，反之，当对象 x 不属于 X 时，λ_{PN}、λ_{BN}、λ_{NN}则分别表示采取相应行动的损失函数。损失函数语义如表 12.1 所示。

表 12.1　损失函数

	a_P	a_B	a_N
X	λ_{PP}	λ_{BP}	λ_{NP}
$\neg X$	λ_{PN}	λ_{BN}	λ_{NN}

那么根据损失函数和条件概率就可以得到与采取某个单独行动相关联的预期损失。

$$R(a_P\mid[x])=\lambda_{PP}P(X\mid[x])+\lambda_{PN}P(\neg X\mid[x]) \tag{12.1}$$

$$R(a_B\mid[x])=\lambda_{BP}P(X\mid[x])+\lambda_{BN}P(\neg X\mid[x]) \tag{12.2}$$

$$R(a_N\mid[x])=\lambda_{NP}P(X\mid[x])+\lambda_{NN}P(\neg X\mid[x]) \tag{12.3}$$

然后可以根据这个损失，按照最小风险，也就是最小损失的原则产生如下规则。

(1) 若 $R(a_P|[x]) \leqslant R(a_B|[x])$ 并且 $R(a_P|[x]) \leqslant R(a_N|[x])$，则决定把对象 x 划分为 X 的正域，即 POS(X)。

(2) 若 $R(a_B|[x]) \leqslant R(a_P \leqslant |[x])$ 并且 $R(a_B|[x]) \leqslant R(a_N|[x])$，则决定把对象 x 划分为 X 的边界域，即 BND(X)。

(3) 若 $R(a_N|[x]) \leqslant R(a_P|[x])$ 并且 $R(a_N|[x]) \leqslant R(a_B|[x])$，则决定把对象 x 划分为 X 的负域，即 NEG(X)。

而如果根据上面的条件概率，也可以产生如下规则。

(1) 若 $P(X|[x]) \geqslant \gamma$ 并且 $P(X|[x]) \geqslant \alpha$，则决定把对象 x 划分为 X 的正域，即 POS(X)。

(2) 若 $P(X|[x]) \geqslant \beta$ 并且 $P(X|[x]) \geqslant \alpha$，则决定把对象 x 划分为 X 的边界域，即 BND(X)。

(3) 若 $P(X|[x]) \geqslant \beta$ 并且 $P(X|[x]) \geqslant \gamma$，则决定把对象 x 划分为 X 的负域，即 NEG(X)。

其中，α、β 和 γ 根据上述的损失函数求得。

$$\alpha = \frac{\lambda_{PN} - \lambda_{BN}}{(\lambda_{BP} - \lambda_{BN}) - (\lambda_{PP} - \lambda_{PN})} \tag{12.4}$$

$$\gamma = \frac{\lambda_{PN} - \lambda_{NN}}{(\lambda_{NP} - \lambda_{NN}) - (\lambda_{PP} - \lambda_{PN})} \tag{12.5}$$

$$\beta = \frac{\lambda_{BN} - \lambda_{NN}}{(\lambda_{NP} - \lambda_{NN}) - (\lambda_{BP} - \lambda_{BN})} \tag{12.6}$$

对于三支决策理论的研究，Yao 除了提出了三支决策理论外，还从理论角度深入分析了三支决策在概率粗糙集模型中和二支决策相比的优越性[20]。刘盾和李天瑞则提出了一种四层次概率粗糙集模型，清晰地构建出基于三支决策语义下的概率粗糙集模型，并在此基础上提出了一种针对多分类问题的三支决策方法和一种基于判别分析的三支决策方法[21]。Zhou 也专门讨论了针对多分类问题的决策粗糙集模型的构建[22]。

12.3 基于主题模型和三支决策的视频异常行为检测方法

12.3.1 方法概述

本节介绍了在视频中进行异常行为的检测方法，该方法是基于主题模型和三支决策的，其大致有三个步骤，具体流程如图 12.3 所示，下面将详细介绍各个步骤。

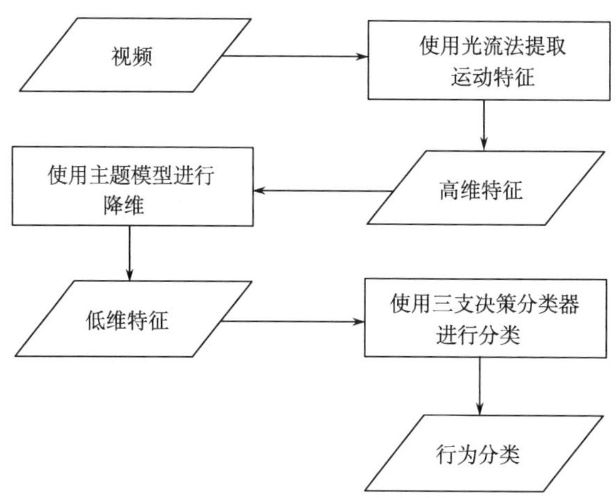

图 12.3　视频异常检测流程

首先是运动特征的提取。主题模型在文本处理中的对象是由一篇篇文章构成的语料库，其所要做的预处理就是去除每篇文章中的常用词，将每篇文章中的单词进行一个词频统计。在视频分析中，语料库对应于视频段，文章对应于若干帧视频，而单词在视频中不是固有的，因此需要利用计算机视觉领域的相关算法提取出“视觉单词”。目前用于描述视频中运动信息的主要方法是光流法，将视频帧中每一个像素点在每一个时间点 t 的瞬时速度记为 $I(x,y,t)$，在短时间 Δt 内像素点分别移动 Δx 和 Δy，有

$$I(x+\Delta x,y+\Delta y,t+\Delta t)=I(x,y,t)+\frac{\partial I}{\partial x}\Delta x+\frac{\partial I}{\partial y}\Delta y+\frac{\partial I}{\partial t}\Delta t \qquad (12.7)$$

又因为两帧间的位移在短时间内足够小，所以有

$$I(x,y,t)=I(x+\Delta x,y+\Delta y,t+\Delta t) \qquad (12.8)$$

最终可以得到

$$\frac{\partial I}{\partial x}V_x+\frac{\partial I}{\partial y}V_y+\frac{\partial I}{\partial t}=0 \qquad (12.9)$$

V_x、V_y 即像素点在 x 和 y 两个方向上的位移。而视频中往往存在噪声干扰，可以通过对光流设定阈值过滤掉一些噪声点，从而可以很好地描述视频中物体运动的方向和大小。

提取出光流特征即得到了“视觉单词”，然后要将整个视频段进行划分，目前一般的做法是将几秒内的视频帧划分为一个“视觉文档”。由于视频是连续的，这样离散的划分可能将某些行为割裂，划分粒度的不同对实验结果也会有影响。划分完后，再对每一篇“视觉文档”中的单词进行统计。这样用光流法对原始的视频进行处理后，从中提取出运动信息并量化为码书，这是一个高维特征。

然后用上述方法中两个重要的部分:主题模型和三支决策分类器处理数据。主题模型把高维的视频数据进行降维处理,得到低维的特征向量,低维的特征向量不仅能够表示原始的视频帧,而且能表示每个场景中的原子行为。三支决策分类器对低维特征向量表示的视频行为进行分类,从而检测出异常。

12.3.2 小节和 12.3.3 小节将具体介绍主题模型和三支决策分类器。

12.3.2 图模型

本节主要在 LDA 基础上进行改进得到的一个新的主题模型,并且使用改进后的模型处理数据。

在主题模型中词袋的假设[23]是很重要的,其假设所有的特征是条件独立的,因此时间和空间的信息将被丢弃。然而,视频数据是一个拥有内在时间和空间信息的序列,如果没有时间和空间信息,那么行为分析将是不准确的。后续的改进大都是基于原始的 LDA 模型,它们的重点在于尽量抵销丢失的信息。在文本挖掘领域,分析主题随时间的变化已成为一个热门话题,这个问题的关键是如何在模型中引入时间因素[7,24-25]。在与时间有关的主题模型 TOT 中[7],引入了时间因素,让每一个单词对应一个时间戳,当从一个主题中采样出一个单词时,一个时间戳也同样被采样。文献[26]和文献[27]中的模型是根据马尔可夫假设建立的。

在大部分方法中,码书通常是按如下步骤生成的。

(1) 把视频分割成不重叠的视频片段当成文件。如果视频是以 30 帧/秒的速度运行的,可以把长度为 1s 的视频当成一个文件,那么每个文件由 30 帧组成。

(2) 把每一帧用网格进行划分。如果分辨率是 360×288,每个单元格是 8×8,那么网格为 45×36。

(3) 使用光流法提取特征。如果在一个单元格中检测到运动,那么将产生一个单词,这个单词表示运动的方向。运动方向的数目通常设置为 4。

(4) 我们可以得到一个 45×36×4 个单词的码书。但是,在我们的模型中,构造的码书只有 45×36 个单词,即把每个单元格当成一个单词,方向仅是单元格的方向戳。这更接近人类观察运动帧的方式,即首先观察帧中的哪些位置(单元格)在运动,然后再判断这个位置的运动方向。

受此启发,在 LDA 的基础上进行了改进,用改进后的模型生成一个运动帧。生成一个运动帧的步骤如下(所有用到的符号概括在表 12.2 中)。

(1) 根据一个先验参数 β,经过狄利克雷过程处理后得到 T 个多项分布 Φ_z,每个分布对应一个主题 z。

(2) 根据一个先验参数 γ,经过狄利克雷过程处理后得到 T 个多项分布 Ψ_z,每个分布对应一个主题 z。

(3) 对于每一篇文档 j,用狄利克雷过程处理超参 α 后产生一个多项分布 θ_j;

对于文档 j 中的每一个位置 l_{ji}：

① 从多项分布 θ_j 中产生一个主题 z_{ji}；

② 从多项分布 Φ_{zji} 中产生一个位置 l_{ji}；

③ 从多项分布 Ψ_{zji} 中产生一个方向 d_{ji}。

表 12.2　本方法中使用的概念

符号	描述
T	主题的个数
D	文档的个数
V	位置的个数
W	方向的个数
N_j	文档 j 中位置的个数
θ_j	文档 j 的主题的多项分布
Φ_z	主题 z 的位置的多项分布
Ψ_z	主题 z 的方向的多项分布
z_{ji}	文档 j 中和第 i 个位置相关的主题
l_{ji}	文档 j 中的第 i 个位置
d_{ji}	文档 j 中和第 i 个位置相关的方向
$n_{z,v}$	第 z 个主题和第 v 个位置共现的次数
$n_{z,w}$	第 z 个主题和第 w 个方向共现的次数
$n_{j,z}$	第 j 个文档和第 z 个主题共现的次数

图 12.4 展示了改进后的图模型。当观察到一个运动帧时，我们获取了如下信息：已经运动的位置以及这个位置将要运动的方向。因此主题的后验分布取决于运动的位置和方向。与其他方法相比，此模型中的单词能够被视为包含两个单词标记（位置和方向）的元素。用这种方式能够弥补时空信息的损失。因为位置和方向都被考虑进去，所以找出的主题将会有更强的能力揭示原子行为。仅将那些经常共现并且有着相同方向的位置分配为相同的主题。

使用 Gibbs 采样进行近似推理。给定相应的数据，计算条件分布 $P(z_{ji}|l,d,z_{-ji},\alpha,\beta,\gamma)$，其中，$z_{-ji}$ 是除了 l_{ji} 以外的所有位置的主题分布。因为 $P(z_{ji},z_{-ji})=P(z)$，根据贝叶斯规则，能够得到

$$P(z_{ji} \mid l,d,z_{-ji},\alpha,\beta,\gamma) \propto \frac{P(l,d,z,\alpha,\beta,\gamma)}{P(l_{-ji},d_{-ji},z_{-ji},\alpha,\beta,\gamma)}$$

$$=\frac{P(l,d,z \mid \alpha,\beta,\gamma)}{P(l_{-ji},d_{-ji},z_{-ji} \mid \alpha,\beta,\gamma)} \propto P(z_{ji},l_{ji},d_{ji} \mid \Psi,\Phi,\alpha,\beta,\gamma) \qquad (12.10)$$

根据图模型，$P(z_{ji},l_{ji},d_{ji}|\Psi,\Phi,\alpha,\beta,\gamma)$ 能够被写为

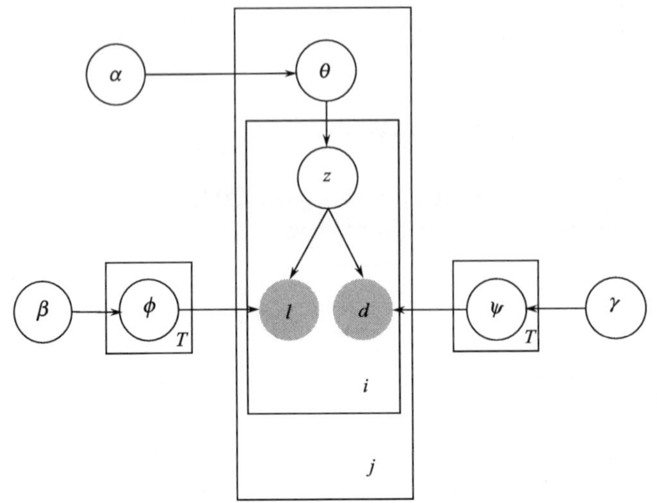

图 12.4 改进后的图模型

$$P(z_{ji},l_{ji},d_{ji}\mid\Psi,\Phi,\alpha,\beta,\gamma)=P(l_{ji}\mid z_{ji},\Phi,\beta)P(d_{ji}\mid z_{ji},\Psi,\gamma)P(z_{ji}\mid\Theta,\alpha) \tag{12.11}$$

因此,能够得到条件分布的近似推理结果为

$$P(z_{ji}\mid l,d,z_{-ji},\alpha,\beta,\gamma)\propto\frac{n_{z_{ji},l_{ji}}+\beta_{l_{ji}}-1}{\sum_{v=1}^{V}(n_{z_{ji},v}+\beta_v)-1}\times\frac{n_{z_{ji},d_{ji}}+\gamma_{d_{ji}}-1}{\sum_{w=1}^{W}(n_{z_{ji},w}+\gamma_w)-1}\times\frac{n_{j_{ji},z_{ji}}+\alpha_{z_{ji}}-1}{\sum_{z=1}^{T}(n_{j_{ji},z}+\alpha_z)-1} \tag{12.12}$$

超参 α、β 和 γ 能够通过 EM 算法估算得到[24]。在训练完模型后,当有新的数据时,我们用它们的方向戳标记运动位置,当给定了数据后,最大化后验概率,这个后验概率是把它们相应的主题位置分布中所有位置的方向戳概率相乘得到的。

12.3.3 三支决策分类器

在 12.2.2 节中介绍了关于三支决策的一些基本概念,本节则介绍三支决策用于视频行为分类的处理过程。

在使用光流法从原始视频中提取出高维特征并用主题模型进行降维后,每一帧中的每个位置就被看成一个单词并被赋予一个主题。在每一篇文档中,对主题进行相应的统计,然后就会得到每个主题出现的次数。每个文档能够用一个向量表示,向量的长度为主题的个数,每一维的值为对应主题出现的次数。因此就能把原始复杂的视频中的运动信息转化为一些低维的向量，这个向量也是三支决策分类器的输入数据，但是如果直接输入这样的数据，那么最后分类的效果会很差，所以还需要对数值进行离散化操作，并手动地给每个向量进行类别标注，然后用三支决策分类器分类。

根据三支决策的决策规则，事先设定阈值 α 和 β，对于给定的测试对象 x，可以进行如下的决策过程。

(1) 若 $P(X|[x])\geqslant\alpha$，则该对象也即该对象所表示的行为是正常的。

(2) 若 $P(X|[x])\leqslant\beta$，则该对象也即该对象所表示的行为是异常的。

(3) 若 $\beta<P(X|[x])<\alpha$，则该对象也即该对象所表示的行为是疑似异常的，需要进一步处理。

而对于疑似异常的对象 x，设定一个阈值 θ，然后可进行如下分析处理。

(1) 如果 x 的等价类的个数小于等于 θ，则该对象也即该对象所表示的行为是正常的。

(2) 如果 x 的等价类的个数大于 θ，则该对象也即该对象所表示的行为是异常的。

使用三支决策分类器进行分类的具体步骤如下。

(1) 训练阶段，输入已经标记好的低维向量。

(2) 计算属性的约简。

(3) 计算基于约简后的属性的决策规则。

(4) 在测试阶段，输入没有类标的低维向量。

(5) 每个测试的对象根据三支决策的决策规则进行决策，若已判断为正常或异常，则结束；若被判为疑似异常，则转(6)。

(6) 对疑似异常的对象进行分析处理，从而判断其是正常还是异常的。

12.4　实验与分析

实验共有三个步骤：首先，用光流法对原始视频进行处理，从中提取运动信息；然后，使用主题模型对提取的高维特征进行处理；最后，使用基于粗糙集的四种分类算法和三支决策分类器进行分类，并对它们在该数据集上的性能进行比较，从而证实三支决策分类器在行为分析中的优势。下面将介绍实验数据集以及三个步骤的详细内容。

12.4.1　数据集和预处理

本节介绍本次实验使用的数据集，以及用光流法进行预处理的过程。

实验是在 QMUL 数据集 1 上进行的，该数据集是一段时长 50min 的视频，30 帧/秒，分辨率为 360×88，反映了一个十字路口白天的交通情况。这段视频中包含了一些违反交通规则的行为，亦即异常行为。

需要对该视频中每一帧都提取光流特征，如图 12.5 所示，首先将每一帧划分为 8×8 不重叠的单元格，共有 360×288/(8×8)=1620 个单元格。每一个单元格中，根据光流法对每一个像素点得到其光流向量，在该图像块内统计 4 个方向上的运动像素点，将统计量最大的方向作为该图像块的主运动方向，将该方位标识为 1。这样每个图像块有 4 个标识方位的值，整个图像的特征值长度为 1620×4。考虑到每一帧提取后特征的稀疏性以及一个行为在视频中持续至少 2s 以上，把视频序列切分为无重叠的视频片段，每个片段持续 2s，然后把 2s 共 60 帧提取的特征合并，对应于主题模型中的一个文档，语料库即把整个视频划分成片段后提取的特征的集合。

(a)一帧划分示意图

(b)光流可视化

图 12.5　对视频每一帧提取光流特征

该视频包含五种主要的行为：直行的车辆、水平向左行驶的车辆、水平向右行驶的车辆、行人和横穿马路的车辆，如图 12.6 所示。横穿马路的车辆被认为是异常的行为，行人事件是很稀少的。

(a)直行车辆　(b)水平向右行驶车辆　(c)水平向左行驶车辆

(d)行人　(e)横穿马路车辆　(f)横穿马路车辆

图 12.6　QMUL 数据集 1 中视频中的行为

12.4.2　运动和行为检测

1. 运动检测

在原始的 LDA 中，主题的数目需要预先赋值，我们的方法是在 LDA 的基础上改进的，也需要给主题的数目进行预先赋值。

首先，设置主题数为 4，然后用我们的模型进行处理，可视化之后如图 12.7 所示，从图中可以看到，这 4 个主题分别表示向 4 个方向运动的汽车流。当主题数同样为 4 时，用原始的 LDA 处理后，可视化结果如图 12.8 所示。比较图 12.7(见插页)和图 12.8(见插页)，可以看出，用我们的模型处理得到的主题和原始 LDA 处理得到的主题是不同的，我们的模型更容易发现原子行为从而发现异常，而 LDA 较容易使异常行为被正常行为掩盖。

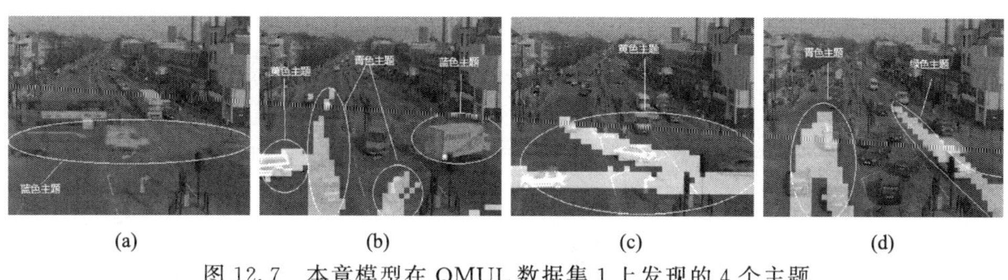

(a)　(b)　(c)　(d)

图 12.7　本章模型在 QMUL 数据集 1 上发现的 4 个主题

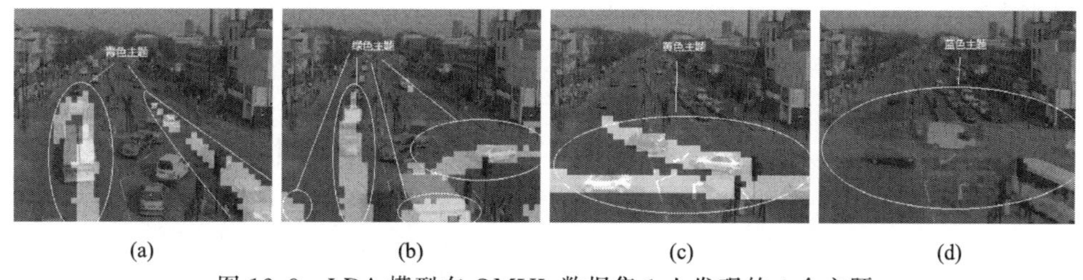

(a)　(b)　(c)　(d)

图 12.8　LDA 模型在 QMUL 数据集 1 上发现的 4 个主题

由于垂直向上行驶的汽车流和垂直向下行驶的汽车流经常共现，所以它们被赋予相同的主题(图 12.8(a))。视频中不止有 4 种原子行为，因此当设置主题数为 4 时，一些不同的并且不经常共现的原子行为将被赋予相同的主题，如图 12.8(b)所示，由此可以看出 4 个主题不足以表示视频中的所有行为。图 12.8(c)和(d)展示了横穿马路的汽车和直行的汽车被赋予相同的主题。

当主题数设为 5 时，用我们的模型处理之后的可视化结果如图 12.9 所示(见插页)。在图中可以发现，和主题为 4 的结果相比，这里多了一种红色的主题，表示横穿马路的汽车，也就是异常行为，而其余的 4 种主题仍然表示向 4 个方向行驶的汽车流。

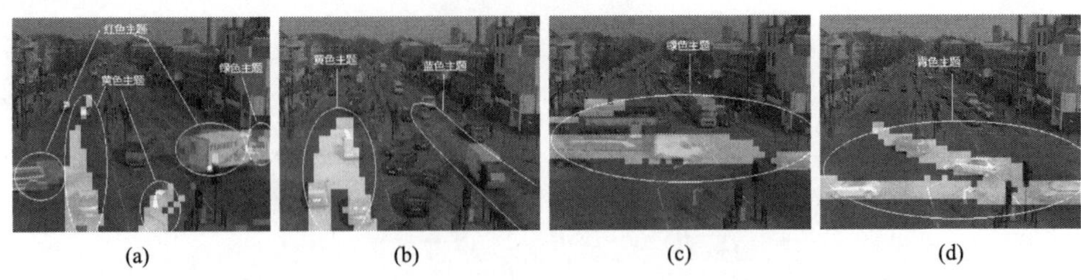

图 12.9　本章模型在 QMUL 数据集 1 上发现的 5 个主题

图 12.10(见插页)展示了主题数为 6 时的结果。从图中可以看出，主题为 6 的结果在主题为 5 的基础上又多了一种颜色，也就是多了一个主题，因此之前的 5 种原子行为又被进一步地划分。在图 12.10(a)和(c)中可以发现向左行驶的汽车流被分成了两个主题：蓝色的和青色的，蓝色的表示横穿马路的汽车流(从上到左)或者向左行走的路人，青色的表示正常的向左行驶的汽车流。而在图 12.10(d)中，向下行驶的汽车流也被进一步划分，划分成垂直向下行驶的汽车流和转弯的汽车流，分别用粉红色和红色的主题表示。其余的两个主题，绿色和黄色则表示横向行驶的汽车。

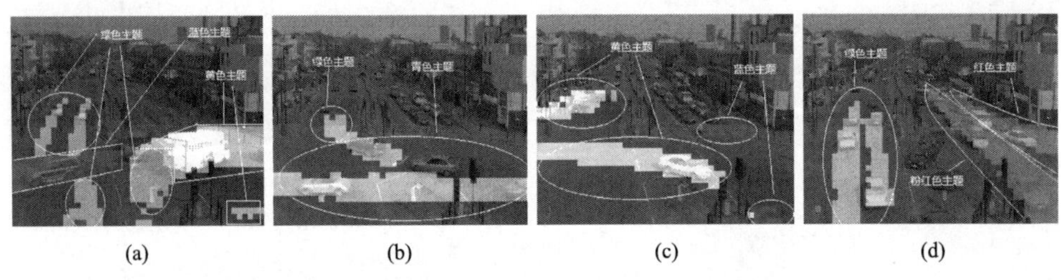

图 12.10　本章模型在 QMUL 数据集 1 上发现的 6 个主题

表 12.3 列举了设置不同主题数时所能表示出的原子行为。从表中可以看出，随着主题数的增加，原子行为将得到更细致的表示。当然，主题数不是设置得越多越好，要根据实际情况以及先验设置，并设置不同的主题比较结果后，取效果较好的那个主题数。

表 12.3　在 QMUL 数据集 1 中设置不同主题数时得到的原子行为

主题数	原子行为
4	直行和横向行驶
5	直行、横向行驶、横穿马路
6	直行、横向行驶、横穿马路、直行转弯

2. 行为检测

从之前的实验中可以看出，设置的主题数越多，原子行为越能得到好的展示。当设置的主题数为 6 时，就能检测到 6 种原子行为，那么视频中将存在不超过 2^6 个行为。如果给每一个主题赋予一个编号，那么每一个行为将可以用主题的编号表示。例如，行为 53 表示由主题 3 和主题 5 所表示的原子行为组成的。

在 12.1 节已经介绍过，异常行为是由那些不能共现的原子行为组合在一起的，而根据先验知识可以知道，在这个视频中哪些原子行为是不能共现的，也就是哪些原子行为的组合是异常事件，从而可以知道哪些行为是正常的，哪些行为是异常的。表 12.4 给出了主题数为 6 时主题编号所对应的颜色和汽车行驶的方向。

表 12.4　主题的编号、颜色和方向

编号	0	1	2	3	4	5
颜色	绿色	黄色	青色	蓝色	红色	粉红色
方向	向上	向右	向左	向左	向下	向下

因为视频中通常都存在噪声，不是所有的原子行为的组合都能构成有意义的行为。典型的行为如图 12.11 所示（见插页），稀有的行为如图 12.12 所示（见插页）。因为在其他的模型中行人的行为并没有被检测，所以我们把行人当成稀有的。后续的实验都是根据主题数为 6 时得到的结果进行的。

(a) 50直行

(b) 51向右

(c) 20向左

(d) 510横穿马路

图 12.11　QMUL 数据集 1 中的典型行为

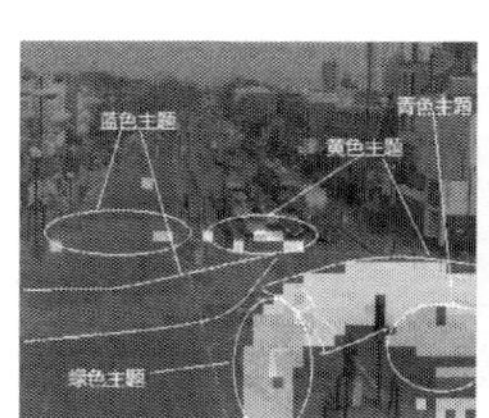

(a) 3120邻近碰撞

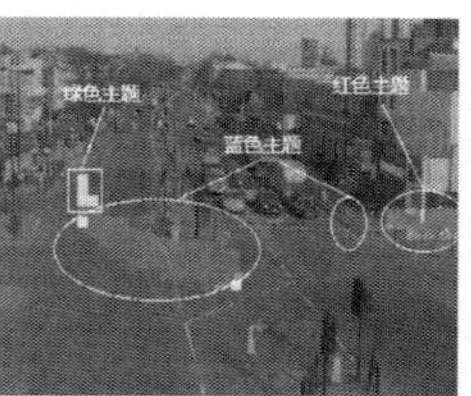

(b) 430U形转弯

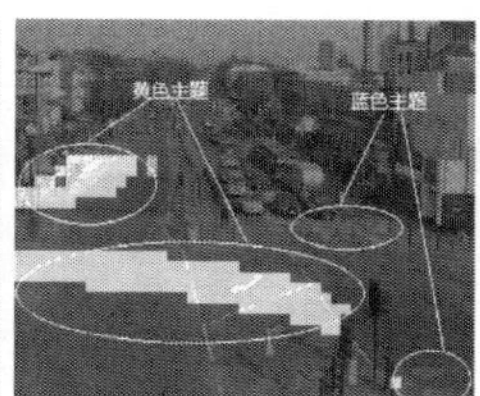

(c) 310行人横穿马路

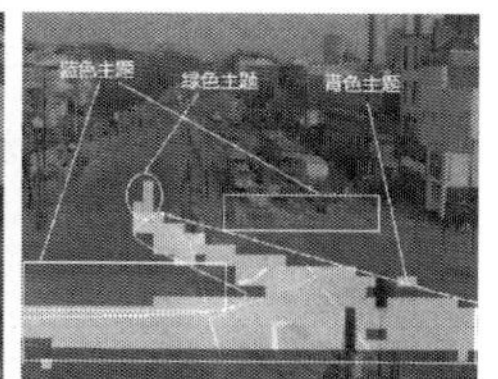

(d) 320行人横穿马路

图 12.12　QMUL 数据集 1 中的稀少行为

12.4.3 行为分类

本节介绍采用不同分类器在我们的数据集上进行分类实验后的结果，比较了三支决策分类器和基于粗糙集的四种分类算法的分类性能，最终发现了三支决策分类器的分类效果更好。

6个主题可能会有64种行为，其中不会有意义相同的行为，当然有些行为也可能是噪声，而实际的情况中一般不会出现所有的行为。在我们所使用的视频中，我们的模型检测到了58种行为，其中有些行为是噪声，噪声表示这个行为并不是新的行为。在该数据集中，我们手动地标记所有特征向量，0表示正常，1表示异常。然后使用三支决策分类器进行分类，本次实验中，设定阈值 $\alpha=0.7,\beta=0.4$，对于疑似异常的行为设定阈值 $\theta=10$。并且使用基于粗糙集的分类方法进行分类，从而进行比较。这些方法分别是 exhaustive、genetic[28]、covering[29] 和 LEM2[30] 算法，这四种方法都已集成在 RSES[31] 中。

使用召回率(recall)、精确率(precision)、准确率(accuracy)和覆盖率(coverage)评估分类器的性能。这四种评估准则的值的范围都为[0,1]。召回率表示分类器在分类正确行为上的能力，精确率表示避免错误分类的能力。在这个数据集上的实验得到的加权平均的召回率、精确率、准确率和覆盖率如表12.5所示。

表 12.5 五种分类器的加权平均召回率、精确率、准确率和覆盖率

算法	exhaustive	genetic	covering	LEM2	三支决策
召回率	0.610	0.599	0.565	0.702	**0.871**
精确率	0.625	0.626	0.574	0.697	**0.812**
准确率	0.605	0.588	0.582	0.776	**0.838**
覆盖率	**0.962**	0.955	0.658	0.283	0.898

从表12.5中可以看出，三支决策分类器获得最高的召回率、精确率和准确率。LEM2算法获得的覆盖率是最低的，因此这个分类器能够识别的行为较少，这是因为LEM2是基于覆盖的算法，倾向于产生较少的规则。而exhaustive和genetic算法比LEM2算法和其他基于覆盖的算法产生更多的规则，因此它们获得更高的覆盖率，但是它们的召回率、精确率和准确率却相对较低。

12.5 本章小结

本章采用基于主题模型和三支决策分类的方法分析视频中的异常行为。先构建新的码书，用基于 LDA 的主题模型进行处理，其中的关键是在帧中的每个运动位置加入运动方向作为戳。处理后得到较低维数的特征向量，其长度取决于主题数，向量每一维的值对应于主题出现的次数，该向量表示了视频中的运动信息。使用三支决策分类器分类这些数据，从而做出判定为正常、异常和疑似异常的决策，并对于疑似异常的对象进行进一步的处理。通过实验，与基于粗糙集方法的四种分类器相比，三支决策分类器具有较好的分类结果，可以更好地将异常行为检测出来。

参考文献

[1] Wang X, Tieu K, Grimson E. Learning semantic scene models by trajectory analysis. Proceedings of ECCV, 2006,3593:110-123.

[2] Lee J G, Han J, Li X. Trajectory outlier detection: a partition and detect framework. Proceedings of ICDE, 2008:140-149.

[3] Wu S D, Moore B E, Shah M. Chaotic invariants of lagrangian particle trajectories for anomaly detection in crowded scenes. Proceedings of CVPR, 2010:2054-2060.

[4] Tran D, Yuan J. Optimal spatio-temporal path discovery for video event detection. Proceedings of CVPR, 2011:3321-3328.

[5] Cong Y, Yuan J, Liu J. Sparse reconstruction cost for abnormal event detection. Proceedings of CVPR, 2011:3449-3456.

[6] Haines T S F, Xiang T. Delta-dual hierarchical dirichlet processes: a pragmatic abnormal behaviour detector. Proceedings of ICCV, 2011:2198-2205.

[7] Wang X, McCallum A. Topics over time: a non-markov continuous time model of topical trends. Proceedings of KDD, 2006:424-433.

[8] Wang X, Ma X,Grimson W. Unsupervised activity perception in crowded and complicated scenes using hierarchical bayesian models. IEEE Transactions on Pattern Analysis and Machine Intelligence, 2009, 31:539-555.

[9] Hospedales T M, Li J, Gong S, et al. Identifying rare and subtle behaviors: a weakly supervised joint topic model. IEEE Transactions on Pattern Analysis and Machine Intelligence, 2011, 33:2451-2464.

[10] Zhao B, Li F F, Xing E P. Online detection of unusual events in videos via dynamic sparse coding. Proceedings of CVPR, 2011:3313-3320.

[11] Yao Y Y. Three-way decision: an interpretation of rules in rough set theory. Proceedings of RSKT, 2009,5589:624-649.

[12] Yao Y Y, Wong S K M. A decision theoretic framework for approximating concepts. International Journal of Man-Machine Studies, 1992, 37:793-809.

[13] Pauker S G, Kassirer J P. The threshold approach to clinical decision making. New England Journal of Medicine,1980, 302:1109-1117.

[14] Blei D M, Ng A Y, Jordan M I. Latent dirichlet allocation. Journal of Machine Learning Research, 2003, 3:993-1022.

[15] Teh Y W, Jordan M I, Beal M J, et al. Hierarchical dirichlet processes. Journal of the American Statistical Association, 2006, 101:1566-1581.

[16] Wang X, Ma X, Grimson E. Unsupervised activity perception by hierarchical Bayesian models. Proceedings of CVPR, 2007:1-8.

[17] Li J, Gong S, Xiang T. Global behaviour inference using probabilistic latent semantic analysis. Proceedings of BMVC, 2008:193-202.

[18] Kuttel D, Breitenstein M D, Gool L J V, et al. What's going on? discovering spatio-temporal dependencies in dynamic scenes. Proceedings of CVPR, 2010:1951-1958.

[19] Pawlak Z. Rough sets. International Journal of Parallel Programming, 1982, 11:341-356.

[20] Yao Y Y. The superiority of three-way decisions in probabilistic rough set models. Information Sciences, 2001, 181:1080-1096.

[21] 刘盾,李天瑞. 三支决策粗糙集//决策粗糙集理论及其研究进展. 北京:科学出版社, 2011: 23-61.

[22] Zhou B. A new formulation of multi-category decision-theoretic rough sets. Proceedings of RSKT, 2011,6954:514-522.

[23] Lewis D D. Naive (Bayes) at forty: the independence assumption in information retrieval. Proceedings of ECML, 1998,1398:4-15.

[24] Andrieu C, de Freitas N, Doucet A, et al. An introduction to MCMC for machine learning. Machine Learning, 2003, 50:5-43.

[25] Zhang J, Song Y, Zhang C, et al. Evolutionary hierarchical dirichlet processes for multiple correlated time-varying corpora. Proceedings of KDD, 2010:1079-1088.

[26] Blei D M, Lafferty J D. Dynamic topic models. Proceedings of ICML, 2006:113-120.

[27] Wang C, Blei D M, Heckerman D. Continuous time dynamic topic models. Proceedings of UAI, 2008: 579-586.

[28] Wrblewski J. Genetic algorithms in decomposition and classification problems. Proceedings of RSCTC, 1998,2:471-487.

[29] Wroblewski J. Covering with reducts——a fast algorithm for rule generation. Proceedings of RSCTC, 1998,1424:402-407.

[30] Grzymala-Busse J W. A new version of the rule induction system LERS. Fundamenta Informaticae, 1997, 31:27-39.

[31] Bazan J G, Szczuka M S, Wroblewski J. A new version of rough set exploration system. Proceedings of RSCTC, 2002,2475:397-404.

第 13 章　属性评价的三支决策方法

王洪凯

济南大学数学科学学院

属性评价在属性约简和特征选择等问题中具有重要的地位。在很多属性约简和特征选择的算法中，常常需要根据属性的重要程度，依次增加或者删除属性。二支决策只考虑接受和拒绝两种选择，考虑到决策过程中接受与拒绝所引起的风险和代价，Yao 提出了三支决策理论。三支决策比二支决策增加了一个选项：不承诺决策或延迟决策。本章将属性重要度作为三支决策中的一类评价函数，定义了属性评价的三支决策：接受属性是重要的；拒绝属性是重要的；对属性的评价采取不承诺决策或延迟决策。

13.1　引　　言

属性约简问题在智能信息或数据处理中占有十分重要的地位，其也是粗糙集理论的核心内容之一[1-2]。一般来说，信息表(information table)中的属性并不是同等重要的，甚至其中某些知识是不必要的，或者说是冗余的、可删除的。所谓属性约简，就是在保持信息表分类能力不变的条件下，删除其中不相关或者不必要的属性。目前，计算属性约简的方法大致可以分为两类：一类是基于可辨识矩阵的区分函数法；另一类是基于启发式算法的计算方法。前者的优点在于理论上可以求出信息表的所有约简，缺点在于计算复杂性高；后者的优点在于容易实现，但是求出的约简可能是近似约简，也不能保证求出所有的约简。很多启发式算法在计算属性约简时，都需要考虑所添加或删除属性的重要性：重要的属性尽可能被保留，不重要的属性尽可能被删除。另外，特征选择(feature selection)是从一组特征中挑选出一些最有效的特征以降低特征空间维数的过程[3]，它是信息科学领域，尤其是模式识别领域的关键问题之一。在特征选择的过程中，也可能要涉及属性重要性的评价问题。因此，如何更合理地对属性的重要性进行评价，是一个值得研究的重要问题。

二支决策只考虑接受和拒绝两种选择。如果在属性评价问题上，简单地采用二支决策，那么只能得到“属性重要”或者“属性不重要”的结果。在进行属性评价时，人们所掌握的信息可能是不精确的、不完整的或者片面的。在这样的情况下，利用传统二支决策进行属性评价，可能会导致重要的信息丢失，甚至会出现错误。这就要求我们考虑采用非传统二支决策的方法。

2012年，Yao给出了一个三支决策的基本理论框架[4]，将传统的二支决策拓广为三支决策。在信息充分或获取信息代价较小时，采用二支决策：接受或拒绝。三支决策比二支决策多了一个不承诺选择，当信息不足以支持接受，也不足以支持拒绝时，则采用第三种选择：不承诺决策。三支决策的思想和方法已经广泛应用医疗诊断[5-9]、机器学习[10-11]、社会判断理论[12]、统计学中的假设检验[13]、管理学[14-19]、聚类分析[20]、论文评审[21]和垃圾邮件过滤[22]等诸多学科和领域。但是，目前还没有发现三支决策在属性约简和特征选择中的相关研究。由于三支决策比传统二支决策多了一个不承诺选择，如果属性评价的已有信息既不足以支持“属性重要”，又不足以支持“属性不重要”，那么可以采用第三种选择，即不承诺选择。三支决策理论与方法应用到属性评价问题，能够使决策者根据当前的实际情况，在考虑风险、代价时做出最优的决策。

本章将在分析已有属性评价方法的基础上，给出一个刻画属性重要性的具体评价函数，并在此基础上，建立基于三支决策的属性评价模型。本章首先简要回顾三支决策理论的主要思想和相关概念；其次总结决策信息表中常用的属性评价方法，并在Yao最近给出的定性刻画属性特征的相关概念[23]的基础上，讨论刻画属性重要性的一种定量方法，将该属性重要度作为属性评价的三支决策中的评价函数，提出一种属性评价的三支决策的方法；最后，总结作者在学习和研究三支决策过程中的一些个人体会。

13.2 三支决策的主要思想与方法

本节将对三支决策的主要思想和方法进行简要介绍。

三支决策理论[24-26]是在深入研究粗糙集[1-2]和决策粗糙集[27-31]的过程中提出的，其研究的最初目的是为粗糙集的三个域提供合理的语义解释[24-26,32]。在粗糙集模型中，正域、负域和边界域可以语义解释为接受、拒绝和不承诺三种决策的结果。从正域、负域中可以分别获得接受、拒绝规则，当无法直接使用接受、拒绝规则时，则采取不承诺决策。

三支决策的基本思想是在实体评价函数的基础上，通过引入两个阈值α和β，构造所需的三个域。设U是有限、非空实体集或者决策方案集，C是有限个条件组成的集合，这里的条件集可能包含指标、目标或约束。决策的主要任务是根据给定的条件集C，对每一个实体$x \in U$做出相应的决策。

U中的实体可能满足、不满足或者一定程度上满足某些给定的条件。基于给定的条件，三支决策可以处理U中实体的分类问题。根据实体满足条件的评价情况,可以做出如下三支决策。

(1) 如果一个实体满足给定条件的程度大于或等于某一个给定值 α，那么认为该实体符合条件，做出接受决策。

(2) 如果一个实体满足给定条件的程度小于或等于另一个给定值 β，那么认为该实体不符合条件，做出拒绝决策。

(3) 如果一个实体满足给定条件的程度在 α 和 β 之间，那么既不直接拒绝也不直接接受该实体，而是选择不承诺决策或进一步观察再决策的延迟决策。

给定一对阈值 α 和 β,可以将所有决策状态值分成三个区:大于 α 的决策状态值称为指定的接受值区,小于 β 的决策状态值称为拒绝值区,介于两者之间的决策状态值称为不承诺值区。在三支决策中，根据实体的评价函数值的大小,实体被分到正域、负域或者边界域中。

在前期大量相关研究工作的基础上,Yao 给出了一个基于评价的三支决策的基本框架,并且介绍了三种常用的三支决策的模型:基于一对偏序评价集的三支决策、基于一个偏序评价集的三支决策和基于一个全序评价集的三支决策[4]。

下面简单介绍本章主要采用的基于一个全序评价集的三支决策。

设$(L,\preccurlyeq)$是一个全序集,其中,$\preccurlyeq$是全序关系,即$\preccurlyeq$是自反、反对称和传递的关系,且集合中任意两个元素是可比较的。例如,L 可以是实数集或者单元区间集$[0,1]$,$\preccurlyeq$是一个小于等于关系。基于一个全序评价集的三支决策定义如下。

定义 13.1[4]　设$(L,\preccurlyeq)$是一个全序集,其中,$\preccurlyeq$是全序关系,α 和 β 是满足 $\beta\prec\alpha$ 的两个元素,即 $(\beta\preccurlyeq\alpha)\wedge\neg(\alpha\preccurlyeq\beta)$,集合 $L^+=\{t\in L \mid \alpha\preccurlyeq t\}$,表示指定接受值区;集合 $L^-=\{b\in L \mid b\preccurlyeq\beta\}$,表示指定拒绝值区。给定评价函数 $v:U\to L$,三支决策可以定义为

$$\mathrm{POS}_{(\alpha,\beta)}(v)=\{x\in U \mid \alpha\preccurlyeq v(x)\}$$

$$\mathrm{NEG}_{(\alpha,\beta)}(v)=\{x\in U \mid v(x)\preccurlyeq\beta\}$$

$$\mathrm{BND}_{(\alpha,\beta)}(v)=\{x\in U \mid \beta\prec v(x)\prec\alpha\}$$

虽然基于全序关系的评价函数有一定的局限性,但是在计算上却非常方便,即三个域可以简单地通过阈值对直接得出。事实上,许多相关具体问题的研究都使用了全序关系。

在实际问题中,评价函数的构造和两个阈值的确定非常重要。Yao 对这些问题也给出了一般的解决方法[4]。

设 $C=\{c_1,c_2,\cdots,c_m\}$是 m 个条件的集合,$\nu_{c_i}:U\to R$ 是对应于条件 c_i 的评价函数,$1\leqslant i\leqslant m$。借鉴多目标问题的思想和方法,总的评价函数 $v_{c_i}:U\to R$ 可以写成单个评价函数的线性组合的形式:

$$v(x)=v_{c_1}(x)+v_{c_2}(x)+\cdots+v_{c_m}(x)$$

根据具体问题，评价函数的构造和解释可以基于更直观和易于实际操作的概念，如代价、风险、收益和利润等概念。例如，在基于一个全序评价集的三支决策中，设 $R_P(\alpha,\beta)$、$R_N(\alpha,\beta)$ 和 $R_B(\alpha,\beta)$ 分别代表正域、负域和边界域的风险，记

$$R(\alpha,\beta)=R_P(\alpha,\beta)+R_N(\alpha,\beta)+R_B(\alpha,\beta)$$

为三支决策总风险。通过计算最小风险的最优化问题来求解阈值 α 和 β，即

$$\arg\min_{(\alpha,\beta)} R(\alpha,\beta)$$

显然，上面用到的决策总风险 $R(\alpha,\beta)$ 是与三个域密切相关的，通过求解最小风险的最优化问题来求得阈值 α 和 β 也是合理的。

13.3 决策表中属性评价的常用方法

本节简单总结了属性评价的两种定量方法和两种定性方法。

一个决策信息表可以表示为

$$S=(U,A_T,\{V_a \mid a\in A_T\},\{I_a \mid a\in A_T\})$$

式中，U 为非空、有限实体集；$A_T=C\cup D$ 为非空、有限属性集；C 为条件属性集合；D 为决策属性集合，且 $C\cap D=\varnothing$；V_a 为属性 $a\in A_T$ 的值域；$I_a:U\rightarrow V_a$ 表示从论域 U 到值域 V_a 的信息函数；$I_a(x)$ 为实体 x 在属性 a 上的取值。定义条件属性子集 $B\subseteq C$ 上的等价关系为

$$\mathrm{IND}(B)=\{(x,y)\in U\times U \mid \forall a\in B, I_a(x)=I_a(y)\}$$

$U/\mathrm{IND}(B)$ 为等价关系 $\mathrm{IND}(B)$ 在 U 上导出的划分，即 $U/\mathrm{IND}(B)=\{[x]_{\mathrm{IND}(B)} \mid x\in U\}$。

13.3.1 基于属性依赖度的属性重要度

设 $S=(U,A_T,\{V_a|a\in A_T\},\{I_a|a\in A_T\})$ 是一个决策表，$A_T=C\cup D$ 且 $C\cap D=\varnothing$，其中，C 为条件属性集，D 为决策属性集。令 $P\subseteq C$ 且 $Q\subseteq D$，P 和 Q 之间的依赖性度量定义为

$$\gamma(P,Q)=\frac{|\mathrm{POS}_P(Q)|}{|U|}$$

在粗糙集数据分析中，条件属性子集 $C'\subseteq C$ 关于决策属性集 D 的重要度定义为[33]

$$\gamma_{C'}=\gamma(C,D)-\gamma(C-C',D)$$

特别地，当 $C'=\{c\}$ 时，$\gamma_{\{c\}}=\gamma(C,D)-\gamma(C-\{c\},D)$ 是属性 $c\in C$ 关于 D 的重要性度量。

基于属性依赖度的属性重要度与核属性有如下关系：$c\in C$ 是 D 的核属性当

且仅当 $\gamma_{\{c\}}>0$ 时。

陈林等[34]在决策信息表中给出了属性 c 的另外一种属性重要度的定义，即

$$\frac{\gamma(C,D)-\gamma(C-\{c\},D)}{\gamma(C,D)}$$

13.3.2　基于信息熵的属性重要度

苗夺谦等[35-36]考虑将粗糙集理论中的知识看成定义在论域 U 的子集组成的 σ-代数上的随机变量，从而引入了知识熵与互信息的概念，并通过在决策表中添加某个属性所引起的互信息的变化大小作为属性重要性的度量。

设决策表 $S=(U,A_T,\{V_a|a\in A_T\},\{I_a|a\in A_T\})$，$A_T=C\cup D$ 且 $C\cap D=\varnothing$ 且 $B\subset C$，定义在 B 中添加一个属性 $a\in C$ 之后互信息的增量为

$$I(B\cup\{a\};D)-I(B;D)=H(D\mid B)-H(D\mid B\cup\{a\})$$

式中，$I(x;y)$为 x 与 y 的互信息；$H(y|x)$为已知 x 时，y 的条件熵。该增量越大，说明在已知属性集 B 的条件下，属性 a 对决策 D 就越重要。

定义 13.2[35-36]　设 $S=(U,A_T,\{V_a|a\in A_T\},\{I_a|a\in A_T\})$是一个决策表，$A_T=C\cup D$ 且 $C\cap D=\varnothing$且 $B\subset C$，则对于任意属性 $a\in C-B$ 的重要性 SGF(a，B，D)定义为

$$\mathrm{SGF}(a,B,D)=H(D\mid B)-H(D\mid B\cup\{a\})$$

SGF(a，B，D)的值越大，说明在已知 B 的条件下，属性 a 对决策 D 就越重要。

13.3.3　相对约简与核

在许多实际应用中，一个分类相对于另一个分类的关系非常重要。在决策信息表中，经常考虑依条件属性的分类对依决策属性的分类的影响。

定义 13.3[1-2,37]　设 $S=(U,A_T,\{V_a|a\in A_T\},\{I_a|a\in A_T\})$是一个决策表，令 P、$Q\subseteq A_T$，定义 Q 的 P 正域为

$$\mathrm{POS}_P(Q)=\bigcup\{\underline{P}X\mid X\in U/\mathrm{IND}(Q)\}$$

式中，$\underline{P}X=\{x\mid[x]_{\mathrm{IND}(P)}\subseteq X\}$。

Q 的 P 正域是 U 中所有根据分类 $U/\mathrm{IND}(P)$的信息，可以准确地划分到 $\mathrm{IND}(Q)$的等价类中的实体集合。

定义 13.4[1-2,37]　设 $S=(U,A_T,\{V_a|a\in A_T\},\{I_a|a\in A_T\})$是一个决策表，令 P、$Q\subseteq A_T$，$a\in P$，如果

$$\mathrm{POS}_P(Q)=\mathrm{POS}_{P-\{a\}}(Q)$$

则称 a 为 P 中 Q 不必要的；否则，称 a 为 P 中 Q 必要的。

如果 P 中的每个 a 都为 Q 必要的，则称 P 为 Q 独立的(或 P 相对于 Q 独立)。

定义 13.5[1-2, 37]　设 $S=(U,A_T,\{V_a \mid a\in A_T\},\{I_a \mid a\in A_T\})$ 是一个决策表，令 P、$Q\subseteq A_T$，设 $R\subseteq P$，R 为 P 的 Q 约简当且仅当 R 是 P 的 Q 独立子集，且 $POS_R(Q)=POS_P(Q)$。P 的 Q 约简常简称为相对约简。

P 中所有 Q 必要的属性组成的集合称为 P 的 Q 核或称为 P 的相对 Q 核，简称为相对核，记为 $CORE_Q(P)$。

相对核与相对约简具有如下关系。

定理 13.1[1-2, 37]　$CORE_Q(P)=\bigcap RED_Q(P)$，其中，$RED_Q(P)$ 表示所有 P 的 Q 约简构成的集合，且 $\bigcap RED_Q(P)=\bigcap_{R\in RED_Q(P)} R$。

直观地讲，核是属性集中最重要的部分，也是最能体现属性特征的部分。核有两方面的作用：其一，核可以作为所有约简的计算基础，因为核包含在知识的每一个约简中，且计算可以直接进行；其二，核可以解释为属性集特征的最主要部分，在知识约简时不能被删除，否则将减弱原属性集的分类能力[1-2]。

13.3.4　一种刻画属性重要性的定性方法

最近，Yao 给出了一种刻画 CORE 属性、USEFUL 属性、NONUSEFUL 属性和 NONCORE 属性的定性描述方法[23]。

定义 13.6[23]　设 $\mathcal{R}$ 表示所有约简组成的集合，CORE 属性子集、USEFUL 属性子集、NONUSEFUL 属性子集和 NONCORE 属性子集分别定义为

$$\mathrm{CORE}=\{a\in C \mid \forall R\in\mathcal{R}[a\in R]\}=\bigcap_{R\in\mathcal{R}} R$$

$$\mathrm{USEFUL}=\{a\in C \mid \exists R\in\mathcal{R}[a\in R]\}=\bigcup_{R\in\mathcal{R}} R$$

$$\mathrm{NONUSEFUL}=\{a\in C \mid \forall R\in\mathcal{R}[a\in R^c]\}=\bigcap_{R\in\mathcal{R}} R^c$$

$$\mathrm{NONCORE}=\{a\in C \mid \exists R\in\mathcal{R}[a\in R^c]\}=\bigcup_{R\in\mathcal{R}} R^c$$

由定义不难看出，CORE 属性属于任何一个约简，USEFUL 属性至少属于一个约简，NONUSEFUL 属性不属于任何一个约简，而 NONCORE 属性则至少不属于一个约简。从属性的重要性方面看，CORE 属性最重要，NONUSEFUL 属性最不重要，而 USEFUL 属性和 NONCORE 属性的重要性则介于二者之间。

按照 Yao 给出的定义，当判断一个属性属于上述哪种属性时，常常需要面对传统的二支决策。例如，当判断某个属性 a 是不是 CORE 属性时，就需要验证属性 a 是不是属于所有的约简，只有当属性 a 属于每一个约简时，属性 a 才是 CORE 属性。

属性评价的定性方法属于二支决策的范畴。由于传统的二支决策只考虑接受和拒绝两种选择，属性评价的定性方法所对应的这种“非此即彼”的决策方式有时

也会导致不合理的情形出现。例如，考虑以“是否是 CORE 属性”的标准，对某属性集合中的所有属性进行评价，对每个属性的评价结果是该属性是 CORE 属性或者是 NONCORE 属性。CORE 中的属性的重要性是相同的，因为 CORE 中的属性属于每一个约简；但是 NONCORE 中的属性的重要性不一定是相同的，因为这些属性尽管至少不属于一个约简，但是它们在整个约简集合 $\mathscr{R}$ 中的作用可能是不同的。例如，假设某决策信息表具有 5 个相对约简，属性 b 和 c 分别属于其中的 1 个约简和 4 个约简，按照定义，属性 b 和 c 都是 NONCORE 属性，但是从直观看，它们的重要性是不一样的。因此有时仅通过属性重要性的定性刻画评价属性是不够的。如何利用三支决策和属性评价的定量方法更细致、合理地评价属性的重要性，是本章后面主要涉及的内容。

13.4　基于三支决策的属性评价方法

13.4.1　一种属性重要度的定量化定义

在 Yao[23] 给出 CORE 属性子集、USEFUL 属性子集、NONUSEFUL 属性子集和 NONCORE 属性子集等相关定性化定义的基础上，下面给出一种对应的属性重要度的定量化定义。

定义 13.7　设 RED(S)表示决策信息表 $S=(U,A_{\mathrm{T}},\{V_a \mid a\in A_{\mathrm{T}}\},\{I_a \mid a\in A_{\mathrm{T}}\})$所有约简组成的集合，$A_{\mathrm{T}}=C\cup D$ 且 $C\cap D=\varnothing$，函数 τ 定义为

$$\tau: C \rightarrow 2^C$$

式中，$\forall a\in C$，$\tau(a)$为 RED(S)中包含 a 的约简所构成的集合，即 $\tau(a)=\{R\in \mathrm{RED}(S) \mid a\in R\}$。

定义 13.8　设 RED(S)表示决策信息表 $S=(U,A_{\mathrm{T}},\{V_a \mid a\in A_{\mathrm{T}}\},\{I_a \mid a\in A_{\mathrm{T}}\})$所有约简组成的集合，$A_{\mathrm{T}}=C\cup D$ 且 $C\cap D=\varnothing$，属性 $a\in C$ 的属性重要度 imp(a)定义为

$$\mathrm{imp}(a)=\frac{|\tau(a)|}{|\mathrm{RED}(S)|}$$

式中，$|\cdot|$为集合中元素的个数。

这里需要说明的是，定义 13.8 中所给出的属性重要度 imp(a)与文献[38]、文献[39]中定义的属性重要度 σ_a 是一致的，但定义形式有所不同。

上面给出的属性重要度 imp(a)为属性评价提供了较为直观的评价依据。通过定义不难看出，属性重要度的大小取决于该属性所在的约简的个数多少，且 $\mathrm{imp}(a)\in[0,1]$。imp(a)越大，属性$a\in C$的重要性越大；imp(a)越小，属性 $a\in C$ 的重要性越小。特别地，CORE 属性子集中的属性的属性重要度为 1；NONUSEFUL

属性子集中的属性的属性重要度为 0;USEFUL 属性子集中的属性的属性重要度严格大于 0。

例 13.1 在如表 13.1 所示的决策信息表 $S=(U,A_T,\{V_a \mid a\in A_T\},\{I_a \mid a\in A_T\})$中,实体集 $U=\{x_1,x_2,x_3,x_4,x_5,x_6,x_7\}$,条件属性集 $C=\{c_1,c_2,c_3,c_4,c_5\}$,决策属性集 $D=\{d\}$。

表 13.1 决策信息表 S

	c_1	c_2	c_3	c_4	c_5	d
x_1	1	0	0	1	1	1
x_2	1	0	0	2	1	1
x_3	0	1	0	1	2	1
x_4	1	1	0	1	1	0
x_5	2	0	1	1	1	0
x_6	1	0	1	3	2	0
x_7	1	1	1	1	2	0

首先,利用区分函数法[40-41]可以求出所有相对约简为:$\{c_1,c_2,c_3\}$、$\{c_1,c_2,c_4\}$、$\{c_1,c_2,c_5\}$、$\{c_2,c_3,c_5\}$,所以 CORE$=\{c_2\}$。

其次,根据 13.4.1 小节中给出的属性重要度定义,计算条件属性集中所有属性的属性重要度为

$$\tau(c_1)=\{\{c_1,c_2,c_3\},\{c_1,c_2,c_4\},\{c_1,c_2,c_5\}\},\mathrm{imp}(c_1)=0.75$$

$$\tau(c_2)=\{\{c_1,c_2,c_3\},\{c_1,c_2,c_4\},\{c_1,c_2,c_5\},\{c_2,c_3,c_5\}\},\mathrm{imp}(c_2)=1$$

$$\tau(c_3)=\{\{c_1,c_2,c_3\},\{c_2,c_3,c_5\}\},\mathrm{imp}(c_3)=0.5$$

$$\tau(c_4)=\{\{c_1,c_2,c_4\}\},\mathrm{imp}(c_4)=0.25$$

$$\tau(c_5)=\{\{c_1,c_2,c_5\},\{c_2,c_3,c_5\}\},\mathrm{imp}(c_5)=0.5$$

显然,$\mathrm{imp}(c_2)>\mathrm{imp}(c_1)>\mathrm{imp}(c_3)=\mathrm{imp}(c_5)>\mathrm{imp}(c_4)$。

13.4.2 基于三支决策的属性评价

为了计算和语义解释上的方便,这里选择 13.4.1 小节定义的属性重要度 $\mathrm{imp}(a)$ 作为评价函数来定义三支决策,正域 $\mathrm{POS}_{(\alpha,\beta)}(\mathrm{imp})$、负域 $\mathrm{NEG}_{(\alpha,\beta)}(\mathrm{imp})$和边界域 $\mathrm{BND}_{(\alpha,\beta)}(\mathrm{imp})$分别定义为

$$\mathrm{POS}_{(\alpha,\beta)}(\mathrm{imp})=\{a\in C \mid \mathrm{imp}(a)\geqslant\alpha\}$$

$$\mathrm{NEG}_{(\alpha,\beta)}(\mathrm{imp})=\{a\in C \mid \mathrm{imp}(a)\leqslant\beta\}$$

$$\mathrm{BND}_{(\alpha,\beta)}(\mathrm{imp})=\{a\in C \mid \beta<\mathrm{imp}(a)<\alpha\}$$

这里，给定一对阈值 α 和 β，属性重要度 imp(a)大于等于 α 的属性属于正域，接受这些属性为重要的属性；属性重要度 imp(a)小于等于 β 的属性属于负域，拒绝这些属性为重要的属性；属性重要度 imp(a)介于 α 和 β 的属性属于边界域。在当前的情况下，对这些属性的重要性暂不做评价。

上述内容可以用下面的规则等价描述($\forall a\in C$)。

若 $\text{imp}(a)\geqslant\alpha$，则 $a\in \text{POS}_{(\alpha,\beta)}(\text{imp})$。

若 $\text{imp}(a)\leqslant\beta$，则 $a\in \text{NEG}_{(\alpha,\beta)}(\text{imp})$。

若 $\beta<\text{imp}(a)<\alpha$，则 $a\in \text{BND}_{(\alpha,\beta)}(\text{imp})$。

例 13.2　在表 13.1 所示的决策信息表中，设阈值 $\alpha=0.7$，$\beta=0.35$，利用前面给出的属性评价的三支决策方法对条件属性集中的属性进行重要性评价。利用前面求出的属性重要度 imp(c)作为评价函数，对条件属性集中的每个属性分别定义三支决策。

对 c_1：$\text{imp}(c_1)=0.75\geqslant0.7=\alpha$，$c_1\in \text{POS}_{(\alpha,\beta)}(\text{imp})$，即接受属性 c_1 为重要的属性。

对 c_2：$\text{imp}(c_2)=1\geqslant0.7=\alpha$，$c_2\in \text{POS}_{(\alpha,\beta)}(\text{imp})$，即接受属性 c_2 为重要的属性。

对 c_3：$\beta=0.35\leqslant\text{imp}(c_3)=0.5\leqslant0.7=\alpha$，$c_3\in \text{BND}_{(\alpha,\beta)}(\text{imp})$，即对属性 c_3 的属性评价采取延迟决策。

对 c_4：$\text{imp}(c_4)=0.25\leqslant0.35=\beta$，$c_4\in \text{NEG}_{(\alpha,\beta)}(\text{imp})$，即拒绝属性 c_4 是重要的属性。

对 c_5：$\beta=0.35\leqslant\text{imp}(c_5)=0.5\leqslant0.7=\alpha$，$c_5\in \text{BND}_{(\alpha,\beta)}(\text{imp})$，即对属性 c_5 的属性评价采取延迟决策。

在例 13.2 中，属性 c_2 是 CORE 属性，按照三支决策的方法，接受属性 c_2 是重要的属性；属性 c_1、c_3、c_4、c_5 都是 USEFUL 属性，按照三支决策的方法，接受属性 c_1 是重要的属性，拒绝 c_4 是重要的属性，而对属性 c_3、c_5 的评价则采取不承诺决策。

13.4.3　阈值的确定

决策粗糙集模型是由 Yao 提出的一种概率型粗糙集模型，该模型借助贝叶斯理论帮助用户进行决策，能够通过给定损失函数计算分类所需要的阈值。最近，基于博弈论的粗糙集模型[42-43]和基于信息熵的粗糙集模型[44]也被用来确定和计算合适的阈值对。这些方法都可以考虑用来求解本问题的阈值，在此不再赘述。

13.5　研究三支决策的一些体会

在本章的写作过程中，作者给出了属性评价的三支决策方案，同时也获得了一些研究的体会与感受，而后者对进一步研究的指导意义可能会更大。在这里，作者把这些学习和研究三支决策理论的体会与感受总结如下。

Yao 在 2009 年最先提出了三支决策的相关概念[24]。在文献[24]中，Yao 对 Pawlak 粗糙集理论中的规则给出了一个三支决策的定性解释：与粗糙集理论中一个集合正域、负域和边界域概念相对应，决策者分别有接受、拒绝和不承诺三种决策。作为 Pawlak 粗糙集理论的一个重要推广，概率粗糙集通过包含度阈值引入了误分类容忍机制，即允许概念刻画中存在一定程度的误差：若等价类的大部分被目标概念所包含则将其分类为正域，而当等价类的大部分不在目标概念中的则将其分类为负域，介于二者之间的则分类为边界域。这种通过概率包含关系区分正域、负域和边界域的方法，对概率粗糙集理论中的规则给出了一个三支决策的语义解释。Pawlak 粗糙集理论所对应的定性三支决策和概率粗糙集理论所对应的定量三支决策的主要区别在于定性决策不允许有错误，而定量三支决策容忍一定的错误。决策粗糙集理论不但在上、下近似集中引入概率包含关系，而且还依据贝叶斯风险最小化原则给出了概率阈值的求法。Yao 在文献[25]中对决策粗糙集理论中的规则给出了新的分析和解释，其相应结果从贝叶斯决策理论和假设检验理论两个角度丰富了粗糙集理论的研究。分类误差水平和错误决策风险的有机结合，也拓广了粗糙集理论的实际应用范围。为了获得基于最小风险的三元分类器，三支决策给出了一个考虑不同分类误差平衡的方法。Yao 在文献[26]中比较了概率三支决策、概率二支决策和基于 Pawlak 粗糙集的定性三支决策。研究结果表明，在给定条件且考虑不同类型误分类损失时，概率三支决策明显优于概率二支决策和基于 Pawlak 粗糙集的定性三支决策。最近几年，三支决策成为了一个新的研究热点，发展迅速，并在很多学科领域得到了成功的应用。2012 年，贾修一等 20 余位华人学者合作撰写的《三支决策理论与应用》一书，汇集了当前决策粗糙集理论以及三支决策研究团队的最新研究成果。

三支决策理论于 2009 年被提出，短短几年便引起了国内外专家学者的广泛关注。思考其获得成功的原因，作者觉得有以下几点值得借鉴。

(1) 研究一个理论，既要考虑纵向研究，又要考虑横向研究。

纵向研究考虑的是在已有基础上的更深入研究，而横向研究考虑的是已有理论与其他理论的相互联系以及相互解释。三支决策理论的研究是纵向研究和横向研究的结合体。三支决策研究的出发点是对 Pawlak 粗糙集理论的正域、负域和边界域等三个域给出一个合理性的语义解释，属于横向研究；随着三支决策研究的深入，逐渐推广到概率粗糙集、决策粗糙集，属于纵向研究。在研究三支决策的同时，不断获得了一些新的理论和实际上的应用，从而使三支决策具有了一个好的发展前景。

(2) 注重科学研究中的“多粒度”和“多视角”方法。

“多粒度”和“多视角”是粒计算三元论的重要组成部分[45-48]，它们同样在三支决策理论的研究过程中发挥了重要的作用。在三支决策理论研究的初期，采用“小粒度”、“单视角”的方法，仅考虑经典的 Pawlak 粗糙集理论；在三支决策理论不断研究的过程中，采用“大粒度”、“多视角”的方法，使三支决策可以独立于粗糙集理论而最终发展成为一个新的理论。

(3) 注重科学研究过程中的学习、继承、发展和创新。

三支决策理论“既起源于粗糙集，又独立于粗糙集”。三支决策理论最初是在粗糙集理论环境下提出的，随后逐渐推广至概率粗糙集、决策粗糙集，最后发展成了一个独立于粗糙集的新的理论，这就完成了一个由学习、继承开始，不断发展，再到创新结束的完整过程。与之类似的还有粒计算的研究，最初粒计算概念的提出是基于模糊集的，这在一定程度上限制了粒计算的发展。粒计算的研究也同样需要走出模糊集、粗糙集等理论的圈子。如果粒计算是一个新学科，那么它的研究不应该是几个现有理论的简单组合，而应该有自己的思想、方法和理论体系。粒计算三元论[45-48]的提出和相关研究可以看成这样的一个尝试。这个学习—继承—发展—创新的过程可能是一个普适的研究方法。

(4) 对新科学理论和新研究课题具有积极的心态和审慎的态度。

对一个新科学理论的研究是双刃剑，或者说是机遇与挑战并存。在一个新科学理论的发展初期，它不一定是完全正确和十分完美的，甚至还可能存在争议；但是在这些新科学理论的研究过程中，研究者只要具有积极的心态和审慎的态度，产生原创的研究成果的可能性会更大。值得高兴的是，三支决策理论在短时间内便得到了众多专家学者的关注和支持，并取得了令人鼓舞的研究成果。

(5) 注重科学研究中的合作和交流。

三支决策理论被提出后，得到了众多专家学者的关注，其中的一个重要原因就在于大家的通力合作和广泛交流。2011 年出版的《决策粗糙集理论及其研究进展》，2012 年出版的《三支决策理论与应用》，以及这次出版的《三支决策与粒计算》的很多作者都相互进行过不同形式的访问和交流。这些以三支决策、决策粗糙集为主题的书的出版，进一步促进了大家的合作和交流，对三支决策理论的研究和推广起到了重要的作用。作者有幸到姚一豫教授的科研团队交流访问一年。加拿大里贾纳大学研究团队浓厚的学术气氛、姚一豫教授的悉心指导都使作者获益匪浅，使自己对三支决策理论和决策粗糙集理论有了一个更深刻的认识，并促成了本章的完成。

13.6　本章小结

考虑到通过使用不同的评价函数，三支决策可以被用来解决很多具体的实际问题。在 Yao 给出的定性刻画属性特征的相关概念的基础上，本章讨论了一种属性重要度的计算方法，并借助该属性重要度，定义了属性评价问题的三支决策：接受属性是重要的；拒绝属性是重要的；对属性的评价采取不承诺决策或延迟决策。与传统二支决策不同，在当前信息或证据不足的情况下，对属性评价的三支决策要求获取更多的信息或证据，从而可以将属性评价的不承诺决策或延迟决策转换为确定决策。

本章主要以决策信息表为研究对象，研究了基于三支决策的属性评价方法。这里需要说明的是，本章给出的方法同样也可用于无决策的信息表中的属性评价问题，并且三支决策中的评价函数也可以采用其他的属性重要度定义。希望本章的研究内容能对三支决策在其他方面的广泛应用起到抛砖引玉的作用。

致　谢

本章内容是作者在加拿大里贾纳大学访问交流期间完成的，感谢里贾纳大学计算机科学系为本项研究提供的必要支持和帮助。特别感谢加拿大里贾纳大学姚一豫教授、邓晓飞博士对本章内容给予的帮助和建议。本章的研究内容也得到了国家自然科学基金项目(61070241)、山东省自然科学基金项目(ZR2010FM035)和山东省高等学校优秀骨干教师国际合作培养项目的部分资助。

参考文献

[1] Pawlak Z. Rough sets. International Journal of Computer and Information Sciences, 1982, 11: 341-356.

[2] Pawlak Z. Rough Sets: Theoretical Aspects of Reasoning about Data. Dordrecht: Kluwer Academic Publishers, 1991.

[3] 边肇祺，张学工. 模式识别. 第 2 版. 北京：清华大学出版社，2000.

[4] Yao Y Y. An outline of a theory of three-way decisions. Proceedings of the 8th International RSCTC Conference, 2012: 1-17.

[5] Chan A, Gilon D, Manor O, et al. Probabilistic reasoning and clinical decision-making: do doctors overestimate diagnostic probabilities? QJM: An International Journal of Medicine, 2003, 96: 763-769.

[6] Lurie J D, Sox H C. Principles of medical decision making. Spine, 1999, 24: 493-498.

[7] Pauker S G, Kassirer J P. The threshold approach to clinical decision making. The New England Journal of Medicine, 1980, 302: 1109-1117.

[8] Schechter C B. Sequential analysis in a Bayesian model of diastolic blood pressure measurement. Medical Decision Making, 1988, 8: 191-196.

[9] van der Gaag L C, Coupe V M H. Sensitive analysis for threshold decision making with Bayesian belief networks. AI * IA 99: Advances in Artificial Intelligence, 2000, 1792: 37-48.

[10] 苗夺谦，高灿，张楠. 基于三支决策理论的半监督学习// 贾修一，商琳，周献中，等. 三支决策理论与应用. 南京：南京大学出版社，2012:17-33.

[11] 李华雄，周献中，赵佳宝，等. 基于三支决策粗糙集的代价敏感分类方法// 贾修一，商琳，周献中，等. 三

支决策理论与应用. 南京：南京大学出版社，2012：34-48.

[12] Sherif M, Hovland C I. Social Judgment：Assimilation and Contrast Effects in Communication and Attitude Change. New Haven：Yale University Press, 1961.

[13] Wald A. Sequential tests of statistical hypotheses. The Annals of Mathematical Statistics, 1945, 16：117-186.

[14] Forster M R. Key concepts in model selection performance and generalizability. Journal of Mathematical Psychology, 2000, 44：205-231.

[15] Goudey R. Do statistical inferences allowing three alternative decisions give better feedback for environmentally precautionary decision-making? Journal of Environmental Management, 2007, 85：338-344.

[16] Matthews L R, Bennett P G. The art of course planning：Soft O. R. in action. The Journal of the Operational Research Society, 1986, 37：579-590.

[17] Woodward P W, Naylor J C. An application of Bayesian methods in SPC. The Statistician, 1993, 42：461-469.

[18] Liu D, Li T R, Liang D C. Three-way government decision analysis with decision-theoreticrough sets. International Journal of Uncertainty, Fuzziness and Knowledge-Based Systems, 2012, 20：119-132.

[19] 刘盾，李天瑞，梁德翠. 基于决策粗糙集的三支政策决策分析// 贾修一，商琳，周献中，等. 三支决策理论与应用. 南京：南京大学出版社，2012：49-60.

[20] 于洪，刘占国，王国胤. 基于决策粗糙集的聚类数自动确定方法// 贾修一，商琳，周献中，等. 三支决策理论与应用. 南京：南京大学出版社，2012：192-214.

[21] Weller A C. Editorial Peer Review：Its Strengths and Weaknesses. Medford：Information Today Incorporation, 2001.

[22] 贾修一，商琳. 基于三支决策的垃圾邮件过滤// 贾修一，商琳，周献中，等. 三支决策理论与应用. 南京：南京大学出版社，2012：61-79.

[23] Yao Y Y. Duality in rough set theory. Fundamenta Informaticae (submitted).

[24] Yao Y Y. Three-way decision：an interpretation of rules in rough set theory. Proceedings of the 4th International Conference on Rough Sets and Knowledge Technology, RSKT, 2009, 5589：642-649.

[25] Yao Y Y. Three-way decisions with probabilistic rough sets. Information Sciences, 2010, 180：341-353.

[26] Yao Y Y. The superiority of three-way decisions in probabilistic rough set models. Information Sciences, 2011, 181：1080-1096.

[27] Yao Y Y, Wong S K M, Lingras P. A decision-theoretic rough set model. Methodologies for Intelligent Systems, 1990, 5：17-24.

[28] Yao Y Y, Wong S K M. A decision theoretic framework for approximating concepts. International Journal of Man-machine Studies, 1992, 37：793-809.

[29] Yao Y Y. Probabilistic approaches to rough sets. Expert Systems, 2003, 20：287-297.

[30] Yao Y Y. Probabilistic rough set approximations. International Journal of Approximate Reasoning, 2008, 49：255-271.

[31] 李华雄，周献中，李天瑞，等. 决策粗糙集理论及其研究进展. 北京：科学出版社，2011.

[32] Yao Y Y. Two semantic issues in a probabilistic rough set model. Fundamenta Informaticae, 2011, 108：249-265.

[33] 梁吉业，李德玉. 信息系统中的不确定性与知识获取. 北京：科学出版社，2005.

[34] 陈林，邓大勇，闫电勋. 基于属性重要度并行约简算法的优化. 南京大学学报(自然科学)，2012，

48(4)：376-382.

[35] Miao D Q，Wang J. An information-based algorithm for reduction of knowledge. IEEE ICIPS，1997：1155-1158.

[36] 苗夺谦. 知识约简的一种启发式算法. 计算机研究与发展，1999，36(6)：681-684.

[37] 张文修，吴伟志，梁吉业，等. 粗糙集理论与方法. 北京：科学出版社，2001.

[38] 刘盾，胡培，陈志杰. 粗集决策与聚类分析的改进模型. 西南交通大学学报，2007，42(3)：330-334.

[39] 刘盾，胡培，蒋朝哲. 一种基于粗集理论的属性权重构造方法. 系统工程与电子技术，2008，30(8)：1481-1484.

[40] Skowron A，Rauszer C. The discernibility matrices and functions in information systems//Slowinski R. Intelligent Decision Support Handbook of Applications and Advances of the Rough Sets Theory. Dordrecht：Kluwer Academic Publishers，1991：331-362.

[41] Miao D Q，Zhao Y，Yao Y Y，et al. Relative reducts in consistent and inconsistent decision tables of the Pawlak rough set model. Information Sciences，2009，179(24)：4140-4150.

[42] Herbert J P，Yao J T. Learning optimal parameters in decision-theoretic rough sets. Proceedings of the 4th International Conference on Rough Sets and Knowledge Technology，RSKT，2009，5589：610-617.

[43] Herbert J P，Yao J T. Game-theoretic rough sets. Fundamenta Informaticae，2011，108：267-286.

[44] Deng X F，Yao YY. An information-theoretic interpretation of thresholds in probabilistic rough sets. Proceedings of the 8th International RSCTC，2012：369-378.

[45] Yao Y Y. A unified framework of granular computing//Pedrycz W，Skowron A，Kreinovich V. Handbook of Granular Computing. Chichester：John Wiley & Sons，2008：401-410.

[46] Yao Y Y. Granular computing：past，present and future. 2008 IEEE International Conference on Granular Computing，2008：80-85.

[47] 姚一豫. 粒计算三元论//张燕平，罗斌，姚一豫，等. 商空间与粒计算——结构化问题求解理论与方法. 北京：科学出版社，2010：115-143.

[48] 姚一豫. 粒计算方法论//苗夺谦，李德毅，姚一豫，等. 不确定性与粒计算. 北京：科学出版社，2011：150-163.

第 14 章　基于 logistic 回归的多分类三支决策方法

梁德翠[1]　刘　盾[1,2]

1. 西南交通大学经济管理学院

2. 清华大学经济管理学院

logistic 回归是一种有效的分类方法。但是，在实际决策过程中它可能存在高的错分类情况。决策粗糙集利用三支决策策略，可以有效地避免较多的错分类问题。本章将结合多项 logistic 回归和决策粗糙集，提出一种新的多分类方法。一方面，基于贝叶斯决策过程，决策粗糙集可以系统地计算 logistic 回归中判断准则的阈值。另一方面，多项 logistic 回归可用于计算三支决策中的条件概率。最后，用一个预测高中生选择项目的实例详细阐述本章所提的方法。

14.1　引　　言

logistic 回归分析是一种多元统计的分类方法。作为一种典型的判别分析方法，其可通过观察一组变量预测观察对象的类别，但要求信息系统的数据满足自变量是度量类型而因变量是非度量类型这一条件[1-4]。在统计学上，logistic 回归是一种通过拟合数据形成 logistic 函数的分类方法。基于一个或者多个预测变量（也称自变量或者解释变量），用于预测分类结果。logistic 函数作为一种解释变量的函数，其所构建出的概率描述了一个实验的可能性结果[5]。因为它不需要假设预测变量的分布规律，所以具有稳健、灵活且易实施的特点。在实践中，logistic 回归通常作为分类器，有针对两分类或者多分类的 logistic 回归分类器。在 logistic 回归中选取类别的准则，取决于由 logistic 函数计算得到的最大概率值。

然而，在决策过程中，logistic 回归可能会导致错分类情况[6]。例如，假设一个对象 x 有三个类别 C_1、C_2 和 C_3，其中，$P(C_1|x)=0.34$，$P(C_2|x)=0.33$ 和 $P(C_3|x)=0.33$。根据最大概率的判别准则，得出 $x\in C_1$。在这个例子中，$P(C_1|x)=0.34$ 相对于其他概率值，显然并不是足够大。因此，基于最大概率的准则，存在错分类的可能。为了简便，这里简要概括在实际决策问题中 logistic 回归可能面临的改进之处。

(1) 问题 1：考虑错分类的损失或者成本

一项决策的制订常伴随着一些风险和不确定因素。那么，分类过程也可能产生相应的损失或者成本。然而，典型的 logistic 回归模型在错分类方面，暂时没有纳入决策中的损失或者成本因素。

(2) 问题 2：在分类决策中考虑延迟策略

在 logistic 回归中，它对实际的决策问题仅涉及接受和拒绝两类行动。在 logistic回归中，仅存在两类错分类的情况：不正确接受和不正确拒绝。该方法暂时没有考虑到延迟策略，它实际上可以看成二支决策[7]。

为了解决上述两个问题，我们把决策粗糙集引入讨论。决策粗糙集是由加拿大里贾纳大学的 Yao 首先提出[8-9]。在最近的 5 年里，它作为一种非常实用的决策方法，已吸引越来越多的学者关注。作为定性经典粗糙集模型的定量概率扩展[10]，决策粗糙集成功地把贝叶斯决策过程和损失函数引入粗糙集中。在决策粗糙集模型中，一对用于描述容错能力的阈值 α 和 β，可以直接利用贝叶斯理论在决策成本最小的情况下计算出来，它给出了实际应用一种合理的语义解释。基于决策粗糙集模型，Yao[7, 11]进一步提出了三支决策的概念。很明显，这对阈值 α 和 β 可以把整个论域划成三个分离的区域：正域、边界域和负域。这三个区域在一个三分类问题中可以分别被看成：接受、不承诺(延迟)和拒绝区域。正域和负域可以推导出接受和拒绝的规则。当不能做出接受或者拒绝的决策时，边界域可以被用于推导不承诺或者延迟规则[12]。三支决策在解决问题策略中经常见到，且与人的决策想法是一致的。它已成功应用于多个领域，包括理论和方法两方面[10, 12-13]，如基于决策粗糙集的扩展模型[14-27]、属性约简[28-33]和应用[34-51]。尽管决策粗糙集在很多领域已取得很多成果，但是也面临着一些挑战。其中包括决策粗糙集模型中条件概率的计算和确定损失函数问题。

在计算条件概率方面，Yao 和 Zhou[26]提出了一个朴素的贝叶斯决策粗糙集模型。基于贝叶斯理论和朴素概率相互独立的前提假设，条件概率可被估算出来。为了计算阈值 α 和 β，Yao 和 Herbert [15-17]把博弈论方法引入决策粗糙集中以学习最优参数值。在博弈过程中，分类能力的测度可以看成参与者，然后通过增加或者减少分类区域的大小来优化目标函数值，最后借助纳什均衡获取最优参数值。Li 和 Zhou[18]认为阈值会受到决策者的风险偏好影响，进而提出了乐观决策、悲观决策和中性决策。Deng 和 Yao[52]利用信息论的不确定性解释概率粗糙集的阈值。在本章中，基于 logistic 回归和决策粗糙集，提出了一种新的多分类方法。一方面，决策粗糙集考虑到实际问题中的成本和延迟策略。从语义视角，通过考虑成本或者损失，它可用于系统性地计算对应的阈值。决策粗糙集对 logistic 回归的阈值给出合理性解释，在分类准则中提供了一种延迟策略。另一方面，正如前面所述，基于决策粗糙集的三支决策主要依靠条件概率和阈值。在实际应用中，连续型和离散型的数据可能共存于信息系统。针对该种情况，logistic 回归提供一种方法计算条件概率并且解决了决策粗糙集的上述挑战[20]。不同于文献[20]中的两分类 logistic 回归问题，本章进一步讨论多项 logistic 回归模型的使用，把决策粗糙集的应用推广到多分类问题上。这种结果将帮助我们应用决策粗糙集解决实际的分类问题。

14.2 预备知识

本节简要回顾多项 logistic 回归分析方法和决策粗糙集的基本概念、记法和有关结论[1, 5, 7, 13, 39,53-58]。

14.2.1 多项 logistic 回归模型

这一部分引入 logistic 回归分析，利用信息表计算对象的条件概率。logistic 回归，可以讨论两分类和多分类的问题。在两类 logistic 回归分析中，实例的观察结果仅有两种可能类型，如“成功”或者“失败”，“是”或者“不是”。而在多项 logistic 回归中，实例的观察结果一般有三个或者三个以上的可能类型，如“好”、“不变”或者“变坏”[5]。作为一种典型的 logistic 回归分析方法，两类 logistic 回归和多项 logistic 回归方法都可以被用于处理分类问题，它们可以直接计算事件发生的可能性。本章解决的是多分类问题，这里主要介绍多项 logistic 回归分析模型。

多项 logistic 回归适用于因变量是名义变量，且由三个或者三个以上的类别组成的情况。假设 x 是一个事件，因变量 d 有 m 个类别，其中 $m>2$。那么，关于概率 $P_r((d=j)|x)$，$(1\leqslant j\leqslant m-1)$的 logistic 转换函数可以表达为

$$\theta(P_r((d=1)\mid x))=\ln\left(\frac{P_r((d=1)\mid x)}{P_r((d=m)\mid x)}\right)=\eta_0^1+\eta_1^1a_1+\eta_2^1a_2+\cdots+\eta_k^1a_k \tag{14.1}$$

$$\theta(P_r((d=2)\mid x))=\ln\left(\frac{P_r((d=2)\mid x)}{P_r((d=m)\mid x)}\right)=\eta_0^2+\eta_1^2a_1+\eta_2^2a_2+\cdots+\eta_k^2a_k \tag{14.2}$$

$$\begin{aligned}\theta(P_r((d=m-1)\mid x))&=\ln\left(\frac{P_r((d=m-1)\mid x)}{P_r((d=m)\mid x)}\right)\\&=\eta_0^{m-1}+\eta_1^{m-1}a_1+\eta_2^{m-1}a_2+\cdots+\eta_k^{m-1}a_k\end{aligned} \tag{14.3}$$

式中，类别 m 为参照类别，η_0^j 为截距，$\eta_1^j,\eta_2^j,\cdots,\eta_k^j$ 为在第 j 个类别下的 $a_1,a_2,\cdots,a_k$ 对应的回归系数$(1\leqslant j\leqslant m-1)$。基于以上分析，事件 x 发生在类别 j 上的概率 $P_r((d=j)|x)$，可以表达为

$$P_r((d=j)\mid x)=\frac{e^{\theta(P_r(d=j)|x)}}{1+\sum\limits_{s=1}^{m-1}e^{\theta(P_r(d=s)|x)}}=\frac{e^{\eta_0^j+\eta_1^ja_1+\eta_2^ja_2+\cdots+\eta_k^ja_k}}{1+\sum\limits_{s=1}^{m-1}e^{\eta_0^s+\eta_1^sa_1+\eta_2^sa_2+\cdots+\eta_k^sa_k}} \tag{14.4}$$

那么,对于事件 x 发生在类别 m 上的概率 $P_r((d=j)|x)$,可以表达为

$$P_r((d=m)\mid x)=\frac{1}{1+\sum_{s=1}^{m-1}e^{\theta(P_r(d=s)|x)}}=\frac{1}{1+\sum_{s=1}^{m-1}e^{\eta_0^s+\eta_1^s a_1+\eta_2^s a_2+\cdots+\eta_k^s a_k}}\tag{14.5}$$

因此,得多项 logistic 回归中 x 的判别准则为

$$\arg \mathrm{Max}_{t=1}^{m} P_r((d=t)\mid x)\tag{14.6}$$

基于式(14.6),可以把事件发生的最大概率所对应的类别判为该对象的类。

14.2.2 决策粗糙集基本模型

本小节简要介绍经典决策粗糙集模型,特别是关于三支决策的阈值推导。根据贝叶斯决策过程,决策粗糙集模型是由两个状态集和三个行动集组成的[7, 26, 59-63]。其中,状态集 $\Omega=\{C,\neg C\}$,分别表示某对象属于 C 和不属于 C。行动集 $A=\{a_P,a_B,a_N\}$,其中,a_P、a_B 和 a_N 为在对 x 分类时可采取的三种行动,分别表示决定 $x\in \mathrm{POS}(C)$,决定 x 应该进一步研究 $x\in \mathrm{BND}(C)$和决定 $x\in \mathrm{NEG}(C)$。考虑不同状态下,采取不同行动所产生的损失(或者风险),由此构造出一个 3×2 的损失矩阵,如表 14.1 所示。

表 14.1 决策粗糙集的损失矩阵

	$C(P)$	$\neg C(N)$
a_P	λ_{PP}	λ_{PN}
a_B	λ_{BP}	λ_{BN}
a_N	λ_{NP}	λ_{NN}

在表 14.1 中,λ_{PP}、λ_{BP}、λ_{NP}分别表示当 x 属于 C 时,采取行动 a_P、a_B、a_N 时的损失;λ_{PN}、λ_{BN}、λ_{NN} 分别表示当 x 属于$\neg C$ 时,采取行动 a_P、a_B、a_N 时的损失。$P_r(C|[x])$是对象 x 属于 C 的条件概率,在计算时,对象 x 将由它的等价类$[x]$描述。对于一个对象 x,采取 a_P、a_B、a_N 三种不同行动时的期望损失 $R(a_i|[x])$可表示为

$$\begin{aligned}R(a_P\mid[x])&=\lambda_{PP}P_r(C\mid[x])+\lambda_{PN}P_r(C\mid[x])\\R(a_B\mid[x])&=\lambda_{BP}P_r(C\mid[x])+\lambda_{BN}P_r(C\mid[x])\\R(a_N\mid[x])&=\lambda_{NP}P_r(C\mid[x])+\lambda_{NN}P_r(C\mid[x])\end{aligned}\tag{14.7}$$

根据贝叶斯决策准则,选择期望损失最小的行动集作为最佳行动方案。由此,可得如下决策规则。

(P) 若 $R(a_P|[x]\leqslant R(a_B|[x]))$ 和 $R(a_P|[x])\leqslant R(a_N|[x])$同时成立,

则$x \in \mathrm{POS}(C)$。

(B) 若$R(a_{\mathrm{B}} | [x]) \leqslant R(a_{\mathrm{P}} | [x])$和$R(a_{\mathrm{B}} | [x]) \leqslant R(a_{\mathrm{N}} | [x])$同时成立，则$x \in \mathrm{BND}(C)$。

(N) 若$R(a_{\mathrm{N}} | [x] \leqslant R(a_{\mathrm{P}} | [x]))$和$R(a_{\mathrm{N}} | [x]) \leqslant R(a_{\mathrm{B}} | [x])$同时成立，则$x \in \mathrm{NEG}(C)$。

由于$P_{\mathrm{r}}(C | [x]) + P_{\mathrm{r}}(\neg C | [x]) = 1$，基于条件概率$P_{\mathrm{r}}(C | [x])$和损失函数，可以简化规则。考虑损失函数的一种合理情况

$$\lambda_{\mathrm{PP}} \leqslant \lambda_{\mathrm{BP}} < \lambda_{\mathrm{NP}},\ \lambda_{\mathrm{NN}} \leqslant \lambda_{\mathrm{BN}} < \lambda_{\mathrm{PN}}$$

据此，决策规则(P)、(B)、(N)可简化为

(P) 若$P_{\mathrm{r}}(C | [x]) \geqslant \alpha$和$P_{\mathrm{r}}(C | [x]) \geqslant \gamma$同时成立，则$x \in \mathrm{POS}(C)$。

(B) 若$P_{\mathrm{r}}(C | [x]) \leqslant \alpha$和$P_{\mathrm{r}}(C | [x]) \geqslant \beta$同时成立，则$x \in \mathrm{BND}(C)$。

(N) 若$P_{\mathrm{r}}(C | [x]) \leqslant \beta$和$P_{\mathrm{r}}(C | [x]) \geqslant \gamma$同时成立，则$x \in \mathrm{NEG}(C)$。

其中，阈值α、β和γ的表达式为

$$\begin{aligned}
\alpha &= \frac{\lambda_{\mathrm{PN}} - \lambda_{\mathrm{BN}}}{(\lambda_{\mathrm{PN}} - \lambda_{\mathrm{BN}}) + (\lambda_{\mathrm{BP}} - \lambda_{\mathrm{PP}})} \\
\beta &= \frac{\lambda_{\mathrm{BN}} - \lambda_{\mathrm{NN}}}{(\lambda_{\mathrm{BN}} - \lambda_{\mathrm{NN}}) + (\lambda_{\mathrm{NP}} - \lambda_{\mathrm{BP}})} \\
\gamma &= \frac{\lambda_{\mathrm{PN}} - \lambda_{\mathrm{NN}}}{(\lambda_{\mathrm{PN}} - \lambda_{\mathrm{NN}}) + (\lambda_{\mathrm{NP}} - \lambda_{\mathrm{PP}})}
\end{aligned} \tag{14.8}$$

此外，对于边界区域，决策规则(B)中的条件表明$\alpha > \beta$，即

$$\frac{\lambda_{\mathrm{BP}} - \lambda_{\mathrm{PP}}}{\lambda_{\mathrm{PN}} - \lambda_{\mathrm{BN}}} < \frac{\lambda_{\mathrm{NP}} - \lambda_{\mathrm{BP}}}{\lambda_{\mathrm{BN}} - \lambda_{\mathrm{NN}}}$$

这也意味着$0 \leqslant \beta < \gamma < \alpha \leqslant 1$。在这种情况下，进一步简化规则。

(P1) 若$P_{\mathrm{r}}(C | [x]) \geqslant \alpha$成立，则$x \in \mathrm{POS}(C)$。

(B1) 若$\beta < P_{\mathrm{r}}(C | [x]) < a$成立，则$x \in \mathrm{BND}(C)$。

(N1) 若$P_{\mathrm{r}}(C | [x]) \leqslant \beta$成立，则$x \in \mathrm{NEG}(C)$。

从规则(P1)、(B1)、(N1)可以看出，阈值α和β基于贝叶斯决策过程，能够系统地从损失函数中计算出来，这也提供了一个坚实的理论基础。值得注意的是，式(14.8)中的阈值α、β、γ是依赖损失函数$\lambda_{..}$。关于确定损失函数的值，Liu 等[39]提供两种策略：①直接评估[39]；②借助不确定信息估算[64-68]。

由上述分析可得，经典决策粗糙集侧重解决两分类问题。为了扩展决策粗糙集的应用，Lingras 等[19, 54]、Liu 等[21]和 Zhou[27]针对实际过程存在的多分类情况，进一步讨论了一些新的决策粗糙集模型。详细信息请参照文献[19]、文献[21]、文献[27]、文献[54]。

14.3 一种基于多项 logistic 回归和决策粗糙集的多分类三支决策

正如 14.2 节所述,决策粗糙集和 logistic 回归都可用于解决分类问题。两者的差异性具体体现在两个方面。一方面,决策粗糙集产生的是三支决策而后者 logistic回归产生的是二支决策。另一方面,logistic 回归能从信息表中计算出条件概率,而决策粗糙集能对 logistic 回归的阈值给出一种合理解释。从这点来看,两者是互补的。因此,本节结合两种方法,提出一种新的多项 logistic 回归分析方法,即多分类三支决策方法。

为了清楚和简便,本节直接采用 Zhou 提出的多类别决策粗糙集模型[27]。值得注意的是,该方法从多类别生成的决策规则可能存在冲突情况,解决方法可参照 Liu 等的成果[21]。参照文献[27]的处理方式,这里不讨论这一问题。假设多项 logistic 回归中对应了 m 个类别。信息表由 n 个对象组成,记为 $O=\{o_1,o_2,\cdots,o_n\}$。在多项 logistic 回归中,一个对象 $o_i(i=1,2,\cdots,n)$是由 k 个属性描述的,记为 $A=\{a_1,a_2,\cdots,a_k\}$,该对象在属性集下对应的变量值,记为 $a_{i1},a_{i2},\cdots,a_{ik}$。对象 o_i 属于第 t 类别的条件概率,直接记为 $P_r((d=t)|o_i)(1\leqslant t\leqslant m)$。鉴于每个对象的差异性,本节直接对单个对象进行分析。对于对象 o_i,在不同判断类别 t 下,不同状态采取不同行动的风险或者成本的损失函数矩阵,如表 14.2 所示。

表 14.2 对象 o_i 在第 t 类别时的损失矩阵

	$d=1$	…	$d=t$	…	$d=m$
a_{P_t}	$\lambda^i_{P_t1}=\lambda^i(a_{P_t}\|(d=1))$	…	$\lambda^i_{P_tt}=\lambda^i(a_{P_t}\|(d=t))$	…	$\lambda^i_{P_tm}=\lambda^i(a_{P_t}\|(d=m))$
a_{B_t}	$\lambda^i_{B_t1}=\lambda^i(a_{B_t}\|(d=1))$	…	$\lambda^i_{B_tt}=\lambda^i(a_{B_t}\|(d=t))$	…	$\lambda^i_{B_tm}=\lambda^i(a_{B_t}\|(d=m))$
a_{N_t}	$\lambda^i_{N_t1}=\lambda^i(a_{N_t}\|(d=1))$	…	$\lambda^i_{N_tt}=\lambda^i(a_{N_t}\|(d=t))$	…	$\lambda^i_{N_tm}=\lambda^i(a_{N_t}\|(d=m))$

其中 a_{P_t}、a_{B_t}、a_{N_t} 表示三种行动,即接受对象 o_i 属于第 $d=t$ 类别的结果,对于对象 o_i 属于第 $d=t$ 类别的结果需要进一步研究,拒绝对象 o_i 属于第 $d=t$ 类别的结果。$\lambda^i_{P_tt}$、$\lambda^i_{B_tt}$、$\lambda^i_{N_tt}$ 表示对象 o_i 属于类别 $d=t$ 时,采取接受、进一步研究和拒绝时所发生的损失。考虑损失函数的一种合理情况:

$$\lambda^i_{P_tt}\leqslant\lambda^i_{B_tt}<\lambda^i_{N_tt},\ \lambda^i_{N_tu}\leqslant\lambda^i_{B_tu}<\lambda^i_{P_tu}$$

式中,$1\leqslant u\leqslant m,u\neq t$。进一步,根据 14.2 节中的规则(P1)、(B1)、(N1),重新考虑其成立条件得

$$\frac{\lambda_{B_t t}^{i}-\lambda_{P_t t}^{i}}{\lambda_{P_t u}^{i}-\lambda_{B_t u}^{i}}<\frac{\lambda_{N_t t}^{i}-\lambda_{B_t t}^{i}}{\lambda_{B_t u}^{i}-\lambda_{N_t u}^{i}}$$

基于上述条件,对象 o_i 在第 t 类别的决策规则可以表示为

(P′ti) 若 $P_r((d=t)|o_i)\geqslant a_i^t$ 成立，则 $o_i\in \mathrm{POS}(d=t)$。

(B′ti) 若 $\beta_i^t<P_r((d=t)|o_i)<a_i^t$ 成立，则 $o_i\in \mathrm{BND}(d=t)$。

(N′ti) 若 $P_r((d=t)|o_i)\leqslant\beta_i^t$ 成立，则 $o_i\in \mathrm{NEG}(d=t)$。

式中,阈值 a_i^t 和 β_i^t 为

$$a_i^t=\frac{\sum\limits_{u=1,u\neq t}^{m}P_r((d=u)\mid o_i)(\lambda_{P_t u}^{i}-\lambda_{B_t u}^{i})}{\lambda_{B_t t}^{i}-\lambda_{P_t t}^{i}}$$

$$\beta_i^t=\frac{\sum\limits_{u=1,u\neq t}^{m}P_r((d=u)\mid o_i)(\lambda_{B_t u}^{i}-\lambda_{N_t u}^{i})}{\lambda_{N_t t}^{i}-\lambda_{B_t t}^{i}}$$

根据多项 logistic 回归,对象 o_i 在第 t 类别的条件概率 $P_r((d=t)|o_i)$ 为

$$P_r((d=t)\mid o_i)=\begin{cases}\dfrac{e^{\eta_0^t+\eta_1^t a_{i1}+\eta_2^t a_{i2}+\cdots+\eta_k^t a_{ik}}}{1+\sum\limits_{s=1}^{m-1}e^{\eta_0^s+\eta_1^s a_{i1}+\eta_2^s a_{i2}+\cdots+\eta_k^s a_{ik}}}, & 1\leqslant t\leqslant m-1\\[2ex] \dfrac{1}{1+\sum\limits_{s=1}^{m-1}e^{\eta_0^s+\eta_1^s a_{i1}+\eta_2^s a_{i2}+\cdots+\eta_k^s a_{ik}}}, & t=m\end{cases}$$

由此,可以构造出一种基于多项 logistic 回归和决策粗糙集的多分类三支决策方法,其流程如图 14.1 所示。

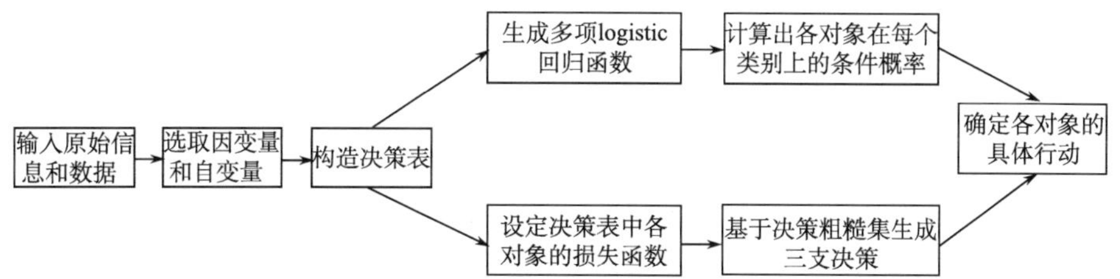

图 14.1　基于多项 logistic 回归和决策粗糙集的多分类三支决策方法流程图

从图 14.1 可以看出这种多分类三支决策,主要包括五步,具体步骤如下。

第 1 步:根据实际问题,选取自变量和因变量,进而构造原始信息表。

第 2 步:基于原始信息表,采用多项 logistic 回归构建 logistic 回归方程。

第 3 步：根据 logistic 回归方程，计算各对象属于每一类别的条件概率，即 $P_r((d=t)|o_i)(i=1,2,\cdots,n;t=1,2,\cdots,m)$。

第 4 步：通过决策粗糙集，生成每个对象在各类别上的决策规则。对于任意对象 $o_i(i=1,2,\cdots,n)$，根据专家经验和先验信息，对照表 14.2，设定其在各状态和行动下相应的损失函数值，并计算出(P′ti)、(B′ti)、(N′ti)的阈值 α_i^t 和 β_i^t。

第 5 步：确定每个对象的具体行动。对于对象 o_i，可以按照 t 从 1 到 m 依次变化，对比 $P_r((d=t)|o_i)$ 和阈值(α_i^t,β_i^t)，进而确定 o_i 的具体行动。

总体来说，logistic 回归分析方法给估算三支决策的条件概率提供了新的方法。与此同时，决策粗糙集可以被用于确定 logistic 回归分析方法的阈值且形成三支决策方法。

14.4 实　　例

logistic 回归中根据 logistic 回归函数，判别出每个对象的类别。不同于经典 logistic 回归的判别准则，本章采用决策粗糙集解释 logistic 回归中的阈值问题。决策粗糙集不仅针对实际问题给出了其阈值的语义解释，而且增加了新的延迟策略。这里，决策粗糙集其实可起到修正 logistic 回归结果的效果。此外，logistic 回归为决策粗糙集中的条件概率提供了新的计算方法。本节将采用一个预测高中生选择项目的实例[56]详细阐述基于 logistic 回归的多分类三支决策方法。进入高中，每个学生需要在通识教育项目、职业技能项目和研究能力项目中选取一个作为自己的培养方向。因此，本实例中项目选择结果，选为因变量，记为 d，它有三个类别。通识教育项目代码标记为 1，即 $d=1$；职业技能项目为 2，即 $d=2$；研究能力项目为 3，即 $d=3$。而学生的选择模型，主要通过他们的写作得分和社会经济地位构建[56]。写作得分是一个连续性变量，社会经济地位是一个三层次的类别变量。在多项 logistic 回归中，社会经济地位生成了三个哑变量，即低、中、高。因此，自变量分别记为 a_1(写作得分)、a_2(社会经济地位为低)、a_3(社会经济地位为中)、a_4(社会经济地位为高)。学生详细的原始信息表，请详见文献[56]。实例中共有 200 个学生，其中 45 个学生选择了通识教育项目，50 个学生选择了职业技能项目，105 个学生选取了研究能力项目。部分学生的信息情况，如表 14.3 所示。

基于文献[56]的原始数据，利用 SPSS16.0 软件运行多项 logistic 回归。在 95%置信水平下，多项 logistic 回归的整体效果是显著的。多项 logistic 回归所构建出的 logistic 回归函数，如表 14.4 所示。

表 14.3　部分学生的信息表

学生	a_1	a_2	a_3	a_4	d	学生	a_1	a_2	a_3	a_4	d
o_1	35	1	0	0	2	o_{101}	52	0	1	0	3
o_2	33	0	1	0	1	o_{102}	52	0	1	0	2
o_3	39	0	0	1	2	o_{103}	55	0	1	0	2
o_4	37	1	0	0	2	o_{104}	41	0	1	0	2
o_5	31	0	1	0	2	o_{105}	49	0	1	0	1
⋮	⋮	⋮	⋮	⋮	⋮	⋮	⋮	⋮	⋮	⋮	⋮
o_{96}	59	0	1	0	1	o_{196}	65	0	0	1	3
o_{97}	52	0	1	0	3	o_{197}	63	0	1	0	2
o_{98}	52	0	1	0	2	o_{198}	67	0	1	0	2
o_{99}	46	0	1	0	2	o_{199}	65	0	1	0	3
o_{100}	41	0	1	0	1	o_{200}	62	0	1	0	3

表 14.4　多项 logistic 回归结果

项目类型①	系数	B	S. E.	Wald	df	Sig.	Exp(B)
$d=1$	截距	1.689	1.227	1.896	1	0.169	
	a_1	−0.058	0.021	7.320	1	0.007	0.944
	a_2	1.163	0.514	5.114	1	0.024	3.199
	a_3	0.630	0.465	1.833	1	0.176	1.877
	a_4	0②			0		
$d=2$	截距	4.236	1.205	12.361	1	0.000	
	a_1	−0.114	0.022	26.139	1	0.000	0.893
	a_2	0.983	0.596	2.722	1	0.099	2.672
	a_3	1.274	0.511	6.214	1	0.013	3.575
	a_4	0②			0		

注：① 参照类别：$d=3$

② 参数被设置为 0，原因在于该参数是多余的

从表 14.4 可以看出，类别 $d=3$ 被选做参考类别。回归结果分为两部分，以因变量的类别标记。a_4 也是作为 a_2 和 a_3 的参考类别，这里它是冗余的并且系数是 0。从选择通识教育项目($d=1$)的学生来看，a_2 和 a_4 间的差异是显著的，而 a_3 和 a_4 间的差异不是显著的。从选择职业技能项目($d=2$)的学生来看，a_2 和 a_4 间的差异不是显著的，而 a_3 和 a_4 间的差异是显著的。根据式(14.1)～式(14.3)，多项 logistic 回归函数可构造得

$$\theta(P_r((d=1)\mid o_i))=\ln\left(\frac{P_r((d=1)\mid o_i)}{P_r((d=m)\mid o_i)}\right)$$
$$=1.689-0.058a_1+1.163a_2+0.630a_3 \quad (14.9)$$

$$\theta(P_r((d=2)\mid o_i))=\ln\left(\frac{P_r((d=2)\mid o_i)}{P_r((d=m)\mid o_i)}\right)$$
$$=4.236-0.114a_1+0.983a_2+1.274a_3 \quad (14.10)$$

进一步,基于式(14.4)~式(14.5),学生 o_i 属于各类别的条件概率计算公式为

$$P_r((d=1)\mid o_i)=\frac{e^{1.689-0.058a_1+1.163a_2+0.630a_3}}{1+e^{1.689-0.058a_1+1.163a_2+0.630a_3}+e^{4.236-0.114a_1+0.983a_2+1.274a_3}} \quad (14.11)$$

$$P_r((d=2)\mid o_i)=\frac{e^{4.236-0.114a_1+0.983a_2+1.274a_3}}{1+e^{1.689-0.058a_1+1.163a_2+0.630a_3}+e^{4.236-0.114a_1+0.983a_2+1.274a_3}} \quad (14.12)$$

$$P_r((d=3)\mid o_i)=\frac{1}{1+e^{1.689-0.058a_1+1.163a_2+0.630a_3}+e^{4.236-0.114a_1+0.983a_2+1.274a_3}} \quad (14.13)$$

基于式(14.11)~式(14.13),200 个学生的预测结果和在各类别下的条件概率,如表 14.5 所示。

SPSS 运行的统计结果表明多项 logistic 回归的回测正确率为 61%。借助决策粗糙集,新的多项 logistic 回归用于修正其预测结果。对于学生 o_i,根据多项 logistic 回归计算出的条件概率 $P_r((d=t)|o_i)$、阈值 α_i^t 和 β_i^t 可判别出其所选择的项目($i=1,2,\cdots,n;t=1,2,\cdots,m$)。根据规则(P′ti)、(B′ti)、(N′ti),决策粗糙集可以被用于构建阈值。为了便于说明,这里选取四个学生 o_2、o_{98}、o_{109}、o_{197} 详细阐述多分类三支决策方法。根据专家经验和先验信息,四位学生的损失函数被估算出来。它们的损失函数和阈值结果,如表 14.6 所示。

这里,假设做正确的决定是没有成本(损失)的,因此在表 14.6 中,设定 $\lambda_{P_tt}^i=0$。下面对照表 14.5 中的条件概率和表 14.6 中相应的阈值对四位学生的选择决定进行分析。对于学生 o_2,$P_r((d=1)|o_2)=0.1806$,$P_r((d=2)|o_2)=0.6992$,$P_r((d=3)|o_2)=0.1202$。在三个类别下,阈值分别为:① $\alpha_2^1=0.6628$,$\beta_2^1=0.3037$;② $\alpha_2^2=0.4059$,$\beta_2^2=0.1444$;③ $\alpha_2^3=0.8011$,$\beta_2^3=0.1486$。此种情况下,$P_r((d=1)|o_2)=0.1806<\beta_2^1$,$P_r((d=2)|o_2)=0.6992>\alpha_2^2$ 和 $P_r((d=3)|o_2)=0.1202<\beta_2^3$。因此,学生 o_2 应该采取行动 a_{P_2},接受预测结果。也就是说,我们接受多项 logistic 回归对该生的预测结果而不同意它在表 14.4 中的原始类别。

表 14.5 学生的预测结果和在各类别下的条件概率

学生	d	预测类别	条件概率			学生	d	预测类别	条件概率		
			$P_r((d=1)\|o_i)$	$P_r((d=2)\|o_i)$	$P_r((d=3)\|o_i)$				$P_r((d=1)\|o_i)$	$P_r((d=2)\|o_i)$	$P_r((d=3)\|o_i)$
o_1	2	2	0.3382	0.5135	0.1483	o_{101}	3	3	0.2302	0.3094	0.4605
o_2	$\underline{1}$	$\underline{2}$	0.1806	0.6992	0.1202	o_{102}	$\underline{2}$	$\underline{3}$	0.2302	0.3094	0.4605
o_3	$\underline{2}$	$\underline{3}$	0.2368	0.3445	0.4187	o_{103}	$\underline{2}$	$\underline{3}$	0.2214	0.2517	0.5269
o_4	2	2	0.3508	0.4765	0.1727	o_{104}	2	2	0.2204	0.5465	0.2331
o_5	2	2	0.1689	0.7309	0.1001	o_{105}	$\underline{1}$	$\underline{3}$	0.2342	0.3720	0.3938
⋮	⋮	⋮	⋮	⋮	⋮	⋮	⋮	⋮	⋮	⋮	⋮
o_{96}	$\underline{1}$	$\underline{3}$	0.2036	0.1853	0.6110	o_{196}	3	3	0.1074	0.0367	0.8559
o_{97}	3	3	0.2302	0.3094	0.4605	o_{197}	$\underline{2}$	$\underline{3}$	0.1814	0.1322	0.6864
o_{98}	$\underline{2}$	$\underline{3}$	0.2302	0.3094	0.4605	o_{198}	2	3	0.1574	0.0918	0.7508
o_{99}	2	2	0.2331	0.4375	0.3294	o_{199}	3	3	0.1695	0.1105	0.7200
o_{100}	$\underline{1}$	$\underline{2}$	0.2204	0.5465	0.2331	o_{200}	3	3	0.1872	0.1442	0.6685

注:d 代表学生的真实类别,下划线代表预测结果与真实情况不一致

表 14.6　四位学生的损失函数和阈值结果(u 为单位成本)

o_2	$d=1$	$d=2$	$d=3$	α_2^t	β_2^t	o_{109}	$d=1$	$d=2$	$d=3$	α_{109}^t	β_{109}^t
a_{P_1}	0	$8u$	$10u$			a_{P_1}	0	$10u$	$8u$		
a_{B_1}	$6u$	$3u$	$6u$	0.6628	0.3037	a_{B_1}	$9u$	$3u$	$3.5u$	0.4496	0.3272
a_{N_1}	$11u$	$1u$	$5u$			a_{N_1}	$13.5u$	0	$2u$		
a_{P_2}	$6u$	0	$13u$			a_{P_2}	$17u$	0	$6.5u$		
a_{B_2}	$3u$	$4u$	$4u$	0.4059	0.1444	a_{B_2}	$14.5u$	$2u$	$5u$	0.7128	0.1527
a_{N_2}	$1u$	$9u$	$1u$			a_{N_2}	$13u$	$8u$	$4u$		
a_{P_3}	$15u$	$6u$	0			a_{P_3}	$20u$	$31u$	0		
a_{B_3}	$5u$	$4u$	$4u$	0.8011	0.1486	a_{B_3}	$10u$	$10u$	$7u$	0.8468	0.6112
a_{N_3}	$2u$	$3.5u$	$10u$			a_{N_3}	$6u$	$4.5u$	$10u$		

o_{98}	$d=1$	$d=2$	$d=3$	α_{98}^t	β_{98}^t	o_{197}	$d=1$	$d=2$	$d=3$	α_{197}^t	β_{197}^t
a_{P_1}	0	$9u$	$10u$			a_{P_1}	0	$11u$	$9u$		
a_{B_1}	$8u$	$3u$	$5.5u$	0.4911	0.3274	a_{B_1}	$10u$	$4u$	$4.5u$	0.4014	0.3169
a_{N_1}	$12u$	$1u$	$4u$			a_{N_1}	$14.5u$	$1u$	$3u$		
a_{P_2}	$15.5u$	0	$8.5u$			a_{P_2}	$8u$	0	$5u$		
a_{B_2}	$12u$	$6.5u$	$6u$	0.3011	0.1919	a_{B_2}	$5.5u$	$3.5u$	$4.5u$	0.2276	0.1119
a_{N_2}	$11.5u$	$9.5u$	$5u$			a_{N_2}	$4u$	$9u$	$4u$		
a_{P_3}	$15u$	$13u$	0			a_{P_3}	$17u$	$28u$	0		
a_{B_3}	$12u$	$6.5u$	$6u$	0.5689	0.4777	a_{B_3}	$4u$	$8u$	$6u$	0.8337	0.2218
a_{N_3}	$3.5u$	$4.2u$	$10u$			a_{N_3}	$3u$	$3.5u$	$9.5u$		

对于学生 o_{98}，$P_r((d=1)|o_{98})=0.2302$，$P_r((d=2)|o_{98})=0.3094$，$P_r((d=3)|o_{98})=0.4605$。在三个类别下，阈值分别为：①$\alpha_{98}^1=0.4911$，$\beta_{98}^1=0.3274$；②$\alpha_{98}^2=0.3011$，$\beta_{98}^2=0.1919$；③$\alpha_{98}^3=0.5689$，$\beta_{98}^3=0.4777$。此种情况下，$P_r((d=1)|o_{98})=0.2302<\beta_{98}^1$，$P_r((d=2)|o_{98})=0.3094>\alpha_{98}^2$ 和 $P_r((d=3)|o_{98})=0.4605<\beta_{98}^3$。因此，学生 o_{98} 应该采取行动 a_{P_2}，不接受预测结果。也就是说，我们认为该生会选择职业技能项目，接受表 14.4 中的原始类别。

对于学生 o_{109}，$P_r((d=1)|o_{109})=0.2036$，$P_r((d=2)|o_{109})=0.1853$，$P_r((d=3)|o_{109})=0.6110$。在三个类别下，阈值分别为：①$\alpha_{109}^1=0.4496$，$\beta_{109}^1=0.3272$；②$\alpha_{109}^2=0.7128$，$\beta_{109}^2=0.1527$；③$\alpha_{109}^3=0.8468$，$\beta_{109}^3=0.6112$。此种情况下，$P_r((d=1)|o_{109})=0.2036<\beta_{109}^1$，$\beta_{109}^2<P_r((d=2)|o_{109})=0.1853<\alpha_{109}^2$ 和 $P_r((d=3)|o_{109})=0.1202<\beta_{109}^3$。因此，学生 o_{109} 应该采取行动 a_{B_2}。此时，不同于预测结果和

原始类别，我们认为该生可能会选择职业技能项目。只是，目前还不能判别具体类别，需要收集更多信息最终判定。

对于学生 o_{197}，$P_r((d=1)|o_{197})=0.1814$，$P_r((d=2)|o_{197})=0.1322$，$P_r((d=3)|o_{197})=0.6864$。在三个类别下，对应的阈值分别为：①$\alpha_{197}^1=0.4014$，$\beta_{197}^1=0.3169$；②$\alpha_{197}^2=0.2276$，$\beta_{197}^2=0.1119$；③$\alpha_{197}^3=0.8337$，$\beta_{197}^3=0.2218$。此时情况下，$P_r((d=1)|o_{197})=0.1814<\beta_{197}^1$，$\beta_{197}^2<P_r((d=2)|o_{197})=0.1322<\alpha_{197}^2$ 和 $\beta_{197}^3<P_r((d=3)|o_{197})=0.6864<\alpha_{197}^3$。因此，学生 o_{197} 应该采取行动 a_{B_2} 和 a_{B_3}。此时，还是不同于预测结果和原始类别，我们觉得该生可能会选择职业技能项目或者研究能力项目。类似于 o_{109}，目前还不能判别该生的具体类别，需要收集更多信息最终判定。

14.5　本章小结

在 logistic 回归中，判定一个事件的类别要基于该事件发生的最大概率，但是这个准则在最大概率值不足够大的情况下可能存在错分类。对于决策粗糙集，它面临两大挑战，即如何确定损失函数和计算条件概率。特别地，计算条件概率也是决策粗糙集在应用过程中的关键问题。本章组合决策粗糙集和 logistic 回归，提出了一种基于 logistic 回归的多分类三支决策方法。决策粗糙集对 logistic 回归中的判定阈值给出了一种语义解释。与此同时，logistic 回归也为决策粗糙集提供了一种计算条件概率的方法。这里，条件概率由 logistic 回归计算得出，这属于机器学习的范畴。由决策粗糙集生成的阈值依靠损失函数，这体现了人参与的方面。因此，本章提出的多分类三支决策为解决实际问题提供了一个人机交互的视角。我们未来将进一步解决多分类决策粗糙集的规则冲突问题，扩展本章的研究。此外，其他的判别分类方法，如线性判别分析、距离判别分析、傅里叶判别分析和逐步判别分析，也将是下一步研究的内容。

致　　谢

感谢加拿大里贾纳大学姚一豫教授提出的宝贵建议。本章的研究内容得到国家自然科学基金项目(71201133，61175047)、教育部人文社会科学研究青年基金项目(11YJC630127)、高等学校博士学科点专项科研基金项目(20120184120028)、中国博士后科学基金项目(2012M520310)和中央高校基本科研科技创新项目(SWJTU12CX117)的资助。

参考文献

[1] 何晓群. 多元统计分析. 北京:中国人民大学出版社,2007.

[2] Pires A M,Branco J A. Projection-pursuit approach to robust linear discriminant analysis. Journal of Multivariate Analysis,2010,101:2464-2485.

[3] Sueyoshi T. DEA-discriminant analysis: methodological comparison among eight discriminant analysis approaches. European Journal of Operational Research,2006,169:247-272.

[4] Discriminant analysis. http://www.referenceforbusiness.com/encyclopedia/Dev.

[5] http://en.wikipedia.org/wiki/Logistic_regression.

[6] Gerlach R,Stamey J. Bayesian model selection for logistic regression with misclassified outcomes. Statistical Modelling,2007,7:255-273.

[7] Yao Y Y. Three-way decisions with probabilistic rough sets. Information Sciences,2010,180:341-353.

[8] Yao Y Y,Wong S K M,Lingras P. A decision-theoretic rough set model. Proceedings of the 5th International Symposium on Methodologies for Intelligent Systems,1990,17-25.

[9] Yao Y Y,Wong S K M. A decision theoretic framework for approximating concepts. International Journal of Man-machine Studies,1992,37:793-809.

[10] Yao Y Y. Three-way decisions using rough sets. Proceedings of Rough Sets: Selected Methods and Applications in Management and Engineering, Advanced Information and Knowledge Processing, 2012: 79-93.

[11] Yao Y Y. The superiority of three-way decision in probabilistic rough set models. Information Sciences, 2011,181:1080-1096.

[12] Yao Y Y. An outline of a theory of three-way decisions. Proceedings of the RSCTC,2012,7413:1-17.

[13] Liu D,Li H X,Zhou X Z. Two decades' research on decision-theoretic rough sets. Proceedings of 9th IEEE International Conference on Cognitive Informatics,2010:968-973.

[14] Abd El-Monsef M M E,Kilany N M. Decision analysis via granulation based on general binary relation. International Journal of Mathematics and Mathematical Sciences,2007,doi:10.1155/2007/12714.Article ID 12714.

[15] Herbert J P,Yao J T. Game-theoretic risk analysis in decision-theoretic rough sets. Proceedings of 3rd International Conference on Rough Set and Knowledge Technology,2008,5009:132-139.

[16] Herbert J P,Yao J T. Learning optimal parameters in decision-theoretic rough sets. Proceedings of 4th Rough Sets and Knowledge Technology,2009,5589:610-617.

[17] Herbert J P,Yao J T. Game-theoretic rough sets. Fundamenta Informaticae,2011,108:267-286.

[18] Li H X,Zhou X Z. Risk decision making based on decision-theoretic rough set: a three-way view decision model. International Journal of Computational Intelligence Systems,2011,4:1-11.

[19] Lingras P,Chen M,Miao D Q. Semi-supervised rough cost/benefit decisions. Fundamenta Informaticae, 2009,94:233-244.

[20] Liu D,Li T R,Liang D C. A new discriminant analysis approach under decision-theoretic rough sets. Proceedings of the 6th International Conference on Rough Sets and Knowledge Technology,2011,6954: 476-485.

[21] Liu D,Li T R,Li H X. A multiple-category classification approach with decision-theoretic rough sets. Fundamenta Informaticae,2012,115:173-188.

[22] Ma W M, Sun B Z. On relationship between probabilistic rough set and Bayesian risk decision over two universes. International Journal of General Systems, 2012, 41: 225-245.

[23] Slezak D. Rough sets and bayes factor. LNCS Transactions on Rough Sets III 3400, 2005: 202-229.

[24] Slezak D, Ziarko W. The investigation of the bayesian rough set model. International Journal of Approximate Reasoning, 2005, 40: 81-91.

[25] Yang X P, Yao J T. Modelling multi-agent three-way decisions with decision-theoretic rough sets. Fundamenta Informaticae, 2012, 115: 157-171.

[26] Yao Y Y, Zhou B. Naive bayesian rough sets. Proceedings of the 5th International Conference on Rough Sets and Knowledge Technology, 2010, 6401: 713-720.

[27] Zhou B. A new formulation of multi-category decision-theoretic rough sets. Proceedings of the 6th International Conference on Rough Sets and Knowledge Technology, 2011, 6954: 514-522.

[28] Jia X Y, Li W W, Shang L, et al. An optimization viewpoint of decision theoretic rough set model. Proceedings of the 6th International Conference on Rough Sets and Knowledge Technology, 2011, 6954: 457-465.

[29] Li H X, Zhou X Z, Zhao J B, et al. Attribute reduction in decision-theoretic rough set model: a further investigation. Proceedings of the 6th International Conference on Rough Sets and Knowledge Technology, 2011, 6954: 466-475.

[30] Min F, He H P, Qian Y H, et al. Test-cost-sensitive attribute reduction. Information Sciences, 2011, 181: 4928-4942.

[31] Min F, Zhu W. Attribute reduction of data with error ranges and test costs. Information Sciences, 2012, 211: 48-67.

[32] Yao Y Y, Zhao Y. Attribute reduction in decision-theoretic rough set models. Information Sciences, 2008, 178: 3356-3373.

[33] Zhao Y, Yao Y Y, Wong S K M. A note on attribute reduction in the decision-theoretic rough set model. Transactions on Rough Sets XIII, 2011, 6499: 260-275.

[34] Ayad R A, Liu J. Supporting E-learning system with modified bayesian rough set model. Proceedings of the 6th International Symposium on Neural Networks, 2009, 5552: 192-200.

[35] Beynon M J, Peel M J. Variable precision rough set theory and data discretization: an application to corporate failure prediction. Omega, 2001, 29: 561-576.

[36] Forster M R. Key concepts in model selection: performance and generalizability. Journal of Mathematical Psychology, 2000, 44: 205-231.

[37] Goudey R. Do statistical inferences allowing three alternative decision give better feedback for environmentally precautionary decision-making. Journal of Environmental Management, 2007, 85: 338-344.

[38] Liu D, Yao Y Y, Li T R. Three-way investment decisions with decision-theoretic rough sets. International Journal of Computational Intelligence Systems, 2011, 4: 66-74.

[39] Liu D, Li T R, Ruan D. Probabilistic model criteria with decision-theoretic rough sets. Information Sciences, 2011, 181: 3709-3722.

[40] Liu D, Li T R, Liang D C. Three-way government decision analysis with decision-theoretic rough sets. International Journal of Uncertainty, Fuzziness and Knowledge-Based Systems, 2012, 20: 119-132.

[41] Macmillan F. Risk, uncertainty and investment decision-making in the upstream oil and gas industry. Aberdeen: University of Aberdeen, 2000.

[42] Min F,Liu Q H,Fang C L. Rough sets approach to symbolic value partition. International Journal of Approximate Reasoning,2008,49:689-700.

[43] Min F,Liu Q H. A hierarchical model for test-cost-sensitive decision systems. Information Sciences, 2009,179: 2442-2452.

[44] Pauker S G,Kassirer J P. The threshold approach to clinical decision making. The New England Journal of Medicine,1980,302:1109-1117.

[45] Slezak D,Wróblewski J,Eastwood V,et al. Brighthouse: an analytic datawarehouse for ad-hoc queries. Proceedings of the VLDB Endowment, 2008: 1337-1345.

[46] Woodward P W,Naylor J C. An application of Bayesian methods in SPC. The Statistician,1993,42: 461-469.

[47] Xie G,Yue W,Wang S Y,et al. Dynamic risk management in petroleum project investment based on a variable precision rough set model. Technological Forecasting & Social Change,2010,77:891-901.

[48] Yao J T,Herbert J P. Web-based support systems with rough set analysis. Proceedings of International Conference on Rough Set and emerging intelligent system paradigms,2007,4585:360-370.

[49] Yusgiantoro P,Hsiao F S T. Production-sharing contracts and decision-making in oil production. Energy Economics,1993,10:245-256.

[50] ZhaoW Q,Zhu Y L. An email classification scheme based on decision-theoretic rough set theory and analysis of email security. Proceedings of 2005 IEEE Region 10 TENCON,DOI:10.1109/TENCON. 2005.301121.

[51] Zhou B,Yao Y Y,Luo J G. A three-way decision approach to email spam filtering. Proceedings of 23th Canadian AI, 2010:28-39.

[52] Deng D F,Yao Y Y. An information-theoretic interpretation of thresholds in probabilistic rough sets. Proceedings of the 7th International Conference on Rough Sets and Knowledge Technology,2012,7414: 369-378.

[53] Duda R O,Hart P E. Pattern Classification and Scene Analysis. New York:Wiley Press,1973.

[54] Lingras P,Chen M,Miao D Q. Rough cluster quality index based on decision theory. IEEE Transaction on Knowledge and Data Engineering,2009,21:1014-1026.

[55] Pawlak Z. Rough sets. International Journal of Computer and Information Science,1982,11:341-356.

[56] http://www.ats.ucla.edu/stat/spss/dae/mlogit.htm.

[57] Ziarko W. Variable precision rough set model. Journal of Computer and System Sciences,1993,46: 39-59.

[58] Ziarko W. Probabilistic approach to rough set. International Journal of Approximate Reasoning,2008, 49:272-284.

[59] Yao Y Y. Probabilistic approaches to rough sets. Expert Systems,2003,20:287-297.

[60] Yao Y Y. Decision-theoretic rough set models. Proceedings of 2nd International Conference on Rough Set and Knowledge Technology,2007,4481:1-12.

[61] Yao Y Y. Probabilistic rough set approximations. International Journal of Approximate Reasoning, 2008,49:255-271.

[62] Yao Y Y. Three-way decision: an interpretation of rules in rough set theory. Proceedings of 4th International Conference on Rough Set and Knowledge Technology,2009,5589:642-649.

[63] Yao Y Y. Two semantic issues in a probabilistic rough set model. Fundamenta Informaticae,2011,108:

249-265.

[64] Liu D, Li T R, Liang D C. Decision-theoretic rough sets with probabilistic distribution. Proceedings of the 7th International Conference on Rough Sets and Knowledge Technology, 2012, 7414: 389-398.

[65] Liang D C, Liu D, Pedrycz W, et al. Triangular fuzzy decision-theoretic rough sets. International Journal of Approximate Reasoning, 2013, http://dx.doi.org/10.1016/j.ijar.2013.03.014.

[66] 刘盾，姚一豫，李天瑞.三支决策粗糙集.计算机科学，2011，38(1)：246-250.

[67] 刘盾，李天瑞，李华雄.区间决策粗糙集.计算机科学，2012，39(7)：178-214.

[68] 刘盾，李天瑞，梁德翠. 模糊数决策粗糙集. 计算机科学，2012，39(12)：25-29.

第 15 章　区间集的粒结构表示

黄佳进

北京工业大学国际 WIC 研究院

作为三支决策的一个重要方法，区间集利用下界和上界将集合分成正域、负域和边界域，其描述的三支决策为接受正域中的元素、拒绝负域中的元素、不承诺边界域中的元素。作为粒计算的具体模型，可以利用区间集的下界和上界形成的区间构建粒框架。这就引出了两个问题：如何比较使用区间集表示的两个对象，以及如何组织使用区间集表示的对象集合。本章针对这些问题，利用粒计算三元论模型，讨论了基于序的区间集的粒结构和基于集合的区间集的粒结构。

15.1　引　　言

在概念的经典观点中，概念是用内含和外延表示的，内含是概念实体的内在特征，外延是由该概念实例的集合组成的[1-2]。在信息不完备的情况下，可以对部分实体用“是”或“非”的结论判断其是否为概念的实例，而很难对所有的实体做出这样的判断，具有这种性质的概念称为部分已知的概念。描述部分已知的概念则可以通过引入下界和上界实现。Yao 提出的区间集[3-5]是这一方向的代表性研究。区间集用一对集合分别表示其下界和上界，下界表示所有确定属于概念的实体，上界表示所有可能属于该概念的实体。目前关于区间集的研究主要包括区间集的表示(如何构建区间集)、区间集的操作和运算(区间集的代数问题)、区间集的应用(如何使用区间集)等几个方面。作为粒计算的具体模型，区间集理论定义了三个两两互不相交的集合来描述三支决策[7-9]，是三支决策的一个重要方法。从这个角度出发，可引出两个问题：如何比较使用区间集表示的两个对象，以及如何组织使用区间集表示的对象集合。Yao 提出的粒计算三元论模型[10]为此提供了一个计算范式。依据文献[10]和文献[11]的内容，在这里简要介绍粒计算三元论模型。

粒计算三元论[10]将现有粒计算研究成果的共性抽象出来，为问题求解提供了统一的理论。以粒结构为基础的三元论模型包括三部分，即结构化思维、结构化问题求解、结构化信息处理。结构化思维强调了对粒计算的哲学思想的研究。结构化问题求解致力于将粒计算哲学思想具体到问题求解的方法、技术和工具的研究和开发中。结构化信息处理强调以计算机为主体的信息处理与以人为主体的信息处理的差别。

粒结构体现了粒计算所倡导的多粒度、多层次、多视角的结构化方法。粒结构的基本组成主要包括粒、层次、不同层次组成的分层结构，而粒结构又是从不同视角出发的多个分层结构的组合。粒计算研究的对象具有的多层次、多视角的结构称为粒结构，其组成元素包括粒、层次以及分层结构。在粒计算中，粒是一个最基本的抽象概念，在处理问题时可以将看成一个整体的对象作为一个粒。粒具有双重身份，可以是其他粒的一部分，也可以是多个更小粒组成的整体。粒存在着不同的粒度，相同粒度的粒结合在一起，构成对问题特定粒度层次的描述。层次是粒计算的另一个重要概念，一个层由同样粒度或者同样性质的粒组成。粒给出局部描述，由一簇粒形成的层给出一个给定粒度的全局描述。人们在不同层次中研究不同粒度的粒，同一层次的粒之间可以是不相交的关系，也可以是交叠的关系。同一层次上所有的粒共同体现了本层次的特性，它们相互补充，相互呼应，完整地表达了在这个层次、这个粒度上对一个问题的描述。不同层次可以组织形成一个多层次结构。分层结构由若干层次组成，不同层次体现了不同的粒度。层次间的递进反映了由表及里、由抽象到具体、由粗糙到细致、由笼统到具体的变化。通过细化运算，一个高层次的粒可以分解为若干个低层次的粒，从而对问题提供更详细的描述或者更多的信息。通过粗化运算，若干个低层次的粒可以组合成一个高层次的粒，从而将隐藏不相关的细节，体现问题的共性。一个分层结构只可能给出一个局限性的视角，要达到全面的理解必须采用多个分层结构。对于现实世界的描述，多个分层结构可以给出特定问题的不同视角。一个分层结构中，不同的粒度使我们对问题有多层次的理解。

在粒计算三元论模型中，多视角方法将若干个分层结构组合成粒结构。多层次、多视角的粒结构反映了同一问题理解的多个角度和视点。多层次和多视角是粒结构的核心内容。最近有研究者从集合论的角度[12-13]和图论角度[14-16]研究了粒结构，其方法主要是采用集合操作和图操作构建粒结构。

粒计算的优点之一是忽视不重要或者无关的细节来搜索合适的粒度层次[17]。从测量论的角度看，就是定量地描述粒之间直观和定性的关系，这样粒之间可以做定性和定量的比较。从集合论的角度，可以利用包含关系描述粒之间由精到粗或者由粗到精的关系，从而按层次组织粒。区间集是粒计算的一个具体模型[6]，因此本书从测量论和集合论的角度，依照粒计算三元论中强调的多层次和多视角的粒结构讨论基于区间集的粒结构，试图从这个角度提供方法，比较和组织使用区间集表示的对象，进而探讨三支决策中的区间集和粒计算中的粒结构的关系。

15.2 区 间 集

15.2.1 区间集的概念

Yao 在文献[3]～文献[5]中给出了区间集形式上的定义：设 U 是一个有限集合，称为全集，2^U 是 U 的幂集。区间集 $\mathscr{A}$ 是 2^U 的一个子集，定义为

$$\mathscr{A}=[A_l,A_u]=\{A \in 2^U \mid A_l \subseteq A \subseteq A_u\}$$

式中，$A_l \subseteq A_u$ 成立。幂集 2^U 是一个格，称为幂集格。所有区间集的集合 $I(2^U)$ 定义为

$$I(2^U)=\{[A_l,A_u] \mid A_l,A_u \subseteq U,A_l \subseteq A_u\}$$

从语义上来讲，一个区间集描述了一个部分已知的概念，即通过下界 A_l 和上界 A_u 对概念进行描述。对子集 A，如果满足 $A_l \subseteq A \subseteq A_u$，那么 A 就可能是该概念的真实外延。

集合 $\mathrm{BND}([A_l,A_u])=A_u-A_l$ 称为区间集 $[A_l,A_u]$ 的边界域。这样给定一个区间集 $[A_l,A_u]$，可以将 U 分为两两不相交的三个域。

$$\text{正域：}\mathrm{POS}([A_l,A_u])=A_l$$

$$\text{负域：}\mathrm{NEG}([A_l,A_u])=A_u^c$$

$$\text{边界域：}\mathrm{BND}([A_l,A_u])=A_u-A_l$$

这三个域的描述给出了一个三支决策[2]。正如引言所述，根据粒计算的思想，忽视不重要或者无关的细节来搜索合适的粒度层次是关键问题之一，因此有必要采用粒计算三元论的思想讨论基于区间集的粒结构。在讨论基于区间集的粒结构之前，先介绍区间集的运算和包含关系，接着定义基于区间集的粒结构。

15.2.2 区间集的运算

区间集运算是集合运算的提升。设 $\cap$、$\cup$、$-$ 是标准集合交、并和差计算。设 $I(2^U)$ 为 U 上的所有区间集的集合。对于两个区间集 $\mathscr{A}=[A_l,A_u]\in I(2^U)$ 和 $\mathscr{B}=[B_l,B_u]\in I(2^U)$，Yao 讨论了区间集的运算及其代数结构，将在 $I(2^U)$ 上封闭的交、并和差运算定义为[3-5]

$$\begin{aligned}\mathscr{A}\sqcap\mathscr{B}&=\{A \cap B \mid A \in \mathscr{A},B \in \mathscr{B}\}\\&=[A_l \cap B_l,A_u \cap B_u]\\\mathscr{A}\sqcup\mathscr{B}&=\{A \cup B \mid A \in \mathscr{A},B \in \mathscr{B}\}\\&=[A_l \cup B_l,A_u \cup B_u]\\\mathscr{A}\backslash\mathscr{B}&=\{A - B \mid A \in \mathscr{A},B \in \mathscr{B}\}\end{aligned}$$

$$=[A_l-B_l, A_u-B_u]$$

$$\neg\mathscr{A}=\{A^c \mid A\in\mathscr{A}\}$$

$$=[A_u^c-A_l^c]$$

对于区间集,$\mathscr{A}$、$\mathscr{B}$、$\mathscr{K}\in I(2^U)$,上述运算的性质总结如下[3]。

(1) 幂等律

$\mathscr{A}\sqcap\mathscr{A}=\mathscr{A}$

$\mathscr{A}\sqcup\mathscr{A}=\mathscr{A}$

(2) 交换律

$\mathscr{A}\sqcap\mathscr{B}=\mathscr{B}\sqcap\mathscr{A}$

$\mathscr{A}\sqcup\mathscr{B}=\mathscr{B}\sqcup\mathscr{A}$

(3) 结合律

$(\mathscr{A}\sqcap\mathscr{B})\sqcap\mathscr{K}=\mathscr{A}\sqcap(\mathscr{B}\sqcap\mathscr{K})$

$(\mathscr{A}\sqcup\mathscr{B})\sqcup\mathscr{K}=\mathscr{A}\sqcup(\mathscr{B}\sqcup\mathscr{K})$

(4) 分配律

$\mathscr{A}\sqcap(\mathscr{B}\sqcup\mathscr{K})=(\mathscr{A}\sqcap\mathscr{B})\sqcup(\mathscr{A}\sqcap\mathscr{K})$

$\mathscr{A}\sqcup(\mathscr{B}\sqcap\mathscr{K})=(\mathscr{A}\sqcup\mathscr{B})\sqcap(\mathscr{A}\sqcup\mathscr{K})$

(5) 吸收律

$\mathscr{A}\sqcap(\mathscr{A}\sqcup\mathscr{B})=\mathscr{A}$

$\mathscr{A}\sqcup(\mathscr{A}\sqcap\mathscr{B})=\mathscr{A}$

(6) 德摩根律

$\neg(\mathscr{A}\sqcap\mathscr{B})=\neg\mathscr{A}\sqcup\neg\mathscr{B}$

$\neg(\mathscr{A}\sqcup\mathscr{B})=\neg\mathscr{A}\sqcap\neg\mathscr{B}$

(7) 对合律

$\neg\neg\mathscr{A}=\mathscr{A}$

可见,上述区间集的运算性质与经典集合的运算性质相对应。经典集合交运算和区间集交运算满足如下关系:

$$[A_l, A_u]\cap[B_l, B_u]\subseteq[A_l, A_u]\sqcap[B_l, B_u]$$

其他的集合运算和区间集运算之间并不存在类似的关系。

15.2.3 区间集的包含关系

上述区间集的内容在文献[3]~文献[5]中有详细的叙述,此外对于区间集的包含关系,李华雄等指出主要有四类[18]:可能包含关系、确定包含关系、弱包含关系、弱加包含关系。

定义 15.1(区间集的可能包含关系) 对于区间集 $\mathscr{A}=[A_l, A_u]\in I(2^U)$,$\mathscr{B}=[B_l, B_u]\in I(2^U)$,$\mathscr{A}$ 是 $\mathscr{B}$ 的可能子集,记为 $\mathscr{A}\sqsubseteq_p\mathscr{B}$,当且仅当 $\forall A\in\mathscr{A}$, $\exists B\in\mathscr{B}$,

$A\subseteq B$；② $\forall B\in\mathscr{B},\exists A\in\mathscr{A},A\subseteq B$ 时，$\mathscr{A}$ 和 $\mathscr{B}$ 具有可能的包含关系。

定义 15.2（区间集的确定包含关系） 对于区间集 $\mathscr{A}=[A_l,A_u]\in I(2^U)$，$\mathscr{B}=[B_l,B_u]\in I(2^U)$，$\mathscr{A}$ 是 $\mathscr{B}$ 的确定子集，记为 $\mathscr{A}\sqsubseteq_c\mathscr{B}$，当且仅当 $\forall A\in\mathscr{A},\forall B\in\mathscr{B},A\subseteq B$ 时，$\mathscr{A}$ 和 $\mathscr{B}$ 具有确定的包含关系。

定义 15.3（区间集的弱包含关系） 对于区间集 $\mathscr{A}=[A_l,A_u]\in I(2^U)$，$\mathscr{B}=[B_l,B_u]\in I(2^U)$，$\mathscr{A}$ 是 $\mathscr{B}$ 的弱子集，记为 $\mathscr{A}\sqsubseteq_w\mathscr{B}$，当且仅当 $\forall B\in\mathscr{B},\exists A\in\mathscr{A},A\subseteq B$ 时，$\mathscr{A}$ 和 $\mathscr{B}$ 具有弱包含关系。

定义 15.4（区间集的弱加包含关系） 对于区间集 $\mathscr{A}=[A_l,A_u]\in I(2^U)$，$\mathscr{B}=[B_l,B_u]\in I(2^U)$，$\mathscr{A}$ 是 $\mathscr{B}$ 的可能子集，记为 $\mathscr{A}\sqsubseteq_{w+}\mathscr{B}$，当且仅当 $\forall A\in\mathscr{A},\exists B\in\mathscr{B},A\subseteq B$ 时，$\mathscr{A}$ 和 $\mathscr{B}$ 具有弱加包含关系。

对于区间集的交、并运算，可以看出区间集的上、下界起着重要的作用。从以上的包含关系定义，李华雄等提出了如下的关系表示包含关系与区间集上下界的关系[18]。对于区间集 $\mathscr{A}=[A_l,A_u]$，$\mathscr{B}=[B_l,B_u]$，有

$$\mathscr{A}\sqsubseteq_p\mathscr{B}\Leftrightarrow(A_l\subseteq B_l)\wedge(A_u\subseteq B_u) \tag{15.1}$$

$$\mathscr{A}\sqsubseteq_c\mathscr{B}\Leftrightarrow A_u\subseteq B_l \tag{15.2}$$

$$\mathscr{A}\sqsubseteq_w\mathscr{B}\Leftrightarrow A_l\subseteq B_l \tag{15.3}$$

$$\mathscr{A}\sqsubseteq_{w+}\mathscr{B}\Leftrightarrow A_u\subseteq B_u \tag{15.4}$$

15.2.4 区间集的粒结构定义

在区间集包含关系的基础上，可以将文献[12]中提出的基于标准集合包含关系⊆的粒结构定义扩充到用区间集表示的粒结构中，扩展后的区间集的粒结构定义如下。

定义 15.5（粒结构） 对于 $g,g'\in I(2^U)$，若在 g 和 g' 存在一个包含关系 $\sqsubseteq_*$，即 $g\sqsubseteq_* g'$，则称 g 是 g' 的子粒，g' 称为 g 的超粒。对于 $G\subseteq I(2^U)$，称 $(G,\sqsubseteq_*)$ 为粒结构。$\sqsubseteq_*$ 可以是 $\sqsubseteq_p$、$\sqsubseteq_c$、$\sqsubseteq_w$ 或 $\sqsubseteq_{w+}$ 中的一种。

可见包含关系对于粒结构的重要性。下面就从包含关系出发，从基于序和基于集合的角度，分别讨论基于区间集的粒结构。

15.3 基于序的区间集粒结构

粒计算的问题之一是忽视不重要或者无关的细节来搜索合适的粒度层次。从测量论的角度看，就是定量地描述粒之间直观和定性的关系。这就引出如何比较两个用区间集表示的对象。本节借用 Yao 和 Zhao 在文献[17]中提出的粒计算测量度模型即精细关系(finer than)，来讨论基于区间集的粒结构。在这之前，主要依

据 Roberts 在文献[19]中介绍的测量理论,先介绍相关的知识。

15.3.1　测量论基础

本小节分别从定性和定量的角度分析偏序关系。定性的方法主要关注如何排序元素,定量的方法则关注如何为每一个元素赋予具体的权值[19]。

设 X 是有限的非空集合,$\prec$是 X 上的二元关系。定性的方法主要是通过用户提供的元素之间的比较实现的。对于任何两个元素 a 和 b,a、$b\in X$[17]

$$a \prec b \Leftrightarrow \text{对象 } a \text{ 比 } b \text{ 精细}$$

满足上式关系的称为严格的偏序关系。如果$\neg(a\succ b)$和$\neg(b\succ a)$同时成立,则称 a 和 b 是不可区分的,由此可定义 X 上的不区分关系(indifference relation),即

$$a \sim b \Leftrightarrow \neg(a \prec b) \wedge \neg(b \prec a)$$

基于上面介绍的两个二元关系$\prec$和$\sim$,可以定义偏好-不区分关系(preference in-difference)$\preccurlyeq$,即

$$a \preccurlyeq b \Leftrightarrow a \prec b \vee a \sim b$$

根据二元关系$\preccurlyeq$可以定义二元关系$\prec$:$a\prec b\Leftrightarrow a\preccurlyeq b\wedge\neg(b\prec a)$。因此可以使用二元关系$\preccurlyeq$,或者使用二元关系$\prec$建模偏好关系。

如果$\prec$满足下面两个特性,则称其为弱序(weak order)。

非对称性:$a\prec b\Rightarrow\neg(b\prec a)$。

负传递性:$(\neg(a\prec b),\neg(b\prec c))\Rightarrow\neg(a\prec c)$。

在弱序中,可以得到如下关系:$\neg(a\prec b)\Leftrightarrow b\preccurlyeq a$。对于任意两个元素 a 和 b,或者 $a\prec b$ 成立,或者 $b\preccurlyeq a$ 成立,但两者不能同时成立。

上面定性地描述了偏好关系。从下面的定理中可以看出,在一定的条件约束下,由测量理论,可以将定性的描述转换为定量的描述。

定理 15.1[19]　给定非空集合 X 以及在 X 上定义的偏好关系$\prec$,存在满足下列条件的函数 $f:X\rightarrow\Re$

$$a \prec b \Leftrightarrow f(a) < f(b)$$

当且仅当$\succ$满足弱序的条件,并且 f 是一个严格递增的函数。

函数 f 通常被认为是度量偏好关系$\prec$的功效函数。在弱序关系成立的条件下,定量描述偏好关系是以定序测量(ordinal scale)为基础的。在比较两个元素时,只需要关注由函数 f 推导出来反映两个元素的大小关系,函数的具体值并不重要。

作为弱序的扩展,双弱序(bi-weak order)用来作为两个弱序的交集[18-19]。双弱序使用下面的定理度量。

定理 15.2[19-20]　给定非空集合 X 以及在 X 上定义的偏好关系$\prec$,存在满足下列条件的函数 $f_1:X\rightarrow\Re$,$f_2:X\rightarrow\Re$

$$a \prec b \Leftrightarrow f_1(a) < f_1(b) \text{ 且 } f_2(a) < f_2(b)$$

$$\forall a \in X \Leftrightarrow f_1(a) \leqslant f_2(a)$$

众所周知,弱序的相等关系是可传递的。区间序(interval order)[21]被用来处理不具有传递性的相等关系。区间序的度量如下。

定理 15.3[21]　给定非空集合 X 以及在 X 上定义的偏好关系$\prec$,存在满足下列条件的函数 $f_1: X \to \Re, f_2: X \to \Re$

$$a \prec b \Leftrightarrow f_2(a) < f_1(b)$$

$$\forall a \in X \Leftrightarrow f_1(a) \leqslant f_2(a)$$

15.3.2　区间集对象的比较

Ozturk 在文献[22]中针对区间数$[a_1, a_2] = \{x \mid a_1 < x < a_2\}$,讨论了使用区间数表示的对象的比较问题。正如 Yao 在文献[4]中指出“一个区间数是数的集合,一个区间集是集合的集合。有关区间数的结果和方法可以推广到区间集上”。基于此,本章将扩展区间数的对象比较到区间集上。

针对区间集 $\mathscr{A} = [A_1, A_u] \in I(2^U), \mathscr{B} = [B_1, B_u] \in I(2^U)$,有如下关系。

$$A_1 \subseteq A_u \subseteq B_1 \subseteq B_u$$

$$A_1 \subseteq B_1 \subseteq A_u \subseteq B_u$$

$$A_1 \subseteq B_1 \subseteq B_u \subseteq A_u$$

$$B_1 \subseteq A_1 \subseteq A_u \subseteq B_u$$

$$B_1 \subseteq A_1 \subseteq B_u \subseteq A_u$$

$$B_1 \subseteq B_u \subseteq A_1 \subseteq A_u$$

从前面对区间集的介绍可以看出有多种关于区间集的包含关系,使用这样的包含关系可建立多视角的比较关系。根据包含关系可定义一个偏序关系,然后使用测量理论建立函数比较对象的关系。下面按照这样的策略介绍如何比较两个使用区间集表示的对象。

令 x 为区间集 $\mathscr{A} = [A_1, A_u]$的一个对象,y 为区间集 $\mathscr{B} = [B_1, B_u]$的一个对象,$x \preccurlyeq_w y$ 当且仅当 $\mathscr{A} \sqsubseteq_w$ B。由式(15.3),有 $x \preccurlyeq_w y \Leftrightarrow A_1 \subseteq B_1$。可以获得存在函数 $m: 2^U \to \Re$ 满足 $A_1 \subseteq B_1 \Rightarrow m(A_1) \leqslant m(B_1)$[15]。如果定义函数 $f(x) = m(A_1)$和$f(y) = m(B_1)$,则有 $A_1 \subseteq B_1 \Rightarrow f(x) \leqslant f(y)$。这样对于使用区间集 $\mathscr{A} = [A_1, A_u]$和 $\mathscr{B} = [B_1, B_u]$分别表示的对象 x 和 y,可以定义函数 f 满足$x \preccurlyeq_w y \Leftrightarrow f(x) \leqslant f(y)$,当且仅当 $\mathscr{A} \sqsubseteq_w \mathscr{B} \Rightarrow f(x) \leqslant f(y)$。因此可以看出,使用$\sqsubseteq_w$ 可以得到弱序关系的比较方法。

令 x 为区间集 $\mathscr{A} = [A_1, A_u]$的一个对象,y 为区间集 $\mathscr{B} = [B_1, B_u]$的一个对象,$x \preccurlyeq_{w+} y$ 当且仅当 $\mathscr{A} \sqsubseteq_{w+} \mathscr{B}$。由式(15.4),有 $x \preccurlyeq_{w+} y \Leftrightarrow A_u \subseteq B_u$。同样,可以

获得存在函数 $m:2^U\to\Re$ 满足 $A_u\subseteq B_u\Rightarrow m(A_u)\leqslant m(B_u)$。如果定义函数 $f(x)=m(A_u)$ 和 $f(y)=m(B_u)$，则有 $A_u\subseteq B_u\Rightarrow f(x)\leqslant f(y)$。这样对于使用区间集 $\mathscr{A}=[A_l,A_u]$ 和 $\mathscr{B}=[B_l,B_u]$ 分别表示的对象 x 和 y，可以定义函数 f 满足 $x\preceq_w y\Leftrightarrow f(x)\leqslant f(y)$，当且仅当 $\mathscr{A}\sqsubseteq_{w+}\mathscr{B}\Rightarrow f(x)\leqslant f(y)$。因此，可以看出，使用 $\sqsubseteq_w$ 也可以得到弱序关系的比较方法。

令 x 为区间集 $\mathscr{A}=[A_l,A_u]$ 的一个对象，y 为区间集 $\mathscr{B}=[B_l,B_u]$ 的一个对象，$x\leqslant_p y$ 当且仅当 $\mathscr{A}\sqsubseteq_p\mathscr{B}$。由式(15.1)，有 $x\leqslant_p y\Leftrightarrow A_l\subseteq B_l$ 并且 $A_u\subseteq B_u$。可以获得存在函数 $m:2^U\to\Re$ 满足 $A_l\subseteq B_l\Rightarrow m(A_l)\leqslant m(B_l)$ 并且 $A_u\subseteq B_u\Rightarrow m(A_u)\leqslant m(B_u)$。如果定义函数 $f_1(x)=m(A_l)$、$f_1(y)=m(B_l)$、$f_2(x)=m(A_u)$ 和 $f_2(y)=m(B_u)$，则对于使用区间集 $\mathscr{A}=[A_l,A_u]$ 和 $\mathscr{B}=[B_l,B_u]$ 分别表示的对象 x 和 y，存在两个函数 f_1 和 f_2 满足 $x\leqslant_p y\Leftrightarrow f_1(x)\leqslant f_1(y)$ 并且 $f_2(x)\leqslant f_2(y)$。因此，可以看出，使用 $\sqsubseteq_p$ 也可以得到双弱序关系的比较方法。

令 x 为区间集 $\mathscr{A}=[A_l,A_u]$ 的一个对象，y 为区间集 $\mathscr{B}=[B_l,B_u]$ 的一个对象，$x\leqslant_c y$ 当且仅当 $\mathscr{A}\sqsubseteq_c\mathscr{B}$。由式(15.2)，有 $x\leqslant_c y\Leftrightarrow A_u\subseteq B_l$。可以获得存在函数 $m:2^U\to\Re$ 满足 $A_u\subseteq B_l\Rightarrow m(A_u)\leqslant m(B_l)$。如果定义函数 $f_1(y)=m(B_l)$，则对于使用区间集 $\mathscr{A}=[A_l,A_u]$ 和 $\mathscr{B}=[B_l,B_u]$ 分别表示的对象 x 和 y，存在两个函数 f_1 和 f_2 满足 $x\leqslant_c y\Leftrightarrow f_2(x)\leqslant f_1(y)$。因此，可以看出，使用 $\sqsubseteq_c$ 也可以得到区间序关系的比较方法。

从测量论的角度可以定量地描述粒之间直观和定性的关系。依照大小关系，可以建立基于区间集的粒结构。多种包含关系体现了多视角性，得到的各种序关系决定了其层次性。表 15.1 总结了包含关系与偏序结构之间的关联。

对于包含关系有如下的关系。$\mathscr{A}\sqsubseteq_c\mathscr{B}\Rightarrow\mathscr{A}\sqsubseteq_p\mathscr{B}\Rightarrow\mathscr{A}\sqsubseteq_w\mathscr{B}$ 和 $\mathscr{A}\sqsubseteq_c\mathscr{B}\Rightarrow\mathscr{A}\sqsubseteq_p\mathscr{B}\Rightarrow\mathscr{A}\sqsubseteq_{w+}\mathscr{B}$[18]，以此关系，图 15.1 总结了偏序结构之间关系，箭头表示能推导出来的关系。

表 15.1 包含关系与偏序结构之间的关联

偏序结构	关系
弱序	$(\sqsubseteq_w,\leqslant_w)$，$(\sqsubseteq_{w+},\leqslant_{w+})$
双弱序	$(\sqsubseteq_p,\leqslant_p)$
区间序	$(\sqsubseteq_c,\leqslant_c)$

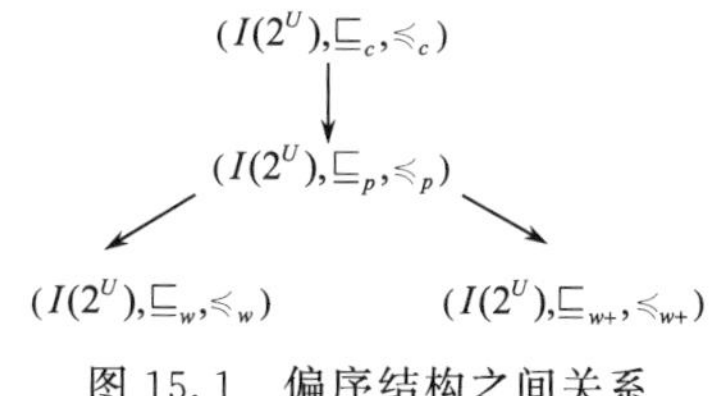

图 15.1 偏序结构之间关系

粒结构构建的另一种方法是基于集合的方法，其主要是依赖集合的操作。下面将介绍基于集合论的区间集粒结构。

15.4 基于集合论的区间集粒结构

15.4.1 基于区间集的运算的粒结构

从定义 15.5 中,可以看到对于区间集的任一包含关系$\sqsubseteq_*$,区间集的交运算和并运算都是成立的。这样可以不区分包含关系,通过区间集的交运算和并运算获得如下的粒结构。

若对于$\forall \mathscr{A}、\mathscr{B}\in G,\mathscr{A}\sqcap \mathscr{B}\in G$,则称粒结构$(G,\sqsubseteq_*)$是$\sqcap$-闭结构,记为$(G,\sqsubseteq_*,\sqcap)$;若对于$\forall \mathscr{A}、\mathscr{B}\in G,\mathscr{A}\sqcup \mathscr{B}\in G$,则称粒结构$(G,\sqsubseteq_*)$是$\sqcup$-闭结构,记为$(G,\sqsubseteq_*,\sqcup)$;若对于$\forall \mathscr{A}、\mathscr{B}\in G,\mathscr{A}\sqcap \mathscr{B}\in G$ 且 $\mathscr{A}\sqcup \mathscr{B}\in G$,则称粒结构$(G,\sqsubseteq_*)$是$(\sqcap,\sqcup)$-闭结构,记为$(G,\sqsubseteq_*,\sqcap,\sqcup)$。

这一区间集的粒结构定义,利用了区间集的交运算和并运算。但没有考虑区间集包含关系的多样性。从式(15.1)～式(15.4),可以看到区间集包含关系与其下界和上界关系密切。下面将结合区间集包含关系的多样性来讨论区间集的粒结构。

15.4.2 基于集合论的区间集粒结构的表示

Yao 等在文献[12]中利用集合的交、并操作以及格操作,定义了经典集合的粒结构。将其扩展到区间集中,如下所述。

针对包含关系$\sqsubseteq_w$,根据式(15.3),只与区间集的下界有关。因此令 **L** 为 G 里面的区间集的下界。粒结构$(G,\sqsubseteq_w)$是交半格,记为$(G,\sqsubseteq_w,\wedge)$,当$\forall \mathscr{A}=[A_l,A_u]$时,$\exists \mathscr{B}=[B_l,B_u]\in G,A_l\wedge B_l$在 **L** 里面。粒结构$(G,\sqsubseteq_w,\vee)$是并半格,当$\forall \mathscr{A}=[A_l,A_u]$时,$\exists \mathscr{B}=[B_l,B_u]\in G,A_l\vee B_l$在 **L** 里面。粒结构$(G,\sqsubseteq_w,\vee,\wedge)$是格,当$\forall \mathscr{A}=[A_l,A_u]$时,$\exists \mathscr{B}=[B_l,B_u]\in G,A_l\vee B_l$和 $A_l\wedge B_l$ 在 **L** 里面;粒结构$(G,\sqsubseteq_w)$是$\cap$-闭结构,记为$(G,\sqsubseteq_w,\cap)$,当$\forall \mathscr{A}=[A_l,A_u]$时,$\exists \mathscr{B}=[B_l,B_u]\in G,A_l\cap B_l$在 **L** 里面。粒结构$(G,\sqsubseteq_w,\cup)$是$\cup$-闭结构,当$\forall \mathscr{A}=[A_l,A_u]$时,$\exists \mathscr{B}=[B_l,B_u]\in G,A_l\cup B_l$在 **L** 里面。粒结构$(G,\sqsubseteq_w,\cup,\cap)$是$(\cup,\cap)$-闭结构,当$\forall \mathscr{A}=[A_l,A_u]$时,$\exists \mathscr{B}=[B_l,B_u]\in G,A_l\cup B_l$和 $A_l\cap B_l$ 在 **L** 里面。

针对包含关系$\sqsubseteq_{w+}$,根据公式(15.4),只与区间集的上界有关。令 **U** 为 G 里面的区间集的上界。粒结构$(G,\sqsubseteq_{w+})$是交半格,记为$(G,\sqsubseteq_{w+},\wedge)$,当$\forall \mathscr{A}=[A_l,A_u]$时,$\exists \mathscr{B}=[B_l,B_u]\in G,A_u\wedge B_u$在 **U** 里面。粒结构$(G,\sqsubseteq_{w+},\vee)$是并半格,当$\forall \mathscr{A}=[A_l,A_u]$时,$\exists \mathscr{B}=[B_l,B_u]\in G,A_u\vee B_u$在 **U** 里面。粒结构$(G,\sqsubseteq_{w+},\vee,\wedge)$是格,当$\forall \mathscr{A}=[A_l,A_u]$时,$\exists \mathscr{B}=[B_l,B_u]\in G,A_u\vee B_u$和 $A_u\wedge B_u$ 在 **U** 里面。粒结构$(G,\sqsubseteq_{w+})$是$\cap$-闭结构,记为$(G,\sqsubseteq_{w+},\cap)$,当$\forall \mathscr{A}=[A_l,A_u]$时,$\exists \mathscr{B}=[B_l,$

$B_u]\in G$，$A_u\cap B_u$在 **U** 里面。粒结构$(G,\sqsubseteq_{w+},\cup)$是交半格，当$\forall\mathscr{A}=[A_l,A_u]$时，$\exists\mathscr{B}=[B_l,B_u]\in G$，$A_u\cup B_u$在 **U** 里面。粒结构$(G,\sqsubseteq_{w+},\cup,\cap)$是$(\cup,\cap)$-闭结构，当$\forall\mathscr{A}=[A_l,A_u]$时，$\exists\mathscr{B}=[B_l,B_u]\in G$，$A_u\cup B_u$ 和 $A_u\cap B_u$ 在 **U** 里面。

针对包含关系$\sqsubseteq_p$，根据式(15.1)，与区间集的上界和下界有关。令 **LU** 为 G 里面的区间集的上界和下界的集合。粒结构$(G,\sqsubseteq_p)$是交半格，记为$(G,\sqsubseteq_p,\wedge)$，当$\forall\mathscr{A}=[A_l,A_u]$时，$\exists\mathscr{B}=[B_l,B_u]\in G$，$A_l\wedge B_l$ 和 $A_u\wedge B_u$在 **LU** 里面。粒结构$(G,\sqsubseteq_p,\vee)$是交半格，当$\forall\mathscr{A}=[A_l,A_u]$时，$\exists\mathscr{B}=[B_l,B_u]\in G$，$A_u\vee B_u$在 **LU** 里面。粒结构$(G,\sqsubseteq_p,\vee,\wedge)$是格，当$\forall\mathscr{A}=[A_l,A_u]$时，$\exists\mathscr{B}=[B_l,B_u]\in G$，$A_u\vee B_u$和 $A_u\wedge B_u$ 在 **LU** 里面。粒结构$(G,\sqsubseteq_p)$是$\cap$-闭结构，记为$(G,\sqsubseteq_p,\cap)$，当$\forall\mathscr{A}=[A_l,A_u]$时，$\exists\mathscr{B}=[B_l,B_u]\in G$，$A_l\cap B_l$ 和 $A_u\cap B_u$在 **LU** 里面。粒结构$(G,\sqsubseteq_p,\cup)$是$\cup$-闭结构，当$\forall\mathscr{A}=[A_l,A_u]$时，$\exists\mathscr{B}=[B_l,B_u]\in G$，$A_l\cup B_l$ 和 $A_u\cup B_u$ 在 **LU** 里面。粒结构$(G,\sqsubseteq_p,\cup,\cap)$是$(\cup,\cap)$-闭结构，当$\forall\mathscr{A}=[A_l,A_u]$时，$\exists\mathscr{B}=[B_l,B_u]\in G$，$A_l\cap B_l$、$A_l\cup B_l$、$A_u\cup B_u$和 $A_u\cap B_u$ 在 **LU** 里面。

针对包含关系$\sqsubseteq_c$，令 **LU** 为 G 里面的区间集的上界和下界的集合。粒结构$(G,\sqsubseteq_c)$是交半格，记为$(G,\sqsubseteq_c,\wedge)$，当$\forall\mathscr{A}=[A_l,A_u]$时，$\exists\mathscr{B}=[B_l,B_u]\in G$，$A_u\wedge B_l$在 **LU** 里面。粒结构$(G,\sqsubseteq_c,\vee)$是并半格，当$\forall\mathscr{A}=[A_l,A_u]$时，$\exists\mathscr{B}=[B_l,B_u]\in G$，$A_u\vee B_l$在 **LU** 里面。粒结构$(G,\sqsubseteq_c,\vee,\wedge)$是格，当$\forall\mathscr{A}=[A_l,A_u]$时，$\exists\mathscr{B}=[B_l,B_u]\in G$，$A_u\vee B_l$和 $A_u\wedge B_l$ 在 **LU** 里面。令 **LU** 为 G 里面的区间集的上界和下界集合。粒结构$(G,\sqsubseteq_c)$是$\cap$-闭结构，记为$(G,\sqsubseteq_c,\cap)$，当$\forall\mathscr{A}=[A_l,A_u]$时，$\exists\mathscr{B}=[B_l,B_u]\in G$，$A_u\cap B_l$在 **LU** 里面。粒结构$(G,\sqsubseteq_c,\cup)$是$\cup$-闭结构，当$\forall\mathscr{A}=[A_l,A_u]$时，$\exists\mathscr{B}=[B_l,B_u]\in G$，$A_u\cup B_l$在 **LU** 里面。粒结构$(G,\sqsubseteq_c,\cup,\cap)$是$(\cup,\cap)$-闭结构，当$\forall\mathscr{A}=[A_l,A_u]$时，$\exists\mathscr{B}=[B_l,B_u]\in G$，$A_u\cup B_l$和 $A_u\cap B_l$ 在 **LU** 里面。

从集合论的角度可以使用集合的操作建立基于区间集的粒结构。包含关系的多样性和集合操作的多样性体现了多视角性，而包含关系决定了其层次性。因此，可以从两方面分析基于集合论的区间集的粒结构。一方面，可以固定某种集合操作，如单独使用$\vee$、$\wedge$、$\cup$、$\cap$中的一种，或者使用$(\vee,\wedge)$和$(\cup,\cap)$，这样依据四种包含关系，可以获得四种粒结构，同时依据 $\mathscr{A}\sqsubseteq_c\mathscr{B}\Rightarrow\mathscr{A}\sqsubseteq_p\mathscr{B}\Rightarrow\mathscr{A}\sqsubseteq_w\mathscr{B}$ 和 $\mathscr{A}\sqsubseteq_c\mathscr{B}\Rightarrow\mathscr{A}\sqsubseteq_p\mathscr{B}\Rightarrow\mathscr{A}\sqsubseteq_{w+}\mathscr{B}$[18]的关系可以获得不同的粒结构模型之间的关系。另一方面，由于集合操作$\vee$、$\wedge$、$\cup$、$\cap$以及$(\vee,\wedge)$和$(\cup,\cap)$之间存在六种关系[12]，这样对某个包含关系，可以获得六种粒结构。下面将讨论基于集合论的区间集粒结构的应用。

15.4.3　基于集合论的区间集粒结构的应用

在基于标准集合的集合论粒结构中，Yao 等利用 Pawlak 提出的粗糙集理论构造粒结构[12]。对于粗糙集，设 E 是全集 U 上的一个等价关系（满足自反性、对称性和传递性的二元关系），它定义了 U 的一个划分，记为 $U/E=\{E_1, E_2, \cdots, E_n\}$，这里 E_i 是一个等价类。给定一个集合 A，粗糙集理论使用上近似$\overline{\mathrm{apr}}(A)$和下近似$\underline{\mathrm{apr}}(A)$来描述集合 A，即

$$\overline{\mathrm{apr}}(A)=\bigcup_{E_i\subseteq A}E_i$$

$$\overline{\mathrm{apr}}(A)=\bigcup_{E_i\cap A\neq\varnothing}E_i$$

$\overline{\mathrm{apr}}(A)$为 U/E 中是 A 的子集的所有等价类的并，$\overline{\mathrm{apr}}(A)$为 U/E 中与 A 的子集相交非空的等价类的并，$(\underline{\mathrm{apr}}(A), \overline{\mathrm{apr}}(A))$ 则成为集合 A 的粗糙集。对于粗糙集 A 的另一种表达形式为

$$\overline{\mathrm{apr}}(A)=\bigcup\{X\mid X\in U/E, X\subseteq A\}$$

$$\underline{\mathrm{apr}}(A)=\bigcap\{X\mid X\in U/E, A\subseteq X\}$$

其主要的性质如下[12,23-25]。

(1) $\underline{\mathrm{apr}}(A)\subseteq A\subseteq\overline{\mathrm{apr}}(A)$；

(2) $\underline{\mathrm{apr}}(A\cap B)=\underline{\mathrm{apr}}(A)\cap\underline{\mathrm{apr}}(B)$，
$\overline{\mathrm{apr}}(A\cap B)\subseteq\overline{\mathrm{apr}}(A)\cap\overline{\mathrm{apr}}(B)$；

(3) $\underline{\mathrm{apr}}(A\cup B)=\underline{\mathrm{apr}}(A)\cup\underline{\mathrm{apr}}(B)$，
$\overline{\mathrm{apr}}(A\cup B)\subseteq\overline{\mathrm{apr}}(A)\cup\overline{\mathrm{apr}}(B)$；

(4) $\underline{\mathrm{apr}}(A-B)=\underline{\mathrm{apr}}(A)-\overline{\mathrm{apr}}(B)$，
$\overline{\mathrm{apr}}(A\cup B)\subseteq\overline{\mathrm{apr}}(A)-\underline{\mathrm{apr}}(B)$。

从性质(1)可以看出集合 A 的粗糙集$(\underline{\mathrm{apr}}(A), \overline{\mathrm{apr}}(A))$形成了区间集$[\underline{\mathrm{apr}}(A), \overline{\mathrm{apr}}(A)]$，性质(2)～性质(4)形成了区间集的运算。可见粗糙集提供了构建区间集的方法[4-6]。因此可以把标准集合论的粒结构构建方法扩展到区间集。这里以$(\cup,\cap)$-闭结构为例，其他的粒结构可类似得到。

针对$\sqsubseteq_w$ 的$(\cup,\cap)$-闭结构，对于使用区间集表示的集合 A 可以定义为

$$\overline{\mathrm{apr}}(A)=\bigcup\{X\mid X\in \mathbf{L}, X\subseteq A\}$$

$$\underline{\mathrm{apr}}(A)=\bigcap\{X\mid X\in \mathbf{L}, A\subseteq X\}$$

针对$\sqsubseteq_{w+}$的$(\cup,\cap)$-闭结构，对于使用区间集表示的集合 A 可以定义为

$$\overline{\mathrm{apr}}(A)=\bigcup\{X\mid X\in \mathbf{U}, X\subseteq A\}$$

$$\underline{\mathrm{apr}}(A)=\bigcap\{X\mid X\in \mathbf{U}, A\subseteq X\}$$

针对$\sqsubseteq_p$ 的$(\cup,\cap)$-闭结构，对于使用区间集表示的集合 A 可以定义为

$$\overline{\mathrm{apr}}(A)=\bigcup\{X\mid X\in \mathbf{LU}, X\subseteq A\}$$

$$\underline{\mathrm{apr}}(A)=\bigcap\{X\mid X\in \mathbf{LU}, A\subseteq X\}$$

针对$\sqsubseteq_c$ 的$(\cup,\cap)$-闭结构，对于使用区间集表示的集合 A 可以定义为

$$\overline{\mathrm{apr}}(A) = \bigcup \{X \cap Y \mid X \in \mathbf{L}, Y \in \mathbf{U}, X \cap Y \subseteq A\}$$
$$\underline{\mathrm{apr}}(A) = \bigcap \{X \cup Y \mid X \in \mathbf{L}, Y \in \mathbf{U}, A \subseteq X \cup Y\}$$

15.5 本章小结

本章主要从粒计算三元论的角度出发，以粒结构为基础讨论了如何组织区间集表示的对象，主要分为基于序的区间集的粒结构和基于集合的区间集的粒结构。基于序的区间集的粒结构主要定量和定性地分析了如何比较区间集对象的问题，基于集合的区间集的粒结构主要采用了集合的运算和格操作讨论区间集对象的组织问题。本章的思想主要是利用区间集包含关系的多样性来多视角地讨论区间集的粒结构，通过扩充区间值对象的比较方法和在标准集合中的基于集合论的粒结构构建方法，讨论区间集的粒结构的多层次性。本章的工作主要限于将区间值对象比较和标准集合论的粒结构的现有成果扩展到区间集，探讨了三支决策中的区间集和粒计算中的粒结构的关系，从概念上提供了一个可行的比较和组织区间集对象的方法，下一步的研究主要是进行更深层次的探讨以及研究相关的算法，以获得更多有意义和实际的应用。

致　谢

感谢姚一豫教授、钟宁教授、陈光博士对本章内容提出的建议和相关的讨论。本章的研究工作得到北京工业大学博士启动基金的支持，在此表示感谢。

参考文献

[1] Medin D L, Smith E E. Concepts and concept formation. Annual Review of Psychology, 1984, 35: 113-138.

[2] Mechelen I V, Hampton J, Michalski R S, et al. Categories and Concepts, Theoretical Views and Inductive Data Analysis. New York: Academic Press, 1993.

[3] 姚一豫. 区间集//王国胤，李德毅，姚一豫，等. 云模型与粒计算. 北京:科学出版社，2012: 74-93.

[4] Yao Y Y. Interval-set Algebra for qualitative knowledge representation. Proceedings of the 5th International Conference on Computing and Information, 1993. 370-374.

[5] Yao Y Y. Interval sets and interval-set algebras. Proceedings of the 8th IEEE International Conference on Cognitive Informatics, 2009: 307-314.

[6] 刘盾，李天瑞，李华雄. 区间决策粗糙集. 计算机科学，2012，39(7): 178-181,214.

[7] Yao Y Y. Three-way decision: an interpretation of rules in rough set theory. Proceedings of the 2009 International Conference on Rough Set and Knowledge Technology (RSKT), 2009: 642-649.

[8] Yao Y Y. Three-way decisions with probabilistic rough sets. Information Sciences, 2010, 180: 341-353.

[9] Yao Y Y. The superiority of three-way decisions in probabilistic rough set models. Information Sciences,

2011，181：1080-1096.

[10] 姚一豫. 粒计算三元论//张燕平，罗斌，姚一豫，等. 商空间与粒计算——结构化问题求解理论与方法. 北京：科学出版社，2010.

[11] 陈光. 粒计算//钟宁，刘际明，姚一豫. Web 智能进展. 北京：高等教育出版社，2012.

[12] Yao Y Y，Zhang N，Miao D Q，et al. Set-theoretic approaches to granular computing. Fundamenta Informaticae，2012，115(2/3)：247-264.

[13] 苗夺谦，徐菲菲，姚一豫，等. 粒计算的集合论描述. 计算机学报，2012，35(2)：351-363.

[14] 陈光. 基于图的粒结构研究[博士学位论文]. 北京：北京工业大学，2012.

[15] Chen G，Zhong N. Three granular structure models in graphs. Proceedings of the 2012 International Conference on Rough Sets and Knowledge Technology (RSKT)：2012：351-358.

[16] Chen G，Zhong N. Granular structures in graphs. Proceedings of the 2011 International Conference on Rough Sets and Knowledge Technology (RSKT)，2011：649-658.

[17] Yao Y Y，Zhao L Q. A measurement theory view on the granularity of partitions. Information Sciences，2012：213：1-13.

[18] Li H X，Wang M H，Zhou X Z，et al. An interval set model for learning rules from incomplete information table. International Journal of Approximate Reasoning，2012，53：24-37.

[19] Roberts F S. Measurement theory. Massachusetts：Addison Wesley，1979.

[20] Fishburn P C. Generalizations of semiorders：a review note. Journal of Mathematical Psychology，1997，41：357-366.

[21] Ozturk M. Ordered sets with interval representation and (m,n)-ferrers relation. Annals of Operations Research，2008，163：177-196.

[22] Ozturk M，Pirlot M，Tsoukias A. Representing preferences using intervals. Artificial Intelligence，2011，175：1194-1222.

[23] Pawlak Z. Rough Sets：Theoretical Aspects of Reasoning about Data. Boston：Kluwer Academic Publishers，1991.

[24] Pawlak Z. Rough sets. International Journal of Computer and Information Science，1982，11:341-356.

[25] Yao Y Y，Miao D Q，Xu F F. Granular structures and approximation in rough sets and knowledge spaces. Rough Set Theory，Studies in Computational Intelligence，2009，174：71-84.

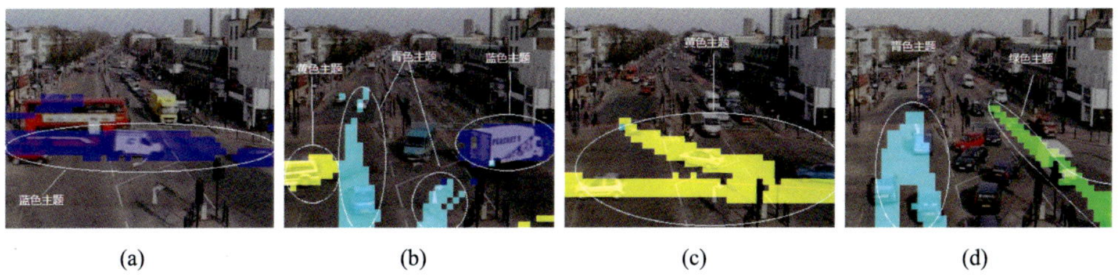

图12.7　本章模型在QMUL数据集1上发现的4个主题

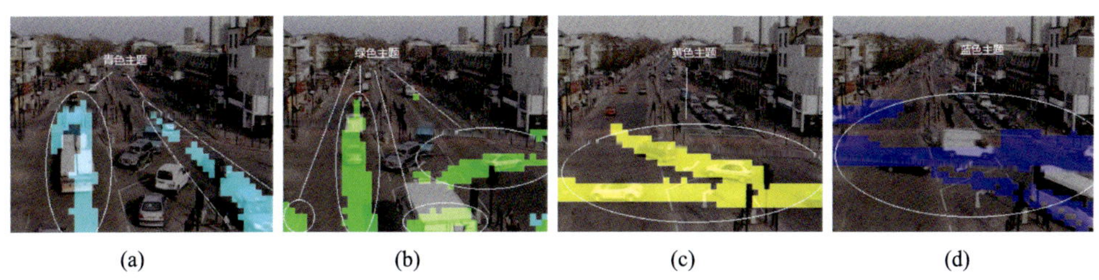

图12.8　LDA模型在QMUL数据集1上发现的4个主题

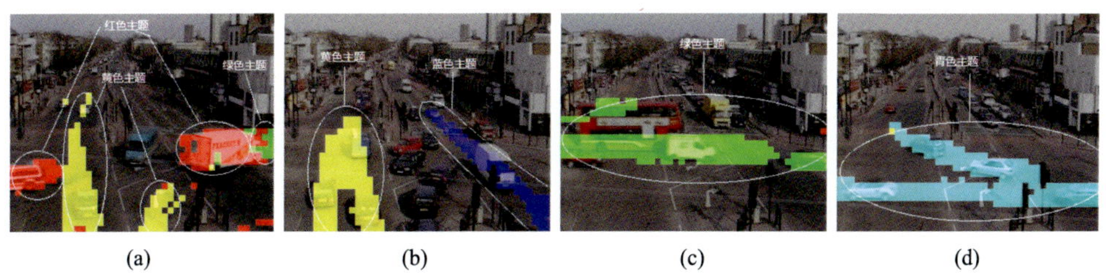

图12.9　本章模型在QMUL数据集1上发现的5个主题

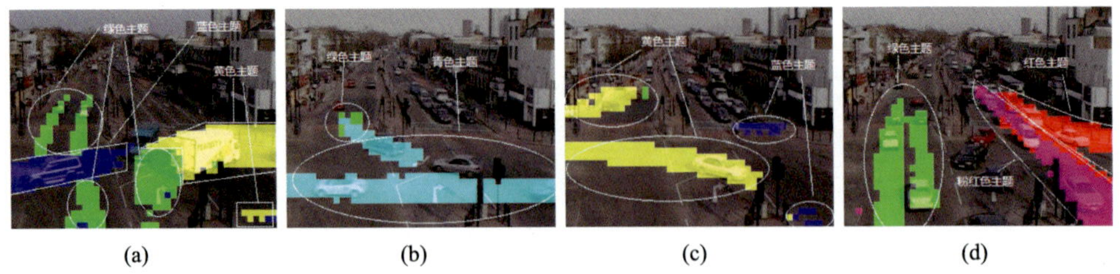

(a) (b) (c) (d)

图12.10　本章模型在QMUL数据集1上发现的6个主题

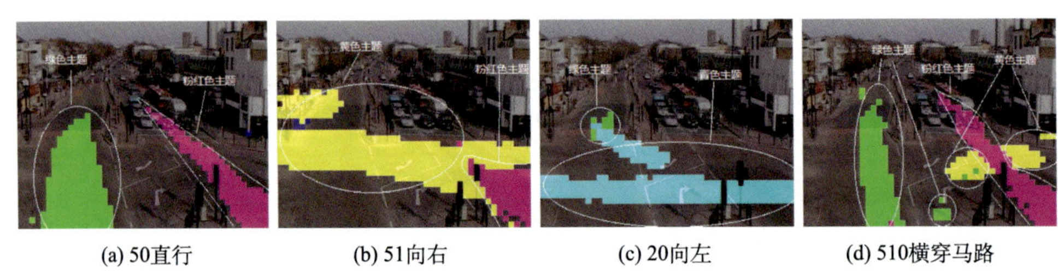

(a) 50直行　(b) 51向右　(c) 20向左　(d) 510横穿马路

图12.11　QMUL数据集1中的典型行为

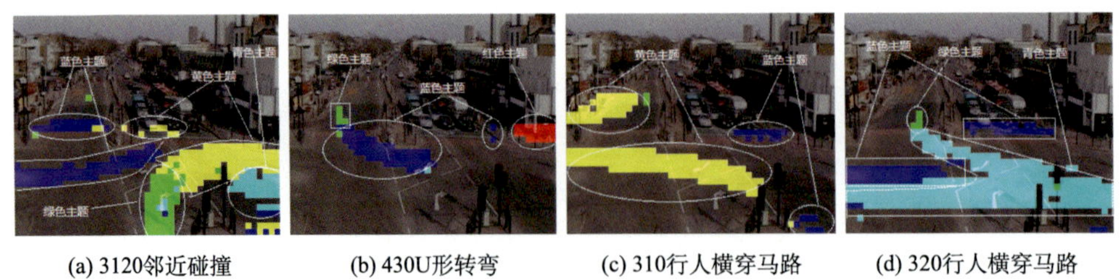

(a) 3120邻近碰撞　(b) 430U形转弯　(c) 310行人横穿马路　(d) 320行人横穿马路

图12.12　QMUL数据集1中的稀少行为